地球の歩き方 J15　2025～2026年版

広 島
Hiroshima

JN051763

●地球の歩き方編集室●

HIROSHIMA CONTENTS

取り外して
持ち歩ける
広島
別冊マップ

| 基本情報 | 歩き方の使い方 | 6 |
| | ジェネラルインフォメーション | 8 |

14 広島早わかりナビ
16 広島でこれしんさい！ SELECT10
18 広島イベントカレンダー
20 1泊2日モデルプラン〜西部編&東部編

30
巻頭特集1
きんさい宮島
世界遺産 厳島神社を徹底解剖！ ……………………… 30
霊峰「弥山」攻略チャート ……………………… 32
ぶらっと立ち寄りスポット ……………………… 34
もみじ饅頭 食べ比ベツアー ……………………… 36

38
巻頭特集2
広島の絶景を歩こう
グレートビュー6景
& 恍惚のイルミネーション

44
巻頭特集3
強豪チームが躍動する
スポーツ王国広島

54
巻頭特集4
メイドイン広島で彩られた
G7広島サミット2023回顧録

58
巻頭特集5
フランスの旅行専門誌『ブルーガイド』で3つ星を獲得
特別名勝　三段峡の歩き方

62
巻頭特集6
広島県民のソウルフード
お好み焼き徹底ガイド

72
巻頭特集7
2025年春ついに最終形態へ
JR広島駅ビルから目が離せない！

76
巻頭特集8
日本中で愛されるあの逸品
実は広島発祥なんよ〜

84
巻頭特集9
子供も大人も大興奮♪
一度は行きたい工場見学の旅

88
巻頭特集10
スポットライトで輝くわが町
ヒット映画ロケ地巡り
& あの作品の舞台は広島

92
巻頭特集11
来てる！ 酒都広島の
クラフトブーム

🖥 特別インタビュー ローカル人気番組でおなじみのあのスターが語る「わたしと広島の話」
アンガールズ@『元就。』 ……… 28　　ロザン@『ひろしま深掘りライブ　フロントドア』 ……… 52
八嶋智人さん&枡田絵理奈さん@『そ〜だったのかンパニー』 ……… 74
三四郎@『三四郎のDearボス』 ……… 82　　バイきんぐ 西村瑞樹さん@『西村キャンプ場』 ……… 394

97 第1章 交通ガイド 🚃

鉄道 ································ 98
路面電車 ···························· 100
船 ································· 102
バス ································ 104
レンタカー ·························· 106

小特集
瀬戸内しまなみ海道
チャリンコジャーニー ·············· 108

111 第2章 エリアガイド

112 エリアナビ 広島市・安芸郡エリア

広島市中心部 ······················ 116
広島市郊外 ························· 134
府中町 ····························· 144
海田町・坂町・熊野町 ·············· 148

小特集
新天地 お好み村へ ················· 132
広島交響楽団を聴きたい♪ ··········· 133

156 エリアナビ 宮島・廿日市・大竹エリア

宮島 ······························ 158
廿日市市 ··························· 168
大竹市 ····························· 176

180 エリアナビ 呉・江田島エリア

呉市 ······························ 182
江田島市 ··························· 192

小特集
日本遺産でたどる呉の物語 ·········· 190
江田島名物グルメをいただきます！··· 197

198 エリアナビ 東広島・竹原・大崎上島エリア

東広島市 ··························· 200
竹原市・大崎上島町 ················· 214

小特集
日本三大酒どころ・
西条の7の酒蔵を巡る ··············· 207

222 エリアナビ 三原・尾道エリア

三原市 ····························· 224
尾道市 ····························· 232
しまなみ海道 ······················ 244

小特集
三原のタコ ························· 231
尾道で楽しみたいグルメ ············ 238
尾道七佛巡り♪ ····················· 242
柑橘スイーツ三昧 ··················· 250

252 エリアナビ 福山・府中エリア

福山市 ····························· 254
府中市 ····························· 268

小特集
癒やしの時を求めて鞆の浦へ ········ 264
府中に味噌あり ····················· 273

274 エリアナビ 安芸高田・安芸太田・北広島エリア

安芸高田市 ························· 276
安芸太田町 ························· 282
北広島町 ··························· 288

小特集
芸北ゲレンデ4選 ··················· 287

294 エリアナビ 三次・庄原・神石高原・世羅エリア

三次市 ····························· 296
庄原市・神石高原町 ················· 304
世羅町 ····························· 312

小特集
備北で牛道楽 ······················ 310
花スポット&果物狩り ··············· 316

379 第5章 ショップ 🛍

広島おみやの達人①
王道店で見繕う
定番&注目アイテム …………… 380

広島おみやの達人②
周りに差をつけるなら
広島生まれの逸品で …………… 382

広島おみやの達人③
サッパリ感が沼にハマる
瀬戸内レモンみやげ …………… 384

広島おみやの達人④
広島みやげはここでゲット …… 386

あちこち買い巡ったら
これはもはや冒険の旅！
新世界"ばん"タジー …………… 388

393 第6章 宿泊 🏨

一度は泊まりたい
憧れの宿へ ……………………… 396

良質湯で身も心も癒やされる
麗しの温泉宿 …………………… 400

風情に浸る
町家ステイ ……………………… 404

充実サービスで太鼓判
広島市内のシティホテル ……… 406

感性が磨かれるおとまり
こだわりの個性派宿 …………… 410

413 第7章 旅の準備と技術 📖

旅のプランニング …………………… 414

広島への道 …………………………… 416

広島へのアクセス早わかり ……… 420

旅の予算 ……………………………… 422

旅のシーズン ………………………… 424

旅に役立つ情報源 ………………… 426

旅の安全情報とトラブル対策…… 430

習慣とマナー ………………………… 432

特別企画
『おしゃべり唐あげあげ太くん』×『テレビ派』
㊙広島弁講座 …………………… 436

索引 INDEX ……………………… 438

319 第3章 歴史と文化 🏛

年表で見る広島の歴史 ………… 320

原爆と平和〜祈りは世界へ……… 328

平清盛と嚴島・瀬戸内海 ……… 332

戦国武将・毛利元就 …………… 334

ひろしまの神楽 ………………… 336

絶対ハズせない広島のお祭り12祭 … 340

広島の国指定重要無形文化財 … 344

広島の愛すべきキャラクターたち … 345

347 第4章 グルメ 🍴

世界一おいしくカキが味わえる町へ
カキ食べ行こう！ ……………… 348

広島カキ界を支える謎の集団あり
What's 牡蠣食う研？ ………… 352

えっと飲んで酔いんさい！
広島の名酒は踊る／
広島の名酒と美食 ……………… 354

おなかがグー！たちまちゴー！
みんな大好き
ローカルチェーン 人気メニュー… 360

抜群のロケーションに癒やされる
潮風が気持ちいい絶景カフェ …… 364

昔ながらの愛されフード
ローカル御用達のレトロ食堂
&スイーツ ……………………… 368

心弾んでわざわざ足延ばす♪
寄り道おやつ …………………… 370

おさえておきたい ご当地麺事情
広島ラーメン／尾道ラーメン
汁なし担々麺／呉冷麺
広島つけ麺 ……………………… 372

見つけたら即買いしたい
おもしろ自販機大集合 ………… 377

最強タッグで贈る一冊ができました！

1979年創刊の海外旅行のバイブル
地球の歩き方

×

1977年創刊の古参・地元タウン誌
TJ Hiroshima

歴史的ラーメン

協力ポイント！

1 最強のモデルプランを提案！
チェック ☞ P.20

2 TJ Hiroshima編集部がセレクトした地元情報が満載！

3 ページ下部「クチコミ」をTJ Hiroshima読者から募集！
このマークをチェック クチコミ

4 アナタの広島愛を試す欄外クイズを26問出題！
このマークをチェック
出題 Q （ひろしま） 答え A （ひろしま）

ABOUT

月刊タウン情報誌『TJ Hiroshima』とは？

1977（昭和52）年4月のプレ創刊号以来、休むことなく毎月広島の情報を発信し続けています。

グルメやレジャーを中心に、広島の町ネタ・注目ネタを毎月特集。NEW OPEN速報や地元スポーツ選手のインタビューも掲載する広島に根付いたタウン誌です。

記念すべき『地球の歩き方 広島』の初発刊のために、そんな私たちが地元情報を厳選して集めました！

お好み焼き、つけ麺、ラーメン、なんでもござれ。広島を食べ尽くしたい！
あんあん
TJ歴25年

広島市は市街地でも川沿いなど自然が近くにあり、安らぎます
アライリー
TJ歴1年

自宅から見える弥山（→P.32）の姿に毎日パワーをもらってます
ポーカー
TJ歴6年

宮島を訪れたら「紅葉堂」の揚げもみじ（→P.37）はマスト
マキメタル
TJ歴8年

サンフレ女子とは私のこと。新スタジアム（→P.46）始動で沸いてます
たにパン
TJ歴2年

広島が誇るご当地グルメ、汁なし担々麺（→P.374）をぜひ召し上がれ
山猫
TJ歴23年

海の幸の宝庫・瀬戸内海のいりこだしの味噌汁は私のソウルフード
のりねえ
TJ歴5年

私たちTJ Hiroshima編集部が全面協力したんじゃけん！
広島を愛してやまないタウン誌戦士が協力

エリアガイドの見方

原則として、広島空港や広島駅、広島バスセンターから鉄道・バスを利用した場合のアクセス手段とおよその所要時間を示しています。エリアによっては車やフェリーの情報を記載している場合もあります。アクセスのルートや所要時間はさまざまなので、あくまでも一例としてご利用ください。
また鉄道などの料金は「切符運賃」を記載しています。直通運転などの場合、運賃と所要時間はまとめて示しています。

紹介地、紹介エリアを示しています。人口は2024年1月30日の時点での各市町村が発表している最新の人口です。自治体により人口を発表する間隔が異なるため、2023年12月～2024年1月に発表された人口となります。

初めて訪問する人のためにアクセスや乗り換えの基本的なアドバイスが書いてあります。

被爆地として世界へメッセージを発信する国際平和都市

広島市中心部
ひろ しま し ちゅう しん ぶ

太田川とその分流が生み出した三角州に形成される広島市（2015年撮影）

安芸太田町

広島市

廿日市市

東広島市

人口 広島市▶117万8773
人＝各区の人口＝口

🚃 **エリア利用駅**

▼広島駅
JR山陽新幹線　JR山陽本線　JR呉線　JR可部線　JR芸備線

▼広電八丁堀
広島電鉄　宮島線　江波線　紙屋町経由広島港線　白島線

▼広電紙屋町西
広島電鉄　宮島線　江波線　紙屋町西経由横川線など

エリア中心部への行き方

	リムジンバス 所要時間55分（1450円）	JR広島駅	広島電鉄 広島港/宮島口/江波方面 所要時間15分（220円）	広島バスセンター	本通電停付近
広島空港	リムジンバス 所要時間50分（1450円）				

中国地方の中枢都市で、8つの区で構成される広島市。広島県のある南区松原町周辺、官公庁やバスターミナル、文化施設等が建ち並ぶ中区紙屋町・基町・八丁堀界隈は、経済・文化の中心地となっている。

広島市は一級河川・太田川の三角州に形成されている。毛利輝元が1589（天正17）年に広島城を築きはじめ、以後福島氏、浅野氏によって城下町が発展していった。

広島市を語るうえで欠くことができないのが、1945（昭和20）年8月6日の原子爆弾の投下。多くの人命が奪われ市街地は壊滅状態に。しかし国の広島平和記念都市建設法による都市基盤の整備、そして市民のたゆまぬ努力により息を吹き返していった。

116　広島市民は大きくふたつの派閥に分かれる。広島電鉄の路面電車のことを「広電（ひろでん）」と呼ぶ派と「市電（しでん）」と呼ぶ派。私は「市電」一派。あ、「路面」派もいるわ～。（広島市在住・トラバン）

口コミや ⓘ 補足情報など。

データ欄の記号

MAP 別冊P.5-A1
別冊地図上の位置を表示
🏠 住所
☎ 電話番号

🔲	クレジットカード
A…アメリカン・エキスプレス
D…ダイナースクラブカード
J…JCBカード
M…マスターカード
V…VISA

🕐 営業時間または開館時間
24時間自由に出入りできる場所は（自由）と記載
🚫 定休日
決まった定休日がない場合は不定休。年末年始や臨時の休日については基本的に記載しない
💴 料金（税込み）。入場料や入館料については特に注記がない場合は「大人」の一般料金を示す

🅿 駐車場の有無
🚃 鉄道やバスなど、公共交通機関を利用する場合の最寄り駅と駅からのおよその所要時間。駅から徒歩30分以上は駅から車を使った場合の時間
🔲 チェックインの時間
🔲 チェックアウトの時間
🔲 客室数
🔲 URL（http://、https://は省略）

年号について　本書では原則的に年号表記を西暦（和暦）年と記載しています。

地図の記号

本誌掲載物件

- 🅑 体験
- 🅖 見どころ
- 🍴 グルメ・カフェ・喫茶店
- 🛍 ショップ
- 🏨 ホテル・旅館
- 🚉 道の駅
- P.000 掲載ページ

記　号

◎ 広島県庁	⊗ 警察署／交番
◉ 市区役所・町役場	Ｙ 消防署
🅗 宿泊施設	♻ 銀行
⊗ 学校	⊕ 病院
卍 寺	▲ 山頂
神社	信号
✈ 空港	⛽ ガソリンスタンド
⊤ 郵便局	

鉄　道

- 新幹線
- JR線
- 私鉄線
- ロープウェイ

道　路

- 高速・有料道路
- ② 国道
- ③⓪ 県道・一般道

コンビニエンスストア

- 7 セブン-イレブン
- ファミリーマート
- ⓛ ローソン

ファストフード&カフェ

- Ⓜ マクドナルド
- KFC ケンタッキーフライドチキン
- Ⓜ モスバーガー
- Ⓓ ドトール
- ⓢ スターバックスコーヒー

エリアガイドのアイコン

 観光・名所　 ショップ

 神社・仏閣　 グルメ

 体験

■本書の特徴

　本書は、広島県各地をじっくり旅したい方のために広島県の全23市町を紹介しているガイドブックです。旅行者の方はもちろん、地元や出身の皆さまにも広島の新たな魅力を発見していただけるよう情報を充実させるとともに、使いやすさを考えて制作しました。

■掲載情報のご利用に当たって

　編集部では、できるだけ最新で正確な情報を掲載するように努めていますが、現地の規則や手続きなどがしばしば変更されたり、またその解釈に見解の相違が生じたりすることもあります。このような理由に基づく場合、または弊社に重大な過失がない場合は、本書を利用して生じた損失や不都合などについて、弊社は責任を負いかねますのでご了承ください。また、本書をお使いいただく際は、掲載されている情報やアドバイスがご自身の状況や立場に適しているか、すべてご自身の責任で判断のうえご利用ください。

■取材および調査期間

　この本は2023年10月〜2024年4月の取材を基に編集されています。また、追跡調査を2024年5月まで行いました。記載の住所、料金などのデータは基本的にこの時点のものです。料金については原則として税込料金を表示、定休日についてはゴールデンウイーク、お盆休み、年末年始を省略しています。ホテルのチェックイン、チェックアウト時間については基本的なプランの時間を記載しています。プランやお部屋のタイプによって時間が異なる場合があります。また、時間の経過とともにデータの変更が生じることが予想されるとともに、予告なく営業時間等の変更や臨時休業などが実施される可能性があります。さらに、近年の物価高騰により、料金が変更される可能性があります。そのことをお含みおきのうえ、事前に最新の情報を入手されることをおすすめします。

■発行後の情報の更新と訂正について

　発行後に変更された掲載情報や訂正箇所は、『地球の歩き方』ホームページ「更新・訂正情報」で可能なかぎり案内しています（各種施設、レストラン、ショップ、ホテルの料金変更などは除く）。

🔗 www.arukikata.co.jp/travel-support

広島県の基本情報

広島県の主要メディア

●中国新聞

1892（明治25）年創刊。1945（昭和20）年、原爆投下時に本社も被災するが、2日休刊し発行を続けた。「ひろしまフラワーフェスティバル」（→P.341）など、イベントも多数手がける。

●テレビ新広島（TSS）

2000（平成12）年から続く生活情報番組『ひろしま満点ママ!!』を筆頭に、多彩な番組を制作。広島出身・バイきんぐ西村瑞樹の『西村キャンプ場』が話題。（→P.394）

●広島ホームテレビ（HOME）

夕方の情報番組『ピタニュー』が2023（令和5）年スタート。2021（令和3）年まで放送された恋愛バラエティ番組『恋とか愛とか（仮）』は、舞台化も。

●中国放送（RCC）

作家の顔ももつ横山雄二アナウンサーをはじめ、名物アナを多数輩出。ラジオとテレビを両方放送するほか、WEB・アプリの「IRAW（いらう）」も運営。

●広島テレビ（HTV）

情報番組『テレビ派』（→P.436）が看板。2018（平成30）年、広島駅北側に本社屋を移転。2023年度平均視聴率完全四冠。

●広島エフエム放送（HFM）

1982（昭和57）年放送開始。中高生を応援する『大窪シゲキの9ジラジ』は20年以上続く、同局の看板番組。

❖ 県章・県旗

1968（昭和43）年7月16日制定。広島県の頭文字「ヒ」をモチーフにしたもので、円形に伸びる形状は「広島県民の和と団結」を表している。ふたつの半円が重なって広がっていく部分は、「伸びゆく広島県の躍進と発展」を象徴。広島県旗は、この図案を白く抜いて中央に配したえんじ色の旗。

❖ 県の鳥…アビ

1964（昭和39）年7月13日制定。アビは、北極やアジア大陸北部で夏に繁殖し、冬に日本へと南下してくる渡り鳥。瀬戸内海、特に呉市豊島の周辺は「アビ渡来群游海面」として、国の天然記念物に指定されている。2023（令和5）年には、広島出身バンド・ポルノグラフィティによって作られたG7広島サミット応援ソング『アビが鳴く』の歌詞にも登場する。

❖ 県の木…モミジ

1966（昭和41）年9月12日制定。広島を代表する銘菓「もみじ饅頭」のモチーフであり、県内には宮島や三段峡などモミジの紅葉名所が数多く存在する。県内でおもに見かけるのは、イロハモミジやオオモミジなど。広島県の「県の花」は正式に制定されていないが、県民に親しみが深い植物であることから、同じくモミジを県の花ともしている。

❖ 県の魚…カキ

1990（平成2）年9月6日制定。カキは、約450年前から養殖されている広島県を代表的な海産物のひとつ。宮島島内にある水族館にはカキ筏を吊るした水槽があるなど、瀬戸内海に浮かぶカキ養殖の筏は、広島の海景色を象徴する存在のひとつとされている。

❖ 県庁所在地

広島県広島市

❖ 広島県の面積

8479.22km²
※日本の面積　37万7973.74km²
※2022年4月現在。面積出典：広島県ホームページ

❖ 広島県の人口

総数：273万114人
男：132万4319人
女：140万5795人
※広島県ホームページより
※2024年3月1日現在

❖ 日本の人口

1億2399万人
※総務省統計局人口推計
※2024年2月概算値

❖ 広島県知事

湯﨑英彦（第20代）
※2024年3月25日現在
1965（昭和40）年10月4日生まれ。広島市立五日市南小学校・広島大学附属中学校・高等学校・東京大学法学部卒業。スタンフォード大学経営学修士（MBA）取得。2009（平成21）年に就任し、2023（令和5）年で4期目を数える。

❖ 広島県の予算

2023年度の一般会計当初予算の規模は1兆1403億2千万円。2022年度と比べて0.3%の減少となっている。歳出は「新型コロナウイルス感染症への対応」「物価高騰・円安への対応」「社会的基盤の強化」「広島サミットの開催とレガシーの継承」などに重点を置いた。
※広島県ホームページより

広島県の構成

向上寺三重塔

❖ 広島県は14市9町
　一般的に、広島市を中心とした「安芸地域」、福山市を中心とした「備後地域」に二分される。広島県では2003（平成15）年2月以降に23地域で合併が行われ、2006（平成18）年3月に現在の市町数23となった。

●広島市・安芸郡エリア
広島市、府中町、海田町、坂町、熊野町

●宮島・廿日市・大竹エリア
廿日市市、大竹市

●呉・江田島エリア
呉市、江田島市

●東広島・竹原・大崎上島エリア
東広島市、竹原市、大崎上島町

●三原・尾道エリア
三原市、尾道市

●福山・府中エリア
福山市、府中市

●安芸高田・安芸太田・北広島エリア
安芸高田市、安芸太田町、北広島町

●三次・庄原・神石高原・世羅エリア
三次市、庄原市、神石高原町、世羅町

❖ 広島県の国宝
　建造物7件、絵画2件、太刀や鎧などの工芸品16件、典籍1件が国宝に指定されている。※広島県ホームページより

【建造物】
- 厳島神社
  (本社、摂社客神社、廻廊)／廿日市市　**DATA** P.161
- 不動院金堂／広島市　**DATA** P.138
- 浄土寺多宝塔／尾道市　**DATA** P.243
- 浄土寺本堂／尾道市　**DATA** P.243
- 向上寺三重塔／尾道市
- 明王院本堂／福山市　**DATA** P.259
- 明王院五重塔／福山市　**DATA** P.259

【工芸品、絵画、書跡・典籍】
- 厳島神社宝物館／廿日市市
絵画では「平家納経」、工芸品では「小桜韋黄返威鎧」「紺糸威鎧」「黒韋威胴丸」「彩絵檜扇」「金銅密教法具」「梨子地桐文螺鈿腰刀」「太刀（銘友成作）」「浅黄綾威鎧」「厳島神社古神宝類」の9件、典籍では「紺紙金字法華経7巻、紺紙金字観普賢経1巻（平清盛、頼盛合筆）」を保管。一部の国宝は時期により公開あり。
- 持光寺／尾道市　**DATA** P.242
絵画「絹本著色普賢延命像」を保管。
- ふくやま美術館／福山市　**DATA** P.256
「短刀 銘 國光（名物會津新藤五）」「太刀 銘筑州住左（江雪左文字）」「太刀 銘 正恒」「短刀 銘左 筑州住」「太刀 銘 則房」「太刀 銘 國宗」「太刀 銘 吉房」の太刀・短刀7件を保管。特別展等の際、期間限定で公開される。

❖ 広島県の世界遺産
　広島県にある世界遺産は廿日市市「厳島神社」（**DATA** P.161）と広島市「原爆ドーム」（**DATA** P.331）の2件。どちらも1996（平成8）年に登録されている。

祝日

▶ひろしま平和の歌

8月6日は広島原爆の日。広島市では毎年この日に平和記念式典（広島市原爆死没者慰霊式並びに平和祈念式）が行われる。8時15分から1分間は黙とうが行われ、遺族代表・子供代表が鳴らす「平和の鐘」が響く。式典の最後に歌われる『ひろしま平和の歌』は、1947（昭和22）年に開催された「第1回平和祭」で歌われ、以後今日まで歌い継がれている合唱曲だ。

作詞：重園贇雄
作曲：山本　秀

1.雲白く　たなびくところ
空のはて　東に西に
おお高く　こだまひびけと
鐘は鳴る　平和の鐘に
いまわれら　雄々しく起ちて
その栄え　ここに興さん
2.波青く　たゆとおところ
海のはて　南に北に
おお遠く　祈りとどけと
鐘は鳴る　平和の鐘に
いまわれら　試練を越えて
その行手　ここに仰がん
3.風清く　かがやくところ
国のはて　世界の友に
おお熱く　想いかよえと
鐘は鳴る　平和の鐘に
いまわれら　手をさし伸べて
その睦み　ここに歌わん

❖ 国民の祝日

「国民の祝日に関する法律」では、年間16日が「国民の祝日」とされている。翌年の国民の祝日は、前年2月に「内閣府ホームページ」に掲載される。2024（令和6）年の国民の祝日は以下の通り。※内閣府ホームページより

元日　1月1日	年の初めを祝う。
成人の日　1月8日	大人になったことを自覚し、自ら生き抜こうとする青年を祝い励ます。
建国記念の日　2月11日	建国をしのび、国を愛する心を養う。
天皇誕生日　2月23日	天皇の誕生日を祝う。
春分の日　3月20日	自然をたたえ、生物をいつくしむ。
昭和の日　4月29日	激動の日々を経て、復興を遂げた昭和の時代を顧み、国の将来に思いをいたす。
憲法記念日　5月3日	日本国憲法の施行を記念し、国の成長を期する。
みどりの日　5月4日	自然に親しむとともにその恩恵に感謝し、豊かな心をはぐくむ。
こどもの日　5月5日	子供の人格を重んじ、子供の幸福を図るとともに、母に感謝する。
海の日　7月の第3月曜日	海の恩恵に感謝するとともに、海洋国日本の繁栄を願う。
山の日　8月11日	山に親しむ機会を得て、山の恩恵に感謝する。
敬老の日　9月の第3月曜日	多年にわたり社会につくしてきた老人を敬愛し、長寿を祝う。
秋分の日　9月22日	祖先を敬い、亡くなった人々をしのぶ。
スポーツの日　10月の第2月曜日	スポーツを楽しみ、他者を尊重する精神を培うとともに、健康で活力ある社会の実現を願う。
文化の日　11月3日	自由と平和を愛し、文化をすすめる。
勤労感謝の日　11月23日	勤労をたっとび、生産を祝い、国民たがいに感謝しあう。

※内閣府ホームページより
・「国民の祝日」は、休日とする。
・「国民の祝日」が日曜日に当たるときは、その日後においてその日に最も近い「国民の祝日」でない日を休日とする。
・その前日および翌日が「国民の祝日」である日（「国民の祝日」でない日にかぎる）は、休日とする。

おもな都市からの移動時間

▶広島への道
→P.416

❖ 飛行機（各空港から広島空港へ）
札幌（新千歳空港）2時間10分〜
仙台（仙台空港）1時間35分〜
東京（羽田空港）1時間20分〜
沖縄（那覇空港）1時間45分〜

2023年で開港30周年を迎えた広島空港

❖ 新幹線（各駅からJR広島駅へ）
仙台駅（東京駅経由）5時間43分〜
東京駅　3時間50分〜
名古屋駅　2時間13分〜
新大阪駅　1時間25分〜
博多駅　1時間2分〜

2025（令和7）年に新駅ビルが誕生するJR広島駅（→P.72）

広島県は、一般には温暖な気候であるとされている。県庁所在地である広島市を擁する瀬戸内海沿岸地域は、比較的雨が少なく年間を通じて晴天が多いエリア。一方、北部の中国山地山間地域は降水量が多く、冬は寒冷で積雪量も多い。沿岸地域と山間地域では、その気温や降水量に大きな差がある。

沿岸地域では年平均気温15～16度、年平均降水量1000～1100mm。山間地帯は年平均気温10～11度、年平均降水量2000～2400mmとなる。特に県北部山間地帯の冬は寒冷で、積雪量は1～1.5mにもなる（森林整備センターホームページより）。

広島市（県南部）と庄原市（県北部）の気温・降水量

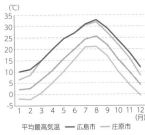

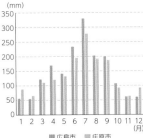

気 温　　　　　　　降水量

平均最高気温 — 広島市 — 庄原市
平均最低気温 — 広島市 — 庄原市

■広島市　■庄原市

※気象庁気象統計情報より

▶広島を襲う豪雨災害
梅雨時～夏にかけて、豪雨に襲われることが多い広島県。西日本広域で影響が出た2018（平成30）年7月豪雨（西日本豪雨災害）のほか、広島市を中心に大きな被害が出た2014（平成26）年8月豪雨が記憶に新しい。

古い映画などの影響で悪いイメージをもつ人もいるかもしれないが、広島県の治安は一般的に良好だ。広島県警察では、「住む人来る人誰もが日本一の安全安心を実感できる広島県の実現」をめざし、県民の安心感に関するアンケートを独自に行っている。それによると、「現在、あなたがお住まいの地域は、治安が良く、安全で安心して暮らせる地域だと思いますか」との質問に「そう思う」「どちらかと言えばそう思う」と答えた人は2023年調べで94.1％。前年の92.4％よりも向上している。（広島県警察ホームページより）

●広島県警察
☎082-228-0110（代表）
URL www.pref.hiroshima.lg.jp/site/police/

▶旅の安全情報とトラブル対策
→P.430

❖ エスカレーター
広島では、東京と同じく左側に立つのがマナーとされている。2023（令和5）年10月には名古屋市で「エスカレーターを歩かずに立ち止まって乗るよう義務づける条例」が施行されたが、広島ではまだ。日本エレベーター協会や鉄道事業者などでは、エスカレーターの歩行禁止を呼びかけている。

❖ 喫煙
広島県では2016（平成28）年「広島県がん対策推進条例」施行、さらに2019（令和元）年に同条例を一部改正。学校や児童福祉施設などの施設は、2020（令和2）年4月1日から敷地内完全禁煙となっている。また、飲食店や金融機関、劇場といった施設も原則は屋内禁煙だ（喫煙を認める場合は、喫煙専用室などの設置が必要）。

❖ 自転車
広島県では、自転車を利用する人に交通安全に対する意識をしっかり持ってもらうため、毎年5月を「自転車マナーアップ強化月間」に設定している。交通ルールを守り、マナーよく運転してもらうことで、自転車による交通事故や自転車利用者の危険・迷惑行為を防止するのが目的だ。

❖ 運転マナー
運転マナーが悪いというイメージのある広島県だが、交通事故の発生件数や死亡者数が、他県と比べて特筆して多いわけではない。広島県交通対策協議会では、1967（昭和42）年より毎月1日を「広島県交通安全日」に指定。交差点で街頭指導を行うなど、交通安全意識の向上を図っている。

▶習慣とマナー
→P.432

すれ違うことを「離合」
広島では道路で車と車がすれ違うことを「離合」と呼ぶ。道路上にも「離合注意」などの看板が出ることがあり、広く県民には周知された言葉だが、実は「離合」を使うのはおもに西日本。

鞆の浦で
悠久の歴史を
味わう

箱庭的都市、
美観の尾道散策

県民が愛する
お好み焼き

地酒と肴で
今宵もほろ酔う

全国シェアNo.1
ご当地食材カキ

エンタメ性の高い
ひろしまの神楽

西日本最大!
壬生の花田植

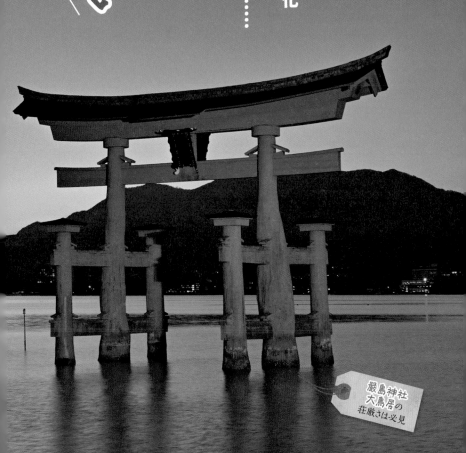

愛すべき美景

豊かな食

残したい伝統や文化

四季折々の楽しみ……

広島へ
遊びに
きんさい

厳島神社
大鳥居の
荘厳さは必見

地図とデータで読み解く
23市町それぞれ個性的
広島早わかりナビ

広島旅行の基礎知識として、個性豊かな23市町の概要をご紹介。
各エリアの位置関係を頭に入れて、おもな見どころをチェックしよう。

「広島」という地名は、1589（天正17）年、広島城築城の時に毛利輝元が命名したとされている

P.294
三次・庄原・神石高原・世羅エリア
妖怪から花々まで多彩な魅力の山間の地
見どころ
三次もののけミュージアム、帝釈峡、世羅高原農場

P.252
福山・府中エリア
木工や繊維などものづくりの企業が集う
見どころ
福山城博物館、ばら公園、鞆の浦、キテラスふちゅう（北館）

P.222
三原・尾道エリア
空港を擁し東部を代表する観光地も多数
見どころ
三景園、尾道七佛巡り、ONOMICHI U2、瀬戸内しまなみ海道

P.274
安芸高田・安芸太田・北広島エリア
神楽や毛利氏史跡など歴史と文化に浸る
見どころ
神楽門前湯治村、井仁の棚田、三段峡、戦国の庭 歴史館

P.156
宮島・廿日市・大竹エリア
厳島神社に工場夜景と映えスポット多数
見どころ
厳島神社、大竹市のコンビナート地帯、宮島水族館（みやじマリン）

P.112
広島市・安芸郡エリア
県庁所在地と自動車産業でにぎわう市町
見どころ
平和記念公園、マツダミュージアム、筆の里工房

P.180
呉・江田島エリア
明治〜昭和期の海軍さんも愛した海景色
見どころ
大和ミュージアム、アレイからすこじま、海上自衛隊第1術科学校

P.198
東広島・竹原・大崎上島エリア
名醸地や竹鶴政孝の故郷を擁する酒の町
見どころ
西条酒蔵通り、たけはら町並み保存地区、神峰山

庄原市
三次市
神石高原町
北広島町
安芸高田市
世羅町
府中市
安芸太田町
広島市
府中町
海田町
東広島市
三原市
尾道市
福山市
廿日市市
坂町
熊野町
竹原市
宮島
呉市
大崎上島町
大竹
江田島市

👑 広島なんでもランキング ★★★

人口 👑 全国12位

広島県の人口は273万114人。うち男性が132万4319人、女性が140万5795人。若干だが女性のほうが多い。県全体の人口は、対前年同月差で228ヵ月連続の減少。

順位	市町	人口
1位	広島市	118万2983人
2位	福山市	45万1336人
3位	呉市	20万306人

※全国順位は総務省「令和2年国勢調査」、人口は広島県「広島県の人口 令和6年3月1日現在」より

面積 👑 全国11位

広島県の面積は8478.94平方キロメートル。全国11位となっている。23市町別にみると庄原市が最も広く、県面積の多くを山間部が占めている。

順位	市町	面積
1位	庄原市	1246.49㎢
2位	広島市	906.69㎢
3位	三次市	778.18㎢
21位	坂町	15.69㎢
22位	海田町	13.79㎢
23位	府中町	10.41㎢

※国土地理院「令和6年全国都道府県市区町村別面積調」より

カキの収穫量 👑 全国1位

2022（令和4）年のカキの収穫量は96万800トン。全国シェア58.5%を占める。（→P.348）

※広島県「全国的に生産順位の高い農水産物 令和2～4年」より

人口1万人あたりのお好み焼き店舗数 👑 全国1位

広島県の人口1万人あたりのお好み焼き店の数は4.9軒。全国平均は1.0軒なので、5倍近い数の店があることになる。（→P.62）

※オタフクソース「数字でみるコナモン!2021年 日本全国お好み焼き店舗数」より

路面電車編成数・年間輸送人員 👑 全国1位

2021（令和3）年3月末現在で広島電鉄の路面電車編成数は136両・編成、年間輸送人員は3845万人、いずれも日本一だ。（→P.100）

※広島市「世界一・日本一（令和3年版広島市勢便覧）」より

過去1年間に釣りをした人の割合 👑 全国1位

確かに釣り好きが多い広島県民。島しょ部や海岸沿いはもちろん広島市内の中心部でも、川べりや橋の上で釣り人の姿を見かける。

※総務省統計局「令和3年社会生活基本調査からわかる都道府県ランキング」より

スポーツ観覧の都道府県別行動者率 👑 全国1位

全国平均21.5%に対し、広島県は32.9%。2024（令和6）年は新サッカースタジアムもでき、さらに観戦者が増えそうだ。（→P.44）

※平成29年総務省「統計トピックスNo.104統計からみた我が国のスポーツ ―「体育の日」にちなんで―（社会生活基本調査の結果から）」より

移住希望地ランキング 👑 全国1位

東京都「ふるさと回帰支援センター」集計。2021（令和3）年・2022（令和4）年連続で広島県が見事「セミナー部門」第1位に。

※ふるさと回帰支援センターウェブサイトより

広島県に多い苗字 👑 ベスト5

さほど意外性のないランキング。4位の「村上」姓は、南北朝時代～戦国期にかけ瀬戸内海で活躍した村上水軍に関係がありそう。

順位	名字	人数
1位	山本さん	約3万100人
2位	藤井さん	約2万4500人
3位	田中さん	約2万2800人
4位	村上さん	約2万2500人
5位	高橋さん	約2万2100人

※「名字由来.net」ウェブサイトより

ようこそ広島へ！

広島でこれしんさい！

地元誌 **TjHiroshima**
スタッフも太鼓判

SELECT 10

五感を揺さぶられること間違いなしの広島旅。地元の魅力をより深く知ってもらうため、体験してほしいことを10個選びました。

1 やっぱり宮島に行ってほしい
▶ P.30, P.158

嚴島神社を擁する宮島は寺社仏閣だけじゃない。1日中飽きない魅力が詰まっているんです。（編集部・山猫）

2 スポーツでみんな仲間
▶ P.44

カープ、サンフレなど多彩なスポーツが観戦できる広島。応援すればみんな仲間！（編集部・たにパン）

3 G7広島サミットゆかりの旅
▶ P.54

TJ編集部も記念撮影！

2023（令和5）年開催のG7広島サミット。ゆかりの地や商品などチェックしたいもの山盛りです。（編集部・アライリー）

5 名作映画をたどって歩く
▶ P.88

カンヌ国際映画祭受賞作『ドライブ・マイ・カー』はじめ気になる映画のロケ地が多数。名シーンがよみがえります。（編集部・のりねぇ）

4 お好み焼きの沼へハマってみるべし
▶ P.62

「お好み焼きってみんな同じ」と思ってるなら大間違い。戦後から続くレジェンド店に個性派店、エリアごとの「ご当地焼き」まで裾野の幅がすごいんです。（編集部・あんあん）

plus

平和記念公園（原爆ドーム）と宮島を高速船で最速で移動できる「ひろしま世界遺産航路」。乗り換えいらずで所要時間約45分は効率的。道中の瀬戸内の海景色も楽しみのひとつだ。（→P.102）

6 自転車好きなら しまなみ海道 ▶P.108

橋の上から見る海と島々は絶景中の絶景！ レンタサイクルも充実しているのでぜひ。（編集部・マキメタル）

8 東広島市 酒蔵通りそぞろ歩き ▶P.207

7つの蔵がひしめく酒蔵通り。蔵見学ができたり、おみやげや試飲が充実していたり、お酒好きなら必見です。（編集部・ポーカー）

10 最近のおみやげ ばり洒落とるんよ ▶P.380

デザインがすてきなお菓子や、一生使えそうな雑貨。広島みやげも絶賛進化中なんです。スタイリッシュなスーベニアショップも増加中。（編集部・たにパン）

7 ▶P.348 おなかいっぱい カキ食うけん♪

広島の冬といえばカキ。カキ小屋もたくさんあります！ 最近じゃ春のカキも注目なんです。（編集部・山猫）

9 ご当地麺の 奥深き世界 ▶P.372

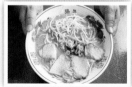

広島ラーメン、尾道ラーメン、汁なし担々麺、呉冷麺、広島つけ麺と、実はご当地麺の宝庫な広島。全部食べて帰ってほしい！（編集部・あんあん）

+MORE 広島旅にプラスしてほしいふたつのこと

歴史と向き合う大切な時間

平和記念公園にある原爆ドームは世界文化遺産に登録されている。歴史を知ることで"平和"について考える時間をもとう。
▶P.328

地元っ子も知らない!? 季節の絶景を見る

ハート形に見える島や里山の風景、見事な雲海など、四季折々の広島で見られる絶景も多数。ぜひ自分の目で確かめてほしい。
▶P.38

宮島行きのフェリーは複数あるが、JR西日本宮島フェリーは、大鳥居に接近する「大鳥居便」を運航している。"厳島神社をバックに大鳥居を正面から"という絶好のシャッターチャンスを手にしたいならぜひ！

いつ訪れても楽しめる！ 広島イベントカレンダー

	1月	2月	3月	4月	5月	6月

上旬

1月1~3日
耕三寺新春催事
（尾道市）
参拝者には「干支絵散華」が数量限定で配られる。三が日には、孝養門の特別開扉も

1月3日
多聞寺 百万遍念珠繰り（福山市）
新年の無病息災を祈る行事。境内のたき火を中心に輪になり、住職の唱えるお経に合わせて大数珠を繰りながら回す

2月上旬
三原神明市
（三原市）
室町時代末期から450年以上続く三原市を代表する祭り。地元名物のだるまが集まることでも有名

2月第2日曜
お弓神事（福山市）
福山市の沼名前神社で行われる祭礼。矢を放って邪気を払い、無病息災を祈る伝統行事

2月中旬~3月下旬
天領上下ひなまつり（府中市）
上下町商店街とその周辺に雛人形を展示。手作り小物やスイーツなどが並ぶ「でこ市」の開催も

4月
尾道みなと祭
（尾道市） ▶P.343
踊りコンテストをはじめ、太鼓団体によるステージや屋台など、さまざまな催しが繰り広げられる

4月15日
火渡り式（廿日市市）
真言宗御室派大本山である大聖院（→P.162）の年中行事。弥山で1200年間燃え続ける「消えずの霊火」から移された火の上を、願望成就を唱えながら素足で渡る

5月
福山ばら祭（福山市） ▶P.343
市の花である「ばら」をテーマにした福山市最大の祭り

5月
塩原の大山供養田植（庄原市）
▶P.344
太鼓や歌でにぎやかに囃しながら共同で行う田植え。4年に1度の開催

5月3~5日
ひろしまフラワーフェスティバル（広島市） ▶P.341
1977（昭和52）年から続く広島最大級の祭典。平和大通り周辺を会場に、パレード・ステージ・ひろばの3部門で構成される

6月~9月
三次の鵜飼（三次市） ▶P.343
戦国時代末期からの伝統ある三次市の夏の風物詩。間近で楽しめる遊覧船が人気

6月第1金~日曜
とうかさん大祭（広島市） ▶P.340
浴衣の着始めを告げる中区「とうかさん圓隆寺」（→P.122）の祭り。広島3大祭りのひとつ。多くの女性が艶やかな浴衣を着る

6月第1日曜
壬生の花田植（北広島町）
▶P.344
代掻きや苗取り、田植えなど、その年の稲作の無事と豊作を祈願する行事。ユネスコ無形文化遺産

5月第2日曜
新庄のはやし田（北広島町）
▶P.344
早乙女たちが歌に合わせて田に苗を植える農耕行事。国の重要無形民俗文化財

6月中旬~下旬
岩戸ホタル祭り（北広島町）
ホタルウオークラリーや神楽上演、ステージ、地元グルメの販売など

上旬

中旬

3月第3日曜
ようようまつり（坂町）
ありがとうを意味する坂町の方言「ようよう」。故郷への思いを込めた祭りで、屋台が立ち並ぶほか、和太鼓やダンスなどのステージもある

4月下旬
呉みなと祭（呉市） ▶P.342
蔵本通りやれんがどおりで開催される呉市最大のイベント。毎年多くの来場者でにぎわい、総勢約2000人を超えるパレードは見応え十分

5月最終土曜
福山鞆の浦弁天島花火大会（福山市） ▶P.343
水面に映る花火が幻想的で、港町ならではの情緒ある花火大会。鞆の伝統芸能を披露

下旬

2月第3土曜
久井稲生神社御福開祭 はだか祭り（三原市）
県内唯一のはだか祭り。無病息災を願い300余名の裸男が、2本の御福木を奪い合う

3月下旬
宮島清盛まつり（廿日市市）
「平家一門の厳島神社参詣行列」をモチーフに、事前に申し込んだ参加者が扮装して島内を練り歩く。平清盛をしのぶ年中行事

5月最終日曜
原田のはやし田（来原さんばい祭り）（安芸高田市） ▶P.344
豊作を祈願する伝統行事。地元中学生による模擬田植えのほか、国の重要無形民俗文化財「安芸のはやし田」の公開も

広島県内で開催される四季折々のイベント・祭り。歴史に触れる伝統行事から遊び心いっぱいのレジャーイベントまで、広島の魅力を思いきり満喫しよう。

7月	8月	9月	10月	11月	12月

8月上旬　再再来祭　ふれあい戸河内まつり（安芸太田町）
神楽やダンスなどのステージや、屋台舟の練り歩きや盆踊り、花火大会など

7月中旬　一心祭り（安芸高田市）
戦国武将・毛利元就にちなんだ武者絵巻や神楽上演などを実施。華やかに輝く花火が祭りの最後を締めくくる

旧暦6月14〜15日（7月下旬）　住吉祭（すみよしさん）（広島市）
広島管弦祭とも呼ばれる広島3大祭りのひとつ。巨大茅の輪くぐり、人形流しなどが行われる

旧暦6月17日（7〜8月頃）　厳島神社管絃祭（廿日市市）▶P.340
厳島神社の御祭神が乗る御座船が対岸の地御前神社前へ渡り、浜辺で祭典と管絃を奉奏する

旧暦6月17日（7〜8月頃）　切串おかげさんまつり（江田島市）
願いを込めて作った麦わら船を川に流す伝統行事

7月下旬　呉海上花火大会（呉市）
呉港内で行われる、呉市の夏の風物詩。海上から打ち上げられる花火は迫力満点

7月下旬　広島みなと夢花火大会（広島市）
「夢」をテーマに、夜空に大輪の花火が咲く

8月14日　大崎上島サマーフェスティバル（大崎上島町）
魚のつかみどり大会や昼の部・夜の部と2部構成のステージイベントを実施。フィナーレは海上花火

8月第2日曜含む金・土・日曜　三原やっさ祭り（三原市）▶P.342
子供から大人まで多くの市民の踊り手が三原駅前を中心に踊り、最終日には花火大会がフィナーレを飾る

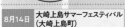

8月下旬　大竹・和木川まつり花火大会（大竹市）
広島県と山口県の県境を流れる小瀬川で開催される花火大会

秋分の日　筆まつり（熊野町）▶P.341
日本三筆のひとり・嵯峨天皇をしのび、筆作りに関わる人へお礼を伝える祭典。毎年秋分の日に開催され、5万人もの来場者でにぎわう

10月　ひろしまフードフェスティバル（広島市）▶P.342
広島城（→P.118）一帯を会場に、県内の旬の味覚が集結。神楽やステージも

10月　酒まつり（東広島市）▶P.341
酒どころとして知られる東広島市の祭り。西条駅周辺が、多くの人出でにぎわう

10月初旬　芸石神楽競演大会（北広島町）▶P.336
70年以上の歴史をもつ競演大会。町内中心に多数の神楽団が演目を披露する

10月上旬〜中旬　亀鶴山吉備津神社秋季大祭（神石高原町）
1日目は亀鶴山八幡神社、2日目は亀鶴山八幡神社の境内地内にある吉備津神社で開催

10月中旬　火ともしまつり出崎森神社（海田町）
出崎森神社の秋祭り前夜に行われる。全長4mの大たいまつや小たいまつを持って行列する様子は実に厳か

10月下旬　たけはら憧憬の路〜町並み竹灯り〜（竹原市）▶P.215
町並み保存地区が、竹筒からあふれる明かりで幻想的にライトアップされる

10月下旬　つばき祭り（府中町）
歌や踊りのステージ、神楽、乗り物の展示など

10月下旬〜12月下旬　みろくの里 ウィンターイルミネーション（福山市）▶P.43
中国地方最大級の150万球のLEDライトを使用したイルミネーションと、光る大型アトラクションが夜の「みろくの里」（→P.261）を彩る

11月1〜3日　尾道ベッチャー祭（尾道市）
尾道市民俗文化財に指定されている奇祭。3匹の鬼が道具を持って人をたたいて無病息災を願う

11月上旬〜12月上旬　世羅高原キャンドルナイト（世羅町）▶P.43
花観光農園「そらの花畑 世羅高原花の森」（→P.316）を会場に、約1万2000個ものキャンドルのあたたかい光に包まれるイベント

11月上旬〜1月下旬　ポポロ冬のまつりウィンターイルミネーション（三原市）▶P.43
約11万球のLEDライトが「ポポロ」（→P.227）を照らし、幻想的な日常の世界へ誘う。シャボン玉による演出は必見

11月上旬〜1月上旬　備北イルミ（庄原市）▶P.42
国営備北丘陵公園（→P.306）の丘陵地形と樹木を生かした装飾が特徴のイルミネーション

11月18〜20日　胡子大祭（えべっさん）（広島市）▶P.342
広島3大祭りのひとつ。商売繁昌を願う縁起物の竹の熊手「こまざらえ」を求める人や多くの屋台でにぎわう

11月中旬〜1月上旬　ひろしまドリミネーション（広島市）▶P.42
ゴールドを基調としたオリジナルLEDライトで、平和大通り周辺の樹木をライトアップ

11月下旬〜12月下旬　広島市植物公園「花と光のページェント」（広島市）▶P.42
「広島市植物公園」（→P.142）を会場に、キャンドルで作ったイルミネーションやクリスマスツリー、電飾やオブジェなどで華やかに装飾

12月31日　鎮火祭（廿日市市）
江戸時代から続く火難除けの祭り。厳島神社（→P30、161）の御笠浜で行われる

世界の遺産から瀬戸内の絶景まで制覇

イイトコドリ！ 1泊2日モデルプラン！

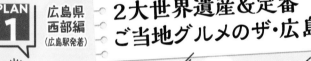

PLAN 1 広島県西部編（広島駅発着）

2大世界遺産＆定番ご当地グルメのザ・広島旅

START

DAY 1 ▶ おすすめコース

9:30 ●広島駅

🚃 路面電車 約20分

10:00 ●平和記念公園 ▶P.328
園内には、世界遺産に登録されている原爆ドームや原爆投下当時の広島の様子を展示した広島平和記念資料館、原爆死没者慰霊碑などの平和関連の施設が点在している。

🚶 徒歩 約15分

12:30 ●お好み村 ▶P.132
広島お好み焼きが食べられる代表的なスポット。のれんや鉄板カウンターの店舗が隣接し、ビルの中でありながら、屋台で食べているような活気と臨場感

焼けたソースの香りがたまらない

14:00 ●広島本通商店街
約200店舗が軒を連ねる広島市中心部最大のアーケード商店街。広島では、「本通り」という呼称で親しまれている。商店街をぶらぶらしながら広島の空気感を味わってみて。

徒歩約1分 🚶

●宮島島内宿泊

季節によりいろんな表情を見せる

17:00 ●宮島 ▶P.158
日本三景「安芸の宮島」として知られる、広島を代表する観光スポット。島内の移動は基本徒歩のため、宿泊するホテルまで散策しながら宮島の景観を楽しもう。

高速船 45分 🚢

16:10 ●世界遺産航路 ▶P.102
原爆ドームと宮島を片道約45分でダイレクトにつなぐ海上交通。川と海から広島の町並みを眺める醍醐味に加え、移動手段としても最適。

🚶 徒歩 約5分

15:00

●おりづるタワー ▶P.121
世界遺産「原爆ドーム」の東隣にあり、展望スペースから平和記念公園の全景を眼下にみることができる。見学後、タワーのシンボル「おりづるの壁」に、折り鶴を投入してみよう。

🕘 **9:00**

●嚴島神社 ▶P.30
まずは大鳥居を拝み、神社参拝へ。

🚶 徒歩 約10分

🕥 **10:30**

●宮島ロープウエー（紅葉谷駅） ▶P.160

紅葉谷公園から弥山山頂近くにふたつのロープウエイを乗り継いで行ける。原始林の谷間を縫っていく約20分の空中散歩で瀬戸内海の景色を楽しめる。

🚶 獅子岩駅から 徒歩 約20分

🕛 **12:00**

●弥山展望台 ▶P.32
宮島の最高峰で標高は535m。3m超えの巨大岩が集まる山頂からの景色は絶景で、瀬戸内海、四国連山などの景観を一望できる。

あの伊藤博文も絶賛したといわれる眺望

🚶 徒歩＋ロープウエイ 約50分

🕐 **13:00**

●宮島表参道商店街散策 ▶P.159

嚴島神社へと続く商店街は、おみやげ探しや食べ歩きを楽しむ人たちでにぎわう。カキやアナゴをはじめとしたご当地グルメの店でランチタイムを。

🚩 FINISH!

おみやげを買い忘れたら広島駅「ekie」へ

🕡 **18:30**

●広島駅

🚃 JR山陽本線 約25分

🕔 **17:00**

●あなごめし うえの ▶P.166
創業100年以上、あなごめし発祥の店にぜひ立ち寄りたい。店内で食べるのもいいが、もともと駅弁として生まれたメニューのため、冷めてもおいしいので弁当購入もおすすめ。

🕓 **16:00**

●etto&はつこいマーケット ▶P.166
宮島口旅客ターミナルに直結の商業施設。広島・瀬戸内のおみやげが充実。大野町漁協直営のカキ屋さんで殻付きカキを購入して発送することもできる。

⛴ 宮島桟橋からフェリー 約10分

職人さんがサポートしてくれるので安心

🚶 徒歩 約5分

🕝 **14:30**

●もみじ饅頭手焼き体験 ▶P.165
宮島桟橋近くにある体験施設「宮島伝統産業会館」にある、もみじ饅頭手焼きコーナー。自分で焼いたもみじ饅頭をおやつで食べても、おみやげとして持ち帰ってもOK。

PLAN 2

イイトコ ドリ!

広島県 東部編 （福山駅発着）

人気の尾道&鞆の浦〜 瀬戸内海の魅力200%満載プラン

START

DAY 1 ▶ おすすめコース

🕘 9:00

●福山駅

🚌 バス 約45分

🕙 10:00

●瀬戸内しまなみ海道 サイクリング ▶P.108

大三島BS（道の駅 多々羅しまなみ公園）で下車後、レンタサイクルを利用。自転車で県境にかかる「多々羅大橋」を愛媛側から広島に渡り、サイクリストの聖地を体感。

瀬戸内の 今島美を肌で 感じられるはず

🚲 レンタサイクル 約60分 ▶P.248

🕚 11:00

●耕三寺博物館・未来心の丘

瀬戸田町観光案内所で自転車を返却して徒歩で耕三寺へ。寺院・耕三寺を博物館の一部として公開しているほか、大理石彫刻庭園・未来心の丘はフォトジェニックスポットとして人気。

 徒歩 1分

🕛 12:00

●しおまち商店街 ▶P.249

耕三寺から瀬戸田港に続く商店街には、"ちょい食べ"にぴったりなスポットがたくさん！ 人気グルメや柑橘スイーツなどの食べ歩きをしてみよう。

夕食は 港町・尾道ならではの 地魚料理をぜひ

●尾道市街宿泊

🕞 15:30

●尾道市街地散策 ▶P.233 （尾道本通り商店街&海岸通り）

JR尾道駅前から東に1.6km続く尾道本通り商店街や尾道水道を臨む海岸通りには、尾道らしい景観と風情があり、通りには尾道名物の店やおしゃれな雑貨屋さんなども多数。

👣 徒歩 1分

🕝 14:30

●おのみち映画資料館 ▶P.235

白壁の倉庫を改修して造られた映画の町のシンボル的施設で入口の映写機が目印。懐かしい映画のポスターや尾道ゆかりの作品のロケ写真などを展示している。

 クルージング + 徒歩 約60分

●瀬戸田港

🕜 13:25

👣 徒歩 約5分

広島は国内 レモン 生産量日本一!

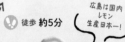

PLAN 2 DAY 2

FINISH!

商業施設
「さんすて福山」で
瀬戸内らしい
おみやげをゲット

9:30 ●千光寺山ロープウェイ
（山麓駅）

尾道水道と尾道市街ののどかな風景を
楽しみながらロープウェイで山頂へ。

17:00 福山駅

🚌 路線バス 約30分

🚡 ロープウェイ **3分**

10:00 ●千光寺公園 ▶P.234

公園の頂上展望台
「PEAK（ピーク）」や
視点場「MiTeMi（ミ
テミ）」から尾道水道
やしまなみ海道の眺
望を満喫。下りは、
坂の町・文学の町並
みを散策しながら楽
しみたい。

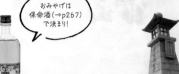

おみやげは
保命酒（→p267）
で決まり！

14:00 ●鞆の浦町並み散策 ▶P.264

朝鮮通信使に「日東第一形勝（朝鮮よ
り東で一番美しい景勝地）」と称賛され
た「福禅寺 対潮楼」やシンボルの「常
夜燈」、坂本龍馬ファン必見の「いろは
丸展示館」などをめぐる。

🚢 クルージング 約60分
🚗 （車の場合 約60分）

13:00 ●尾道─鞆の浦航路 ▶P.103

※2024年11月18日まで土日祝限定
（10/28を除く）

日本遺産に選ばれたふたつの港「尾
道」「鞆の浦」を結ぶ極上のクルージン
グコースが期間限定で運航。

🚶 徒歩 **約15分**

12:00 ●尾道ラーメン ▶P.373

醤油ベースのスープに、豚
の背脂が浮かぶ尾道ラーメン
を提供する店は市街地に多数。
連日行列ができる店もあり、
お目当ての店に行きたい場合
は並ぶことも想定しておこう。

尾道駅から尾道港まで
徒歩 **約3分**

ぷるぷるの背脂が
スープに
濃厚なコクをプラス

Check!

INFORMATION

もっと広島のモデルプランを探すなら…

Dive!
Hiroshima
ひろしま公式観光サイト

せとうち広島の魅力を
陸と海から大満喫！

etSETOra & SEA SPICA
エトセトラ シースピカ

で行く 瀬戸内周遊旅　2泊3日オススメモデルコース

HITひろしま観光大使とは…

「広島のことが好き」であれば誰でもなれる制度です。現在は2万人を超える大使が存在し、日々SNSなどを通じて広島の魅力を発信してくれています。（2024年3月現在）「HITひろしま観光大使」についてはコチラをチェック！▶▶

HITひろしま観光大使 ひろくま

陸から

美しい景色にグルメ、瀬戸内の魅力を満喫！

広島〜尾道駅間を呉線経由で運行する観光列車「エトセトラ」。車内限定の絶品スイーツ（要予約）や、復路（下り）では沿線エリアのお酒やおつまみをいただきながら、車窓からの美しい景色を楽しめます。ビュースポットでは減速や停止してくれるので、写真撮影もバッチリ。

詳しくはコチラをチェック！▶▶▶

観光型高速クルーザーで、瀬戸内の多島美を楽しむ

瀬戸内海の島々を効率よく巡るなら、やっぱり船の旅は外せない！　「シースピカ」は景色を楽しむだけでなく、コンシェルジュが同乗し、島々の魅力や歴史を解説してくれるのがうれしい。ラウンジのような1階客室はもちろん、2階屋外デッキのソファで海風を感じながら景色を眺めるのもおすすめ。

詳しくはコチラをチェック！▶▶▶

海から

窓が大きく、景色が見やすいのがうれしい！

#車窓パノラマビュー

etSETOraオリジナルカクテルがあります（復路限定）

#トレインバー出現

SEA SPICA

#迫力の呉港艦船めぐり

開放感いっぱい！瀬戸内海の景色を楽しもう！

SEA SPICA

ゆったりソファで贅沢な気分になれる！

#特注のソファシート

広島へは新幹線で！

オススメモデルコース

至 博多 — 広島 — 山陽本線 — 西条 — 山陽新幹線 — 東広島 — 三原 — 新尾道 — 至 岡山・新大阪

1日目 広島市内

2日目 広島駅～三原駅（観光列車 エトセトラ利用）

広島港

3日目 広島駅～宮島口

宮島口

海上自衛隊 呉基地艦船遊覧

呉港 / 呉

竹原 / おおくのしま 大久野島（立ち寄り観光）/ 瀬戸田 / 生口島

2日目 三原港～広島港（観光型高速クルーザー シースピカ利用）

しもかまがりじま 下蒲刈島 / 大崎下島 / 御手洗（みたらい）（立ち寄り観光） / しまなみ海道

三原港

※エトセトラ、シースピカは往路復路の逆ルートもあります

東京駅発着オススメモデルコース

鉄道と船を組み合わせた新しい瀬戸内周遊ルートにより、陸からも海からも
楽しんでいただける贅沢な行程をご紹介。

1日目

1 **東京駅発**

新幹線のぞみ号で約4時間

行きたいスポットや気になるお店を
チェックしながら快適に移動！
車窓の景色を眺めながら
の移動も鉄道旅の醍醐味。

2 **広島駅着**

広島市内観光
（平和記念公園、おりづるタワーなど）

平和への
想いを新たに

3 **広島市内泊**

グルメや
お酒を満喫！

2日目

1 **広島駅 9:32発**

観光列車エトセトラ：往路（JR呉線経由）

三原駅12:18着 （三原で昼食など）
［徒歩約5分］

2 **三原港13:25発**

観光型高速クルーザー シースピカ：
瀬戸内しまたびライン（西向きコース）

●大久野島
（立ち寄り観光）

うさぎと
ふれあい
（30分）

●御手洗
（立ち寄り観光）

御手洗
地区散策
（60分）

●音戸の瀬戸（船上より）

●海上自衛隊呉基地
艦船遊覧（船上より）

グランドプリンスホテル広島でも下船可

広島港18:00着

3 **広島市内泊**

3日目

1 **広島駅**

（JR山陽本線約30分）

2 **宮島口駅**

3 **フェリーで宮島へ**

宮島観光

世界遺産
宮島を満喫！

（広島駅でおみやげと弁当購入など）

4 **広島駅発**

新幹線のぞみ号で約4時間

せとうち広島旅の写真を振り
返ったり、SNS投稿をしたり
しながらゆったり
お過ごしください。

5 **東京駅着**

広島県内のスポット・体験情報は ひろしま公式観光サイトをチェック！

※2024年4月現在の情報です。

広島空港を拠点に
臨空市町をめぐる

広島空港

中四国、瀬戸内・山陰エリアの中心に位置する空港。空港ターミナルビルには、おみやげショップやご当地グルメの飲食店も多数あり、広島旅行の玄関口として、その魅力をたっぷりと発信している。

住 三原市本郷町善入寺64-31
問 広島空港ビル案内所 ☎0848-86-8151

プラン1 | 歴史と自然に触れるプラン

1st.Day
（1日目）
広島空港出発 → 竹原市に宿泊

2nd.Day
（2日目）
竹原市出発 → 三原市に宿泊

3rd.Day
（3日目）
三原市出発 → 広島空港到着

自然 大久野島（竹原市忠海町）

「ウサギ島」でウサギたちとふれあう

景観 大串海水浴場（大崎上島町大串）

三日月の美しい曲線を描く白い砂浜から瀬戸内の多島美を眺望

景観 きのえ温泉ホテル清風館（大崎上島町沖浦）

露天風呂から瀬戸内の島々の大パノラマを臨む

歴史 たけはら町並み保存地区（竹原市本町3丁目周辺）

落ち着いた風情を漂わす町並み保存地区を散策

歴史 三原城跡（三原市館町）

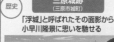
「浮城」と呼ばれたその面影から小早川隆景に思いを馳せる

西国街道の駅ミハラ（三原市本町）

瀬戸内の恵みが詰まった商品をお買い物

景観 千光寺公園（尾道市西土堂町）

長い橋のような造りの斬新なデザインの頂上展望台PEAKから尾道水道を臨む

歴史 文学のこみち（尾道市東土堂町）

尾道ゆかりの作家・詩人の作品を自然石に刻んだ文学碑をめぐりながら散策

自然 白竜湖リゾート（三原市大和町）

山に囲まれた湖畔の景色と天然緑石を使った大岩風呂で旅の疲れを癒す

景観 今高野山（世羅町甲山）

県指定史跡で、春の桜、秋の紅葉時期の心に染み入る風景を目に焼き付けたい

自然 世羅高原農場（世羅町別迫）
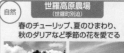
春のチューリップ、夏のひまわり、秋のダリアなど季節の花を愛でる

歴史 西条酒蔵通り（東広島市西条本町）

7つの酒蔵が軒を連ねる白壁の風情ある町並みを散策

歴史 安芸国分寺（東広島市西条町）

自然と調和した公園で、貴重な史跡や文化財に触れる

モデルプラン

広島臨空広域都市圏（臨空）とは

広島空港をとりまく4市2町（三原市、竹原市、尾道市、東広島市、大崎上島町、世羅町）で構成。臨空圏の活性化に向け、観光事業や情報発信、イベントの開催などに連携して取り組んでいる。

広島空港から臨空市町へのアクセス

世羅町 バス約45分 レンタカー約25分 →P.304～

東広島市 バス約25分 →P.198～

三原市 バス約38分 →P.222～

尾道市 バス約45分 →P.222～

竹原市 バス約30分 →P.198～

大崎上島町 バス約30分＋フェリー約30分 →P.198～

※乗り換え等の時間は含まれておりません

プラン② 空港周辺グルメ満喫プラン

1st.Day （1日目）
広島空港出発 → 大崎上島町に宿泊

食体験 八天堂カフェリエ（三原市本郷町）
世界にひとつだけのパン作りを体験（要予約）

おやつ 空の駅 オーチャード（三原市本郷町）
季節の素材を使ったフルーツサンドなどを満喫

ランチ お好み焼ほり川（竹原市本町）
地元酒蔵の酒粕を生地に練りこんだお好み焼き「純米吟醸たけはら焼」を！

食体験 アヲハタ ジャムデッキ（竹原市忠海中町）
瀬戸内海を見渡せる施設で工場見学＆ジャム作り体験（要予約）

ディナー 久万田（大崎上島町東野）
築百年の古民家で、島の漁師や農家から直接仕入れた食材で作られる料理に舌鼓

2nd.Day （2日目）
大崎上島町出発 → 尾道市に宿泊

おみやげ 岡本醤油醸造場（大崎上島町東野）
昔ながらの天然醸造にこだわった醤油造りを見学（要予約）おみやげに醤油を購入

ランチ お好み焼きてっちゃん（三原市城町）
養鶏が盛んな三原ならではの、鳥もつ入りのお好み焼き「三原焼き」を満喫

おやつ おやつとやまねこ（尾道市東御所町）
小さな牛乳瓶の赤いイラストがかわいい名物の「尾道プリン」を購入

ディナー 尾道ラーメン 丸ぼし（尾道市土堂）
瀬戸内の小魚からとったダシに醤油を合わせたスープが特徴の尾道ラーメンは必食

3rd.Day （3日目）
尾道市出発 → 広島空港到着

おみやげ 道の駅西条のん太の酒蔵（東広島市西条町）
地元食材が集結する道の駅で、東広島市内10蔵の日本酒を購入

ランチ お食事処 石庭（東広島市高屋町 仙石庭園内）
程よい歯ごたえと豊かな旨味が特徴の東広島こい地鶏を使った親子丼膳を堪能

おやつ ガーデンテラス キミ（世羅町京丸）
世羅町の食材とコラボしたジェラート＆こだわりスイーツを愉しむ

ディナー 世羅つづみ鶏（世羅町本郷）
地元産の鶏肉を豪快に備長炭で焼く「つづみ焼き」でシメる

わたしと広島の話

RCCテレビ

2010（平成22）年の放送開始から不動の人気を誇るローカルバラエティ『元就。』。県内を"すたこら街ブラ"し続けて15年、"広島の歩き方"を熟知するおふたりが語ってくれました。

アンガールズ
山根良顕さん

アンガールズ
田中卓志さん

編=編集部　山=山根さん　田=田中さん

編　広島出身のおふたりの思い出の場所は?

田　小学校3年生の時に、カープ対大洋（現：横浜DeNAベイスターズ）戦を観戦するのに初めて訪れた広島市民球場ですね。大学時代には、広島市民球場で僕がジュース売り、山根がチケットもぎりのバイトを経験しました。芸人になってからはふたりでグラウンドに立ち、始球式もさせてもらいました。

山　僕も同じく広島市民球場。高校1年生の時に初デートで行ったんですが、グループ交際だったので結局男友達としゃべってばかりでした（笑）。もちろんマツダスタジアム（→P.44）も大好き。ここで新井監督が胴上げされるところを見たいです。

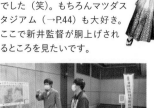

昆虫の捜索開始時には「新種見つからないかな〜」と話していた山根さんと千田さん

新種の昆虫名は、番組名からとって「モトナリ ヒメコバネ ナガハネカクシ」に決定!

編　印象に残っているロケ地はどこですか?

田　神石高原町にある、1948（昭和23）年創業の味噌蔵「神龍味噌」。後継者難の問題を抱えていて、ご主人が熱い思いを吐露したところ、OAを見た方が若い後継者夫婦を探し出してくれて、見事味噌蔵が復活したんです。番組をきっかけに奇跡が起きました。

山　僕はあの大発見ですね! 庄原市の「比和自然科学博物館」を訪れた際、昆虫博士である千田喜博さんの手ほどきを受け、山中でハネカクシという昆虫の仲間を探すことになって。そこで、新種とみられる個体を発見し、なんと1年後に千田さんの研究論文が海外の学術誌に掲載されて……本当に驚きましたね。

編　番組の今後の展望を聞かせてください。

田　番組放送開始から500回を迎えたのが、47歳手前の時。もし今後1000回を迎えることができたら、その頃には還暦を過ぎている計算ですが（笑）、これまでと変わらず、広島の津々浦々を"すたこら"し続けていきたいです。

山　『元就。』はずっと地道に"すたこら"してきた番組ですが、これからはグッズを作って販売するなど「新たな取り組みにも挑戦してみては?」とスタッフに提案したいです。そうすることで、さらなる長寿番組への道が開けるかもと考えています。

Plus
ⓘ　庄原市比和町の「比和自然科学博物館」は、県内唯一の自然史系博物館。この博物館の客員研究員・千田喜博さんは、過去にハネカクシの新種を発見したことがある専門家。今回の大発見はYahoo!ニュースなどで大きな話題になった。

2011年8月7日放送

竹原の魅力発掘!
吉名をどうぞよしなに宣言

竹原市吉名の「農家レストラン西野」。お母さんたちのホスピタリティがすばらしく、実家に帰ったような安心感があります。2023（令和5）年にも訪問しました。地元の名産・ジャガイモを使った料理も絶品。いつまでも吉名の名産とお店を守ってほしいです。

みなさんの笑顔がまぶしい。13年前の田中さんの若い姿が新鮮

手作り料理のおいしさに驚く

2012年12月23日放送

恩師と再会!
当時のエピソードに胸熱展開

広島市西区にある「らぁめん紺屋」は、僕の小・中学生時代の塾の先生が開いたお店なんです。当時も先生が作ったラーメンを食べさせてくれて、「お店出したほうがいいよ」と同級生と話したりもしててね。先生の店へ、また食べに行きたいです。

かつての思い出話に花が咲き貴重な再会に

店主が作った自慢のラーメン

うまいでがんす〜!!

2021年5月16日放送

地元民しか知らない
島飯求めてすたこら〜

福山市田島で出会った海苔生産者の漁師飯は衝撃でしたね。生海苔の佃煮は風味豊かで白ご飯と相性抜群。地元で取れたタイの刺身や海苔漁師に伝わる佃煮を使った巻き寿司「箱崎巻き」も絶品で、忘れられないおいしさでした。

❶内海町で潮風を感じながら最高のご飯タイム（左）と魚の煮つけ　❷箱崎巻き

ふたりの主君・元就公のすたこらメモリー

ゆずこしょうをいちから手作り

わしにも暮らせるんじゃ!

家臣たちは毎回、人との触れ合いを楽しみにしておるぞ。三次市作木町を訪れた時には、「元気むら さくぎ」の元村会議員のお宅でゆずこしょう作りを手伝わせてもらったのじゃ。

アンガールズ

府中市出身の田中卓志と広島市安佐南区出身の山根良顕で結成するお笑いコンビ。田中がおもにツッコミとネタ作りを、山根がおもにボケとネタの最終確認を担当。ワタナベエンターテインメント所属。

ふるさと再発掘・街ブラバラエティー
元就。（RCCテレビ）

毎週日曜12:54〜13:54放送。元就公の命を受けて、家臣・田中と家臣・山根が各地を訪問。広島県に暮らす「ひと」と「まち」を巡り、地域の魅力を再発見する"街ブラ"バラエティ番組。

※番組情報は2024年3月現在のものです

2024（令和6）年2月に開業した「エディオンピースウイング広島」（→P46）に、ロケで訪れたアンガールズのふたりは、スタジアムの圧倒的な臨場感に「選手の息づかいまでも聞こえてきそう!」と感動したのだとか。

1996（平成8）年、嚴島神社と前面の海、背後の弥山原始林が世界遺産に登録

きんさい宮島

世界遺産

嚴島神社を徹底解剖！

平清盛をはじめ、名だたる武将たちも信仰した
広島随一のパワースポットへ。

水面に映える朱色の大鳥居

【重文】

1 大鳥居（おおとりい）

嚴島神社社殿から約160mの海上に建立。高さ16.6m、棟の長さ24.2m、主柱周り9.9m、総重量は約60トンとされ、国の重要文化財に指定されている木造の鳥居としては日本最大。

❶2022（令和4）年12月、約3年半の令和の修理を終えた
❷干潮時には大鳥居の真下まで歩いて行ける

春　夏　秋　冬

訪れたご縁に御朱印を授かろう。宮島の四季を描いた季節限定の御朱印帳も

参拝後には御朱印を

❶廻廊の美しさに息をのむ　❷東廻廊から見る大鳥居　❸海中にある鏡の池。干潮時に丸い池が現れる

嚴島神社摂社のなかでも最大規模

3 客神社（まろうどじんじゃ）　【国宝】

東廻廊を進むと、最初にたどり着くのが客神社。摂社のなかでも最大規模で、天忍穂耳命、天穂日命、天津彦根命、活津彦根命、熊野櫲樟日命の五男神を祀る。

嚴島神社の祭典はこの客神社から始まる

現在の東廻廊入口は、かつては出口であった

ここが嚴島神社参拝の始まり

2 入口（いりぐち）

切妻造りの屋根は、日本に古くから伝わる伝統的な手法のひとつ、檜皮葺。棟には棟瓦が載せてある。参拝前には、神社入口にある手水所で身を清めよう。

客神社から本社祓殿までを結ぶ

4 東廻廊（ひがしかいろう）

東廻廊は周囲の社殿とともに国宝に指定。左右につってある釣灯籠は、毛利氏が鋳鉄製の灯籠を奉納したのが始まりとされる。現在の灯籠は、大正時代に奉納されたもので青銅製。

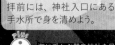

Plus ⓘ 海に浮かぶ嚴島神社を見られる満潮も、大鳥居まで歩いて近づける干潮もどちらもよい。宮島観光協会のホームページ（www.miyajima.or.jp）の「年間潮汐表」なら、訪れる日の干満をチェックできる。

境内は一方通行

5 本社本殿
長橋
7 大国神社
不明門
朝座屋
8 天神社
4 東廻廊
鏡の池
拝殿
西廻廊
10 反橋
重塔
幣殿
3 客神社
祓殿
祓殿
能楽屋
右楽房
左楽房
11 出口
千畳閣
平舞台
2 入口
右門客神社
左門客神社
9 能舞台
石鳥居
6 高舞台

御笠浜

JR西日本宮島フェリー・大鳥居便は大鳥居を手前に嚴島神社を正面から拝める

エリアガイド ▶ P.161
御祭神　市杵島姫命・田心姫命・湍津姫命
所要　30分

1 大鳥居

📷 フォトスポット

日本神話に登場する三女神を祀る
5 本社本殿 〈国宝〉

床面積は出雲大社の2倍といわれる

　現存する本殿は毛利元就によって1571（元亀2）年に造替。海の神・交通運輸の神・財福の神・技芸の神として信仰されている市杵島姫命、田心姫命、湍津姫命の三女神を祀る。

西廻廊にほぼ接して建てられている

〈重文〉
国造りの神が鎮座
7 大国神社（だいこくじんじゃ）

　国造りの神・農業神・商業神・医療神・縁結びの神である大国主命を祀る。

その昔は「大黒堂」と呼ばれていた

菅原道真を祭神とする
8 天神社（てんじんしゃ） 〈重文〉

　学業の神・菅原道真を祀る。明治時代中頃まで毎月連歌の会が催された。

日本3大舞台のひとつ
6 高舞台（たかぶたい） 〈国宝〉

　神様に奉納される20数曲の舞楽が演じられる高舞台は、海上に造られている唯一無二の舞台。四天王寺の石舞台、住吉大社の石舞台とともに日本三舞台といわれている。

❶演目『蘭陵王（らんりょうおう）』
❷朱塗りが美しい舞台では奉納ライブが行われることもある

唯一無二の海上能舞台
9 能舞台（のうぶたい） 〈重文〉

西廻廊から見ることができる

　日本唯一の、海上の能舞台。1568（永禄11）年に毛利元就が観世太夫を招き、能を奉納したことに始まる。

別名「勅使橋」
10 反橋（そりばし） 〈重文〉

渡ることはできない

　長さ約24m、幅4m、天皇からの使者（勅使）だけがこの橋を渡ることができたため、勅使橋とも呼ばれる。

屋根に注目！
11 出口（でぐち） 〈国宝〉

出口の先に大願寺が

　もとは入口であったため、屋根は格式が高い建物の入口に使われることが多い唐破風造りとなっている。

瀬戸内の青海原と巨岩を同時に目にできる

きんさい宮島 霊峰「弥山」攻略チャート

ロープウエイ＆徒歩で行く

伊藤博文に「日本三景の一の真価は頂上の眺めにあり」と言わしめた比類なき絶景。

弥山攻略チャート★所要3時間

1. 宮島桟橋から徒歩20分、紅葉谷公園へ
2. 公園入口バス停からバスで紅葉谷駅へ
　無料送迎バス約3分、徒歩なら約10分
3. 紅葉谷駅からロープウエイに乗る
4. 榧谷(かやたに)駅で獅子岩線へ乗り換え
　約20分、空の旅を満喫すべし　▶エリアガイド P.160
5. **1**獅子岩駅着。隣の**2**獅子岩展望台へ
　歩く体力ゼロならここまででもOK
6. 徒歩20分で、**3**弥山本堂**4**霊火堂へ
　この先は"ガンガンいこうぜ気分"で挑戦！
7. **5**三鬼堂を通過、**6**くぐり岩で記念撮影
8. **7**弥山山頂でレベルアップし、
　8弥山展望台でパワーチャージ！
9. **9**大日堂をぐるっと回り獅子岩駅から下山
　余力があれば**10**御山神社も
　ロープウエイ最終便は16時30分発！注意

装備は万全に
山道のため、履きなれた運動靴・軽装備で。虫刺されが心配な人は長袖を。飲み物持参が安心。

宮島随一のパワースポット
7弥山山頂
みせんさんちょう

神秘の巨石群

手つかずの原始林が残る、宮島の最高峰・標高約535mの弥山は、弘法大師により開基された。山頂付近には巨岩がいくつもあり古くから信仰の対象となった。徒歩で登るルートも。

弘法大師の修法道場
9大日堂
だいにちどう

弘法大師が修法の道場として建てた。弘法大師作といわれる大日如来を祀る。

圧巻の景色を楽しめる休憩所
8弥山展望台
みせんてんぼうだい

2013（平成25）年に完成。屋上周りはスギを使い、宮島の雰囲気に調和させている。心地よい広々とした空間で、自然に触れつつ休憩できる施設。

不動明王像は現在「大聖院」に安置

❶屋上からは360度の大パノラマ　❷獅子岩駅から徒歩約30分

厳島神社の奥宮
10御山神社
みやまじんじゃ

山頂付近に鎮座する厳島神社の奥宮。本社本殿と同じ三女神を祀り、古くから弥山の聖域とされる場所にある。

この先の仁王門から大聖院へは徒歩で所要90〜120分

山頂付近では奇怪な岩たちに遭遇できる！

御山神社の近くに　鯨岩
岩の下にはお地蔵さまが　舟岩

1996（平成8）年12月に厳島神社とその前面の海、弥山原始林がユネスコの世界文化遺産に登録。島全域の約14％を占める。海の上に社殿が建てられたのは、島そのものが御神体としてあがめられていたからだとされる。

人気の撮影スポット

くぐり岩を通り抜けると宮島屈指の景勝地へ

神秘的な力を感じる岩のトンネル
6 くぐり岩

絶妙なバランスを保つ岩のトンネル。花崗岩が風化して生まれたもので、この奇岩群が山岳信仰の対象となったといわれている。

伊藤博文も信仰していた

鬼の神様を祀る
5 三鬼堂

日本唯一の鬼の神様・三鬼大権現を祀る。家内安全・商売繁盛に御利益があると伝わる。

1200年間燃え続けている霊火
4 霊火堂

弘法大師が求聞持の修行を行った際にたかれた護摩の火「消えずの火」が1200年間燃え続けている。「恋人の聖地」に認定されている。

❶弥山本堂の目の前にある ❷鋳物の大茶釜で沸かした霊水は万病に効果があると伝わる

弘法大師が806（大同元）年に開基

弘法大師が求聞持の修行を行った
3 弥山本堂

霊火堂の正面に立つ。弘法大師が建てたとされる御堂で、自ら100日間の求聞持の修行を行った場所。入口には、ねがい地蔵、ごめんね地蔵が。

「獅子岩」石碑を登った先に展望台

海景色ならここでも十分！
2 獅子岩展望台

獅子岩駅のそばにある展望台で、絶景ポイントのひとつ。岩場の断崖、標高433mからは瀬戸内海の多島美が見渡せる。

❶空からの景色を楽しもう ❷紅葉谷駅から乗り継ぎ含め約20分

山頂散策の出発地点
1 獅子岩駅

「宮島ロープウエー」の終着駅。無料ロッカーや売店、喫茶など便利スポットが集約。

エリアガイド ▶ P.160

フォトスポット
トイレ

📷 8 弥山展望台
📷 7 弥山山頂（標高535m） 📷 6 くぐり岩
干満岩
舟岩
約10分
疥癬岩
4 霊火堂 観音堂・文殊堂
約10分
9 大日堂
鯨岩 約10分 弥山登山道紅葉谷コース約90〜120分
3 弥山本堂 5 三鬼堂
約30〜120分 弥山登山道大聖院コース 約13分 弥山原始林石碑
仁王門 10 御山神社 約7分 1 獅子岩駅（ロープウエイ終点）
奥の院約30分 2 獅子岩展望台（標高433m）
弥山登山道大元コース約120〜150分 宮島ロープウエー

plus
ℹ️ 「消えずの火」は弥山七不思議のひとつ。現存しないものもあるが、弘法大師が立てた錫杖（しゃくじょう）が梅の木になったという「錫杖の梅」、干潮満潮に合わせ岩の穴に水が増減する「干満岩」は、今も目にできる。

033

きんさい宮島 ぷらっと立ち寄りスポット

厳島神社や弥山など宮島の名所散策の際に、
ぜひ足を運びたいグルメスポットたち!

第4章 グルメ ▶P.353

❶左から弥山DRAGON IPA、MIYAJIMA WEIZEN、BEST WISHES（各700円〜）❷併設の醸造所で作られたできたての生ビール ❸ピアスタンドでは瓶ビールの販売も ❹オンラインショップ（⓫miyajimabeer.thebase.in）でも購入できる

宮島初クラフトビール醸造所
多様な味わいと個性が魅力

みやじまぶるわりー
MIYAJIMA BREWERY

　島内唯一のクラフトビール醸造所「宮島ビール」が運営。1階のピアスタンドでは、季節によってラインアップは変わるが、常時5種類前後の生ビールを提供。宮島産のカキを使った黒ビールなどクラフトビールならではの個性ある1杯を堪能できる。3階レストランは15名以上の団体予約のみ受け付け。

MAP 別冊P.27-C2

🏠廿日市市宮島町459-2 ☎0829-40-2607 ⏰10:30〜17:00 休なし CC AJMV Pなし 交宮島桟橋から徒歩7分

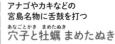

アナゴやカキなどの
宮島名物に舌鼓を打つ

あなごとかき　まめたぬき
穴子と牡蠣 まめたぬき

　創業100年以上の歴史を誇る天然温泉旅館「錦水館」に併設された食事処。看板メニューはアナゴまるまる2匹を煮ることでふわふわ食感に仕上げた贅沢な「あなごめし」や、外はサクサク中はプリプリの「牡蠣フライ」など。可能な限り広島産の食材を使用。地元名物を心ゆくまで味わえる。料理に合う地酒も多数スタンバイ。

MAP 別冊P.27-C2

🏠廿日市市宮島町1133 ☎0829-44-2152 ⏰11:00〜15:00（L.O.14:30）、17:00〜20:30（L.O.20:00）休不定休 CC ADJMV Pなし 交宮島桟橋から徒歩7分

❶「あなごめし」（2500円）❷「牡蠣フライ定食」（1800円）❸町家をイメージした外観。タヌキの看板がお出迎え

---

plus
広島湾7大海の幸のひとつがアナゴ（ほか6種はメバル、コイワシ、オニオコゼ、アサリ、クロダイ、カキ）。1月中旬と夏が旬だ。宮島周辺でも取れることから、界隈にはアナゴ料理を食べられる店がある。

洗練されたコーヒースタンド

伊都岐珈琲　宮島
<small>いつきこーひー　みやじま</small>

　宮島生まれ、宮島育ちのスペシャルティコーヒー専門店。味と香りを大きく左右する鮮度にこだわり、豆の調達から焙煎までをワンストップで行う。オーナー自ら毎朝コーヒー豆を焙煎。洗練された味わいを楽しんで。

❶1杯ずつ入れるドリップコーヒー❷スペシャルティコーヒーソフトクリーム（500円）❸テイクアウトの販売も

MAP 別冊P.27-C2
住廿日市市宮島町420 TEL0829-44-0611 営9:00〜18:00 休なし CC不可 Pなし 交宮島桟橋から徒歩9分

広島レモンが主役！

GEBURA
<small>げぶら</small>

　宮島のメインストリート「表参道商店街」に位置するする広島レモンを主役にしたスタンドバー。広島産レモンを用いて手作りしたシロップをベースに、ハイボールや酎ハイなどを提供。レモンソーダなどのノンアルコールドリンクも揃える。

MAP 別冊P.27-C2
住廿日市市宮島町539 TELなし 営10:00〜17:00 休なし CC不可 Pなし 交宮島桟橋から徒歩7分

❶シックで和モダンな雰囲気 ❷自家製レモンシロップ（500円）❸瀬戸田生レモン酎ハイ（850円）

猫印のレモンスカッシュ♪

ネコモシャクシモ
<small>ねこもしゃくしも</small>

　しゃもじ専門店「杓子の家」（→P.164）内に、2023（令和5）年にオープンしたジューススタンド。レモンの酸味と少し苦味を感じられる、スカッと爽快なのど越しの「瀬戸内レモンスカッシュ」が人気。ドリンクは常時24種類を用意。

MAP 別冊P.27-C2
住廿日市市宮島町488 TEL0829-44-0084 営10:00〜16:00 休水 CC不可 Pなし 交宮島桟橋から徒歩11分

❶猫の絵柄の入った杓子が店の目印 ❷「瀬戸内レモンスカッシュ」（400円）

町歩きのお供にしよう！

❶トッピングのクッキーは日替わり ❷広島レモンを使ったドリンク ❸クッキーは宮島らしい形で♥

写真映えする"うまいもの"たち

宮島うまいもの館
<small>みやじまうまいものかん</small>

　厳島神社の近くにあるテイクアウト専門店。大鳥居やシカなどのアイシングクッキーが載った、カラフルで写真映え抜群のソフトクリーム（500円）が話題。このほか、生ガキや、広島レモンのドリンクなども販売。

MAP 別冊P.26-B3
住廿日市市宮島町277 TEL090-4578-1818 営12:00〜16:00 休不定休 CC不可 Pなし 交宮島桟橋から徒歩19分

クチコミ　町家通りの「佐々木文具店」では宮島らしい雑貨が買えます。宮島に伝わる厄除けのお札「幸紙（さいわいがみ）」も買いました。店主さんがすすめてくれた「宮島かきのしょうゆ」はマジでおいしかった。（広島市在住・めめ）

きんさい宮島 もみじ饅頭 食べ比べツアー

あなたの"推しもみじ"は？

島内約20軒あるというもみじ饅頭店を巡り、イチオシの味を見つけよう♪

宮島発祥の菓子「もみじ饅頭」とは

明治時代、紅葉谷の老舗旅館「岩惣」（→P.400）の女将が、和菓子職人・高津常助に依頼して誕生した「紅葉形饅頭」。発案のきっかけは、「岩惣」が定宿だった伊藤博文のひと言という説も。広島みやげの定番「もみじ饅頭」は、この「紅葉形焼饅頭」がルーツ。

やまだ屋 宮島本店 A

豆を何度も水でさらし雑味やエグみを除去。ザラメ糖のみで炊いた、すっきりとした甘さのこしあん。

こしあん 130円

リサとガスパールのあっぷるくりーむもみじ 160円

カスタード風クリームにリンゴの角切り入り。人気のリサとガスパールのパッケージは10種類あり。

岩村もみじ屋 B

なめらかな舌触りで、あっさりとした甘さのこしあんをたっぷりとイン。年代を問わずいちばん人気の品。

こしあん 120円

しっかりとした小豆の風味と、優しい甘さが魅力。小豆の粒の食感を楽しみたい人はこちらがおすすめ。

つぶもみじ 120円

坂本菓子舗 C

塩バターもみじ 120円

中にあんなどが入っていないカステラのような洋風もみじ饅頭。新感覚の一品に、一度食べるとハマる人が続出。

小豆の皮むきさらしあん 120円

北海道産の小豆の皮を取り、中身だけを厳選された砂糖と合わせて炊き上げた、昔ながらのさらしあんが自慢。

定番から季節限定品まで約20種類の味を販売

やまだ屋 宮島本店

1932（昭和7）年に宮島で創業。当初は小豆のさらしあん1種類のみだったが、今では定番のクリームや抹茶、チョコのほか、ご当地らしい瀬戸内レモンやミカン、季節限定品を含む約20種類を製造する。

エリアガイド ▶ P.165

明治時代末期から続く自家製あんこが自慢

岩村もみじ屋

明治時代末期創業。北海道産の小豆とザラメで作るあんこが名物で、つぶあんとこしあんの2種類のみ販売。

MAP 別冊P.26-B3

住 廿日市市宮島町304-1 TEL 0829-44-0207 営 10:30～17:00 休 不定休（詳細はHPを確認） CC AJMV P なし 交 宮島桟橋から徒歩18分

守り続ける伝統の味と季節限定商品を揃える

坂本菓子舗

1957（昭和32）年の創業以来の伝統の味「小豆の皮むきさらしあん」をはじめ、季節限定のもみじ饅頭を揃える。

MAP 別冊P.27-C2

住 廿日市市宮島町455 TEL 0829-44-0380 営 9:00～17:00 休 不定休 CC ADJMV P なし 交 宮島桟橋から徒歩13分

036

クチコミ 広島の定番みやげ「もみじ饅頭」で有名な「やまだ屋」の「桐葉菓」が大好きです。たっぷりの小豆あんがもち粉の生地に包まれてなんとも言えないモチモチ感なんです。(広島市在住・KK)

瀬戸内レモン
130円

瀬戸内産のレモンをふんだんに使用。さわやかで香り高いレモンカスタードをふっくらしたカステラ生地で包む。

**紅葉堂
本店**
D

**揚げもみじ®
（こしあん）**
200円

ふわふわ生地のもみじ饅頭に秘伝の衣をまとわせて天ぷらに。注文と同時に揚げるためできたてアツアツ！

広島には
もみじ饅頭の自販機が!?

広島には「もみじ饅頭」の自販機が！「紅葉堂」が運営。本店ほか、広島空港やアストラムライン駅（本通り、県庁など）、宮島桟橋前などに設置。ぜひ探してみて。

人気

**藤い屋
宮島本店**
E

こしあん
130円

卵をたっぷりと使ったカステラの中には、藤色の上品な味わいのこしあんが。藤い屋の原点といえる味。

もみじもち
160円

ほんのり甘く香ばしい味わいのもちもちとした皮と、小豆の風味をそのままに炊き上げたつぶあんが絶妙。

**ミヤトヨ
本店**
F

ベルギーチョコ
150円

濃厚なチョコレートの味わいをしっかりと感じられる、チョコ好きや甘党にはたまらない一品。子供にも人気。

人気

チーズ
130円

チーズ入りもみじ饅頭を初めて製造販売したのが「ミヤトヨ」。プロセスチーズの塩気と少し甘い生地がマッチ。

**宮島食べ歩きのド定番
揚げもみじ®は必食**

D **紅葉堂 本店**
もみじどう ほんてん

100年以上続く和菓子店。軟らかい生地のもみじ饅頭と、宮島食べ歩きの名物となっている「揚げもみじ®」が人気。

MAP 別冊P.27-C2

住 廿日市市宮島町448-1 **TEL** 0829-44-2241 **営** 9:00～17:30頃（季節により異なる）**休** 不定休 **CC** DJMV **P** なし **交** 宮島桟橋から徒歩12分

**型から出たばかりの
できたてを味わえる**

E **藤い屋 宮島本店**
ふじいや みやじまほんてん

宮島で100年もみじ饅頭を製造。焼きたてを食べられるのは本店と広島市佐伯区五日市港のIROHA village店のみ。

MAP 別冊P.27-C2

住 廿日市市宮島町1129 **TEL** 0829-44-2221 **営** 9:30～17:00 **休** なし **CC** ADJMV **P** なし **交** 宮島桟橋から徒歩10分

**宮島ではここだけ！
昔ながらの手焼きで提供**

F **ミヤトヨ本店**
みやとよほんてん

宮島で唯一、創業当初から現在まで手焼きで提供。昔からの味を守りながらも時代のニーズに合う商品の製造にも注力。

MAP 別冊P.27-C2

住 廿日市市宮島町854-1 **TEL** 0829-44-0148 **営** 9:00～17:00 **休** 不定休 **CC** 不可 **P** なし **交** 宮島桟橋から徒歩5分

Plus
「紅葉堂」の揚げもみじ®を、自宅で手軽に作れちゃう「揚げもみじ®キット」！「紅葉堂」の各店舗のほか、「ekie」「etto」などのおみやげ売り場でも販売されている。

037

広島の絶景を歩こう　その❶

グレートビュー6景

南に瀬戸内海がきらめき、北に中国山地が横たわる広島県は、
多様な美しい風景に出合えるのが自慢。季節ごとに移り変わ
る彩りに、"今"だけの景色を楽しんで。

世羅町

和の風情あふれるあでやかな紅葉と太鼓橋

今高野山　〔エリアガイド ▶ P.314〕
いまこうやさん

　紀州・高野山が西の別格本山とし
て建立した今高野山。現在は、桜と
紅葉の名所として有名。なかでも紅
葉は、例年11月上旬〜11月中旬が
見頃となり、多くの写真愛好家が訪
れる。神之池に架かる太鼓橋「神之
橋」は人気の撮影スポット。大きな弧
を描く朱色の橋を、黄色やオレンジ、
赤色に色づいた紅葉が包み込み、池
の水面にはその風情ある光景が映り
込む。古きよき日本の原風景を前に、
時間を忘れて見入ってしまいそう。

夏

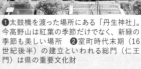

❶太鼓橋を渡った場所にある「丹生神社」。
今高野山は紅葉の季節だけでなく、新緑の
季節も美しい場所　❷室町時代末期（16
世紀後半）の建立といわれる総門（仁王
門）は県の重要文化財

クチコミ　秋に行きたい場所は、三次市の「迦具（かぐ）神社」にある大イチョウ。巨大なイチョウは圧巻。珍しいというラッパ状の
葉を見つけるのも、四つ葉のクローバー探しみたいで楽しい。（広島市在住・ゆう）

秋

❶荘厳なたたずまいの「龍華寺（りゅうげじ）」を紅葉が美しく染め上げる　❷「普門閣（ふもんかく）」展望台からは世羅の町並みが一望でき、爽快な気分に

例年6月の青紅葉と、11月の紅葉シーズンにはライトアップも開催

ちょっとひと休み

いにしえと今が息づくカフェ
せつげつふうか　ふくちいん
雪月風花 福智院

　江戸時代に建てられたという、築170年の「福智院」をリノベーションして営むカフェ。無農薬・無肥料で栽培した「広島在来茶」をメインに、地域の食材をふんだんに使った甘味や精進料理などを提供する。季節限定メニューも多く、どのシーズンに訪れても楽しめる。

❶かつて宿坊として使われていた歴史ある建物　❷ジェラートやあんこなど世羅のおいしいものがぎゅっと詰まった「お茶パフェ」と、世羅の茶畑で栽培された「広島在来 和紅茶」　❸在来茶とは、種から植えて育てられたお茶のこと。現在流通している日本茶のなかでも3％しか作られていないといわれる、貴重なお茶

MAP 別冊P.42-B3
住 世羅郡世羅町甲山158-1　営 10:00～17:00（L.O.16:00、食事11:00～）　休 火・水（祝日は営業）　CC ADJMV　P なし　交 世羅ICから車で6分　URL www.fukuchiin-imakouya.jp

 竹原市の沖にある「契島（ちぎりしま）」は、島全体が東邦亜鉛の製錬所（私有地のため立入不可）。島内に工場設備が連なり長崎の軍艦島を思わせる。工場が稼働し煙突から煙が上がるさまから"生きた軍艦島"とも。

春

夏

秋

③
②

安芸太田町

表情を変える棚田の景色
海外からも評価の高い場所

いにのたなだ
井仁の棚田

冬

江戸時代の農業技術の名残が今もなお残る棚田。その美しい原風景は、広島県から唯一、農林水産省の「日本の棚田百選」にも選ばれている。また、アメリカのニュース専門放送局「CNN」のウェブニュース特集でも、広島県の世界文化遺産「厳島神社」と並び選出された、海外からも評価の高いスポットだ。棚田を見渡せるカフェ（→P.286）も人気。

MAP 別冊P.41-C2

🏠山県郡安芸太田町中筒賀 📞0826-28-1800
（地域商社あきおおた）🕐自由 🈳なし 💴無
料 🅿️あり 🚗戸河内ICから車で8分

①水田の周辺には、菜の花も咲く ②7～8月、青々と成長する稲穂 ③稲刈りを迎える頃、一面が黄金に染まる ④雪景色に染まる神秘的な棚田

世羅町

四季折々の花はもちろん
空景色も楽しめるキャンプ場

はなのえきせら
花の駅せら

エリアガイド ▶ P.317

「花の駅せら」に併設されるオートキャンプ場。標高500mの立地にあるこちらでは、四季折々の花はもちろん、自然が造り出す絶景が望めるスポットとしても知られている。春には桜、夏には星空、秋には雲海、冬には雪景色と一緒にキャンプを楽しむことが可能だ。早起きして体いっぱいに朝日を浴びよう。

①満点の星空。天候によっては天の川も見られる
②運がよければ雲海を眺めることもできる

晩秋～冬

040

Plus
ⓘ 「井仁の棚田」は、その秘境的光景がインカ帝国の遺跡「マチュ・ピチュ」を思わせることから、"いにぴちゅ"という愛称もあるのだとか。

❶日の出の頃には一面が黄金色に染まる ❷夜明け前のわずかな時間のみ現れる海霧

晩秋〜冬

三原市

霧に浮かぶ瀬戸内の島々
寒い時期だけの
幻想的美景

ふでかげやま・りゅうおうざんからのうみぎり
筆影山・竜王山からの海霧

エリアガイド ▶ P.226

標高311mの筆影山とその南西に連なる標高445mの竜王山一帯。晩秋から冬の晴れた日の早朝、ここでしか見られない光景が「海霧」。瀬戸内海随一と評価される多島美を拝めるスポットだけあって、海上に発生した霧が島々の間を覆う姿はなんとも神秘的だ。

夏

❶大小さまざまな湿原からなる ❷「カキツバタの里」では5〜6月にカキツバタが咲く

北広島町

山々に囲まれた湿原性植物の宝庫へ

やわたしつげん
八幡湿原

　周囲を1000m級の山々に囲まれた標高約800mの高地に位置する。湿原の平均気温は10℃前後で、夏でも快適に過ごせる。春にはコブシ、夏にはカキツバタなど、湿原性の希少な動植物も多い。木道が整備されている霧ヶ谷湿原は気軽に散策が可能。

MAP 別冊P.12-A2
🏠山県郡北広島町東八幡原　☎080-6339-2136(北広島町観光協会芸北支部)　⏰自由　休なし　料無料
Ｐあり　交戸河内ICから車で30分

東広島市

通称"ハート島"を
眺めると恋が実る!?

こしばじま
小芝島

　向かいにある大芝島から見るとハート型に見えることから、恋人たちの聖地として知られる。元・広島東洋カープの廣瀬純氏が出演するCMのロケ地にも選ばれた。外周6kmほどの大芝島をぐるりとドライブして、ベストビュースポットを探そう。

MAP 別冊P.10-A3
🏠東広島市安芸津町風早　⏰自由　休なし　料無料　Ｐなし　交西条ICから車で50分

潮が引いたときにハート島が現れる

---

plus
9月になると赤い花が咲き誇る景色に出合える、北広島町八幡地区の「赤そばの里」。かわいらしい赤いソバの花が一面に広がるという。

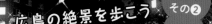

広島の絶景を歩こう　その❷

恍惚のイルミネーション

広島の冬を華やかに彩る
イルミネーションもお忘れなく!

広島市 開催時期 11月中旬▶翌1月上旬

広島市内中心部が光り輝くおとぎの国に

ひろしまドリミネーション

2023（令和5）年で22回目を迎えた広島市内の冬の風物詩。「おとぎの国」をテーマに、毎年アイデアに富んださきらびやかな電飾が施され、通りを行き交う人を楽しませる。平和大通りの南北緑地帯に複数のゾーンが設けられ、各スポットでは写真を撮り合う人々が。

注目ポイント テーマは「おとぎの国」。キラキラと光り輝く城やプロジェクションマッピングを施したしゃべる木などが登場する。

住 平和大通り南北緑地帯ほか
TEL 082-554-1813（ひろしまライトアップ事業実行委員会事務局事業推進本部）

❶「ひろしまドリミネーション2023」の光景　❷ サンフレッチェ広島「サンチェ」や広島東洋カープ「スライリー」の姿も

注目ポイント
「ILLUMI&花火のコラボ」開催日には星空と花火、イルミネーションの光景が楽しめる。開催日は公式HPをチェック。

過去開催の「備北イルミ」の様子

庄原市 開催時期 11月上旬▶翌1月上旬

冬の備北を幻想的な光が彩る

国営備北丘陵公園「備北イルミ」

エリアガイド ▶ P.306

丘陵の地形と樹木を生かした装飾で、光に包まれたような奥行き感のある光景が広がり、幻想的な世界を楽しめる。開催エリアごとの特徴に応じたバラエティ豊かなイルミネーションも魅力のひとつ。

広島市 開催時期 11月下旬▶12月下旬

夜の植物園で楽しむ幻想的な光の世界

広島市植物公園「花と光のページェント」

エリアガイド ▶ P.142

赤いポインセチアで作られたツリー、園のシンボルであり幹の直径が2mもあるバオバブの木などがライトアップされ、昼間とは違う幻想的な植物園にさま変わりする。コンサートや夜店などのお楽しみも。

注目ポイント 点灯開始時間にはイベント広場にてキャンドルの着火体験ができる。ムード満点のコンサートも行われる。

過去開催時の様子

 「国営備北丘陵公園」の園内にはたくさんの花や植物が育てられており、冬のイルミネーションだけでなく四季折々の景色が楽しめる。季節ごとの体験イベントも盛りだくさん。

福山市 開催時期 10月下旬▶12月下旬

光で埋め尽くされる夜のテーマパークへ

みろくのさとういんたーいるみねーしょん
みろくの里ウィンターイルミネーション

エリアガイド ▶ P.261

中国地方最大級の150万球ものLED電球を使用したイルミネーションと、光る大型アトラクション……いつもと違った装いに胸が高鳴ること間違いなし！ 冬の風物詩にもなった夜の遊園地は、園内すべてがフォトスポット。

週末は打上花火を開催。遊園地の遊具を背に花火が打ち上がる様子は、まるで夢を見ているかのよう。

注目ポイント

❶2023（令和5）年開催「キラメキノセカイ」の様子
❷シャンパンゴールドに輝く光のトンネル

❶過去開催時の様子 ❷友人、恋人、家族……大切な人と訪れて ❸高さ3mものランタンツリー

世羅町 開催時期 11月上旬▶12月下旬

冬の世羅高原に柔らかな光がともる

せらこうげんきゃんどるないと
世羅高原キャンドルナイト

約1万2000個のキャンドルの柔らかな光が、高原をあたたかく包み込む。バージンロードをイメージした森の教会、ランタンツリーなど、園内にはさまざまなエリアが登場。冬の澄んだ空気とともに世羅高原の魅力を堪能して。

住 世羅郡世羅町戸張空口1405（そらの花畑 世羅高原花の森）
TEL 0847-24-0014（世羅高原農場）

注目ポイント

標高約500mの場所にあることから厳しい寒さを想像するが、それゆえの静けさや星空の美しさといった冬の魅力を体感できる。

三原市 開催時期 11月上旬▶翌年1月上旬

美しく輝く青の世界　神秘的な夜を堪能して

みはらしげいじゅつぶんかせんたーぽぽろ
三原市芸術文化センターポポロ
「ぽぽろふゆのまつりうぃんたーいるみねーしょん」
「ポポロ冬のまつり
　ウィンターイルミネーション」

エリアガイド ▶ P.227

ディープブルーの約11万球のLEDで芝生広場一面をライトアップ。時間ごとにシャボン玉が放たれ、幻想的な雰囲気に。中庭には、ピアノ、ハープ、コントラバスなど、キラキラと輝く楽器のオブジェも登場。

注目ポイント

日本を代表する建築家・槇文彦氏が手がけた建物が、神秘的なブルーのライトに包まれる。この時期限定のポポロを満喫。

❶音楽が聞こえてきそうな雰囲気 ❷過去開催時の様子。電球のディープブルーは瀬戸内海をイメージ

クチコミ 「両城の200階段」を上り切ると見渡せる呉市街地、これ絶景なり。映画『海猿』のロケ地にもなった（酸素ボンベを担いで階段を走り上がるシーン）。（ロマ・ネス湖）

強豪チームが躍動する
スポーツ王国広島

スポーツの"リアル"観戦率 で全国首位を独走中の広島。
6つのプロチームをはじめ、全国トップクラスのチームが共闘する
恵まれたこの土地で、スポーツの熱気を全身で浴びよう！

復興の象徴から74年
広島を希望の赤に染め続ける
キング・オブ・スポーツ王国

野球

ひろしまとうようかーぷ
広島東洋カープ

原爆復興のシンボルとして、1949(昭和24)年の設立時から愛され続ける市民球団。2009(平成21)年にMAZDA Zoom-Zoomスタジアム広島が開場。近年では2016(平成28)年から3年連続リーグ優勝を果たし、広島中が歓喜に沸いた。

選手の躍動を間近に感じられる

エンターテインメント性が高く、多彩な席やショップを散策するのも楽しい

選手の献身的なプレイも、ファンの一体感ある応援も、とにかく熱い！

▶ チケット入手方法

広島東洋カープ公式サイトから「チケット」へ進み、「カープオンラインチケット」へ。公式サイトでの入場券申し込みにはID登録(無料)が必要。マツダ スタジアム窓口、セブンチケット、ローソンチケット、チケットぴあでも購入可。

まつだずーむずーむ すたじあむひろしま
MAZDA Zoom-Zoom スタジアム広島

開放感と通風を確保するために北側に大きく開いた形状をもち、新幹線やJRの車窓からも楽しめるように設計。1階の観客席の最後部にはコンコースが配置されており、グラウンドを眺めながら球場を周回できる。

MAP 別冊P.21-D3
収容数 3万3000人 **住** 広島市南区南蟹屋2-3-1 **TEL** 082-568-2777
交 JR「広島駅」から徒歩10分

最寄り駅

広島駅からのルートをカープロードと呼び、道路脇フェンスに選手の紹介パネルを展示

👀観戦NAVI

●プロ野球のシーズン

毎年3月下旬から10月初旬まで、セ・パ両リーグの全球団が143試合の公式戦を戦うレギュラーシーズンを開催。終了後はクライマックスシリーズを行い、それを勝ち抜いた2チームが日本シリーズを戦い、日本一を決める。

クチコミ 広島駅南口のビル・JPビルディング1階の郵便局にはカープ坊やがデザインされたポストがある。ヘルメットの丸みまで再現されたキュートなシルエットで、写真に収めたくなること間違いなし！(広島市在住・カープ愛してる)

MAZDA Zoom-Zoom スタジアム広島の歩き方

人気の秘密をスラィリーが伝授

いつもたくさんの観客で真っ赤に染まるマツダスタジアムの光景は圧巻だよ！好きな席で、広島グルメを味わいながら、選手のダイナミックなプレイを楽しんでね

パルテラス **ユッタリーナ**

❶天気を気にせず観戦できる。定員6名と8名の2種類。❷1エリア7名まで利用でき、見晴らしのよさも魅力

Point 1 より観戦が楽しくなる観客席

注目は砂かぶり席、グループ席、パーティーフロア、テラスシートなど多彩な観客席。ユッタリーナやパルテラスのようにソファに座って落ち着いて観戦して、さまざまな観戦スタイルが楽しめる。一般の観客席は横幅50cm・奥行き85cmを確保。大リーグ球場並みのサイズで、ゆったりと観戦できるのがうれしい。

裏側に潜入！スタジアムツアー

ツアーガイドによる説明を聞きながら、ユニークな座席やベンチ、ロッカールームやブルペンなど、普段入ることのできないバックヤードを見学することができる。試合観戦では味わえない驚きと楽しさが満載だ。

1塁側ブルペン。ここで投球練習を……と想像を巡らせて楽しもう

選手が見ている景色を体感できるなんて、ファンにとっては感動もの

Point 2 広島らしくて今っぽい、美味グルメ

1階と2階のコンコースに30店舗を展開。尾道ラーメン、一夜干しホルモン、コウネ、がんす、瀬戸内のり天、レモンを使用したフードやドリンクなど、広島グルメを存分に楽しめる。エッグワッフルやシェイクなど映えメニューも人気。選手がファンの皆さんに食べてほしいと工夫を凝らした、プロデュースグルメも必食だ。

麺類、揚げ物、スイーツ、ドリンクなど多彩な店舗が並ぶ

カープうどん全部のせ
850円
半世紀以上愛されてきたまさに名物。天ぷらと肉が乗った豪華版

ホルモン焼きそば
850円
プリプリのホルモンと濃厚なソースが麺によく絡む。ビールとぜひ！

イチオシグルメはコレだ！

カープドッグ
700円
観戦しながら食べやすいワンハンドグルメは、季節を問わず人気

コウネ丼
900円
コウネ（牛肉の肩バラ肉）を使用。軟らかい肉質がご飯とマッチ

※価格は2024年のものです

Point 3 カープ人気を加速させたグッズたち

シーズン最初のグッズ発売日にはショップの前に数百人の行列ができるほど、大注目のカープグッズ。Tシャツ、タオル、帽子、バッグなど定番商品はとにかくデザインが豊富で、選ぶときから楽しい。また、毎年ファンを驚かせてくれるユニークな商品も多数。日常使いできるアイテムも多彩に揃うので、ぜひチェックしてみて。

スタジアムにグッズショップは3ヵ所

3色ボールペン
（赤）（赤）（赤）
500円
3色とも赤色なのがユニーク。3色ともペン先の太さが異なるので実用的

スカイジェットバルーン4本入り 500円
応援歌『それ行けカープ』に合わせて飛ばし、球場の空を赤で埋め尽くそう

オリジナルTシャツ（大人用） 2800円
シンプルで着やすく、好きな選手の背番号を選べるのがうれしい

カープロード
JR広島駅
呉線
山陽本線
JR側ゲート
カープ屋内練習場
プロムナードメインゲート（プロムナード上）
3塁側ブルペン
正面3塁側入場券売り場
1塁側ブルペン
レフト側入場券売り場
スポーツバー
1Fグッズショップ
正面ゲート
指定管理事務室
正面1塁側入場券売り場
一葉通り
新幹線口
広島駅
福屋広島駅前店
愛友市場
東区役所
東区民文化センター
城南通り
猿猴橋町
的場町
あけぼの通り
ローソン
稲荷町
留学生会館
荒神町小学校
MAZDA Zoom-Zoom スタジアム広島
チケット売り場
広島電鉄
段原小学校
比治山通り
大州通り
岡山方面
段原一丁目
段原1丁目
猿猴川
ローソン
段原方面
海田方面
0　200m

クチコミ 私が絶賛したいカープグッズはカップホルダー。メリケンサックのような見た目ですが、これを使うと片手でカップがふたつも持てるんです。SNSでも話題に。観戦だけじゃなく、アウトドアでも使える優れものです。（広島市在住・鯉娘）

045

オリジナル10の一翼たる誇り！
胸に煌めく★★★が
待望の新スタジアムで躍動する

SANFRECCE

サッカー

さんふれっちぇひろしま
サンフレッチェ広島

2012（平成24）年、2013（平成25）年にJリーグ連覇。2015（平成27）年に王者奪還し、クラブワールドカップで世界3位に。2022（令和4）年ルヴァンカップ初優勝。2024シーズンから「エディオンピースウイング広島」を本拠地に戦う。

最新鋭の演出設備を導入した
新スタジアム

水の都・広島らしいロケーション

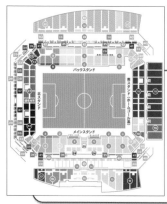

サッカー専用スタジアムとなり、間近で選手のプレイを楽しめる。

▶チケット入手方法

サンフレッチェ広島公式サイトから「料金/座席/購入方法」へ進み、クラブ独自の購入サイト「サンフレチケット」のご利用ガイドを確認し、手順に沿って購入手続きを進める。一般発売では会員登録は必須ではなく、ゲストでの購入も可能。

えでぃおんぴーすういんぐひろしま
エディオンピース
ウイング広島

日本初の市街地の中心部にあるサッカー専用スタジアム「まちなかスタジアム」として、2024（令和6）年2月に開業。365日にぎわいをつくることを目指し、体験型ミュージアムやキッズルーム、周辺広場などを備える。

MAP 別冊P.19-C1
収容数 2万8520人 ☑広島市中区基町15-2-1 ☎082-512-1025
☒「広島バスセンター」から徒歩約10分

最寄り駅

県内外のバス発着拠点「広島バスセンター」から徒歩圏内

👀観戦NAVI

●Jリーグのシーズン

毎年2月後半に開幕。2024（令和6）年は2月23日（金・祝）に第1節、12日8日（日）に最終節を開催。現行の2月開幕から8月開幕へと移行する「秋春制」が、2026-27シーズンから実施。

 サンフレッチェ広島は、1993（平成5）年のJリーグ発足時の10クラブのうちのひとつ。「サン（三）」とイタリア語の「フレッチェ（矢）」を合わせたクラブ名は、戦国武将・毛利元就の故事「三本の矢」が由来。（→P.335）

©2024 S.FC

エディオンピース
ウイング広島の歩き方

人気の秘密を
サンチェ
が伝援

あたらしくてかっこいいスタジアムはみどころまんさいだよ！へいわこうえんからもちかいから、かんこうきゃくのひとたちにもあそびにきてもらえるとうれしいな

Point 2　安心して楽しめる場所を目指して

強い照明や大きな音が苦手など感覚過敏の症状がある人やその家族が安心して過ごせるセンサリールームを、国内新設のサッカースタジアムで初めて常設。キッズルームは遊具のほか授乳室やトイレも設けており抜かりなし。

キッズルーム

センサリールーム

Point 3　ワールドワイドな食が大集合

テーマは「世界のリーグを食べつくせ！」。2024シーズン開幕時には全9ヵ国、1地域のグルメ約150点を用意。さらに、選手コラボメニューも展開。売り子サービスも導入し、客席にいながらドリンクの注文も可能に。

グルメの売り場は全16店舗

サンから 750円
特製だれで味付けし、ジューシーさとカリッと食感にやみつき

東の焼豚ボリバレン丼 1500円
焼豚がたくさん載ったボリューム満点な、東俊希選手のコラボ丼

Point 1　何度も訪れたくなる多彩な観客席

カウンターシートやテーブルテラス、ソファ席などの13種類あるバラエティーシートは、ゆったり座れたりテーブルで飲食できるため快適。どの席も眺望がよく、ここから見る紫に染まるスタジアムは圧巻だ。一般席は横幅約50cm×奥行約85cm。以前のスタジアムよりプラス10cmずつ広くなっており、席の間の移動がスムーズに。

イチオシグルメはコレだ！

タコサンチェス 950円
サンチェがオープンした(!?)メキシコ料理店でタコスをぜひ

※2024シーズンの商品。シーズン途中で変更の可能性あり

テーブルテラス
半円形で観戦しやすく、ホームゴール裏に近いので熱気を感じられる

リビングテラス
座り心地は抜群。リッチな雰囲気を味わえる

広島みやげも豊富

ペンライト 2800円
ナイトゲームの必需品！14色のカラーチェンジが可能

Point 4　オリジナリティあふれるグッズ展開

2024シーズンから、本スタジアムをイメージしたグッズを幅広く展開。さらに観戦グッズのほか、日常使いができるアパレルグッズも充実する。大人気マスコットのサンチェ・フレッチェのかわいいアイテムもぜひ。

コンフィットTシャツ（THREE ARROWS） 4000円
紫色のアイテムを身に着けて、一体感のある応援を楽しもう

ジャガードタオルマフラー 2200円
セットプレイなどチャンスのときに一緒に振り回して応援しよう

選手気分を体験！スタジアムツアー

サッカーミュージアムとスタジアム全体を周遊できる。「プレーヤーズアクティビティ」では、新加入選手の目線で入団会見、ロッカールーム、ウオーミングアップ、選手入場まで体験でき、貴重なひとときを過ごせそう。

❶基本コースは約50分、プレーヤーズアクティビティは約75分　❷円形のロッカールームがカッコイイ（プレーヤーズアクティビティのみ）

Plus
「エディオンピースウイング広島」と、その周辺の「芝生ひろば」「水辺ひろば」などを合わせた「ひろしまスタジアムパーク」に、2024（令和6）年8月に商業施設「HiroPa」が加わりよりいっそう熱いエリアに！

試合前やタイムアウト、ハーフタイムにFLY GIRLSが登場

強豪揃いの西地区で大奮闘!

ひろしまどらごんふらいず
広島ドラゴンフライズ

　2020(令和2)年にB2西地区で優勝し、念願のB1昇格。2023(令和5)年、2024年(令和6年)とチャンピオンシップに連続出場、2023-24シーズンには前年の覇者・琉球ゴールデンキングスを下してチーム初優勝をつかみ、リーグ年間王者となった。

コートとの近さも
魅力のひとつ

バスケットボール

2023-24メインTシャツ
(HOME) 3000円
ユニホームと同じデザインのTシャツ。推し選手の番号をゲットして

LOGO
ツインメガホン
1000円
応援のリズムに合わせてメガホンを鳴らし、攻撃を後押ししよう

生で観る選手のプレイは想像以上の迫力!

モヒカンアビィ

目が離せない展開が続く

👀観戦NAVI

●シーズン
「B.LEAGUE」のシーズンは10〜5月で、東地区・中地区・西地区に分かれて戦い、チャンピオンシップで頂点を決める。

▶チケット入手方法
広島ドラゴンフライズ公式サイトから「チケット情報」へ進み、「B.LEAGUE」のサイトへ。購入には会員登録(無料)が必要。

HOME
広島サンプラザ
MAP 別冊P.16-A3

エフピコアリーナふくやま
エリアガイド ▶ P.259

JT Thunders HIROSHIMA

バレーボール

日本バレーを牽引する名門

じぇいていさんだーずひろしま
JTサンダーズ広島

　第1回の日本リーグから唯一連続出場している歴史あるチームで、日本バレーを世界の頂点に導いた猫田勝敏をレジェンドにもつ。2015(平成27)年には初のリーグ制覇を達成した。チームが一丸となって戦うまとまりのよさが魅力だ。

配付される応援ハリセンと応援歌で一体感!

マフラータオル
1600円
チームのかけ声「1、2、3(サンダーズ)」に合わせて掲げよう

初めての観戦はベンチ側や主審側がおすすめ

サンダー坊やぬいぐるみ
2200円
部屋に飾りたいマスコットのぬいぐるみ。横 幅38cm、高さ28cm

地方自治体が各地で開催するバレーボール教室に選手を派遣

高さのある攻撃やブロックは迫力満点で見るものだよ!

サンダー坊や

👀観戦NAVI

●シーズン
2024-25シーズンからリーグが変更となり、新リーグが始動。2024(令和6)年10月に開幕する「SV.LEAGUE」で戦う。

▶チケット入手方法
試合日程やチケットの購入方法は、詳細が確定次第、JTサンダーズ広島の公式サイト・SNSでお知らせがあるので確認を。

HOME
猫田記念体育館 MAP 別冊P.17-C2
🏠 広島市南区皆実町2-8-42 ☎ 082-563-7924(JTサンダーズ広島事務局) 🚉 広島電鉄「皆実町六丁目」から徒歩2分

JTサンダーズ広島は、ホームスタジアム猫田記念体育館での練習見学ができる。試合外の選手の姿を拝めるチャンス。9名以下は事前申し込み不要。練習スケジュールは公式サイト(www.jti.co.jp/sports/thunders)で確認を。

仲のよさがうかがえる
円陣シーン

年間スケジュールは公式サイトでチェック

バドミントン

バドミントンは相手の考えている逆をつく、意外性が魅力

リーグ上位に向けて邁進

ひろしまがすばどみんとんぶ
広島ガスバドミントン部

　1995（平成7）年に発足。2001（平成13）年には国内最高峰の1部リーグ（現・S／Jリーグ）へ昇格を果たした。イベントに積極的に参加して地域との結びつきを深めるほか、「Doスポーツ」などの出張教室で競技の魅力を伝える。

HIROSHIMA GAS
BADMINTON TEAM

HOME　安芸郡海田町

出張教室では、地域の小学校などへ選手が出向いて基本技術などを指導

◎◎観戦NAVI

●シーズン
5月「中国実業団選手権大会」から12月「全日本総合選手権大会」まで、さまざまな大会に出場。「S／Jリーグ」は11〜2月に開催。

▶チケット入手方法
「ローチケ」で広島ガスを検索し、「チケット購入はこちら」へ進む。紙チケットまたは電子チケットを選択し「お申し込みはこちら」へ。

Coca-Cola
Red Sparks

縦横無尽に駆ける赤い火花

こか・こーら れっどすぱーくす
コカ・コーラ
レッドスパークス

　スピーディな動きとゲーム展開の早さが魅力。卓越した技術で、2023（令和5）年に高円宮牌ホッケー日本リーグ、全日本女子ホッケー選手権大会で優勝。常に国内大会四冠を目指して前進を続ける。

2007（平成19）年に完工した専用グラウンド

攻守の心理戦が見どころのひとつ

ホッケー

ファンとの距離が近く、試合後は写真撮影などに応じている

ごみゼロ・クリーンウォークへの参加など社会貢献活動にも積極的

試合会場で皆さんに会えるのを楽しみにしています

スパークイーン

◎◎観戦NAVI

●シーズン
5〜12月は「ホッケー日本リーグ」に出場。秋に「国民スポーツ大会」、冬に「全日本女子ホッケー選手権大会」で戦う。

▶チケット入手方法
「ホッケー日本リーグ」「全日本女子ホッケー選手権大会」それぞれの大会の公式サイトから購入できる。

HOME

コカ・コーラレッドスパークス
ホッケースタジアム　**MAP** 別冊P.13-C3

🏠広島市安佐北区安佐町毛木799　📞082-837-2011　🚃広島ICから車で30分

コカ・コーラレッドスパークスのホッケー部としての創部は1996（平成8）年。その年に、広島で開催された「第51回国民体育大会」で3位となった。ファーストユニホームのカラーは「赤」、セカンドユニホームは「黒」を採用している。

ハンドボール

いちばん盛り上がるシュートシーン

栄光の座の奪還を目指す

いずみめいぷるれっず
イズミメイプルレッズ

1998年（平成10）から2004（平成16）年に日本リーグ7連覇を果たすなど、主要大会で複数回の優勝を飾っている。攻守の切り替えが早くスピード感あるプレイが魅力。相手チームを研究して戦略的にボールをつなぐ場面も見ものだ。

広島駅周辺の企業とともに「おもてなし一斉清掃」

●● 観戦NAVI

●シーズン
「日本リーグ」は2024年度は9月〜翌年5月を予定。そのほか「日本選手権」「社会人選手権」に出場。

▶チケット入手方法
「日本リーグ」「日本ハンドボール選手権大会」「全日本社会人ハンドボール選手権大会」の各大会HPから購入。

2019（令和元）年、イズミの実業団チームに

応援Tシャツ 2000円
ロゴが存在感抜群。これを着れば、より応援に熱が入りそう

クリアツインメガフォン
1000円
メイリーちゃんが大きくプリントされたメガホン

※2024シーズンの商品。変更の可能性あり

SNSでも情報を発信しているよ

メイリーちゃん

HOME
マエダハウジング東区スポーツセンター
MAP 別冊P.17-C1
住 広島市東区牛田新町1-8-3　**交** アストラムライン「牛田駅」から徒歩3分　※問い合わせは(株)イズミ　イズミメイプルレッズ事務局　**TEL** 082-264-3332

レースは全国で開催される

❶プロの実力を間近で目にしたい　❷サポーターの熱烈な応援がチームの力

VICTOIRE
HIROSHIMA

情熱的な走りで興奮を届ける

ゔぃくとわーるひろしま
ヴィクトワール広島

中四国初のプロ自転車ロードレースチームとして2015（平成27）年に発足。競技の楽しさだけでなく、地域に根付いた幅広い活動で自転車文化の魅力を発信する。目標は、所属リーグ（JBCF）での年間チームランキング1位に輝くことだ。

自転車
ロードレース

**ジャージ
フェイスタオル
オレンジ×ホワイト**
2000円
2024（令和6）年のジャージがモチーフ。汗を拭いたり掲げたりと便利

**サイクルボトル
VCH**
1200円
半透明で残量がわかる、水分補給に最適なアイテム。570ml

2023（令和5）年は3000人以上に自転車安全教室を開催

●● 観戦NAVI

●シーズン
シーズンは、毎年春から秋。長距離で争うロードレース、短距離の周回コースを走るクリテリウムがある。

▶チケット入手方法
沿道から無料で観戦できるため、チケット不要。

過酷なレースを戦い抜くために1日100km以上練習しているよ

HOME
広島市安佐南区西原

もみたまボーイ

ヴィクトワール広島は、初心者から経験者まで、子供から大人まで、誰でも参加できる自転車レースを実現すべく、2022（令和4）年に「ヴィクトワール サイクルカップ」を立ち上げ、不定期で開催。V1カテゴリーには選手も参戦するとか。

ラグビー

トライへつなぐ全員
プレイに魅せられる

馬力ある戦いぶりで魅了

ちゅうごくでんりょく れっどれぐりおんず
中国電力レッドレグリオンズ

2022（令和4）年に発足した「ジャパンラグビーリーグワン」で戦う。比較的小柄な選手が多いながらも、ディフェンスやタックルなど体を張ったコンタクトプレイの強さが持ち味。結束力も高く、チーム一丸で挑む。

チーム名の由来は「獅子座＝ライオン」

小学生を対象にしたミニラグビー交流大会や出張教室などが人気

ベースボールシャツ
（中国電力
レッドレグリオンズ）
5500円
春夏はこれ1枚で、秋冬は重ね着で自分好みの観戦スタイルを

オリジナルミニボール
2000円
子供のおもちゃや、サインボールとして飾るのにぴったり

生の試合を観て、スピード感と迫力を体感してほしいな！

レグ☆リオンズ

観戦NAVI

●シーズン
「NTTジャパンラグビーリーグワン」のシーズンは毎年12〜5月まで。1ヵ月に2、3試合、ホストまたはビジターで開催。

▶チケット入手方法
中国電力レッドレグリオンズ公式サイトから「TICKET」へ進んで購入。ホストゲームの試合は、当日券をチームテントにて販売。

HOME
Balcom BMW stadium
MAP 別冊P.16-B2
住 広島市西区観音新町2-11-124 **交** 広電バス「総合グランド入口」から徒歩1分

2023（令和5）年の中国実業団駅伝で6区を走り抜いた菊地駿弥選手

2023（令和5）年のニューイヤー駅伝で4区を担当した岡本直己選手

中国電力初のシンボルスポーツとして創部

陸上

Energia
中国電力

小学校での陸上教室など、地域のスポーツ振興活動に取り組む

駅伝の名門実業団として活躍

ちゅうごくでんりょく りくじょうきょうぎぶ
中国電力 陸上競技部

1989（平成元）年に7名で創部し、翌年に坂口泰さんをコーチに迎えて強化を図って以降、「ニューイヤー駅伝」で優勝・準優勝含む好成績を連発するなど、輝かしい実績を残している。若手の成長も著しく、今後の活躍から目が離せない。

観戦NAVI

●シーズン
1月1日の「ニューイヤー駅伝」から始まり、各地で開催される実業団対抗駅伝競走大会などに出場。ほか個々の選手が選手権大会に出場。

▶チケット入手方法
駅伝は沿道から観戦できるためチケット不要。ほかの大会に出場する選手を観覧する場合は、大会HPからチケット購入を。

HOME
広島市中区小町

中国電力陸上競技部の創部時のメンバーのひとりが、強豪・青山学院大学駅伝部の監督として活躍する原晋さん。原監督は三原市生まれ、県立世羅高校の出身。高校3年の時には全国高校駅伝で総合2位に貢献した。

特別インタビュー
ローカル人気番組でおなじみの あのスターが語る

わたしと広島の話

広島ホームテレビ フロントドア

「カープの特ダネは土曜お昼この番組で!」という人も多い。カープはもちろんサンフレッチェや地元ニュースまで届ける番組『ひろしま深掘りライブ フロントドア』のMCが思う広島の魅力とは!?

ロザン
菅広文さん

ロザン
宇治原史規さん

編＝編集室　菅＝菅さん　宇＝宇治原さん

編　広島スポーツ界の魅力って?

宇　どのジャンルのスポーツも、選手とファンとの一体感が強いのが魅力だと思います。ファンの皆さんの愛が強いのはもちろん、選手の皆さんもファンに感謝して、その応援に応えようと日々がんばっているんだろうなと感じます。

菅　広島東洋カープ（→P.44）に象徴されるように、広島全体でチームを応援している印象ですね。しかも関西に比べたら試合中のヤジが少ない（笑）。クリーンな姿勢のファンが多いのも好印象だなと思います。

編　番組での印象的なできごとは?

菅　番組には現役・OB問わずさまざまなスポーツ選手がゲスト出演してくださるんですが、特にカープのOBの皆さんには本当にお世話になっています。北別府さんはあれだけの実績を残されたレジェンドでありながら、菅のいじりにも笑って応えて、その場のノリに付き合ってくださり、番組を一緒に盛り上げていただきました。

菅　僕、北別府さんに「ピッチャーやった（だった）んですね」って言ってしまったことがあるんです。笑顔でかわしてくれたんで、「これから北別府さんをいじっていこう」と決意した瞬間でしたね（笑）。

編　視聴者にメッセージをお願いします

宇　広島は新サッカースタジアム（→P.46）が建設されるなど、変化を続けていてワクワクします。町が変化してもさびしいと感じないのは、地元愛が強い広島の人たちが変わってないからかもしれません。番組では今後もプレイだけではない、選手たちの愛すべきキャラクターも伝えていきたいです。

菅　広島は自然もあって都会的なところもある、すばらしいところ。皆さんがカープを応援する熱量の、ほんの少しでいいので、宇治原のクイズ番組も応援してやってください（笑）。

「外木場さん（外木場義郎元カープ投手）や木下さん（木下富雄元カープ内野手）など、いろいろな方が番組を盛り上げてくれました」

「生え抜きの選手中心で強いチームをつくるところがカープの魅力」と宇治原さん

Plus ℹ　1975（昭和50）年ドラフト1位でカープ入団、球団最多の通算213勝を挙げたレジェンド投手・北別府学さん。カープひと筋19年、引退後も野球界に貢献。2023（令和5）年の訃報時には広島県民が悲しみに暮れた。

ロザン のふたりが選ぶ 名場面ベスト 3

① あのレジェンドが登場！

北別府学さんをゲストに迎えた第3回。懐かしのカープグッズ紹介などが行われた。若き日の北別府さんの姿を見た菅さんが、「ピッチャーやったんですね」と口にし、思わず笑いが。和んだスタジオからホットなニュースを届けた。

1 北別府さんを囲んで当時の話に花が咲いた 2 サイン入り鉛筆やマッチなどのお宝グッズ

② 選手の別の一面にキュン

2016年5月7日放送

第206回は、ゲストとして招かれたカープ・上本崇司選手がオープニングを担当。この回以降、現役選手が登場の際は最初の司会を務めるのが恒例になった。「スタッフさんは何をやらせてるの（笑）」とロザンのふたりからツッコミを。

1 「リハーサルかと思った」と皆さん爆笑 2 しどろもどろな上本選手の姿にファン垂涎

③ 初回ならではの初々しさ

「広島の土曜が変わる」と銘打ち始まった初回。セットのドアから登場するロザンのふたりのぎこちなさが新鮮。前日に広島入りした菅さんは「居酒屋で知らない人に『番組観ます』と声かけてもらいました」という話を披露。

1 「いよいよ今日からスタートです」とあいさつ 2 「少なくとも4人は番組を観てる」と菅さん

ロザン 菅 広文 ロザン 宇治原史規

もうひと組の MCコンビ
廣瀬アナ（右）と岡本アナ（左）の
#フロントドアのウラトーク

廣瀬集也アナと広島スポーツの話

競技を超えてチーム同士のつながりを感じる広島スポーツ界。皆さまに届けたいのは「アスリート一人ひとりの物語」です。インタビューを通して見える苦悩や葛藤、喜怒哀楽。そして、試合で輝く姿。感動や活力を与えてくれるスポーツの力を感じてください！

岡本愛衣アナと広島スポーツの話

プロアマ、年齢を問わず、広島のアスリートを取材する「HERO調査隊」。広島No.1卓球兄弟やウインターカップ出場の女子バスケ部など、人生をかけて打ち込む姿には心が揺さぶられる。スポーツ王国・広島の選手が輝く瞬間を届けたいです！

X（旧Twitter）#フロントドアのウラトーク でふたりの放送の裏話が読めます♪

PROFILE

ロザン

京大卒のインテリ芸人・宇治原史規と、吉本男前ランキングの常連・菅広文の仲良しコンビ。テレビやCM、舞台などで広く活躍。小中学生時代を広島で過ごした宇治原はカープをこよなく愛している。

ひろしま深掘りライブ フロントドア（広島ホームテレビ）

毎週土曜13:00〜14:00放送。カープ情報や広島のスポーツ、ニュースを取り上げる。ロザンが広島の気になる場所を取材する「ろざんぽ」は特番にも。番組のタイトル名は黒田博樹投手の魔球にちなんで。

※番組情報は2024年2月時点のものです

plus
i
打者の内角をえぐり取るようにストライクに入る、元カープの黒田博樹投手の魔球から名づけられた番組名『フロントドア』。「この勝負球と同じように、広島の情報を深掘りして届けたい」という思いが込められている。

メイドイン広島で彩られた

G7広島サミット2023 回顧録

2023（令和5）年5月19日から21日の3日間、岸田首相の地元・広島で開催された「G7広島サミット」。G7をはじめ招待国の首脳たちが訪れた県内の要所の足跡をたどってみよう！

G7 HIROSHIMA SUMMIT 2023

今回のサミットの出席者（G7）は、左から、EU：ミシェル欧州理事会議長、伊：メローニ首相、加：トルドー首相、仏：マクロン大統領、日：岸田総理大臣（議長）、米：バイデン大統領、独：ショルツ首相、英：スナク首相、EU：フォン・デア・ライエン欧州委員会委員長

G7広島サミット2023 とは!?
2023（令和5）年5月19日〜21日に広島県広島市で開催された、第49回主要国首脳会議。フランス・アメリカ・イギリス・ドイツ・日本・イタリア・カナダの7ヵ国並びに、欧州理事会議長と欧州委員会委員長が参加した。

「G7 HIROSHIMA」の文字の花のオブジェ

国際メディアセンターとなった県立総合体育館

セッション9「平和で安定し、繁栄した世界に向けて」

メイン会場となったホテル
ぐらんどぷりんすほてるひろしま
グランドプリンスホテル広島

「G7広島サミット」のメイン会場として選ばれた。サミット終了後には、開催時を彷彿とさせるフォトスポットや、ロゴデザインに使われた「7色の折り紙」をイメージしたデザインが施設を彩っていた。

第6章宿泊 ▶ P.409

広島県産材ヒノキの円卓を手がけた
まるにもっこう
マルニ木工

首脳会議で使用された特注の円卓、椅子、卓上に置かれた国名を記した木製のプレートなどはすべて佐伯区の家具メーカー「マルニ木工」が手がけたもの。円卓には廿日市市吉和や安芸太田町産のヒノキ材が使用されている。

TEL 03-5614-6598（マルニ木工 広報）

セッション1（ワーキング・ランチ）

❶グランドプリンスホテル広島に飾られる円卓 ❷マルニ木工の家具は職人が一つひとつ手作業で仕上げる ❸マルニ木工の工場内

plus
G7広島サミットの期間中、国際メディアセンター内には「広島情報センター」がおかれ、世界の報道関係者に、広島の歴史・伝統工芸・産業技術・文化・食・酒について広く伝えた。

本サミットのハブ役を担った
平和記念公園
へいわきねんこうえん

エリアガイド ▶ P.120,328

サミット出席のため広島市を訪問中のG7首脳夫妻を、岸田総理大臣夫妻が迎え入れた。慰霊碑へ献花、黙とうをささげたあと、被爆桜の植樹も行った。

平和記念公園内で記念の植樹

G7首脳による原爆死没者慰霊碑への献花

平和への願いとG7結束の意志を込め被爆桜（ソメイヨシノ）を植樹

地元の中高生による介添えの下、慰霊碑に献花を行い黙とうをささげた

招待国首相、国際機関の長が資料館を視察

資料館で芳名録に記帳するG7首脳

湯崎英彦広島県知事および松井一實広島市長による先導で慰霊碑へ

芳名録にそれぞれの決意を記す。机の上には平和のシンボル折り鶴が

G7首脳揃っての訪問は史上初
広島平和記念資料館
ひろしまへいわきねんりょうかん

第3章歴史と文化 ▶ P.329

G7首脳が揃って平和記念資料館を訪問。岸田総理大臣から展示内容の説明を聞くとともに、被爆者である小倉桂子さんとも対話。訪問の最後に、館内で記帳も行った。

首脳陣を運んだ高速船
SEA SPICA
瀬戸内しまたびライン
しーすぴか せとうちしまたびらいん

広島港と三原港をつなぐ観光型高速クルーザーだが、G7広島サミットでは首脳陣の宮島への移動手段として使用。シートには「G7広島サミット」のロゴが期間限定で入っていた。

TEL 082-253-5501
（瀬戸内汽船トラベルサービス）

瀬戸内海を優雅に走る

優雅にクルージング

大鳥居の前で撮影も
嚴島神社
いつくしまじんじゃ

エリアガイド ▶ P.161

雅楽が流れるなか、廻廊を見学。宮司による嚴島神社の歴史や特徴に関する説明もあり、朱色の大鳥居を背に記念撮影も行った。

嚴島神社への訪問

宮島の老舗旅館でおもてなし
みやじまの宿 岩惣
みやじまのやど いわそう

第6章宿泊 ▶ P.400

初代内閣総理大臣・伊藤博文をはじめ、世界各国の要人を魅了してきた老舗旅館。「ワーキング・ディナー」として、広島県内や瀬戸内海の食材を使った和食が提供された。

セッション3（ワーキング・ディナー）

この1枚にも注目 👀

首脳陣のパートナーが日本の伝統文化への理解を深めた「パートナーズプログラム」。折り鶴から生まれた傘「傘鶴」、岸田裕子夫人が備後デニムのスーツを着用するなど、広島県の多彩な魅力に触れていた。

クチコミ 「SEA SPICA」での移動中の船内の様子ですが、イギリスのスナク首相が自身のスマートフォンで首脳陣と自撮りをされるなど、終始和やかな雰囲気でした。（瀬戸内汽船航路事業部・Nさん）

広島らしさがぎっしり！
キュートなクッキー缶

ひろしまあんでるせん
広島アンデルセン

`第5章ショップ ▶ P.388`

広島観光のなかで巡り合う、「レモン」「紅葉」「しゃもじ」「鳥居」などがクッキーに。観光中に「広島アンデルセン」に立ち寄ってもらいたいと思いを込めた、イギリスパン型のクッキーも愛らしい。本缶オリジナルデザインのクッキーの下には、定番クッキー8種類入り。

広島おさんぽクッキー
3456円

おもな購入場所
広島アンデルセン、アンデルセンネット（URL www.andersen-net.jp/shop）ほか　※アンデルセンネットでは3564円で販売

海外の賓客も楽しんだ
スペシャルな日本酒の飲み比べ

かもつるしゅぞう
賀茂鶴酒造　`エリアガイド ▶ P.209`

「G7広島サミット」のワーキング・ディナーで提供された「純米大吟醸 広島錦」、2016（平成28）年開催「G7外相会談」で提供された「大吟醸 双鶴賀茂鶴」、2014（平成26）年にオバマ元米国大統領が訪日の際に召し上がった「大吟醸 特製ゴールド 賀茂鶴」という特別な3酒がセットに。

おもな購入場所
賀茂鶴酒造見学室直売店、賀茂鶴直営オンラインストア（URL shop.kamotsuru.jp）ほか

G7広島サミットを彩った
県産の名品たち

賀茂鶴　プレミアムセット
（3本入・各180ml）
3300円

川通り餅（15個入）
850円

クルミときな粉が相性抜群
ひと口サイズの素朴なおやつ

かめや
亀屋

広島で最も古いお菓子といわれている、広島を代表する銘菓のひとつ。上質な求肥に香ばしく焼いたクルミを加え、きな粉をまぶしている。カリッとした食感のクルミの香ばしさ、優しい甘味のきな粉がベストマッチ。ひと口サイズなので、ちょっとしたおやつにちょうどいい。

`MAP` 別冊P.21-D2
`住` 広島市東区光町1-1-13　`TEL` 082-261-4141

おもな購入場所
亀屋広島駅ekie店、川通り餅オンラインショップ（URL www.kawadorimochi.jp）高速道路SA（上り小谷SA、下り宮島SA）、宮島空港ほか

plus
ポルノグラフィティのボーカル岡野昭仁さん、ギター新藤晴一さんはともに因島出身。楽曲『アビが鳴く』は、G7広島サミットのために書き下ろされた応援ソングだ。「アビ」は広島県の鳥。

「石地みかん」を味わう!贅沢なストレートジュース

村尾昌文堂
（むらおしょうぶんどう）

広島県と愛媛県の県境に位置する呉市・大崎上島町で栽培される「大長みかん」。なかでも、より甘味が強くコクのある「石地みかん」のみを搾って作られる贅沢なジュース。混じり気のない「石地みかん」そのものを味わえると評判の品だ。

MAP 別冊P.10-A3
住 呉市豊町大長5905-1
TEL 0823-66-2025

📋 おもな購入場所
村尾昌文堂、公式サイト
（**URL** muraoshoubundo.jimdofree.com）ほか

**大長みかん
ジュース果汁100%（1000ml）
1080円**

来訪国やプレス関係者を広島県産の食や記念品でもてなした「G7広島サミット」。数多の名品のなかでも好評を得た人気アイテムをピックアップ!

**瀬戸田レモンケーキ
島ごころ（3個入）
1080円**

瀬戸田レモンブームの先駆けレモンの香りとうま味を堪能

島ごころSETODA
（しまごころせとだ）

瀬戸田レモンブームの火付け役となった商品。皮まで食べられる安心・安全なレモンを特製ジャムにして練り込み焼き上げた生地は、レモンの香りとうま味がいっぱい!　一般的なレモンケーキにあるコーティングをなくし、生地そのものを味わえるシンプルさも魅力。

MAP 別冊P.34-A2
住 尾道市瀬戸田町沢209-32
TEL 0845-27-0353

📋 おもな購入場所
公式オンラインショップ（**URL** www.patisserie-okumoto.com）、島ごころSETODA本店、島ごころ尾道長江店ほか

地元産の原料にこだわった広島生まれのクラフトジン

SAKURAO DISTILLERY
（さくらおでぃすてぃらりー） 特集 ▶ P.95

ドライ・ジンの本場であるイギリスの伝統的な製法を採用した"Made in 広島"のジン。香りのもととなるジュニパーベリーをはじめ、原料として使用するのは厳選された17種類の広島県産ボタニカル素材のみ。創業の地・廿日市市桜尾を象徴する桜の香りがアクセントになっている。

📋 おもな購入場所
SAKURAO DISTILLERY VISITOR CENTER、SAKURAO BREWERY & DISTILLERYオンラインショップ（**URL** sakuraobd.jp）ほか

**SAKURAO GIN
LIMITED（700ml）
6050円**

---

 plus

G7サミットは1975（昭和50）年にフランスで開催されたのが始まり。日本で初めて開催されたのは1979（昭和54）年の東京。今回の広島サミットは、日本で開かれた7回目のサミットである。

特別名勝

三段峡 の歩き方

広島市街地から車で1時間の秘境、三段峡。四季折々の森林の表情や、峡谷に息づく動物、滝や川など見どころ満載。国を代表する景観美へ足を延ばしてみませんか。

国の特別名勝に
指定された大峡谷

さんだんきょう
三段峡

西中国山地国定公園内にある全長約16kmの三段峡は、西日本有数の峡谷凝縮美が楽しめる名所。初心者の散策から上級者向けのトレッキングまでウオーキングコースも多岐にわたり、外国人観光客からの人気も上昇中。

MAP 別冊P.40-A2

住 山県郡安芸太田町柴木1596 TEL 0826-28-1800(一般社団法人地域商社あきおおた) 営 自由(外灯がないため夜間入峡不可) 休 なし(冬期入峡不可) 料 無料 P あり(有料) 交 戸河内ICから車で8分

黒淵の峡谷を行く渡舟

国にとって芸術上または観賞上価値の高い名勝地が「名勝」に指定され、特に重要なものが「特別名勝」となる。特別名勝は全国にわずか36件(2024年3月現在)。そのうちのふたつ「厳島(特別史跡にも指定)」と「三段峡」が広島県にある。

三段峡

全長約16kmの
ワンダーランド
旅の心得

散策マップ

旅の心得 01
服装と持ち物

積雪が多い地域で冬は入峡できないので、春〜秋が散策できる期間。長袖・長ズボンを着用し、草木・虫よけ対策を万全に臨もう。気温の変化も激しい場所なので、夏でも上着を持参したい。急な坂道も多く、履き慣れた運動靴やトレッキングシューズがおすすめだ。峡内には自動販売機はないので飲み物は必ず持参すること。峡内の食事処は「黒淵荘」のみ。

さらに、三段峡内にはクマが出ることもあるため、熊鈴を持参して散策するのが安心。熊鈴は「道の駅 来夢とごうち」（→P.285）でも購入できる。

旅の心得 02
ルールとマナー

- ☑ 道幅が狭い所が多いので譲り合おう
- ☑ 動植物の採取はダメ！絶対！
- ☑ 楽しい山歩きだけど節度をもって。はしゃぎ過ぎないよう
- ☑ 小さな子供を連れている場合はいっそう注意を払おう
- ☑ 山からの落石に注意！

旅の心得 03
準備をしっかりと

三段峡は全長約16kmもあるため、1日ですべてを回ることは至難の業。コースの全貌をきちんと把握して、無理のない行程作りをしよう。峡内には照明機器がなく、散策目安は7時30分から17時。17時までには正面口または水梨口に戻れるような計画を。

渡舟は営業シーズン（4月下旬〜11月下旬）が決まっており、天候や川の水量によっては運休になることもある。

旅の心得 04
最新の通行止め情報を

三段峡の遊歩道は、豪雨などの自然災害の影響が大きく、通行止め区間が設けられていることも多い。散策区間や通行止めの最新情報を公式サイトで確認してから出かけよう。

観光情報サイト
あきおおたから

聖淵
P
椿床ダム
5分

三ツ滝
55分/3km
餅ノ木 P
三段滝
25分/1.3km
三段峡
深入山口
30分/1.5km
餅ノ木峠
猿飛
水梨口
P（水梨駐車場）
5分（猿飛渡舟）
王城
大淵
黒淵荘
黒淵渡舟
横川トンネル
二段滝
50分/3km
黒淵
50分/2.7km
石樋
赤滝
女夫淵
竜ノ口
三段峡正面口
長淵
姉妹滝
三段峡分かれ
三段峡ホテル
「三段峡」バス停
（三段峡正面口駐車場）
三段峡交流広場

※ここへのアクセスは公共交通機関がないので注意！

遊歩道
車道

0 —— 500m

THE 五大壮観

三段峡内には絶景ポイントが点在。なかでも黒淵、猿飛、二段滝、三段滝、三ツ滝の5つは美しさが際立ち、総称して「五大壮観（規模が大きくてすばらしい眺め）」と呼ばれる。

猿飛

黒淵

100mにおよぶ絶壁に囲まれた、エメラルドグリーンの水面は神秘的な美しさ

絶壁を渡舟で行く

秘境中の秘境として人気。切り立った断崖の上を猿が飛び交ったことが名前の由来

二段滝

渡舟で渡らないと見ることのできない幻の滝。数年前の集中豪雨で上段が崩れ、現在は一段に

三段滝

3段の滝が轟音を響かせる様子は圧巻。周囲は全長130mにわたって断崖が連なる

三ツ滝

八幡川（柴木川）峡谷最上流の景勝で、三段峡のなかでも最も優雅といわれている滝

ⓘ plus
公共交通機関で三段峡へアクセスするなら、広島バスセンター発着の高速バス・路線バスと、JR可部駅前発着の路線バスがある。また町内2ヵ所の道の駅来夢とごうち「三段峡正面口」にカーシェアがあるので、スポット間の移動に便利だった。

一度は体験したい
黒淵往復2時間コース

ヤマメの塩焼き

三段峡入口から黒淵までを往復するコース。長淵、姉妹滝、竜ノ口、赤滝、女夫淵、石樋、天狗岩と進めば、折り返し地点であり、最も人気のある絶景・黒淵に到着。黒淵では、渡舟に乗って清流の中から切り立った絶壁と原生林を眺めてもよし、三段峡唯一の食事処「黒淵荘」で食事を楽しみながらほっとひと息つくもよし。

秋限定の今でんも人気

絶景のなかでの食事ができる

峡谷内唯一の食事処
黒淵荘

三段峡五大壮観のひとつ、黒淵の景観を楽しみながらうどんや流しそうめんなどが味わえる食事処。おすすめはヤマメの塩焼き

美しい自然の造形美 天狗岩

花崗岩が板状岩となって露出した大岩壁。三段峡を象徴する自然美のひとつとして有名

寄り添うふたつの淵 女夫淵

大小ふたつの淵が寄り添うように並ぶことから、恋愛成就スポットとしても人気が高い

まるで竜の噴煙！
竜ノ口

急流で浸食された岩盤が竜のように見える竜ノ口。轟音と豪快な水しぶきで迫力満点

100m続く長い淵
長淵

三段峡の第1景で、峡内でいちばん長い淵。夏はカヤックやSUPなどを楽しめる

今も漂う鉄道の名残
三段峡正面入口

かつて電車の終点だった場所で、鉄道ファンに人気。周辺にはみやげ物店や宿泊施設もある

地図

黒淵　黒淵荘
天狗岩
ぐるの瀬
塔岩　赤滝
石樋
女夫淵
竜ノ口
姉妹滝
三段峡正面口
長淵

0　200m

船上から黒淵を堪能 **黒淵渡舟**

4月下旬から11月下旬まで、紺碧の黒淵をひと回りする昔ながらの小さな渡舟。そびえ立つ崖を間近に見ることができる

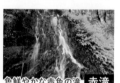
色鮮やかな赤色の滝 **赤滝**

赤れんがを積み重ねたような階段状の岩にかかる滝。日が当たった岩肌は特に美しい

デートにピッタリ♥

ちょこっとコース（片道30分）

少しの時間で峡谷美を味わうなら、徒歩片道30分のコースはいかが？ふたつの見どころは押さえたい。

姉妹滝

水量によって2本、3本と流れる本数が変わる滝。晴れた日は虹がかかることも

石樋

流紋岩の河床が200mにわたって水路のように続く名所で、女夫淵の上流にある

```
三段峡正面入口
  │
  片道徒歩10分
  │
姉妹滝
  │
  片道徒歩20分
  │
石樋
```

plus

三段峡内ではふたつの渡舟、「黒淵渡舟」「猿飛渡舟」が運航している。毎日運航しているわけではないので最新情報を確認して出かけよう。渡舟の運航情報はホームページ（URL cs-akiota.or.jp）で確認しよう。

その長さ約130m！

三段滝 三段になって落下する全長約130mの豪快な滝で、三段峡でいちばんの見どころ

中流部からトライ
三段滝は水梨口からが時短

二段滝&猿飛渡舟コース

水梨口からスタートし、猿飛渡舟で渡らないと見ることができない幻想的な二段滝と、観光ポスターなどでおなじみの雄大な三段滝のふたつの滝が一度に堪能できる欲張りなコース。2時間程度で回れる手軽さも魅力。

```
水梨口入口
  │
徒歩30分    徒歩30分
  ↓          ↓
 猿飛 ─── 徒歩30分 ─── 三段滝
  │
片道渡舟5分
  ↓
 二段滝
```

マイナスイオン
ゴゴゴゴゴ

轟音が響く秘境滝 二段滝

猿飛をぬけたら現れる幻の滝。水の渦流によって起こる「滝の後退現象」を見ることも

峡谷にかかるつり橋 蛇杉橋

1988（昭和63）年豪雨のあとに設けられたつり橋で下流側が蛇杉橋。奇形の杉が名前の由来

岩にかかる幅広の滝 雄滝

紫木川にかかる落差30mの滝。凸凹した形から下流側の細長いほうを雄滝と呼んでいる

木々のなかを落ちる 雌滝

樹木の間から流れ落ちる細い滝。凸凹の形から幅の広いほうが雌滝と呼ばれている

深入山口

0 ─── 500m

遊歩道
車道

P 水梨口駐車場

三段滝
鵜の子
猿飛
横川口
二段滝
出合橋
耶源・王城
蛇杉橋
木串
雄滝
仏岩 雌滝
大淵
黒淵

ユニークな形の岩山 仏岩

頂点から1本の岩松が長く伸びる、山から孤立した円錐型の岩山。名前の由来は不明

もっとツウに楽しむ

専門ガイドと回るツアー

生き物や植物の観察と峡谷美を観賞しながら歩く「ミュージアムツアー」やカヤックなどアクティビティを楽しむツアー、専門ガイドと一緒に三段峡を歩くツアーも充実。

❶ガイドによる特別限定ルートを散策できる「ミュージアムツアー」
❷涼を感じる「カヤック（カヌー）スクール」
❸「森林セラピー®」で癒やしを

水梨口からも黒淵へ
徒歩往復2時間コース

黒淵までの道中に長さ27mの南方橋や蛇杉橋、迫力満点の耶源や王城など数々の名スポットが点在。正面口からスタートするコースとは異なる魅力が堪能できる。黒淵手前にあるつり橋もおすすめポイント。

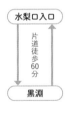

```
水梨口入口
   │
片道徒歩60分
   ↕
  黒淵
```

 安芸太田町には三段峡のほかにも、「恐羅漢山（→P.284）」「深入山（→P.285）」「龍頭峡（→P.286）」にセラピーロードがある。それぞれ難易度が異なるので、体力や所要時間、コース内容など、自分に合うものを選ぼう。

広島県民の お好み焼き

山盛りのキャベツ、豚肉、そば、卵
「お好み焼き」といっても実に多彩な

伝説の始まりと継承を

まず
語らせて
ほしい

戦前、駄菓子屋のおやつだった「一銭洋食」が、戦後の空腹を救う食べ物として発展、昭和30年代には店舗ごとに具材のバラエティが富み、広島のお好み焼き文化が確立された。

誰もが知る有名店が、広島お好み焼きの創成期の中心「みっちゃん」と、県内外への普及に尽力した「八昌」。師の魂を受け継ぐ門弟とともに紹介。

初代 故・井畝満夫 さん ①

2代目 井畝満夫 さん ②

これが"はじまり"の味 ③

そば肉玉子
930円

広島市

広島流お好み焼きの元祖
あっさり飽きのこない1枚

レジェンド

みっちゃんそうほんてん　はっちょうぼりほんてん

みっちゃん総本店 八丁堀本店

「みっちゃん」こと井畝満夫さんが1950（昭和25）年に屋台から創業した広島流お好み焼き発祥の店。大切にしているのは「毎日でも食べられるあっさりと飽きのこない味」。キャベツの切り方、蒸し加減、小麦粉と水の配合など井畝さんが長年かけ作り上げた味は今や県民のソウルフード。現在は井畝さんの1番弟子がその名を襲名し、2代目井畝満夫として伝統の味と技を継承する。

MAP 別冊P.19-D2

住 広島市中区八丁堀6-7 チュリス八丁堀1F **TEL** 082-221-5438 **営** 11:30～14:30（L.O.14:00）、17:30～21:00（L.O.20:30）、土・日・祝11:30～14:30（L.O.14:00）、17:00～21:00（L.O.20:30） **休** 火（祝日の場合は翌平日） **CC** AJMV **P** なし **交** 広島電鉄「八丁堀」から徒歩5分

①ソースやヘラで食べるスタイルなどを確立　②17歳からヘラを握る1番弟子。2021（令和3）年に2代目を襲名　③味の決め手はみっちゃんオリジナルソース

師匠も太鼓判を押す
基本を大切にした味わい

よっちゃん

よっちゃん 広島市

店主の吉山さんは「みっちゃん総本店」で12年間修業を積んだあと30歳で独立。キャベツは季節・品種で切り方や焼き具合を変え、蒸し焼きにして甘味を際立たせる。「吉山は絶対に基本をおろそかにせん」と井畝さんもその技術に太鼓判を押す。今や多くの常連客でにぎわう人気店としてお好み焼き業界を盛り上げている。

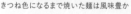
きつね色になるまで焼いた麺は風味豊か

肉玉そば
750円

MAP 別冊P.19-D2

住 広島市中区基町11-10 合人社紙屋町広島ビルB1F **TEL** 082-221-8267 **営** 11:00～14:30、土11:00～14:00 **休** 日・祝 **CC** 不可 **P** なし **交** 広島電鉄「紙屋町東」から徒歩1分

plus

「みっちゃん総本店」は八丁堀本店のほか、広島駅新幹線口ekie店、じぞう通り店、福屋八丁堀店など県内に6店舗を構える。行列ができることも多く、待つ人が多ければほかの店舗に行くのもおすすめ。

ソウルフード
徹底ガイド

……お好みでトッピングも。一口に
"広島人の魂の味"をご覧あれ。

師の技が詰まった1枚

そば肉玉
990円

❶愛がたっぷりの大きめサイズ　❷小川さんの技術を継ぐスタッフが活躍中　❸多くの弟子を輩出したレジェンド的存在

多くの暖簾分け店が誕生
お好み焼き文化を広めた店

お好み焼き 八昌

レジェンド

1971（昭和46）年に小川弘喜さんが開業。牛乳を入れるほんのり甘い生地やラードで焼き上げる香ばしい麺、濃厚な二黄卵、おなかいっぱいになる大きなサイズなどその魅力で一気に人気店に。広島のお好み焼きをもっと広めたいと積極的な暖簾分けを行い、多くの弟子が県内外に「八昌」の味を継ぐ店を構える。お好み焼きの認知度アップに貢献し、文化を広めた店で味を確かめて。

MAP 別冊P.20-A3
住広島市中区幟町14-171 TEL082-224-4577 営10:00～材料がなくなり次第終了 休月・火 CC不可 Pなし 交広島電鉄「銀山町」から徒歩1分

故・小川弘喜 さん

師匠の味に個性をプラス
独特な刺激がやみつきに

LOPEZ 広島市

リピーターも多い

野菜・肉・玉子・そば入り
ハラペーニョトッピング
1130円

青唐辛子とソースの相性はバッチリ

グアテマラ出身のロペズさんが考案した、南米を代表する青唐辛子「ハラペーニョ」トッピングが評判。ピリッとシャープな刺激がプラスされた1枚が癖になる。「八昌」のスタイルを継承しつつ、独自の個性が光る。陽気で気さくなロペズさんとの会話を楽しむならカウンター席で。

MAP 別冊P.17-C1
住広島市西区楠木町1-7-13 TEL082-232-5277 営16:30～23:00(L.O.22:00) 休土・日 CC不可 Pあり 交JR「横川駅」から徒歩7分

師の味を守りながら
八昌系の流れを継ぐ一軒

Masaru 広島市

2010（平成22）年に独立

そば肉玉ハラペーニョ
1100円

辛みと酸味の絶妙な味わい

「LOPEZ」で腕を磨いた店主の平岡さん。トッピング「ハラペーニョ」は師から受け継ぐ唯一無二の味だ。大きめにカットしたキャベツと焼き上げた生麺はふわふわカリカリの食感。楕円の形の生地や二黄卵など、直接師事はしていないが「八昌」を感じる1枚を提供する。

MAP 別冊P.21-D2
住広島市東区光町2-14-24 TEL082-263-0234 営11:30～14:00(L.O.13:30)、17:30～23:00 (L.O.22:00) 休火・第3月(祝日の場合営業) CC不可 Pなし 交JR「広島駅」から徒歩10分

 お好み焼き店の名前では「○○ちゃん」という響きをよく耳にする。戦争により夫を亡くした女性らが生計のために自宅でお好み焼き店を始め、自身や家族の愛称を名づけることが多かったからという説がある。

タイプ別
えりすぐり7店
麺や食感、トッピング……
その特徴は千差万別。
自分好みの1枚を見つけよう。

あなた好みの1枚はどれ？

麺パリ系　THE伝統　ふわトロ　名物　目玉トッピング　個性派ソース　こだわり麺

お好み焼　そば・肉・玉子入り
500円

昔ながらの変わらない味
半世紀以上愛され続ける店

THE伝統

KAJISAN
かじさん　広島市

　店主の梶山敏子さんが夫の昇さんと立ち上げた店。「特別な秘密は何もないんよ。でもおいしいと言ってもらえる」と話すお好み焼きは昔ながらの作り方。魚粉を振った生地にキャベツ、モヤシ、豚の三枚肉と揚げ玉が入る。長年の腕が光るのは鉄板の扱い。ずっと使ってきた鉄板の火加減を見極め焼き上げる。そのテクニックが具材の一体感を出し、シンプルだけどまた食べたい1枚になるのだ。この味を守りたいという常連も多く、地域に愛されている。

MAP 別冊P.17-C2

住 広島市南区比治山本町2-15　TEL 082-253-0070　営 11:00〜18:00(売切次第終了)　休 不定休　CC 不可　P あり　交 広島電鉄「比治山下」から徒歩3分

❶店主の梶山敏子さん。すてきな笑顔で出迎えてくれる　❷お好み焼きはなんとワンコイン！　お客さんのために値上げはしたくないという敏子さんの思いが詰まっている　❸比治山トンネル西側に位置　❹店の支援をしたいと常連客が設置した募金箱

\ 定番"肉玉そば"のほかにもトライ！ /
私の好きなトッピング TOP 10

1位…チーズ
2位…イカ天
3位…大葉

4 位…もち
5 位…エビ
6 位…ネギ
7 位…生イカ
8 位…キムチ
9 位…納豆
10 位…卵

月刊タウン情報『TJ Hiroshima』
2020年1月号調べ

広島のお好み焼きは重ねて焼く！

　生地は具と混ぜず、クレープ状に薄く焼き、その上に1層ずつ具材を重ねる。この重ねた層を崩すことなく焼き上げるのが職人の手腕。崩さずに食べるのが地元民のこだわり！

青のり
マヨネーズ
青ねぎ
お好みソース
たまご
そば
豚バラ
もやし
イカ天
生地
小麦粉+だし
キャベツ

※イカ天ではなく天かすの場合も

クチコミ　お好み焼きの注文で迷ったら呪文「にくたまそば」と唱えましょう。豚バラ肉、卵、中華麺が入ったオーソドックスな1枚が召喚されます。そばの代わりに、うどんを召喚するのもおすすめ。(広島市在住・イフリート)

麺パリ系

広島市

極細麺がバリバリ食感
押し焼きで一体感アップ

おこのみだましい ごくう
おこのみ魂　悟空

　博多系ラーメンでも使用されているという極細麺を使った1枚を提供。ゆで上がった麺を押し焼き、しっかりと水分を飛ばしていく。火のとおりが早い極細麺なのでバリバリの食感と麺の中心のモチっと感の両方を楽しめる。細めにカットしたキャベツや薄い生地がさらに麺を引き立たせる。ブラックペッパーで味変もおすすめ。

MAP 別冊P.19-D2

住広島市中区八丁堀8-7　TEL082-224-5901　営11:00〜21:00、日・祝11:00〜15:00(L.O.14:00)　休なし　CCADJMV　Pなし　交広島電鉄「立町」から徒歩3分

❶イカ天とフレッシュなネギをトッピングしたこの店でいちばん人気のメニュー　❷カウンター席の巨大な鉄板が圧巻　❸炎のデザインがあしらわれた店名が目印

肉玉そばイカ天ネギかけ
1200円

肉玉そばねぎトッピング
1100円

ふわっふわっ

広島市

ふわトロ

熱風を送り焼き上げる
ドーム型のふっくら仕上げ

おこのみやき そぞ
お好み焼き　そぞ

　お好み焼きの形としては珍しいドーム型がインパクト大！ 蒸すのではなく、焼いて調理するキャベツは巧みなヘラさばきで熱風を送りながら焼くことで甘味を引き出す。自社専用の製麺所で作る中華生麺は押さえつけずふんわりと仕上げている。カキとレモンを使ったさっぱりソースと、無料トッピングの大根おろしと一緒に。

MAP 別冊P.20-B2

住広島市南区松原町10-1　フルフォーカスビル6F　TEL082-568-7843　営10:30〜23:00　休なし　CCADJMV　Pなし　交JR「広島駅」から徒歩6分

❶大根おろしがソースによく合う　❷広島駅近くの「ひろしまお好み物語　駅前ひろば」内にある　❸ドーム型にふんわり仕上げることで優しい口当たりに

---

plus
ⓘ 「ひろしまお好み物語　駅前ひろば」は14店舗のお好み焼き店が集結する施設。団体用の鉄板付きレンタルブースがあり、焼き方をレクチャーしてもらいながらお好み焼きパーティもできちゃう。

広島市

ライス入りのお好み焼き
「ソバライス」の元祖

名物

お好み焼 ひらの
おこのみやき ひらの

ソバライス
750円

1987（昭和62）年創業。名物は
ご飯と麺が入った「ソバライス」。学
生の多い土地柄、「1枚でおなかがい
っぱいになるように」という店主の愛
情から生まれた。ガーリックなどでし
っかり下味がついたご飯の上に分厚
い豚肉を投入。豚の甘い脂のみで焼
き上げる。ご飯のおこげの食感もア
クセントに。地域で愛される店だ。

MAP 別冊P.17-C2
住 広島市南区皆実町4-24-12 TEL 082-
252-6116 営 11:00〜13:30、17:00〜
最終入店19:00 休火 CC不可 Pあり
交 広島バス「翠町第二公園前」から徒
歩3分

❶店を訪れるほとんどの人が注文する
❷もっちりご飯がたっぷり！ そばとの相性
も抜群 ❸細い路地に面した場所に店を構
える。紫の暖簾が目印 ❹店主の平野さん
の人柄も相まってひっきりなしに客が訪れる

ご飯、登場!!

そばそぶり肉玉子
1250円

広島呼称"しょぶり"

広島市

目玉トッピング

希少部位の「牛そぶり肉」
肉のうま味を堪能しよう

お好み焼き・ホルモン焼き 武酉
おこのみやき・ほるもんやき たけとり

豚肉の代わりに牛そぶり肉を使用
したお好み焼きを提供。牛の骨の周
りに付いた赤身肉や脂身がうま味と
コクをアップ。小さめにカットするこ
とで麺とキャベツの間に潜ませ、どこ
を食べても牛そぶり肉を感じられる。
生地をひと晩寝かせてコシを出した
自家製の太麺や山芋入りのモチモチ
の生地など随所にこだわりが光る。

MAP 別冊P.18-A2
住 広島市西区天満町6-12 TEL 082-233-
9363 営 12:00〜14:00、17:30〜22:00
（L.O.21:30） 休不定休 CC不可 Pなし
交 広島電鉄「観音町」から徒歩1分

❶ふわふわに焼いて載せる納豆トッピングも
おすすめ ❷歯応えのある赤身とジューシー
な脂身がほどよいバランス ❸大きな看板と白
い暖簾を目指して訪れて ❹カウンター席のほ
か、テーブル席と小上がり席を用意

クチコミ 「お好み焼 ひらの」の近くにはサッカー強豪校の広島皆実高校があり、その縁からサンフレッチェ広島の選手が来店
することも。プロバスケチーム・広島ドラゴンフライズも店として応援しており、選手と出会えるかも!?（取材担当・O）

そば入り（肉・玉子）
900円

広島市

こだわり麺

製麺所の工場併設店
麺の存在感を感じよう

お好み焼き まる麺 本店
（おこのみやき　まるめん　ほんてん）

　広島でお好み焼きの麺といえばおなじみの老舗製麺所「磯野製麺」の工場に併設。専用粉と秘伝のかん水で仕込む生麺は小麦の香りとコシの強さが特徴。「手に持つだけでその日の麺の状態がわかる」という磯野店長は、季節ごとにゆで方を調整する麺愛っぷり。麺1本1本の存在感が光るしっかりした味わいとカリっとした食感を楽しんで。

麺が市なんじゃ～！

MAP 別冊P.21-D3

住広島市東区東蟹屋町18-15 2F TEL082-298-8903 営11:00〜15:00、17:00〜21:00 休月・火（祝日の場合は営業） CC不可 Pあり 交JR「広島駅」から徒歩15分

❶麺と野菜のうま味が強いので、ソースなしでも楽しめる ❷焼きこむほどにうま味と香りが増す麺 ❸広島駅から訪れやすい場所にある ❹テーブル席からは工場での麺の製造工程を見ることができる

そば肉玉＋半熟ねぎ卵
950円

ピリっと濃厚なソースが主役級のインパクト！

広島市

個性派ソース

インドネシアのソースで
甘辛い南国風の味つけ

お好み焼 Bali-A 本店
（おこのみやき　ばりえー　ほんてん）

　インドネシアの伝統調味料「サンバルソース」をかけた1枚。唐辛子や赤タマネギ、ニンニクなどが入ったピリ辛ソースはほんのり甘味もあり、お好みソースとの相性もバッチリ。ふわっとした生地とモチモチした麺のシンプルなお好み焼きの中には隠し味として大葉をプラス。ピリ辛でさわやかな後味はここだけの味わい。

MAP 別冊P.13-C3

住広島市安佐北区可部南5-8-36-103 TEL082-815-5530 営11:00〜14:00、17:00〜20:00 休火・水 CC不可 Pあり 交JR「中島駅」から徒歩7分

❶サンバルソースは卓上にあるので辛さを確かめながらかけて ❷店の前には駐車場がある ❸ダウンライトな店内。バリ島を感じる空間

旧食肉市場のあった広島市西区福島町周辺では食肉を扱う卸会社が多く、豚バラ肉の代わりに牛そぶり（しょぶり）肉を使うお好み焼き店がいくつかあり、地域独自のトッピングとして親しまれてきた。

絶品ご当地焼き カタログ

口コミが秘密にしたがる

広島県内の地域ごとに存在する「ご当地焼き」。
地元民から愛される9軒をご紹介。

安芸郡熊野町

納豆が主役の
ふわふわ食感
熊野町の人気B級グルメ

熊野町 ふわふわ納豆焼

おこのみやき&てっぱんやき　かがみ
お好み焼&鉄板焼　鏡

MAP 別冊P.23-C3
住 安芸郡熊野町出来庭6-5-22　**TEL** 082-855-2491　**営** 12:00〜13:30、17:00〜21:00
休 月・火　**CC** 不可　**P** あり　**交** JR「矢野駅」から広電バスで「熊野中筋」下車、徒歩5分

ふわふわ納豆焼
600円 ①

❶「ふわふわ納豆焼」は熊野町の他店でもアレンジされたものが提供中なので食べ比べもおすすめ ❷真っ赤な暖簾の外観がインパクト大！

納豆、山芋、チーズを混ぜて焼く「ふわふわ納豆焼」は店主考案のオリジナル。熊野町のご当地グルメとして地域の人々に愛されている。メディアにも多数取り上げられ、遠方からその味を求めて訪れる人も多い。名前のとおりふわふわの食感と素材が織りなす味わいが楽しめる。麺は不使用だが食べ応えあり。ポン酢をつけてさっぱりといただこう。

呉市

独自の形と細うどん
呉の歴史を感じる1枚

呉 焼き

半月状が呉スタイル

おこのみやき・たこやき　たこぜん
お好み焼・たこ焼 多幸膳

MAP 別冊P.28-B1
住 呉市中通3-8-3　**TEL** 0823-26-7703　**営** 11:00〜14:30、17:30〜22:00(L.O.21:30)
休 火　**CC** 不可　**P** なし　**交** JR「呉駅」から徒歩13分

呉焼き
880円 ①

❶呉市民にとって"うどん=細うどん"。そんな細うどんがお好み焼きにも入るのが呉流！❷もとはタコ焼き店だったことから、現在も根強い人気を誇るタコ焼きや、海上自衛隊の協力で実現した「海自カレー」なども提供

半月型に折る独自のスタイルと細うどんを入れる「呉焼き」。細うどんは短時間でさっとゆで上がることから、時間がない呉の軍港で働く職人に重宝され発展してきた呉のソウルフード。「多幸膳」では国産小麦100%の細うどんを使用し、隠し味にオリジナルの辛味噌を加えたパンチのある1枚を提供。細うどんに味噌だれをしっかりと絡ませてどうぞ。

---

plus ⓘ 何枚ものお好み焼きを焼き上げるため大きな鉄板が設置されているお好み焼き店では、お好み焼き以外に鉄板料理が提供されていることが多い。県産カキや広島牛などご当地ならではの鉄板焼きメニューをぜひ。

① 竹原焼のほか、オーソドックスな肉玉そばやおでんなどメニューが豊富 ② 店内は全席鉄板付きのテーブルでアツアツをいただくことができる ③ 親子で切り盛りするアットホームな雰囲気も心地よい

酒処・竹原で生まれた1枚
酒粕を練り込んだ生地に注目
お好み焼 御幸
（おこのみやき　みゆき）

純米吟醸 たけはら焼き 竹原市

MAP 別冊P.31-C2

住 竹原市中央5-9-1 TEL 0846-22-4430 営 11:00〜16:00（L.O.15:30）※月〜14:00（L.O.13:30、祝の場合は通常営業）、テイクアウト〜19:00（L.O.18:30）休 火（祝日の場合営業）CC 不可 P あり 交 JR「竹原駅」から徒歩7分

生地に酒粕を練り込んだ「竹原焼」は、名前のとおり酒処・竹原で生まれた1枚。卵を使用しないシンプルな生地だからこそ酒粕の風味を感じることができる。そばではなくうどん、酒粕と同じ発酵食品のチーズトッピングがおすすめ。330℃という高温で一気に焼き上げるので生地はふわふわとした食感に。50年以上も続く老舗でアツアツの1枚をどうぞ。

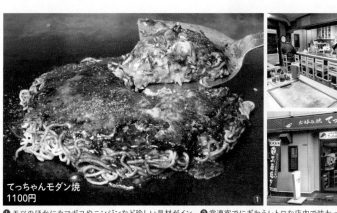

① モツのほかにカマボコやニンジンなど珍しい具材がイン ② 常連客でにぎわうレトロな店内で味わって ③ JR三原駅前にあり、アクセス良好

鶏のモツをふんだんに使用
うま味があふれる濃厚な1枚を
お好み焼 てっちゃん
（おこのみやき　てっちゃん）

三原市 三原焼

MAP 別冊P.31-C3

住 三原市城町1-5-25 TEL 0848-63-9073 営 11:00〜L.O.19:30 休 木・第3水 CC 不可 P なし 交 JR「三原駅」から徒歩4分

レバー、砂ずり、たまひもなど鶏のモツがたっぷり入った「三原焼」。その発祥は、JR三原駅前で60年以上の歴史をもつ名店の「てっちゃん」。少し辛めのソースがモツにしっかりと絡み、モツと生地の一体感がアップ。砂ずりのコリコリ食感やレバーの濃厚な味わいとうま味を楽しんで。パリっと焼いた麺に半熟のとろっとした卵もポイント。

広島のお好み焼きが全国的に有名になったのは、1975(昭和50)年のカープのセ・リーグ初優勝で広島市内のお好み焼き店がテレビ中継されたのがきっかけのひとつだといわれている。

砂肝とイカ天のW主役 多彩な具材も楽しんで

尾道焼

お好み焼　すみチャン

① 気さくな店主が出迎えてくれる。鉄板でどうぞ ② 食材があふれないよう軽めに押しながら焼く

　豚肉ではなく砂肝とイカ天を使用する「尾道焼」。「すみチャン」ではさらにレンコンやショウガ、カマボコなど多彩な具材をプラス。アクセントとなる魚粉はイワシ、アジ、サバをブレンドしたオリジナル。存在感を放つ砂肝とイカ天の味わいに負けない生地に仕上げる。さまざまな食材が入った密度の高い1枚を堪能しよう。

尾道焼
990円

MAP 別冊P.32-A3

住 尾道市東御所町11-17 1F　TEL 0848-24-2480　営 11:00〜14:00,17:00〜21:00、土・日・祝 11:00〜21:00　休 火(祝日の場合は翌平日)　CC 不可　P なし　交 JR「尾道駅」から徒歩5分

---

① 店舗は国道486号沿いにある ② ふっくらと丸くていねいに焼き上げられた美しい形は「かたおか」ならでは

うま味の強い牛ミンチを使用 外はカリッ中はふわっ

府中焼

お好み焼・鉄板焼かたおか

　備後地域のソウルフード「府中焼き」は、ミンチ肉を使用するのが特徴。この店では、甘味のある地元産キャベツにたっぷりの牛ミンチを入れて押さえつけずにじっくり焼き上げる。牛の脂がキャベツにも行き渡り全体的にコクがアップ。牛ミンチの脂で外側はカリっと、中は牛ミンチとキャベツでふんわりとした食感が楽しめる。

肉玉そば
750円

MAP 別冊P.11-C1

住 府中市父石町514　TEL 0847-43-9020　営 11:00〜14:00,17:00〜20:00　休 木　CC 不可　P あり　交 JR「下川辺駅」から徒歩6分

Column　こんなに種類が！　広島人はソースでお好み焼きを選ぶとか選ばないとか!?

県民知名度100%
オタフクお好みソース

広島のお好み焼きの歴史とともに歩んできたソース。野菜と果実に約20種類の香辛料をブレンド。デーツのコクのある甘さが楽しめる。

オタフクソース
TEL 0120-31-0529

辛口系ソース
カープお好みソース

中国山地の天然地下水で仕込み、甘さのなかにある辛味が特徴。トマト、リンゴ、タマネギ、香辛料などじっくり煮込んで仕上げる。

毛利醸造
TEL 0824-62-2004

バランスのよさ◎
ミツワお好みソース

コクのある甘さのなかにもスッキリとしたあと口が楽しめる。お好み焼き店が立ち並ぶ「お好み村」全店で使用されている。

サンフーズ
TEL 082-250-2511

スパイシーさが特徴
テングソース お好み

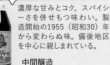

濃厚な甘みとコク、スパイシーさを併せもつ味わい。製造開始の1955(昭和30)年から変わらぬ味。備後地区を中心に親しまれている。

中間醸造
TEL 0848-64-4555

素材感じる味わい
お好みソース広島そだち

国産の野菜や果物をまるごと溶かし込んだまろやかでフルーティな味わい。杉桶で熟成させた有機醤油と天然水仕込みの純米酢を使用。

純正食品マルシマ
TEL 0848-20-2506

体に優しい素材
広島ぢゃけんお好みソース

国産野菜、果実、純米酢、三温糖、天日塩、天然水で作る低塩のソース。素材のコクを生かし、優しい甘味に仕上げている。

センナリ
TEL 0120-080-029

2023(令和5)年に誕生したばかりの安芸高田市のご当地焼き「あきたかた焼き」。毛利元就が好んだという餅と、特産品・鶏肉が使われ、赤・黄・青(緑)・白・黒の神楽の基本色の食材を載せた1枚だ。

真っ赤な「唐麺」を使用
癖になる赤唐辛子の辛味

三次唐麺焼

三次市

がんそひろしまりゅうおこのみやき
元祖広島流お好み焼き
たむしょうてん　みよしえきまえそうほんてん
たむ商店　三次駅前総本店

三次唐麺焼
1050円

　三次市の老舗製麺所が生み出した「唐麺」を使用する「三次唐麺焼」。赤唐辛子が練り込まれた赤い麺はピリっとした刺激が癖に。麺は硬めに焼き、キャベツは蒸し焼きでふんわりと仕上げる。辛口のカープソースをかけていただこう。ほか、三次産トロトロ半熟焼き、明太子マヨ焼きなど創作系メニューにも注目。

MAP 別冊P.43-D3
住 三次市十日市南1-2-23　三次市交通観光センター2F
TEL 0824-62-5354　**営** 11:00〜15:30、17:00〜24:00、土11:00〜24:00、日11:00〜21:30　**休** 不定休　**CC** ADJMV　**P** なし　**交** JR「三次駅」から徒歩2分

❶唐麺焼のほか、オリジナルの生麺も選べる
❷この看板が目印。店内にはカウンター席のほか掘りごたつ席も

そばの代わりに米を使用
ポン酢ソースでさっぱりと

庄原焼

庄原市

おこのみやき　こばやし
お好み焼　コバヤシ

庄原焼きスペシャル
910円

❶たっぷりかかったネギが食欲をそそる
❷オレンジの外観を目印に訪れよう

　庄原産の米をそばの代わりに使用、ポン酢ソースをかけていただく「庄原焼」。「コバヤシ」では米がなんと豚キムチチャーハンに！ ヒバゴンネギやもみじ卵、瀬戸もみじ豚など厳選食材をベースにていねいに焼き上げる。自家製の餅も入ってボリューム大！ ポン酢ソースと辛子マヨでいただくのがおすすめ。

MAP 別冊P.43-D1
住 庄原市西本町2-18-6　**TEL** 0824-72-7825　**営** 10:30〜18:00　**休** 月・火　**CC** 不可　**P** あり　**交** JR「備後庄原駅」から徒歩15分

トマトと大葉でさわやかに
世羅町の食材が集結！

せらの恵み焼

世羅郡世羅町

おこのみやき　てっぱんりょうり　わらや
お好み焼き　鉄板料理
笑楽家

せらの恵み焼
990円

　世羅産トマトと大葉、そしてチーズを入れた「せらの恵み焼」。地元の「世羅菜園」で取れた新鮮なトマトの甘味とさわやかな大葉の香りに、チーズのコクが加わった、彩り鮮やかな1枚だ。地元産の卵、キャベツ、生麺など食材へのこだわりも光る。濃厚なトマトペーストがベースの自家製トマトマヨネーズで。

MAP 別冊P.42-B3
住 世羅郡世羅町甲山266-3　**TEL** 0847-22-0512　**営** 11:30〜14:00、17:00〜22:00(L.O.21:30)、日11:30〜14:00、17:00〜21:00(L.O.20:00)　**休** 月、第1・3火　**CC** ADJMV　**P** あり　**交** JR「河内駅」から芸陽バスで「世羅町役場」下車、徒歩7分

❶世羅の大地の恵みをこの1枚に詰め込んで ❷木のぬくもりあふれるアットホームな店内

---

plus 因島のご当地焼き「いんおこ」。ちくわ、カマボコ、コンニャク、のしイカ……など具は店により異なるが、そばではなくうどんが定番なのが特徴。造船業が盛んな地で、造船工たちに腹持ちのよいうどんが好まれたという。

JR広島駅ビル

から目が離せない！ 2025年春 ついに最終形態へ

2020年から着々と進むJR広島駅ビルの建て替え工事。来春のフル開業を目前に工事もクライマックスに突入している。路面電車との連結や大規模な屋上広場など目にしたことのない新空間の完成を期待しよう。

ヴィアイン広島
新幹線口
ホテルグランヴィア広島

新駅ビル
広島駅
新幹線口
改札
新幹線口
広場
二葉通り
中央口
改札
ekie
猿猴川
城北通り
歩行者用空間
広島駅南口広場
エールエール
A館
BIG
FRONT
ひろしま
EKICITY
HIROSHIMA
0 100

20F		屋上広場
	ホテル	シネマコンプレックス
7F	駐車場	ショッピングセンター
6F		
2F		路面電車 2階広場
1F	駅前広場	駐輪場

JR在来線・新幹線の改札を出ると、すぐにこの光景。乗り換えは至便だ。
駅ビル2階に路面電車が出入りする構造は世界的にも珍しい

072 ⓘ 1975(昭和50)年3月10日、山陽新幹線の岡山駅〜博多駅間の開業により、広島に初めて新幹線が通った。これを機に駅の周辺も開発が進んだ。2025年の広島駅の大きな変化にも期待が寄せられる。

❶新駅ビル全景。左奥にホテル、建物右の土階にはシネコンが入る。四方にペデストリアンデッキが延び、目的地にスムーズに移動できる
❷路面電車の乗降所がある「中央アトリウム空間」は周囲に「雁木テラス」を設置。内装も広島らしく、川の水面をイメージしている

キーワードは
「にぎわいと回遊性」
旅の起点でもあり
楽しめる場所に

2020（令和2）年3月末、「ひろしま駅ビルASSE」の閉館からスタートしたJR広島駅の大規模リニューアル工事が佳境を迎えている。これまで新幹線口広場の整備や駅直結の商業施設「ekie（エキエ）」の開業など段階的に進んできたが、いよいよ2025年に完成となる。なんといってもいちばんの話題は、路面電車の線路が駅ビル2階まで引き込まれることだ。これによりJR在来線・新幹線との接続が向上することはもちろん、駅ビルに路面電車が入ってくるという全国初の光景が出現する。路面電車の乗降場がある「中央アトリウム空間」は高い天井の吹き抜けで、大きなガラス窓から太陽光が降り注ぐ。さらに周辺には川の町・広島に点在する「雁木（川辺に造られた階段状の船着場）」をモチーフにしたテラスを設置。駅を起点に旅を楽しむもよし、テラスに腰かけ坂を必死に(?)登ってくる路面電車を眺めるもよし。どちらにしろ広島の新たなビューポイントとなることは間違いない。

今回の駅ビル建て替えは約60年ぶりで、完成によって広島駅はJR西日本管内で大阪駅、京都駅に次ぐ規模となる。新駅ビルのポイントは、にぎわいと回遊性。にぎわいに関しては、ビルの2〜6階に商業施設が広がり、上層階にはシネマコンプレックスやホテルが入館する。町を一望できる屋上広場には中央アトリウム空間と同様に「雁木テラス」が設えられ、イベントの開催も予定されている。一方の回遊性については、駅ビル2階からつながるペデストリアンデッキ（高架型の歩道）によって繁華街である八丁堀・紙屋町方面やマツダスタジアムなどへのアクセスがぐっと向上する。駅ビルと路面電車乗降場の完成は2025年春を予定。新しい広島の玄関口が見られるのは、もう間もなくだ。

駅ビル7階から9階にまたがる屋上広場。階段状の「雁木テラス」に腰かけ、広島の町や路面電車の往来を眺めて過ごすのも一興だ

広島の旅はここからスタート
じぇいあーるひろしまえきびる
JR広島駅ビル
MAP 別冊P.20-B2
🏠広島市南区松原町2-37
☎0570-00-2486(JR西日本お客様センター)

ⓘ 広島駅南口近く、猿猴川沿いの広場「川の駅」には、大きな「HIROSHIMA」のロゴオブジェがあり、川と一緒に広島らしい風景が撮影できるスポット。このオブジェ、実はベンチにもなっている。

特別インタビュー
ローカル人気番組でおなじみの
あのスターが語る

テレビ新広島

わたしと広島の話

そ〜だったのカンパニー

八嶋智人さん

枡田絵理奈さん

中国地方のバイタリティあふれる企業を10年以上にわたり紹介する『そ〜だったのカンパニー』。出演企業は500社超。200社以上の広島の企業の活躍を目の当たりにしてきたおふたりに話をうかがいました。

編＝編集室　八＝八嶋さん　枡＝枡田さん

編　広島の企業の印象を教えてください。

八　"ものづくり"に対して真摯なイメージの企業が多いです。広島から世界に挑戦するグローバルな会社、自分たちが生まれ育った地域のアイデンティティを大切にしている会社、都会からのIターンでアイデアを地方にもち込んで具現化している会社という、3つの特徴を感じます。

枡　全国的に名の知られている企業が広島に複数存在しているのは知っていましたが、例えばテーブルの天板だけを作っていて、それが全国トップクラスのシェアだというようなニッチな会社もあると、番組を通して知りました。実は知られていないけど、メイドイン広島として全国で愛されているものがあるとわかり、うれしく思いました。

八　過疎地に本社があり、地域に働く場所や活気をもたらしている会社にも感銘を受けました。

枡　自分のところだけがよければいいというのではなく、みんなで町を元気にしたいという思いのある会社が多い印象です。

編　おすすめの広島のものはありますか?

八　おみやげに喜ばれるのが「島ごころ」の「瀬戸田レモンケーキ」(→P.57)と、種類豊富なオタフクソース(→P.77)。ソースの原料のデーツも、美容食材なので女優さんたちに好評ですね。自分では「ミカサ」(→P.77)のボール素材を活用した、「八橋装院」のめがねケースを愛用しています。あと、わが家では息子のお弁当用に「三島食品」(→P.81)の「ゆかり®」も常備しています。

枡　私は熊野筆がお気に入りです。自分でも使っているし、最近の熊野筆(→P.383)はおしゃれで名前の刻印もできるものもあり、贈り物に重宝しています。福山市で作られる桐工芸の乳歯ケースもいいなと思いました。あと、

「マツダスタジアムが好き」と話す八嶋さん。「市民球団としての歴史を感じます」

枡田さんがよく足を運ぶ場所は「マリーナホップ」。「エモい雰囲気がお気に入りです」

074
カープファンで知られる八嶋智人さん。ホーム試合で流れる「それ行けカープ　リレー映像」の常連出演者。2018(平成30)年、カープがCS3連勝で日本シリーズに進出したことで登板しそこねたという"幻の始球式"の逸話も。

広島って調和のとれた町だよね

「広島には地元の人たちが気づいていない魅力がたくさんあります」と、語るおふたり

湯来町のオオサンショウウオこんにゃく！ 地域おこしのために高校生が考えたのもすばらしいなと思って、応援の意味も込め、年に1回は家でオオサンショウウオこんにゃく入りのおでんを作ってInstagramにアップしています。

編 番組を通じて伝えたいことは？

八 広島は義理人情のある人が多く、自然も、歴史も、文化もある"ちょうどいい町"。そんななかでいろいろな挑戦をされている企業の方から話をうかがうと、商売のことだけではない、それ以上の付加価値や人生哲学を感じます。外ばかりを見ていると足元がおろそかになるし、本当のグローバルって地に足の着いた状態な

んじゃないかとか、真に豊かな人生とは何なのかっていうのを考えさせられますね。

枡 番組に登場する社長さんたちはあたたかい人ばかりで、言葉に重みやユーモアがあります。おもしろいアイデアをおもちの会社も多いんですけど、そのアイデアは、だいたいピンチのあとに生まれたものなんです。例えば豪雨災害や不景気の影響だったり、それらを乗り越えようとがんばって、新たなひらめきが誕生したという背景に感動しています。毎回勇気や学びをいただくので、番組を観ている皆さんにも「こんなにすてきな会社や人がいる広島は、すばらしい町なんだ」っていうのを、誇りに思ってもらえたらうれしいです。

P.76〜81の「広島発祥の逸品」特集で紹介する企業も番組に出演していました

オタフクソース（第6回）

ミカサ（第16回）

三島食品（第20回）

田中食品（第185回）

八天堂（第205回）

アヲハタ（第488回）

セーラー万年筆（第508回）

PROFILE

八嶋智人（やしま のりと）
奈良県出身。劇団「カムカムミニキーナ」を旗揚げ以降、舞台、バラエティ、映画などで活躍。

枡田絵理奈（ますだ えりな）
神奈川県出身。TBSアナウンサーを経て、2014年にプロ野球選手・堂林翔太と結婚。広島に移住する。

そ〜だったのかンパニー
（テレビ新広島）

テレビ新広島（毎週日曜8:25〜8:55）のほか、岡山放送・さんいん中央テレビ・テレビ山口（放送時間は各局で異なる）で放送中。さまざまな技術やアイデアをもつ中国地方の企業にスポットを当て、社風や商品、知られざる開発エピソードなどを紹介する。
※番組情報は2024年4月時点のものです

そ〜だったのかンパニー
会社で知れば知るほどおもしろい

2023（令和5）年4月から『そ〜だったのかンパニー』の4代目女性MCを務める枡田絵理奈さん。結婚を機に広島へ移住、取材時に話題に上がった「マリーナホップ」をはじめ、広島ライフを満喫しているのだとか。

075

日本中で愛されるあの逸品
実は 広島発祥 なんよ〜

私たちが普段何気なく手にしている知名度抜群のあの商品が、実は"広島生まれ"ってご存じでしたか?

60年も愛され続ける国民的お菓子 かっぱえびせん

やめられない、とまらない♪
広島発のこだわりスナック

カルビー（かるびー）

創業 **1949年**
広島市

「やめられない、とまらない♪」のフレーズでおなじみの「かっぱえびせん」。実は「カルビー」創業の地は広島であり、「かっぱえびせん」誕生の場所でもある。数種類のエビを頭から尻尾まで殻ごとまるごと生地に練り込んでおり、サクサクの食感とエビの風味がしっかりと感じられる画期的なスナック菓子として発売。商品名の"かっぱ"は、昭和20年代の漫画家・清水崑氏に河童のキャラクターを描いてもらい発売した、かっぱえびせんの前身「かっぱあられ」が由来。1964（昭和39）年の発売以降、ノンフライの製法は変えずに食感をアップさせるなど、パッケージが新しくなるとともに商品の改良が続けられている。

TEL 0120-55-8570（カルビーお客様相談室）
URL www.calbee.co.jp

かっぱえびせん
77g・160円

いまココ!!
2024年〜

瀬戸内天然エビを使用した贅沢なかっぱえびせん「匠海」。「瀬戸内レモン味」は広島限定発売（13枚入 1296円）

パッケージの歴史

誕生!
1964年

1985年

1999年

2006年

2008年

2020年

赤が基調に
1981年

1990年

2004年

2007年

2012年

広島工場ではかっぱえびせんの製造工程が窓越しに見学できる

製造工程の見学のほか、かっぱえびせんの歴史を学べる展示もあり。10:00〜、13:30〜の2部制で約90分。実施日時は公式サイトで要確認。オンラインの工場見学も実施する。

MAP 別冊P.25-D1 住 廿日市市木材港北16-9
URL www.calbee.co.jp/factory

❶廿日市市にある広島工場 ❷工場内にはイメージキャラクター・かっぱえび家が

plus
「100円ショップ」として有名な「DAISO（ダイソー）」は広島発祥の企業。2022（令和4）年に創業50周年を迎え、今や世界規模の事業展開をする企業となった現在も、本社は東広島市にある。

お好み焼き店とともに歩む 広島の名物ソース

オタフクソース
おたふくそーす

創業 1922年
広島市

1950年頃、店舗でお好み焼きにかけていたウスターソースが「サラサラとしていて鉄板から流れ落ちる」という店主の悩みをきっかけに誕生したお好みソース。野菜や果実の食物繊維、香辛料が沈澱してできるオリを利用するなど、約2年もの試行錯誤の末に、お好み焼きにしっかりと絡むとろみのあるソースが完成した。広島の家庭の冷蔵庫には必ず1本はあるというほど家庭での需要も高く、広島で愛される存在になっている。

TEL 0120-31-0529(オタフクソース)
URL www.otafuku.co.jp 工場見学 ▶ P.85

お好みソース

広島県民は一家に1本が常識

お好みソース
500g・475円

❶ 商工センターに本社・工場がある ❷現在のソースには、野菜・果実のほか、約20種類の香辛料をブレンド ❸お好み焼き作り体験(要予約)ができる「Wood Egg お好み焼館」(→P.85)

お好み焼き作り体験ができます!

バレーボール

世界大会で唯一の国際公認球

カラーバレーボール
V200W

老舗メーカーが作る 鮮やかな国際公認球

MIKASA
みかさ

創業 1917年
広島市

世界大会でも使用されるバレーボールは、広島県にあるボール・スポーツ用品メーカー「MIKASA」が製造する。創業100年を超える老舗だが、原爆により一度、事務所と工場が全焼。1950(昭和25)年からバレーボールの生産を始め、今では「バレーボールといえばMIKASA」と称されるほど世界に認知を広めた。「V200W」は、流体力学(空力)の考えを取り入れ、前モデルと比べボールの方向性による空気抵抗の差がよりなくなった。ボールが揺れる現象が生じにくく、飛行軌道が安定しやすい特徴がある。世界中へ高品質なボールを届けるため、企業努力を怠らず開発を続けている。

URL mikasasports.co.jp

創業者・増田増太郎氏が1917(大正6)年に広島護謨株式会社を創業した。世界トップクラスの品質と技術をもつ、ボールプロダクトのパイオニア

クチコミ 関西から移住してきてビックリしたのが、広島の家庭にはお好みソースが常備してあってトンカツやコロッケ、天ぷら……何にでもかけること。逆にウスターソースが置いてないことが多い。(広島市在住・トモ)

セーラー万年筆

滑らかな書き心地に惚れる！
長く使い続けたい一生モノ

せーらーまんねんひつ

創業 1911年
呉市

業界のパイオニアが贈る最高品質の一本

万年筆

プロフィット21万年筆

「ペン先といえばセーラー」と称されるほどの書き心地のよさで、多くの万年筆ユーザーから支持されている。英語で「水兵」を意味する社名は、軍港があった創業地・呉市にちなんで名づけられた。代表ブランドの「プロフィット万年筆」は、1981（昭和56）年の発売から現在もなお人気が高い、30年以上にわたるロングセラー商品だ。極上のフィット感、滑らかな書き味は、まさにセーラーが磨いてきた職人技の賜物。万年筆愛好家にも、初めて手にする人にもおすすめの逸品。

📞 0120-191-167（セーラー万年筆ユーザーサービス）
🔗 sailor.co.jp

「極細」「細字」「中細」「中字」「太字」は3万3000円。「ズーム」「ミュージック」は3万5200円

❶呉市天応西条の工場。1949（昭和24）年、プラスチック放射成型機から量産された国内初の万年筆を発表 ❷創業者の阪田久五郎は、英国みやげでもらった万年筆に衝撃を受け、創業を決意した

アヲハタ

世界先駆けの低糖度ジャム
食卓でおなじみの存在に

あをはた

創業 1932年
竹原市

GO! GO! 果実本来の甘さに

アヲハタ 55

55 コクのある・低糖度ジャム イチゴ
Aohata Strawberry Jam

アヲハタ 55 イチゴ
150g・281円

瀬戸内で採れたミカンの加工を目的とし、柑橘類の優良産地であった瀬戸内の真ん中に誕生。1970（昭和45）年、世界初の保存料を使用しない低糖度ジャム「アヲハタ 55 オレンジママレード」を開発。「55」という数字は、発売当時の製品糖度が55度であったことに由来する。2016（平成28）年、「ファインフルーティー製法」を導入し、フルーツ感を向上。試行錯誤を止めない姿勢で、既存商品のアップグレードに加え、新商品を続々と生み出す。

📞 0120-14-1122（お客様相談室）
🔗 www.aohata.co.jp
工場見学 ▶ P.85

スプーンいらず

アヲハタ Spoon Free ぶどう
165g・409円

アヲハタ くちどけフローズン いちご
80g・オープン価格

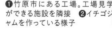

凍っているのに軟らかい!?

❶竹原市にある工場。工場見学ができる施設を隣接 ❷イチゴジャムを作っている様子

plus

殺虫剤をはじめ、園芸用品や家庭用品など私たちの生活の必需品を届けてくれる「フマキラー」は、1874（明治7）年、現在の広島市安佐南区祇園に薬種商として創業したのが始まり。

ヨーグルト

日本で初めて
ヨーグルトを
販売

チチヤス
80g・4個入

発酵乳 要冷蔵10℃以下 80g

チー坊の顔が目印
王道ヨーグルトの味わい

創業 1886年
廿日市市

ちちやす
チチヤス

牛乳事業を始めた前身「広島合資ミルク会社」は、明治天皇が愛飲したことをきっかけに全国に名を広め、後に「チチヤス」と改名。日本で初めてのヨーグルトを発売したのは1917（大正6）年で、当時はガラス瓶に入った高級品だった。現在の「チー坊」の顔が描かれたおなじみのヨーグルトは、乳酸菌の力で固めた優しい口溶けとまろやかな甘みの"ザ・王道"の味わいで、老若男女から愛されている。

TEL 0829-56-1111(本社)
URL www.chichiyas.com

本社・工場は廿日市市にある

ヨーグルセーキ　ミルクソフトクリーム

県内スーパーで
必ず目にする

チチヤス牛乳
500ml

ヨーグルト発売100年記念で
誕生したアンテナショップへ

広島県産の生乳のみを使用したミルクソフトクリームなど、こだわりのメニューを販売する。「チー坊」のオリジナルグッズも販売。

商業施設「LECT」内にある

MAP 別冊P.16-A3
住 広島市西区扇2-1-45 LECT1F
TEL 082-208-5140　**営** 10:00〜21:00
休 なし

チチヤス給食牛乳
200ml

広島市内の小学校給食の定番商品

豆苗

ピンチからチャンスを生んだ救世主

全国に植物工場をもつ
発芽野菜のパイオニア

創業 1939年
広島市

むらかみのうえん
村上農園

1978（昭和53）年にかいわれ大根の水耕栽培に成功し、市場シェア1位となるも、1996（平成8）年「O-157騒動」の風評被害でかいわれ大根離れが起こる。そこで新たな主力商品として「豆苗」の生産を開始し、全国へと名を広げ販売を急拡大。その後、がん予防研究のなかで生まれた「ブロッコリースーパースプラウト」など健康に寄与するオンリーワンの野菜を次々と開発。植物工場で年間を通して高品質かつ安定的に生産している。

TEL 0120-883-862(お客様相談室)　**URL** www.murakamifarm.com

現在では全国各地、13ヵ所に生産センターをおく

豆苗
オープン価格

高濃度スルフォラファンで唯一無二の存在

ブロッコリー
スーパースプラウト
50g・オープン価格

1946(昭和21)年広島駅前の露店をルーツに、広島県内のみならず、中四国・九州にもショッピングセンターを展開する企業「イズミ」。広島市東区二葉の里に本社がある。イズミの電子マネー「ゆめか」の県民浸透率は高い!

079

バスケットボール

高い技術と卓越した開発力
世界が認めるボール

創業 **1958年**
広島市

もるてん
モルテン

　スポーツ用品メーカーとして有名な広島市西区に拠点を構える「モルテン」のバスケットボール。「BG5000」は、バスケットボールに求められる機能性を高めた最上位モデルだ。最上位技術を導入し、使い込むほどになじむソフトな触感を実現させている。明暗差の大きいオレンジとクリーム色のパネルは、選手や観客からもボールの動きが追いやすいのも魅力。オリンピックや世界選手権をはじめとする国際大会で公式試合球として使用されている。

URL www.molten.co.jp

Bリーグの
公式試合球にも
採用

バスケットボール
BG5000
1万5620円

❶スポーツ用品事業のほか、自動車部品、医療・福祉機器、マリン・産業用品なども手がける　❷2022（令和4）年に誕生した、新拠点molten[the Box]。前述した4事業の開発を一拠点で執り行う

ふんわり軟らかい生地と
芳醇なクリームの名物パン

創業 **1933年**
三原市

はってんどう
八天堂

　和菓子・洋菓子・パンの製造を手がける「八天堂」が、1年半の歳月を費やし考案した「くりーむパン」。ふわふわで軟らかい生地の中には、甘過ぎない芳醇なクリームがたっぷり詰まっている。パンというよりスイーツのような味わいで、誕生以来全国的に人気の一品だ。カスタードや抹茶など定番5種類のほか、冬季限定で登場するあんバターや期間限定商品など多数のフレーバーをラインアップ。

TEL 0120-52-7152（お客様相談室）
URL hattendo.jp

工場見学 ▶P.86

くりーむパン

2008年生まれ
クリームが主役の
スイーツパン

くりーむパン
320円

この包装で
皆さんご存じ

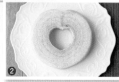

❶広島空港の近くにある製造工場。近隣には「八天堂」運営のカフェやショップも
❷口溶けのよいバームクーヘンも人気。ハートのフォルムがかわいらしい

 plus
福山に本社を置く精密鋳造メーカー「キャステム」は、老舗の技術を生かし、完全再現した『キン肉マン』のロビンマスクや、『ポケットモンスター』の「モンスターボール」型の虫籠、バナナハンマーで一躍有名に。

日本文化に浸透！
兄弟姉妹のようなシリーズにも注目

三島食品（みしましょくひん）

創業 1949年
広島市

「三島食品」の登録商標「ゆかり®」は、1970（昭和45）年にひとりの営業員の情熱によって誕生。当時東海地区で人気のあったしそ漬けの製造を社長に1年近く直訴し続けた結果、ふりかけとして商品化が決定した。色味と風味を落とさず乾燥させることが課題だったが、工夫と改良を重ね、今では食卓で大活躍する存在となった。青じその「かおり®」、ピリ辛たらこの「あかり®」、カリカリ梅の「うめこ®」など続々と登場し、大所帯に。今後の展開にも目が離せない。

☎ 082-245-3211（広島本社）
URL www.mishima.co.jp

食卓の大定番
ロングセラーの
圧倒的長女

ゆかり®
22g・140円

こんなに仲間がいます♪

長女・ゆかり®に続き、現在は7人の仲間がいる。各140円

1916年発売
100年超えて愛される
ふりかけの元祖

旅行の友

旅行の友
18g・140円

ふりかけなのに
巻くって衝撃！

巻くふりかけ
さけ
5枚入・540円

いつものご飯をおいしく
100年愛されるふりかけ

田中食品（たなかしょくひん）

創業 1901年
呉市

ご飯のお供として100年を超えて愛されるロングセラー商品。大正時代に、軍から「戦地で戦う人に栄養価が高く持ち運びしやすい商品を」と要請を受け、瀬戸内の小魚を粉末にして醤油で味付け、ゴマや青のりを合わせて、カルシウムたっぷりの保存食・ふりかけを発売したのが始まり。手軽に使え、栄養価に優れ、ご飯をおいしく食べられる一品は、これからも食卓の"友"であり続けていくだろう。

☎ 082-232-1331（本社）
URL www.tanaka-foods.co.jp

生産工場は東広島市と廿日市市に。広電宮島口の「HIRODEN etto」（→P.166）内にはアンテナショップがある

---

plus ⓘ 「三島食品」の「ゆかり®」シリーズ、2024（令和6）年2月に発売したのはワサビ味、その名も「しげき®」。自分の名前をふりかけパッケージデザインにして遊べるスマホアプリ「ふりかけ4姉妹メーカー」も話題に。

わたしと広島の話

広島テレビ『三四郎のDearボス』

東京出身の俺たちが広島の魅力を発見！

三四郎　小宮浩信さん

三四郎　相田周二さん

広島で活躍する各界のリーダーの情熱を探る番組『三四郎のDearボス』。県内の企業や団体の"ボス"と相見えてきたふたりに広島の印象や、対面したボスの話をうかがいました。

編＝編集室　小＝小宮さん　相＝相田さん

編　番組を始めてから広島の印象に変化は？

小　広島は大きな町というイメージはありましたが、企業の取材となると1、2年で番組は終わるかなと思っていました（笑）。でも、東京に負けないくらいの企業がたくさんあって驚きました。スポーツに対して熱烈ってことも知りました。

相　最初は広島といったらお好み焼き、カキ、宮島、原爆ドーム……ぐらいだったんですけど、番組を通じて、これまで身近に使っていたものが実は広島の会社が作ったものだと知ることも多くて、うれしいし、なんか誇らしく思うようになりました。

編　お気に入りの"広島産〇〇"は？

相　番組で訪れた「オオアサ電子」の「Egretta」というスピーカーは即決で購入しました。音がめちゃくちゃよくて、今も家で使っています。小宮はそういうのはないです（笑）。

6年間、2週に1度来広するだけあって、今では先輩芸人に広島案内することもあるとか

インタビュー中は爆笑続き（文字数上掲載できず無念）。広島は第2の故郷だそう！

小　いやいや（笑）。もともとサウナが好きで番組で知ったサウナは今も通っています。昨日も行きました。

相　食べ物でいうとカキ、アナゴ、それとヨナキガイは広島で初めて食べておいしいなって。

小　ウニホーレンは、なかなかない組み合わせで驚きました。大好きですね。汁なし担々麺（→P.374）、つけ麺（→P.376）も好きです。

編　ふたりの広島おすすめスポットは？

小　「おりづるタワー」（→P.121）の屋上。景色もロケーションもいいですよね。あとは宿「石亭」（→P.401）。のんびりできるし。宮島だと「千畳閣」（→P.161）。空気の流れがいいです。広島に来たら癒やされてほしいです。

相　呉市の御手洗地区（→P.189）。映画『ドライブ・マイ・カー』の舞台にもなりましたし（→P.88）、波が落ち着いていて、雰囲気がいいカフェもあって。定番は流川→呉→尾道→流川。最初と最後は、流川で（笑）。広島は魚がおいしいですよね。だから寿司は食べてほしいです。流川の「鮨 お〻井」はぜひ。

「ヨナキガイ（夜泣き貝）」はナガニシという巻貝類で、広島の貝好きに人気。コナガニシを指す場合も。「ウニホーレン」とは、ホウレン草をバターと醤油で炒め、上にウニをたっぷり乗せた鉄板料理で、広島市内の鉄板焼き店でよく供される。

お目にかかったボスは200人超え!

三四郎が出会った 強烈ボス♥ 厳選3名
\脳裏に焼きつく/

第1・2回(2018年)
肉業界の革命児ボス

ビッグアーム(「焼肉ぶち」ほか経営)
代表取締役社長 坂本孝雄さん

❶見よ! ボスのこの怖い目つき(演技です)
❷放送時は和牛ホルモン取扱量日本一でした

ドッキリをかけられたんです。ボスの大事にしているグローブをスタッフさんに言われてはめていたら、ボスが来て「芸能人だったら何やってもいいの?」と怒って……その演技がうますぎる(笑)。初回ということもあり印象深いです。

第7・8回(2018年)
部下は7000人!のボス

威厳のあるボスですけど、とてもチャーミングでした。いろいろ過酷な訓練も受けたんですけど、そのあと、自宅官舎を訪れたら、手料理が並び、まさかの"恋ダンス"を披露してくれて。かわいくて、そのギャップがよかったです。

海上自衛隊呉地方隊
呉地方総監 池太郎さん
※撮影当時

❶航空職域出身のため胸元にはパイロットマークが
❷何度も失敗しながらも"恋ダンス"を踊るボス

第197回(2022年)
華麗なる二刀流のボス

広島でいつも泊まるホテルの近くに「香月産婦人科」があって。「これ、何かな?」と思っていたので、びっくり。産婦人科のボスであり、飲食店も経営していて。優しいしスタイリッシュだし、あれはもてるだろうな~。

医療法人秋月会
理事長 香月孝史さん

❶衣装チェンジ多々のボスに三四郎も驚き! ❷「香月産婦人科」の施設の一部はまるでホテル!

TJ Hiroshima
編集長あんあんも
出演歴アリ

地元タウン誌のカリスマ(!!)編集長として、ふたりに広島の魅力を直伝しました!

PROFILE

三四郎(さんしろう)

中学時代の同級生、小宮浩信と相田周二からなるお笑いコンビ。2005年 結成。2016~2018年「M-1グランプリ」で3年連続準決勝に進出。2023年「THE SECOND~ 漫才トーナメント~」ファイナリスト。

三四郎のDearボス
(広島テレビ)

2018年4月にスタート。県内にある企業やチームのトップ、いわゆる「ボス」に三四郎が直撃インタビュー。ボスから"成功の裏側にある知恵"を伝授してもらう。毎週日曜16:25~16:55放送中。
※番組情報は2024年4月時点のものです

plus

番組公式LINEスタンプには、小宮さんの「ぶちええわ~」、相田さんの「たいぎい」など東京出身のふたりの広島弁が!
県民の"ぶちベーション"(※番組の決めゼリフで「ぶち=すごく」がんばり続けるモチベーションのこと)上昇中。

子供も大人も大興奮♪
一度は行きたい
工場見学の旅

広島県内の有名企業のなかには施設の見学ができる工場がたくさん！
子供はもちろん大人もワクワク楽しんじゃおう。

創立当時からの名車を展示

府中町
世界的自動車メーカーの歴史を学ぶ
まつだみゅーじあむ
マツダミュージアム

これまでに数多くの名車を生んだ「MAZDA」創立の1920年代から現在まで、そして次世代への歩みを紹介する見学可能な施設。館内は10のエリアで構成されており、懐かしの名車をはじめ、エンジンなどの実物が展示されており、ロータリーエンジンの技術や車づくりのプロセスを学べる。さらに、実際に車を組み立てる工場にも隣接しており、目の前で次々と車が組み立てられていく様子は圧巻のひと言だ。

MAP 別冊P.22-A2

住 安芸郡府中町新地3-1　TEL 082-252-5050　⏰ 9:15～（日本語案内）、14:15～（英語案内）※完全予約制、毎月第1土の9:00～16:00　休 第1以外の土・日、ほか不定休　料 無料　P なし　交 JR「向洋駅」から徒歩5分

❶お目にかかれないレアな車種も　❷「MAZDA」本社敷地内にあり、工場に隣接　❸各ゾーンのテーマに合わせて色合いや照明などによる演出を行う　❹❺2022（令和4）年5月に全面リニューアル。空間デザインや展示内容が刷新された

plus

「マツダ」のライトウェイトスポーツカー「ロードスター」は、発売から現在まで100万台以上が生産され、世界で最も売れたふたり乗りの小型軽量オープンスポーツカーとしてギネス記録を更新中だ。

昭和のお好み焼き屋を再現

広島市

お好み焼きを学んで作る!

おたふくそーす うっどえっぐ おこのみやきかん
オタフクソース
Wood Egg お好み焼館

　ソースを製造する工場の様子と「おこのミュージアム」が見学できるコースが人気。お好み焼きの歴史と文化を紹介する博物館「おこのミュージアム」は、昭和30年代のお好み焼き屋を再現したスペースや、ソースへのこだわりなどをスタッフの案内で学べるパネル展示がある。プロ仕様の鉄板でお好み焼きを焼く特別教室(有料)を開催する日も。

MAP 別冊P.16-A3
【住】広島市西区商工センター7-4-5 【TEL】082-277-7116
【営】【工場&おこのミュージアム見学コース】10:00～11:30、13:15～14:45 ※完全予約制 【休】土・日・祝 【料】無料 【P】あり 【交】広島電鉄「井口」から徒歩10分

❶ソースのこだわり材料について展示 ❷ここでしか出合えないグッズも販売 ❸お好み焼き作りを体験できる「お好み焼き教室」(有料)も(→P.77) ❹卵をイメージした特徴的な外観

竹原市

国民的人気ジャムの製造過程を
あをはた じゃむでっき
アヲハタ ジャムデッキ

　ジャム製造を行っていた旧工場を改装した施設。工場でジャムが完成する工程を見学できるコース、工場見学に加えてジャム作りを行うコース(中学生以上)の2種類がある。瀬戸内海に臨む立地で、建物内には缶詰や瓶をイメージした円形のブースが多数あるのもおもしろい。施設内にあるジャムショップでは限定商品の販売も。(→P.78)

MAP 別冊P.10-B2
【住】竹原市忠海中町1-2-43 【TEL】0846-26-1550 【営】9:30～16:30【工場見学コース】【ジャムづくり体験&工場見学コース】ともに完全予約制 【休】日・月・祝、その他指定休あり 【料】【工場見学コース】無料【ジャムづくり体験&工場見学コース】1セット800円 【P】あり 【交】JR「忠海駅」から徒歩5分

❶建物は船のデッキをイメージ ❷映像観賞できるシアター ❸ジャム作り体験は中学生以上(小学生は保護者ふたり1組で可) ❹創業からのアヲハタ商品が並ぶ ❺瀬戸内海に面したデッキ

---

plus ⓘ 1905(明治38)年創業、伝統の箔押しと現代の素材・技術との融合で世界的に活躍する広島市西区三篠町の「歴清社」。工場見学や箔押し体験ができるワークショップも。詳細は公式サイト【URL rekiseisha.com)で。

周辺には八天堂のカフェもある

三原市

最先端のバーチャル工場見学

はってんどう ひろしまみはらりんくうこうじょう

八天堂 広島みはら臨空工場

ふわふわの生地作りとなめらかなクリーム作り、包装までを行う「八天堂のくりーむパン」の工場の様子を、「VRゴーグル」を装着することで、製造を間近で見ているかのような体験が可能だ。最後には焼きたての試食とくりーむパンのおみやげ付き。2024（令和6）年5月頃には体験プログラムを変更予定（2024年4月現在）。

MAP 別冊P.10-A2

住三原市本郷善入寺用倉山10064-189 **TEL**0848-86-8622 **営**9:30～、10:45～、13:00～、14:15～※完全予約制 **休**水、ほか不定休 **料**1000円（2024年1月取材時現在）**P**あり **交**JR「三原駅」からリムジンバスで38分「広島空港」下車、徒歩5分

❶「VRゴーグル」を着けて仮想空間にて工場見学を行う ❷一つひとつクリームを詰めていく ❸「くりーむパン」おなじみの包装が施される

❶「瀬戸内れもん味」をはじめ、フレーバーは多数 ❷イカ天を巨大なドラムで味付け ❸イカ天を自動計量して包装 ❹工場の外観

尾道市

イカ天・のり天を試食

まるかしょくひん

まるか食品

イカ天・のり天・天かすなどをおもに製造販売するフライメーカー。工場では、フライ・味付け・包装の工程が見学できるほか、イカ天やのり天を無料で試食できる。工場には、重さを自動で量る包装機、500ℓもの油が入る巨大なフライヤーといった設備がたくさん。尾道がイカ天の一大生産地になった歴史も学べる。（→P.384）

MAP 別冊P.11-C2

住尾道市美ノ郷町本郷455-10 **TEL**0848-48-5585 **営**9:00～12:00 **休**土・日・祝、3～4月、7～8月、11～12月 **料**無料 **P**あり **交**尾道ICから車で5分

 日本のイカ天製造メーカー10社のうち9社が広島に。5社が尾道にあり、そのひとつが「まるか食品」だ。江戸時代に北前船の寄港地として栄えた尾道に、全国の海産物が集まり加工品が数多く作られたことが関係している。

美容好き必見のビューティ体験

やまさきせいふうしんとこうじょう
ヤマサキ 西風新都工場

洗い流さないトリートメントのパイオニアとして知られる化粧品メーカー。工場では、主力商品である、海藻のエキスを配合した「ラサーナ 海藻 ヘアエッセンス」などさまざまな製品の製造、充填・検品、包装、出荷が行われており、ガラス窓越しに見学できる。試作体験もあり、オリジナルアイテムが作れる。見学後はヤマサキ製品のおみやげも。

❶2007年に工場見学を開始、ラサーナブランドの製造拠点 ❷検品作業の様子 ❸ガラス越しに製造工程を見学 ❹屋上には、庭園が整備される ❺おなじみの姿が完成!

MAP 別冊P.8-B1

住 広島市安佐南区伴南2-5-19 TEL 082-848-7722 営 毎月1回以上(不定期、HPに詳細あり)※完全予約制 休 土・日・祝 料 無料 P あり 交 JR「横川駅」から広島電鉄バス33分「こころ産業団地中」下車、徒歩3分

鞆に伝わるイカリの技術を継承

さんと
santo

鞆の浦に古くから続くイカリを作る「自由鍛造」と「鍛接」を用いて、フライパンや家具などを製造する「三暁」。実際に使用されている工場で、フライパン・トレイ・お香立てなどを作ることができる鍛造体験がある。1000℃以上に熱された金属を力いっぱいたたき、薄くしたり、曲げたり、捻ったり、思いおもいの形を作ろう。

MAP 別冊P.11-D2

住 福山市鞆町後地26-30 TEL 080-9956-3341 営 10:00〜、14:00〜※完全予約制 休 土・日・祝 料 フライパン1万2800円、アイアントレイ1万1200円、お香立て1万1200円〜 P あり 交 JR「福山駅」から鞆鉄バスで27分「スカイライン入口」下車、徒歩1分

❶ハンマーでたたきながら成形 ❷熱する前の金属。好きな形を選んで ❸1000℃で熱せられる金属 ❹熱伝導率が高く素材がおいしく焼ける ❺「santo」では製品の販売も行っている

オリーブで有名な江田島市にある「オリーブラボ江田島」では、オリーブオイルのテイスティング体験ができる。(江田島市在住・H)

ヒット映画ロケ地巡り

広島で撮影されたあの名作映画のロケ地を訪れてみませんか？
その場所に立つだけで作品のワンシーンがよみがえってきそう。

『ドライブ・マイ・カー』ロケ地巡り

ドライブ・マイ・カー

村上春樹の小説を、濱口竜介監督が自ら脚本を手がけ映画化。最愛の妻を亡くし喪失感を抱える舞台俳優・演出家の家福悠介（西島秀俊）が、演劇祭のため向かった広島で寡黙なドライバー・渡利みさき（三浦透子）と出会い……。第74回カンヌ国際映画祭脚本賞ほか4冠。第94回アカデミー賞®国際長編映画賞受賞。

広島市環境局中工場

ドライバー・みさき（三浦さん）が自身の過去に触れる大切な場所として登場。工場の先の湾岸公園で、家福（西島さん）とみさきが語らう様子が撮影された。

エリアガイド▶P.137

『ドライブ・マイ・カー インターナショナル版』Blu-ray&DVD発売中
©2021『ドライブ・マイ・カー』製作委員会
発売元：カルチュア・パブリッシャーズ
セル販売元：TCエンタテインメント

平和記念公園

女優（ソニア・ユアンさん、パク・ユリムさん）をはじめ、出演者らで野外稽古を行うシーン。穏やかな秋の木漏れ日が印象的。

エリアガイド▶P.328

みさきが家福の専属ドライバーとして運転する、サーブ900ターボ。

家福が重要な決断を迫られる場面。傍らにある彼の愛車が、画面上で存在感を放つ。「広島市安公民館」の駐車場がロケ地。
MAP 別冊P.9-C1

閑月庵新豊

呉市豊町、瀬戸内海に面した御手洗町並み保存地区にある宿。劇中では、家福がセリフを覚えるための滞在先となった。

第6章宿泊▶P.396

──その他の登場スポット──
◆広島国際会議場 ◆JMSアステールプラザ ◆グランドプリンスホテル広島 ◆東広島芸術文化ホールくらら ◆海田大橋 ◆安芸灘大橋 ◆小谷SA（下り）など

ℹ️ plus 『ドライブ・マイ・カー』に登場する「広島市環境局中工場」は、「平和記念公園」から延びる"平和の軸線"を海まで遮らないように……と建築家・谷口吉生氏の思いで設計された。作品中でもそれが述べられるシーンがある。

映画
『この世界の片隅に』
Blu-ray&DVD発売中
©2019こうの史代・コア
ミックス／「この世界の
片隅に」製作委員会
発売・販売元：バンダ
イナムコフィルムワー
クス

この世界の片隅に

2024年ミュージカル化で話題、こうの史代原作漫画の劇場アニメーション映画。片渕須直監督が手がけ、2016年全国公開。
1944年2月、広島江波で育った18歳のすずは、軍港の街・呉に嫁ぐ。夫・周作や、彼の両親らと日々の暮らしを紡ぐが、時は戦時中、大切なものがひとつまたひとつと失われ……。

『この世界の片隅に』舞台巡り

福屋百貨店(現・福屋八丁堀本店)

里帰りから嫁ぎ先の呉に戻る前に広島市内をスケッチして回るすず。原作では広島駅だが、映画では福屋百貨店を描くシーンに変更された。

エリアガイド ▶ P.126

呉の軍港

すずと周作が自宅の近所の山手から呉の港を眺める。周作が停泊する軍艦の説明をし、すずは戦艦大和の大きさに驚く。

広島県産業奨励館(現・原爆ドーム)

すずが描いた広島市内の風景のひとつ。被爆前の美しい西洋建築の姿。物語が進み、戦後のさま変わりした光景を思うと心が痛む。

第3章歴史と文化 ▶ P.331

旧澤原家住宅 三ツ蔵

国の重要文化財。すずが呉の市街地に出かけるときに3つの蔵の前を横切る。

MAP 別冊P.28-B1

その他の登場スポット
◆相生橋　◆大正屋呉服店(現・広島市平和記念公園レストハウス)　◆江波山
◆旧呉海軍下士官兵集会所　など

『高野豆腐店の春』ロケ地巡り

尾道本通り商店街

夜の商店街を、辰雄(藤さん)と娘の春(麻生さん)が腕を組みながら歩くシーンは、親子の絆が表れたこの作品のシンボル的な場面。

エリアガイド ▶ P.233

©2023『高野豆腐店の春』製作委員会

高野豆腐店の春

2023年8月公開、三原光尋監督・脚本。尾道市ロケの本作には、地元民になじみ深い風景が随所に登場する。
尾道の小さな「高野豆腐店」。父・高野辰雄(藤竜也)と娘の春(麻生久美子)は、二人三脚で日が昇る前からこだわりの豆腐を作る。変わらないはずの日々のなか、ふたりに新しい出会いが訪れる……。

尾道水道

尾道の港の堤防に腰かけ、辰雄とふみえ(中村久美さん)が語り合う。尾道の穏やかな風景が切り取られた、映像の美しさが際立つシーン。

その他の登場スポット
◆尾道市役所　◆浄土寺
◆土堂突堤　など

『高野豆腐店の春』の舞台として三原監督が選んだのは映画の聖地・尾道。通常ロケハンに演者は同行しないが、主演・藤竜也さんは役作りのために同行。そうすることで主人公・辰雄の日常をつかんでいったという。

スポットライトで輝くわが町②
あの作品の舞台は広島

小説、映画、
アニメ、漫画……

海に、山に、町並みに……どこを切り取っても絵になる広島県は、さまざまな作品に姿を見せる。景色のモデルとなるだけでなく、その地の風土や文化までも取り込まれた作品も数多い。

アニメ作品　**漫画作品**

過去にアストラムラインとのコラボ企画も

「つつがライフル射撃場」（→P.286）では、実際「全国高校ライフル射撃競技選手権大会」が毎年開催されている、ライフル競技の聖地だ

『ライフル・イズ・ビューティフル』

安芸太田町

ライフル射撃にひたむきに取り組む女子高生たちの青春ストーリー。安芸太田町「つつがライフル射撃場」が全国大会の舞台として登場する。

『モブ子の恋』

広島市

田村茜／コアミックス

脇役として生きてきた大学2年生・田中信子が、初めての恋心を抱くことから始まる物語。実写映画化も決定している。アストラムライン上安駅付近がおもな舞台として描かれ、広島市安佐動物公園や広島市街地なども作中に。

©田村茜／コアミックス

安芸太田町

2022（令和4）年の映画化で人気再燃のバスケ漫画『SLAM DUNK』（集英社）。インターハイの舞台が広島。湘北バスケ部が宿泊したのが湯来温泉、山王工業戦の会場が広島経済大学・体育館といわれる。

廿日市市　　　　　広島市

廿日市市

『ミステリと言う勿れ』

田村由美／小学館

カレー好きの天然パーマの大学生・久能整が、意図せずにさまざまな事件に巻き込まれ、謎も人の心もいつしか解きほぐしていく。ドラマ・映画化もされた人気作。"広島編"とされる単行本2〜4巻で、宮島や県立美術館、平和記念公園が。

©田村由美／小学館

2023年公開の映画では県内でもロケが行われた

呉市

艦艇を擬人化したキャラクターで、呉ともゆかりが深い作品『艦隊これくしょん−艦これ−』。ゲームを皮切りに、アニメや劇場版も製作された。

広島で本に携わる人が広島ゆかりの本を選ぶ
「広島本大賞」をご存じですか?

広島県の書店員と地元タウン誌編集者の有志らが、広島ゆかりの作家・作品から"これぞわれらがご当地本"とおすすめを選定する「広島本大賞」。2011（平成23）年から開催、2023（令和5）年で13回を迎えた。広島を訪れたら、地元書店に立ち寄り、大賞作品を手に取ってみるのも旅のよい記念に。

トロフィーの代わりに宮島しゃもじ!

第13回広島本大賞の授賞式の様子。しゃもじを手にするのが受賞者の、右からコンテくん、伊藤亜衣さん、武田惇志さん。後方が実行委員会の皆さん

 大崎下島はアニメ映画『ももへの手紙』の舞台である架空の島「汐島」のモデルになった趣のある島。御手洗地区の町並みも登場するため、訪れると物語の主人公になった気分に浸れます。（取材担当・H）

重松清氏の長編小説『いとしのヒナゴン』（文藝春秋）は庄原市（旧・比婆郡西城町）のUMAヒバゴンが題材。『ヒナゴン』として映画化も。

庄原市

三次市

三次市 『平太郎に怖いものはない』

スケラッコ／リイド社

稲生武太夫が書き残したといわれる妖怪譚『三次実録物語』を基に、作者の独特の視点でかわいくておかしくてホロっとする作品に。お好み焼き店を営む稲生平太郎・16歳と、彼の周りに起こる怪異、夏の喧騒を描く。

© スケラッコ／リイド社

巻末には『三次実録物語』（校訂＝東雅夫）原文を特別収録

アニメの聖地として殿堂入り！

竹原市 『たまゆら』

写真が趣味の主人公・楓と、彼女を取り巻く友人たちとの日常を、竹原の町並みとともに優しく描く。2016（平成28）年の完結後も、舞台となった竹原市はファンの聖地としてにぎわう。

© 佐藤順一・TYA／たまゆら製作委員会

福山市内をモデルにしたシーンも多いアニメ『蒼穹のファフナー』『境界戦機』。福山市はアニメとのつながりが濃く、2023（令和5）年には福山×アニメのイベント「フクヤマニメ」が開催された。

尾道市 『ぽんのみち』

キャラクター原案は漫画『五等分の花嫁』の春場ねぎ先生

2024（令和6）年1月から放送のTVアニメ。尾道市を舞台に5人の女子高生たちののんびり麻雀ライフを描く。作中には尾道の風景や町並みが描かれ、「アニメを見て尾道に行きたくなった！」という視聴者も多い。主人公・なしこが繰り出す広島弁がかわいい。

© IIS-P／ぽんのみち製作委員会

福山市

尾道市

竹原市

大崎上島町

小津安二郎監督『東京物語』（1953年）は尾道が舞台。それをリメイクした山田洋次監督『東京家族』（2013年）のロケ地が大崎上島町。自然豊かな島の風景が作品に彩りを添えた。

大林宣彦監督の尾道三部作を筆頭に多くの映画の舞台・ロケ地に選ばれる尾道市は、"映画の町"と呼ばれるが、2001（平成13）年には市内に唯一残っていた映画館が閉館し、一時は尾道から映画館が消えるという事態に。その後、有志の活動と市民募金により2008（平成20）年「シネマ尾道」が開館した。

＼ 2023年 第13回「広島本大賞」受賞作品はこちら ／

『ある行旅死亡人の物語』

ノンフィクション部門

尼崎市で多額の現金を残し孤独死した女性。現場の手がかりをもとに記者ふたりが身元調査に乗り出す。舞台は広島へ移り、たどり着く真実とは……。

武田惇志・伊藤亜衣／◆毎日新聞出版

『男子校の生態』

コミック部門

広島で中高6年間、男子校に通ったコンテくん自身が主人公のコミックエッセイ。SNSから話題になり2023（令和5）年に書籍化。2024（令和6）年に第2巻が発売。

コンテくん／◆KADOKAWA

plus
ⓘ 人気ゲーム『龍が如く』シリーズ。尾道市は、PlayStation 4専用ソフトウエア『龍が如く6 命の詩。』に登場する架空の町・尾道仁涯町のモデルになっている。

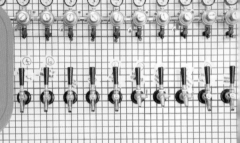

来てる! 酒都広島の
クラフトブーム

日本3大酒処・西条（→P.207）を筆頭に日本酒のイメージが強い広島だが、ここ近年は県内各地にブルワリーが増えてきてクラフト酒が大流行中！

Craft breweries

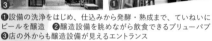

❶設備の洗浄をはじめ、仕込みから発酵・熟成まで、ていねいにビールを醸造 ❷醸造設備を眺めながら飲食できるブリューパブ ❸店の外からも醸造設備が見えるエントランス

広島を近くに感じるビールを

ひろしま ねいばりー ぶりゅーいんぐ
HIROSHIMA NEIGHBORLY BREWING

平和記念公園そば、広島本通商店街にあり、市内でいちばん大きな醸造設備を誇る。「ビールは平和だからこそ、おいしい」「この町に根づいたクラフトビールを」と、できるだけ県産素材を使用、何度でも飲みたくなるビールを目指す。「広島日の出ラガー」「本通りウエストサイドクラシックIPA」など定番5種類のほか、定期的に限定商品も登場。

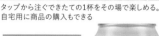

タップから注ぐできたての1杯をその場で楽しめる。自宅用に商品の購入もできる

HIROSHIMA レモン
スカッと セッションIPA
748円

土作りからこだわる、瀬戸田町のレモン農家「citrusfarmsたてみち屋」のレモンを使用。柑橘の香りがするホップとレモンのほのかな苦味と酸味がさわやかにマッチ

広島日の出ラガー
693円

淡色麦芽とアンバー麦芽に、季節により御調町産麦茶や北広島町産ウッドチップを副原料に使用。瀬戸内海の朝焼けの空を思わせるほんのり赤い褐色ラガー。ほのかなスパイス感と香ばしさがある、クリーンな味わい

併設店でこだわりフードとともに

ブリューパブ＆居酒屋を併設し、「ビール工場の中で飲める！楽しめる！」場所。焼き鳥や炭火料理を中心に、フィッシュ＆チップスやハンバーガーなど、ビールに合う食事を提供する。さらにスイーツや、ヴィーガン用メニューも用意。テイクアウトも可。

❶酒のつまみになる手広いメニュー構成 ❷1階にはタップが並ぶカウンターが ❸1.5階は居酒屋チックなくつろぎの空間

くらふとびーるとすみび はればれ
CRAFTBEERと炭火 はればれ

MAP 別冊P.19-C2
🏠 広島市中区大手町1-5-10 ☎ 082-236-9313
🕐 12:00～22:00 休 不定休 CC ADJMV P なし
🚃 広島電鉄「紙屋町西」から徒歩4分

Iターン夫婦のブルワリー

尾道ブルワリー
おのみちぶるわりー

　千葉県から移住した夫婦が、築130年以上の古蔵を改装し、オープン。醸造所には4基のタンクを設置し、定番2種類のほか、季節で異なる銘柄を醸造。素材を生かした味と独創性が評価され「インターナショナル・ビアカップ」での受賞歴も。岩子島のトマトを使った「トマトヴァイツェン」、向島の「珈琲ましろ」の豆で作る「コーヒーポーター」もチェック。

MAP 別冊P.32-B2
住 尾道市久保1-2-24　TEL 0848-38-2710
営 金・土13:00〜19:00(L.O.18:30)、日・祝12:00〜17:00(L.O.16:30)　休 月〜木(祝日の場合営業)　CC 不可　P なし　交 JR「尾道駅」からおのみちバスで3分「長江口(ロープウェイのりば)」下車、徒歩3分

3種飲み比べ
1100円

ブルワリーのビールから3種をセレクト。ラインアップは日によって変わる

尾道エール
ボトル680円・ハーフグラス650円

尾道産レモンを使った爽快なペールエール。グリーン・イエロー・完熟と、レモンの収穫に合わせて年に3回風味が変わる

しまなみゴールデンエール
ボトル680円・ハーフグラス650円

尾道産ミカンが香るさっぱり風味、麦芽のコクと軽い苦味が特徴。「ジャパン・グレートビア・アワーズ2022」2部門で銅賞受賞

❶店主・佐々木さん夫妻。ビールには尾道近隣の素材を用いる　❷飲食スペースを併設

酒類卸の挑戦

江田島ワークス
えたじまわーくす

　広島市安芸区にある1910(明治43)年創業の酒類卸「ヒラオカ」が、クラフトビール製造に参入! 江田島市「津田酒造」の蔵を改装し、醸造所を構えた。ブルワーを務めるのは、県内外の醸造所で学びを得た平岡専務。現在、苦味の異なる2種類のビールのほか、江田島産のハッサクやハチミツを使ったビールを販売中。今後の展開も目が離せない!

江田島ワークス
ゴールデンエール
600円

穏やかな香りと苦味とすっきりした味わいのなかに麦芽のうまみ味が感じられる、飲み飽きない1杯。多彩なジャンルの食事と相性もよい

江田島ワークス IPA
600円

大量のホップを使用し、鼻をぬけるホップの華やかな香りとガツンと来る強い苦味が最大の特徴。スパイスを使った料理や濃い味付けの料理に

❶「ヒラオカ」の平岡哲也社長(右)と平岡保幸専務(左)　❷酒蔵の目印であった煙突が残っている　❸醸造所には300ℓのタンクが6基設置される

MAP 別冊P.29-C2
住 江田島市能美町中町2372-1　TEL 082-884-0191(ヒラオカ)　営 9:00〜17:00(津田酒造)　休 土・日　CC 不可　P あり　交「中町港」から徒歩10分

「hangout」へ
ぷらっと立ち寄り1杯

限定バーガーが
登場する日も

店名は「溜ま
り場・遊び場」
の意

Topology
370ml・792円

パイナップルやマスカット、グレープフルーツを彷彿とさせるフルーティな香りがあり、苦味は少ない。醸造ごとに新しいビールが誕生するので、訪れるたびに出会いがある

醸造所の隣のビアパブ「hangout」では、できたてのビールと、それに合う料理を楽しめる。看板メニューのハンバーガーは12種類、ほか肉料理やボリューム満点のサラダなども。

通りから見える醸造所。仕事帰りに飲みたくなる、日常を豊かにするビール造りを目指す

夢だったブルワリー開業

TAROS Brewing／hangout
たろーず ぶるーいんぐ／はんぐあうと

人気ビアバー「hangout」が、醸造所「TAROS Brewing」を併設して移転したのが2022年。店主・三羽健太郎さんの目標であったブルワリー開業をかなえた。岐阜県「Camado Brewery」で学んだ三羽さんが提案するのは、海外でトレンドのビアスタイル。追求を重ねる自社ビールのほか、国内外の50種類以上のビールを扱う。

MAP 別冊P.18-B2
住 広島市中区本川町2-4-17 TEL 080-7822-3814 営 17:00〜22:00(土15:00〜) 休 日
CC ADJMV P なし 交 広島電鉄「本川町」から徒歩3分

老舗蔵元が洋酒作りに挑戦

千福・SETOUCHI DISTILLERY 三宅本店
せんぷく・せとうち でぃすてぃらりー みやけほんてん

「千福」で知られる呉の老舗蔵元が、洋酒造りに着手。2021年から発売している「クラフトジン瀬戸内」の評判は上々で、リピーターも多い品だ。現在は、2025年に販売できるように仕込んだウイスキーが、熟成蔵で静かに時を待っている。「洋酒から千福を知ってもらって、日本酒の盛り上げにつなげていきたい」と、取締役の三宅さんは語る。

クラフトジン瀬戸内
700ml・2420円

呉の名水・灰ヶ峰の伏流水を使用。まろやかで飲みやすく、レモンのフレッシュな香りと果実感がよい。緑茶が口当たりのさわやかさをプラス

取締役 三宅清史さん

日本酒との架け橋に

ニューポット瀬戸内
200ml・2200円

2025年の販売に向けて、シェリー樽でウイスキーを熟成中。その原酒を、蒸留後すぐに瓶詰めしたのがこちら

❶日本酒、ウイスキー、ジン、焼酎などを醸造 ❷スペインから取り寄せたシェリー樽を使用

MAP 別冊P.28-B1
住 呉市本通7-9-10 TEL 0823-22-1029 営 8:30〜17:00 休 土・日・祝 CC ADJMV P あり 交 JR「呉駅」から広電バスで11分「本通7丁目」下車、徒歩2分

まだまだ酒都広島のクラフトブーム② 東広島市の「テシゴトブルワリー」。日本酒で有名な西条の町にあり、酒粕を使用した「酒粕エール」はまさにここならではのアイテム。

ジンの風味が生きる
ノンアルコールも!

ノンアルコールジントニック
SAKURAO ORIGINAL
350ml・130円

2021（令和3）年に初のノンアルコール商品も発売開始。ジンらしさを表現するため、ジュニパーベリーの天然アロマオイルを使用

MAP 別冊P.25-D1

🏠 廿日市市桜尾1-12-1 ☎
0829-32-2111 🕐10:00〜
17:00 休日 CC ADJMV P
あり 交JR「廿日市駅」から市営
バスで3分「桜尾」下車、徒歩6分

❶「ビジターセンター」ではさまざまな酒が購入できる ❷蒸留所見学ツアーも開催（有料、要事前予約）

新たな可能性への挑戦
さくらおでぃすてぃらりー
SAKURAO DISTILLERY

1918（大正7）年に「中国醸造」として創業。焼酎をはじめ日本酒、ウイスキー、リキュールなどさまざまな酒を製造。2017（平成29）年には、ウイスキー、スピリッツづくりの新たな可能性に挑戦するため、「SAKURAO DISTILLERY」を設立した。広島県産の原料にこだわったジン「SAKURAO GIN」シリーズは、ジンの本場・イギリスの品評会などで受賞歴を誇る。

SAKURAO
GIN ORIGINAL
700ml・2200円

ロサンゼルスのコンペティションで最高位受賞。レモンやオレンジなどの柑橘類をはじめ、9種類の県産ボタニカルを含む、計14種類のボタニカルを使用したジン。「SAKURAO GIN LIMITED」（→P.57）も

ブドウ栽培から一貫醸造
でぃのーぶる でぃんやーど あんど わいなりー
Vinoble Vineyard
& Winery

代表の横町さんは、東京農業大学農学部醸造学科を卒業後、「三次ワイナリー」「勝沼醸造」で学んだブドウ栽培と醸造の技術を生かし、ワインを醸造。2021年のワイナリーオープン後、ほどなく「ソーヴィニヨンブラン」が「IWSC2022」で世界一に輝いたことで一躍有名に。その後も、数々のワインが海外のコンクールで高い評価を得ている。

❶売店は土・日・祝のみ営業 ❷ワインの試飲（1種類400円、3種類1000円）ができる

Muscat Bailey A
Barrel Aged 2021
750ml・3700円

ワイナリー開業当初より造る看板商品のひとつ。マスカットベーリーAを、ブルゴーニュとボルドーの2タイプを仕込む。写真は2021年もの

地元・三次の風土を生かしたワイン造りを

2013（平成25）年からブドウ栽培とワイン造りを開始。すべての行程を手がけるのが代表・横町崇さん。現在は33種類のブドウを育てている

MAP 別冊P.14-A2

🏠 三次市四拾貫町1371
☎0824-55-6182 営
10:00〜16:00 休月〜金
CC ADJMV P あり 交
三次東ICから車ですぐ

まだまだ酒都広島のクラフトブーム③ 2023（令和5）年に広島駅南口にオープンした「グランゲート広島」にある
「HIROSHIMA KITA BEER THE BASE.」では広島市安佐北区亀山「広島北ビール」のビールを味わえる。

交通ガイド

鉄道 …………………………………………………… 098

路面電車 ………………………………………………… 100

船 ……………………………………………………… 102

バス ……………………………………………………… 104

レンタカー ……………………………………………… 106

瀬戸内しまなみ海道チャリンコジャーニー …………… 108

広島の交通 完全攻略ガイド

広島県は新幹線が通り、主要都市はJRで結ばれているため、大まかな移動は鉄道でできる。県全域では南は瀬戸内海、北は中国山地となり、交通手段も多彩だ。バスや船も多いので、地域や目的に合わせて移動方法を選ぼう。

鉄道

広島県の鉄道は、ほぼJR西日本だ。JR網は広いが幹線以外は便数が少なく、単線運行路線が多いので、運行状況は事前に必ずチェックしてほしい。人気の観光列車「etSETOra（エトセトラ）」が、呉線経由でJR広島駅〜JR尾道駅を運行している。

交通の大動脈
JR西日本
じぇいあーるにしにほん

山陽新幹線と山陽本線が広島県を横断し、主要都市はJR線がカバーしている。北部を走る路線は非電化の単線が多く、自然のなかをのどかに走る様子が旅の風情があり、観光客に人気だ。交通系ICカードは、ローカル線の駅ではほぼ使えないので注意。

山陽本線

広島県の南部をほぼ瀬戸内海に沿って東西に走行する幹線。全線直通列車はなく、県内では糸崎駅でほぼ折り返しとなり、ここで乗り換えとなる。瀬戸内海が見えることも多く、しまなみ海道の橋や宮島も車窓から見ることができる。

西日本を東西に貫くJR山陽本線だが、起点は大阪ではなく兵庫県の神戸駅で、終点は福岡県の門司駅だ

糸崎駅以来を運行する山吹色の115系

呉線

三原駅から山陽本線は内陸を走行し、呉線が瀬戸内海に沿って走る。呉駅を経由して海田市駅でまた山陽本線と合流し、広島駅まで乗り入れる。基本的に海沿いを走るため、多くの区間で風光明媚な瀬戸内海の景色を楽しめる。

瀬戸内海の多島美の眺望は特に、須波駅〜安芸幸崎駅間の人気が高い。忠海駅までは海辺を走行し、目の前に海が広がる

呉線、可部線、山陽本線を走る227系

可部線

横川駅からあき亀山駅までをつなぐ路線。広島市中心部から太田川右岸を北上し、北部のベッドタウンと市中心部を結ぶ都市近郊路線である。全長15.6kmの短い路線。すべての駅が「広島市内」となっている。

2003（平成15）年に可部駅以降が廃止されたが、2017（平成29）年に廃止区間の一部が再開業。その際にあき亀山駅などが新設された

県内路線の主力、通称「レッドウィング」

芸備線

中国山地西部の山間を走るローカル線のひとつ。広島県と岡山県の備中神代駅を結び、広島県内は東城駅が最東の駅。下深川駅の先で太田川の東岸を南下し、太田川を挟んで西岸を可部線が併走する。ICカードは、広島駅〜狩留家駅間のみ利用可。

矢賀駅そばに新幹線の引き込み線があり、タイミングが合えば、駅の間近をゆっくり移動する新幹線車両を見ることができる

1両で走行するワンマンカー

福塩線

福山駅から三次市の塩町駅までをつなぐ、全線単線ローカル線。福山駅〜府中駅は電化区間だが、府中駅〜塩町駅は非電化のため、必ず乗り換えとなる。ICカードが使えるのは、福山駅〜神辺駅の間のみなので注意。

福山駅からは福山城が見えるが、福塩線のホームからだと妨げられるが、目の前に天守と鉄櫓の姿を見ることができる

オレンジのボディカラーが美しい

木次線

島根県の宍道駅から庄原市の備後落合駅にいたる。広島県内は油木駅と合わせて2駅のみ。山陰山陽の連絡路線のひとつとして機能していた路線であるが、冬場は積雪で運休になることもあるので注意が必要だ。ICカード全線不可。

木次線は中国地方きっての山岳路線で、油木駅の隣の三井野原駅は、JR西日本で最も高い標高727mの位置にある

中国山地の豪雪地帯を走る

秋・冬の観光シーズンに合わせて、広島駅から備後庄原駅を結ぶ芸備線快速「庄原ライナー」が運行される。運行期間や発車時刻は毎年変わるので、詳細はJR西日本のホームページで確認しよう。

山陽新幹線

広島駅にはのぞみ、みずほをはじめ、すべての新幹線が停まる。在来線と同じ駅なので、乗り継ぎもスムーズだ。広島市内や宮島、呉エリアへ行くなら広島駅が、尾道や鞆の浦など県東部へ行くなら福山駅が便利。

のぞみ号のN700Sは全席コンセント付き

九州新幹線みずほも広島駅に乗り入れる

ピンクの車両のハローキティ新幹線が運行中。博多駅～新大阪駅を1日1往復。通常の新幹線きっぷで乗車可能

県東部の生活路線
井原鉄道
いばらてつどう

岡山県総社市の総社駅から広島県福山市の神辺駅にいたる井原鉄道。路線の大部分が高架で、高い位置から眼下に広がる田園風景などを楽しむことができる。また、運転席のすぐ横まで近づくことができ、迫力ある車窓を見られるのも特徴。全車両に車椅子スペースと、トイレ（和式／「夢やすらぎ号」のみ洋式）があるのも安心。

井原線

▶きっぷの買い方

駅員がいる場合は、乗る前にきっぷを購入。無人駅では、乗車時に車内の整理券を取る。降車のときは、車両前方の運賃箱へきっぷ、または現金と整理券を投入する。現金のみの取り扱いで、ICカードは利用できない。運賃は210円～。神辺駅～子守唄の里高屋駅までは360円。

▶車両への乗降方法

ドアは乗客がボタンを押して開ける。乗車時は、後方ドア近くの「開ける」ボタンを、降車時は前方ドア近くの「開ける」ボタンを押す。

橋や高架などが多いのも特徴

茜色の特別車両「夢やすらぎ号」も運行

木製でレトロな味わいの「夢やすらぎ号」

中区～安佐南区を結ぶ
アストラムライン
あすとらむらいん

本通駅から安佐南区の広域公園前駅までの18.4kmをつなぐ新交通システム。始点の本通駅からしばらく地下を走り、新白島駅停車後に地上に姿を現す。高架から眺める広島の町も興味深い。料金は190円～490円。きっぷ購入か、ICカードで改札を通る。日中はおよそ10分間隔の運行。

ゴムタイヤで走るので乗り心地がよい

車窓から広島の町が見渡せる

「アスト」「アトム」「アストラム」などと呼ばれる。名前の由来は、「明日」と「トラム（電車）」を組み合わせ、路線を意味する「ライン」を加えた。「明日に向かって走る電車」などの意味が込められている

★乗りこなしのワザ★

アストラムライン大町駅は、JR可部線との乗り換え駅だが、広島市内中心部からは少し離れている。2015（平成27）年に新白島駅が設置され、JR線との連絡が便利になった。アストラムラインには白島駅もあるので間違えないように。

ドームのような外観のアストラムライン新白島駅

plus

広島市街地の「本通駅」から広島市安佐南区大塚「広域公園前駅」をつなぐアストラムラインだが、「広域公園前駅」から「JR西広島駅」（広島市西区己斐本町1丁目）までの7.1kmを延伸する計画が進行中だ。

路面電車

広島市内をあちこち回るなら、欠かせないのが路面電車。主要観光スポットを網羅しているうえ、運行本数が多いのが魅力だ。2025年には新しいJR広島駅ビルが完成し、路面電車乗り場が2階にできる。（→P.72）

市街地移動に便利
ひろしまでんてつ（ひろでんでんしゃ）
広島電鉄（広電電車）

市民の足として広島市内を縦横に走る広電電車は、市街地を網羅しているうえ、市内一律料金で利用しやすい。運行間隔も、電停間の距離も短いので中心部の気軽な移動にピッタリ。1日乗車券などのフリーパスが便利だ。

☎ 0570-550700（ひろでんコールセンター、6:30〜21:00年中無休）🌐 www.hiroden.co.jp

宮島線を走るグリーンライナー

運賃箱
ICカードリーダー
支払いも両替も、この機械で
硬貨両替機
紙幣挿入口（両替・チャージ）

利用前に公式サイトなどで最新情報の確認をしよう！

★乗り降りの方法★

乗り方はバスに近い。きっぷはなく、降りるときに支払うのが基本だ。

降り方

降りたい電停が近づいたら「降車ボタン」を押す。車掌がいる電車はすべての電停に停まるため降車ボタンはない。出口扉は、運転士か車掌がいる扉だ。現金の場合は、運賃を直接運賃箱に入れる。おつりは出ないので、車内の両替機で両替をしておこう。ICカード利用の場合は、出口のICカードリーダーにタッチ。

※一部、ICカードでひとり利用に限り、すべての扉から降車できる車両もある

フリーパス

「電車一日乗車券（大人700円・小児350円）」と「一日乗車乗船券（大人1000円・小児550円）」がある。後者は、宮島航路（宮島松大汽船）も乗り放題で、宮島ロープウェーが割引料金に。宮島訪問税も含むので、別途支払い不要。バスの乗り放題も含む「広島たびパス」もある。（→P.104）

市内線 電車乗換券 広島港発

乗換券をもらえば、次の電車で支払い不要

1日券は自分で利用日を決められる

乗り換え

目的地に直通で行けない場合は、指定電停で乗り換えができる。あと戻りは不可。また、降りた電停から乗る必要がある。市内を観光するなら、どの電停でも乗り降り自由の1日乗車券がおすすめ。

乗り換え方法

現金の場合は、最初の電車で運賃を支払う際に「電車乗換券」をもらい、次の電車で「電車乗換券」を運賃箱に入れる。差額があれば支払う。ICカードの場合は、乗換時にICカードリーダーにタッチ（有効時間60分）。

料金

市内線は均一料金で、大人220円、小児110円。（⑨白島線は、大人160円、小児80円）。❷宮島線は区間運賃制だが、広島駅から宮島口までの最長区間でも270円だ。運賃は現金か交通系ICカードで、降車時に支払う。

路線の見方

路線は番号と色で表示される。同じ方向でも目的地が違ったり、経由が違ったりするので、よく確かめて。特に、広島駅から広島港（宇品）を結ぶ①号線と⑤号線は間違いやすいので注意して。

乗り方

入口扉から乗車する。現金利用の場合は、市内線ではそのまま乗車し、❷宮島線では整理券を取って乗ろう。ICカード利用の場合は、入口にあるICカードリーダーにタッチする。

★乗りこなしのワザ★

バスに比べて路面電車は通路が広い。床が電停と同じ高さの低床車両も定期的に走っていて、キャリーバッグなど大きな荷物を持っているときも安心だ。運行は電停の時刻表や公式サイトからも調べられる。

全路線で超低床バリアフリー車両が走行

★乗りこなしのワザ★

広島駅、横川駅、西広島駅はJRの駅と隣接。広電電車で市内観光をし、JRとサクッと移動するなど工夫次第だ。西広島から宮島口まではJRと併走するが、駅が連結しているのは、商工センター入口（JR新井口駅）と、広電五日市（JR五日市駅）。

電停の間隔が狭いうえ、信号でも止まるためスピードは遅い。早く移動するならバスが有利だが、市街地などの短距離移動には広電電車が便利。

バスも運行する広電だが、「ひろでん」というと路面電車を指すことが多い。「でんしゃ」「しでん」「ろでん」などとも呼ばれる。

広島電鉄では2024年9月から、スマートフォンアプリで乗り降りができる新しい交通決済サービス「MOBIRY DAYS」の導入が予定されている。詳細は公式サイト（🌐 www.mobirydays.jp）を確認。

広電電車 全路線案内

路線番号	運行区間	
1	**広島駅〜紙屋町東〜広島港(宇品)** 広島駅から市内中心地を東から西、北から南へぬけて広島港へ向かう、市内線では最も長い路線。終点までの所要時間は50分ほど。	原爆ドームやおりづるタワーの間近を走る
2	**広島駅〜紙屋町東・西〜広電宮島口** 一般道路を運行する市内線を30分少々走り西広島へ。以降、道路を離れ、JRと併走しながら宮島口へ行く、観光に人気の路線。	
3	**広電西広島〜紙屋町西〜広電本社前** 市内線西部から南部をつなぐ路線。宇品エリアへは、広電本社前電停で乗り換えを。電車が線路の切り替えで向きを変えるところを見られるかも。	
5	**広島駅〜比治山下〜広島港(宇品)** 広島市現代美術館やまんが図書館がある比治山公園へのアクセスにはコレ。公園入口の真ん前に電停がある。広島駅と広島港を結ぶ最短コース。	
6	**広島駅〜紙屋町東・西〜江波** 広島駅からレトロおしゃれな十日市・舟入エリアを通り、江波へと向かう。戦前の姿を残すモダンなデザインが美しい広島市江波山気象館へは終点下車。	いろいろな車両が一緒に走行
7	**横川駅〜紙屋町西〜広島港(宇品)** 広島港から原爆ドームやひろしまゲートパークへ乗り換えなしで行けるのは、路線バス・路面電車合わせても、この路線オンリー。	
8	**横川駅〜土橋〜江波** 江波と横川駅を南北に一直線でつなぐ、市内線220円区間では最も短い路線。乗り換えテクニックを駆使して、広島の町を上手に回ろう。	
9	**八丁堀〜白島** デパートや飲食店が並ぶ繁華街エリアから、縮景園や県立美術館があるカルチャーゾーンへ。この路線のみで運行している貴重な車両もある。	暮らしと路面電車は密接に関わる

広島の路面電車は走る電車博物館!?

他県から譲り受けたレトロな車両や、海外からの贈りもの、最新式のハイテク車両まで、新旧さまざまな車両が町を走っている。運行の時間帯が限られているものもあるので、珍しい車両に出合えたらラッキーだ。

姉妹都市のドイツ・ハノーヴァー市から広島市へ寄贈。12月にはクリスマス装飾する

元京都市電の電車。愛称は公募で決定した。屋根の両サイドの前照灯が印象的

電停もカッコいい!

昔ながらの味わいある電停も残っているが、より安全で快適な電停へと整備が進められている。広電本社前電停はモダンな造りで、エアコン付きの待合室も完備。

道路の中央に設置された、スタイリッシュなデザインの広電本社前電停

1971(昭和46)年に神戸市から譲り受け、選挙期間にはキャンペーン花電車として活躍

西日本鉄道から購入し、北九州市から来た。朝のラッシュ時に6号線、8号線で運行

1969(昭和44)年まで大阪市電で活躍。ベージュとエビ茶のツートンカラーとバンパーが特徴的

福岡市内を走っていた電車。1976(昭和51)年に移籍し、広電初の3両連接に改造して走行

船

広島県には大小さまざまな島があり、船は重要な交通手段だ。本土から、あるいは島間の航路もあるので、瀬戸内海ならではの旅を楽しんで。船便は運航が多様で、このページの航路がすべてではなく、減便や廃止も進んでいるので、事前に必ず確認を。

HOW TO 船旅

舟=フェリー　**客**=客船　**高**=高速船　※記載料金は始点から終点(最長区間)の大人料金

- 乗船前にきっぷを買って乗る方法が多いが、窓口や券売機がない小さな港や桟橋では船の乗務員に運賃を支払う。現金しか使えないこともあるので小銭を用意しておこう。
- 車での乗船は予約が必要な場合がある。事前に確認しておくと安心だ。
- フェリー便でも、途中の港では車の乗り降りができない場合があるので要注意。
- 自転車を積める客船もあるが、スペースに限りがあり載せられない場合も。 🚲マークは自転車の乗船可

▷宮島への航路

宮島口から船を利用するのが一般的だが、広島市内や呉からの船便もある。

広島〜宮島

❶ 広島港〜グランドプリンスホテル前桟橋〜宮島港(宮島桟橋) 高

瀬戸内シーライン
料2100円(宮島訪問税100円が別途必要)　**TEL**082-254-1701(予約優先)

席が残っていれば、当日先着順

呉〜宮島

❷ 呉港(中央桟橋)〜宮島港(宮島桟橋) 高

瀬戸内海汽船　**料**2200円(宮島訪問税100円が別途必要)　**TEL**082-253-1212(要予約)
※4〜11月の土・日・祝のみ運航

> **❸ ひろしま世界遺産航路** 高
>
> ふたつの世界遺産、原爆ドームと宮島をダイレクトにつなぐ45分の船旅。川と海から広島の町並みを眺める醍醐味に加え、移動手段としても最速だ。
> **料**2200円(宮島訪問税100円が別途必要)
> **TEL**082-240-5955(アクアネット広島※予約可)
>
> いつもと違う目線で風景を楽しめる

▷広島湾エリア(広島市・江田島市周辺)

江田島へは、倉橋島を経由して陸路で行くこともできるが、広島や呉からのアクセスなら船が便利。便数も多く日帰りも可能なので、上手に活用して。

広島〜似島・金輪島

❹ 広島港〜似島学園桟橋〜似島港 舟

似島汽船
料450円 🚲 ※宇品港の券売機で往復乗船券を購入

❺ 広島市営桟橋〜似島学園桟橋 客

バンカー・サプライ
料600円 ※発着は広島港ではないので注意

❻ 広島市営桟橋〜金輪島港 客

金輪島会
料230円 ※広島市営桟橋は広島港から東へ徒歩10分

広島〜江田島

❼ 広島港〜三高桟橋 舟

瀬戸内シーライン
料690円 🚲

❾ 広島港〜小用港 高

瀬戸内シーライン
料1080円

❽ 広島港〜高田・中町桟橋 高

瀬戸内シーライン
料980円　**i**2023(令和5)年に新造した「瀬戸ブルー」も航行(→P.193)

❿ 広島港〜切串西沖桟橋 舟

上村汽船
料470円 🚲

呉〜江田島

⓫ 呉港(中央桟橋)〜小用港 舟 高

瀬戸内シーライン
料フェリー450円 🚲・高速船650円

⓬ 呉ポートピアパーク(天応)〜切串港 舟

さくら海運
料340円 🚲　**i**切串港では桟橋窓口または巡回係員からきっぷを買う

江田島は港も航路も多い

> **小方港から阿多田島**
>
> 瀬戸内海屈指の釣り場、ハイキングも人気の大竹市の阿多田島(→P.179)へは、大竹市内の小方港からフェリーで35分で行ける。帰りのフェリーに乗り遅れないように注意。

広島港の南東1kmの広島湾に浮かぶ金輪島(かなわじま)。戦前には旧陸軍運輸部の工場が置かれていた。島内にはグランピング施設がある。同じ広島市南区内にあり連絡船で行けるもうひとつの島が似島(→P.139)。

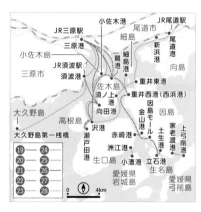

安芸灘とびしまエリア
（呉市・東広島市・竹原市周辺）

大崎上島は安芸灘で最も大きい島だが、船でしか行けない離島だ。西隣の大崎下島へも航路があり御手洗地区へ島からもアクセスできる。

忠海～大久野島

⑬ 忠海港～大久野島第二桟橋～盛港 **車**

大三島フェリー
料 370円（大久野島までは360円）**自** 大久野島は原則車両禁止

⑭ 忠海港～大久野島第二桟橋 **客**

休暇村協会
料 360円 **自** 朝夕便の一部は、第一桟橋（島の南側）発着

竹原～大崎上島・呉市御手洗地区

⑮ 竹原港～垂水港・白水港 **車**

山陽商船、大崎汽船
料 360円 **自転車**

大長航路は高速船のみ

⑯ 竹原港～めばる港・一貫目港・天満港・沖浦港・明石港・御手洗港～大長港 **高**

しまなみ海運
料 1510円 **自** 待合所の窓口または券売機で、きっぷを購入する

安芸津～大崎上島

⑰ 安芸津港～大西港 **車**

安芸津フェリー
料 390円 **自転車**

島と島をむすぶ

⑱ 明石港～小長港 **車**

しまなみ海運
料 370円 **自転車**

鞆の浦から仙酔島
福山市鞆の浦からは、仙酔島への「平成いろは丸」（→P.264）や、尾道とつなぐ期間限定航路（瀬戸内クルージング）が発着する。乗船場がふたつあるが、徒歩5分ほどで移動できる。

しまなみエリア（三原市・尾道市周辺）

島が密集するしまなみエリアは、生活航路や観光航路、産業航路などがあり、乗船時間わずか数分の航路も。瀬戸内ならではの船旅を見つけてみよう。

三原～佐木島・小佐木島・因島

⑲ 須波港～向田港～沢港 **車**

弓場汽船
料 620円 **自転車** **自** 須波港に無料駐車場あり

⑳ 三原港～沢港・（鷺港）～瀬戸田港 **客**

弓場汽船
料 920円 **自転車** **自** 鷺港（佐木島）寄港は、三原港行き1便のみ

㉑ 三原港～小佐木島・向田港・沢港～瀬戸田港 **高**

マルト汽船
料 920円 **自転車** **自** 小佐木港、向田港から乗船の際は、船内で係員に運賃を支払う

㉒ 三原港～鷺港・重井西港（西浜港）・因島モール・立石港～土生港 **高**

土生商船
料 1500円 **自** 待合所に券売機があるが、利用時間外は船で支払う

㉓ 三原港～須波港～大久野島第一桟橋 **客**

弓場汽船
料 1600円 **自** 土・日・祝、GW、盆期間のみ運航

尾道～因島・瀬戸田

㉔ 尾道港～新浜港・重井東港・須ノ上港・沢港～瀬戸田港 **客**

瀬戸内クルージング
料 1300円 **自** きっぷは船内で買う。原付自転車も乗船可（700円）

島と島をむすぶ

㉕ 細島港～重井西港（西浜港）**車**

尾道市
料 150円 **自転車**

㉖ 金山港～赤崎港 **車**

三光汽船
料 80円 **自転車** **自** 年末年始、土・日・祝は運休

㉗ 洲江港～小漕港 **車**

三光汽船
料 150円 **自** 年末年始は運休

㉘ 家老渡港～上弓削港 **車**

家老渡フェリー汽船
料 100円 **自** 乗船券は船内で購入

❶ 土生航路は、本土と3つの島をつなぐ **②**三原から大久野島へは片道40分

---

plus 尾道港と鞆の浦を結ぶ、瀬戸内クルージングの「尾道～鞆の浦航路」は、道中で瀬戸内海の美しい景色を満喫できるのが魅力。全長832mの内海大橋や阿伏兎観音（→P.262）を海の上から眺めることができる。

バス

鉄道から離れたエリアや地方の観光地を訪ねるときは、バスが便利だ。広島市には中国地方最大規模のバスターミナル、広島バスセンターがあり県内外の高速バスや郊外バスの拠点となっている。中心市街地にあり利便性が高い。

県内外に向かうバスが集結
ひろしまばすせんたー
広島バスセンター
MAP 別冊P.19-C2

広島バスセンターは、そごう広島店と同じ建物の3階にあり、地下街シャレオとも直結。県外長距離バス、県内高速バス、広島市郊外バスなど、約30社のバスが発着するハブターミナルだ。路面電車やアストラムラインへも、地下街を通ってスムーズに連絡できる。

紙屋町交差点にあり、建物東側エスカレーターでコンコースに直結

総合案内所では、バスの案内だけでなく、観光案内にも対応

途切れることなくバスが発着する全国有数のバスターミナル

待ち時間に便利なフードコート「バスマチフードホール」（→P.123）

県内高速バス

県内各エリアへ高速バスが運行。基本的に乗車・降車ともに前方の扉からだが、行き先や車両によって支払いのタイミング（乗車時支払いまたは降車時支払い）には違いがあるので、不安なら事前に確認しよう。

▶クレアライン
広島〜呉・阿賀方面
広電バス、JRバス

▶三次・庄原・東城方面バス
広島〜千代田・三次・庄原・東城方面
備北交通、広電バス

▶ローズライナー
広島〜福山方面
広交バス、中国バス、鞆鉄バス

▶ピースライナー
広島〜甲山・上下・甲奴方面
広交バス、中国バス

▶フラワーライナー
広島〜因島・向島・尾道方面
広交バス、中国バス、本四バス、因の島バス

▶リードライナー
広島〜みつぎ・びんご府中方面
広交バス、中国バス

▶かぐや姫号
広島〜竹原・忠海方面
芸陽バス

★乗り合いバスの利用方法★

行き先
同じエリアを複数のバス会社が運行しているが、共通の路線番号でどの方面行きかが大まかにわかる。

乗り方
「後ろ乗り・前降り・降車時支払い」が基本。後ろドアから乗って、現金の場合は整理券を取り、ICカードの場合はカードリーダーにタッチする。支払いは、降車時に運転士横の運賃箱に現金を入れる、またはカードリーダーにタッチして、前のドアから降りる。

郊外バス路線

▶40番台
東部方面行き
（海田・瀬野・熊野方面）
広電バス、芸陽バス

▶60番台
北西部方面行き
（西風新都方面）
広電バス

▶50番台、25、28（51を除く）
西部方面行き（五日市・廿日市方面）
広電バス

▶70〜80番台
北部方面行き（祇園・可部方面）
広電バス、広交バス

▶29、30番台
北東部方面行き（高陽・小河原方面）
広交バス、広島バス、JRバス

市街地バス路線

▶1〜20番台、31、51
南部方面行き（西広島・観音・江波・宇品・仁保・向洋方面）
広電バス、広島バス、ボンバス

❶郊外を運行するJRバスの車両 ❷最も多くの路線をカバーする広電バス

広島たびパス

広島市を中心に、路面電車、路線バス、宮島航路が乗り降り自由になる便利なフリーパス。紙乗車券とデジタルチケットがあり、1dayパス1000円、2dayパス1500円、3dayパス2000円。宮島訪問税は別途必要。

広島たびパス1dayの紙乗車券

〈利用範囲〉
●広島電車（市内線・宮島線）
●宮島航路（宮島松大汽船、JR西日本宮島フェリー）
●広電バス、広島バス、広交バス、芸陽バス、JRバス（めいぷる〜ぷを含む）、ボンバス

広島市内・宮島・呉・竹原・三原・三次・庄原・東広島・岩国エリアも含めた「ミドルエリア」も。一部高速バスも2回限定で乗車可能。3dayパス4500円

広島バスセンターのおみやげもの売り場で買える「パティスリーアルファ」の焼きモンブランが大好き。栗が丸ごと入ったケーキがパリパリした皮に包まれていてとてもおいしいですよ。（ノンストップマチ子）

◆ バ ス

JRを利用するなら圧倒的便利
広島駅 バス乗り場（南口・北口）
ひろしまえき ばすのりば（みなみぐち・きたぐち）
`MAP` 別冊P.20-B2（広島駅）

市内中心部を走行するバスの多くは、広島駅を経由する。南口のバス乗り場がメインだが、広島空港行きなど一部は北口（新幹線口）に停まるので、注意が必要だ。路線番号は左ページを参照。

▶ エキまちループ（南口発着）
駅と市内中心部をつなぐ循環バス。左回り101と、右回り102があり、広島駅から繁華街をくるりと囲むように走行する。バス便が少ない平和大通りを通るのも特徴だ。平日は10分おきに運行。

❶ロゴマークがついているのでわかりやすい ❷広電バスと広島バスが運行する

▶ ひろしまめいぷる～ぷ（北口発着）
広島市内のおもな観光地や美術館を回るループバス。効率よく観光地を回りたい人には最適。循環バスだが、広島駅でいったん降車しなければいけないので注意が必要だ。無料公衆無線LAN「HIROSHIMA FREE Wi-Fi」完備。

3コースあり、すべて原爆ドームと平和記念公園を経由する

料金
1乗車220円。1日乗車券が便利でお得。乗車時に車内で購入を（料金はサイトを参照）。

乗り方
前のドアから乗車し、運賃を運賃箱へ。降車時は、降車ボタンを押し、後ろドアから降りる。

空の玄関から県内各地へ
広島空港 バス乗り場
ひろしまくうこう ばすのりば
`MAP` 別冊P.10-A2（広島空港）

飛行機利用なら、広島空港からバスに乗ろう。県内の主要エリアへ高速バスが運行している。空港からJR山陽本線にアクセスしたい場合は、JR白市駅へ連絡バスで約15分だ。

県内各地をむすぶリムジンバスや乗り合いジャンボタクシー、連絡バスなどがある。

▶ リムジンバス

空港～広島バスセンター	55分	1450円
空港～JR広島駅	45～50分	1450円
空港～JR福山駅	65分	1400円
空港～JR三原駅	40分	840円
空港～JR呉駅前	60分	1450円
空港～JR西条駅	25分	660円

▶ 連絡バス
空港～JR白市駅　15分　400円

▶ 乗り合いジャンボタクシー
空港～竹原港　30分　1500円
空港～宮島口　60分　4000円
（予約制）

❶バス乗り場は、広島空港の国内線到着ロビーを出てすぐ ❷リムジンバスなどが発着する

県東部の交通の要
福山駅前バス乗り場
ふくやまえきまえばすのりば
`MAP` 別冊P.36-B2（福山駅）

JR福山駅南口にあるバスターミナル。路線バスやまわローズ（中心部循環路線）など県内外の高速バスも乗り入れる。

高速バスや路線バス方面、まわローズが発着

県内・近郊高速バス

▶ ローズライナー
福山～広島方面
広交バス、中国バス、鞆鉄バス

▶ シトラスライナー
福山～因島・土生方面
中国バス、本四バス、因の島バス

▶ しまなみライナー
福山～今治方面
中国バス、鞆鉄バス、せとうちバス、しまなみバス

路線バス
行き先の方向によって、各社共通の路線番号がついている。福山駅前バス乗り場などのターミナルから郊外へ向かうときは2桁。逆方向は1桁の番号なので、覚えておくと便利だ。

◆ 福山駅前バス乗り場から出発するおもな路線バス

▶ 11番　府中線
福山駅前～山守～目崎車庫
中国バス

▶ 23番　春日線
福山駅前～市民病院～伊勢丘三丁目
井笠バス

▶ 65番　新川線
福山駅前～洗谷～常石
鞆鉄バス

▶ 21番　鋼管病院線
福山駅前～手城堂～鋼管病院
中国バス

▶ 41番　川口線
福山駅前～医療センター・川口～卸町
中国バス

広島県内のおもな路線バス
●広島電鉄（広電バス）`URL` www.hiroden.co.jp/bus ●広島バス `URL` www.hirobus.co.jp ●広島交通（広交バス）`URL` www.hiroko-group.co.jp/kotsu ●中国ジェイアールバス（JRバス）`URL` www.chugoku-jrbus.co.jp ●HD西広島（ボンバス）`URL` www.bonbus.co.jp ●中国バス `URL` www.chugokubus.co.jp ●鞆鉄道（鞆鉄バス）`URL` www.tomotetsu.co.jp ●本四バス開発 `URL` www.honshi-bus-kaihatsu.com ●芸陽バス `URL` www.geiyo.co.jp ●備北交通 `URL` bihoku.co.jp ●瀬戸内運輸（せとうちバス）`URL` www.setouchibus.co.jp ●瀬戸内しまなみリーディング（しまなみバス）`URL` s-leading. co.jp/bus ●井笠バスカンパニー（井笠バス）`URL` www.ikasabusco.jp ●因の島バス `URL` asahitaxi.jp/innoshima-bus

---

plus
ⓘ 2023（令和5）年12月から広島空港に新バス路線が。羽田空港から宮島口まで最短3時間以内で着ける「宮島口空港線」と、県西部から広島空港への移動が楽になった「アルパーク・ジ アウトレット広島空港線」の2路線。

レンタカー

主要市街地の周辺は公共交通機関が発達しているものの、海・山・島など広範囲に観光スポットがまたがる広島県で効率的に動くなら、車での移動がやはり便利だ。市街地の駅周辺や広島空港にある、最寄りのレンタカーを利用すれば旅がより快適に。

おもなレンタカー会社

保有台数トップクラス！ アプリで楽々予約
とよたれんたかー
トヨタレンタカー

広島新幹線口店は広島駅北口から東へ徒歩3分

広島新幹線口や広島空港、そのほか県内で14店舗営業する大手レンタカー会社。トップクラスの保有台数から好みの車種を選べる。予約方法はインターネットや電話、出発店舗から直接もOK。公式アプリなら簡単にレンタカーの予約・利用ができるだけではなくマイルも貯まる。旅行中に役立つ観光情報も満載！

☎0800-7000-111（予約センター、受付時間8:00～20:00）　料乗用車 C1クラス24時間8580円～（以降24時間ごとに7260円、超過料金1320円/時）、保険・補償制度「トヨタレンタカー安心Wプラン」24時間1650円（1、2ナンバー車は2750円）　URL rent.toyota.co.jp

先進技術を搭載した車でドライブ
にっさんれんたかー
日産レンタカー

広島新幹線駅前店は広島駅北口から徒歩8分

広島県内で6店舗営業。軽自動車からSUVや高級車まで、日産の先進技術を搭載した車をレンタルして、安心して広島観光を楽しめる。アプリやウェブから予約するとセルフチェックインが可能で、当日の手続きをスキップしてスムーズに出発することができる（店舗によってセルフチェックイン不可の場合あり）。

☎0120-00-4123（予約センター、営業時間8:00～20:00）　料P0タイプ24時間8800円～（以降24時間ごとに7260円、超過料金1430円/時）、保険・補償制度「フルサポートプラン」24時間2200円～ほか　URL nissan-rentacar.com

---

\おすすめ/
★広島県内の高速サービスエリア

宮島を見下ろせる最高のロケーション！
宮島サービスエリア 下り

MAP 別冊P.25-C1
営24時間（コーナーにより異なる）　P大型72台、小型120台

施設内はベビーコーナーも完備

世界遺産に登録されている宮島を敷地内から見ることができる、人気のサービスエリア。レストラン「磯もみじ」では、カキやアナゴなど広島県名物のグルメを味わえる。さらに、本格的な道具を販売するアウトドアショップはキャンパーにも評判。24時間営業のショッピングコーナーもあり、ドライブ途中の休憩におすすめ。

割引プランを利用してお得に観光
にっぽんれんたかー
ニッポンレンタカー

広島新幹線口営業所は広島駅北口から徒歩2分

　県内11店舗。豊富な車種からシーンに合った車を選べる。早割プランなど割引プランが充実。ニッポンレンタカーアプリ（個人専用アプリ）なら、店舗・日時・車両タイプを簡単に検索、予約情報を条件登録できる「おきまり予約機能」や、説明事項の事前確認で出発手続きを短縮、アプリ限定のクーポンも。チャイルドシートなどのオプションもあり。

☎0800-500-0919（国内予約センター、受付時間8:00〜20:00）　💴K-Aクラス24時間7590円〜（以降24時間ごとに6380円、超過料金1210円/時）、補償制度「車両・対物事故免責額補償制度（CDW）」24時間1100円〜（車両クラスにより異なる）　🔗www.nipponrentacar.co.jp

充実の保険保障サービスで安心
おりっくすれんたかー
オリックスレンタカー

広島駅新幹線口店は広島駅北口から徒歩2分

　豊富な車種ラインアップから、業界トップクラスの保険保障サービスを用意。出発店舗と異なる店舗に返却ができる、便利な「ワンウェイサービス（乗り捨てサービス）」も（店舗により利用不可の場合あり）。ウェブ予約なら、基本料金から10%引きでお得。広島県内で14店舗営業しているので、近くの店舗でレンタルしよう。

☎0120-30-5543（予約センター、受付時間8:00〜20:00、土・日・祝〜17:00）　💴軽自動車KSSクラス24時間8250円（以降24時間ごとに6160円、超過料金1320円/時）、保険・補償制度「免責補償制度」24時間1100円「レンタカー安心パック」24時間660円（車両クラスにより異なる）　🔗car.orix.co.jp

県内は広島市内を中心に店舗を展開
たいむずかーれんたる
タイムズカーレンタル

広島新幹線口店は広島駅北口から徒歩3分

　広島県内では広島市内を中心に15店舗展開しており、車種も豊富にラインアップ。入会金・年会費無料のタイムズクラブ会員ならウェブ予約で基本料金が最大20%オフに。さらに、レンタカーの出発・返却手続きがカード1枚で完了できる「ピッとGo」も便利。全国各地でお得なキャンペーンを実施しているので、詳しくはホームページをチェックして。

☎082-261-2560（タイムズカー広島新幹線口店、受付時間8:00〜19:00）※予約は利用店舗へ直接予約を　💴C-1クラス（コンパクトカー）24時間7700円（以降24時間ごとに6600円、超過料金880円/時）、保険・補償制度「安心補償コース（免責補償料、NOC無料込み）」24時間2200円〜　🔗rental.timescar.jp

---

\ おすすめ /
★広島県内の高速サービスエリア

シーズンには
美しいばらが咲き誇る
福山サービスエリア 上り

敷地内にはドッグランもある

MAP 別冊P.11-D1
☎24時間（コーナーにより異なる）
Ｐ大型80台、小型108台、兼用12台

　敷地内にばら園があり、シーズン中は約800本のばらが咲き誇り多くの人が訪れる。上り線限定の「薔薇ペア」はおみやげにも人気。SNS映えするアイスやドーナツ、そのほかおいしいグルメも満載。さらに、オムツ交換台や授乳ができるベビールームや、子供が遊べるキッズスペースがあるので親子で楽しむことができる。

「安芸灘とびしま海道」エリア内にある指定施設を合計1000円以上利用すると、安芸灘大橋の回数通行券と交換できる（安芸灘大橋を現金で利用の場合のみ）。帰りの通行料がお得に！（呉市在住・N）

約70kmの爽快海峡横断サイクリングロード

瀬戸内しまなみ海道
チャリンコジャーニー

全長約70km
所要時間
4～10時間

広島県尾道市と愛媛県今治市を結ぶ高速道路「瀬戸内しまなみ海道」に併設されたサイクリングロード。瀬戸内の多島美を体感しようと国内外からサイクリング愛好者が訪れる。初級者から上級者まで多様なコース設定も可。さあ自転車旅に出かけよう!

Point!

原付き・自転車・歩行者が渡れる道路がある。自動車専用道路のICとは別の箇所にあるので要注意。

尾道市
三原市
山陽新幹線
山陽本線
三原駅
新尾道駅
尾道駅
尾道港
(駅前港湾駐車場)
尾道市民センターむかいしま

尾道⇔向島はフェリーで

岩子島
向島IC
向島

呉線
大浜PA・因島北IC
因島大橋

高根島
瀬戸田町観光案内所
因島
因島南IC
土生港(尾道市営中央駐車場)

生口島
生口島北IC

瀬戸田サンセットビーチ
生口橋
上浦レンタサイクル
(道の駅 多々羅しまなみ公園)
生口島南IC

Point!

レンタサイクルターミナルが点在。すべての場所で、貸出・返却が可能なので乗り捨てもOK(一部自転車を除く)。最新情報はshimanami-cycle.or.jpで。

大三島
大三島IC
多々羅大橋

大三島橋
伯方島
伯方レンタサイクル
(道の駅伯方S・Cパーク)
伯方島IC
伯方・大島大橋

大島
大島北IC
西瀬戸自動車道
大島南IC

来島海峡大橋
馬島

Point!

今治北IC
予讃線
吉海レンタサイクル
(道の駅よしうみいきいき館)
中央レンタサイクル
(サンライズ糸山)
今治駅前レンタサイクル
(i.i.imabari! Cycle Station)
今治市
今治IC
今治駅

毎年4月に開催、しまなみ海道に沿って駆けるサイクリングイベント「グラン・ツール・せとうち」。多彩なコース設定で家族連れから熟練者まで楽しめる。www.htv.jp/grandtour

0   5km

plus 「サイクリストの聖地」と呼ばれるしまなみ海道。2014(平成26)年にはアメリカのCNNで「世界7大サイクリングルート」のひとつとして紹介された。国指定の「ナショナルサイクルルート」でもあり、世界中から自転車愛好家たちが集まる。

目指すは6つの橋の完全走破!!

向島からスタート

尾道港⇔向島はフェリーで移動

尾道駅近くにある向島行渡船乗り場から向島へ。始発から最終まで12分間隔で往復運航しているため、待ち時間も少ない。

自転車を持ったまま乗船できる

渡船(とせん)は3社ある

隣接する大浜PAまで自転車でも歩いても行ける

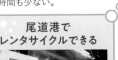

尾道港でレンタサイクルできる

「尾道駅」から徒歩5分の場所にある、尾道港レンタサイクル

MAP 別冊P.32-A3

住 尾道市東御所町地先 **TEL** 予約・問い合わせ 0848-22-3911(しまなみレンタサイクル) **営** 3〜11月7:00〜19:00、12〜2月8:00〜18:00 **休** なし

向島と因島を結ぶ橋 約1時間の海上散歩

因島大橋
(いんのしまおおはし)

2層構造になっていて、下の部分は徒歩や自転車などで通行可能。この橋を造るための技術は、それ以降の長大橋建設に大きな影響を与えた。

中央支間長770m! 完成時には日本一の長さだった

道すがら寄り道するもよし!

風を切って因島を駆ける

因島アメニティ公園の恐竜オブジェ

高見山展望台から見る因島重井町方面

しまなみビーチ

秋の因島水軍城

全長790m

八朔の島からレモンの島へ!

生口橋
(いくちばし)

八朔で有名な「因島」とレモンの一大産地「生口島」を結ぶ、スタイリッシュな斜張橋。支柱から陸上側が重いコンクリート桁、支柱より海側が軽い鋼桁とふたつの材料を使い分けているのが特徴。

1991(平成3)年に土木学会田中賞(作品部門)を受賞

生口島内には橋を近くで望めるサイクリングロードがある

 船で島へ渡り一部を自転車という選択肢も。尾道〜生口島・瀬戸田を土・日運航する「サイクルシップラズリ」は自転車積載台数約50台、自転車整備工具の貸し出しやバリアフリーなどサイクリストに優しい船。平日は「シトラス」乗船が便利。

生口島は
アミューズメント島

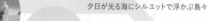

夕日が光る海にシルエットで浮かぶ島々

訪れたい
見どころ満載

耕三寺
未来心の丘

生口島と高根
島に架かる高
根大橋

県境で写真撮
影を楽しむサイク
リストも多い

広島県から愛媛県へ
鳴き竜の体験も
多々羅大橋
たたらおおはし

広島と愛媛の県境に
かかる斜張橋。計画当
初はつり橋で造られる
予定だったが、瀬戸内
国立公園に造ることか
ら、景観を壊さない斜
張橋が選ばれた。年に
数回塔頂体験も実施。

多々羅大橋と記念碑
をバックに記念撮影を

生口島「レモン谷」
からの眺め

主塔の真下では手をたたくと
パーンと空に向かって反響す
る「鳴き竜」が体験できる

瀬戸内を一望できるサイクリストの聖地
みちのえき たたらしまなみこうえん
道の駅 多々羅しまなみ公園

多々羅大橋をはじめ瀬戸内
の景色を一望できる。公園内
には「サイクリストの聖地」の
記念碑があり、県内外から多
くのサイクリストが訪れる。
住 愛媛県今治市上浦町井口9180-2
TEL 0897-87-3866 営 9:00〜17:00
(1〜3月は10:00〜16:00)
休 1/1〜3/15の木

❶レストランで
人気の「水軍
海賊丼」 ❷大
三島の特産品
が大集合

1979年に開通
おおみしまばし
大三島橋

大三島と伯方
島を結ぶ、全長
320mのアーチ
橋。鼻栗瀬戸の
海峡の上にある。

しまなみ海道の橋では唯一
のアーチ型

世界初の3連つり橋
くるしまかいきょうおおはし
来島海峡大橋

四国と愛媛県大島とを隔てる
来島海峡に架かる。全長は約
4.1kmにも及ぶ、雄大さをぜひ。

今治市内へ〜
6橋制覇!

挑戦は
計画的に

伯方橋は箱桁橋、大島大橋はつり橋

異なる形状の橋が1本に
はかた・おおしまおおはし
伯方・大島大橋

伯方島と見近島とを結ぶ
「伯方橋」と、見近島と大島を
結ぶ「大島大橋」との総称。

潮流は最大10ノット! 潮流体験も実施

plus
来島海峡大橋では期間限定で塔頂体験ツアーが実施されることも。高さ約184mの塔頂からの瀬戸内海や、行き交う
船、しまなみの島々といった大パノラマはここでしかできない体験だ。

第2章

エリアガイド

広島市・安芸郡エリア ……………………………………… 112

戦後の屋台がルーツのお好み焼きの殿堂
新天地 お好み村へ ……………………………………………… 132

プロオーケストラのある町・広島市
広島交響楽団を聴きたい♪ …………………………………… 133

宮島・廿日市・大竹エリア …………………………………… 156

呉・江田島エリア ……………………………………………… 180

戦艦「大和」を生んだ旧海軍の港町
日本遺産でたどる呉の物語 …………………………………… 190

ここでしか味わえない江田島名物グルメをいただきます! …… 197

東広島・竹原・大崎上島エリア ……………………………… 198

日本三大酒どころ・西条の7の酒蔵を巡る ………………… 207

三原・尾道エリア ……………………………………………… 222

この味を知らないなんて人生の8割損してる!　三原のタコ …… 231

ノスタルジックな港町　尾道で楽しみたいグルメ ………… 238

古刹を歩いて回って満願成就　尾道七佛巡り♪ …………… 242

しまなみを食べて楽しもう　柑橘スイーツ三昧 ………… 250

福山・府中エリア ……………………………………………… 252

潮待ちの港町を一日のんびり旅しよう
癒やしの時を求めて鞆の浦へ ………………………………… 264

福山藩主をも虜にした400年受け継がれる至高の味
府中に味噌あり …………………………………………………… 273

安芸高田・安芸太田・北広島エリア ………………………… 274

冬遊びはここに決まり!　芸北ゲレンデ4選 ……………… 287

三次・庄原・神石高原・世羅エリア ………………………… 294

モオォオ!たまらん!　備北で牛道楽～比婆牛&チーズ～ …… 310

世羅高原の四季を味わおう♪　花スポット&果物狩り ……… 316

広島市・安芸郡エリア

県西部に位置する県庁所在地の広島市は、全国で10番目に政令指定都市となった。8つの区から構成され（→P.114）、1985（昭和60）年の佐伯郡五日市町との合併で人口は100万人超、2024（令和6）年2月現在は117万人を超える。中四国地方で最大の人口を誇る。広島市に隣接する安芸郡は、府中町・海田町・坂町・熊野町という、各エリア特色あふれる4つの町からなり、ベッドタウンとして広島市との関りも深い。

1 主要な都市機能が集まる県の玄関口であり中心地

広島市中心部

▶ P.116 MAP 別冊P.18-21

官公庁施設、JRの主要駅やバスターミナルなどが集中する、商業と文化の中心地。平和記念公園（→P.120）や原爆ドーム（→P.331）など、原爆の惨禍を伝える遺構や施設も多く残る。

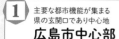

市街地中心部を流れる元安川は、原爆ドームの真横を流れる

「鯉城」の別名をもつ広島城（→P.118）

2 港町、住宅街、山間地まで区ごとに見せる多様性

広島市郊外

▶ P.134 MAP 別冊P.16-17、25

広島湾に面した南側は工業地帯や港町が発展し、北側には閑静な住宅街が広がる。自然に触れられる施設や公園が豊富で、近年は郊外型の大型商業施設も進出している。

海の玄関口の役割を果たす、広島港宇品旅客ターミナル

安芸太田町

戸河内IC

中国自動車道

安佐動物公園（→P.141）

広島市 安佐南区

広島西風新都IC

広島市 佐伯区

広島JCT

五日市IC

広島高速4号線（西風新都線）

西広島駅

新井口駅

広島市 西区

廿日市市

廿日市JCT

五日市駅

廿日市駅

宮島口駅

大野IC

厳島神社

宮島

弥山

大竹市

仁保ジャンクションの夜景

秋の縮景園（→P.118）

このエリアでしんたい **5**

① 原爆の惨事を学び、平和への誓いを立てる ▶P.328
② スポーツ王国広島の熱戦をスタジアム観戦 ▶P.44
③ 広島お好み焼きの過密地帯、お好み村へGO! ▶P.132
④ 日進月歩のJR広島駅ビルの"今"に触れる ▶P.72
⑤ 世界が惚れる「筆」を生む、熊野町へ行こう ▶P.152

広島県は人口あたりのお好み焼き店舗数が日本一

🚗 Access INFO

主要IC

▶ 広島自動車道…広島北IC
▶ 広島呉道路……坂北IC、坂南IC
▶ 山陽自動車道…広島東IC、広島IC、五日市IC、志和IC

広島市へは広島ICから国道54号を南へ。府中町へは広島東ICから広島高速1号線を南下。海田町へは広島高速2号線の東雲出入口から東へ。坂町へは坂北ICから国道31号ですぐ。熊野町へは安芸区矢野から広島熊野道路を利用するか、もしくは志和ICから国道2号・県道174号線でアクセス。

北広島町
安芸高田市
広島北JCT
広島市 安佐北区
広島北IC
井原市駅
志和口駅
上三田駅
あき亀山駅
中三田駅
可部駅
中深川駅
白木山駅
上深川駅
狩留家駅
東広島市
広島IC
安芸矢口駅
志和IC
山陽自動車道
戸坂駅
1 広島駅
広島市 東区
広島東IC
広島市 安芸区
瀬野駅
山陽本線
八本松駅
3 府中町
広島市 中区
中野東駅
安芸中野駅
海田市駅
山陽新幹線
海田町
広島市 南区
矢野駅
4 熊野町
広島市 安芸区
坂駅
水尻駅
坂町
呉市
小屋浦駅
呉ボートピア駅
天応駅
広島呉道路
東広島呉自動車道
田島市

田川

---

3 自然の美と都市の利便性を併せもつ住みやすい町
府中町
▶P.144　MAP 別冊P.22

広島市に囲まれた安芸郡の飛び地という特徴のある町。豊かな自然がある一方、大型商業施設もあり、各所で実施される"住みやすさランキング"では上位に入ることも多い。マツダの本社があり関連産業も盛ん。

イオンモール広島府中の最寄り駅、JR山陽本線の天神川駅

4 歴史と自然と独自の文化 訪れるたび奥深い3つの町
海田町・坂町・熊野町
▶P.148　MAP 別冊P.22-23

海田町は歴史が深く、坂町は美しい海辺、熊野町は筆作り……それぞれに特徴がある。3つの町いずれも交通の便がよく、広島市中心部から気軽に日帰りで遊びに行けるのも魅力。

海田町、日浦山からの眺望

ベイサイドビーチ坂（→P.151）の夕景

熊野町の名産・熊野筆

エリアごとに魅力が色とりどり
広島市を形づくる 8つの区 を紹介

1889（明治22）年4月1日に誕生、その後隣接町村との合併を経て、現在は8つの区からなり立つ広島市の、区ごとの特長をクローズアップ！

▶ 1980年4月1日設置　　　　　　人口　13万6312人

行政、文化、経済活動の中枢部
中区
なかく

　市制施行時からの中心地区で、中国地方における中心業務地区として機能する。紙屋町・八丁堀地区は、デパート、地下街といった商業施設や官公庁、銀行、企業などが集積。隣接する流川・薬研堀地区は、中四国地方最大の歓楽街として有名だ。こうした多様な都市活動を、バスセンター、市内電車、アストラムラインが支えている。また、「平和記念公園」（→P.120）や「平和大通り」などを有し、国際平和文化都市として個性のある都市景観を形成している。

広島市役所前交差点から広島城南交差点までを結ぶ「鯉城通り」

▶ 1980年4月1日設置　　　　　　人口　11万7840人

エキキタ地区や文化遺産に注目
東区
ひがしく

　陸の玄関口である広島駅に隣接し、広島駅北側を中心にJR関連企業や地場食品メーカーなどが集まるエリア。近年は、再開発が進む二葉の里周辺地区を「エキキタ」と呼び、持続的ににぎわいが生まれる町づくりを目指している。山陽自動車道広島東ICがある北東部には、「広島市森林公園」（→P.138）や「広島県緑化センター」（→P.138）などがあり、自然資源も豊富。牛田新町〜矢賀一里塚までの間には国宝「不動院金堂」（→P.138）をはじめ多くの文化遺産が残る。

広島市内に現存する唯一の国宝「不動院金堂」

▶ 1980年4月1日設置　　　　　　人口　14万984人

陸と海、ふたつの玄関をもつ
南区
みなみく

　北部には陸の玄関口・広島駅、南部には海の玄関口・広島港を有する。広島東洋カープの本拠地「MAZDA Zoom-Zoom スタジアム広島」（→P.44）も南区にあり、県内外から多くの観光客が訪れる人気エリア。広島港がある宇品・出島地区は、海上交通や国際交流、物流拠点としての役割を担っている。また、「安芸小富士」と呼ばれる広島市最大の島・似島（→P.139）では、登山、ハイキング、釣りなどのレジャーが楽しめる。

広島港の東に位置する「元宇品」。原生林が残る自然豊かな場所だ

▶ 1980年4月1日設置　　　　　　人口　18万5799人

自然と商業が融合したエリア
西区
にしく

　西区は、宗箇山（三滝山）から鈴ヶ峰周辺に連なる山々に囲まれた自然豊かな区域で、かつての西国街道沿いの町並みや三瀧寺など歴史・文化資源が多数点在。己斐地区および横川地区は交通ターミナル機能、商業機能を生かした地域拠点として、また、「中央卸売市場」を有する商工センター地区は市の経済・流通拠点として発展している。南観音地区はヨットハーバーやヘリポートがあり、また今後、新施設の計画も予定されている。

大型商業施設や中央卸売市場、工場が集まる「商工センター」では、かつて博覧会も開催

---

plus i 南区の「広島競輪場」は、2025年に競輪とアーバンサイクルスポーツ（BMXやスケートボード、キックバイクなどの競技）施設が融合する市民公園としてリニューアルが計画されている。

農業も教育も盛んな住宅地域
安佐南区
あさみなみく

　安佐南区は、広島市で一番人口の多い地区。昭和40年代後半から大規模な宅地開発が進み、広島市郊外のベッドタウンとして急速に都市化が進んだ。アストラムラインなどの交通網が整備されて中心部にアクセスしやすくなり、現在もマンション、住宅、商業施設が増加している。一方、肥沃な農地が多く、特産の広島菜をはじめとする野菜類の栽培も盛ん。周辺には緑豊かな自然が多く残り、大学や高校など多くの文教施設も集結している。

中区と安佐南区をつなぐ主要交通手段のひとつがアストラムラインだ

市内で一番広く、自然が豊富
安佐北区
あさきたく

　広島市の最北部に位置している安佐北区。東西に32.9km、南北に21.8kmと8区のなかで一番広く、市域の約4割を占める。その多くが山地で、雄大な山容と眺望を誇る白木山をはじめ、堂床山、可部冠山など標高700mを超える高山が数多く連なっている。丘陵部は、昭和後期の宅地開発によって山際まで住宅が建設され、ベッドタウンとして発展してきた。神楽や和太鼓などの伝統芸能が盛んで、8区のなかで最も多くの神楽団を有している。

広島市内屈指の人気観光スポット「広島市安佐動物公園」（→P.141）がある

市内中心部へアクセス良好
安芸区
あきく

　地区の中央を、国道2号、東広島・安芸バイパスとJR山陽本線が通り、市内中心部にアクセスしやすい地域。安芸郡海田町を挟んで、行政区が飛び地として存在する。区の面積の約7割を山林が占め、鉾取山や絵下山などの山々が連なる。阿戸地区は、山林と農地が多い農業振興地域。船越・矢野地区は密集度の高い住宅地が、中野・瀬野地区は傾斜地に沿って住宅地が形成されている。海田湾沿いには工業・商業系の施設が集積する。

矢野地区の「絵下山」山頂付近の展望台からは、広島市内を見渡せる

多様な顔をもつ西の拠点
佐伯区
さえきく

　佐伯区は、市内中心部に近く自然が豊かな特性を生かして、北部の丘陵地域の宅地化が進み、昭和50年代以降は広島市のベッドタウンとして発展した。区の南部は平野が開け、山陽自動車道、国道2号、西広島バイパス、JR山陽本線、広島電鉄宮島線が東西に走り、西部の拠点としてにぎわう。一方、湯来地区は広島の奥座敷とも呼ばれる「湯来温泉」（→P.143）や広島藩主・浅野氏の湯治場でもあった「湯の山温泉」（→P.143）がある、自然豊かな地域だ。

佐伯区石内南にある「広島県運転免許センター」

巡り合えたら食べてほしい
広島市育ちの農産物

ひろしまな
広島菜

日本三大漬菜のひとつ。広島菜を漬けた「広島菜漬」は繊維が少なく柔らかで歯切れよく、特有の香りとピリッとした風味が特徴。

ふるえ いちじく
古江いちじく

温暖で南向きの斜面が多い西区の古江・高須・田方地区で栽培される。品種は「蓬莱柿」で、皮が薄くて甘味が強い。食べ頃は9〜10月。

かんおんねぎ
観音ねぎ

普通の葉ネギに比べて、白色の部分がやや多く、特有の香りと風味、柔らかさをもつ。広島ではお好み焼きなどに使われることが多い。

なかすじしゅんぎく
中筋しゅんぎく

葉の形が丸い大葉型のシュンギク。柔らかく、甘く、アクが少ないため、加熱せずともサラダなど生のまま食べることができるのが特徴。

---

plus
安佐北区狩留家町で作られる「狩留家なす」は、薄い緑色をした大きなボディで、甘味があり生でも食べられ、火を通すととろりとした食感が特徴。「ザ・広島ブランド」にも認定されている。

広島市中心部
（ひろしましちゅうしんぶ）

太田川とその分流が生み出した三角州に形成されている広島市（2015年撮影）

エリア中心部への行き方

広島空港 — リムジンバス 所要約55分（1450円） — JR広島駅 — 広島電鉄 広島港／宮島口／江波方面 所要約15分（220円） — 本通電停

広島空港 — リムジンバス 所要約50分（1450円） — 広島バスセンター

人口 広島市▶117万8773人 ※各区の人口は→P.114

🚃 エリア利用駅

▼広島駅
JR山陽新幹線　JR山陽本線　JR呉線　JR可部線　JR芸備線

▼広電八丁堀
広島電鉄　宮島線　江波線　紙屋町経由広島港線　白島線

▼広電紙屋町西
広島電鉄　宮島線　江波線　紙屋町西経由横川線など

　中国地方の中枢都市で、8つの区で構成される広島市。広島駅のある南区松原町周辺、官公庁やバスターミナル、文化施設等が建ち並ぶ中区紙屋町・基町・八丁堀界隈は、経済・文化の中心地となっている。

　広島市は一級河川・太田川の三角州に形成されている。毛利輝元が1589（天正17）年に広島城を築きはじめ、以後福島氏、浅野氏によって城下町が発展していった。

　広島市を語るうえで欠くことができないのが、1945（昭和20）年8月6日の原子爆弾の投下。多くの人命が奪われ市街地は壊滅状態に。しかし国の広島平和記念都市建設法による都市基盤の整備、そして市民のたゆまぬ努力により息を吹き返していった。

クチコミ 広島市民は大きくふたつの派閥に分かれる。広島電鉄の路面電車のことを「広電（ひろでん）」と呼ぶ派と「市電（しでん）」と呼ぶ派。私は「市電」一派。あ、「路面」派もいるわ〜。（広島市在住・トラバン）

歩き方

被爆当時の様子を町歩きでも学べる

　1945（昭和20）年末までに約14万人が亡くなり、爆心地2km以内の建造物のほとんどが破壊され焼き尽くされた。都市機能は壊滅的な打撃を受けたが、2日後に山陽本線の一部、3日後には路面電車の一部区間の運転が再開。徐々に復興へと歩んでいった。倒壊を免れた建造物の一部は被爆建物として保存。町角には原爆被災説明板も多数設置されている。

平和記念公園（→P.120）には原爆の惨禍を伝える遺構や施設が点在する

　2023（令和5）年5月にG7広島サミット（第49回先進国首脳会議）が広島市で開催。各国の代表が「広島平和記念資料館」を訪れている。（→P.54）

新施設のオープンでにぎわいが広がる

　広島市中心部は、より活気ある地域を目指し進化を続けている。広島駅には2025年に新駅ビルが開業。地上20階・地下1階で、商業施設やシネコン、ホテルを備え、2階には広島電鉄の路面電車が高架で乗り入れる予定だ。

　中区基町の旧広島市民球場跡地には2023（令和5）年に「ひろしまゲートパーク」が誕生。市民の憩いの広場、アーバ

Photo：NEW HIROSHIMA GATEPARK
新しい集いの場でランドマークでもある「ひろしまゲートパーク」（→P.121）

ンスポーツの練習場、飲食店や雑貨店、イベント会場など多様な機能をもつ空間に。2024（令和6）年にはサンフレッチェ広島の新拠点「エディオンピースウイング広島」が開業するなど町の発展は続く。

おさんぽプラン

①広島駅（▶P.72）
　↓ 徒歩13分
②広島県立美術館（▶P.119）
　↓ 徒歩6分
③広島城（▶P.118）
　↓ 徒歩13分
④おりづるタワー（▶P.121）
　↓ 徒歩5分
⑤平和記念公園（▶P.120）

寄り道スポット

本通り（通称）を歩こう！

　東西約577mの中四国最大のショッピングストリート。飲食やファッション、生活用品など多種多様な店が軒を連ねる。江戸時代には広島城下を横断する西国街道（山陽道）の一部で、路面には「西国街道」「革屋町」「平田屋町」などの石板が埋め込まれている。

広島本通商店街

MAP 別冊P.19-C2

住 広島市中区本通　TEL 082-248-1518（広島本通商店街振興組合）　営休 店舗により異なる　P なし　交 広島電鉄「本通」下車すぐ

地元発の新しい店、老舗、有名チェーン店が共存するアーケード

\好きじゃけん広島県！/
ご当地トピックス

市民の暮らしを結ぶ路面電車"広電"

　広島の風景の象徴であり、市民の生活の足である路面電車。広島電鉄によって運行され、"広電"の名で親しまれている。路線はJR広島駅から、中心地である紙屋町や八丁堀界隈、海の玄関・広島港、さらには宮島口まで続いている。観光スポットへのアクセスも便利で、旅行客も利用。宮島航路のフェリーにも乗れる1日乗車乗船券、電車・フェリー・バスで使える「広島たびパス」などお得な乗車券も販売中。（→P.100）

さまざまな色の路面電車が行き交う風景は広島らしさがあふれる

ひろしま
Q 6本の川が流れる広島市街地はまさに水の都。地の利を生かして、小型ボートでリバークルーズが楽しめる「○○タクシー」が人気だ。この乗り場の名称でもある「○○」に入る単語は何でしょう？

おもな見どころ

MAP 別冊P.19-D1
▶広島城

🏠広島市中区基町21-1 **TEL**
082-221-7512 営天守閣9:00
〜18:00(12〜2月は〜17:00)、二
の丸9:00〜17:30(10〜3月は〜
16:30)、最終入館は閉館30分前
休なし 料天守閣370円(高校
生・65歳以上180円、中学生以下
無料)、二の丸無料 Pなし 交
広島電鉄「紙屋町東」から徒歩15
分

天守閣内は博物館となっている

MAP 別冊P.19-D1
▶広島護国神社

🏠広島市中区基町21-2 **TEL**
082-221-5590 営自由(参拝)、
神符の授与9:00〜17:00、祈禱受
付9:00〜16:30 休なし 料無
料 Pあり(要問い合わせ) 交
広島電鉄「紙屋町東」から徒歩15
分

5月最終の土曜に行われる「万灯み
たま祭 みこ踊り」

MAP 別冊P.20-A2
▶縮景園

🏠広島市中区上幟町2-11 **TEL**
082-221-3620 営9:00〜18:00
(9月16日〜3月15日は〜17:00)、
最終入館は閉園30分前 休なし
料260円(高校・大学生150円、小・
中学生100円) Pあり 交広島
電鉄「縮景園前」下車すぐ

園内では茶会や田植まつりなど季節
ごとにさまざまな催事が開かれる

広島の市街地を見守る復興のシンボル

広島城
ひろしまじょう

　毛利輝元によって築城され、江戸時代には福島正則、浅野
氏の居城となった。明治以降も天守閣などが保存されていた
が原爆で全壊。天
守閣は1958（昭
和33）年、二の丸
は1994（平成6）年
に再建された。江
戸時代以前の石垣
や内堀も残り、往
時をしのばせる。

天守閣は入母屋造の大屋根の上に望楼（物見）を上
げた望楼型となっている

広島の復興と平和とともにある県民のよりどころ

広島護国神社
ひろしまごこくじんじゃ

　戊辰戦争で犠牲となった78柱の広島藩士を東区の二葉の
里の水草霊社に奉祀したことに始まる神社。1934（昭和9）年
に旧市民球場そば
に移転。原爆で焼
失したが1956（昭
和31）年に現在の
広島城跡に再建さ
れた。広島市民に
広く愛され、正月
三が日は多くの参
拝客でにぎわう。

2009（平成21）年に創建130年記念事業として社頭
が整備された

都会のにぎわいのなかに静かにたたずむ大名庭園

縮景園
しゅっけいえん

　広島浅野藩初代藩主・浅野長晟が別邸の庭園として築成。
茶人としても知られる家老の上田宗箇が作庭し、儒学者の林
羅山による詩の序
文「海山をその地
に縮め風景をこの
楼に聚む」から名
づけられた。原爆
の被害を受けたが
復元され、現在は
美しい景観が楽し
める。

中央の濯纓池には小さな島々が浮かび、池の周囲を
回遊しながら庭を愛でられる

ひろしま
A 「雁木（がんぎ）」。濠岸に階段状に作られた船着場。太田川デルタは干満差が激しく、舟運が栄えた江戸時代に発達し
た。市内には400もの雁木が残る。この船着場を使い運航するのが「雁木タクシー」だ。

芸術と庭園の眺望を楽しめる都会の憩いの場

ひろしまけんりつびじゅつかん
広島県立美術館

靉光や平山郁夫などの「広島ゆかりの美術作品」、民藝運動や中央アジアの作品を含む「日本とアジアの工芸作品」、サルバドール・ダリやイサム・ノグチなどの「1920~30年代の美術作品」、合計5200点以上を収蔵。所蔵作品展に加え、年に数回特別展も開催。

レストランやティールーム、気軽に立ち寄れるミュージアムカフェも併設

MAP 別冊P.20-A2
▶ 広島県立美術館
住 広島市中区上幟町2-22 TEL 082-221-6246 営 9:00~17:00（最終入館16:30）、金曜のみ延長あり 休 月(特別展によっては会期中・祝・振休を除く) 料 所蔵作品展510円(大学生310円、高校生以下無料)、特別展は展示により異なる P あり 交 広島電鉄「縮景園前」下車すぐ

名勝「縮景園」に隣接。ロビーからは四季折々の風景が楽しめる

充実のフランス近代美術コレクション

ひろしまびじゅつかん
ひろしま美術館

広島銀行の創業100周年を記念して設立。ミレー、モネ、ルノワール、マネ、ゴッホ、ピカソ、シャガールなど印象派を中心としたフランス近代美術や日本近代洋画・日本画のコレクションから約80点を常設展示。年数回の特別展も開催。

緑に囲まれた中央公園の一角にある、都会のオアシスのような美術館

MAP 別冊P.19-C1
▶ ひろしま美術館
住 広島市中区基町3-2 TEL 082-223-2530 営 9:00~17:00(最終入館16:30) 休 月(祝日の場合は翌平日、特別展会期中は開館) 料 特別展ごとに設定 P なし 交 広島電鉄「紙屋町東」から徒歩5分

原爆ドームを模した円形の本館には巨匠たちの名品が並ぶ

多様な機能を備えたスポーツと文化の中心地

ひろしまけんりつそうごうたいいくかん（ひろしまぐりーんありーな）
広島県立総合体育館（広島グリーンアリーナ）

広島市の中心部に位置する多機能大型スポーツ施設。大アリーナ、小アリーナ、武道場、弓道場、プールやトレーニングルームを兼ね備えたフィットネスプラザ、健康・体力サポートセンター、会議室などからなり、スポーツや文化イベント、MICE会場等、幅広く利用できる。

都市公園の景観に溶け込むアリーナは広島市街中心部のランドマーク的存在

MAP 別冊P.19-C1
▶ 広島県立総合体育館（広島グリーンアリーナ）
住 広島市中区基町4-1 TEL 082-228-1111 営 9:00~21:00 休 なし 料 施設により異なる P あり※200台 交 広島電鉄「紙屋町西」から徒歩10分

イベントにも使われる大アリーナは最大1万人の観客を収容可能

plus
「縮景園」と「広島県立美術館」は隣接しており、ふたつの施設を合わせて楽しめるセットチケットがおすすめ。通常価格よりお得に入場することができる。時折タイアップ企画が開催されることも。

MAP 別冊P.19-C2

▶ 平和記念公園

住 広島市中区中島町1及び大手町1-10 **TEL** 082-247-6738（広島市観光案内所） **営** 自由 **休** なし **料** 無料（広島平和記念資料館は要入館料→P.329） **P** なし（観光バス専用駐車場はあり） **交** 広島電鉄「原爆ドーム前」下車すぐ

平和と核兵器廃絶の願いを込め1964年からともされている平和の灯

MAP 別冊P.19-C2

▶ 広島国際会議場

住 広島市中区中島町1-5 **TEL** 082-242-7777 **営** 9:00〜21:00 **休** なし **料** 施設により異なる **P** あり※18台 **交** 広島電鉄「原爆ドーム前」から徒歩10分

最大1504人の観客を収容できる「フェニックスホール」

MAP 別冊P.20-A2

▶ 世界平和記念聖堂

住 広島市中区幟町4-42 **TEL** 082-221-0621 **営** 見学9:00〜17:00 **休** なし **料** 無料 **P** なし **交** 広島電鉄「銀山町」から徒歩8分

聖堂内の様子。入口の7つの秘跡を表した彫刻は円鍔勝三（えんつばかつぞう）氏の作品

原爆の惨禍を世界に伝え、恒久平和を祈る地

平和記念公園
へいわきねんこうえん

　原爆死没者の慰霊と世界恒久平和を祈念した公園。原爆投下以前は繁華街だった爆心地に近い場所に建設されている。原爆ドームをはじめ、広島平和記念資料館、原爆死没者慰霊碑、国立広島原爆死没者追悼平和祈念館などがあり、学びと祈りの場となっている。

緑豊かな園内を歩きながら、原爆の子の像や平和の鐘などを巡ることができる

豊かな文化の発信と平和学習の舞台

広島国際会議場
ひろしまこくさいかいぎじょう

　国際交流の推進と市民文化の向上を目的に開設された、平和記念公園内の施設。大ホールや国際会議ホール、会議室などがある。オーケストラのコンサートから国際会議、展示会、企業の活動まで幅広く利用され、修学旅行生の平和学習の場にもなっている。

「G7広島サミット」（→P.54）では、二ヵ国間首脳会談や各国記者会見の会場になった

市民の復興への思いとともに歩んだ祈りの聖堂

世界平和記念聖堂
せかいへいわきねんせいどう

　原爆と戦争の犠牲者への追悼と、世界平和祈願のために献堂された教会堂。広島で被爆したフーゴ・ラサール神父が、カトリック信者や世界中の平和を願う人々の協力を得て建設した。設計は常陸宮邸や兵庫県宝塚市庁舎を手がけた建築家・村野藤吾氏。

村野藤吾氏が手がけた戦後の建築物として2006年に重要文化財に指定された

  うちの子は「ひろしまゲートパーク」のミスト噴水がお気に入り。ミストが噴射されると大はしゃぎで駆け回ります。夏に涼を感じられるのもいいですね。(広島市在住・K)

ヒロシマの過去・現在・未来を望むスポット

おりづるタワー
おりづるたわー

屋上展望台 "ひろしまの丘"、体験型デジタルコンテンツがある12階 "おりづる広場"、物産館などのある複合商業施設。広島ゆかりのアーティスト9名が描いた「WALL ART PROJECT "2045 NINE HOPES"」も鑑賞できる。（→P.386）

展望台からは平和記念公園や原爆ドーム、快晴時は宮島の弥山まで望める

MAP 別冊P.19-C2

▶ おりづるタワー
住 広島市中区大手町1-2-1 TEL 082-569-6803 営 展望台・物産館10:00〜18:00(最終入場17:30) 休 不定休 料 展望台2200円(中高生1400円、小学生900円、4歳以上の幼児600円、おりづる投入料金100円) P なし 交 広島電鉄「原爆ドーム前」下車すぐ

戦後100年となる2045年への願いをテーマに描かれた、ウォールアート

球場の跡地に誕生した新感覚のにぎわい広場

ひろしまゲートパーク
ひろしまげーとぱーく

旧広島市民球場跡地を活用したにぎわいの空間。のびのびと過ごせる広場、子供の遊び場、ストリートスポーツの練習場、休憩やアウトドアワークに最適な大屋根の広場などがあり、飲食店や雑貨店も。年間を通じて大小さまざまなイベントが開催されている。

提供:NEW HIROSHIMA GATEPARK
イベント広場を囲む商業施設「SHIMINT HIROSHIMA」エリアにはカフェやショップが並ぶ

MAP 別冊P.19-C2

▶ ひろしまゲートパーク
住 広島市中区基町5-25 TEL 082-962-3789 営 施設により異なる 休 施設により異なる 料 無料 P なし 交 広島電鉄「原爆ドーム前」下車すぐ

ミスト噴水や起伏を利用した遊び場など、大人も子供も楽しめる

ワクワクの科学体験で学ぶ喜びを刺激する

5-Daysこども文化科学館
ふぁいぶでいずこどもぶんかかがくかん

楽しい体験を通じ、科学への好奇心や文化を創造する心を育む博物館。物理や天文など幅広く科学に触れられる仕掛け・展示が満載で、星座や宇宙の不思議について投影するプラネタリウムも。科学・創作教室、サイエンスショー、工作室なども多数開催している。

1980（昭和55）年に開館し、子供のための博物館として国内では先駆けとなった

MAP 別冊P.19-C1

▶ 5-Daysこども文化科学館
住 広島市中区基町5-83 TEL 082-222-5346 営 9:00〜17:00 休 月(祝日の場合は翌平日) 料 無料(プラネタリウム観覧は通常番組が大人510円、高校生・65歳以上250円) P なし 交 広島電鉄「原爆ドーム前」から徒歩3分

エネルギーの変換の様子を体験できる装置「ボールのたび」

「5-Daysこども文化科学館」には「こども図書館」が隣接。絵本から児童書、中高生向けの本まで子供の読書活動を支援してくれる。おはなし会などのイベントも定期的に開催される。

MAP 別冊P.19-D3

▶とうかさん圓隆寺

住 広島市中区三川町8-12 **TEL**
082-241-7420 **営** 9:00～18:00
（境内は24時間参拝可能）**休**な
し **料** 無料 **P** あり※2台 **交**
広島電鉄「八丁堀」から徒歩5分

「とうかさん大祭」で行われる御
札・御守りの焚き上げ法要

MAP 別冊P.19-D2

▶胡子神社

住 広島市中区胡町5-14 **TEL**
082-241-6268 **営** 自由 **休**な
し **料** 無料 **P** なし **交** 広島
電鉄「胡町」から徒歩2分

「ひろしま胡子大祭」、通称「えび
す講」は広島3大祭りのひとつ

MAP 別冊P.19-C3

▶白神社

住 広島市中区中町7-24 **TEL**
082-247-1363 **営** 9:00～16:00
（御朱印や御守等の授与8:00～
16:00、祈願受付9:00～15:30）
休なし **料** 無料 **P** なし **交** 広
島電鉄「袋町」から徒歩1分

御神木のクスノキは、原爆投下後
に焼け残りから再び芽吹いたもの

400年広島の町で人々と歩んできた寺院

とうかさんえんりゅうじ
とうかさん圓隆寺

広島藩主・浅野長晟公が創建した日蓮宗の寺院。毎年6月
第1金曜から3日間行われる「とうかさん大祭」は広島3大祭
りのひとつで、圓
隆寺に祀られている
「稲荷（とうか）大
明神」の御神体が
開帳される。広島
の"浴衣の着始め"
でもあり、多くの人
でにぎわう。（→P.
340）

創建以来、戦火などを乗り越え江戸時代からの信仰
の形を残している

広島の商売繁昌を支える「えべっさん」

えびすじんじゃ
胡子神社

吉田町に祀られていた「えびす神」を現在の場所に勧請し
たのが始まりといわれる。以来、今は廃止された東引御堂町
と胡町に月4日ずつ
市が立ち、にぎわ
うように。商売の
神様として信仰を
集め、毎年11月
18日～20日には
「ひろしま胡子大
祭」が開催される。
（→P.342）

戦後2度の建て替えで今の形に。大祭は原爆投下後も
絶えることなく続いている

原爆史跡が残る、町とともに歩んできた神社

しらかみしゃ
白神社

地域の人々に「しらかみさん」と呼ばれ親しまれている神社。
和合招福の御利益があるとされる菊理姫神を主祭神とする。

600年以前は現在
の社殿のある岩上
に祠を祀り、白い
御幣をささげ神々
を祀っていた。境
内には周辺がかつ
て海であったことが
うかがえる岩礁が
見られる。

原爆で焼失し同年の10月には仮社殿を建立。原爆史
跡の狛犬、灯篭、手水鉢などが境内に残る

実は広島市は仏壇の産地として有名。「広島仏壇」と呼ばれ、精緻な漆塗り技術と純金細工が特徴で、経済産業大臣指
定伝統工芸品でもある。旧西国街道上の繁華街には「仏壇通り」があり、仏壇・仏具専門店が並ぶ。

日本を代表する漢学者の足跡をたどる

らいさんようしせきしりょうかん
頼山陽史跡資料館

漢学者であり歴史や文学、美術など多分野で活躍した頼山陽の資料館。頼山陽をはじめ広島の歴史と文化に関する資料を展示・公開、調査・研究を行う。脱藩騒動を起こした際に幽閉された部屋を復原した「頼山陽居室」は国の史跡に指定されている。

江戸時代に「杉ノ木小路」と呼ばれ頼家の屋敷があった場所に建てられている

広島のおみやげも観光・移住情報も手に入る

しちょうそんじょうほうせんたーひろしまゆめぷらざ
市町村情報センターひろしま夢ぷらざ

アンテナショップとして広島県の特産品を展示・販売し、観光やイベントなどの情報発信も行う。2週間単位で各地の産品を紹介するイベントが開催され、旬の農産物や海産物、加工品なども販売。おみやげを求める観光客だけでなく、地元の人も多く訪れている。

本通商店街にあり、観光やショッピングのついでに気軽に立ち寄れる

バスを待つ時間でおみやげ探しや食事を満喫

ばすまちふーどほーる
バスマチフードホール

広島市内の郊外バスや県外・市外への高速バス、空港リムジンバスなどが発着する「広島バスセンター」にある、飲食店やみやげ物店が並ぶエリア。バスを待つ時間に食事やドリンクを楽しめたり、食品や銘菓、雑貨などを購入することができる。

バス乗り場に隣接したフロアにあり、旅先から広島に着いたあとの休憩にも便利

MAP 別冊P.19-C3
▶ 頼山陽史跡資料館
住 広島市中区袋町5-15 TEL 082-298-5051 営 9:30〜17:00（最終入館16:30） 休 月（祝日の場合は翌平日） 料 200円（大学生150円、65歳以上および小中高生は無料）、特別展は展示により異なる P あり※4台 交 広島電鉄「袋町」から徒歩1分

山陽の生涯や歴史書『日本外史』、広島と頼家の暮らしなどを紹介

MAP 別冊P.19-D2
▶ 市町村情報センター
ひろしま夢ぷらざ
住 広島市中区本通8-28 TEL 082-544-1122 営 10:00〜19:00 休 なし CC AJMV P なし 交 広島電鉄「本通」から徒歩3分

広島県産の食材をふんだんに使った弁当や寿司、総菜なども人気

MAP 別冊P.19-C2
▶ バスマチフードホール
住 広島市中区基町6-27広島センタービル3F TEL 店舗により異なる 営 店舗により異なる（フードホール7:30〜22:30） 休 なし CC 使用可 P なし 交 広島電鉄「紙屋町西」下車すぐ

フロア内には中四国の銘菓や雑貨などを集めたバスマチストアもある

plus
現在の広島市街地には6本の川が流れているが、もう1本忘れちゃならないのが「流川（ながれかわ）」。"川"がつくが河川ではなく、居酒屋、バー、クラブなどが並ぶ繁華街エリア。中四国一の歓楽街ともいわれる。

MAP 別冊 P.19-C2

▶ 紙屋町シャレオ

住 広島市中区基町地下街100号
TEL 082-546-3111 営 10:00〜
20:00(店舗により異なる) 休
1/1 CC 利用可 P あり※206
台 交 広島電鉄「紙屋町東」また
は「紙屋町西」または「本通」下車
すぐ

アストラム
ラインの駅
と直結して
いる

MAP 別冊 P.19-C2

▶ パセーラ

住 広島市中区基町6-78 TEL
082-502-3515 営 休 CC 店舗に
より異なる P あり 交 広島電鉄
「紙屋町西」から徒歩3分

吹き抜け
の開放的
な空間に
多様な店
舗が並ぶ

MAP 別冊 P.19-C2

▶ NTTクレドホール

住 広島市中区基町6-78 パセーラ
11F TEL 082-502-3430 営
9:00〜21:00 休 なし 料 イベン
トにより異なる P あり 交 広島
電鉄「紙屋町西」から徒歩3分

催し物に
合わせて
さまざまな
セッティン
グが可能

MAP 別冊 P.19-C2

▶ そごう広島店

住 広島市中区基町6-27 TEL
082-225-2111 営 10:00〜19:30
(一部フロアは異なる) 休 な
し CC 店舗により異なる P あ
り 交 広島電鉄「紙屋町西」下車
すぐ

5階には広
島の食や
文化を発
信する店
舗も

アクセス抜群! 広島中心地の地下街

紙屋町シャレオ
かみやちょうしゃれお

ファッション、雑貨、コン
ビニエンスストア、カフェ
や飲食店、サービス店が
並ぶ地下街。バスセンタ
ーや電停ともつながり、
ATMやロッカーもあり利便
性が高い。

円形の中央広場では、1年を通してジャンル
を問わずさまざまなイベントを開催

買い物、食事、エンタメまで網羅の大型施設

パセーラ
ぱせーら

アパレルや飲食、フィッ
トネスなど多様な分野をお
さえている施設。6階のス
カイパティオからは基町の
風景が一望でき、11階の
「NTTクレドホール」(下
記)ではさまざまな催事が
行われる。

1階のふれあい広場はイベント会場としても
利用される

最新鋭の設備が自慢の多目的ホール

NTTクレドホール
えぬてぃてぃくれどほーる

32面の昇降床機能を持
つホールで、ステージの高
さ、奥行、客席の高さが
細かく調整できる。コンサ
ートや演劇、講演、展示
会など分野を問わず利用
でき、音響・照明も充実。

「パセーラ」11階、「そごう」「リーガロイヤ
ルホテル」「広島バスセンター」につながる

広島から豊かな暮らしを提案する百貨店

そごう広島店
そごうひろしまてん

ファッションから雑貨、
化粧品、食料品、レストラ
ンまで豊富に取り揃える、
広島市中心地の百貨店。
特にデパ地下では、広島
のグルメ、スイーツなども
充実している。

リニューアル工事を段階的に進めており、
2025年春に完成予定

クチコミ お笑い好きで、中区紙屋町の「エディオン」でやっている「よしもとLIVE紙屋町劇場」によく行きます。芸人さんたちがリ
アルに近くって! いつも笑い転げてます!(広島市在住・メンバー大好き)

子供たちのはしゃぎ声が響く夏の遊び場

中央公園ファミリープール
ちゅうおうこうえんふぁみりーぷーる

親子連れから大人まで楽しめるレジャープールで、「流れるプール」「こどもプール」「多目的プール」がある。2027年度から解体・整備、2029年度以降に再開予定。

「広島バスセンター」やショッピングエリアに近くアクセスもよい（2019年撮影）

MAP 別冊P.19-C1
▶中央公園ファミリープール
住広島市中区基町4-41 TEL 082-211-0063 営9:00～18:00（最終入園17:00）休夏季（7・8月）のみ開園 料790円（65歳以上・小中高校生・18歳未満340円）Pなし 交広島電鉄「原爆ドーム前」から徒歩10分

水深が浅く滑り台のある「こどもプール」

広島県民に愛されるカルチャーの発信地

広島県民文化センター
ひろしまけんみんぶんかせんたー

「人と人とのふれあい」をテーマに、ホールや練習室や展示室、展示ロビーを備えた文化施設。地域の文化活動の場でもあり、「ひろしま神楽定期公演」などの主催事業も多数。（→P.339）

商業施設が建ち並ぶ広島市中心部にたたずむ、三角形をシンボライズした印象的な建物

MAP 別冊P.19-C2
▶広島県民文化センター
住広島市中区大手町1-5-3 TEL 082-245-2311 営9:00～21:00 休7月第2月・火 施設・イベントにより異なる Pあり 交広島電鉄「紙屋町西」から徒歩3分

音響効果に優れた多目的ホール

「楽しい」が見つかる個性的なラインアップ

サンモール
さんもーる

先端のライフスタイルやカルチャーを提案するファッションビル。アパレルから生活雑貨、アミューズメント、ホビーまで幅広くカバーする。レンタルスペースも完備。

日常使いからテイスト・ジャンルにこだわりがある人向けのブランドまで網羅

MAP 別冊P.19-C2
▶サンモール
住広島市中区紙屋町2-2-18 TEL 082-245-6000 営10:30～20:00（一部店舗は異なる）休不定休（年4回）CC店舗により異なる Pなし 交広島電鉄「紙屋町西」から徒歩3分

夏につみ取りができる屋上のブルーベリー園

\ もっと知りたいじゃろ？ /
おかわり地元ネタ

レンタル電動自転車でラクラク観光

広島市街地にあるサイクルポートで自転車を自由にレンタル・返却ができる「広島市シェアサイクルぴーすくる」。スマホアプリでパパッと手続きができ、ポートが八丁堀・紙屋町界隈だけでなく、西広島方面や宇品方面など約143ヵ所（2024年5月現在）もあるので観光にも通勤にも便利。電動アシスト自転車のため走り心地も爽快だ。

▶広島市シェアサイクルぴーすくる TEL 0570-783-677

最初の60分165円／回、延長30分ごとに165円

「広島市シェアサイクルぴーすくる」には、市内観光にもってこい！な、お得な1日パス（1日1100円～）がある。「セブン-イレブン」「ファミリーマート」でも購入できる。

MAP 別冊P.19-D2
▶広島PARCO

住本館:広島市中区本通10-1、新館:広島市中区新天地2-1 **営**10:00～20:30(一部店舗は異なる) **休**不定休 **CC**店舗により異なる **P**あり **交**広島電鉄「八丁堀」から徒歩3分 **URL**hiroshima.parco.jp

本館には楽器店やライブハウスも

MAP 別冊P.19-D2
▶福屋八丁堀本店

住広島市中区胡町6-26 **TEL**082-246-6111 **営**10:30～19:30(一部店舗は異なる) **休**1/1 **CC**ADJMV **P**あり **交**広島電鉄「八丁堀」下車すぐ

特産品や銘菓も多く地元ならではの品揃え

MAP 別冊P.19-D2
▶八丁座

住広島市中区胡町6-26 福屋八丁堀本店8F **TEL**082-546-1158 **営**初回上映時間の30分前から受付 **休**なし **料**1800円(大学生1500円、60歳以上1100円、高校生以下1000円) **P**なし **交**広島電鉄「八丁堀」下車すぐ

内装デザインは映画美術監督の部谷京子氏

MAP 別冊P.19-D2
▶広島三越

住広島市中区胡町5-1 **TEL**082-242-3111 **営**10:30～19:30 **休**なし **CC**使用可 **P**あり **交**広島電鉄「胡町」下車すぐ

「JO MALONE」などのブランドが並ぶ1階

最新ファッション・文化をおさえるならここ

広島PARCO
ひろしまぱるこ

幅広い年齢をターゲットにした、広島のファッション&ライフスタイルを牽引するスポット。衣料品や雑貨、美容、生活用品、音楽やスポーツなどのトレンドを集積している。

新館は中央通りに面し、上階に「無印良品」「タワーレコード」が入る

95年の時を重ね広島とともに歩む百貨店

福屋八丁堀本店
ふくやはっちょうぼりほんてん

1929(昭和4)年創業の広島初の百貨店。1～3階には国内外の一流ブランドが並ぶ。幅広い年齢に親しまれるメンズ・レディスショップやグルメフロアも充実の品揃え。

原爆で大きな被害を受けたが、翌年1946(昭和21)年には1階のみを整え営業を再開

和モダンな空間で厳選された映画を堪能

八丁座
はっちょうざ

江戸時代の芝居小屋をイメージした映画館。スクリーンは「壱」「弐」があり、木肘仕様・ソファ総張仕様のシートやカウンター席など粋で心地よい席で観賞できる。

百貨店「福屋八丁堀本店」8階にあり、1歩入ると非日常を感じられる

粋なアイテムも美食も手に入る百貨店

広島三越
ひろしまみつこし

コンセプトは「上質感あふれる、大人のためのファッションと暮らしのスペシャリティストア」。国内外の服飾品や、グルメフロアには「あなごめし うえの」など人気店も並ぶ。

人気ブランドのポップアップショップや季節のフェアなどのイベントも充実

「福屋八丁堀本店」の屋上には「福屋稲荷神社」がある。1929(昭和4)年、広島で初めての百貨店として創業する際に、京都の伏見稲荷大社から勧請された。御朱印をいただくこともできる。

町の中で人々の暮らしを見守る小さな神社

そらさやいなおじんじゃ
空鞘稲生神社

　商売繁盛、開運、夫婦和合、子孫繁栄、五穀豊穣などの御利益で知られる神社。"五穀の神様"である宇迦之御魂神・宇氣母智神・和久産巣日神を御祭神として祀る。

商業エリアにほど近い場所にありながら、静かで穏やかな空気が流れる

MAP 別冊P.19-C1

▶ 空鞘稲生神社

住 広島市中区本川町3-3-2 TEL 082-231-4476 営 自由(授与所9:00〜17:00) 休 なし 料 無料 P あり 交 広島電鉄「本川町」から徒歩5分

鳥居や狛犬など石造物のなかには被爆した物も

美しい川沿いに立つ上質な文化ホール

ひろしまぶんかがくえんえんいちびーじーほーる(ひろしまぶんかこうりゅうかいかん)
広島文化学園HBGホール(広島市文化交流会館)

　「平和記念公園」から徒歩5分ほどの場所にあるホール。複合型施設内にあり、本川に臨むカフェ&レストラン、和食レストラン、会議室、宿泊施設などを併設している。

宴会場や結婚式ができるバンケットホールも備えさまざまなニーズに対応している

MAP 別冊P.18-B3

▶ 広島文化学園HBGホール
　(広島市文化交流会館)

住 広島市中区加古町3-3 TEL 082-243-8881 営 施設により異なる 休 なし 料 施設により異なる P あり 交 広島バス「加古町」下車、徒歩1分

ホールは広島市内最大の客席2001席

オペラから能楽まで対応する文化スポット

じぇいえむえすあすてーるぷらざ
JMSアステールプラザ

　ホールや会議室のある総合文化施設。大ホールは最大1200人収容、中ホールは国内でも希少な移動式の能舞台を完備。7〜9階は宿泊施設「国際青年会館」(シングル大人6020円〜)。

1階にはカルチャーやイベントなど幅広く網羅する情報交流ラウンジがある

MAP 別冊P.18-B3

▶ JMSアステールプラザ

住 広島市中区加古町4-17 TEL 082-244-8000 営 施設により異なる 休 12/29〜1/3 料 施設により異なる P あり 交 広島バス「加古町」下車、徒歩3分

大ホールはオーケストラピットも利用できる

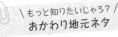

＼ もっと知りたいじゃろ？／
おかわり地元ネタ

季節を感じる水辺のオープンカフェ

　広島は太田川河口のデルタ地帯にあり、美しい水辺の風景が楽しめるスポットが点在する。京橋川地区と元安川地区には、フレンチからイタリアン、タイ料理、和食、スイーツや紅茶の専門店までカフェやレストランが建ち並び、ウッドデッキなど屋外スペースを設けている店舗も。心地よい風を感じながら癒やしの時間を過ごせる。

京橋川地区で7店舗、元安川地区で1店舗(2023年現在)

クチコミ 「共楽堂」の夏だけの商品「ひとつぶのマスカット」はお高いけれど一度食べたら忘れられないおいしさ。デパ地下などで見かけたら試してみてください。(広島市在住・emmy)

MAP 別冊P.20-B1

▶ 広島東照宮

住 広島市東区二葉の里2-1-18
TEL 082-261-2954 営 自由（受付
9:00〜16:00） 休 なし 料 無料
P あり 交 JR「広島駅」から徒歩
8分

爆心地から約2.2kmにあり社殿は原爆で焼失。1965年に再建した
</section>

MAP 別冊P.20-A1

▶ 明星院

住 広島市東区二葉の里2-6-25
TEL 082-261-0551 営 9:00〜
17:00 休 なし 料 無料 P あ
り 交 JR「広島駅」から徒歩15分

仁王門をくぐると護摩堂・子安観音像・中門が。その奥に本堂がある

MAP 別冊P.21-C1

▶ 尾長天満宮

住 広島市東区山根町33-16 TEL
082-262-2679 営 9:00〜17:00
※祈願は要電話予約 休 なし
料 無料 P あり 交 JR「広島
駅」から徒歩15分

境内から山道を入ると、道真公が休んだという腰掛岩がある

広島の鬼門を守り続ける城下町の総鎮守
広島東照宮
（ひろしまとうしょうぐう）

広島藩主・浅野光晟が広島城の鬼門（北東）にあたる二葉山の山麓に建立。光晟の母が家康の第三女の振姫（ふりひめ）だったことから、家康の遺徳を敬慕するとともに、広島の城下町の平和を祈念し神霊を祀った。境内社の金光稲荷神社奥宮からは市内が一望できる。

唐門、翼廊、手水舎、本地堂、御供所、脇門、神輿は創建時からのもので、市重文に指定されている

毛利・福島・浅野の祈願寺である名刹
明星院
（みょうじょういん）

広島の歴史とともにある古刹。前身の妙寿寺は毛利輝元が母の位牌所として1589年に建立した。関ヶ原の戦いのあとに福島正則が祈禱寺に命じ、浅野斉粛の時代に饒津神社の別当となった。広島藩の五ヵ寺のひとつ。原爆ですべてが焼失し、1974（昭和49）年に再建された。

堂内には広島浅野藩の分家・赤穂義士四十七体の木像が安置されている

菅原道真公が立ち寄り休んだ天満宮
尾長天満宮
（おながてんまんぐう）

学問の神として信仰される菅原道真ゆかりの地に鎮座する神社。道真が太宰府へ左遷される途中に船を寄せ休息を取ったと伝わる場所に、江戸時代の1640（寛永17）年に尾長天神宮として建立された。原爆の爆風で大破するも焼失を免れ、今も多くの人が訪れる。

大正時代に豪雨で倒壊し再建された社殿。原爆で大破するも焼失は免れた

 クチコミ 広島駅周辺では七福神巡りができます。おすすめの時期はお正月です。1/1〜1/3はスタンプラリー、1/7まではとてもキュートな七福神様のストラップを集めることができます。（まりしーろさ）

翼のような二葉山を背負う広島の鎮守社

鶴羽根神社
つるはねじんじゃ

鎌倉初期に創建された神社。広島城下鬼門鎮守社・広島東部の総氏神として信仰を集め、初詣や初宮詣、七五三詣など多くの人が参詣する。境内には被曝樹木が残されている。

社殿裏の二葉山が羽根を広げた鶴に似ていることから名づけられたといわれる

MAP 別冊P.20-B1
▶ 鶴羽根神社
住 広島市東区二葉の里2-5-11 TEL 082-261-0198 営 自由(祈祷受付10:00~15:00) 休 あり 料 無料 P なし 交 JR「広島駅」から徒歩15分

社殿は原爆投下時に倒壊し、新たに再建された

グルメ&おみやげ大集合、駅直結注目スポット

ekie
えきえ

広島駅直結の商業施設で、カフェ、ベーカリー、多様なジャンルのレストラン、カキやお好み焼きなどのご当地グルメの店が並び、おみやげやカープグッズも取り揃える。

アパレルや雑貨、コスメなどのエリアも充実し、クリニックも併設

MAP 別冊P.20-B2
▶ ekie
住 広島市南区松原町1-2 TEL 082-567-8011 営 店舗により異なる 休 なし CC 店舗により異なる P あり 交 JR「広島駅」直結

もみじ饅頭から新商品まで充実のおみやげ売り場

お好み焼きの本格体験をおいしく楽しむ

広島駅 OKOSTA
ひろしまえき おこすた

「オタフクソース」による広島お好み焼き作りの体験スタジオ。できたてをその場で味わえる。特別トッピング1品付き。ムスリム・ベジタリアン対応メニューもあり。

駅ビル内にあり好アクセス。お好み焼き体験は事前予約制となっている

MAP 別冊P.20-B2
▶ 広島駅 OKOSTA
住 広島市南区松原町1-2 ekie1F TEL 082-207-1277 営 10:00~20:30 休 10/1、11/23ほか、詳細は問い合わせを 料 定番広島お好み焼き体験1980円~ P なし 交 JR「広島駅」直結

団体旅行や海外からの観光客にも対応している

\ もっと知りたいじゃろ？ /
おかわり地元ネタ

電動キックボードを市街地巡りの足に

専用スマートフォンアプリをダウンロードして会員登録すると利用できる、電動マイクロモビリティのシェアリングサービス「LUUP」。2023（令和5）年7月にサービスを開始し、電動キックボード30台・電動アシスト自転車30台が導入された。順次拡大中で、ポート数は広島市中区を中心に110ヵ所以上（2024年3月現在）。サブスクリプションプランも提供中。
▶ LUUP TEL 0800-080-4333

ちょっとした移動に便利。ライド基本料金50円＋時間料金1分ごとに15円

クチコミ いつ訪れても行列の広島市中区銀山町の生ビール立ち飲みスタンド「ビールスタンド重富」。メニューは生ビールのみ。サーバー、コック、注ぎ方で味が変わるのは驚き。「ekie」に2号店が。(編集担当・A)

MAP 別冊P.20-B2

▶ エキシティ・ヒロシマ

住 広島市南区松原町3-1 TEL
082-261-7033 CC 店舗に
より異なる P あり 交 JR「広島
駅」から徒歩1分

家電×本という新感覚の「エディオン蔦屋家電」。コンシェルジュも常駐

MAP 別冊P.20-B2

▶ 福屋 広島駅前店

住 広島市南区松原町9-1 TEL
082-568-3111 営 10:30〜19:30
（一部店舗は異なる） 休 1/1
CC ADJMV P あり 交 JR「広島
駅」から徒歩1分

野球観戦の前や新幹線・高速バスの待ち時間に立ち寄る人も多い

MAP 別冊P.20-B2

▶ エールエールA館

住 広島市南区松原町9-1 TEL
082-262-9244 営 10:30〜20:00
（一部店舗は異なる） 休 1/1
CC 店舗により異なる P あり
交 JR「広島駅」から徒歩1分

地下2階の専門店街はファッションやコスメなどのショップが並ぶ

広島駅エリアの新しいランドマーク

エキシティ・ヒロシマ

えきしてぃ・ひろしま

　広島駅南口そばにそびえる地上9階の商業棟、地上46階の住宅棟で構成される複合施設。「エディオン蔦屋家電」のほか、お好み焼き店や居酒屋などの飲食店、食品売り場やクリニック、大型スポーツ施設などバラエティ豊かなテナントが並ぶ。

最新家電やフィットネス、ローカルグルメなどが同居する新感覚のスポット

駅前の上質なショッピング＆グルメスポット

福屋 広島駅前店

ふくや ひろしまえきまえてん

　広島駅前の「エールエールA館」に入る百貨店。開放感あふれる吹き抜けを取り囲むように専門店が並び、11階にはダイナミックな展望の「パノラマフードコート」も。広島市民球場に近く、オリジナル商品など人気の広島東洋カープグッズが揃う。地下のみやげ売り場も充実。

ファッションアイテム、ジュエリー、コスメから地元の名店の味まで楽しめる

買い物からイベントまで楽しめる駅チカビル

エールエールA館

えーるえーるえーかん

　広島駅南口にある地下2階、地上12階の大型商業施設。地下2階は専門店やカフェが集まり、地下1〜5階は福屋広島駅前店が営業、6階には大型書店、7階にはクリニックや銀行も。地下広場では多様なイベントが開催される。2024年5月現在、リニューアル改装フロアあり。

JR広島駅と地下通路でつながっており、電車の待ち時間にも立ち寄りやすい

Plus 広島駅すぐ近くの「二葉山」を早朝にトレッキングし、市街地や瀬戸内海を眺めながら地元食材の朝食をいただけるガイド付きツアー「Asageshiki」。詳細は公式サイト（URL www.asageshiki.com）で。

広島発、日本の現代美術館の先駆け

広島市現代美術館
ひろしまげんだいびじゅつかん

日本初の公立現代美術館として1989（平成元）年に開館。広島と現代美術の関連を示す作品など、絵画・彫刻だけでなくデザインや建築関係も所蔵し、屋外彫刻広場もある。

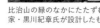

比治山の緑のなかにたたずむ建物は、建築家・黒川紀章氏が設計したもの

MAP 別冊P.17-C2

▶ 広島市現代美術館

住 広島市南区比治山公園1-1 TEL 082-264-1121 営 10:00〜17:00（最終入館16:30） 休 月（祝日の場合は翌平日） 料 コレクション展350円（大学生250円、高校生・65歳以上150円）、特別展は展示により異なる P なし※比治山公園内に駐車可（約120台、無料、9:00〜19:00） 交 広島電鉄「比治山下」から徒歩12分

眺望抜群、アート・カルチャーも楽しめる

比治山公園
ひじやまこうえん

広島の市街地や瀬戸内海を一望できる公園。「広島市現代美術館」や「広島市まんが図書館」があり彫刻も点在している。桜の名所としても有名で春には約1300本が咲く。

広島市内の桜の名所。新緑、紅葉も美しく季節ごとに風情が感じられる

MAP 別冊P.17-C2

▶ 比治山公園

住 広島市南区比治山公園 TEL 082-250-8956 営 5:00〜23:00 休 なし 料 無料 P あり 交 広島電鉄「比治山下」から徒歩10分

段原地区側からは、動く歩道「比治山スカイウォーク」で

漫画文化を深める約16万7000冊を所蔵

広島市まんが図書館
ひろしまししまんがとしょかん

漫画や漫画雑誌、漫画研究のための資料を体系的に収集・整理・保存し、閲覧・貸出が可能。展示や講座なども開催し「おもしろその年まんが大賞」コンテストを実施している。

約16万7000冊を所蔵。明治〜昭和初期の貴重な資料や絵巻物も取り揃える

MAP 別冊P.17-C2

▶ 広島市まんが図書館

住 広島市南区比治山公園1-4 TEL 082-261-0330 営 10:00〜17:00 休 月（祝日の場合は翌平日）、祝日の翌日 料 無料 P あり 交 広島電鉄「比治山下」から徒歩10分

手続きをすれば外のベンチや公園で閲覧可能

\ もっと知りたいじゃろ？ /
おかわり地元ネタ

令和の飲み屋街に進化したエキニシ

「エキニシ」とは、広島駅南口の西側一帯の飲み屋街の略称。ひと昔前は昭和感ある"おじさん向け"の店が建ち並ぶイメージだったが、近年は若者も気軽に訪れるエリアに。古民家をリノベーションした居酒屋や、エスニック、イタリアンなどジャンルはさまざま。はしご酒も楽しい。2021（令和3）年に火災が発生し30軒近くが被災。しかしにぎわいは絶えることなく、酒と食を求めて多くの人が行き交っている。

独特な味わいのあるエキニシの路地。早い時間から人通りが多い

2026年度の完全開業を目指し開発が進んでいる広島城三の丸。複合型商業施設や「広島城三の丸歴史館」などが計画されている。広島の歴史や文化を感じられるスポットになることを期待したい！

屋台村から移転を繰り返しながら町と歩んできたお好み焼きの聖地

復興の途上にあった戦後の広島市。中心部の新天地広場には50軒ものお好み焼きの屋台が軒を連ね、広島の人々のおなかと心を満たしていた。1963（昭和38）年に新天地広場が公園になった際、2階建てのプレハブに移転。観光客や修学旅行生たちも集まる観光スポットとなっていった。

その後建物の老朽化により、1992（平成4）年に7階建ての「新天地ビル」の2〜4階へ移り現在のスタイルに。味も店主も個性豊かな店舗は3フロアで23軒（2024年1月現在）。観光客も地元民も一緒にワイワイと鉄板を囲む空間は、香ばしい匂いと広島らしいあたたかな人情にあふれている。

（上）小さな店がひしめく戦後の屋台の風景。広島の人々を食で支えた （下）繁華街のビルの中にありながら、"食の殿堂"らしい存在感を放つ

2F▶ ①山ちゃん ②焼道楽 ③桃太郎 ④さらしな ⑤てつ ⑥文ちゃん ⑦ちいちゃん ⑧八昌

3F▶ ⑨ロン ⑩かずちゃん ⑪たけのこ ⑫ひろちゃん ⑬水軍 ⑭てっ平 ⑮一絆 ⑯将ちゃん

4F▶ ⑰祿 ⑱大丸堂 ⑲かえるっ亭 ⑳厳島 ㉑あとむ ㉒ええがい ㉓八戒

※2024年1月現在の情報です

戦後の屋台がルーツのお好み焼きの殿堂

新天地 お好み村へ

ひとつのビルに"お好み焼きの店舗だけ"が20軒超もひしめき合う「お好み村」。広島を代表する観光名所だが、戦後復興を見守ってきた広島市民にとってかけがえのない場所でもある。

2〜4階に23軒のお好み焼き天国
お好み村（おこのみむら）

昔ながらの味を守り続けています。ぜひお越しください！

MAP 別冊P.19-D2〜3
住 広島市中区新天地5-13新天地プラザ2〜4F **営休CC** 店舗により異なる **交** 広島電鉄「八丁堀」から徒歩3分

豊田裕美さん・豊田典正さん

肉玉そば（900円）

赤いだるまののれんが目印

広島人に愛され続ける名店
八昌（はっしょう）

初代から継承し約40年、世代を超えて支持されている店。キャベツや卵、肉、カキなどこだわり抜いた食材を使用。安心して味わえる間違いのないおいしさを提供している。
MAP 別冊P.19-D2〜3
住 広島市中区新天地5-13新天地プラザ2F **TEL** 082-247-4820 **営** 11:00〜売り切れ次第終了 **休** 木 **CC** 不可

鉄板を囲みながら談笑できる

体が喜ぶおいしさを堪能！
てつ

ノンオイル・素材の味を生かしたお好み焼きが人気。食べ応えがありながら舌も体も幸せを感じる味わいで、鉄板焼きも滋味深いものばかり。気さくな店長との会話も楽しい。
MAP 別冊P.19-D2〜3
住 広島市中区新天地5-13新天地プラザ2F **TEL** 090-7594-6664 **営** 11:00〜22:00 **休** 不定休 **CC** 不可

Plus 「お好み村」全店舗が使用しているのが、広島の老舗「サンフーズ」のミツワお好みソース（→P.70）。お好み村オリジナルソースは公式サイト（URL www.mitsuwasauce.com）でも販売されている。

実は"文化"にも強い！
プロオーケストラのある町・広島市
広島交響楽団を聴きたい♪

定期演奏会は年に10回、「広島文化学園HBGホール」（→P.127）で開催。国内外から指揮者や気鋭の演奏者などを迎える回も

広島の音楽家の活動から始まった
幅広い年代に愛され続ける楽団

　広島には県民が誇る"3大プロ"がある。広島東洋カープ、サンフレッチェ広島、そして広島交響楽団、通称「広響」だ。1963（昭和38）年に広島在住の音楽家によって「広島市民交響楽団」として発足。1970（昭和45）年に名称を「広島交響楽団」とし、1972（昭和47）年にプロ改組。中国地方を代表するプロオーケストラ（日本オーケストラ連盟正会員）となった。

　音楽に平和への願いと祈りを託し「Music for Peace～音楽で平和を～」をテーマに掲げ、広島市を拠点に全国各地で演奏。広島市の姉妹都市である韓国・大邱市や、ポーランド・ワルシャワなどでも演奏し、活動を国際的に広げている。2024（令和6）年4月にクリスティアン・アルミンク氏を音楽監督に、また下野竜也氏を桂冠指揮者に迎えた。

　定期演奏会や、世界の名曲を楽しめる「広響名曲コンサート」、子供が気軽に本物の音楽に触れられる「オーケストラ音楽鑑賞教室」など多様な鑑賞機会を提供。幅広い年代に愛され続けている。広島を訪れる目的のひとつにすれば、より深くこの町の魅力を味わえるはずだ。

2024（令和6）年4月から音楽監督に就任したクリスティアン・アルミンク氏

終身名誉指揮者の秋山和慶氏

広島の文化を牽引する楽団
広島交響楽団

🏠 広島市中区舟入中町9-12　舟入信愛ビル2F
☎ 082-532-3080

桂冠指揮者の下野竜也氏

🎼 広響の演奏会を聴くには……

❶演奏会の日程をチェック
　「広島文化学園HBGホール」（→P.127）で定期演奏会のほか、他会場でのコンサートも多数企画される。まずは公式サイト（[URL] hirokyo.or.jp）で開催予定をチェックしよう。

❷前売りチケットを購入する
　公式サイトからチケットのネット購入ができるほか、ローチケ、チケットぴあでも購入可。チケット料金は定期演奏会の場合、S席5800円、A席5200円、B席4500円（席・価格は変動あり）。

❸当日券を窓口で購入する
　残席がある場合、当日に会場窓口でもチケット購入ができる。人気の演奏会は完売することもあるので事前購入が安心。

広響をとことん楽しむなら「コンサート会員」
　年間を通じて、同じ席「マイシート」で演奏を堪能できる会員制度もある。ツウならではの楽しみ方だ。

 1985（昭和60）年から毎年12月に催される「第九ひろしま」。一般公募による大規模合唱団とともにベートーヴェン『交響曲第9番（第九）』を演奏する年末の風物詩だ。管弦楽を担当するのが広島交響楽団。

広島市郊外
（ひろしまし こうがい）

広島県の海の玄関口「広島港」は西は廿日市から東は安芸郡海田町・坂町に広がる

安芸太田町

広島市

東広島市

廿日市市

人口 広島市 ▶117万8773人
※各区の人口は →P.114

📶 **エリア利用駅**

▼横川駅
JR山陽本線　JR可部線

▼五日市駅
JR山陽本線

▼大町駅
JR可部線

▼海田市駅
JR山陽本線　JR呉線

	エリア中心部への行き方	
JR広島駅	JR 山陽本線／可部線 所要約5分(150円)	JR横川駅
	JR 山陽本線 所要約16分(240円)	JR五日市駅
	JR 可部線 所要約21分(210円)	JR大町駅
	JR 山陽本線／呉線 所要約9分(200円)	JR海田市駅
	広島電鉄 (比治山下経由広島港方面) 所要約35分(220円)	広島港

　1980（昭和55）年に全国で10番目の政令指定都市となった広島市。その後も近隣地域の合併が進み、2005（平成17）年に人口115万人を超えた。中心部の中区、JR広島駅と広島港を有する"陸と海の玄関口"の南区、住宅地とともに歴史的建造物や自然が残る東区、山地とウオーターフロントを併せもつ西区。人口最多の安佐南区、面積最大となる安佐北区。工場地帯とともに田園も広がる安芸区、山々に囲まれながらバイパスなど交通網が発達した佐伯区の8区で構成される。

　平地の大部分は太田川による沖積平野。南部の広島港は1940年代から工業港と臨海工業地帯が発展し、第2次世界大戦中は軍事拠点として機能した歴史も。2023（令和5）年には元宇品が「G7広島サミット」（→P.54）でメイン会場に。

Plus　広島電鉄の路面電車は、広電西広島電停から西側の広電宮島口電停までは、路面（道路上）ではなく、鉄道線（専用軌道）を運行する。JR山陽本線とほぼ平行に走るが、電停の間隔がより細かく便利で利用者も多い。

歩き方

▶ 武田氏の繁栄を感じられる中世の山城跡

広島城が築城されるまで安芸国の中心地は銀山城とその周辺（現在の安佐南区祇園）だった。鎌倉時代末期に守護・武田氏が築いた山城で、武田山から見下ろす旧祇園町

武田山の山頂からは、広島の市街地を見渡すパノラマが広がる

一帯は政治・経済・交通の要衝として繁栄。山城としての守備力は非常に高かったといわれ、戦国時代には中国地方統一を目指した大内氏の攻撃にも耐え抜いた。現在も山頂の御守岩台、自然石を使い通路を直角に取る貴重な「かぎの手」の石積みが見られる中腹の御門跡が残り、山麓から頂上までの各所にも郭跡が50近く存在。トレッキングを楽しみながら往時の面影に触れられる。

▶ 良質な湯と大自然が今も愛される広島の奥座敷

旧佐伯郡湯来町は2005（平成17）年に佐伯区に編入され、広島市となった。湯来町は広島市内最高峰の大峯山や、アユの泳ぐ清流水内川など雄大な自然が広がる。湯治場としても名高く、開湯は1500年前。広島の奥座敷として繁栄した「湯来温泉」と、江戸時代に藩主・浅野公に湯治場として愛された「湯の山温泉」がある。大自然のなかでのシャワークライミングやトレッキングといったアクティビティを目当てにやってくる観光客も多い。また古くから酪農の地として知られ、美しい高原で育まれた砂谷牛乳は広島市民に親しまれている。

美しい山々に抱かれ、ひなびた秘湯の風情がある湯の山温泉

おさんぽプラン

① 広島みなと公園（▶P.139）
　↓ 徒歩25分
② グランドプリンスホテル広島（▶P.54,409）
　↓ 徒歩25分
③ 宇品デポルトピア（▶P.138）
　↓ 徒歩30分
④ 旧宇品陸軍糧秣支廠建物・広島市郷土資料館（▶P.139）

寄り道スポット

広島の魅力をクルージングで堪能

瀬戸内海の風景を海上から楽しめるクルーズ船。広島港から宮島まで行くことができ、観光客にも人気。多島美を堪能できるランチクルーズ、夜景を楽しめるディナークルーズがあり、貸切パーティや結婚式にも対応している。

広島ベイクルーズ銀河

MAP 別冊P.17-C3

住 広島市南区宇品海岸1-13-13 宇品港湾ビル　TEL 082-255-3344（瀬戸内海汽船）営 9:00～17:30（土・日・祝17:00）休 月・火　料 ランチクルーズ8000円～、ディナークルーズ1万円～（大人1人分）P なし　交 広島電鉄「広島港」から徒歩5分

広島港を出発し宮島まで周遊。宮島で下船し観光も可能

好きじゃけん広島県！
ご当地トピックス

昔は島だった広島市のカキ名産地・江波

中区江波エリアは広島湾の一角にあり、かつては島だったが干拓と埋め立てによって陸続きとなった。外港の町として栄え、海苔とカキの養殖を主産業としてきた歴史も。カキをむき身に加工することを広島では「かき打ち」と呼ぶ。広島電鉄・江波線の終点である江波電停から徒歩15分ほどのところにある通りは「かき打ち通り」と呼ばれ、水産加工会社が多数集まるエリア。そぞろ歩けば磯の香りを感じられる。

「かき打ち通り」には水産加工会社が並び、江波の海にはカキいかだが浮かぶ

Q 1949（昭和24）年に松尾糧食工業株式会社として広島市内に設立し、現在ではその名を知らない人はいないといえるほどのスナック菓子大手メーカーとなったある企業の名前は？

MAP 別冊P.17-C1

▶ 上野学園ホール(広島県立芸術文化ホール)

住 広島市中区白島北町19-1 TEL 082-223-6367 営 9:00～21:00 料 イベントにより異なる P なし 交 アストラムライン「白島駅」から徒歩2分

1・2階に木がふんだんに使われ音響効果が高いホール

MAP 別冊P.17-C2

▶ 広島県立図書館

住 広島市中区千田町3-7-47 TEL 082-241-4995 営 9:00～19:00、土・日～17:00 休 月 料 無料 P あり※有料 交 広島バス「広島県情報プラザ前」下車すぐ

探究心に応える「ひろしま子どもサイエンスライブラリー」

MAP 別冊P.17-C2

▶ 広島市健康づくりセンター健康科学館

住 広島市中区千田町3-8-6 TEL 082-246-9100 営 9:00～17:00(最終入館16:30) 休 月(祝日の場合は翌平日) 料 370円(65歳以上・高校生180円) P あり 交 広島電鉄「広電本社前」から徒歩3分

脳と神経系の仕組みがわかる拡大模型。映像も交えて解説する

極上の音響で選ばれ続ける芸術・文化施設

うえのがくえんほーる(ひろしまけんりつぶんかげいじゅつほーる)
上野学園ホール(広島県立文化芸術ホール)

優れた音響効果の木製ホールとして高く評価されている文化施設。広島公演の会場として選ぶ音楽家も多い。何度か存続の危機を迎えたが、50年にわたり芸術文化を支え、支持され続けている。ホールのほかにリハーサル室やスタジオ、会議室も完備。

JRやアストラムラインの駅にほど近く、繁華街からもアクセスしやすい

郷土研究から子供の調べ物まで広く支える

ひろしまけんりつとしょかん
広島県立図書館

広島県民の情報収集と生涯学習の拠点となる施設。専門性の高い図書や郷土の資料収集に注力し、調査研究に役立つ蔵書構成を目指す。子供のための科学に関する図書を約5000冊集めた「ひろしま子どもサイエンスライブラリー」も開設されている。

開架室には約11万冊の本・雑誌、その日の新聞などがあり自由に閲覧できる

楽しい展示で体の仕組みと健康づくりを知る

ひろしましけんこうづくりせんたーけんこうかがくかん
広島市健康づくりセンター健康科学館

「健康」がメインテーマの6つの展示ゾーンで、体の仕組みや健康について学べる。探検気分で体の中のことを知るコーナーや、病気の原因と予防策、老いとは何かなど、子供はもちろん大人にとっても学びが深い内容。健康講座やイベントも開催されている。

「広島市総合健康センター」内にあり、研修・会議室やライブラリーなどを併設

ひろしま
A 「カルビー」。社名は、カルシウムの「カル」とビタミンB1の「ビー」から。食糧難の時代に人々の健康に役立つ商品作りを目指して名づけられた。1964(昭和39)年に発売した「かっぱえびせん」が大ヒット。(→P.76)

アートのようなデザインのごみ処理場

広島市環境局中工場

ひろしましかんきょうきょくなかこうじょう

建築家・谷口吉生氏が設計したごみ処理場で未来的なデザイン。建物は見学自由。ガラスの大空間「エコリアム」があり、プラント設備を見ながら歩き続けると瀬戸内海が見え、建造物の奥深さを感じられる。ごみ処理に関する説明付き見学は希望日の前月20日までの予約制。

吉島通りの突き当たりにそびえ立つ、未来的な外観が印象的な工場（→P.88）

MAP 別冊P.16-B3
▶ 広島市環境局中工場
住 広島市中区南吉島1 TEL 082-249-8517 営建物の見学9:00〜16:30（説明付き見学は予約制）休 なし 料 無料 P あり 交 広島バス「南吉島」下車、徒歩5分

ガラス越しに30mを超えるプラント設備が見られる「エコリアム」

天気と科学をワクワクしながら学べる

広島市江波山気象館

ひろしましえばやまきしょうかん

気象がテーマの博物館。1階は気象予報の現場が公開され、気象について質問・相談もできる「お天気情報コーナー」。2階は台風や雷、豪雨などの現象や科学を体験しながら学べる。週末や祝日には、科学に親しめるサイエンスショーやワークショップが開催。

本館は広島市指定重要有形文化財で被爆建物。爆風で曲がった窓枠などをそのまま保存している

MAP 別冊P.16-B3
▶ 広島市江波山気象館
住 広島市中区江波南1-40-1 TEL 082-231-0177 営9:00〜17:00（最終入館16:30）休月（祝日の場合は翌日）料 100円（65歳以上・高校生50円）P あり（江波山公園駐車場を利用）交 広島電鉄「江波」から徒歩15分

秒速5m、15m、20mの強風を体験できる「突風カプセル」

夏はプール、冬はスケートが楽しめる施設

ひろしんビッグウェーブ

ひろしんびっぐうぇーぶ

ファミリーから競技者まで利用するスポーツ施設で、6〜9月はプール、11〜4月はアイススケートリンクになる仕様（それぞれに切り替え工事期間あり）。プールは50m、水深5mの飛び込みプールも。冬季は60m×30mのメインリンク、18m×30mのサブリンクが登場する。

アジア大会や国体の会場に使われたこともある施設。アクセスのよさも魅力

MAP 別冊P.17-C1
▶ ひろしんビッグウェーブ
住 広島市東区牛田新町1-8-3 TEL 082-222-1860 営9:00〜21:00（10〜6月）、8:30〜21:30（7〜9月）休火（祝日の場合は開館）料 50mプール550円（65歳以上・小中高生260円）、スケートリンク1580円（65歳以上・小中高生940円）P あり 交 アストラムライン「牛田（ひろしんビッグウェーブ前）駅」から徒歩3分

スケートリンクではフィギュアスケートなどの練習も行われる

クチコミ 江波山公園にあるフレンチレストラン「シェ・ヤマライ」では、江波の米田海産のカキを使ったお料理が食べられます。カキ尽くしのコースもあるんですよ！（広島市在住・カキ大好きっ子）

MAP 別冊P.9-C1

▶広島市森林公園

住広島市東区福田町字藤ヶ丸10173 TEL082-899-8241 営9:00〜16:30（最終入園16:00）休水（祝日の場合は翌平日）料こんちゅう館510円（65歳以上・高校生170円）Pあり 交広島東ICから車で15分

「こんちゅう館」では50種以上の昆虫を飼育

MAP 別冊P.9-C1

▶広島県緑化センター

住広島市東区福田町10166-2 TEL082-899-2811 営9:00〜16:00 休月（祝日の場合は翌平日）料無料 Pあり 交広島東ICから車で15分

自由に遊べる広場、遊具、ドッグランもある

MAP 別冊P.17-C1

▶不動院

住広島市東区牛田新町3-4-9 TEL082-221-6923 営自由 休なし 料無料 Pあり 交アストラムライン「不動院前駅」から徒歩1分

唐様の現存建築としては最大といわれる金堂

MAP 別冊P.17-C3

▶宇品デポルトピア

住広島市南区宇品海岸3 TEL082-251-7110（広島港湾振興事務所）営公園・堤防は自由（店舗により異なる）休公園・堤防はなし（店舗により異なる）料無料 Pあり 交広島電鉄「海岸通り」から徒歩9分

ウオーキングや釣りに訪れる人も多い

木々や生き物に触れ、遊びながら学べる場所

広島市森林公園
ひろしまししんりんこうえん

　自然に親しみながら憩い、学べるレクリエーション施設。遊具のある広場や水遊びができる小川、デイキャンプ場、中四国唯一の「こんちゅう館」など各所で遊べる。

敷地内にはさまざまな施設があるが、なかでも子供から人気の「こんちゅう館」

四季を感じながら過ごせる遊びと学びの森

広島県緑化センター
ひろしまけんりょっかせんたー

　藤ヶ丸山の中腹に位置する、広大な自然観察や散策が楽しめる公園。春は桜、秋は県下一のオオモミジなど紅葉の名所として知られている。レストハウスやトイレも完備。

紅葉シーズンには美しい風景が広がる

多数の貴重な文化財を今に伝える寺院

不動院
ふどういん

　南北朝時代に足利氏が全国に建てた安国寺のひとつ。大内氏と武田氏の戦いで焼失したが安国寺恵瓊によって再興された。国宝の金堂をはじめ多数の文化財を有している。

国重要文化財の楼門は、恵瓊が朝鮮から良材を持ち帰り建立したとされる

海辺の憩いと都会的な楽しみがある港エリア

宇品デポルトピア
うじなでぽるとぴあ

　広島港の「宇品中央賑わいエリア（南区宇品海岸3丁目）」。ライブハウスやおしゃれなインテリアショップ、結婚式場などが並び、芝生が広がる宇品波止場公園も隣接。

倉庫や荷捌き地といった港湾施設を活用し、スタイリッシュな集いの場を創生

---

plus

広島の架空都市・呉原を舞台にアウトローたちの闘いを描いた大ヒット映画『孤狼の血 LEVEL2』。オール広島ロケの本作のラストシーンは、「広島県緑化センター」で撮影された。

行き交う船を眺めゆったり過ごせる憩いの場

広島みなと公園
（ひろしまみなとこうえん）

広島港に隣接した親水緑地で、広々としたセンター広場やピクニック広場、ランニングコースなどがある。災害時の避難場所や物資の輸送拠点としての機能も有する。

MAP 別冊P.17-C3

▶ 広島みなと公園

住 広島市南区宇品海岸1 TEL 082-251-7997(広島港湾振興事務所) 営 自由 休 なし 料 無料 P あり 交 広島電鉄「宇品港」下車すぐ

5〜10月限定で営業するBBQガーデン

遊具類はないが子供たちが思いきり駆け回れ、ボール遊びなどもできる

地場産業や生活の歴史を伝える資料館

旧宇品陸軍糧秣支廠建物・広島市郷土資料館
（きゅううじなりくぐんりょうまつししょうたてもの・ひろしましきょうどしりょうかん）

カキや海苔といった広島の地場産業、宇品築港や広島の歴史、地域の暮らしを紹介している。昔の農具や和傘づくりなど実物資料も展示、各種企画展や体験教室なども開催。

MAP 別冊P.17-C3

▶ 旧宇品陸軍糧秣支廠建物・広島市郷土資料館

住 広島市南区宇品御幸2-6-20 TEL 082-253-6771 営 9:00〜17:00(最終入館16:30) 休 月(祝日の場合翌平日) 料 100円(65歳以上・高校生50円) P あり 交 広島電鉄「宇品二丁目」から徒歩5分

川が輸送路となっていた時代の川舟を展示

旧陸軍の糧秣支廠の缶詰工場だった建物。原爆投下の爪あとが残されている

広島の町を一望するビュースポット

黄金山緑地
（おうごんざんりょくち）

標高221.7mの黄金山。富士山の形に似ていることから「黄金富士」とも呼ばれている。山道沿いに約480本の桜が植えられ、春には雲が湧き立つように咲き乱れる。

MAP 別冊P.17-D3

▶ 黄金山緑地

住 広島市南区黄金山町 TEL 082-250-8956 営 5:00〜23:00 休 なし 料 無料 P あり 交 広島高速2号線「仁保出入口」から車で10分

仁保城が築かれ重要な要害だった歴史もある

山頂からは広島市内を見渡すパノラマが広がる。夜景スポットとしても人気

自然に恵まれたアウトドアレジャーの島

似島
（にのしま）

広島湾の沖3kmに位置する島。スポーツ施設やアスレチックを備えた似島臨海公園があり、カヤックなども楽しめる。戦時中は捕虜収容所など軍関係の施設が設置されていた。

MAP 別冊P.9-C2

▶ 似島

住 広島市南区似島町大黄 TEL 082-250-8935(082-250-8956似島臨海公園、082-504-2837広島市似島歓迎交流センター) 営 自由 休 なし 料 無料 P なし 交 「広島港」から似島汽船フェリーで20分

弾薬庫通用トンネルなど戦争遺跡が点在する

2024年度に「広島市似島歓迎交流センター」がリニューアル

plus

2024(令和6)年にリニューアルした「ユーハイム似島歓迎交流センター」。似島での捕虜時代、日本で初めてバウムクーヘンを焼いたカール・ユーハイムが創業者の洋菓子メーカー「ユーハイム」が命名権を取得した。

MAP 別冊P.16-B1

▶ 三瀧寺

住 広島市西区三滝山411　**TEL**
082-237-0811　営 8:00～17:30
休 なし　料 無料　**P** あり　交 JR
「三滝駅」から徒歩20分

境内の奥を流れる約27mの梵音の滝

MAP 別冊P.16-B2

▶ 旭山神社

住 広島市西区己斐西町12-10
TEL 082-271-1040　営 自由(祈
願受付9:00～16:00)※祈願は
予約制　休 なし　**P** なし　交 JR
「西広島駅」から徒歩10分

毎年10月には秋季大祭が開催される

MAP 別冊P.16-A2

▶ 三輪明神広島分祠

住 広島市西区古江上1-376-15
TEL 082-271-6004　営 自由(祈
願受付9:00～15:00)　休 なし
P あり　交 広島電鉄「古江」から
徒歩15分

厄除け、初宮参り、七五三などの祈禱に対応

MAP 別冊P.16-A3

▶ アルパーク

住 広島市西区草津新町2-26-1
TEL 082-501-1000　営 休 **CC** 店舗
により異なる　**P** あり　交 JR「新
井口駅」から徒歩3分

イベントも開かれる東棟の「時計の広場」

木々に抱かれた、紅葉も美しい観音霊場
三瀧寺
みたきでら

「三滝観音」として親しまれている真言宗の寺院で、境内に名の由来となった3つの滝が流れる。深山幽谷の趣があり1年を通じて多くの人が訪れ、紅葉の時期は特ににぎわう。

荘厳なたたずまいを見せる多宝塔。県の重要文化財に指定されている

毛利元就ゆかりの「こいの宮」
旭山神社
あさひやまじんじゃ

「こいの宮」の名でも親しまれている、山の上に位置する神社。毛利元就が厳島の合戦の前に戦勝祈願に立ち寄った際、朝日が輝いたため「旭山八幡宮」と名づけたとされる。

爆心地から2.8kmで被爆し倒壊。焼失は免れ1948(昭和23)年に修復された

県外からも参拝者が訪れる「西の三輪さん」

三輪明神広島分祠
みわみょうじんひろしまぶんし

奈良県にある三輪明神大神神社の分祠で、大物主大神を祀る。農・工・商、厄除、方除、治病、縁結びなど人間生活万般の守護神とされ、「西の三輪さん」と親しまれている。

山の中腹で町を見守るように立つ社殿。春は桜の花に抱かれた姿が見られる

買い物から映画観賞まで楽しめる駅チカモール

アルパーク
あるぱーく

ファッション、生活雑貨、美容、グルメなど幅広くカバーする大型ショッピングモール。フィットネスクラブや4DXシアター完備のシネマコンプレックスも入居している。

東・西・北の3棟があり、アパレル・スポーツ・家電など大型チェーンも多数

クチコミ　「LOUPE COFFEE STAND」では品質高くおいしいコーヒーをいただけます。スタッフは海外でのバリスタ経験があり、広島でいちばんおいしいフラットホワイトがいただけます。(fragonia)

知・食・住を彩る暮らしのサードプレイス

LECT
れくと

youme、T-SITE、カインズによって構成される複合施設。「知・食・住」をテーマに、食品、衣類、生活雑貨、書籍、健康・美容など多様な店舗を集めている。

東側にカインズ、中央のエリアに蔦屋書店、西側にyoume食品館が入る

▶ LECT

住 広島市西区扇2-1-45 TEL 082-270-0051 営 店舗により異なる 休 なし CC 店舗により異なる P あり 交 五日市ICから車で15分

飲食店では広島の味や人気グルメが楽しめる

見て! 乗って! 乗り物と交通を楽しく学ぶ

ヌマジ交通ミュージアム
ぬまじこうつうみゅーじあむ

陸・海・空の乗り物をテーマにした科学館で、2階の展示室は約2000点の乗り物模型、3・4階は直径20mの巨大交通ジオラマを展示。工作教室などイベントも開催。

施設1階のライブラリーでは乗り物に関する書籍や映像資料が閲覧できる

▶ ヌマジ交通ミュージアム

住 広島市安佐南区長楽寺2-12-2 TEL 082-878-6211 営 9:00〜17:00(最終入館16:30) 休 月(祝日の場合は開館、翌平日休み) 料 2階〜4階展示室510円(65歳以上・高校生250円)、おもしろ自転車30分100円 P あり 交 アストラムライン「長楽寺駅」から徒歩6分

動物たちの生きいきとした姿を楽しめる

広島市安佐動物公園
ひろしましあさどうぶつこうえん

広大な園内でキリン、アフリカゾウ、レッサーパンダ、マレーバク、ライオンなど多種多様な生き物を飼育。ヤギやヒツジが放し飼いにされ、触れ合えるエリアもある。

広島市北部の郊外にあり、周囲の豊かな自然を生かした造りになっている

▶ 広島市安佐動物公園

住 広島市安佐北区安佐町動物園 TEL 082-838-1111 営 9:00〜16:30(最終入園16:00) 休 木(祝日の場合は開園) 料 510円(65歳以上・高校生・18歳未満170円) P あり 交 広電バス「安佐動物公園」下車すぐ

ガラス越しにライオンを見られる「レオガラス」

自然のなかにあるスポーツ&レジャー施設

瀬野川公園
せのがわこうえん

埋立処分場の跡地を整備し公園として生まれ変わらせた施設。自然豊かな山々に抱かれ、家族連れで楽しめる広場や遊具が充実し、野球やテニスなどのスポーツ施設も備える。

園内は屋内運動場、ローラースケート場、アーチェリー場などもあり充実

▶ 瀬野川公園

住 広島市安芸区上瀬野町 TEL 082-894-3210 営 施設により異なる 休 なし 料 無料、スポーツ施設は有料(施設により異なる) P あり 交 志和ICから車で15分

大型遊具や蒸気機関車のあるちびっこ広場

---

plus

雨の日に「広島市安佐動物公園」を訪れると「アニマルカード」がもらえる特典が。全20種類を集めたら、プレミアムカードがもらえるとか。雨の日を狙って行くのもアリ。詳細はホームページで確認を。

▶ 独立行政法人 造幣局 広島支局

住 広島市佐伯区五日市中央6-3-1　TEL 082-922-1597　営 展示室9:30～16:00、工場見学9:20/13:20　休 土・日・祝　P あり　交 広電バス「五日市五丁目口」または「千同橋」から徒歩10分

約1000点もの資料を公開している展示室

見学・展示でお金の製造工程が学べる

独立行政法人 造幣局 広島支局
どくりつぎょうせいほうじん ぞうへいきょく ひろしまししきょく

日本唯一の一貫製造ラインを持った貨幣工場で、見学が可能。古銭や外国貨幣、造幣局で製造した貨幣などが見られる展示室も。桜の開花時期には構内を期間限定で一般開放。

工場見学は予約制。所要時間90分程度。ガイドが貨幣製造工程を案内してくれる

▶ 塩屋天然温泉ほの湯楽々園

住 広島市佐伯区楽々園5-7-1　TEL 082-921-1126　営 9:00～23:00(最終受付22:00)　休 不定休　料 平日930円、土・日・祝980円(小学生400円、4歳～未就学児150円)　P あり　交 広電電鉄「楽々園」から徒歩5分

「ロウリュウ」が体験できるチムジルバン

露天風呂やチムジルバンでリフレッシュ

塩屋天然温泉ほの湯楽々園
しおやてんねんおんせんほのゆらくらくえん

源泉かけ流しの岩風呂や炭酸泉など14種類の湯船が堪能できる。韓国発祥の低温サウナ「チムジルバン汗蒸洞」も好評。入浴受付後は何度でも繰り返し入浴ができる。

広島では珍しい源泉かけ流しの天然温泉。ミネラル成分が豊富で肌触りもなめらか

▶ THE OUTLETS HIROSHIMA

住 広島市佐伯区石内東4-1-1　TEL 082-941-7111　営 10:00～20:00(一部店舗は異なる)　休 なし　料 店舗により異なる　P あり　交 広電バス、広島バス、ボンバス「ジアウトレット広島」下車すぐ

2階は風を感じられるオープンなフロア

良質なアウトレットと広島の"すてき"が揃う

THE OUTLETS HIROSHIMA
じあうとれっと ひろしま

人気ブランドを集めるアウトレットモール。広島グルメも楽しめる飲食ゾーン、映画館、広島発のこだわりアイテムなども取り揃え、地域創生型商業施設となっている。

山陽自動車道五日市ICからアクセスがよく、県外から訪れる人も多い

▶ 広島市植物公園

住 広島市佐伯区倉重3-495　TEL 082-922-3600　営 9:00～16:30(最終入園16:00)　休 金(祝日の場合は開園)　料 510円(65歳以上・高校生170円)　P あり　交 広電バス「植物公園」下車すぐ

栽培種から野生種まで展示するベゴニア温室

1万品種20万本以上を栽培する植物の楽園

広島市植物公園
ひろしまししょくぶつこうえん

18.3ヘクタールの敷地内で多様な植物を栽培・公開。熱帯・亜熱帯の植物を展示する大温室や熱帯スイレン温室のほか各種温室、花の進化園、芝生広場などを備えている。(→P.42)

正門を入ると、季節の花々が咲き乱れる大花壇が来場者を出迎える

広島市南区の「旧陸軍被服支廠」は、1914(大正3)年に竣工、陸軍兵士の軍服などを製造した施設で、現存する被爆建物。爆風により変形した鉄の扉など原爆のすさまじさを物語る価値ある建造物だ。

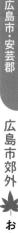
広島市郊外 ★ おもな見どころ

全身で楽しめる大自然を使った遊び場

ひろしましゆきこうりゅうたいけんせんたー

広島市湯来交流体験センター

BBQやキャンプのほか、こんにゃく作りやテントサウナなどの体験もできる施設。トレッキングやE-BIKEツアーといったアクティビティなどの体験拠点としての役割も担っている。

「交流体験館」は、会合や体験教室、料理など各種屋内イベントに対応している

MAP 別冊P.8-B1
▶広島市湯来交流体験センター
住広島市佐伯区湯来町大字多田2563-1 TEL0829-40-6016 営9:00～18:00 休月 料シャワークライミング9800円～、オオサンショウウオこんにゃく作り2000円ほか（要予約）Pあり 交広電バス「湯来ロッジ前」下車すぐ

人気アクティビティのシャワークライミング

静けさの漂う広島の奥座敷に位置する湯治場

ひろしましこくみんしゅくしゃ ゆきろっじ

広島市国民宿舎　湯来ロッジ

源泉かけ流し（加温）温泉を日帰りでも宿泊でも楽しめる湯来温泉の施設。湯船から新緑、紅葉、雪景色など四季折々の景色を味わおう。宿泊は1名・1泊2食付き1万2500円～（大人2名利用時）。

清流・水内川に面し、川のせせらぎや鳥たちの声を感じられる

MAP 別冊P.8-B1
▶広島市国民宿舎　湯来ロッジ
住広島市佐伯区湯来町大字多田2563-1 TEL0829-85-0111 営6～9月10:00～21:00、10～5月10:00～20:00（最終受付30分前）休なし 料日帰り入浴750円（4～11歳300円）Pあり 交広電バス「湯来ロッジ前」下車すぐ

水内川に面し、せせらぎが聞こえる露天風呂

4mの高さから流れる打たせ湯が名物の温泉

ゆのやまおんせんかん

湯の山温泉館

広島藩主・浅野吉長の湯治場「湯の山温泉」の最奥に位置する温泉施設。単純弱放射能温泉で源泉は23.5度、内湯は41度に加温されほどよいぬくもりが体の芯までしみる。

湯来の山々の深い緑に抱かれ、秘湯の風情を味わえるひなびた温泉地

MAP 別冊P.8-B1
▶湯の山温泉館
住広島市佐伯区湯来町大字和田471 TEL0829-83-0802 営6～9月9:00～21:00、10～5月9:00～20:00（最終受付30分前）休不定休 Pあり 交五日市ICまたは戸河内ICから車で40分

地上4mの岩盤から流れ落ちる打たせ湯

のどかな牧場を眺めながらジェラートに舌鼓

さごたにぼくじょう（くぼあぐりふぁーむ）

サゴタニ牧場（久保アグリファーム）

自然豊かな湯来町にある牧場で、生乳を使ったジェラート工房とカフェを併設。年間約10万人が来場する。牛舎を見学することができ、餌やりやバター作りなどの体験も。

カフェの前にある草原ではピクニックや自由に遊ぶことができる

MAP 別冊P.8-B1
▶サゴタニ牧場（久保アグリファーム）
住広島市佐伯区湯来町白砂1207-2 TEL0829-86-0337 営11:00～17:00 休火 料入場無料、バター作り体験1人500円ほか Pあり 交広電バス「砂谷酪農入口」下車、徒歩15分

濃厚なコクが楽しめるソフトクリームも人気

Plus
1989（平成元）年に湯来温泉街に公共の無料露天風呂としてオープンした「湯元」は、老朽化で2000（平成12）年に閉鎖。だが、地元の有志を中心にして、2019（令和元）年に貸切露天風呂「誠の桧湯」として再生した。

広島の主要産業の一角を担う、暮らしやすい町

府中町
ふ ちゅう ちょう

山陽自動車道と接続する都市高速道路のICがあり交通の便がよい

広島市東区
広島市安芸区
府中町
広島市南区
海田町

人口 府中町▶5万2694人

📺 **エリア利用駅**

▼天神川駅
JR山陽本線 JR呉線

▼向洋駅
JR山陽本線 JR呉線

天神川駅から徒歩15分で「MAZDA Zoom-Zoomスタジアム広島」(→P.44) に行ける

エリア中心部への行き方

| JR広島駅 | JR 山陽本線／呉線
所要約3分(150円) | JR天神川駅 | JR 山陽本線／呉線
所要約3分
(JR広島駅から乗車190円) | JR向洋駅 |

　人口約5万2000人、全国の「町」で一番人口が多い府中町。市町村合併で周囲の地域は広島市となっていったが、合併せず広島市に囲まれた安芸郡の飛び地になっている。JRやバスで広島市中心部へアクセスしやすく、現在はベッドタウン的なエリアに。自動車メーカー「マツダ」の拠点であり、関連工場も多く、広島の産業分野の主軸の町といえる。

　中四国最大級のショッピングモール「イオンモール広島府中」(P.146) があり、ショッピング・エンターテインメントには事欠かない。「府中町歴史民俗資料館」などの文化施設、「チェリーゴード空城パーク」や「WACTORYパーク揚倉山」など遊具・スポーツ施設のある大型公園も充実し、子育て世代からシニアまで住みやすい地域だ。

plus

漫画『BADBOYS』の作者・田中宏氏は府中町出身。府中町PR大使でもあり、2020 (令和2) 年に公開された府中町のPRアニメ『夢中に幸せ、府中町』の原画とストーリーを手がけている。

歩き方

国府が置かれ安芸国の中心だった地

平安時代以前より府中町には安芸の国府に国庁が置かれ、政治経済、祭祀の中心として機能していた。安芸国の3大神社のひとつ「多家神社」など、各所に史跡が多数。石井城には国庁屋敷・厳島国府上卿屋敷の田所屋敷が残る。政治・祭祀を司る重要な役

田所明神社（府中町石井城1-1-16）。HPで歴史資料を公開

割を務めた阿岐国造家の田所氏館跡で末裔が居住。中世、安芸国衙領や荘園の様相を記録した貴重な文書『田所文書』（広島県重要文化財）を所蔵。厳島国府上卿屋敷には厳島神社定勅使祭主の神殿だった厳島遥拝所（国庁神社・槻瀬明神）・大黒社を合祀した田所明神社がある。

世界から評価される自動車メーカーの本拠地

日本が世界に誇る自動車メーカー「マツダ」の本社は府中町にある。開発や生産、営業などのセクションが各地に点在する自動車メーカーが多いが、マツダは広島の同じ敷地内に機能を集約している。2018（平成30）年5月には日本国内生産累計5000万台を達成した。2022年度の世界販売台数は110万台となっている。企業の歴史とビジョンを発信するた

本社ビルや工場のあるマツダの敷地はひとつの町のような規模

め、本社敷地内に「マツダミュージアム」（→P.84）を設置。創業から現在までの歩みとこれからの未来像を伝える展示内容で、歴史的価値の高い自動車なども公開されている。

おさんぽプラン

① 多家神社（▶P.146）
　　徒歩5分
② 府中町歴史民俗資料館（▶P.146）
　　徒歩25分
③ イオンモール広島府中（▶P.146）
　　徒歩35分
④ チェリーゴード空城パーク
　（空城山公園）（▶P.147）

寄り道スポット 眺望抜群ハイキングスポット

広島市に位置する山で、山頂に東区と安芸区の区境が通る。府中町の北東方にあり、「みくまり峡入口」バス停から水分峡森林公園を北東に進む代表的な登山ルートのひとつが府中町を経由することや、広島市内が見渡せる岩谷観音跡は府中町に属するなど、府中町に住む人にとっても親しみのある山だ。山頂からは北西に展望が美しく開け、天候に恵まれれば恐羅漢山など芸北の峰々まで眺められる。

呉娑々宇山（ごさそうざん）

MAP 別冊P.9-C1

海抜682.2m。気軽に登れるが岩場もあり、登山の装備が必要

\好きじゃけん広島県!/
ご当地トピックス

府中町の歴史を語る「下岡田官衙遺跡」（しもおかだかんが）

8世紀中頃（奈良時代）に国が設置した「安芸駅家」の可能性が高い遺跡で、瓦葺礎石建物2棟を中心とした施設だったと考えられている。駅家は都と地方を公務で行き来する役人たちに馬や食事、宿泊場所を提供した施設。府中町が古代の重要な地域だったことを物語る場所だといえるだろう。2021（令和3）年3月に国史跡に指定された。遺跡からの出土品（複製）は府中町歴史民俗資料館（→P.146）に展示されている。

発掘調査時（1967年）の写真。発掘調査後、現在は埋め戻され畑となっている。

ひろしま

Q　安芸郡府中町には、世界的自動車メーカー「マツダ」の本社がある。社名は創業者の松田重次郎氏に由来しているが、英語表記「MAZDA」にはある神様が関係している。その神様の名前は？

145

MAP 別冊P.22-B1
▶ 多家神社（埃宮）
住 安芸郡府中町宮ノ町3-1-13
TEL 082-282-2427 営 自由
なし 料 無料 P あり 交 広電
バス「府中埃宮」下車すぐ

17世紀に建立された校倉造の宝蔵は広島県重要文化財となっている

神武天皇ゆかりの歴史ある神社

多家神社（埃宮）
たけじんじゃ（えのみや）

　神武天皇が日本を平定する旅の道中で立ち寄った場所と伝わる神社。平安時代の書物『延喜式』には速谷神社と嚴島神社とともに「安芸の国の名神大社」として記されている。神社の近くの松崎八幡跡地には、神武天皇が休息したといわれる「腰掛岩」が残る。

1990（平成2）年の修築で千鳥破風が増築された拝殿。境内は緑の森に抱かれている

MAP 別冊P.22-A1
▶ イオンモール広島府中
住 安芸郡府中町大須2-1-1 TEL
082-561-0001 営 専門店街
10:00〜21:00(店舗・エリアにより
異なる) 休 なし CC 店舗により
異なる P あり 交 JR「天神川
駅」から徒歩5分

開放的な吹き抜けの空間は、イベント会場としても使われている

広島県内最大級のショッピングモール

イオンモール広島府中
いおんもーるひろしまふちゅう

　ファッションや生活雑貨、コスメ、グルメ、カルチャー、書籍、家電、ペットなどバラエティ豊かな専門店が並ぶ大型商業施設。3階にドッグランテラス、4階には映画館「バルト11」があり、ショッピングモールの固定概念にとらわれない楽しみ方ができる。

2004（平成16）年にオープン。増床を続け、2023（令和5）年現在は約280店舗が集う

MAP 別冊P.22-B1
▶ 府中町歴史民俗資料館
住 安芸郡府中町本町2-15-1
TEL 082-286-3260 営 9:00〜
17:00 休 月 料 無料 P あり
交 広電バス「府中埃宮」下車、徒
歩5分

古代からの府中町の歩みを、発掘物やパネル、映像などで紹介

歴史を知り、人とつながる学習・交流の場

府中町歴史民俗資料館
ふちゅうちょうれきしみんぞくしりょうかん

　2022（令和4）年にリニューアルオープン。「府中町の自然」「府中町のあゆみ」「府中町の暮らしと文化」を柱にした常設展で町のなり立ちを紹介。公民館と一体となった施設で、エリアを区分けせず、訪れた人がともに学びながら交流できるようになっている。

歴史民俗資料館・公民館・消防団第1分団詰所の複合施設となっている

英語表記「MAZDA」は、ゾロアスター教の最高神で調和・知性・叡智を司る「Ahura Mazda（アフラ・マズダー）」にちなんだものだ。その名のとおり、日本の自動車文明を世界へ導く存在だ。

緑のなかで水遊びやキャンプが楽しめる
みくまりきょうしんりんこうえん
水分峡森林公園

自然の渓谷を生かした公園で気軽なアウトドアスポットとして人気。大えん堤、ケヤキ広場、キャンプ場、石ころび池などがあり、夏場は水辺の遊び場に親子連れが集まる。

水が幾重にも重なる様子が鎧の草摺（くさずり）に似ているため名づけられた「草摺の滝」

府中町を一望できる快適なスポーツ施設
わくとりーぱーく（あげくらやま（あげくらやまけんこううんどうこうえん）
WACTORYパーク揚倉山（揚倉山健康運動公園）

町が一望できる運動公園。1996（平成8）年「ひろしま国体サッカー（成年男子1部）」の競技場となった公園で、現在はナイター設備のある多目的広場やテニスコートなどの施設がある。

上段多目的広場は人工芝で、天候に左右されないピッチコンディションを誇る

低年齢の子供も思いきり遊べる公園
ちぇりーごーどそらじょうぱーく（そらじょうやまこうえん）
チェリーゴード空城パーク（空城山公園）

季節を感じながら散歩道を歩ける、自然のなかの公園として人気。低年齢向けの遊具が豊富で、家族連れでにぎわう。さまざまなスポーツが楽しめるグラウンドを完備。

滑り台や階段を組み合わせたシンプルな遊具。幼児と保護者が安心して遊べる

西日本最大規模を誇るクライミング施設
くらいむせんたーせろ
クライムセンターCERO

空調完備の空間でボルダーとリードクライミングの両方が楽しめる。初心者用体験クラスや小学生向け教室、大会出場を目指す競技者のアスリートクラスなど、各種レッスンも。

さまざまな角度の壁を用意し、初心者からベテラン競技者まで対応している

MAP 別冊P.22-B1
▶ 水分峡森林公園
住 安芸郡府中町字石コロヒ83
TEL 082-286-3261（水分峡森林公園管理棟） 営 8:00〜17:00
休 なし 料 無料 P あり 交 府中町つばきバス「みくまり三丁目」下車、徒歩10分

キャンプ場は予約なしで利用可能

MAP 別冊P.22-B1
▶ WACTORYパーク揚倉山（揚倉山健康運動公園）
住 安芸郡府中町山田5-5-1
TEL 082-282-2141（管理棟）
営 7:00〜21:00、北エリア（下段）は4〜9月7:00〜18:00、10〜3月7:00〜17:00 休 なし 料 無料（多目的広場・テニスコート利用は有料） P あり 交 広電バス「府中ニュータウン」下車、徒歩6分

MAP 別冊P.22-B2
▶ チェリーゴード空城パーク（空城山公園）
住 安芸郡府中町浜田2-16-23
TEL 082-282-7301（管理棟）
営 7:00〜21:00 休 なし 料 無料※一部有料施設あり P あり 交 広電バス「空城山公園入口」下車、徒歩すぐ

桜の開花時期には花見客も訪れる

MAP 別冊P.22-A1
▶ クライムセンターCERO
住 安芸郡府中町茂陰1-13-46
TEL 082-236-8401 営 14:00〜22:00（土・祝10:00〜20:00、日11:00〜20:00） 休 月（祝日の場合は翌平日） 料 平日2時間1740円〜（高校生以下870円〜、その他学生1390円〜） P あり 交 JR「天神川駅」から徒歩8分

クチコミ 江戸時代にこのあたりで有名な食べ物だった「府中の白そば」は、長く途絶えていたものの現代に復活！　府中町内では「りょうま」という店で食べることができます。（安芸郡府中町在住・サカモト）

海田町・坂町・熊野町
（かいたちょう・さかちょう・くまのちょう）

熊野町の「筆の里工房」には世界一の大筆が展示されている

```
府中町        広島市
              安芸区
広島市    海田町
南区
    広島市
    安芸区  熊野町    東広島市
坂町
              呉市
```

人口　海田町 ▶ 3万833人
　　　　坂町 ▶ 1万2714人
　　　　熊野町 ▶ 2万3543人

エリア利用駅・バス停

▼海田市駅
JR山陽本線　JR呉線

▼坂駅
JR呉線

▼熊野町役場前
広電バス

熊野町内はJRの駅がないため、公共交通機関なら広電バスの利用が便利

エリア中心部への行き方

```
JR広島駅 ── JR山陽本線／呉線 ── 海田市駅 ─── JR坂駅
           所要約10分（200円）
        ── JR呉線　所要約16分（240円） ───────
        ── 広電バス　所要約45分（690円） ──── 熊野町役場前
```

　海田町は瀬野川と海田湾に挟まれた町。広島駅から電車で10分程度とアクセスがよく、「織田幹雄スクエア」「海田ふるさと館」などの文化施設も充実。都市部の特徴をもちながら、日浦山（ひのうらやま）などの美しい自然も暮らしのそばにある。広島湾に面した坂町は、海水浴場であるベイサイドビーチ坂や坂の浦海水浴場など美しい海岸線が魅力。広島呉道路、海田大橋、国道31号が通り交通の便がよく、「横浜公園」「きらり・さかなぎさ公園」など整備され景色も美しい公園が充実。気軽にレジャーが楽しめるエリアだ。四方を原山、洞所山、嵩山などの山々に囲まれた230m級の高原盆地に位置し、豊かな自然と歴史を感じる環境の熊野町。広島市・呉市・東広島市に隣接することからベッドタウンとしての開発が進んでいる。

Q 広島市南区仁保沖町〜安芸郡坂町東部流通団地の間を結ぶ、"広島ベイブリッジ"の愛称で親しまれている、橋の名前は？

歩き方

人と文化が往来した西国街道の宿場町・海田町

西国街道（旧山陽道）は、大坂と下関を結ぶ要衝として重要な役割を果たしていた。江戸時代に広島藩による道路整備が進んだ頃から、海田は街道の宿場町として発展。今も地域のなかには面影が残る。

宿駅の要職を勤めた千葉家の旧宅が残り、第2・第4土曜前日の金～月曜に公開

海と山の魅力を併せもつアクティブな坂町

広島市と呉市の間にあり、広島湾に面したエリアはマリンレジャーや夕日を楽しみに1年を通じて人気。山側は見晴らしのよいスポットが多く、高尾山城跡や、坂から小屋浦まで縦断する天狗岩ルートなど登山も楽しめる。"ウオーキングのまち"としても知られている。

ショップやカフェが進出し、夏季以外もにぎわう「ベイサイドビーチ坂」（→P.151）

国内外の美容業界が注目する筆の産地・熊野町

熊野筆は江戸時代末期から始まり、現在では全国一の産地として知られている。特に化粧筆は肌当たりの柔らかさや機能性で注目され海外にもファンが多い。町内には筆作りが体験できる施設やミュージアムがあり、秋分の日には「筆まつり」が開催される。

大筆を使った書道パフォーマンスは「筆まつり」（→P.341）の目玉のひとつ

おさんぽプラン

①熊野町観光案内所筆の駅（▶P.152）

　徒歩5分

②晃祐堂（▶P.153）

　徒歩35分

③筆の里工房（▶P.153）

　徒歩12分

④榊山神社（▶P.153）

　徒歩15分

⑤SHAQUDA（▶P.152）

寄り道スポット

土砂災害の記憶を後世に

2018(平成30)年7月の豪雨で大規模な土砂災害が発生した坂町。小屋浦公園は、犠牲者を追悼し、被災経験を役立てるべく整備された防災公園。記念碑やパネル展示や映像を通し災害の実態を伝える「坂町災害伝承ホール」があり、県民の防災意識に訴えている。

小屋浦公園（坂町自然災害伝承公園）

MAP 別冊P.9-C2

住 安芸郡坂町小屋浦4-25-9

TEL 082-820-1540(坂町環境防災課) **営** 伝承ホール9:00～16:00(土・日10:00～16:00)

休月 **料**無料 **P**あり **交** JR「小屋浦駅」から徒歩10分

記憶の風化を防ぎ意識を高めるため2021（令和3）年に建立した災害碑

\好きじゃけん広島県！/
ご当地トピックス

町の人に愛される 海田町の花・ひまわり

海田町の町花は「ひまわり」。町内200ヵ所以上で栽培されており、夏になると学校や文化施設、公共施設、公園など各所で元気に咲く姿を楽しめる。町民有志による、家庭でひまわりを育てる取り組み「一家一花運動」も浸透。見どころを紹介する「海田町ヒマワリマップ」が作られ、海田町のウェブサイトから見ることができる。町の主催の「海田町魅力フォトコンテスト」には「ひまわりフォト部門」があり、毎年全国から応募が多数ある。

瀬野川河川敷やボランティアの畑など町内各所が見どころに

A **ひろしま** 「海田大橋」。1990(平成2)年12月に完成。総延長2.9kmの臨港道路のうち、主橋梁部550mの渡海橋だ。土木学会田中賞を受賞している。遠景も美しく、夜のライトアップもよい。

MAP 別冊P.23-C2

▶ 海田総合公園

住 安芸郡海田町東海田字蟻ヶ原 TEL 082-824-2433 時 8:00〜21:00 休 なし 料 無料（スポーツ施設・会議室は有料） P あり 交 海田町内循環コミュニティバス「海田総合公園」下車すぐ

ハチのマスコットが付いたロング滑り台や大型遊具は子供に人気

MAP 別冊P.22-B2

▶ 織田幹雄記念館

住 安芸郡海田町中店8-24織田幹雄スクエア2F TEL 082-822-7373 時 9:00〜17:00 休 なし 料 無料 P あり 交 JR「海田市駅」から徒歩5分

陸上トラックを模した展示室をシアターやライブラリーが取り囲む

MAP 別冊P.23-C2

▶ 海田町ふるさと館

住 安芸郡海田町畝2-10-20 TEL 082-823-8396 時 9:00〜17:00 休 月（祝日の場合は翌平日） 料 無料 P あり 交 芸陽バス「畝橋」下車、徒歩10分

発掘資料や昔の生活用品などを展示。地域の歴史を感じられる

海田の町を一望する広大な総合施設

海田総合公園
かいたそうごうこうえん

大型遊具、芝そり広場、自然を感じる散策道、野球場、テニスコート、ハーブ園などを備えた公園。休日は子連れのファミリーでにぎわう。スポーツやイベント、レクリエーションの場にもなっている。管理棟では貸し会議室や軽食・喫茶「蜂カフェ」も利用できる。

小川が流れる「せせらぎ広場」。ウッドデッキでピクニックが楽しめる

日本人金メダリスト第1号の足跡を追う

織田幹雄記念館
おだみきおきねんかん

日本人初のオリンピック金メダリストで、海田町出身の陸上選手・織田幹雄氏を紹介している。映像や遺した言葉、関連書物などを多数所蔵。現役時代だけでなく、引退後も職業人や指導者として輝かしい業績を上げ、日本の陸上界に貢献した生涯をたどることができる。

海田町の中心部に位置する複合施設「織田幹雄スクエア」2階にある記念館

町の歴史や地元出身カープ選手の歩みを知る

海田町ふるさと館
かいたちょうふるさとかん

歴史や文化に関する資料を通じて海田町のなり立ちを伝える施設。2階には展示室があり、名誉町民や元広島東洋カープの選手で海田町町民栄誉賞を受賞している三村敏之氏・大下剛史氏を紹介。歴史資料室や研修室、企画展示室なども完備している。

施設の周辺には、広島県天然記念物「海田観音免のクスノキ」や古墳が点在

ひろしま
Q 坂町出身のオリンピック選手のうち、ひとりがベルリンオリンピック世界6位の児島泰彦氏、もうひとりがメキシコオリンピック・ミュンヘンオリンピックに出場した竹本ゆかり（現・中川）氏。ふたりの出場競技は？

レジャーもテレワークもできる絶景ビーチ
ベイサイドビーチ坂
べいさいどびーちさか

国道31号沿いに造られた約1.2kmの人工砂浜で、夏は多くの海水浴客でにぎわう。シャワーや更衣室、トイレを完備している。夕景・夜景を眺めるスポットとしても人気。

アウトドアブランドショップ、テレワークスペースを備えた飲食店も建ち並ぶ

ワクワクの遊具が満載、眺望抜群の公園
横浜公園
よこはまこうえん

5.8ヘクタールにバラエティ豊かな遊具や広場、梅園、桜園などがある公園。桜、モミジ、ツツジといった樹木が1万4000本も植えられ四季折々の美で楽しませてくれる。

2023（令和5）年にリニューアルし、ローラースライダーや恐竜の遊具などが登場

24時間営業の癒やしのテーマパーク
アジアンリゾート・スパ シーレ
あじあんりぞーと・すぱ しーれ

天然温泉の温浴施設。23種類の風呂、オートロウリュのサウナ、クールサウナ、アロマサウナなど癒やしのゾーンのほか、エステや飲食店もあり1日中ゆっくりと過ごせる。

館内にはラウンジやウッドキャビンなどがあり、入浴後にのんびり休息できる

MAP 別冊P.9-C2
▶ ベイサイドビーチ坂

住 安芸郡坂町水尻地9075-4 TEL 082-884-3333 営 ビーチは自由（海水浴期間の遊泳9:00～19:00、店舗により異なる） 休 ビーチはなし（店舗により異なる） 料 無料 P あり 交 JR「水尻駅」からすぐ

周辺の市町からアクセスしやすく海水浴場として人気

MAP 別冊P.22-A3
▶ 横浜公園

住 安芸郡坂町鯛尾2 TEL 082-820-1513 営 自由（駐車場は7:00～22:00） 休 なし 料 無料 P あり 交 坂町循環バス「鯛尾」下車、徒歩2分

展望広場からは瀬戸内海の風景が広がる

MAP 別冊P.22-B3
▶ アジアンリゾート・スパ シーレ

住 安芸郡坂町平成ヶ浜3-2-11 パルティ・フジ坂内 TEL 082-886-3345 営 24時間 休 第2火・水（祝日等変更になる場合あり） 料 1150円（4歳～小学生750円、深夜料金プラス1000円） P あり 交 JR「坂駅」から徒歩3分

露天風呂は「仁王洞」「観音泉」の週替わり

もっと知りたいじゃろ？
おかわり地元ネタ

売り切れ必至の「坂町漁協新鮮朝市」

毎月第1・3土曜、8:30～開催される漁協の朝市で、広島湾近郊で水揚げされた新鮮な海の幸が並ぶ。オープンと同時に飛ぶように売れ、商品がなくなり次第終了。6:00から整理券が配付され、5人1組ずつで入場し買い物できる。何が手に入るかは当日のお楽しみ。早起きをしてチャレンジしよう。

▶ 坂町漁協新鮮朝市 TEL 082-885-0009

魚は下処理してもらえる（内臓出しやうろこ取りは無料、柵や3枚下ろしは有料）

競泳。児島氏は1918（大正7）年生まれの背泳選手。ゆかり氏は1968（昭和43）年のメキシコオリンピックに競泳で史上最年少13歳で出場。海が近く水に慣れ親しめる土地・坂町がふたりを育てたのかも。

▶熊野町観光案内所「筆の駅」

住 安芸郡熊野町出来庭10-6-24
TEL 082-855-1123　営 10:00～
16:00　休 水(祝日の場合は開
館)・第3日　料 無料　P あり
交 広電バス「熊野営業所」下車、
徒歩1分

ギャラリーは地元の作家や団体の発
表の場

▶トモ・ビオパーク〈さとの駅〉

住 安芸郡熊野町2682-210
TEL 082-855-6088　営 9:00～
17:00(パーク)、10:00～17:00(さと
の駅)　休 火　料 200円(パーク)
P あり　交 黒瀬ICから車で15分

園内にはカフェや産直市、雑貨店な
どが入った「さとの駅」がある

▶SHAQUDA

住 安芸郡熊野町萩原2-7-35
TEL 082-854-1137　営 10:00～
17:00　休 日・月・祝　CC 利用可
P あり　交 広電バス「熊野保育
所前」から徒歩5分

店頭では筆のコンシェルジュによる
メイク・スキンケア体験が楽しめる

“筆の都”を歩く前に立ち寄りたい情報スポット

くまのちょうかんこうあんないじょ「ふでのえき」

熊野町観光案内所「筆の駅」

　筆の生産量日本一を誇る熊野町の観光情報を集積・発信する施設。町内の見どころ、県内の美術館の展覧会、筆作りの見学・体験など幅広い情報を提供。併設のギャラリーでは展示会やワークショップなど、地域の芸術文化を支える取り組みを進めている。

広島市内から熊野町への入口にあたるエリアにあり、
観光の前に立ち寄れる

ぬくもりあふれる木の遊具で遊べる里山公園

とも・びおぱーく〈さとのえき〉

トモ・ビオパーク（さとの駅）

　「新しい世代のための里山プレイパーク」を目指し私有地の里山に開設された公園。手作りのアスレチックや遊具、広場、ドッグランなどで遊べる。イタリア輸入のBBQ窯、キャンプサイトも。利用は自己責任のため入園時に申込書に記入が必要（入園料200円）。

素朴な木の遊具で遊び、里山の植物、土、生き物に
触れてのびのびと過ごせる

所作も心も美しくするメイクアップブラッシュ

しゃくだ

SHAQUDA

　熊野筆の伝統的職人技と洗練されたデザインが融合したブラッシュブランドの筆工房併設ショップ。開放感ある空間でくつろぎながら、素肌に心地よいボディケアブラシや、持ち運びに便利なコンパクトなメイクブラシなど、コンセプトのあるプロダクトを体感できる。

モダンでスタイリッシュな店内に、洗練されたデザイン
のアイテムが並ぶ

ひろしま
筆の町として知られる安芸郡熊野町の人口は2万3543人（2023年12月現在）。そのうち、筆作りに関係した仕事をしている方はいったいどの程度いるでしょうか？

1000年の歴史をもつ、熊野の歴史を物語る神社

榊山神社
さかきやまじんじゃ

933（承平3）年に大分県の宇佐八幡宮から勧請された神社。1724（享保9）年再建の豪奢な本殿は通常の神社建築の2.6倍の体積で、往時の熊野の経済的な豊かさが垣間見える。筆作りに関わる奉献・寄進物が多数見られ、筆がこの地に深く根ざすものであると感じられる。

豊臣氏の桃山時代の社寺造営の系譜を継ぐ宮大工・鳥居甚兵衛が手がけた本殿

MAP 別冊P.23-D3

▶ 榊山神社

住 安芸郡熊野町中溝5-1-13 TEL 082-854-2874 営 自由 休 なし 料 無料 P あり 交 広電バス「中溝」下車、徒歩5分

毎年9月に「筆まつり」（→P.341）が開催され、筆供養や大作席書などが行われる

見て、体験して、熊野筆の奥深さを探求

筆の里工房
ふでのさとこうぼう

筆の歴史・文化を紹介する施設。資料や実物を見るだけでなく、伝統工芸士の実演の見学、「筆づくり」や「絵てがみ」の体験などアクティブな学びの時間も過ごせる。年間を通じて多様な企画展を開催。著名な芸術家から公募展までバラエティに富んだ内容だ。

盆地の中腹に位置しているため、テラスやカフェから熊野の町を一望できる

MAP 別冊P.23-C3

▶ 筆の里工房

住 安芸郡熊野町中溝5-17-1 TEL 082-855-3010 営 9:30～17:00（最終入館16:30） 休 月（祝日の場合は翌平日） 料 800円（小・中・高生250円） P あり 交 広電バス「出来庭」下車、徒歩20分

地階には世界一の大筆や、日中の筆コレクション約200点を常設展示

工房見学と体験で熊野筆の魅力に触れる

晃祐堂
こうゆうどう

優れた技術を誇る化粧筆ブランドの工房。至福の肌心地や美しいデザインができあがる過程を見学でき、バラ型や丸型のかわいいパウダーブラシを作る体験も可能。ブラシは持ち手に好きな文字を刻印でき、その場で持ち帰ることができる。ショップも併設。（→P.383）

高品質でかわいい筆が人気のブランド。製造工程から品質管理まで見学できる

MAP 別冊P.23-C3

▶ 晃祐堂

住 安芸郡熊野町平谷4-4-7 TEL 082-516-6418 営 9:00～17:00 休 日・祝 料 筆作り体験1650円～5500円 P あり 交 広電バス「熊野営業所」下車、徒歩5分

体験では好きな色の材料を組み合わせてオリジナルブラシが作れる

町の人口の約1割が筆産業に携わっているといわれる。なかでも筆作りの技術に長けた職人「伝統工芸士」は15名。熊野筆の公式ショップサイト（URL kumanofude.com）では伝統工芸士の筆を購入可能。

KOYUDO collection

筆の町・熊野ならではの体験

「晃祐堂」で化粧筆作りにトライ!

Let's try!

筆の町・熊野で、化粧筆の手作り体験ができるのが、晃祐堂「化粧筆工房」。好きなデザインや色を選んで、旅の思い出に、世界にひとつだけの化粧筆を手に入れよう。

POWDER BRUSH

5,500円コース
パウダー
ブラシ

トップの形状はフラワー型で、毛色は数種類からチョイス。持ち手には広島県産材のヒノキ間伐材を使用。名前も彫れる。

自分で作れば愛着もひとしお!

自分だけの「化粧筆づくり」。

POWDER BRUSH

3,300円コース
パウダー
ブラシ

インテリアにもなりそうな植木鉢風の持ち手がかわいい!トップの形状はフラワー型・丸形から、毛色は数種類から選べる。

熊野筆がまるごと分かる!楽しめる!

工場見学

製造から品質管理まで、どのようにしてメイクブラシが作られているのか見学できる。

ショッピング

工房併設のショップには約300種類もの化粧筆が!お得な商品も盛りだくさん。

晃祐堂 化粧筆工房

住	安芸郡熊野町平谷4-4-7
営	9:00〜17:00
交	広電バス「熊野営業所」から徒歩5分
電	082-516-6418
休	日・祝
駐	あり

ホームページ
インスタグラム

SHAQUDA

Brush brand

attracting attention
from around the world

世界から注目されるブラッシュブランド
「SHAQUDA」の世界観を体感！

熟練した熊野筆職人によるハンドメイドのメイクブラシ、ボディケアブラシを製造・販売しているブランド「SHAQUDA」。工房の敷地内の倉庫を改修した、体験型のアトリエショップが話題を集めている。

注目は、世界3大デザイン賞の1つ「レッドドット・デザイン賞」を受賞した「UBU」シリーズ。金具を使わない一体型の化粧筆は、ウォールナットの木肌と滑らかな穂先が魅力的。

その他にも計5シリーズ・約70アイテムを実際に見ることができるだけでなく、製造の様子を見学したり、肌当たりなどを確かめることができる。

使うほどに味わい深さが増す「UBU」シリーズ。17アイテム全て、全長18cmに揃えている。

また、ショップゾーンには、知識豊富なコンシェルジュが常駐。一人ひとりに合った筆の選び方や、効果的な使用法をアドバイスしてくれる。さらには、洗面台でクレンジングブラシやボディブラシの使用感を試して購入できるのがうれしい。

「SUVÉ」のフェイスクレンジングブラシの使い心地を体感。角質がとれてお肌がすべすべに！

その他にも筆の歴史や製造工程など、SHAQUDAブランドの全てが分かる注目のスポットを訪れてみてはいかが。

肉球みたいな見た目がかわいいボディブラシも人気！

🏠 安芸郡熊野町萩原2-7-35
☎ 082-854-1137　営 10:00～17:00
休 日・月・祝日　🅿 あり
Map（Google）:https://bit.ly/3PST8Fm

ホームページ

インスタグラム

宮島・廿日市・大竹エリア

広島県の西部に位置し、西は山口県、北は島根県に隣接するエリア。廿日市市北部の吉和地区は標高約600m、山地部は1000m以上あり冬季は積雪が多い。対し、廿日市市南部や大竹市の瀬戸内海側は1年を通じて比較的温暖な気候。豊富な自然環境に恵まれた地域だ。

また、廿日市市宮島町の厳島神社や大竹市のコンビナート地帯など、一度は訪れたい歴史スポットや観光名所も充実している。

① 日本三景のひとつで世界遺産を有する神宿る島
宮島

▶ P.158 **MAP** 別冊P.24-27

世界遺産として知られる厳島神社と大鳥居（→P.30、161）がシンボルとなっている宮島は、広島湾に浮かぶ神宿る島。同じく宮島の象徴である弥山の登山（→P.32、160）や、神社仏閣巡り、歴史を感じられる町並み散策のほか、宮島発祥のもみじ饅頭（→P.36）など名物グルメの食べ歩きにも心躍る。県が誇る観光エリアだ。

宮島生まれの銘菓！

弘法大師が開基した弥山は、島内でも代表格のパワースポット

② 歴史、文化、自然が息づく観光資源にあふれる町
廿日市市

▶ P.168 **MAP** 別冊P.8、24-25

広島市に隣接する。宮島町にある厳島神社を筆頭に、温泉施設や美術館、水族館、スキー場など、市の南北に多彩な文化・観光スポットが点在する。カルビー（→P.76）やチチヤス（→P.79）など全国的知名度の高い企業の工場も立地している。

けん玉発祥の地・廿日市市。廿日市駅にはけん玉のオブジェが

③ 瀬戸内地域で有数の臨海工業地区として発展
大竹市

▶ P.176 **MAP** 別冊P.8

広島県の最西端、山口県との県境にある臨海工業都市。大竹コンビナートは幻想的な工場夜景を楽しめるスポットとして近年注目を集めている。また、内陸部には三倉岳（→P.178）や蛇喰磐（→P.178）などがあり、豊かな自然に触れることができる。

"工場萌え"スポットとしてファンの多い大竹コンビナート

Access INFO

主要IC

▶中国自動車道…吉和IC

▶山陽自動車道…廿日市IC、宮島スマートIC、大竹IC

廿日市駅周辺へは廿日市ICまたは宮島スマートICから国道2号で東へすぐ。宮島へは廿日市ICまたは宮島スマートICから国道2号を西へ。宮島へ入園するには、宮島口桟橋からフェリーで。大竹市へは大竹ICから国道2号を西へ。

このエリアで
しんさい
5
❶ 世界遺産・厳島神社へ参拝 ▶ P.30、161
❷ ロープウエイで行く！ 霊峰・弥山散策 ▶ P.32、160
❸ 宮島のカキグルメを堪能しよう ▶ P.353
❹ 海外で評価されたクラフトジンを味わいたい ▶ P.95
❺ 大竹市に誕生した美術館&ヴィラへ ▶ P.179、412

平和記念公園
「平和の灯」の
火種は、弥山・霊
火堂の消えずの火

島根県
津和野町

安芸太田町

戸河内IC

広島市内からアクセスしやすい
「女鹿平温泉 めがひらスキー
場」（→P.175）

吉和IC

広島市
佐伯区

広島市
安佐南区

宮島水族館（みやじマリン）
（→P.162）

2
廿日市市

五日市駅

廿日市駅

宮島スマートIC

極楽寺山（→P.172）の紅葉

羅漢山

廿日市JCT

廿日市IC

阿品駅

宮島口駅

大野IC

㊟ 厳島神社

山口県
岩国市

大竹市

3

大野浦駅

宮島

弥山

玖波駅

1

大竹IC

漁業の盛んな離島、
阿多田島（→P.179）

大竹駅

和木駅

和木町

阿多田島

宮島
みや じま

古くから神宿る島として信仰され、
現在は県内屈指の観光地でもある

廿日市市

宮島

大竹市 江田島市

人口 廿日市市宮島地域▶
1418人（廿日市市全
体の人口は→P.168）

エリア利用駅・港

▼宮島口駅
JR山陽本線

▼広電宮島口
広島電鉄宮島線

▼宮島口旅客ターミナル
JR西日本宮島フェリー、宮島松
大汽船

広電宮島口と宮島口旅客ターミ
ナルは隣接する

エリア中心部への行き方

| JR広島駅 | JR山陽本線 所要約26分（420円） | JR宮島口駅 | 徒歩 所要約6分 | 宮島口旅客ターミナル | JR西日本宮島フェリー／宮島松大汽船 所要約10分（200円）※入島時に宮島訪問税100円が必要 | 宮島フェリーターミナル |

　天橋立、松島と並ぶ日本三景で「安芸の宮島」と称される、広島県で最も有名な観光地。かつては神の島として入島が禁じられていたが、鎌倉時代末から人々が住み始めたといわれ、現在は1400人余りが在住する。1996（平成8）年には朱塗りの海上社殿が美しい厳島神社と、背後の弥山原始林を含む全島の14％がユネスコの世界文化遺産に登録。歴史深い神社仏閣はもちろん、宮島表参道商店街での食べ歩き、みやげスポット巡りを満喫できる。さらに秋には紅葉狩り、伝統工芸品の杓子作りやもみじ饅頭の手焼き体験、登山、シーカヤックなども楽しめ、さまざまな魅力がぎゅっと詰まったエリアだ。近年インバウンドの来島者数も増加。2023（令和5）年10月からは宮島訪問税（1人100円）が導入された。

2023（令和5）年10月から開始された宮島訪問税。フェリー運賃支払い時に加算される。年に何度も訪れる人を対象に事前に500円納税すれば1年間何度でも宮島に入島できる「年払い」制度もある。

歩き方

1万年以上変わらぬ貴重な景観で自然浴

弥山にかかるロープウエイで獅子岩展望台まで行ける

宮島の中央部にある標高535mの「弥山」。古くから信仰の対象となっており、1952（昭和27）年に島全体が瀬戸内海国立公園の一部として指定された。また1996（平成8）年にユネスコの世界文化遺産に登録された「嚴島神社」の登録区域の一部にもなっている。手つかずの自然が残る弥山の植物の多様性は日本の縮図ともいわれ、標高に応じてさまざまな木々を観察できる。北側斜面には、国の天然記念物「弥山原始林」が存在。モミの大木が多く、頂上付近にはツガ林が発達している。1万年以上前から変わらない、奇跡の景観を全身で体感したい。

グルメやみやげ物が揃うメインストリート

島内で最もにぎやかな宮島表参道商店街。このあたりが埋め立てられたのは江戸時代後期で、昭和の高度成長期に現在のようなメインストリートとなった。嚴島神社へと続く約350mのアーケードには、宮島杓子・宮島彫といった民芸品やみやげ物店、カキやアナゴを使った名物グルメやスイーツなどが味わえる店、古くからこの地で作り続けるもみじ饅頭店などが軒を連ね、観光客が集う。もみじ饅頭はその場で焼きたてを味わえる店もあり、宮島ならではの体験を満喫できる。新店も続々と登場し、宮島で最も活気のあるスポットだ。

夕方に閉店する店が多いため、気になる所は早めにチェック！

おさんぽプラン

①HIRODEN etto（▶P.166）
↓ フェリー&徒歩35分
②嚴島神社（▶P.30、161）
↓ 徒歩3分
③千畳閣（豊国神社）（▶P.161）
↓ 徒歩10分
④大聖院（▶P.162）
↓ 徒歩&ロープウエイ35分
⑤弥山（獅子岩展望台）（▶P.32、160）

寄り道スポット　宮島の風景を人力車で満喫

1992（平成4）年、京都の嵐山で観光人力車事業を始めた「えびす屋」の宮島店。知識豊富な俥夫のスペシャルガイド付きで大聖院をお参りできる「さざなみの旅」などさまざまなコースを用意。四季折々の絶景を、人力車で快適に巡ることができる。

えびす屋

MAP 別冊P.27-C2
住 廿日市市宮島町556-3
TEL 0829-44-1944　営 9:30〜日没　休 なし　料 30分ふるさとの旅1万円、60分さざなみの旅2万円、120分神秘の旅3万8000円　CC ADJMV　P なし
交 宮島桟橋から徒歩8分

毎日宮島を走っている俥夫だからこそ知る穴場スポットも案内

好きじゃけん広島県！ ご当地トピックス　町家を再生した施設が点在

かつて宮島のメインストリートとして栄えた「町家通り」。表参道商店街から1本裏へ入った場所にあり、古くからの伝統的な町家建築が並ぶ。以前は映画館などの娯楽施設があったが、時代とともに姿を消し、島民の生活通りとなった。現在は民家のほか、古民家を再生したレトロモダンな宿やギャラリー、ショップが点在。夜には軒先にかかる行灯に明かりがともされ、昼間とは違った幻想的な雰囲気が漂う。

町家通りから見る五重塔は、撮影スポットとしても人気

ひろしまQ　2019（令和元）年6月から2022（令和4）年12月にかけて修理工事が行われた嚴島神社の大鳥居。現在の大鳥居は、1875（明治8）年に建立された9代目。さて、その重量はおよそいくらでしょうか？

MAP 別冊P.25-C3

▶弥山

住 廿日市市宮島町 **TEL** 0829-44-2011(宮島観光協会) **営**自由 **休**なし **料**無料 **P**なし **交**宮島桟橋から「紅葉谷駅」まで徒歩25分、「紅葉谷駅」から宮島ロープウエーで15分「獅子岩駅」下車、弥山山頂まで徒歩30分

「宮島ロープウエー」の終着、獅子岩駅のそばにある獅子岩展望台

MAP 別冊P.25-D3、27-D3

▶宮島ロープウエー

住 廿日市市宮島町357(紅葉谷公園入口バス停) **TEL** 0829-44-0316 **営**9:00～16:00(下り最終16:30) **休**なし **料**往復2000円、片道1100円(小学生往復1000円、片道550円) **P**なし **交**宮島桟橋から「紅葉谷駅」まで徒歩25分

「紅葉谷公園」の入口から、紅葉谷駅までは徒歩8分

MAP 別冊P.27-C3

▶紅葉谷公園

住 廿日市市宮島町紅葉谷 0829-44-2011(宮島観光協会) **営**自由 **休**なし **料**無料 **P**なし **交**宮島桟橋から徒歩20分

自然豊かな島内には、現在約500頭のニホンジカが生息

瀬戸内海の多島美を一望できる霊峰

弥山
みせん

"神の島"宮島の最高峰で、標高は535m。806（大同元）年に弘法大師・空海が開基したと伝えられている。山頂からの景色は絶景で、瀬戸内海はもちろん天気のよい日は四国連山などを一望できる。山頂付近にひしめき合う巨石・奇石はパワースポットとしても有名。(→P.32)

厳島神社の背後にそびえる弥山は、古くから信仰の対象となっている

紅葉谷公園と弥山山頂近くを結ぶ空の道

宮島ロープウエー
みやじまろーぷうえー

紅葉谷駅から榧谷駅を結ぶ循環式と、榧谷駅から獅子岩駅を結ぶ交走式の2種類のロープウエイを連絡し運行。日本では珍しい方式で営業する。世界遺産に登録されている弥山の原始林や、穏やかな瀬戸内海に浮かぶ島々など、自然の美しい景色を空から観光しよう。(→P.33)

2台の客車が山頂と山麓を交互に往復する、交走式のロープウエイ

広島随一の紅葉の名所として知られる公園

紅葉谷公園
もみじだにこうえん

弥山原始林の麓に位置し、紅葉谷川に沿って広がる自然公園。江戸時代に開拓され、モミジの苗木が植えられたのが始まりといわれている。シーズン中はイロハモミジやオオモミジなど約700本が紅葉。春から夏は新緑が美しく、季節ごとの自然を満喫できる。

公園入口にある朱色のもみじ橋。撮影スポットとしても人気

ひろしま
A 海上に立つ大鳥居は高さ約16.6m、総重量はなんと約60トン！ 重要文化財に指定されている木造の鳥居としては高さ・大きさともに日本一だ。柱は地中に埋められておらず、自らの重さのみで自立する。

世界的にも珍しい海上に立つ優美な社殿

厳島神社
いつくしまじんじゃ

海上に立つ社殿は世界的にもまれで、1996（平成8）年に世界遺産に登録。平安時代の寝殿造りの様式を伝える日本屈指の名社は、12世紀、平清盛により現在の姿に造営された。遠浅の浜にある境内は、満潮時には海に浮かんでいるかのような光景が広がる。（→P.30、55）

本社祓殿の前に広く張り出された平舞台と、舞楽を演じる高舞台がある

MAP 別冊P.26-B2〜3
▶ 厳島神社
🏠 廿日市市宮島町1-1　TEL 0829-44-2020　🕐 時期により異なる　休 なし　¥ 300円（高校生200円、小・中学生100円）　P なし　🚃 宮島桟橋から徒歩15分

海に浮かぶ朱色の大鳥居を真正面から望める祓殿

豊臣秀吉が建立を命じた未完の大経堂

千畳閣（豊国神社）
せんじょうかく（ほうこくじんじゃ）

1587（天正15）年豊臣秀吉が毎月一度千部経を読誦するため、政僧・安国寺恵瓊に建立を命じた大経堂。島内では最も大きな木造建築物で、畳857枚分の広さがあることから「千畳閣」と呼ばれてきた。明治の神仏分離令により仏像は大願寺に遷され、秀吉公を祀る豊国神社に。

厳島神社を見下ろす丘に立つ。大きな瓦屋根と木造りのダイナミックな建築

MAP 別冊P.26-B2
▶ 千畳閣（豊国神社）
🏠 廿日市市宮島町1-1　TEL 0829-44-2020（厳島神社）　🕐 8:30〜16:30　休 なし　¥ 100円（小・中学生50円）　P なし　🚃 宮島桟橋から徒歩10分

大きな柱と板の間が広がる。縁側に腰かけて島内を眺めるのもよし

和様・唐様が調和した見事な建築様式

五重塔
ごじゅうのとう

高さ27.6mの五重塔は15世紀に建立され、外観のみ見学できる。和様と唐様を巧みに調和させた見事な建築様式が目を引き、内陣天井には龍、外陣天井には葡萄唐草の模様が描かれている。春は桜、初夏は新緑、秋は紅葉と周囲の木々たちが彩りを添える。

桧皮葺の屋根と朱塗りの柱、垂木のコントラストが美しい塔

MAP 別冊P.27-C2
▶ 五重塔
🏠 廿日市市宮島町　TEL 0829-44-2020（厳島神社）　🕐 自由　休 なし　¥ 無料　P なし　🚃 宮島桟橋から徒歩10分

ノスタルジックな雰囲気が漂う町家通りから見る五重塔

クチコミ 廿日市市阿品沖では、時間帯によっては高校生が練習するボートの向こうに宮島行きフェリーが行き交うよ。（春日はっちゃん）

MAP 別冊P.26-B3
▶ **宮島水族館（みやじマリン）**
🏠廿日市市宮島町10-3 📞
0829-44-2010 🕐9:00～17:00
（最終入館16:00）🈳なし（臨
時休館あり）💴1420円（小・中
学生710円、幼児400円）🅿なし
🚻宮島桟橋から徒歩25分

宮島の景観になじむよう「和」を意
識した外観デザイン

MAP 別冊P.26-B3
▶ **大聖院**
🏠廿日市市宮島町210 📞
0829-44-0111 🕐8:00～17:00
🈳なし 💴無料 🅿なし 🚻
宮島桟橋から徒歩25分

四国八十八ヶ所霊場の本尊が安置
されている「遍照窟」

MAP 別冊P.26-B3
▶ **大願寺**
🏠廿日市市宮島町3 📞0829-
40-2070 🕐8:30～17:00 🈳
なし 💴無料 🅿なし 🚻宮島
桟橋から徒歩20分

不動明王を祀る護摩堂。2006（平
成18）年、約140年ぶりに再建

愛らしい瀬戸内の生き物たちに出合える

宮島水族館（みやじマリン）
みやじますいぞくかん（みやじまりん）

　海の生き物を身近に感じることができる参加型・体験型の
水族館。この水族館のシンボルであるスナメリや瀬戸内海の

生き物を中心に、
380種・1万5000
点以上を展示する。
磯の生き物を観察
し、直接触ること
ができる「ふれあ
いの磯」コーナー
など見どころ満載。

まんまるで、ニコッと笑っているような顔が愛らしいス
ナメリ

1200年の歴史をもつ真言宗御室派大本山

大聖院
だいしょういん

　真言宗御室派の大本山で、弘法大師空海が806（大同元）
年に開創したと伝わる。日本3大厄除け開運大師としても有名。

本尊の前を一周す
ると四国八十八ヶ
所霊場を巡ったの
と同じ御利益があ
るといわれている
「遍照窟」など、
境内に点在する歴
史深い建造物をゆ
っくりと巡りたい。

大聖院の表玄関。外敵を払い、仏法を護持する仁王
尊を安置

日本3大弁財天のひとつ、厳島弁財天を奉安

大願寺
だいがんじ

　正式名は「亀居山放光院大願寺」。総本山を和歌山高野
山の金剛峯寺とする高野山真言宗の末寺で、鎌倉の江の島、

琵琶湖の竹生島と
並ぶ日本3大弁財
天のひとつとされ
る厳島弁財天を奉
安する。開基は不
詳だが、1201～
1204年に僧了海
により再興された
と伝わる。

現在の本堂は、かつて僧房の役割をもっていた建物

Plus
古くから景勝地として有名だった松島、天橋立、宮島が、「日本三景」と称されることになったきっかけが、江戸時代に全
国を行脚した儒学者・林春斎の著書『日本国事跡考』だ。

宮島特有の文化や歴史を伝える歴史館

宮島歴史民俗資料館
みやじまれきしみんぞくしりょうかん

　宮島特有の歴史や文化をわかりやすく伝える施設。江戸時代後期から明治期にかけて醤油の醸造を営み、豪商といわれた旧江上家の主屋と土蔵を展示施設の一部に利用。

池のある庭園を中心に6つの建物から構成されている

MAP 別冊P.26-B3
▶宮島歴史民俗資料館
住廿日市市宮島町57　TEL0829-44-2019　営9:00～17:00(最終入館16:30)　休月(祝日・振替休日は開館)　料300円(高校生170円、中学生以下無料)　Pなし　交宮島桟橋から徒歩20分

建物は国の登録有形文化財に指定されている

多才な顔をもつ魯山人の代表的な作品を展示

宮島「北大路魯山人」美術館
みやじまきたおおじろさんじんびじゅつかん

　明治から昭和初期に活躍した芸術家として知られる北大路魯山人氏。食と美にこだわり続けた生きざまが映し出された2000点以上の所蔵作品のうち、常時600点以上を展示。

1階展示室。陶芸、漆芸、書、絵画など幅広い分野の貴重な品が並ぶ

MAP 別冊P.26-B3
▶宮島「北大路魯山人」美術館
住廿日市市宮島町60-1　TEL0829-78-0885　営9:00～17:00(最終入館16:30)　休なし　料1500円(小・中・高校生800円)　Pなし　交宮島桟橋から徒歩20分

宮島に古くからある日本家屋を再生した建物

桜の名所として知られる静かな公園

大元公園
おおもとこうえん

　「宮島水族館（みやじマリン）」の西側に位置し、入口に「大元神社」がある静かな公園。海岸線沿いに樹齢数百年のモミの大木が群生。宮島の桜の名所でもある。

潮と森の香りが混ざり合う癒やしのスポット

MAP 別冊P.26-A3
▶大元公園
住廿日市市宮島町大元　TEL0829-44-2011(宮島観光協会)　営自由　休なし　料無料　Pなし　交宮島桟橋から徒歩25分

公園の入口に鎮座する厳島神社の摂社・大元神社

＼もっと知りたいじゃろ？／
おかわり地元ネタ

「TOTO宮島おもてなしトイレ」で快適旅

　廿日市市と「TOTO」が官民協働で整備したトイレ。障がいのある人や子供連れ、海外からの観光客に心地よく滞在してほしいという思いから誕生した。町並みに調和した木造建築で、「表参道商店街」にあることから使い勝手も抜群。明るく清潔感のあるトイレ入口は宮島らしい紅葉のライトで演出、市の木・桜を用いた表札も設置されている。観光案内や休憩スペースも併設し、快適な宮島散策をサポートしてくれる。

トイレ9:00～21:00、観光案内・休憩スペース10:00～18:00

Plus　宮島には、世界に2ヵ所、宮島と香港だけにしかいない「ミヤジマトンボ」が生息している。そして、広島のプロバスケットチーム「広島ドラゴンフライズ」(→P.48)のチーム名・チームロゴの由来にもなっている。

MAP 別冊P.27-C2

▶ etto宮島交流館
（宮島まちづくり交流センター）

🏠 廿日市市宮島町412　☎
0829-44-2005　🕐9:00〜21:30
🈺月（祝日の場合は翌平日）　🈹
施設・時間により異なる　🅿あり
🚶宮島桟橋から徒歩15分

2階ホール。300席を配席できるフラットな部屋で、ステージも

MAP 別冊P.27-C2

▶ 杓子の家

🏠 廿日市市宮島町488　☎
0829-44-0084　🕐10:00〜
16:30　🈺水　💳不可　🅿なし
🚶宮島桟橋から徒歩10分

「表参道商店街」に位置。職人による杓子や工芸品が数多く揃う

MAP 別冊P.27-C2

▶ ぎゃらりぃ宮郷

🏠 廿日市市宮島町幸町東482
476　☎0829-44-2608　🕐
10:00〜18:00（L.O.17:30）　🈺水
💳AJMV　🅿なし　🚶宮島桟橋
から徒歩10分

江戸時代から使われている太い梁や、杓子を使った店内装飾に注目

🧳 **ホールや展望室などを備える宮島交流の拠点**

etto宮島交流館（宮島まちづくり交流センター）

えっとみやじまこうりゅうかん（みやじままちづくりこうりゅうせんたー）

　地域の生涯学習・まちづくり活動を行う公民館としての機能と、宮島を訪れた人のための展望室や休憩場所といった観光機能を備える施設。建物は廿日市市産の木材を活用したあたたかみのあるスタイリッシュなデザインで、2021年度グッドデザイン賞を受賞した。

廿日市市産材を積極的に活用した建物。外部の格子には杉の木の市産材を使用

🏪 **宮島を代表する伝統工芸品・杓子の専門店**

杓子の家

しゃくしのいえ

　縁起物として知られる杓子の専門店。厳島弁財天が持つ琵琶をモチーフにしたといわれる宮島杓子のよさや、新しい活用方法を提案するアンテナショップとして1979（昭和54）年にオープン。好きな文字をその場で手書きしてくれる「杓子ストラップ」が評判。

新郎新婦の名前や結婚記念日を手書き文字で入れる「誓いのしゃもじ®」

🍴 **古民家を再生したギャラリーカフェ**

ぎゃらりぃ宮郷

ぎゃらりぃみやざと

　築200年余りの古民家を改装した、レンタルギャラリーと喫茶、雑貨販売の店。ギャラリーはプロアマ問わず作品発表の場として利用されている。カフェでは、スパイスをふんだんに使ったパキスタンカレーや手作りの紅茶のシフォンケーキなどを堪能できる。

店内では宮島の民芸品である張り子や土鈴、手作りの和雑貨などを販売

 200年以上の歴史がある「宮島杓子」は宮島みやげの定番ですが、私のおすすめしたいのは「宮島工芸製作所」のしゃもじや調理ベラ。手に優しくなじみ実用品として一級品です！（廿日市市在住・べら坊）

もみじ饅頭の手焼き体験ができる老舗和菓子店
やまだや　みやじまほんてん
やまだ屋　宮島本店

1932（昭和7）年にもみじ饅頭の製造元として創業した老舗の和菓子店。常時15種類以上のフレーバーを用意する。昔ながらの手焼き器を使いもみじ饅頭を作る「手焼き体験」も実施。（→P.36）

2020（令和2）年に店舗をリニューアル。宮島本店限定「コロコロもみじ」もぜひ

MAP 別冊P.27-C2

▶ やまだ屋　宮島本店

住 廿日市市宮島町835-1　TEL 0829-44-0511　営 9:00〜18:00　休 なし　料 手焼き体験880円　P なし　交 宮島桟橋から徒歩8分

旅の思い出にぴったりの「手焼き体験」

伝統的な華やかな装いに身を包んで散策
へいあんいしょう・きものよそおいたいけんじょ　みやじまもみじのが
平安衣裳・着物よそおい体験所　みやじま紅葉の賀

色・柄にこだわった上質な着物や格調高い平安装束で町歩きを楽しむことができる体験所。平安時代のお出かけスタイル「壺装束」を着て散策ができるプランがいちばん人気。

「平安壺装束プラン」6600円。最大1時間30分の散策が可能

MAP 別冊P.27-C2

▶ 平安衣裳・着物よそおい体験所
みやじま紅葉の賀

住 廿日市市宮島町593-2階 表参道　TEL 0829-44-0175　営 要予約　休 不定休　料 プランにより異なる　P なし　交 宮島桟橋から徒歩5分

「お着物プラン」7700円。最大4時間の散策が可能

杓子作りなど宮島の伝統工芸を体験できる
みやじまでんとうさんぎょうかいかん
宮島伝統産業会館

宮島の伝統と歴史を学びながら体験できる観光施設。200年の歴史がある宮島の伝統工芸を一堂に展示・販売するほか、もみじ饅頭の手焼き・杓子作り体験も行う。

職人が伝統の技、文化、彩りをていねいに伝える「宮島彫り体験」コース

MAP 別冊P.27-C1

▶ 宮島伝統産業会館

住 廿日市市宮島町1165-9　TEL 0829-44-1758（宮島細工協同組合）　営 8:30〜17:00　休 月（祝日の場合は翌平日）　料 もみじ饅頭作り880円、杓子作り550円、宮島彫り2200円　P なし　交 宮島桟橋から徒歩1分

各体験の所要時間は45分〜1時間程度

生活用品から宮島の伝統工芸品まで揃う
しぐなる
signal

店主が旅先で見つけた器を中心に、「宮島工芸製作所」の宮島杓子やナナメターナーなどの宮島の伝統工芸品も扱う。みやげのみならず自分へのご褒美としても購入したい品がめじろ押し。

みやげ問屋の作業場だった場所をリノベーションした建物からは五重塔が見える

MAP 別冊P.27-C2

▶ signal

住 廿日市市宮島町411-1　TEL 0829-30-6210　営 10:00〜16:00　休 月・火　不可　P なし　交 宮島桟橋から徒歩10分

評判の「宮島工芸製作所」キッチンツール

MAP 別冊P.25-C2

▶ HIRODEN etto

住 廿日市市宮島口1-11-8 TEL 0829-30-6930 営1階10:00〜18:00、2階11:00〜19:00(「伊都岐珈琲THETERRACE」のみ10:00〜18:00) 休なし CC店舗により異なる Pなし 交JR「宮島口駅」から徒歩5分

施設名は、広島の方言で「たくさん」を意味する「えっと」が由来

MAP 別冊P.25-C2

▶ はつこいマーケット

住 廿日市市宮島口1-11-1 TEL 0829-30-8021(はつかいち観光協会 宮島口本部) 営10:00〜19:00 休なし CC ADJMV P なし 交JR「宮島口駅」から徒歩5分

宮島への玄関口・宮島口旅客ターミナルの1階に位置する

MAP 別冊P.25-C2

▶ あなごめし うえの

住 廿日市市宮島口1-5-11 TEL 0829-56-0006 営10:00〜19:00、水〜18:00(弁当9:00〜) 休なし CC MV Pあり 交JR「宮島口駅」から徒歩1分

宮島の行き帰りに弁当を購入する人も多い

広島の名物が一堂に会する観光商業施設

HIRODEN etto
ひろでん えっと

年間約450万人の観光客が訪れる宮島の玄関口「宮島口旅客ターミナル」直結の複合施設。瀬戸内のローカルグルメやスイーツなどが味わえる飲食店や、ここでしか買えないおみやげ・雑貨などのショップが集結。宮島だけでなく広島の名物が一堂に会する。(→P.386)

広島ならではの多彩な食を味わえ、多種多様なみやげ物に出合える

廿日市市の特産品がところ狭しと並ぶ

はつこいマーケット
はつこいまーけっと

地元・廿日市市を中心としたえりすぐりの特産品や広島みやげが揃うマーケット。店内には廿日市発祥のけん玉をはじめ、カキなどの海の幸、山の幸、ローカルグルメ、変わり種のもみじ饅頭、スイーツ・酒・雑貨などがところ狭しと並ぶ。ここでしか買えない限定商品もあり。

グルメや工芸品など、廿日市市の地元ブランドの商品を数多く取り揃える

100年以上愛され続けるあなごめし専門店

あなごめし うえの
あなごめし うえの

創業100年以上の歴史を誇るあなごめしの名店。創業者の上野他人吉氏が宮嶋駅(現在の宮島口駅)近くで駅弁を販売したのが始まり。アラから取っただしで炊いたご飯の上に、特製のたれで焼いたアナゴの蒲焼きがぎっしりと敷き詰められた極上の一品だ。

食堂メニューの「あなごめし」。焼き立てのジューシーな脂が口いっぱいに広がる

「大聖院」で祈祷した砂が入ったお守り「守り砂」。かつて旅人が道中の無事を願って宮島の砂をお守りとして持ち歩き、旅から戻ると砂を返した、という「お砂戻し」の風習にちなんだもの。

伝統の技が凝縮された宮島御砂焼の窯元

対厳堂サロン
<small>たいげんどうさろん</small>

　1912（大正元）年創業の窯元。歴史を感じる古民家ギャラリーでは、厳島神社本殿下の御砂を粘土に練り込んだ宮島御砂焼を展示・販売。初代〜3代・山根興哉氏の作品や食器、茶道具などが並ぶ。

湯呑、皿、マグカップなど数種類のなかから好きな器に絵付け体験ができる

初代・山根興哉氏、2代、3代の作品も展示

味わいのある宮島焼が約50種類揃う

川原厳栄堂
<small>かわはらげんえいどう</small>

　広島県伝統的工芸品に指定されている宮島焼の窯元のひとつ。それぞれ異なった風合いや色合いが人気で、広い店内では茶碗や花器など約50種類の作品を展示・販売する。

店舗のすぐ横に工房があり、店の外から職人が作業する様子を見られる

職人によって作られた多彩な宮島焼が並ぶ

シーカヤックで大鳥居に大接近！

HARTアドベンチャーセンター
<small>はーとあどべんちゃーせんたー</small>

　宮島島内から出発するシーカヤック体験を実施。海上から厳島神社や大鳥居を満喫できる「宮島シーカヤック大鳥居ショートコース」は、所要時間が1時間弱と気軽に参加しやすい。

浜で練習後シーカヤックに乗って海へ。大鳥居をバックに記念撮影もできる

宮島歴史民俗資料館前の建物が集合場所

創建300年の禅寺で日本の伝統文化を体験

okeiko Japan
<small>おけいこじゃぱん</small>

　創建300年の禅寺「徳寿寺」で、日本の伝統文化を体験できる。着物をほどいて作ったお守り袋と組みひもで作る「お守り作り体験」ほか、ミニ茶道、しゃもじ書道なども。

お守り作り体験（3000円）。所要時間は約30分

日本の文化や歴史を感じられる場所

クチコミ　宮島にあるコッペパン専門店「勝谷菓子パン舗」。昔はもみじ饅頭だったこの店の「あん」を、お孫さんがよみがえらせてコッペパンにしたっていうストーリーがあるのも好き。（安芸郡在住・ふわふわきよこ）

廿日市市
はつかいちし

廿日市市の桜の名所として有名な住吉堤防敷

山口県　安芸太田町　広島市　**廿日市市**　大竹市　江田島市　呉市

人口 廿日市市▶11万5975人

🚃 エリア利用駅

▼阿品駅
JR山陽本線

▼広電廿日市
広島電鉄宮島線

▼宮内串戸駅
JR山陽本線

▼前空駅
JR山陽本線

エリア中心部への行き方

JR広島駅 ── JR山陽本線 所要約19分（330円） ── JR廿日市駅

　県の南西部に位置。市名は本町周辺で開かれていた「廿日の市」に由来する。古くから山陽道が整備されて駅が置かれ、中世以降は中国山地産の木材の集積を基盤とした「木材産業の町」となり、西国街道の廿日市本陣を中心に栄えた歴史をもつ。高度経済成長期以降は広島市のベッドタウンとして急速に発展。1988（昭和63）年の市制移行を経て廿日市市が発足し、平成の大合併により佐伯町・吉和村・大野町・宮島町の4町村を編入し現在の姿となった。本市には大規模な食料品製造業の本社や工場が立地するほか、西日本有数の木材専門港も有するため、輸入木材に関した産業が盛ん。また生活圏内に自然が多く、市木でもある桜の名所が点在。「桂公園（桜尾城址）」や「住吉堤防敷」が有名だ。

クチコミ けん玉の聖地・廿日市市の「和洋菓子 ながお」には、「けん玉もなか」というお菓子がある。手のひらに収まるサイズなのにちゃんとけん玉の形をしていてかわいい。（廿日市市在住・メイプル）

歩き方

宮島・廿日市・大竹

廿日市市 ▲ 歩き方

多種多様な植物が見られる登山スポット

広島を代表する一級河川・太田川の源流がある「吉和冠山」。日本最南端の豪雪地帯として知られる吉和の深い山からの雪解け水が清流となり、広島市内へと流れる。標高は1339mと県内で2番目の高さを誇り、「中国百名山」や「ひろしま百山」にも選出されている。また、雄大な自然のなかで育まれた植物観光も楽しめる登山スポットとしても有名。ブナやミズナラ、オオヤマレンゲといった木をはじめ、春はカタクリ、エイザンスミレ、夏はウバユリ、ヤマアジサイ、秋にはナメコやムキタケといった珍しいキノコまで、多種多様な植物を観察できる。

源流域の森林を「太田川源流の森」と名づけ、森林保全活動を行う

世界から熱視線が注がれるけん玉の聖地

大正時代、現在のけん玉の形に近い「日月ボール」を考案した呉市出身の江草濱次氏が、ろくろ木工技術に長けていた廿日市市のろくろ木工場を訪れ、生産をスタートさせた。瞬く間に大ブームとなり最盛期には年間40万個以上が製造されたが、需要の減少で衰退。しかし2000（平成12）年に「廿日市市木材利用センター」でけん玉の製造が復活し、見学・体験の場の提供、伝統技術の継承、後継者の育成を行っている。2014（平成26）年からは毎年「けん玉ワールドカップ」を開催し、世界中からプレイヤーが集結する。

けん玉は、廿日市市のみやげ物店でもよく目にする人気アイテム

おさんぽプラン

① Kendama Shop Yume.（▶P.171）
　🚶 徒歩6分
② 廿日市天満宮（▶P.171）
　🚶 徒歩7分
③ 桂公園（▶P.171）
　🚶 徒歩5分
④ SAKURAO DISTILLERY（▶P.95）
　🚶 徒歩15分
⑤ 廿日市市木材利用センター（▶P.170）

寄り道スポット 県指定の天然記念物が自生

32ヘクタールという広大な敷地と、美しく豊かな自然が広がるスポット。敷地内には、県の天然記念物に指定されているベニマンサクが多く自生。ベニマンサク湖を中心に小鳥や昆虫、植物などを観察しながらハイキングを楽しめる。

おおの自然観察の森

MAP 別冊P.24-A〜B2
🏠 廿日市市大野矢草2723
☎ 0829-55-3000　🕐 9:00〜16:30　休 月（祝日の場合翌日）　🎫 無料　🅿 あり　🚗 大野ICから車で25分

写真パネルなどが設置されている自然観察センター

好きじゃけん広島県！
ご当地トピックス

広島の名産・カキが育まれる大野瀬戸

JR「宮島口駅」から西へ向かう約10kmの国道沿いは、カキの生産者や販売店が軒を連ね「大野瀬戸かき海道」と呼ばれる。廿日市市大野と宮島に挟まれた海域「大野瀬戸」は、広島の名産品として名高いカキの産地として有名で、多くのカキいかだが浮かぶ。また干満の差が大きく、山の河川から流れ込む天然水により、カキの成長に必要なプランクトンが豊富。この海域こそが風味豊かで濃厚な味わいのカキを育んでいる。

プランクトンが豊富で年中穏やかな海域の大野瀬戸で育つカキは肉厚で大粒

ひろしま
Q 廿日市市は市を挙げて、大会誘致や地元企業への呼びかけ、PR活動など、ある女性スポーツの支援・発展に力を入れている。そのスポーツとは何でしょう？

おもな見どころ

`MAP` 別冊P.25-D1

▶ はつかいち文化ホールウッドワンさくらぴあ

住 廿日市市下平良1-11-1 TEL
0829-20-0111 営 9:00〜22:00
休 月(祝日の場合は翌平日)
料 公演により異なる P あり 交 JR
「宮内串戸駅」から徒歩15分

通年多様な企画展を行う「はつかいち美術ギャラリー」を併設

芸術文化振興の拠点として愛されるホール
はつかいち文化ホールウッドワンさくらぴあ

幅広いニーズに対応できる大ホールと、音楽鑑賞をメインとした小ホールを備える。クラシック、演劇、J-POP、バレエ、落語などバラエティに富んだ公演を数多く企画。さらに地元アーティストの公演や各種ワークショップなどの市民参加事業にも積極的に取り組む。

2023（令和5）年には広島県では初となる「地域創造大賞（総務大臣賞）」を受賞

`MAP` 別冊P.25-D1

▶ 廿日市市木材利用センター

住 廿日市市木材港北5-95 TEL
0829-32-2393 営 9:30〜16:30
休 月・祝 料 体験により異なる
P あり 交 JR「廿日市駅」から徒歩20分

西日本有数の木材港近くにある木工体験施設

けん玉や木工教室などで木のぬくもりを伝える
廿日市市木材利用センター

木に親しむことができる施設。技術の継承と普及を目的に、子供から大人まで参加できる各種木工教室を開催するほか、けん玉製造の見学（要予約）や木工品の展示販売などを行う。夏には「木の旅 in はつかいち」、秋には「木工工作コンクール」などのイベントも実施。

いろいろな工具を使い自由に木工を楽しめる「DIY教室」などを定期的に開催

`MAP` 別冊P.25-C1

▶ 速谷神社

住 廿日市市上平良308-1 TEL
0829-38-0822 営 自由(祈禱受付8:00〜17:00) 休 なし 料 無料 P あり 交 JR「廿日市駅」から廿日市さくらバスで6分「速谷神社」下車、徒歩1分

俗界と神域を分ける境界となる鳥居。厳かな空気に気が引き締まる

古くから交通安全の神として知られる神社
速谷神社

創祀1800年以上の由緒ある神社。古くから交通安全の守護神として有名。境内には、健康長寿や病気平癒の神・岩木翁神を祀る「岩木神社」や、五穀豊穣や商売繁昌の神・宇加之御魂神を祀る「稲荷神社」も。広い境内をゆっくりと散策するのがおすすめ。

交通安全祈願のために、県内外から多くの参拝客が訪れる

野球。全日本女子野球連盟から「女子野球タウン」に認定されている。県公立校では唯一の女子硬式野球部がある県立佐伯高等学校の存在、西日本レディースカップ野球大会の誘致活動など、廿日市市民の野球愛は深い！

1914(大正3)年に開園した廿日市で最も古い公園
桂公園
かつらこうえん

「桜尾城」の跡地にできた公園。当時の城主・桂元澄の子孫であった公爵・桂太郎が寄贈したことから「桂公園」の名に。広いグラウンドもあり、桜の名所としても愛される。

花見の季節には約120本の桜の木が満開に。樹齢半世紀近い木も数多く残る

MAP 別冊P.25-D1
▶ 桂公園
住 廿日市市桜尾本町11 TEL 0829-31-5656(はつかいち観光協会) 営自由 休なし 料無料 Pなし 交JR「廿日市駅」から徒歩11分

旧桜尾城跡の小高い丘の上に位置

廿日市中央の篠尾山に鎮座する学問の神様
廿日市天満宮
はつかいちてんまんぐう

嚴島神社の神主として幕府より任命された藤原親実が、桜尾城に入った際に鎌倉の天神を勧請したのが始まりといわれる。学問の神様として有名で、合格祈願の参詣者でにぎわう。

鎌倉時代から800年の歴史があり、御朱印巡りの参拝客も多く訪れる

MAP 別冊P.25-D1
▶ 廿日市天満宮
住 廿日市市天神3-2 TEL 0829-31-0501 営自由(祈禱受付9:00～17:00※要予約) 休なし 料無料 Pあり 交JR「廿日市駅」から徒歩5分

廿日市の中央・篠尾山(天神山)に鎮座

世界中で大ブーム！　けん玉の専門店
Kendama Shop Yume.
けんだましょっぷゆめ

地元メーカー・イワタ木工が営む、けん玉専門店。高い機能性と塗装や技法の美しさが際立つ自社オリジナルけん玉「MUGEN MUSOU」や国内外さまざまなメーカーのけん玉を扱う。

店内には、ゆっくりとけん玉の練習ができるフリースペースを備える

MAP 別冊P.25-D1
▶ Kendama Shop Yume.
住 廿日市市廿日市2-3-10 TEL 0829-30-8755 営13:00～19:00、土・日・祝10:00～ 休月・火 CC ADJMV Pあり 交JR「廿日市駅」から徒歩5分

定期的に初心者向けのけん玉教室を開催

子供たちと1日中遊べる大型公園
峰高公園
みねたかこうえん

園内には目的に合わせて利用できる芝生広場、わんぱく広場など5つの広場や、グローバルリゾート総合スポーツセンターサンチェリーが。150台分の広い駐車場も完備。

わんぱく広場には大型遊具を設置。子供たちに人気のターザンロープもある

MAP 別冊P.25-C1
▶ 峰高公園
住 廿日市市串戸6地内 TEL 0829-30-9173(廿日市市 維持管理課) 営休料施設により異なる Pあり 交JR「宮内串戸駅」から徒歩15分

公園内にはグローバルリゾート総合スポーツセンターサンチェリーも

クチコミ 阿品の「フジグランナタリー」には1937(昭和12)年建造の英国客船の部品がたくさんあるんよ。(春日はっちゃん)

MAP 別冊P.8-B1

▶極楽寺山

住廿日市市原 **TEL**0829-31-5656(はつかいち観光協会 廿日市本部) **営**自由 **休**なし **料**無料 **P**あり **交**廿日市ICから車で30分

眼下には廿日市市市街地や木材港を望める

MAP 別冊P.25-C1

▶アートギャラリーミヤウチ

住廿日市市宮内4347-2 **TEL**0829-30-8511 **営**10:00～17:00(最終入館16:30) **休**火・水 **料**展示により異なる **P**あり **交**JR「宮内串戸駅」から津田・吉和線バスで10分「佐原田」下車、徒歩1分

所蔵作品を展示するコレクション展あり

MAP 別冊P.25-C1

▶地御前神社

住廿日市市地御前5-18-9 **TEL**0829-36-0795 **営**自由 **休**なし **料**無料 **P**なし **交**JR「廿日市駅」から広島電鉄で6分「地御前」下車、徒歩7分

その昔、海中に立っていたと伝わる鳥居

MAP 別冊P.24-B3

▶まちの駅 ADOA大野

住廿日市市大野1-1-27 **TEL**0829-54-3280 **営**9:00～18:00(フードコート～21:00) **休**不定休 **CC**店舗により異なる **P**あり **交**JR「大野浦駅」から徒歩15分

「お食事処魚屋甚丸」の海鮮丼が人気

瀬戸内海を見下ろす国立公園

極楽寺山
ごくらくじやま

標高693mの山頂一帯には全国でも有数のモミの原生林が広がる。付近には聖武天皇が建立したとされる古寺・極楽寺やキャンプ場、瀬戸内海を一望できる展望台などがある。

山頂から下った蛇の池には、5月末～8月末頃までが見頃の睡蓮が咲き誇る

観る・聴く・参加できる小さな美術館

アートギャラリーミヤウチ
あーとぎゃらりーみやうち

現代美術を中心に、広島ゆかりの作家や若手作家を紹介する展覧会、児童・幼児向けの創作ワークショップなど、子供も大人も楽しめるさまざまな企画を行う私設のスペース。

特に夏休み期間中は家族で楽しめる展示やイベントを開催する

宮島の対岸にある嚴島神社の摂社

地御前神社
じごぜんじんじゃ

かつて宮島は「神の島」として信仰され、神職も住まなかったため、風波など天候によって島に渡れないときには、ここで祭祀を行っていた。嚴島神社の外宮と称された神社。

地御前神社と嚴島神社、弥山にある御山神社は直線で結ばれる位置に鎮座

観光客と地元・大野をつなぐ交流拠点

まちの駅 ADOA大野
まちのえき あどあおおの

地域の観光情報を発信するとともに、特産品が並ぶマーケットやフードコート、多目的ルームなどを設け、地元の人との交流拠点としてにぎわう。祭りやイベントも定期的に開催。

フードコートのすぐ外にある人工芝広場は宮島工業高等学校の生徒がデザイン

---

plus 極楽寺山の山頂付近にある「極楽寺」。731(天平3)年に行基が開山し、聖武天皇が建立したとされる古刹だ。本堂は毛利元就により再興されたもので、県の重要文化財に指定されている。

宮島からいちばん近い日帰りの天然温泉施設
てんねんおんせん みやはま べにまんさくのゆ
天然温泉　宮浜　べにまんさくの湯

宮島や瀬戸内海を一望できる露天風呂が自慢の天然温泉施設。岩風呂や檜風呂、泡風呂、ジェット風呂など多彩な浴槽を完備。2階にはレストラン「湯屋わたや」を併設。

安芸の宮島を眺めながら温泉につかることができる、開放的な檜の露天風呂

厳島神社と深い関わりのある古社
おおかしらじんじゃ
大頭神社

嚴島神社の摂社として603（推古11）年に創祀されたと伝わる古社。古くは嚴島兼帯七社のひとつとされた。大頭神社から続く遊歩道は妹背の滝、さらには経小屋山へと続く。

境内のすぐ近くには、縁結びの御利益があるといわれている妹背の滝がある

夏場には水遊びを楽しめる避暑スポット
いもせのたき
妹背の滝

大頭神社の裏にある妹背の滝。雄滝と雌滝の2本からなり、夫婦滝として親しまれる。滝つぼ付近には流れが穏やかな浅瀬が広がり、夏場には川遊びを楽しむ家族連れが多い。

30mの雄滝と50mの雌滝からなる夫婦滝は水量が豊富でダイナミック

広大な敷地内にさまざまなスポーツ施設が充実
ひろはい　さいきそうごうすぽーつこうえん
HIROHAI　佐伯総合スポーツ公園

緑豊かな高台に位置。野球場や体育館、天然芝の陸上競技場、テニスコート（オムニコート）などスポーツ施設が充実。子供たちが遊べる大型遊具もありファミリーで楽しめる。

敷地内には展望広場、紅葉広場ほか、ウオーキング・ジョギングコースも整備

MAP 別冊P.24-B3

▶ 天然温泉　宮浜　べにまんさくの湯

🏠 廿日市市宮浜温泉2-2-1　TEL 0829-50-0808　営 10:00〜22:00（最終入浴受付21:30）、レストラン11:00〜21:00（L.O.20:30）　休 第3火（祝日の場合は翌平日）　料 800円（小学生400円、幼児150円、乳児無料）　P あり　交 JR「大野浦駅」からおおのハートバスで8分「べにまんさくの湯」下車、徒歩1分

MAP 別冊P.24-B3

▶ 大頭神社

🏠 廿日市市大野5357　TEL 0829-55-0378　営 自由（祈禱9:00〜16:00※要予約）　休 なし　料 無料　P あり　交 大野ICから車で1分

拝殿は国内でも珍しい木造重層建築（2階建て）

MAP 別冊P.24-B3

▶ 妹背の滝

🏠 廿日市市大野滝ノ下　TEL 0829-30-8021（はつかいち観光協会 宮島口本部）　営 自由　休 なし　料 無料　P あり　交 大野ICから車で1分

滝の水が落ちるすぐそばで水遊びを楽しめる

MAP 別冊P.8-A1

▶ HIROHAI　佐伯総合スポーツ公園

🏠 廿日市市津田545　TEL 0829-72-1601　営 9:00〜21:30　休 なし　料 施設により異なる　P あり　交 JR「宮内串戸駅」から広電バスで31分「佐伯中学校前」下車、徒歩8分

トレーニングルームなどを備える体育館

 クチコミ　廿日市市津田の「津保美堂」の二重焼きは絶品。特に焼きたてはおいしい！り。カスタードクリームもおすすめ。（大竹市在住・エターナルホイール）　大きなサイズで、中には粒あんがずっし

MAP 別冊P.8-A1

▶ 佐伯国際アーチェリーランド

住 廿日市市津田500 TEL 0829-72-0437 営 9:00〜18:00 休なし 料ターゲットコース2500円（大学・専門学生2000円、高校生以下1800円）ほか P あり 交 廿日市ICから車で20分

バーベキューが楽しめるプランも（食材込）

MAP 別冊P.8-A1

▶ 元湯　小瀬川温泉

住 廿日市市栗栖115 TEL 0829-72-1311 営 10:30〜20:00（最終受付19:30）休 水・第3木 料 480円（小学生200円、幼児100円）P あり 交 吉和ICから車で30分

無味・無臭の、さっぱりとした湯触り

MAP 別冊P.8-A1

▶ 道の駅 スパ羅漢

住 廿日市市飯山21-5 TEL 0829-72-2221 営 10:00〜19:00、レストラン11:00〜19:00（L.O.18:00）休 第1・3水（祝日の場合は翌平日）料 温泉700円（小学生350円、3歳以上150円）P あり 交 廿日市ICから車で40分

地元農家と連携した野菜市はどれも新鮮

MAP 別冊P.8-A1

▶ フォレストアドベンチャー・広島

住 廿日市市吉和1593-75 TEL 080-2128-0320 営 9:00〜17:00 休なし 料 アドベンチャーコース4000円、キャノピーコース3000円ほか P あり 交 吉和ICから車で10分

子供のためのキッズコース（2000円）も

自然のなかを散策しながらアーチェリー体験

佐伯国際アーチェリーランド
さいきこくさいあーちぇりーらんど

中四国地方で唯一、自然のなかを巡りながらのアーチェリーも楽しめる体験施設。森のさまざまな所に設置された的をひとつずつ制覇しながら進むフィールド・アーチェリーが人気。

初心者向けのターゲットコースも用意。平坦なグラウンドで的を狙う

西日本屈指のラドン含有量を誇る温泉

元湯　小瀬川温泉
もとゆ　おぜがわおんせん

源泉は中国の名水にちなみ「龍井」と命名。神社の岩の下、221mから自噴している。西日本では屈指のラドン含有量を誇り、入浴後もしばらく体がポカポカするのが特徴。

温泉水と飲用水を無料で持ち帰ることができる水汲み場がある

日帰り天然温泉も楽しめる渓谷の道の駅

道の駅 スパ羅漢
みちのえき すぱらかん

天然温泉も楽しめる道の駅。物産・産直コーナーでは朝採れ野菜や地元で生産された加工品が人気。レストランでは、地場食材を生かした四季折々のメニューを味わえる。

効能豊かなラドン泉の温泉を完備。入浴後はレストランで食事も楽しめる

スリル満点の空中アスレチックを体感

フォレストアドベンチャー・広島
ふぉれすとあどべんちゃー・ひろしま

中国地方初上陸の自然共生型アウトドアパーク。広さ400ヘクタール・東京ドーム86個分もの広大な自然のなかで、空中アスレチックやBBQ、キャンプなどを満喫できる。

長さ150m超えのジップスライドなどを楽しめるアドベンチャーコース

Plus

大野と佐伯エリアにまたがる標高699.5mの大野権現山の登山ルートにある「おむすび岩」。せり出した岩場に大きな三角形の岩がコロンと乗っかっている。見晴らしもよく、フォトスポットとして人気。

植物の宝庫で登山スポットとしても有名

よしわかんむりやま
吉和冠山

標高は1339m、広島県では恐羅漢山に次ぐ2番目の高さを誇る。広島を代表する一級河川・太田川の源流があり、源流域は「太田川源流の森」として整備。多種多様な植物を見られる。

国定公園でもある吉和冠山は雄大な景観で、登山スポットとしても人気を博す

MAP 別冊P.8-A1
▶ 吉和冠山
住 廿日市市吉和 TEL 0829-77-2404(はつかいち観光協会 吉和支部) 営 自由 休 なし 料 無料 P なし 交 吉和ICから登山口まで車で10分

登山道は整備され、比較的緩やかなコース

岸田劉生の「麗子像」をはじめ秀作コレクション多数

うっどわんびじゅつかん
ウッドワン美術館

木質建材メーカー・ウッドワンの所蔵する美術品約800点を中心に、年に数回の企画展を開催する。所蔵品は近代日本絵画、マイセン磁器など5つのジャンルを柱に構成される。

標高600mの高地に位置し、原生林の残る自然豊かな好環境

MAP 別冊P.8-A1
▶ ウッドワン美術館
住 廿日市市吉和4278 TEL 0829-40-3001 営 10:00～17:00(最終入館16:30) 休 月 料 展覧会により異なる P あり 交 吉和ICから車で5分

絵画は展示替えを行いながら順次展覧する

日帰りでも入れる、自然に囲まれた温泉

めがひらおんせん　くゔぇーれよしわ
女鹿平温泉　クヴェーレ吉和

四季折々の景観が美しい伝統ある温泉地・吉和にある、温泉・宿泊施設・レストランなどが揃う温泉リゾート。4万5000年前の巨木で造られた浴槽の露天風呂（女性風呂のみ）がある。

「めがひらスキー場」に隣接。思いきりスキーを楽しんだあとは温泉で温まろう

MAP 別冊P.8-A1
▶ 女鹿平温泉　クヴェーレ吉和
住 廿日市市吉和4291 TEL 0829-77-2277 営 11:00～19:00(最終受付18:00) 休 スキーシーズンは火、春～秋期は月(日帰り入浴) 料 日帰り入浴700円(小学生350円、幼児150円) P あり 交 吉和ICから車で5分

宿泊所や食事処も併設。お得なプランも用意

全長2300mのコースは抜群の壮快感

めがひらおんせん　めがひらすきーじょう
女鹿平温泉　めがひらスキー場

山頂から麓までの2300mを一気に滑り降りる、中・上級者向けの「センターコース2300」や、林間コース、子供も滑りやすいファミリーゲレンデなど多彩なコースを用意。

人口造雪機・人口降雪機を導入。シーズン中はいつでもグッドコンディション

MAP 別冊P.8-A1
▶ 女鹿平温泉　めがひらスキー場
住 廿日市市吉和4301 TEL 0829-40-3000 営 8:00～17:00 休 火 料 入場料500円、リフト券は利用時間により異なる P あり 交 吉和ICから車で3分

ゲレンデ近くにはハンバーガースタンドも

plus
「ウッドワン美術館」を象徴する所蔵作品のひとつ、岸田劉生の『毛糸肩掛せる麗子肖像』。「麗子像」は常設展示ではないので注意。展示期間は施設に確認をしよう。

大竹市
おお たけ し

まるで宇宙基地のような工場夜景の
大竹コンビナート

廿日市市

大竹市

山口県

人口 大竹市▶2万5764人

🚉 **エリア利用駅**

▼玖波駅
JR山陽本線

▼大竹駅
JR山陽本線

大竹駅と玖波駅を結ぶ幹線バス
を中心に、デマンドタクシーなど
の支線交通がある

エリア中心部への行き方

JR広島駅	JR大竹駅

JR山陽本線
所要約45分(680円)

JR山陽本線 → JR玖波駅 → こいこいバス → 大竹市役所 → こいこいバス
所要約40分(590円) 所要約14分(200円) 所要約10分(200円)

広島県の西端に位置し、古代には「遠管郷」と呼ばれ、
おかのさと
当時の都と九州・太宰府を結ぶ古代山陽道の安芸の国の終
点として、また交通の要所として栄えた。戦時中は旧日本海
軍の潜水学校がおかれるなど海軍の重要拠点となり、1954
(昭和29)年に近隣と合併して市制を施行、現在にいたる。
沿岸部にはパルプ、化学繊維、石油化学などの大企業の工
場が立地し、瀬戸内海地域で有数の臨海工業地区に発展。
ここで見られる工場夜景は全国にもファンが多く、特に、広
島城主・福島正則が小方に築いた亀居城跡がある亀居公園
といった丘の上からのパノラマが楽しめるのは全国でも珍し
い。また近年ロッククライミングの名所としても愛される三倉岳や、
1年中釣り人でにぎわう阿多田島も人気のスポットだ。

plus
ⓘ 大竹市暴力監視追放協議会が中心となり2004(平成16)年から取り組む「ストーンアート」活動。市の各所に、大きな自
然石(岩)を使ったアート作品が設置されている。町歩きのお楽しみにぜひ。

歩き方

おさんぽプラン

① 亀居公園（亀居城跡）(▶P.178)
　徒歩20分
② 下瀬美術館 (▶P.179)
　徒歩7分
③ 晴海臨海公園 (▶P.178)
　徒歩＆フェリー40分
④ 阿多田島 (▶P.179)

大竹市　歩き方

思いおもいに楽しめる海沿いの総合公園

　大竹ICから車で3分の海沿いにある「晴海臨海公園」（→P.178）。市内外の人が利用できる新たな交流拠点として整備が進められており、球技場・

公園の右には臨海工業地帯、左には宮島を臨める開けた立地

テニス場・多目的グラウンド・大型遊具がある遊具広場・舗装広場・海辺の広場・展望台・デイキャンプ場などを設置。幅広い世代が使いやすい、総合的な公園として親しまれている。近隣には商業施設やホームセンターも充実しているため、弁当などをすぐに購入でき便利。また、2023（令和5）年3月に開館した「アートの中でアートを観る。」がコンセプトの「下瀬美術館」（→P.179）が隣接する。

福島正則が築いた亀居城跡地の公園

　大竹市小方の小高い丘陵の上にある「亀居城」。1608（慶長13）年、広島城の2代目城主であった福島正則によって築かれた。初代城主の毛利輝元に替わって広島城に入城した福島正則は6ヵ所に支城を構え、そのうちのひとつが周防との国境である小方に築かれた。もともとは「小方城」と呼ばれていたが、城地の形が亀が伏したような形状だったことから、

本丸跡からは桜と工場が織りなすユニークな景色を楽しめる

「亀居城」と呼ばれるようになったと伝えられている。現在は亀居公園（→P.178）として整備され、春には花見スポットとしても有名。4月には「亀居城まつり」が開催される。

寄り道スポット

特産物が揃う人々の交流拠点

　大竹市の北部、三倉岳県立自然公園の麓にある都市と農村との交流拠点。地元の新鮮野菜や米、特産品を販売する直売所や、地元農産物を使った料理を味わえるレストランがある。春と秋の年2回、「マロンの里まつり」も開催され多くの人でにぎわう。

マロンの里交流館

MAP 別冊P.8-A2

🏠大竹市栗谷町大栗林195-12　📞0827-55-0055　⏰9:00～17:00　休月（祝日の場合翌平日）　CC店舗により異なる　Pあり　交大竹ICから車で30分

敷地内には芝生公園や川遊びゾーンがあり、自然と触れ合える

\好きじゃけん広島県!/
ご当地トピックス

海上から見る圧巻のコンビナート夜景

　例年10月頃に開催する、大竹商工会議所の主催イベント「おおたけコンビナート夜景クルーズ」。海の上からキラキラと輝く工場夜景や、夕暮れ時の大竹市街を眺めることができる。工場から放たれる光によってライトアップされた煙突と、近未来チックな工場群。陸上とは異なる角度から、間近で見る工場夜景はダイナミックだ。夏前頃から募集開始。大竹商工会議所のサイト（URLotakecci.or.jp）をチェックして。

クルーズ船は大竹港から出港

Q　漁業が盛んで、釣り愛好家たちが集まる阿多田島で開発・養殖されているブランドハマチ。ある果物の果汁を搾った餌で育てており、さわやかな味わいが評判だ。その果物とは何？

MAP 別冊P.8-A2
▶ 三倉岳
住 大竹市栗谷町　**TEL** 0827-56-0660　**営** 自由　**休** なし　**料** 無料　**P** あり　**交** 大竹ICから車で35分

古くから山岳クライマーを育んできた

MAP 別冊P.8-B2
▶ 晴海臨海公園
住 大竹市晴海2-11　**TEL** 0827-57-4333　**営** 9:00〜19:00(10〜3月は〜18:00)　**休** なし　**料** 無料(スポーツ施設・デイキャンプ場は有料)　**P** あり　**交** 大竹ICから車で3分

大竹市役所の東側、海沿いに立地する

MAP 別冊P.8-B2
▶ 亀居公園(亀居城跡)
住 大竹市小方2　**TEL** 0827-59-2131　**営** 自由　**休** なし　**料** 無料　**P** あり　**交** 大竹ICから車で3分

公園内には自然に囲まれた野外ステージも

MAP 別冊P.8-A2
▶ 蛇喰磐
住 大竹市栗谷町　**TEL** 0827-59-2131　**営** 自由　**休** なし　**料** 無料　**P** あり(夏季有料)　**交** 大竹ICから車で30分

夏は川遊びに最適。多くの家族連れでにぎわう

全国から集うロッククライミングの聖地
三倉岳
みくらだけ

標高702m。近年はロッククライミングの聖地としても人気を博す。周辺は登山道、キャンプ場、駐車場も整備され、遠方からも登山者やハイカーが多く訪れる。

朝日岳、中岳、夕陽岳と3つの峰を持つことから「三本槍」とも呼ばれる

遊具が豊富で見晴らし抜群の総合公園
晴海臨海公園
はるみりんかいこうえん

市内外の人々の新たな交流拠点として整備が進められている海沿いの公園。大型遊具がある遊具広場やデイキャンプ場などがあり、幅広い世代が利用しやすい設備が整う。

ロボット工場がモチーフのカラフルな大型遊具が設置されている

瀬戸内海と工場群を見下ろす桜の名所
亀居公園(亀居城跡)
かめいこうえん(かめいじょうあと)

広島城主・福島正則が築城した亀居城跡に整備された公園。春には約300本のソメイヨシノが咲く名所として有名。7つの歌碑と記念碑で結ばれた遊歩道の散策も楽しめる。

花見シーズンになるとたくさんのぼんぼりが点灯。夜桜を満喫できる

長い年月をかけ川の浸食でできた珍しい景観
蛇喰磐
じゃぐいいわ

山口県との県境を流れる小瀬川と、その支流の玖島川の合流地点にある。大小無数の穴がある川床の岩盤は、水の浸食によりできたもの。県の天然記念物に指定されている。

三倉岳にすむ大蛇が食べておう穴ができたという伝説から「蛇喰磐」と呼ばれる

ひろしま

ハマチの餌として与えられるのは「レモン」。ブランド名は「あたたハマチto(と)レモン」だ。ハマチの味わいへの作用だけでなく、柑橘特有のリモネン成分が酸化を抑えて、身の色が長持ちするのだとか。

アートと建築も楽しめる、宮島を望む美術館
しもせびじゅつかん
下瀬美術館

宮島と錦帯橋の中間地点に生まれた「アートの中でアートを観る。」がコンセプトの美術館。世界的建築家・坂茂氏が設計を手がけ、下瀬家が収集してきたコレクション約500点を収蔵する。

美術館施設だけでなくカフェやレストラン、宿泊施設（→P.412）もある

MAP 別冊P.8-B2
▶ 下瀬美術館
住大竹市晴海2-10-50 TEL 0827-94-4000 営9:30〜17:00（最終入館16:30） 休月（祝日・振替休日は開館） 料展示により異なる Pあり 交大竹ICから車で5分

カラーガラスに覆われた8つの可動展示室

県の名勝に指定されている美しい渓谷
やさかきょう（やさかだむ）
弥栄峡（弥栄ダム）

弥栄ダムの上流1.5kmにわたる渓谷。屏風岩や重ね岩など数々の奇岩が渓流のあちこちに点在。近隣にはダム湖百選に選ばれた弥栄湖や弥栄オートキャンプ場などがある。

周辺にはレジャー施設も充実。1年を通じて楽しめる

MAP 別冊P.8-A2
▶ 弥栄峡（弥栄ダム）
住大竹市小方町 TEL 0827-57-3135 営自由 休なし 料無料 Pあり 交大竹ICから車で25分

下流には弥栄ダムが。春には満開の桜が咲く

400年以上続く手すき和紙作りを伝える
おおたけてすきわしのさと
おおたけ手すき和紙の里

江戸時代から伝わる手すき和紙。小瀬川の清流に恵まれるこの地で、保存会の会員たちが400年以上受け継がれた伝統の技を保存・継承。見学や紙すき体験などができる。

自家栽培したコウゾやトロロアオイを使い、多くの工程を手作業で行う

MAP 別冊P.8-A2
▶ おおたけ手すき和紙の里
住大竹市防鹿3365 TEL 0827-93-3576 営定例開所日第2・4日10:00〜15:00、火・木〜12:00（定例開所日以外も紙すき体験等を受付） 休不定休 料紙すき体験600円〜 Pあり 交JR「大竹駅」から車で5分または大竹ICから車で15分

紙すき体験やワークショップを実施

日帰りで行ける釣りの名所
あたたじま
阿多田島

大竹市の沖合にある離島。瀬戸内有数の好漁場として知られ、釣り人にも人気の島。島の周囲には美しい砂浜や岩場が点在。春先には椿や桜が咲き誇り、ハイキングも楽しめる。

伝統のイワシ漁をはじめ近年ではハマチ・タイ・カキなどの養殖が盛ん

MAP 別冊P.8-B2
▶ 阿多田島
住大竹市阿多田 TEL 0827-59-2131 営自由 休なし 料フェリー710円（小学生360円） Pなし 交「小方港」からフェリーで35分

面積2.41k㎡、人口約250人の小さな島

plus
大竹の郷土料理「もぶり」は、黒豆を入れた混ぜご飯のこと。「混ぜる」の方言「もぶる」が由来。お祭りなどで作って、大きな丸いおむすびにして近所に配る風習があるという。

呉・江田島エリア

瀬戸内海の島々に囲まれ、古代から天然の良港として発展。明治以降は重要な軍事拠点でもあったことから、呉市・江田島市ともに、旧海軍や海上自衛隊に関連する施設が点在する。

呉市の呉駅から音戸大橋、倉橋島、能美島を経由して江田島市・切串港を結ぶサイクリングロードは「かきしま海道」としてサイクリストから親しまれている。潮風を感じながら、歴史と伝統を色濃く残す町並みが味わえる。

1 世界屈指の軍港として栄え 歴史的な史跡が多く残る

呉市

▶ P.182 MAP 別冊P.9-10、28

広島県の南西部、広島市や安芸郡の東側に位置し、倉橋島や安芸灘諸島などの島しょ部からなるエリア。かつて日本最大級の海軍工廠を擁する都市として栄え、世界最大と評される戦艦「大和」を造り上げた「呉海軍工廠」の技術や設備が今にも伝承されている。

アレイからすこじまから見る、呉の港の風景

旧海軍工廠のれんが建造物

下蒲刈島の三之瀬地区

潮待ちの港町として栄えた、大崎下島の御手洗町並み保存地区

えたじまSUP（→P.196）

このエリアでしたい 5

①大和ミュージアム&てつのくじら館へ ▶P.184
②日本遺産を巡って呉の歴史を知る ▶P.190
③夏でも冬でも食べたいんだ、呉冷麺 ▶P.375
④江田島オリーブファクトリーでオリーブ三昧 ▶P.194
⑤江田島名物グルメをいただきます！ ▶P.197

呉市で"メロンパン"いったら、ラグビーボール型なんよ（→P.389）

Access INFO

主要IC

▶広島呉道路……… 呉IC
▶東広島呉道路… 阿賀IC

呉市街地へは呉ICを降りてすぐ、または阿賀ICから国道185号を西へ。呉市街地から下蒲刈島・上蒲刈島・豊島・大崎下島へは、国道185号を東へ進み、安芸灘大橋を渡って入る。江田島市へは呉市内から国道487号を南下し、音戸大橋、早瀬大橋を経由し、さらに国道487号を進む。

野呂山（→P.185）のかぶと展望台

野呂山

豊島にある御手洗地区（→P.189）

---

2 温暖な気候に恵まれた瀬戸内海の恩恵を受ける島

江田島市

▶P.192　MAP 別冊P.29

広島湾に浮かぶ、江田島、能美島とその周辺に点在する大小島々で構成され、1年を通して温暖な気候が特徴。明治時代や大正時代に建造された旧海軍関連の建物が残る歴史深い地。また、カキやオリーブ、マリンスポーツといった自然が育む資源も豊富だ。

海上自衛隊第1術科学校（→P.194）の大講堂。1917（大正6）年に建設

広島湾に浮かぶカキいかだ

オリーブの名産地

「真道山」（→P.196）から見渡す瀬戸内の穏やかな海

呉市
（くれし）

大和ミュージアムに展示される戦艦「大和」の10分の1サイズ模型

呉市

江田島市　大崎上島町

人口　呉市▶20万5349人

🚉 エリア利用駅

▼呉駅
JR呉線

▼広駅
JR呉線

▼呉ポートピア駅
JR呉線

エリア中心部への行き方

JR広島駅	JR呉線 快速安芸路ライナー 所要約35分（510円）	JR呉駅
広島バスセンター	広電バス・中国JRバス 所要約45分（780円）	呉駅前

　地形的に天然の良港と名高く、古くは村上水軍の一派が根城にし、明治時代以降は帝国海軍・海上自衛隊の重要拠点として人口40万人を超える大都市であった。発展の礎を築いたのは、1889（明治22）年に設置された「呉鎮守府」であり、「呉海軍工廠」では戦艦「大和」などの軍艦の建造も。当時の面影を残す町並みや建造物が残るほか、「大和ミュージアム」や「てつのくじら館」など、旧海軍・海上自衛隊について学べる施設が充実。造船・鉄鋼・パルプなどを中心とした臨海工業都市として発展を続け、現在は広島市、福山市に次ぐ第3の都市として広島県の中核を担う。呉市南東に位置する下蒲刈島や大崎下島といった島々を橋でつないだ「安芸灘とびしま海道」では、島独自の文化が色濃く残る。

クチコミ　呉湾「夕呉クルーズ」で見られる海上自衛隊による艦旗の降納では、ラッパで『君が代』が奏でられ、音に合わせて旗が降ろされる様子が見られます。(呉市在住・K)

歩き方

▶ 平清盛の伝説が残る「音戸の瀬戸」

厳島神社の参詣や宋との貿易発展のため、安全で効率のいい航路を必要とした平清盛が、夕日を招き返し、1日で切り開いたという伝説の残る名勝地として有名な「音戸の瀬戸」。平清盛ゆかりの地と

4月下旬から5月初旬には約8300本の紅白のツツジが咲き誇る

して周辺に見どころが集まる。1184（元暦元）年に建立した「清盛塚」や1967（昭和42）年に建てられた「平清盛日招像」に加え、近くの「おんど観光文化会館うずしお」では、観光情報発信とあわせて音戸の歴史を楽しみながら学べるフロアも。また、呉市の本州側と倉橋島とを結ぶ「音戸大橋」「第二音戸大橋」はこの地域を象徴する美しい風景である。

▶ 中継貿易港として発展した独自の文化

呉の南東には「安芸灘とびしま海道」と呼ばれる、呉本土から始まり、安芸灘諸島を経由して愛媛県今治市の岡村島まで、7つの橋で結ぶルートがある。島々が庭園を渡る飛び石をイメージさせることから名づけられ、本州と下蒲刈島を結ぶ「安芸灘大橋」以外は無料で渡れる連続架橋であることから、島それぞれの特色を感じながらドライブやサイクリングを楽しむ

本土と下蒲刈島の間に架かる長大吊橋「安芸灘大橋」

のがおすすめだ。朝鮮通信使や参勤交代大名の寄港地として栄えた下蒲刈島「三之瀬地区」や、江戸時代に天然の良港として発展した大崎下島「御手洗地区」など観光名所が多数ある。

おさんぽプラン

① 大和ミュージアム（▶P.184）
　　徒歩2分
② 海上自衛隊呉史料館（▶P.184）
　　徒歩16分
③ 入船山記念館（▶P.190）
　　徒歩2分
④ 呉市立美術館（▶P.186）
　　徒歩11分
⑤ 亀山神社（▶P.186）

寄り道スポット 呉名物の揚げまんじゅう

老舗菓子店が軒を連ねる呉商店街の名物おやつのなかでも、行列が絶えない「福住」は、1947（昭和22）年創業のフライケーキ専門店。菜種油でサクッと香ばしく揚げられた生地と、口当たりのよいこしあんのバランスが絶妙な、昔から愛される呉市民定番のおやつ。

ふくずみ　福住

MAP 別冊P.28-B1

🏠 呉市中央通4-12-20　📞 0823-25-4060　🕙 10:00〜17:00（売り切れ次第終了）　休 火　CC 不可　P なし　交 JR「呉駅」から徒歩16分

フライケーキ（90円）。揚げたては中のあんがとても熱いので慎重に

好きじゃけん広島県！
ご当地トピックス

1日1回の艦旗降納、見学クルーズ

呉中央桟橋を出港し、造船所で建造される大型船や海上自衛隊の船艇、潜水艦を至近距離で見学できる約35分のショートクルーズのなかでも「夕呉クルーズ」は1日1便の特別便。海上自衛隊が日の入り時刻に合わせて行う艦旗の降納が見られる、全国でも呉市だけの珍しいクルーズだ。大人1500円、子供500円で、2日前までの要予約。

▶ バンカー・サプライ　📞 082-251-4354

「特別便」は日の入り15分前出航。毎日変わるため要問い合わせ

音戸の瀬戸公園

MAP 別冊P.28-A3

▶ 音戸の瀬戸公園

住 呉市警固屋 **TEL** 0823-25-3309（呉市観光振興課） **営** 自由 **休** なし **料** 無料 **P** あり **交** 広電バスまたは呉市生活バスで「音戸渡船口」下車、徒歩10分

1967（昭和42）年に建てられた平清盛の銅像。海上交通の安全を見守る

四季の花々と音戸大橋からなる絶景スポット

音戸の瀬戸公園
（おんどのせとこうえん）

警固屋町（呉市本州）と音戸町（倉橋島）の間を流れる幅90mの海峡「音戸の瀬戸」と「音戸大橋」の美しい景観を望める公園。開削800年を記念して建てられた平清盛の銅像があり、伝説のとおり日没の方向に扇を向けて立つ姿が勇ましい。展望台からの景色も美しい。

4月下旬から5月上旬に約8300本のツツジが咲き、美しい景観が広がる

MAP 別冊P.28-A1

▶ 呉市海事歴史科学館（大和ミュージアム）

住 呉市宝町5-20 **TEL** 0823-25-3017 **営** 9:00～18:00（展示室最終入館17:30） **休** 火（祝日の場合は翌平日） **料** 500円（高校生300円、小・中学生200円、未就学児無料） **P** あり **交** JR「呉駅」から徒歩5分

大型資料展示室では魚雷や戦闘機などの兵器が見られる

ミュージアムから伝承される平和の大切さ

呉市海事歴史科学館（大和ミュージアム）
（くれしかいじれきしかがくかん（やまとみゅーじあむ））

世界最大と評される戦艦「大和」の10分の1サイズ模型を中心に据え、呉の歴史や継承されてきた造船や製鋼の技術を紹介する博物館。体験コーナーやゼロ戦（零式艦上戦闘機六二型）などの貴重な実物資料も展示されており、平和の大切さを五感で学ぶことができる。

実物の主砲をはじめ、屋外展示も多数あるため散策もおすすめ

MAP 別冊P.28-A1

▶ 海上自衛隊呉史料館（てつのくじら館）

住 呉市宝町5-32 **TEL** 0823-21-6111 **営** 10:00～18:00（最終入館17:30） **休** 火（祝日の場合は翌平日） **料** 無料 **P** なし **交** JR「呉駅」から徒歩5分

潜水艦「あきしお」内では潜望鏡をのぞくことができる

日本で唯一！ 実物の潜水艦を陸上展示

海上自衛隊呉史料館（てつのくじら館）
（かいじょうじえいたいくれしりょうかん（てつのくじらかん））

日本初、本物の潜水艦を展示したミュージアム。「海上自衛隊の歴史」や「掃海艇（機雷を除去する船）の活躍」「潜水艦の活躍」といったテーマで展示される。特に本物の潜水艦「あきしお」の展示では日本で唯一、実際に潜水艦に入って本物を体験できる。

潜水艦「あきしお」が目を引く外観。高さはビル5階相当という迫力だ

ひろしま A TRFの楽曲を踊りこなすほどダンスが得意。実力はプロに匹敵するほどだとか。「～クレ」が口癖のかっこかわいいヤツ。気になったら公式サイト（URL www.city.kure.lg.jp/site/kureshi-kureuji/）を見て！

呉市街を一望できる美しい夜景スポット

灰ヶ峰
（はいがみね）

標高737m、呉市を代表する夜景の名所。日本三大夜景の函館山より2倍以上高く、呉市街を目下に見渡せるのが特徴で、光の筋が「くれ」と読めると、そのカップルは結ばれるというううわさも。展望台があり、日中は森林浴やハイキングスポットとしても人気だ。

頂上にある展望台から望む夜景が美しく「中四国三大夜景」に選ばれている

MAP 別冊P.9-D2
▶灰ヶ峰
住 呉市栃原町 TEL 0823-25-3309（呉市観光振興課） 営 自由 休 なし 料 無料 P あり 交 呉ICから車で30分

旧海軍の高角砲台の石積みの上に展望台が建設されている

山頂からの景色が美しい瀬戸内海国立公園

野呂山
（のろさん）

弘法大師が修行したことでも知られる、標高839mの呉市内で最も高い山。瀬戸内海国立公園のなかでも屈指の景観美を誇り、野呂山を走る「さざなみスカイライン」はドライブコースとしても人気。山頂付近にはビジターセンターほかロッジやキャンプ場など整備。

「野呂山ビジターセンター」は誰でも気軽に利用できる総合案内、交流施設

MAP 別冊P.9-D2
▶野呂山
住 呉市川尻町板休5502-37（国民宿舎野呂高原ロッジ） TEL 0823-87-2390（国民宿舎野呂高原ロッジ） 営 自由 休 なし 料 無料 P あり 交 呉ICから車で40分

山頂まで約10km続く「さざなみスカイライン」沿いの桜並木

"わたし流の公園遊び"が楽しめる市民公園

呉ポートピアパーク
（くれぽーとぴあぱーく）

絵本や遊具がある「こども館」や木製遊具のある「芝生広場」、県内初のマウンテンバイクの本格的練習場「トライアル広場」など、思いおもいの時間を過ごせる公園。休日には、さまざまなイベントやフリーマーケットなどの開催もあり、世代を超えた交流が楽しめる。

「呉ポー」の愛称で親しまれる。園内の中心に位置するドームが園のシンボル

MAP 別冊P.9-C2
▶呉ポートピアパーク
住 呉市天応大浜3-2-3 TEL 0823-38-0560 営 9:00～21:00 休 水（祝日・春夏冬休み期間中は開園） 料 無料 P あり 交 JR「呉ポートピア駅」直結

フリースペースがあり、さまざまな利用ができる「こども館」

MAP 別冊P.28-B1
▶ 亀山神社

住呉市清水1-9-36 TEL0823-21-2508 営9:00～16:00 休なし 料無料 Pあり 交JR「呉駅」から徒歩15分

軍港都市として栄えた呉市の氏神として、呉市民を見守り続ける

MAP 別冊P.28-B1
▶ 呉市立美術館

住呉市幸町4（入船山公園内）TEL0823-25-2007 営10:00～17:00（最終入館16:30） 休火（祝日の場合は翌平日） 料300円（高校生180円、小・中学生120円）※特別展は別料金 Pなし 交JR「呉駅」から徒歩15分

敷地内に別館もあり、ミニギャラリーや喫茶コーナーなどが整う

MAP 別冊P.9-D3
▶ 恵みの丘蒲刈

住呉市蒲刈町大浦字前沖浦 TEL0823-70-7111 営8:30～17:00 ※イチゴ狩り1～5月上旬の水・木・土・日10:00～、11:00～（土・日は13:00～もあり） ミカン狩り10～12月の水・土・日10:00～、11:00～もあり 休火（祝日の場合は翌平日） 料イチゴ狩り1700円（小学生1300円、3～6歳800円）、ミカン狩り中学生以上500円、小学生400円（持ち帰り付1000円）※要予約 Pあり 交呉ICから車で45分

1300年の歴史を誇る旧呉市の総氏神
亀山神社
かめやまじんじゃ

"呉市の氏神様"として尊崇され、呉湾を一望に見晴らす高台に鎮座する。秋の例大祭は「人祭り」と呼ばれるほどのにぎわいで、鬼の面を着けた"ヤブ"と神輿の渡御は圧巻。呉に縁のあるスポーツ選手の勝利祈願や合格祈願、安産祈願などで多くの参拝者が訪れる。

初詣や合格祈願、お宮参り、七五三など節目に訪れる機会の多い八幡宮

建物や周辺景観のアート性も見事な美術館
呉市立美術館
くれしりつびじゅつかん

「入船山公園」内にある美術館で、日本瓦寄棟の屋根とれんが色の六角タイルを張りつめた外観は周囲の景観と調和する美しさ。ブールデルやルノワールなど国内外の多彩な秀作を収蔵・展示。美術館のアプローチとなる通りは「日本の道100選」に選ばれる。

多彩な野外彫刻が点在する「美術館通り」を通って入館しよう

島で育ったフルーツを景色のいい丘で味わう
恵みの丘蒲刈
めぐみのおかかまがり

上浦刈島の高台にある、瀬戸内海を望む景色の美しい観光農園。季節限定で体験できるイチゴやミカン狩り（要予約）が人気。エリア内には地元食材を使ったレストランや、ハーブを利用した小物やお茶が楽しめる工房もあるので、果物狩りと合わせて楽しみたい。

温暖な島で育つ甘みたっぷりのイチゴが40分食べ放題（持ち帰り不可）

「呉市立美術館」開館に合わせて整備された「美術館通り」。「美術館通り」という名前は、1987（昭和62）年に市民の公募で決まり、同年には「手づくり郷土賞」と「日本の道100選」に選ばれた。

厄除大祭期間中の名物「お多福通り抜け」
高尾神社
たかおじんじゃ

　呉市焼山全域の総氏神。地域民衆・開運厄除の神として名高く、特に節分日を含む厄除大祭期間中は「お多福通り抜け」という、珍しい神事を目当てに遠方からも多くの人が訪れる。

2020（令和2）年に遷座450年を記念して改修工事がなされた本殿

MAP 別冊P.9-C2
▶ 高尾神社
住 呉市焼山中央2-11-11　TEL 0823-33-7788　営 9:00〜16:00　休 なし　料 無料　P あり　交 広電バス「昭和市民センター」下車、徒歩3分

お多福の口をくぐり招福を願う「お多福通り抜け」

弘法大師空海が修行に専念したとされる霊山
弘法寺
こうぼうじ

　野呂山山頂近くにあり、弘法大師空海が19歳、49歳の2度訪れた地として伝わる。周辺には弘法大師が修行したという呉市有形文化財の「奥の院岩屋」や野呂山唯一の滝「玉すだれの滝」などが。

本堂からの瀬戸内海は美しく、天気がよければ「来島海峡大橋」が見える

MAP 別冊P.9-D2
▶ 弘法寺
住 呉市安浦町中切　TEL 0823-84-3306　営 自由　休 火・木は閉堂　料 無料　P あり　交 呉ICから車で1時間

1月1日の「修正会」。年間さまざまな神事が

万葉集に詠まれた美しい景観からなるスポット
桂浜
かつらはま

　「日本の白砂青松100選」にも選ばれた、白い砂浜と松林が美しい景勝地。桂浜を詠んだ和歌は『万葉集』にも登場する。周辺に洋式ドック跡や桂濱神社、長門の造船歴史館などが点在。

白い砂浜と松林（松原）のコントラストが美しい桂浜の海岸線の景色

MAP 別冊P.9-C3
▶ 桂浜
住 呉市倉橋町　TEL 0823-53-1111（呉市倉橋市民センター）　営 自由　休 なし　料 無料　P あり　交 広電バス「桂浜・温泉館」下車、徒歩1分

海岸線の先にあるのは「長門の造船歴史館」

\ もっと知りたいじゃろ？ /
おかわり地元ネタ

赤ちょうちんにぎわう呉の夜の風物詩

　呉の中心部にある「蔵本通り」は、電気と上下水道が整備された全国有数の屋台通り。1987（昭和62）年にバラバラに展開されていた屋台を1ヵ所に集めたことが始まりで、現在は「赤ちょうちん通り」として、呉の夜のにぎわいをつくっている。ラーメンやおでん、創作料理などさまざまな約9店舗が軒を連ねるため、はしご酒がおすすめ。出店時間や曜日は店舗により異なるので、日ごとの彩りを楽しんで。

バラエティに富んだ屋台料理と、店主との会話も楽しいひととき

plus
呉市下蒲刈島の三之瀬地区は、福山市の鞆の浦とともに瀬戸内海で2ヵ所あった海の関所のひとつ。大名や公家などが宿泊する本陣があった趣のある文化施設が集結する観光名所となっている。

MAP 別冊P.9-C3

▶ 天然温泉くらはし桂浜温泉館

住 呉市倉橋町431 **TEL** 0823-53-2575 **営** 10:00～20:00(最終受付19:30) **休** 月(祝日の場合は翌日) **料** 700円(小学生350円,小学生未満無料) **P** あり **交** 広電バス「桂浜・温泉館」下車、徒歩1分

1階の大浴場「石の風呂」は広々としたローマ風呂の雰囲気

MAP 別冊P.9-D2

▶ 蘭島閣美術館

住 呉市下蒲刈町三之瀬200-1 **TEL** 0823-65-3066 **営** 9:00～17:00(最終入館16:30) **休** 火(祝日の場合は翌日) **料** 500円(高校生300円,小・中学生200円) **P** あり **交** 呉ICから車で30分

約2200点にも及ぶコレクションの数々が、企画展に合わせて展示される

MAP 別冊P.9-D2

▶ 三之瀬御本陣芸術文化館

住 呉市下蒲刈町三之瀬311 **TEL** 0823-70-8088 **営** 9:00～17:00(最終入館16:30) **休** 火(祝日の場合は翌日) **料** 500円(高校生300円,小・中学生200円) **P** あり **交** 呉ICから車で30分

定期的に開催される企画展やイベントにも注目したい

倉橋島の天然温泉が楽しめる日帰り入浴施設

天然温泉くらはし桂浜温泉館
てんねんおんせんくらはしかつらはまおんせんかん

　倉橋島の良質な温泉や、地元食材を使ったレストランやカフェ、バラエティショップでの買い物が楽しめる複合施設。大浴場「石の風呂」「海の風呂」は男女週替わりで、それぞれ露天風呂付き。地下1650mから汲みあげる源泉100%で、地元でも人気の温泉だ。

地元民からも愛される、倉橋島の天然温泉が楽しめる日帰りの温泉施設

日本建築の美しさを追求した木造の美術館

蘭島閣美術館
らんとうかくびじゅつかん

　荘厳な木造建築の美術館。横山大観、福田平八郎、南薫造などの日本近代絵画を代表する作家の作品をはじめ、郷土ゆかりの作品が展示される。毎月第3土曜にはギャラリーコンサートも。世界クラスの演奏家から新進気鋭の若手まで、美しい音色がロビーに響く。

瀬戸内の海沿いに位置する。館名は下蒲刈に多く自生していた春蘭に由来している

京都洋画壇の巨匠「須田国太郎」常設展示館

三之瀬御本陣芸術文化館
さんのせごほんじんげいじゅつぶんかかん

　近代洋画家の代表であり、独立美術協会の重鎮として活躍した須田国太郎の常設展をはじめとし、日本近現代の芸術家の作品が見られる美術館。建物は、江戸時代の外交使節団・朝鮮通信使の案内役を務めた、対馬藩の宿泊所だった歴史のある本陣の外観を復元。

朝鮮通信使のほか、大名・幕吏・公家などの往来時にも利用されていた宿泊所

クチコミ 分厚い甘い卵焼き。ひじきの炊いたもの。アツアツのご飯。もうこれだけでおなかがいっぱいになってしまいそうな、呉駅横「森田食堂」。創業110年余。→(右ページへ続く)

呉市 ● おもな見どころ

ユネスコ「世界の記憶」登録資料を所蔵する
しょうとうえん
松濤園

　三之瀬瀬戸の急潮を借景に、松を主樹とした庭園が魅力。下蒲刈島の歴史と文化を4つの資料館で紹介しており、なかでも朝鮮通信使に関する資料は国内外からも注目を集める。

高台から望む「松濤園」全景。下蒲刈島と上蒲刈島をつなぐ蒲刈大橋が見える

「朝鮮通信使資料館御馳走一番館」展示場内

海水浴や天体観測が楽しめるマリンリゾート
けんみんのはま
県民の浜

　美しい海水浴場が有名な上蒲刈島の観光拠点。さまざまなマリンスポーツが楽しめるほか、プールや温泉、天文台などが揃う。宿泊施設も木造からドーム型コテージと豊富。

「日本の渚100選」にも選ばれた美しいビーチを間近に感じて滞在できるコテージ

海辺に位置する全国でも珍しい天文台

古代製塩法のロマンあふれる「藻塩づくり」
こだいせいえんいせきふくげんてんじかん
古代製塩遺跡復元展示館

　古代土器製塩遺跡を発掘したままの状態で見学できるように復元し、ドームで覆った展示館。土器と海水を使った、古代の製塩法で「藻塩（もしお）づくり体験」（有料）も可能。

古代土器製塩遺跡やナウマンゾウの化石の展示から古代へ思いをはせる

藻塩づくり体験は、2日前までの要予約

＼もっと知りたいじゃろ？／
おかわり地元ネタ

江戸の面影残る御手洗町並み保存地区
みたらい

　江戸時代には北前船も訪れる「潮待ち・風待ちの港町」として栄えた呉市豊町の御手洗地区。千砂子波止や高燈籠、船を結ぶ柱が現存、また商家や茶屋、船宿、神社仏閣など当時の趣を残す独特な町並みを評価され1994（平成6）年には重要伝統的建造物群保存地区に指定。近年では映画『ドライブ・マイ・カー』（→P.88）のロケ地として知名度上昇中。「御手洗休憩所」や「潮待ち館」で地図を手に入れて散策しよう。

瀬戸内海交通の中継港だった痕跡をとどめる町並み

戦艦「大和」を生んだ旧海軍の港町

日本遺産でたどる 呉の物語

かつて鎮守府がおかれた呉。最先端の工業技術や設備がもち込まれ、軍港としてだけでなく周辺の近代化も進んだ。遺構を歩いて、当時吹いた革新の風を体感しよう。

公園のそばでイカリを下ろす潜水艦と護衛艦が見られる

潜水艦が間近に迫る軍港の名残をとどめる公園
あれいからすこじま
アレイからすこじま

「潜水隊前」バス停から約300mの車道に沿った公園で、世界でも珍しく潜水艦を間近に見ることのできる場所として有名。周辺には、旧海軍工廠のれんがでできた建造物が並び、レトロな雰囲気が醸される。近くのドックでは極秘に「戦艦 大和」が建造されていたとされ、旧海軍ゆかりのスポットとして多くの人が訪れる。

MAP 別冊P.28-A2

住 呉市昭和町 TEL 0823-25-3309(呉市観光振興課) 営 自由 休 なし 料 無料 P あり 交 JR「呉駅」から広島電鉄バス「潜水隊前」下車、徒歩1分

❶モニュメントとして設置される旧魚雷揚げ下ろしクレーン ❷道路向かい側にあるれんが造りの倉庫は明治時代のもの

映画『男たちの大和 YAMATO』の撮影スポットとしても有名

歴史の英雄たちが眠る公園
きゅうかいぐんぼち／ながさここうえん
旧海軍墓地／長迫公園

1890(明治23)年、戦没などによる海軍軍人などの埋葬地として開設された旧海軍墓地。戦前に建立された英国水兵などの墓碑や戦艦大和の戦死者の碑、恒久平和を祈念した慰霊碑が健立され、1986(明治29)年に「長迫公園」となる。園内には資料館も。

MAP 別冊P.28-B1

住 呉市上長迫町 TEL 0823-25-1362(公益財団法人呉海軍墓地顕彰保存会) 営 自由 休 なし 料 無料 P あり 交 JR「呉駅」から広島電鉄バス「長迫町」下車、徒歩1分

歴史が息づく森の博物館
いりふねやまきねんかん
入船山記念館

国指定重要文化財の旧呉鎮守府司令長官官舎があり、その洋館部壁紙は全国でも珍しい金唐紙(きんからかみ)。国登録有形文化財である旧東郷家住宅離れや郷土館、歴史民俗資料館などもあり呉の歴史を学べる。

MAP 別冊P.28-B1

住 呉市幸町4-6 TEL 0823-21-1037 営 9:00〜17:00(最終入館16:30) 休 火(祝日の場合は翌平日) 料 250円(高校生150円、小・中学生100円) P あり ※有料 交 JR「呉駅」から徒歩13分

❶洋館部と和館部で構成される「旧呉鎮守府司令長官官舎」 ❷国産で最古の電動親子式衝動時計「旧呉海軍工廠塔時計」

---

plus

「入船山記念館」近くに2023(令和5)年にオープンした宿「無垢入船の宿」。ファミリーからビジネスマンまで誰もがくつろげるよう和モダンな造り。"入船山エリアが活気づく宿を"というオーナーの地元愛が詰まっている。

現役の自衛官の解説付きで庁舎や艦艇が見学できる

呉地方総監部 第1庁舎・
旧電話総合交換所

(くれちほうそうかんぶ だいいちちょうしゃ・きゅうでんわそうごうこうかんじょ)

現在、海上自衛隊呉地方総監部が使用する「呉地方総監部 第1庁舎」は、1907（明治40）年に旧呉鎮守府の庁舎として建てられた。中央部にドームがあり、れんがと御影石からなる近代洋風建築に当時の技術力の高さがうかがえる。毎月第1・3日曜には庁舎や艦艇の一般公開がされており、HPからの事前申請で見学可能（応募多数の場合抽選）。

MAP 別冊P.28-A2

住 呉市幸町8-1 **TEL** 0823-22-5511（海上自衛隊呉地方総監部広報推進室） **営休** 公式HPで確認 **料** 無料 **P** なし **交** JR「呉駅」から徒歩15分 **URL** www.mod.go.jp/msdf/kure

❶旧呉鎮守府は今に現存する代表的なれんが構造物 ❷旧日本海軍が電話総合交換所として使用

海上自衛隊艦船を間近で見学できる。一般公開は事前申請必須。海上自衛隊呉地方隊の公式HPで確認を！

海上保安の資料約1000点

海上保安資料館（海上保安大学校内）

(かいじょうほあんしりょうかん（かいじょうほあんだいがっこうない）)

海上保安庁創設30周年記念事業の一環として、1980（昭和55）年に海上保安大学校施設内に建設された資料館。巡視船艇や飛行機、ヘリコプターなどの写真・模型の展示から海上保安庁の歴史や業務を紹介。前日までの予約制。敷地内の煉瓦ホールが日本遺産となっている。

MAP 別冊P.9-C2

住 呉市若葉町5-1（海上保安大学校内） **TEL** 0823-21-4961 **営** 9:00～16:00 **休** 土・日・祝 **料** 無料 **P** あり **交** JR「呉駅」から広島電鉄バス「海上保安大学校入口」下車、徒歩10分

❶巡視船「あまみ」船橋の展示 ❷海上保安庁の業務模型展示 ❸海上保安庁の足跡を後世に残す資料館

呉軍港の歴史に思いをはせる

歴史の見える丘

(れきしのみえるおか)

旧呉鎮守府庁舎（現：海上自衛隊呉地方総監部庁舎）や呉で誕生した戦艦「大和」を建造したドック跡など、明治以降の呉の歴史が一望できる場所。周辺には「大和の主砲徹甲弾」や「造船船渠記念碑」「正岡子規の句碑」といった史跡も多数。

MAP 別冊P.28-A2

住 呉市宮原5 **TEL** 0823-25-3309（呉市観光振興課） **営** 自由 **休** なし **料** 無料 **P** なし **交** JR「呉駅」から広島電鉄バス「子規句碑前」下車、徒歩1分

❶「歴史の見える丘」からの港の風景 ❷大和の艦橋をかたどった「噫（ああ）戦艦大和塔」

全店舗制覇で"いいこと"が!?「呉海自カレー」シールラリー

「呉海自カレー」は、海上自衛隊呉基地の艦艇で食べられているカレーを呉市内の飲食店で再現したご当地グルメ。毎年行われるシールラリーでは、提供店で「呉海自カレー」を食べるとオリジナルグッズがもらえる！

提供店はHP（**URL** kure-kaijicurry.com）でチェック

クチコミ 呉海上自衛隊では、多くの部隊で毎週金曜日の昼食にカレーが食べられているそう。諸説ある理由のひとつは、長く航海している隊員が曜日感覚を忘れないようにしているとか、いないとか!?（取材担当・H）

江田島市
えたじまし

県内有数のカキ生産地。浮かぶカキいかだは瀬戸内ならではの風景

呉市

江田島市

人口 江田島市▶2万996人

エリア利用港

▼切串西沖桟橋（広島港〜江田島町）
上村汽船
▼小用桟橋（宇品港・呉中央桟橋〜江田島町）
瀬戸内シーライン
▼高田・中町桟橋（広島港〜能美町）
瀬戸内シーライン
▼三高桟橋（広島港〜沖美町）
瀬戸内シーライン

エリア中心部への行き方

| JR広島駅 | 車で 広島高速2号線・広島呉道路 所要時間約40分 | 呉IC | 車で 国道31号・国道487号経由 所要時間約50分 | 市役所江田島 |
| | 広島電鉄 広島港方面 所要約40分（220円） | 広島港 | フェリー 所要約30分（470円） | 切串港きりくしこう |

江田島市は、江田島・能美島のほか、無人島など大小9つの島々から構成される。Yの字を思わせる島の形や変化のある海岸線が特徴で、瀬戸内海の気候に育まれてきた資源が数多く存在する。なかでも全国的に有名な「広島カキ」の養殖産地として主力を誇り、清浄海域に指定される江田島近海は、栄養豊富で上質なカキが育つのに抜群の環境と名高い。また、近年はオリーブの産地化にも力を入れる。

標高400m超えの山々が点在し、山頂から望む瀬戸内海の眺望を求め、花見や紅葉など季節に合わせて訪れる登山客も。サイクリングやマリンスポーツなども盛ん。広島港や呉からフェリーや高速艇が出ているほか、呉市とは音戸大橋、早瀬大橋によって結ばれているため車で訪れることも可能。

クチコミ 江田島観光では車移動かレンタサイクルがおすすめ！ 島へは呉から道路を利用するほか、高速船やフェリーを使うため、ちょっとしたショートトリップ気分が味わえます（取材担当・M）

歩き方

おさんぽプラン

①海上自衛隊第1術科学校(▶P.194)
車10分
②OYSTER CAFE ETAJIMA(▶P.350)
車8分
③島の駅　豆ヶ島(▶P.195、197)
車8分
④江田島オリーブファクトリー(▶P.194)
車1分
⑤ハジマリノテラス(▶P.195)

明治からの歴史ある学びの場

かつて江田島市には、明治時代に東京から移転した海軍兵学校があり、当時はイギリスのダートマス、アメリカのアナポリスと並んで「世界3大兵学校」と称される名門校であった。現在は、海上自

年間約5万人が訪れる、江田島市を代表する観光スポットだ

衛隊の教育機関である「第1術科学校」「幹部候補生学校」があり、海軍兵学校時代に建てられた歴史的建造物は今なお現役で活用されている。その美しさや歴史的背景からも映画やテレビのロケ地として起用される機会も多く、『坂の上の雲』や『アルキメデスの大戦』などが有名である。広報の一環として、決められた時間に一般の見学も実施されている。

日本を代表するオリーブ名産地としての歩み

温暖な気候を生かし、耕作放棄地の解消を目的とした新たな特産品として「江田島オリーブ」のブランド化に力を注ぐ。2010（平成22）年に日本でも珍しい"官民一体"となったオリーブ振興を開始、市が中心となって市民や企業に向けて苗木の助成配布をスタート。2023（令和5）年までに販売された苗木は約1万7000本、栽培に利用された耕作放棄地は19.4

ヘクタール。近年は、江田島市で作られたオリーブオイルが世界的な賞を受賞したり、手作りのオリーブ冠が「全国男子駅伝」で採用されたりと、全国でも注目されている。

日照時間が長く、少雨の気候が地中海に似た江田島市はオリーブ栽培に最適

寄り道スポット　広島港〜江田島の快適な船旅

広島港と江田島市（中町・高田港）を結ぶ、2023（令和5）年に就航した高速船。瀬戸内海の景色が楽しめるよう、客席がやや外向きに配置されている。双胴船だからこその安定感、車椅子利用者や子供にも優しいゆったりとした内装で、快適な船旅が楽しめる。

瀬戸ブルー

☎0823-43-1630(江田島市企画部企画振興課)

江田島市のイメージカラーであるブルーを基調としたさわやかな外装

レンタサイクルで島を全身で感じて！

江田島市内はレンタサイクルが充実。各港や宿泊施設など8ヵ所に設置されており、乗り捨ても可能。電動アシスト車は1回3000円、クロスバイク・ミニベロ・子供用自転車は1回2500円で、いずれも1000円の保証料で借りられる。利用日の1ヵ月前から2日前までの要予約。信号も少ない江田島はサイクリストにも評判だ。

▶ **江田島市観光協会** ☎0823-42-4871

爽快な潮風を感じながらサイクリングを楽しんで

Q　江田島市には、江田島市と海上自衛隊、江田島市商工会が連携して立ち上げた、あるご当地グルメがある。その食べ物は何でしょうか？

おもな見どころ

MAP 別冊P.29-D1
▶ 海上自衛隊第1術科学校
住 江田島市江田島町国有無番地 TEL0823-42-1211(海上自衛隊第1術科学校総務課広報係) 営見学可能日・時間は公式サイト(URLwww.mod.go.jp/msdf/onemss/)にて 休詳しくは公式サイトで要確認 料無料 Pあり 交「小用港」から市営バスで5分「第一術科学校前」下車、徒歩2分

「赤レンガ」ほか歴史的建造物の見学が可能
海上自衛隊第1術科学校

大講堂や幹部候補生学校本館(旧海軍兵学校生徒館)、教育参考館など一部の施設が見学可能。教育参考館には、旧海軍から海上自衛隊関連の資料を約1万6000点保管している。海上自衛隊の教育機関であり、一般的な観光地ではないため公式サイトの見学案内は必読だ。

1893(明治26)年、海軍兵学校生徒館として建築(現在は海上自衛隊幹部候補生学校本館として使用)

MAP 別冊P.29-C2
▶ 山岡水産
住 江田島市能美町高田3827-1 TEL0823-45-2344 営11〜3月 10:00〜15:00 休日 CCADJMV Pあり 交「中町港」から徒歩16分

江田島の新鮮なカキが味わえる生産者直営店
山岡水産

11〜3月限定で生ガキ(むき身、殻付き)の販売だけでなく、その場で焼いて食べられる小スペースのカキ小屋も登場する生産者直営店。カキ小屋の焼き台は2台のため事前予約をしたうえで、4人程度で90分を目安に味わって。カキ打ち見学の相談も可能。

カキ小屋スペースでは殻付きカキが1個143円で味わえる

カキ購入時には保冷バッグやクーラーボックスがあると便利

MAP 別冊P.29-D3
▶ 江田島オリーブファクトリー
住 江田島市大柿町大君862-3 TEL0823-57-5656(当日予約不可) 営11:00〜16:00(L.O.15:00)、土・日・祝〜18:00(L.O.17:00) 休月(祝日の場合は翌平日) CCADJMV Pあり 交「小用港」から市営バスで32分「南大君」下車、徒歩4分

国産オリーブ栽培を地域連携で取り組み発信
江田島オリーブファクトリー

広島オリーブブランド「安芸の島の実」のアンテナショップ。県産オリーブをていねいに手づみし、自社工場で搾油したオリーブオイルをはじめ、地域の名産品を販売する。レストランや工場も併設。オイルに合う料理や試飲、加工場見学などでオリーブを堪能できる。

世界的な賞も数々受賞し、広島ブランドを発信するオリーブオイル

ガーデンテラス席もあるレストランでは、オリーブオイルかけ放題

海上自衛隊のカレーのレシピをもとに、江田島市の特産品である大豆、ちりめん、カキ、オリーブなどを使用した「江田島海自カレー」が話題。市内4つの自衛隊部隊がそれぞれのカレーを公認している。

明治時代の広大な砲台跡と山の自然美を満喫

三高山(砲台山)
みたかやま(ほうだいやま)

瀬戸内海国立公園に属する沖美町にある三高山は、山頂に広がる旧陸軍が設置した砲台の史跡が残る。総面積約6万坪の広大さは西日本で最大規模と称されるほか、日本土木遺産にも認定。現在は「創造の森森林公園」として市民の憩いの場となっている。

無線基地や投射台が設置されたが、大砲が設置されることはなかったそう

MAP 別冊P.29-C1

▶ 三高山(砲台山)

住 江田島市沖美町三吉 TEL 0823-43-1644(江田島市産業部交流観光課) 営 自由 休 なし 料 なし P あり 交 呉ICから車で1時間

観測所跡。砲台跡展望台の付近には当時を物語る遺構が残る

江田島市を知るため"始め"に訪れたい場所

ハジマリノテラス
はじまりのてらす

江田島市の玄関口である早瀬大橋を下ってすぐの海沿いに位置。「江田島市を感じる始まりの場所」として2023(令和5)年3月にオープン。観光スポット情報をはじめ、特産品の販売やカフェメニューから江田島市らしさを発信。海と空と緑を感じるテラスで憩いのひとときを過ごそう。

江田島市の味と絶景が一度に楽しめる、癒やしスポットとしても人気

MAP 別冊P.29-D3

▶ ハジマリノテラス

住 江田島市大柿町大君1462-8 TEL 0823-69-9005 営 10:00〜17:00(食事は11:00〜L.O.17:00) 休 不定休 料 ADJMV P あり 交 「小用港」から市営バスで32分「南大君」下車、徒歩7分

併設する「江田島海鮮工房七宝丸」の新鮮な魚介料理もおすすめ

巨大な鬼が出迎える、老舗豆腐店の直営店

島の駅　豆ヶ島
しまのえき　まめがしま

県道44号線にたたずむ"旗を掲げた赤鬼"が目印。創業97年、昔ながらの製法で素材にこだわった地元豆腐店「徳永豆腐」の直売所として2012(平成24)年にオープン。「徳永豆腐」の種類豊富な商品や全国の大豆製品を中心に、地元野菜や島内の特産などが揃う。(→P.197)

江田島市の民話『島ひきおに』からインスピレーションを得た印象的な外観

MAP 別冊P.29-D2

▶ 島の駅　豆ヶ島

住 江田島市大柿町飛渡瀬601-13 TEL 0823-40-3038 営 11:00〜16:00 休 火(祝日の場合は翌平日) CC 不可 P あり 交 「小用港」から市営バスで21分「外海」下車、徒歩2分

「日本一辛い鬼壺豆腐」や「豆乳ようかん」など珍しい商品も

plus

幹部候補生学校本館の全長は144.8mである。これは建設された当時の軍艦の平均的な長さと同じであり、陸の上にいながら船の生活に慣れる工夫が施されていた。

▶ 真道山

住 江田島市能美町中町 TEL
0823-43-1644(江田島市産業部
交流観光課) 営自由 休なし
料無料 P あり 交呉ICから車
で50分

「真道山森林公園キャンプ場」からハイキング可能

▶ えたじまSUP

住 江田島市能美町中町(長瀬海
水浴場) 営休要問い合わせ
料4800円〜 P あり 交「中町
港」から徒歩13分 URL e-sup.
jimdofree.com

小島の上の「船霊社」に海の上からお参り

▶ 地鶏キッチン(ポークアンドチキン江田島)

住 江田島市江田島町切串3-10-
21 TEL0823-43-0567 営土・
日・祝12:00〜15:00(要予約)
休月〜金 料なし P あり 交
「切串港」から徒歩5分

開放的なオープンテラスのレストラン

旧海軍兵が植えた桜が今なお残る花見の名所

真道山
しんどうやま

江田島市のほぼ中央に
位置する標高286.3mの
低山。かつて旧海軍兵学
校生徒の訓練場として使
用され、1000本の桜を植
えた歴史から、現在も桜
の名所として人気。

山頂にある展望台では、瀬戸内海を望む360度のパノラマビューが楽しめる

江田島湾の穏やかな海面から島を感じる

えたじまSUP
えたじまさっぷ

ボード上に立ってパドル
で水面を進むマリンスポー
ツ「SUP」。穏やかな江
田島湾は初心者でも挑戦
しやすい。海上から見る
「船霊社」やカキいかだな
ど島ならではの見どころも。

公認インストラクターがていねいに指導してくれるので安心して挑戦できる

丹精込めて育てる江田島育ちの豚と地鶏

地鶏キッチン(ポークアンドチキン江田島)
じどりきっちん(ぽーくあんどちきんえたじま)

こだわりの発酵飼料と江
田島の天然水で豚と地鶏
を育てる「ポークアンドチ
キン江田島」直営店。人
数限定でBBQやコース料
理を食べられるので、事
前予約をして訪れて。

炭火でじっくりと焼き上げる、ジューシーな江田島産地鶏

\ もっと知りたいじゃろ? /
おかわり地元ネタ

江田島の暮らしをイベントで体験

江田島の暮らしを追体験できる観光メニューが、島
のあちらこちらで展開される期間限定のイベント。「え
も博(EMOHAKU)」の愛称で親しまれる。「陶芸」や
「畑での収穫」「特産品の試食」など、江田島ならでは
の体験プログラムを実施。期間や内容は専用ウェブサ
イトで確認を。江田島での体験が、人生の物語に記憶
されますように。

▶ えたじま ものがたり 博覧会 URL emohaku.jp

えたじまものがたり博覧会 EMOHAKU ETAJIMA CITY
事前予約制なので特設サイトで申し込みを

クチコミ 江田島の周辺の海は波が穏やかなので、SUPやカヌーなど初心者でもチャレンジしやすいマリンスポーツが充実しています。(取材担当・M)

ここでしか味わえない 江田島名物グルメ をいただきます!

その味を求めてわざわざ遠くから足を運ばせる、そんなグルメが江田島市にはたくさんあるんです。

\30cm超えのアナゴ!/

おなかも心も満たす店 合正ガーデン（がっしょうがーでん）

あなご海老天丼 1550円

器からはみ出す約30cmのアナゴ天ぷらがふたつものった迫力満点の丼。脂がのったふわふわのアナゴは、箸がしなるほどのボリューム。自家栽培の野菜の天ぷらや味噌汁、漬物付き。テラス席からの眺望も爽快だ。

MAP 別冊P.29-C1
住 江田島市沖美町三吉2-1 TEL 0823-47-0300
営 10:00～L.O.14:00、17:00～L.O.19:00（夜は要予約） 休 土・日・祝のみ営業 CC 不可 P あり 交「三高港」から徒歩20分

\大豆ゴロゴロ 素朴な風味!/

豆腐店が贈る郷土の味 島の駅 豆ヶ島（しまのえき まめがしま）

大豆うどん 540円

大豆栽培が盛んな江田島市で長く豆腐店を営む「徳永豆腐店」。直営店舗のこの店では、江田島の郷土料理「大豆うどん」を提供。豆腐店直営だからこそ、立派な大豆が贅沢に使われている。大豆と煮汁で整えた素朴な味わい。

エリアガイド ▶ P.195

豆腐や大豆食品も販売する、江田島市の人気観光スポット

愛され続ける和洋菓子 岡林花月堂（おかばやしかげつどう）

イタリアンロール 1500円

\ずっしりボリューム/

80年以上続く菓子店のバタークリームを使用したロールケーキ。食感を大切にするため切り売りせず、重量約1kgのロールのまま販売。プレーンと抹茶の2種。江田島市の定番みやげとして人気で、「えたじまブランド」認定品。

MAP 別冊P.29-D3
住 江田島市大柿町大君84-1 TEL 0823-57-2115
営 9:00～16:00 休 日 CC 不可 交「小用港」から市営バスで32分「大君」下車、徒歩5分

戦後から続く江田島市では数少ない菓子店のひとつ

\皮ごと食べられる/

お芋スイーツの宝庫 てくてくのさつまいも本舗（てくてくのさつまいももほんぽ）

皮ごとすいーとぽてと 量り売り1g3円

江田島市で育った無農薬の「紅はるか」を使ったスイーツや、サツマイモの天然酵母を使用したパンを販売。なかでも人気は、紅はるかの焼き芋を器にした、まるごと食べられるスイートポテト。さつまいもの濃厚さを感じる一品。

MAP 別冊P.29-D3
住 江田島市大柿町浦2065-10 TEL 0823-57-6868
営 7:00～16:00（平日の月9:00～ ※ベーカリー・モーニング休み） 休 火 CC 不可 P あり 交「小用港」から江田島バスで27分「柿浦峠」下車、徒歩2分

イートインスペースのある「てくてくベーカリー」も併設

なぜ?うどんに"大豆"が!?

雨が少ない土地柄、大豆栽培が盛んだった江田島市では、大豆から取っただし汁の手打ちうどんが昔から食べられていた。大豆がそのままゴロゴロっと入っているのが特長の郷土料理。

クチコミ 「岡林花月堂」で人気の「イタリアンロール」。製造過程で出るロールの「切れ端」の販売もしているので、運がよければ出合えるかも!?（江田島市在住・M）

197

東広島・竹原・大崎上島エリア

広島県の中央部から南へ、瀬戸内海まで広がるエリア。エリア内、東広島市の北部では冬になれば雪が降るが、南部の瀬戸内海側は年間を通じて温暖な気候。隣の三原市にある広島空港へのアクセスもよく、また、高速道路、新幹線、JRも通り、港からはフェリーにも乗れるなど、陸・海・空の交通手段が充実している。西条酒蔵通りやたけはら町並み保存地区など、歴史を感じる景観も残っている。

1 銘醸地として名高い 国際学術研究都市
東広島市

▶ P.200　MAP 別冊P.9-10、30

酒都・西条と、吟醸酒発祥の地・安芸津を有する酒どころ。広域交通網が充実しており、県内外からアクセスしやすい。市内には広島大学をはじめとした4つの大学のほか、学術研究機関が集積。また、暮らしやすさにも定評があり、ファミリー層からも人気のエリアだ。

7つの蔵元が並ぶ西条酒蔵通りで酒蔵巡りを（→P.207）

マンホールにも酒蔵！

安芸国分寺（→P.204）の仁王門

安芸津町の名産・ジャガイモの畑から望む瀬戸内海

"ハート島"として人気の小芝島（→P.41）

5

もとは酒造りをする蔵人たちのまかない料理だった「美酒鍋」(→P.359)

① 東広島市内の10の酒蔵を巡ってみよう ▶ P.207
② 10月開催! 酒都・西条「酒まつり」へ ▶ P.341
③ アヲハタ ジャムデッキで工場見学♪ ▶ P.85
④ たけはら町並み保存地区に泊まりたい? ▶ P.404
⑤ 塩田跡の養殖池で育ったカキを目指して! ▶ P.221

🚗 Access INFO

主要IC

▶山陽自動車道 … 西条IC、河内IC

東広島市へは西条ICから国道375号を南へすぐ。竹原市へは河内ICから国道432号を南へ下りる。大崎上島町へはフェリーまたは高速船のみでしかアクセスできないので注意を。竹原市にある竹原港や、東広島市にある安芸津港を利用するとよい。

② 製塩で栄えた歴史の町と船で行く穏やかな島の町

竹原市・大崎上島町

▶ P.214 **MAP** 別冊P.10、31

竹原市は江戸時代初期から製塩や酒造で発展。竹原駅から徒歩15分ほどのエリアにある町並み保存地区は当時の姿が残り、景観美は「安芸の小京都」とも呼ばれる。竹原港からフェリーで行ける大崎上島町は、県内唯一の全域離島で、造船業や、柑橘・ブルーベリー栽培でも有名。

映画『時をかける少女』やアニメ『たまゆら』に登場する竹原市の胡堂

じっくり散策して回りたい、竹原市の町並み保存地区

現竹原市の出身、日本ウイスキーの父・竹鶴政孝と妻リタの銅像

西方寺普明閣(→P.216)

大久野島は、通称"ウサギ島"(→P.219)

大崎上島の南側にある中ノ鼻灯台。明治期に建てられた瀬戸の9灯台のひとつ

東広島市
ひがし ひろ しま し

300年以上の歴史をもつ西条酒蔵通りの酒米を蒸す光景

世羅町
広島市
三原市
東広島市
竹原市
呉市

人口 東広島市▶19万516人

エリア利用駅

▼東広島駅
JR山陽新幹線

▼八本松駅、寺家駅、西条駅、西高屋駅、白市駅、入野駅、河内駅
JR山陽本線

▼風早駅、安芸津駅
JR呉線

広島駅から西条駅まで在来線で40分弱で、観光にも便利。

エリア中心部への行き方

JR広島駅	JR 山陽本線 所要約36分(590円)	JR西条駅
	JR 山陽新幹線 所要約11分(料金は列車により異なる) → JR東広島駅 → 芸陽バス 所要約20分(350円)	
広島空港	リムジンバス 所要約25分(660円)	

　龍王山からの伏流水と盆地特有の気候、良質な酒米など好条件が揃う酒都・西条と、杜氏のふるさと・安芸津を有し「吟醸酒発祥の地」とされる酒どころ。陸は高速道路やJR・新幹線、海は安芸津港、空は隣市の広島空港など広域交通網が充実。2023（令和5）年3月の「東広島・安芸バイパス」全線開通でさらに便利になった。また、広島市の東隣に位置し、広島市のベッドタウンとしても発展。広島大学をはじめとした4大学、広島中央サイエンスパークなど学術研究機関が集積しており、人口に対する外国人の人口比率が中国地方1位。市内中心部から車で1時間以内で行けるアウトドアスポットも多く、子供たちが自然に学び、多様性をもって成長する環境が整っている。

クチコミ 東広島のケーキ屋「SUCRE」はイートイン時のお皿の盛りつけが美しい、そしておいしい。秋からのアップルパイは毎年楽しみです。(マリナベーゼ)

歩き方

日本の3大銘醸地・西条

酒造りには不向きとされた軟水で高品質の酒を醸し、その後の吟醸造りの基礎となった醸造法が安芸津で誕生。その技術がもち込まれ、かつて西国街道の四日市宿としても発展した西条は、灘・伏

10月には日本中から酒と人が集まる「酒まつり」（→P.341）が開催

見に次ぐ「3大銘醸地」として知られる。特に西条酒蔵通りは、東西約800mの範囲に7つの蔵元が並び、赤れんがの煙突やなまこ壁など、酒蔵独特の景観が残る。この西条酒造施設群は、2017（平成29）年に「日本の20世紀遺産20選」に選ばれた。酒造施設の多くは登録文化財に指定され、うち4ヵ所は国史跡だ。カフェや雑貨店も建ち並び、散策にも最適。

4つの大学が集まるアカデミックな町

「賀茂学園都市構想」により、広島大学は1973（昭和48）年に広島市からの移転が決定し、1982（昭和57）年に工学部から順次移転。1995（平成7）年に移転が完了した。呉市にあった近畿大学工学部が1991（平成3）年に移転し、2005（平成17）年の合併により広島国際大学が加わり、エリザベト音楽大学西条キャンパスと合わせて4つの大学が東広島市に所在する。学生や教員により人口が増え、産学官連携の事業が多数実施されているほか、食堂や図書館など学外の人も利用できる施設があり、市民の暮らしにも溶け込んでいる。

広島大学東広島キャンパス（広島大学広報室提供）

おさんぽプラン

① 御建神社／松尾神社（▶P.205）
　↓ 徒歩7分
② 西条酒蔵通り（▶P.207）
　↓ 徒歩10分
③ 東広島市立美術館（▶P.204）
　↓ 車10分
④ 三ツ城古墳・三ツ城公園（▶P.202）
　↓ 車15分
⑤ 道の駅西条のん太の酒蔵（▶P.202）

寄り道スポット
キャンパス全体に広がる学びの場

本館と6ヵ所のサテライト館、それらをつなぐ自然散策道「発見の小径」で構成される。化石や地域の環境・文化に関する資料、各学部の研究内容などを常設展示。貴重な資料の調査・保管はもちろん、地域や子供向けに講義も行っている。

広島大学総合博物館
MAP 別冊P.9-D1
住 東広島市鏡山1-1-1 TEL 082-424-4212 営 火〜土 10:00〜17:00(最終入館16:30) 休 日・月・祝、第3火(HPで要確認) 料 無料 P あり 交 JR「西条駅」から広島大学線バスで15分「広大二神口」下車、徒歩3分

Photo：広島大学

学内マップの配布などインフォメーションセンター機能ももつ

好きじゃけん広島県！
ご当地トピックス

待ちに待った 東広島・安芸バイパス

西日本の大動脈ともいえる国道2号は、特に東広島市〜広島市間において迂回路がなく、慢性的な渋滞や交通事故発生時の通行止めなどが長年の課題だった。これらを解消するため1974（昭和49）年の計画策定以降徐々に延伸し、2023（令和5）年3月ついに全線17.3kmが開通した。これにより東広島市〜広島市の所要時間は約30分短縮。道沿いには「道の駅西条のん太の酒蔵」が誕生するなど新たなにぎわいも生まれている。

このバイパスの開通によって便利になった

MAP 別冊P.30-A3
▶ **三ツ城古墳・三ツ城公園**
住東広島市西条中央7-24 **TEL** 082-420-0977(東広島市文化課) 営自由(展示は施設により異なる) 休なし(展示は施設により異なる) 料無料 **P**あり 交JR「西条駅」から西条駅広島大学線バスで6分「中央図書館前」下車、徒歩8分

墳丘には円筒埴輪や朝顔型埴輪が並べられている

MAP 別冊P.30-A3
▶ **鏡山公園**
住東広島市鏡山2 **TEL** 082-420-0955(東広島市都市整備課) 営自由 休なし 料無料 **P**あり 交JR「西条駅」から西条駅広島大学線バスで8分「鏡山公園入口」下車、徒歩1分

標高335mの鏡山へ手軽な登山も楽しめる

MAP 別冊P.9-D1
▶ **道の駅西条のん太の酒蔵**
住東広島市西条町寺家10020-43 **TEL** 082-493-8131 営9:00〜20:30 休なし 料無料 **P**あり 交志和ICから車で7分

木のぬくもりを感じる屋内遊戯場にも「のん太」があしらわれている

憩いの場となっている国史跡

三ツ城古墳・三ツ城公園
みつじょうこふん・みつじょうこうえん

　鍵穴形をした県内最大級の第1号古墳を中心に、3基の古墳からなる。第1号古墳は葺石で覆われ埴輪が置かれるなど、5世紀前半といわれる築造当初の姿に復元されている。公園管理棟や隣接する市立図書館ガイダンスコーナーで古墳に関する展示を行っている。

古墳周辺は公園が整備され、憩いの場として愛される

桜と健康づくりの名所

鏡山公園
かがみやまこうえん

　国史跡に指定されている鏡山城跡の麓に整備された公園。およそ30種500本の桜があり春の花と秋の紅葉で楽しませてくれ、園内にいくつかある池とともに美しい景観をつくる。遊具やウオーキングコースが設定され、健康づくりの場としても人気。

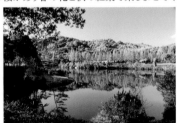
条件が揃うと池が鏡のようになる

「ひと、まち、もの、とき」がクロスする

道の駅西条のん太の酒蔵
みちのえきさいじょうのんたのさかぐら

　市内ふたつ目の道の駅として2022（令和4）年7月にオープン。東広島の酒、じゃがいも、カキ、ジビエなど市内産品が集まる直売所やフードコート、シャワー施設もあり、家族連れやドライバーでにぎわう。広域防災拠点の機能ももち、県内唯一の「防災道の駅」に選定された。

新鮮野菜や加工品がところ狭しと並ぶ

広島大学の学章はヤシ科の植物「フェニックス」の葉がモデル。エジプト神話の不死鳥フェニックスになぞらえ、被爆都市である広島の大学として、復興・再生への思いも込められている。

桜・藤の名所

呉市上下水道局三永水源地堰堤
〈くれしじょうげすいどうきょくみながすいげんちえんてい〉

堤長100m、堤高18.7mの巨大な水道用ダムは「近代水道百選」や国の「登録有形文化財」にも登録。桜と藤の開花時期には一般開放される。約330mにわたる藤棚や桜が楽しめる。

桜や藤はもちろん、堰堤も見応えあり

MAP 別冊P.9-D1
▶呉市上下水道局三永水源地堰堤
住 東広島市西条町下三永331 TEL 0823-26-1604(呉市上下水道局経営企画課) 営 3月下旬～5月上旬のうち開花時期のみ一般開放 休 一般開放時期以外 料 無料 P あり(一般開放時期のみ) 交 JR「西条駅」から西条線(呉駅、広島国際大学方面)バスで15分「水源地前」下車、徒歩10分

ラジウム温泉で旅の疲れを癒やす

天然温泉ホットカモ
〈てんねんおんせんほっとかも〉

地下2000mからくみ上げる温泉を、露天風呂、ハイドロメイズ浴、電気風呂、エアロビ流水浴など多彩な風呂で楽しめる。サウナ、マッサージ、あかすりなどボディケアも。

8種類以上の風呂をすべて制覇したくなる

MAP 別冊P.30-B3
▶天然温泉ホットカモ
住 東広島市西条町御園宇6179-1 TEL 0120-570-888 営 入浴8:00～24:00(最終受付23:30)、リラクセーション・ボディケア11:00～23:30 休 なし 料 大人800円～(小学生300円～、2歳以上幼児200円～) P あり 交 JR「西条駅」から西条市街地循環バスで12分「賀茂ボール前」下車、徒歩1分

一風変わったホラーなカフェ。でも実は……

喫茶 伴天連
〈きっさ ばてれん〉

不気味なドクロや祠が出迎える門から、さながらお化け屋敷のよう。店内も薄暗く、動物のはく製や人の手の置物などがひしめくが、実は歴史的に価値の高い品も多数。

調度品にも深いこだわりがある

MAP 別冊P.10-A2
▶喫茶 伴天連
住 東広島市下三永730-289 TEL 082-426-0024 営 10:00～19:00 休 月(祝日は営業) CC 不可 P あり 交 JR「西条駅」から西条竹原線バスで22分「ゴルフ場下」下車、徒歩19分

心臓の弱い方はご注意を?

\ もっと知りたいじゃろ? /
おかわり地元ネタ

"米の技術"で東広島市を代表する企業「サタケ」

1896(明治29)年に日本初の動力式精米機を開発して以来、穀物加工の技術と製品を世界150ヵ国に提供する食品産業総合機械・プラント設備・食品の製造販売企業「サタケ」。精米は酒造りに影響が大きく、西条をはじめ日本酒全体の発展に貢献。米の中心部を残す技術で吟醸酒の醸造が進んだ。近年では米の厚みを削る効率的な精米方法を実現。「真吟(しんぎん)」と名づけて市内外の蔵元と日本酒の可能性を模索する。

真吟米で醸した初めての酒は市内の今田酒造が醸造

創業者・佐竹利市氏が開発した日本初の動力式精米機

i 西条の酒と米粉を使ったから揚げ「コメカラ」は、酒の力で軟らかくカリっとした食感が特徴。小麦粉に比べて油を吸収しにくい米粉のおかげで低カロリーなのもうれしい。東広島市内の飲食店などで見つけたら食べてみて。

MAP 別冊P.30-B2
▶東広島芸術文化ホールくらら

住 東広島市西条栄町7-19　TEL
082-426-5900　営9:00～19:00
休12/28～1/4、保守点検日　料
公演により異なる　Pなし　交JR
「西条駅」から徒歩5分

向かいの市立美術館とあわせて「文
化・芸術・交流」ゾーンを形成

MAP 別冊P.30-B2
▶東広島市立美術館

住 東広島市西条栄町9-1　TEL
082-430-7117　営9:00～17:00
（最終入館16:30）　休月（祝日
の場合は翌平日）　料300円（大
学生200円）、展示により異なる
Pなし　交JR「西条駅」から徒歩
7分

市民が日頃の芸術活動を発表でき
るアートギャラリー

MAP 別冊P.30-B2
▶安芸国分寺

住 東広島市西条町吉行2064
TEL 082-430-7763　営電話受付
8:00～20:00　休なし　料拝観
無料　Pあり　交JR「西条駅」か
ら徒歩10分

県指定重要文化財の薬師堂・薬師
如来坐像

東広島市の文化・芸術活動拠点のひとつ

東広島芸術文化ホールくらら
ひがしひろしまげいじゅつぶんかほーるくらら

　大・小のホールを中心に、市民ギャラリーや研修室を備え、
音楽・芸術・文化・交流活動ができる複合施設。客席から
額縁のように見え
るプロセニアム形
式の大・小ホール
は、プロ・アマを
問わず多彩なアー
ティストが通年公演
を行う。館内にカ
フェも併設。

1206席の大ホール

「文化・芸術・交流」ゾーンの一翼

東広島市立美術館
ひがしひろしましりつびじゅつかん

　広島県内の市立美術館として最も古い歴史をもつ。鑑賞・
育成・創造・交流に基づく美術館活動を行っている。「近現
代版画」「現代陶
芸」「郷土ゆかり」
を中心に作品を収
集しているほか、
年間を通じて展覧
会を開催している。

2020（令和2）年に交通アクセスのよい現在の場所
に移転オープンした

一帯は歴史公園として整備されている

安芸国分寺
あきこくぶんじ

　奈良時代に聖武天皇の勅命で全国60ヵ国余りに建立された
国分寺のひとつ。寺伝によれば聖徳太子の開山といわれてお
り、国分寺事業よ
り150年以上前に
造られた寺院を利
用して造立されたと
される。薬師如来
坐像をはじめ、仁
王門、塔跡など貴
重な文化財多数。

座禅や写経、匂い袋作りの体験、宿坊への宿泊もで
きる

「東広島市立美術館」は西条駅や西条酒蔵通りにも近く、企画展はいつも個性的で市外から行く価値あり！　私の推し
アーティスト井上涼さんも展覧会を開催した推し美術館です。(広島市在住・nakachan)

酒都・西条の氏神様

御建神社／松尾神社

みたてじんじゃ／まつおじんじゃ

祭神は八塩折の酒で八岐大蛇を退治した素戔嗚尊。706年に素戔嗚尊に祈ると疫病がやんだことから祀られた。末社に酒の守護神とする松尾神社がある。10月に開催される「酒まつり」（→P.341）では大酒林神輿や女性だけの姫神輿がここから出発するなど神事が行われる。

境内には各蔵元の酒樽が並ぶ

MAP 別冊P.30-B2
▶御建神社／松尾神社
住東広島市西条町西条268 TEL082-423-3253 営自由 休なし 料無料 Pあり 交JR「西条駅」から徒歩2分

社殿近くには願いを聞いてくれる「ききます のん太大明神」

龍王山の中腹のまさに"憩い"の場

憩いの森公園

いこいのもりこうえん

多目的広場、遊具のあるこども広場、デイキャンプ場、林間キャンプ場、シャワー室もあるオートキャンプ場、ファイアーサークル、セミナーハウスなど、さまざまな楽しみ方ができる。山頂付近には1500本の桜が植えられ、花見や紅葉のスポットとしても人気。

東広島の町を一望する展望台

MAP 別冊P.30-A1
▶憩いの森公園
住東広島市西条町寺家10941-17 TEL082-422-0005 営施設により異なる 休水 料入園無料（施設により異なる） Pあり 交西条ICから車で7分

小さな子供も安心して遊べる複合遊具や水遊び場も

多数のイベントでいつも新しい楽しみがある

道の駅湖畔の里福富

みちのえきこはんのさとふくとみ

県営福富ダム湖（通称しゃくなげ湖）のほとりにある東広島市内最初の道の駅。大型遊具、テラス付きのレストラン、デイキャンプ場など充実の施設で1日中楽しめる。ショップは、地元の新鮮野菜が並ぶ「野菜館」と、加工品やみやげ品を中心とした「交流館」の2店舗。

レストランやジェラート店が入る「交流館」

MAP 別冊P.10-A1
▶道の駅湖畔の里福富
住東広島市福富町久芳1506 TEL082-435-2110 営9:30〜18:00（土・日・祝9:00〜） 休なし CC不可 Pあり 交JR「西条駅」から豊栄西条線バスで33分「久芳」下車、徒歩14分

デイキャンプ場利用者にもうれしいラインアップ

クチコミ　東広島市の豊栄町は「県央の地」。「豊栄へそ丼」や「どまんなか豊栄へそ祭り」があり、県のほぼ中央に位置することに誇りをもっています！(東広島市在住・T)

MAP 別冊P.13-D3

▶上ノ原牧場カドーレ

住 東広島市福富町上竹仁605
TEL 082-430-1381　営 10:00〜17:00(夏季10:00〜18:00)　休 月(祝日の場合は翌平日)　CC 不可　P あり　交 西条ICから車で20分

哺乳、餌やり、バター作りなど体験も充実(餌やり以外は要予約)

MAP 別冊P.10-A2

▶竹林寺

住 東広島市河内町入野3103　TEL 082-437-1171　営 自由なし　料 無料　P あり　交 河内ICから車で20分

小野篁(おののたかむら)生誕の地、弘法大師御登山の地とも伝わる

MAP 別冊P.10-A3

▶龍王島自然体験村

住 東広島市安芸津町風早10650-41　TEL 0846-45-5464(東広島市シルバー人材センター安芸津連絡所)　営 8:30〜17:00　休 日帰り12/28〜1/3、宿泊12/1〜4/30　料 施設により異なる　P あり　交 JR「風早駅」から徒歩15分、風早桟橋から船で10分

無人島にありながら充実した施設の数々

搾りたてをその日のうちに加工したジェラート

上ノ原牧場カドーレ
うえのはらぼくじょうかどーれ

　自然豊かな福富町にある牧場で、搾りたてのミルクから毎日手作りするジェラートが人気。新鮮な牛乳のまろやかな風味とコクが生きたジェラートは農場ならでは。自家製のチーズやスイーツの販売も。併設するカフェでは、牧場のチーズを使ったピザなどを味わえる。

牧場の搾りたて低温殺菌牛乳を使った人気のジェラート

山頂に静かにたたずむ国指定重要文化財

竹林寺
ちくりんじ

　縁起絵巻によれば行基により建立された寺で、2030年に開創1300年を迎える。「小野篁生誕の地」ともされる。1511(永正8)年に再建された国指定重要文化財の本堂をはじめ、貴重な文化財が多数。標高535mの篁山山頂に近く、周辺は県立自然公園となっている。

前庭には竹林が広がる

無人島で海と森が調和した自然を体験

龍王島自然体験村
りゅうおうじましぜんたいけんむら

　周囲1.6km、定期船は運航されていないため、渡し船を予約しないと渡ることができない無人島。16サイト80人まで利用できるキャンプサイト、バーベキュー広場、シャワー棟など施設が充実している。瀬戸内海の多島美やカキいかだを眺めながらのバーベキューや、磯遊びも楽しめる。

町の喧騒から離れた無人島で非日常体験を

クチコミ 東広島市安芸津町でしか採れない柑橘「じゃぼん」がちょっとした自慢。サイダーやケーキなどの加工品は手みやげにもぴったりです。(東広島市在住・K)

日本三大酒どころ・西条の
7の 酒蔵 を巡る

兵庫県の灘、京都府の伏見とともに「日本三大酒どころ」と評される西条には、趣ある酒蔵が立ち並ぶ。酒造りの歴史が刻まれた町並みを散策しながら、お気に入りの味を見つけよう。

西条酒蔵通り
JR西条駅の周辺には酒蔵が密集する

松尾神社
（→P.205）
酒神・大山咋神を祀る京都嵐山の松尾大社の分社

御茶屋（本陣）跡
広島藩の本陣、賀茂郡郡役所、賀茂地方事務所として使われた

松尾神社 ⛩

0 100m

酒蔵横丁
JR西条駅から徒歩2分に名店がひしめく

酒蔵横丁

JR西条駅

御茶屋（本陣）跡
賀茂鶴酒造

西條鶴酒造

福神井戸

交番

福美人酒造

西国街道

天保井戸

恵比寿一号井戸

賀茂泉酒造

黒松の井戸

冥加の水

くぐり門

山陽鶴酒造

ブールバール

万年亀井戸

大坪通り

次郎丸井戸

白牡丹酒造

かみの井戸
いちの水

朝日町通り

亀齢酒造

西条中央巡回線

西条酒造協会

くぐり門
カフェや観光案内所などが入るかつて芝居小屋への入口だった建物

中央公園

毎年4月には、東広島市の10の酒蔵が連携して、新酒をふるまう「東広島蔵開き」が行われる

東広島市のJR西条駅周辺には東西1kmほどに7つの酒蔵が並び、安芸津町・黒瀬町と合わせると市内には10もの酒蔵が。酒蔵や付随する施設などには多くの国登録有形文化財や史跡があり、その酒造施設群は「日本の20世紀遺産20選」にも選ばれた。

7つの酒蔵を試飲して巡ってみよう

自分好みの味を探して試飲して回ることができるのは、酒蔵が集まる西条の町ならでは。おちょこマークのついている酒蔵は、直売所での試飲ができる。

地域に根差し時代を先駆けるパイオニア
賀茂泉酒造
かもいずみしゅぞう

醸造アルコールなどを添加した「三増酒」が主流だった時代に、米と米麹だけで醸造する純米酒を全国に広めたパイオニア。昭和後期には当時画期的だった純米吟醸酒を発売した。県産米にこだわり、生産者とともによりよい酒米を追求。3代目が「西条・山と水の環境機構」を立ち上げるなど、地域に根差した酒造りを目指す。酒蔵のほか、常時20種類以上飲み比べができる「酒泉館」、藍染体験ができる「藍泉館」を併設している。

平日 無料（3種）
土・日・祝 200円〜（約20種）

🗺️ MAP 別冊P.30-B2
🏠 東広島市西条上市町2-4 📞 082-423-2118
🕐 本社8:30〜17:00、酒泉館10:00〜17:00 休 本社 土・日・祝、酒泉館 火・水・木 CC 不可 P あり 🚃 JR「西条駅」から徒歩8分

純米吟醸
「朱泉本仕込」
（720ml・1815円）

❶西条のなかでは新しい酒蔵だがそれでも創業110年以上 ❷県の醸造試験場だった建物を利用した「酒泉館」。喫茶とショップのほか蔵書を読める図書室も

Plus
ⓘ 東広島市鏡山には、日本で唯一となる酒類に関する国の研究機関「独立行政法人 酒類総合研究所」がある。毎春「全国新酒鑑評会」を開催したり、酒造りの研究者・技術者の育成も行っている。

全国の杜氏が教えを請う まさに「西条酒造学校」
福美人酒造
ふくびじんしゅぞう

土・日・祝 10:00〜
16:00
200円〜
（2〜3種）

　日本の酒造メーカーとしては初めての株式会社。全国から酒造りを学びたい人が集まるほど技術が評価され、いつしか「西条酒造学校」と呼ばれるようになった。西条で最も高い27mの煙突をもつ大黒庫（くら）に隣接する恵比寿庫が直売所になっており、蔵の中も見学可能。日本酒のほか酒粕の石鹸やスイーツなども販売している。広島東洋カープが募金を募った「たる募金」で使われる酒樽も展示されている。

MAP 別冊P.30-B2
住 東広島市西条本町
6-21 TEL 082-423-3148
営 8:30〜16:00、土・日・
祝9:00〜16:00 休不定
休 CC不可 Pあり 交JR
「西条駅」から徒歩7分

酒粕プリン、
大吟醸ジェラートも人気

❶青空をバックについ撮影したくなる赤い煙突 ❷左から、蔵内限定酒の「純米吟醸原酒」（720ml・2000円）と「大吟醸雫酒」（4620円）、「純米酒ひめあま」（720ml・1500円）❸直売所と展示室を兼ねた恵比寿庫 ❹歴代総理大臣が書いた「国酒」の色紙も展示されている

広島の酒造りを発展させた「広島県酒の三恩人」って……?

　西条が日本を代表する酒どころになったのは3人のキーマンの存在があった。軟水醸造法を発明した三浦仙三郎、酒造業の近代化に尽くした木村静彦、広島の酒の質向上に努めた橋爪陽だ。3人の功績をたたえた銅像が東広島市内（三浦像は安芸津町、2体は酒蔵通り付近）にある。

長命と永遠の繁栄を願う 辛口にこだわった酒造り
亀齢酒造
きれいしゅぞう

無料
（2種）

　1917（大正6）年の全国清酒品評会で、全国で初めて名誉賞を受賞。甘口の酒が多い西条で、すっきりとした辛口の酒を代々造り続ける。近年では、全国的に精米歩合が高くなる傾向のなか、あえて低精米の米を使い、その分手間をかけた「八拾」を生み出した。敷地内には「万年亀舎」を併設し、ここだけの限定酒のほか、酒粕をまぶした豆菓子や酒で練ったうどんなどさまざまなみやげ品を販売している。

MAP 別冊P.30-B2
住 東広島市西条本町8-18
TEL 082-422-2171 営万年
亀舎 9:00〜16:00、土・日・
祝10:30〜16:00 休不定
休 CC ADJMV Pなし 交
JR「西条駅」から徒歩5分

蔵でしか手に入らない限定
酒は屋号が付いた「吉田屋」
（720ml・1650円）

❶白と黒、そして空の青のコントラストが美しい蔵 ❷❸仕込み水の井戸とみやげ品店は同じ「万年亀（まねき）」の名がつく ❹店内では「至福の徳利」など酒をおいしくいただける道具の販売も

広島の酒の発展に貢献した偉人として忘れてならないのが、日本で初めて動力精米機を開発した、東広島市出身・佐竹利市だ。酒造用の精米機開発にも尽力したことで、吟醸酒の誕生につながった。（→P.203）

心で醸す酒造りを伝承する
「酒中在心」
酒のなかに心あり

（かもつるしゅぞう）
賀茂鶴酒造

100円〜
（約10種）

　金箔入りの「特製ゴールド賀茂鶴」は、全国に先がけて商品化された大吟醸酒。オバマ元大統領が来日した際に提供されたことで名高い（→P.56）。創業の地である1号蔵を改装し、見学室直売所としている。限定酒が購入できるほか、酒造りの手順や賀茂鶴の歩みとこだわりを体感できる。レストラン「日本酒ダイニング佛蘭西屋」（→P.359）も併設。

MAP 別冊P.30-B2
住 東広島市西条本町9-7　TEL 082-422-2122(問い合わせ9:00〜17:00)
営 10:00〜18:00　CC ADJMV　P あり
交 JR「西条駅」から徒歩3分

本物の仕込み用タンクはフォトスポット♪

❶❷登録有形文化財の蔵を改装し広々とした見学室直売所 ❸有料試飲のほか杜氏による酒蔵案内も月に1回開催（要予約）　❹「特別本醸造 蔵出し原酒」（720ml・1700円）。アンデルセンとのコラボ商品「賀茂鶴 日本酒ケーキ」（2160円）も人気

全社一丸で取り組む酒造り
高品質に定評のある酒

（さいじょうつるじょうぞう）
西條鶴醸造

300円〜
（約4種）

　工程ごとに分業するのが一般的な酒造りにおいて、小規模酒蔵の利を生かし、社員全員ですべての工程を行う。杜氏が直売店のレジに立つこともあるほどのワンチームぶり。おいしさを追求した酒を目指し続けた結果、純米大吟醸原酒「神髄」がモンドセレクション最高金賞を受賞するなど、品質に定評がある。直売所では、飲食店でしか飲めない日本酒のほか、ジェラート、酒器なども販売している。

うま味、酸味、香りが調和した西條鶴の"神髄"

MAP 別冊P.30-B2
住 東広島市西条本町9-17　TEL
082-423-2345　営 11:00〜16:00
休 不定休　CC ADJMV　P なし
交 JR「西条駅」から徒歩3分

❶「西條鶴」の大きな扉をバックに撮影する人も多い　❷明治後期に建てられた蔵は黒格子が美しい　❸酒蔵は登録有形文化財に指定されている　❹純米大吟醸原酒「神髄」（720ml・5500円）

クチコミ 西条名物「美酒鍋」は、季節の野菜や鶏肉などを炒め、少しの酒で蒸し煮にする。杜氏（とうじ）のまかない料理がこの鍋の始まり。冬の季節には温まる一品。(比治山のぼる)

作家や文化人にも愛され、飲み飽きしない日常酒を目指す

平日 予約のみ可
土・日・祝 100円〜
（約2種）

白牡丹酒造
（はくぼたんしゅぞう）

　創業は1675（延宝3）年と、西条でもひときわ歴史ある酒蔵。毎日の晩酌が楽しみになる酒を目指し、研究と努力を積み重ねる。棟方志功による版画『牡丹花』をはじめ、夏目漱石、今東光などさまざまな作家が、白牡丹に関する作品や言葉を残した。特に棟方志功の版画は現在も酒のラベルや社名のロゴなどに使われている。本社展示室では蔵元限定酒を含めた酒が購入できる。

MAP 別冊P.30-B2
住 東広島市西条本町15-5 TEL 082-422-2142
営 9:30〜16:00、土・日10:30〜16:00（平日、展示室は要予約） 休 冬期は祝、夏期は第2・4土・祝 CC 不可
P なし 交 JR「西条駅」から徒歩4分

建物入口すぐに直売所があり、
奥に進むと「割烹しんすけ」

お酒とともにある楽しいひとときをお手伝い

50円〜
（5〜6種）

山陽鶴酒造
（さんようつるしゅぞう）

　日常の楽しいひとときのお供として寄り添える酒を目指し、清酒本来の「甘酸辛苦渋」が一体となって融合する日本酒を造る。楽しい食事と酒のペアリングも提案しており、酒蔵の中で食事ができる「割烹しんすけ」では、くつろぎの非日常空間を提供している。直売所では、ここでしか買えない限定酒のほか、常時5〜6種類の有料試飲も可能。お酒があまり飲めない人や少しずつ飲みたい人のために小瓶の商品もある。

MAP 別冊P.30-A2
住 東広島市西条岡町6-9 TEL 082-423-2055 営 9:00〜17:00（土は直売所のみ 13:00〜17:00）※変動あり。要事前確認 休 日・祝 CC ADJMV
P なし 交 JR「西条駅」から徒歩4分

ロック、湯割り、熱燗、冷酒……どれでも◎

300mlサイズは試し飲みにピッタリ♥

❶創業者は戦国武将の石田三成の軍師・島左近の末裔 ❷本社展示室では棟方志功の版画にも出合える

定番商品「広島の酒」の原酒（720ml・900円）。蔵元限定の品

「特撰 吟醸」（300ml・740円）。このサイズ感はおみやげとしても重宝しそう

飾っておきたくなるスタイリッシュさ「純米吟醸JG60」（720ml・1862円）

町全体が酒の香りに包まれる「酒まつり」

　毎年10月に開催、約20万人以上を動員する「酒まつり」（→P.341）。東広島市のみならず、全国の日本酒が一堂に集まる。祭り当日はメイン会場に最寄りの西条駅に到着する前から、すでに隣町の駅から酒の香りがするとかしないとか……!? 真実はその目で！その鼻で！その口で！

210　西条駅の2階にある「東広島市観光案内所」は、東広島市全域のパンフレットが手に入る、旅の始めに立ち寄りたい場所だ。英語対応可なのも外国人観光客にとってはうれしい。

ここも

東広島市 安芸津町＆黒瀬町 の酒蔵も訪ねたい

親子の蔵元が心を込めて醸す

柄酒造
つかしゅぞう

1907（明治40）年第1回全国清酒品評会で「於多福」は優等1位を受賞。その後東京をターゲットに「関西一」を生み出した。現在は8代目と9代目、親子の蔵元を中心に家族で蔵を切り盛りする。少品種少量生産だからこそ手間暇を惜しまず、心を込めていねいな酒造り。安芸津の風土に寄り添って、自然の力による醸造を大切にする。

MAP 別冊P.10-A2
住 東広島市安芸津町三津4228　TEL 0846-45-0009　営 9:30〜17:00　休 日・祝　CC 不可　P あり　交 JR「安芸津駅」から徒歩3分

❶かつて安芸津には20軒ほどの酒蔵があった
❷広島県産の酒造好適米のみを使用する
❸映画『恋のしずく』のロケ地にもなった蔵

「9代目於多福　純米大吟醸」（720ml・3080円）

受け継がれる百試千改の心

今田酒造本店
いまだしゅぞうほんてん

100年以上前に姿を消した広島県古来の酒米「八反草」を復活させ酒を醸すなど、吟醸酒の父・三浦仙三郎の座右の銘「百試千改」の精神で、世界に向けて"GINJO"を発信している。杜氏の今田美穂さんは2020（令和2）年、英国BBCが選ぶ「世界に影響を与えた100人の女性」に日本人として唯一選出された。

MAP 別冊P.10-A2
住 東広島市安芸津町三津3734　TEL 0846-45-0003　営 9:00〜17:00　休 土・日・祝　CC 不可　P あり　交 JR「安芸津駅」から徒歩6分

❶International Wine Challengeの受賞歴のある「富久長」　❷見学や試飲はできないが、蔵の入口で酒を購入できる　❸「富久長 八反草 純米大吟醸 妙花風（特別栽培米）」（720ml・1万1000円）

心に残る、「おいしい」を求めて

金光酒造
かねみつしゅぞう

県産米「千本錦」にこだわった「桜吹雪 大吟醸」で2009（平成21）年、全国新酒鑑評会で金賞を初めて受賞以来、受賞歴多数。「賀茂金秀」と「桜吹雪」が2大銘柄だ。敷地内には蔵を模した直売所を併設。広島の酒は軟水のイメージが強いが、「金光酒造」では中軟水を使用しミネラル感のある酒を醸している。

MAP 別冊P.9-D2
住 東広島市黒瀬町乃美尾1364-2　TEL 0823-82-2006　営 直売所10:00〜17:15　休 日・祝　CC 不可　P あり　交 JR「西条駅」から西条広島国際大学線バスで30分「西門前」下車、徒歩2分

❶仕込み蔵や煙突は国の登録有形文化財
❷直売所では限定品や菓子、酒器なども販売
❸個性を出すため自動プラントから手作りの醸造に回帰

看板商品「賀茂金秀 純米大吟醸35」（720ml・6600円）

Plus 軟水による改良醸造法を開発し「吟醸酒の父」と呼ばれる三浦仙三郎は現東広島市安芸津町出身。苦労を重ねた研究結果を『改醸法実践録』として出版し、酒造業界全体に広めた。これにより広島全体の酒の質が向上した。

広島へそ丼

広島県のど真ん中「へその町」として親しまれてきた東広島市豊栄町のご当地丼。丼の真ん中に、へそに見立てた卵黄、食べるラー油、青ネギ、だし醤油の味付けが基本。お店ごとのアレンジを楽しんで。

お食事処 くろぼや

東広島産の食材を多用したへそ丼が人気。鹿肉を使った「ジビエへそ丼」は、脂質が少なくさっぱりとした味わいが好評です。

ここで食べられる！

住 東広島市福富町久芳10887-4
電 080-6315-2848
営 11:00～14:00 (L.O.13:30)
休 木 駐 あり

東広島こい地鶏

広島大学と東広島市が共同研究した、県内初のブランド地鶏。一般的な若鶏の約3倍の130日程度かけて飼育するため肉本来の味わいが凝縮され、程よい歯応えと豊かなうま味が広がります。

お食事処 石庭（仙石庭園内）

日本初の庭石登録博物館「仙石庭園」内にあるお食事処。美しい庭園を眺めながら、「地鶏親子丼膳」を召し上がれ！

住 東広島市高屋町高屋堀1589-7
電 082-434-3360
営 11:30～14:30 (L.O.)
休 無休（水曜日は限定メニュー）
駐 あり

ここで食べられる！

東広島こい地鶏

食べつくそう！

オリジナル米 🌾「恋の予感」

米の食味ランキングで2021年から3年連続で最高ランク「特A」に選ばれた、広島県生まれの米「恋の予感」。東広島市は、その県内最大産地です。

おみやげにもぴったり！

酒処・東広島で造られる日本酒や甘酒、酒粕などを使ったスイーツが充実！　酒まんじゅうやジェラートなど、老舗から洋菓子店まで各店が工夫を凝らした逸品がいろいろ。観光の合間のカフェタイムはもちろん、おみやげにもオススメです。

酒スイーツ

カフェアルターナ（香木堂）

地元6蔵元の酒粕を使用した、日本酒の風味が美味しいかりんとう。G7広島サミットでも提供され話題に。

- 住 東広島市黒瀬町大多1499-1
- 電 0823-69-5511
- 営 9:30〜18:00、
　　土・日 10:00〜17:00
- 休 お正月　駐 あり

御饌 cacao　みけカカオ

西条酒造協会の各酒蔵とコラボ。利き酒ならぬ「利きチョコ」を楽しんでみてはいかが？

- 住 東広島市西条本町15-25
- 電 082-437-3577
- 営 11:00〜18:00、土・日・祝11:00〜17:00
- 休 月・火　駐 あり

定番メニューから新たなグルメまで

GOURMET

東広島を

酒処・東広島ならではの
グルメも見逃せない！

⑧ 100年フード

美酒鍋

東広島の日本酒を贅沢に使用したご当地鍋。季節の食材を、酒と塩、コショウだけのシンプルな味付けでいただきます。加熱することでアルコール分は飛ぶので、お酒が苦手な方やお子さまでも食べられます。

佛蘭西屋　ふらんすや

賀茂鶴酒造の日本酒ダイニング。元祖といわれる「美酒鍋」や、日本酒に合う和洋メニューが充実しています。

ここで食べられる！

- 住 東広島市西条本町9-11
- 電 082-422-8008
- 営 11:30〜14:30（L.O.14:00）
　　17:00〜22:00（L.O.21:00）
- 休 木、第2・4月　駐 あり

東広島といえば
やっぱり「日本酒」！

吟醸酒発祥の地といわれる東広島市。市内の10の酒蔵では、地域の良質な米と水、優れた技術で特徴ある日本酒が造られています。

東広島ならではの
グルメ・特産品・お店情報はこちら！　≫≫≫

PR　213

竹原市・大崎上島町
たけ はら し　おお さき かみ じま ちょう

竹原市の町並み保存地区

人口 竹原市▶2万3060人
大崎上島町▶6908人

エリア利用駅

▼竹原駅
JR呉線

▼大乗駅
JR呉線

▼忠海駅
JR呉線

大崎上島へはフェリーで行ける。垂水港・白水港へは竹原港から、大西港へは安芸津港からが便利。

エリア中心部への行き方

JR広島駅	JR呉線 所要約2時間（料金は列車により異なる）	JR竹原駅	芸陽バス 所要約7分（190円）	竹原港	フェリー 所要約30分（360円）	白水港
広島空港	ジャンボタクシー 所要約25分（1500円）				所要約25分（350円）	垂水港
	ジャンボタクシー 所要約30分（1500円）					

　広島県沿岸部のほぼ中央に位置する竹原市は、平安時代には下賀茂神社の荘園として、室町時代から港町として栄え、江戸時代初期から製塩や酒造で発展。当時の商家や蔵元の屋敷は「町並み保存地区」にその姿を残している。「安芸の小京都」と呼ばれ、2000（平成12）年には「都市景観100選」にも選ばれた。無電柱化されたその景観から、数々の映像作品でロケ地となっている。"竹原"の名にちなんで、街路樹にも竹が植えられている。広島空港まで車で25分、JRの駅が5つあり、広島市からの高速バス路線もあるなど、陸・海・空の交通が充実している。竹原港からフェリーで行ける大崎上島町は大崎上島、生野島、長島、契島などからなり、特に大崎上島は瀬戸内海で7番目に大きな島だ。

クチコミ　大崎上島では、県外のスタートアップ企業が開発した自動航行船の実証実験が何度も行われています。将来、人も物も無人の船で移動できるようになるかも!?（大崎上島町在住・K）

歩き方

おさんぽプラン

① 西方寺 普明閣（▶P.216）
　　　　🚶 徒歩2分
② 竹鶴酒造（▶P.217）
　　　　🚶 徒歩1分
③ 旧松阪家住宅（▶P.216）
　　　　🚶 徒歩&電車25分
④ 忠海港（▶P.103）
　　　　⛴ 船15分
⑤ 大久野島（▶P.219）

広島一の塩で発展した町と文化

1650（慶安3）年頃に赤穂から製塩技術が伝わり、国策により塩田が廃止されるまで、江戸時代から310年にわたって塩作りが続いた。広島藩内で最大の塩田があり、北前船の寄港地でもあったことか

18万坪ほどの塩田が広がっていたといわれる

ら、全国で知られる塩の名産地だった。「竹原」という単語自体が「竹原の塩」を表す言葉として使われたほど、この地で作られる塩は上級品として信用された。製塩で発展した商家の屋敷が現在の「町並保存地区」の風情を作り、塩田の持ち主「浜旦那」らを中心に形成された文化が今も残っている。郷土料理の「魚飯」もそのひとつだ。

ぐるりと海に囲まれたのどかな島の町

県内唯一の全域離島である豊田郡大崎上島町は約7000人ほどが暮らす町。広島県本土側からは、竹原港や安芸津港からフェリーで30分ほどで訪れることができる。大崎下島、大三島、今治とも海路でつながる。島内浦々での造船業や、温暖な気候を生かした柑橘などの農業が盛んで、「レモンの島構想」が進められている。西日本での栽培の先駆けとなったブ

町内各所で美しい景色に出合える

ルーベリーも有名で、町産のブルーベリーはアントシアニン含有量が国内最高峰。大崎上島の神峰山からは大小115の島々を一望することができ、その多島美は日本一とも称される。

寄り道スポット
幻の郷土料理「魚飯」をアレンジ

製塩が栄えた頃、塩田の持ち主「浜旦那」が好んで食し、もてなしたといわれる「魚飯」。旬の食材をのせたご飯に、瀬戸内の白身魚の骨で取っただしをかけるのが基本。これを独自にアレンジして提供する「ますや」では、かつお・こんぶ・いりこだしを使う（2日前までに要予約）。

味いろいろ　ますや
MAP 別冊P.31-D2
🏠 竹原市中央4-1-22　☎ 0846-22-8623　🕚 11:00〜14:00、17:00〜21:00　休 月
CC 不可　P あり　交 JR「竹原駅」から徒歩1分

焼いてほぐした白身の魚と旬の具材をのせた「ますや流」

ご当地トピックス
好きじゃけん広島県！

たけはら憧憬の路 〜町並み竹灯り〜

町並保存地区の旧松阪家住宅などで夜のイベントとして月見会が開催されたことをきっかけに、2003年から始まった。竹筒にデザインカットを施した灯ろうや、細い竹で覆われた水路の中などに明かりがともされ、歴史ある邸宅と石畳が幻想的に照らし出される。ライブイベントやインスタフォトコンテストなどさまざまな催しもある。コロナ禍での中止期間を除けば、毎年10月の最終土日に開催され、多いときで3万人以上が来場する。

昼間とはまた違った趣を醸し出す町並み保存地区

Q ひろしま　竹原市「町並み保存地区」の趣ある情景は映画・CMなどのロケ地として引っ張りだこ。商売の守り神を祀る「胡堂」が、"地震で瓦が落ちてくるシーン"など重要場面で登場する、ある超有名映画のタイトルは？

MAP 別冊P.31-D1

▶ 西方寺　普明閣

住 竹原市本町3-10-44　**TEL** 0846-22-7745（竹原市産業振興課）　**営** 8:00～18:00　**休** なし　**料** 無料　**P** なし　**交** JR「竹原駅」から徒歩15分

市街地から見上げた普明閣の姿。重なる瓦屋根が美しい

MAP 別冊P.31-D1

▶ 旧松阪家住宅

住 竹原市本町3-9-22　**TEL** 0846-22-5474　**営** 10:00～16:00（最終入館15:30）　**休** 水（祝日は開館）　**料** 大人300円（18歳以下・竹原市内の75歳以上無料）　**P** なし　**交** JR「竹原駅」から徒歩15分

周囲にある町並み保存地区の建造物も一見の価値あり

MAP 別冊P.31-D1

▶ 藤井酒造　酒蔵交流館

住 竹原市本町3-4-14　**TEL** 0846-22-5158　**営** 11:00～16:00　**休** 月（祝日の場合は翌平日）　**CC** ADJMV　**P** あり　**交** JR「竹原駅」から徒歩15分

軒先の酒蔵らしい杉玉が目印

竹原を訪れたら必ず登るべき高台

西方寺　普明閣
さいほうじ　ふめいかく

1602（慶長7）年に火災で焼失した妙法寺の跡に移された。本堂横の高台にある普明閣には、妙法寺があった頃の本尊である木造十一面観音立像（県重要文化財）を祀る。京都の清水寺と同じ懸造りで、方三間宝形造、本瓦葺の二重屋根、舞台作りなど細部に優れた意匠をもつ。

普明閣からは竹原の町並みが一望できる

当時の繁栄の面影が残る町並み保存地区の商家

旧松阪家住宅
きゅうまつさかけじゅうたく

製塩業や醸造業など幅広く手がけた商家。江戸時代末期に建てられ、1879（明治12）年に改築された。唐破風の屋根をはじめ、庇や出格子など、伝統的な技法が随所に見られる。華やかな明治期の面影を残す町並み保存地区の代表的な建築物で、室内も清楚で風雅。

堂々としたたたずまいの伝統的な商家

150年余りの歴史を感じる地域交流の場

藤井酒造　酒蔵交流館
ふじいしゅぞう　さかぐらこうりゅうかん

使わなくなった仕込み蔵を活用した店舗。高い天井や太い柱に、江戸時代からの伝統を感じる。日本酒の利き酒を楽しめるほか、雑貨や食器、みやげ物などが並び、不定期でコンサートも開催されている。お酒とともに手打ちそばをいただけるそば処も併設。

ほんのりお酒の香りがする店内。仕込み蔵であった名残だ

ひろしま　1983（昭和58）年公開、大林宣彦監督の『時をかける少女』。"尾道三部作"といわれる本作だが、竹原市内でもロケが行われた。撮影時には、監督や出演者、スタッフが市内の「お好み焼 ほり川」で休憩したのだとか。

製塩業で培われた品質へのこだわりを日本酒に表す
竹鶴酒造
たけつるしゅぞう

「灘以西第一の酒郷」と呼ばれた竹原で、伝統の技術と独自の工夫を凝らし「小笹屋」の屋号で知られる酒造。"食をおいしくする"酒にこだわる。江戸時代からの風格ある建物も必見。

「日本ウイスキーの父」として知られる竹鶴政孝の生家でもある

MAP 別冊P.31-D1
▶ 竹鶴酒造
住 竹原市本町3-10-29　TEL 0846-22-2021　営 8:00〜12:00、13:00〜17:00　休 土・日・祝　CC ADJMV　P なし　交 JR「竹原駅」から徒歩15分

竹原の郷土料理によく合う、食を引き立てる酒の数々

竹原観光の前に情報収集！　休憩所としても◎
道の駅たけはら
みちのえきたけはら

「町並み保存地区」のゲートといえる場所に位置し、竹原市の観光と町なかの交流拠点としてにぎわう。売店、レストラン、観光情報コーナーを備え、町歩きの休憩所としても最適。

竹原の逸品が揃い踏み。旅のおみやげ探しはここでしよう

MAP 別冊P.31-D1
▶ 道の駅たけはら
住 竹原市本町1-1-1　TEL 0846-23-5100　営 9:00〜17:00（1階のみ7〜9月は〜18:00）　休 第3水（祝日の場合は翌平日）　CC ADJ　P あり　交 JR「竹原駅」から徒歩12分

町並み保存地区の景観に配慮したデザイン

「竹のまち」竹原で竹細工体験
まちなみ竹工房
まちなみたけこうぼう

町並み保存地区の中にある店舗。職人による竹の工芸品販売のほか、竹細工を体験できる。竹とんぼや風車から竹籠まで、自分だけの品をおみやげにしてみては。

竹細工体験では職人がていねいに教えてくれる

MAP 別冊P.31-D1
▶ まちなみ竹工房
住 竹原市本町3-12-14　TEL 0846-22-0973　営 9:30〜16:00　休 盆（8/15）　料 無料（竹細工体験1000〜2500円）　P なし　交 JR「竹原駅」から徒歩15分

趣ある建物でショッピングや竹細工を楽しめる

\ もっと知りたいじゃろ？ /
おかわり地元ネタ

全国から今もファンが訪れる

アニメ『たまゆら』は、写真好きの女子高生・沢渡楓とその友人らの日常を描く青春ストーリー。作中には町並み保存地区をはじめ竹原市の各所が描かれている。2023（令和5）年までも6年連続で「訪れてみたい日本のアニメ聖地88」（アニメツーリズム協会主催）に選ばれた。市内各地にイラストが掲示され、現在もたびたび関連イベントが盛況に開催されるなど、2016（平成28）年の完結以降もファンをひきつけてやまない。

©佐藤順一・TYA／たまゆら製作委員会
広島市からの高速バスには『たまゆら』がラッピングされた便も

 広島空港と竹原市内とを結ぶジャンボタクシーはフライトスケジュールに合わせて運行する旅行者にとって便利な移動手段。また、竹原港から大崎上島へのフェリーは、1日30往復以上。

MAP 別冊P.10-A2
▶賀茂川荘

住 竹原市西野町西湯坂445 TEL
0846-29-0211 営 日帰り入浴
13:00～19:00(最終受付18:30)、
土・日・祝・祝前日11:00～15:00(最
終受付14:30) 休 不定休 料
800円(4～12歳400円)※タオル
セット＋200円 P あり 交 JR
「竹原駅」から西条竹原線バスで15
分「湯坂温泉入口」下車、徒歩1分

サウナや貸切風呂もありゆっくりと
温まることができる

MAP 別冊P.10-A2
▶ピースリーホーム
バンブー総合公園

住 竹原市高崎町1414 TEL0846-
24-1001 営 休 施設により異な
る 料 無料 P あり 交 JR「大
乗駅」から徒歩15分

「竹の館」には竹のパイプオルガン
風の環響楽器がある

MAP 別冊P.10-A2
▶田万里家　RICE DONUT

住 竹原市田万里町1336-4 TEL
050-8887-2128 営 11:00～
17:00 休 火・水 CC 不可 P
あり 交 JR「竹原駅」から芸陽バス
で20分「田万里局前」下車、徒
歩3分

サクッ、フワッ、モチッとした食感
が特徴の米粉ドーナツ

傷ついた鶴を癒やしたといわれる温泉

賀茂川荘
かもがわそう

　夏にはホタルが舞う賀茂川の清流のほとりに湧く「湯坂温泉」の泉質は単純弱放射能冷鉱泉で、神経痛や慢性皮膚病などに効用があり、肌にまろやかな「延命の湯」として親しまれている。1500坪もの日本庭園を有するこのホテルでは日帰り入浴もできる。

Photo：株式会社リロバケーションズ

遠赤外線効果をもつ信楽焼の露天風呂

竹原市の市木「竹」をテーマにした総合運動公園

ピースリーホーム バンブー総合公園
ぴーすりーほーむ ばんぶーそうごうこうえん

　広大な敷地に、遊具や芝生広場、体育館、グラウンド、野外劇場、ドッグランなど多彩な文化・スポーツ施設が揃い、さまざまなイベントでにぎわう。巨大な芝滑りは列ができるほど人気。「竹の館」では竹の生態を学んだり竹細工を体験したりと、過ごし方はいろいろ。

春には約20種類、1300本程の桜が楽しませてくれる

お米の価値に気づく米粉ドーナツ専門店

田万里家　RICE DONUT
たまりや　らいすどーなつ

　心と体に優しいドーナツの数々。小麦は不使用、米粉や大豆粉を使い、揚げるのも米油というこだわり。着色料不使用にもかかわらず色鮮やかなドーナツが目にもうれしい。店内では無添加食品の販売もあり、「世界を農でオモシロくする」という理念のもと農泊施設も営む。

看板とのれんの「田」の文字が目印

 「たけはら町並み保存地区」には真っ黒な郵便ポストがあります。郵便事業が始まった当時と同じ形だそうですが、今も現役。投函すればちゃんと手紙が届きます。(竹原市在住・T)

瀬戸内に沈む夕日を堪能できるビュースポット

エデンの海パーキングエリア
えでんのうみぱーきんぐえりあ

広島市出身の若杉慧による小説『エデンの海』のモデルとされる忠海は、同作が映画化された際に撮影地にも選ばれた。パーキングエリアであるものの、瀬戸内海を一望できるため、ここを目的地として訪れる人も多い。夕日の撮影スポットとしても人気。

瀬戸内海に沈む神々しい夕日を眺めていると心が洗われる

MAP 別冊P.10-B2

▶ エデンの海パーキングエリア
住 竹原市忠海長浜3 TEL 0846-22-4331(竹原市観光協会) 営自由 休なし 料無料 P あり 交 JR「忠海駅」から徒歩20分

この場所から見える瀬戸内の島々を解説した碑がある

忠海駅から頂上まで歩いて登って市内を一望

黒滝山
くろたきさん

登山道や休憩所が整備されており、気軽に登山を楽しめる。標高266mの頂上はもちろん、中腹からも、大久野島や芸予諸島、天気によっては四国連峰も望める。西国三十三霊場の本尊が彫られた観音石仏や、幸福の鳥居を巡るのも一興。第一休憩所のさくら堂付近は桜の名所。

山頂には石鎚山同様、鎖で登るルートもある

MAP 別冊P.10-B2

▶ 黒滝山
住 竹原市忠海町 TEL 0846-26-0469 営自由 休なし 料無料 P あり 交 JR「忠海駅」から登山口まで徒歩20分、登山口から山頂まで徒歩20分

忠海港からの眺め。市街地の奥に黒滝山が立つ

人気の「ウサギの楽園」には深い歴史あり

大久野島
おおくのしま

ウサギとの触れ合いを目当てに国内外から多くの人が訪れる。宿泊施設や毒ガス資料館のほか、ビジターセンターなどが整備され、キャンプ、釣り、サイクリングなど楽しみ方はさまざま。かつては島内工場で毒ガス兵器が製造され、「地図から消された島」であった歴史をもつ。

かわいらしい野生のウサギが島全域でお出迎えしてくれる

MAP 別冊P.10-B3

▶ 大久野島
住 竹原市忠海町大久野島 TEL 0846-22-7745(竹原市産業振興課) 営休料施設により異なる P あり 交 JR「忠海駅」から「忠海港」へ徒歩7分、「忠海港」から船で15分

歴史がきざまれた旧跡が島のあちらこちらに残る

通称"ウサギ島"の大久野島に渡る前に、忠海港でウサギ用のおやつを購入し、島から戻って空になった袋を持参すると、ウサギのポストカードと交換してくれるサービスが。

▶ 神峰山

住 豊田郡大崎上島町中野 **TEL** 0846-65-3455(大崎上島町観光案内所) **営** 自由 **休** なし **料** 無料 **P** あり **交** JR「竹原駅」から徒歩15分、「竹原港」から船で25分、「天満港」から徒歩50分

折り重なる島々の向こうから昇る初日の出

▶ きのえ温泉ホテル清風館

住 豊田郡大崎上島町沖浦1900 **TEL** 0846-62-0555 **営** 日帰り入浴10:30〜21:00、土・日・祝10:30〜14:30(変更の場合あり) **休** なし **料** 日帰り入浴 大人800円(小学生500円、3歳以上未就学児100円) **P** あり **交** JR「竹原駅」から徒歩15分、「竹原港」から船で25分、「白水港」から車で15分

館内には伝説のバーテンダーがカクテルを提供するバーも

▶ 神峯園

住 豊田郡大崎上島町原田363 **TEL** 0846-64-3911 **営** 8:00〜17:00(7月中旬〜8月中旬) **休** 開園時期以外 **料** 500円(持ち帰りは別途) **P** あり **交** JR「竹原駅」から徒歩15分、「竹原港」から船で25分、「白水港」から車で15分

可能な限り無農薬のブルーベリーを使った無添加のソース

大崎上島町の最高峰! 瀬戸内海国立公園の一部

神峰山
かんのみねやま

標高452.6m、四国連峰やしまなみ海道の各架橋まで見渡せる山頂には、徒歩または車で登ることができる。山頂までに3ヵ所の展望台があり、晴れた日には合わせて115の島々が見えるとされ、日本一の多島美とも称される。数々の民話や伝説の舞台にもなっている。

登山道には石鎚神社遥拝所や地蔵、頂上には薬師堂も

盛観な天然温泉で島時間を過ごす

きのえ温泉ホテル清風館
きのえおんせんほてるせいふうかん

内風呂、露天、貸切風呂のいずれからも、瀬戸内の海と多島美、運がよければ石鎚山までも望める。大潮の日は眼下に渦潮も起こる。全室で海を見ることができ、地元の多彩な食材にこだわった料理に舌鼓を打ちながら、日常から離れた時間を過ごせる。日帰り入浴可。

露天風呂からの眺望に開放感。冷え、神経痛、高血圧などに効能がある天然温泉

西日本におけるブルーベリー栽培の先駆け

神峯園
しんぽうえん

瀬戸内の太陽を浴びて育った大崎上島町産のブルーベリーは、アントシアニンの含有量が国内トップクラスといわれ、味が濃いのが自慢。7〜8月にはブルーベリー狩りを楽しめるほか、無添加にこだわったブルーベリーソースやジャムなども人気だ。

濃厚なつみたてブルーベリーを味わってみては

大崎上島町には国立の高等専門学校がある。工学技術だけでなく、大崎上島の産業に関連するような学科をおいており、全国に5校あるうちのひとつ。その学校の名前は?

塩田跡で環境に寄り添ってカキ養殖を行う

ふぁーむ すずき
FARM SUZUKI

池の生態系を守りながら、カキや車エビを養殖。直売所では、水揚げしたてを瞬間凍結した水産物を通年購入できる。生ガキ食べ放題（期間限定）が人気の飲食スペースを併設（要予約）。

芳醇でマイルドな味わいの塩田熟成ガキ（クレールオイスター）

MAP 別冊P.10-B3

▶ **FARM SUZUKI**

住 豊田郡大崎上島町東野垂水37-2　TEL 0846-65-3911(info@farmsuzuki.jp)　営 11:00～16:00　休 不定休　CC 利用可　P あり　交 JR「竹原駅」から徒歩15分、「竹原港」から船で25分、「垂水港」から徒歩20分

イートインスペースは期間限定なので事前確認を

地場産野菜・果物の染色で島の豊かさを届ける

しき ふぁーむ
Shiki Farm

大崎上島の野菜や果物を使った自然色の染色体験ができる。手ぬぐいまたはストールを選び、季節の素材で味わいのあるオリジナル作品ができる。土曜日限定のカフェを併設。

自然の素材が出す独特の色味がおもしろい

MAP 別冊P.10-A3

▶ **Shiki Farm**

住 豊田郡大崎上島町中野3404-2　営 10:00～、14:00～（要予約）　休 不定休　料 染色体験3300円～　P あり　交 JR「竹原駅」から徒歩15分、「竹原港」から船で25分、「白水港」から車で10分　URL shikifarm.com

天然醸造の木桶醤油が生まれる場所

おかもとしょうゆじょうぞうじょう
岡本醤油醸造場

自然の力に任せた昔ながらの天然醸造にこだわった醤油を製造。手作りによる醤油醸造の工程を見学することができる。杉の大桶が並ぶ醤油蔵は圧巻。

醤油の香りに満ちる蔵を見学できる

MAP 別冊P.10-A3

▶ **岡本醤油醸造場**

住 豊田郡大崎上島町東野2577　TEL 0120-752-041　営 9:00～12:00、13:00～17:00（要予約）　休 日・祝(見学は繁忙期、年末年始休)　料 無料　P あり　交 JR「竹原駅」から徒歩15分、「竹原港」から船で25分、「白水港」から徒歩5分

\ もっと知りたいじゃろ？ /
おかわり地元ネタ

200年以上の歴史を誇る櫂伝馬競漕

かつて水軍の早船として活躍していた「伝馬船」。住吉祭の船神事で御座船を曳船していたが、いつの間にか速さを競うようになった。片舷7人計14人の水夫（カコ）、船頭、太鼓など18人が乗り込み、太鼓のリズムに合わせて櫂でこぐ。文化の継承と発展のため、大崎上島から宮島までの約80kmを2日かけてこぐイベント「旅する櫂伝馬」も開催される。町指定無形民俗文化財や「島の宝100景」に選ばれている。

船の構造から太鼓の打ち方まで速さを求めて工夫が凝らされている

ひろしょう
広島商船高等専門学校。商船学科がおかれている、全国に5つある商船高等専門学校の1校だ。昔から造船業が盛んな大崎上島町は島内に造船所が点在。タイミングが合えば進水式を見学することも。

三原・尾道エリア

　広島県南東部にある三原市と尾道市の周辺は、両市の頭文字を取り「尾三地域」と呼ばれることもある。北部は中山間地域、南部は瀬戸内沿岸部と島しょ部で、海と山との双方の魅力が楽しめる。両市とも新幹線「こだま」が停車する三原駅と新尾道駅があり、観光スポットも多い。尾道市から愛媛県今治市を結ぶ高速道路「瀬戸内しまなみ海道」は、自転車歩行者道路も併設されており、多くのサイクリストがその多島美を絶賛する。

1

海と山の幸が集まる
自然豊かで穏やかな町

三原市

▶ P.224 ｜ MAP 別冊P.10、31

県の空の
玄関口・
広島空港

　中国・四国のほぼ中心に位置し、人口約9万人が暮らす。南部には瀬戸内海と山地に挟まれた帯状の平野、北部には世羅台地をなす丘陵上の平野が広がっており、海と山の幸に恵まれた美食の町だ。この地に三原城を建て、三原の礎を築いたのが、戦国武将・毛利元就の3男、小早川隆景。小早川家ゆかりのスポットも市内に多く点在する。

小早川氏ゆかりの寺、佛通寺（→P.226）は紅葉の名所としても有名

2

古くから海上交通で栄えた
ノスタルジックな港町

尾道市

▶ P.232 ｜ MAP 別冊P.11、32-33

　江戸時代に北前船の寄港地として栄えた港町。豪商たちが信仰の対象として寺を建てたことで、市街地エリアには大小さまざまな寺が点在する。この歴史情緒ある町並みを舞台にした映画作品も多く、聖地巡りに訪れる観光客も多い。

「坂の町」として有名な尾道は、「猫の町」とも称されるほど猫に高遭遇できる

尾道港や市街地を一望する大宝山の中腹にある千光寺（→P.242）

3

広島県から愛媛県へと
瀬戸内に浮かぶ島々をつなぐ

しまなみ海道

▶ P.244 ｜ MAP 別冊P.11、34-35

五百羅漢が
並ぶ
因島の白滝山
（→P.246）

　広島県から愛媛県へとつながる島々を7つの橋で結んだ「瀬戸内しまなみ海道」が通る。広島県側は向島、因島、生口島。自転車道として整備されたサイクリングロードが高速道路に併設しており、国内外からのサイクリストが集まる。（→P.108）

因島と生口島を結ぶ「生口橋」は、完成時点では世界最大の斜張橋だった

Access INFO

主要IC

▶山陽自動車道 ……… 本郷IC、三原久井IC、
　　　　　　　　　　 尾道IC、福山西IC

▶中国やまなみ街道 …… 尾道JCT

▶瀬戸内しまなみ海道 … 西瀬戸尾道IC

　三原市へは本郷ICから県道33号線を経由し国道2号に入り東へ。または三原久井ICから県道25号線を南下する。尾道市街地へは尾道ICから国道184号を南へ、または福山西ICから尾道バイパスを経由して入る。向島・因島・生口島へは、西瀬戸尾道ICから瀬戸内しまなみ海道でアクセス。

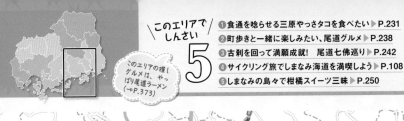

このエリアで
しんさい
5

① 食通を唸らせる三原やっさタコを食べたい ▶ P.231
② 町歩きと一緒に楽しみたい、尾道グルメ ▶ P.238
③ 古刹を回って満願成就！ 尾道七佛巡り ▶ P.242
④ サイクリング旅でしまなみ海道を満喫しよう ▶ P.108
⑤ しまなみの島々で柑橘スイーツ三昧 ▶ P.250

このエリアの推し
グルメは、やっ
ぱり尾道ラーメン
（→P.373）

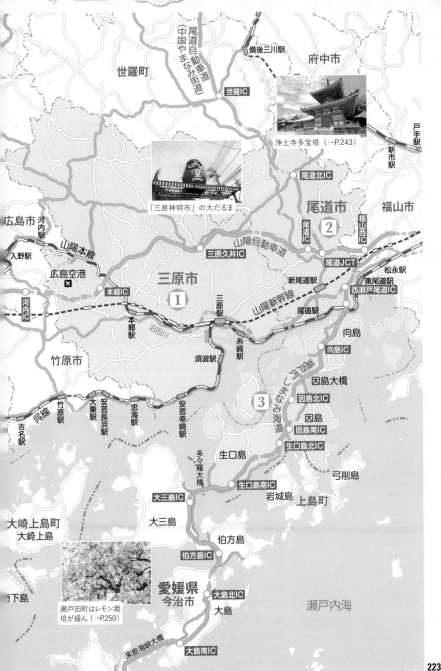

世羅町

尾道自動車道
（中国やまなみ街道）

備後三川駅

府中市

世羅IC

浄土寺多宝塔（→P.243）

尾道北IC

戸手駅

新市駅

「三原神明市」の大だるま

尾道市

福山市

広島市

河内駅

山陽本線

尾道IC

福山西IC

入野駅

尾道JCT

松永駅

広島空港

本郷IC

三原久井IC

山陽自動車道

新尾道駅

新尾道IC

東尾道駅

西瀬戸尾道IC

三原市

三原駅

山陽新幹線

尾道駅

河内IC

本郷駅

沼田川

糸崎駅

向島

須波駅

向島IC

竹原市

竹原駅

大乗駅

安芸長浜駅

忠海駅

安芸幸崎駅

因島大橋

しまなみ海道

因島北IC

吉名駅

呉線

多々羅大橋

生口島

因島

因島南IC

生口島北IC

弓削島

生口島南IC

岩城島

上島町

大三島IC

大崎上島町

大崎上島

大三島

伯方島

伯方島IC

愛媛県
今治市

大島北IC

瀬戸内海

瀬戸田町はレモン栽
培が盛ん（→P.250）

下島

大島

来島海峡大橋

大島南IC

三原市
み はら し

「やっさ祭り」では数千人もの踊り
手が、「やっさ、やっさ」と練り歩く

世羅町　府中市
東広島市　尾道市
三原市
竹原市

人口　三原市▶8万8111人

エリア利用駅

▼三原駅
JR山陽新幹線　JR山陽本線
JR呉線

▼糸崎駅
JR山陽本線

▼本郷駅
JR山陽本線

▼須波駅
JR呉線

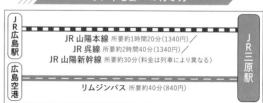

エリア中心部への行き方

JR広島駅	JR山陽本線 所要約1時間20分（1340円）／	JR三原駅
	JR呉線 所要約2時間40分（1340円）／	
	JR山陽新幹線 所要約30分（料金は列車により異なる）	
広島空港	リムジンバス 所要約40分（840円）	

　「浮城」の名をもつ三原城の城下町を起源とする。三原市を語るうえで欠かせないのが、三原城の城主であり、戦国武将・毛利元就の三男・小早川隆景だ。市内には隆景ゆかりの場所が点在し、関連深い行事が今も残る。三原城を築いた際に城の完成を祝い、城下の人が祝い酒を飲みながら、歌い、踊ったのが始まりとされる「やっさ踊り」を中心とする市の名物「やっさ祭り」もそのひとつ。古来より、近畿・九州・四国をつなぐ水・陸の交通の要地であったことから、現在も、三原駅・三原港・広島空港など主要交通拠点が整備されており、県の交通インフラを支えている。山と海に囲まれ、沿岸部では特産のタコ漁をはじめ柑橘の栽培が、山間部では稲作などの農業が盛んで、美食の町としても知られる。

 8月「三原やっさ祭り」（→P.342）、2月「三原神明市」、11月「三原浮城まつり」、5月「三原さつき祭り」は、三原の4大祭りとして地元民だけでなく、県内外の観光客からも注目を集める。

歩き方

▶「浮城」の別名をもつ三原城

1567（永禄10）年頃に、小早川隆景によって整備が始められる。現在は天主台や船入櫓の一部しか残っていないが、当時は東は和久原川から西は臥龍橋付近まで約900m、南北には約700mもの長

三原駅直結で天主台へ行くことができる全国で唯一の城

さの巨大城郭であったそう。この中に、櫓の数は32、城門は14あったというのだから驚きだ。満潮時には、城が海に浮かんでいるように見えたことから、別名「浮城」とも呼ばれている。三原城は廃城・破壊の危機に3度直面しており、そのひとつが三原駅の開業だ。一部が壊されたものの天主台を残し、1894（明治27）年に、本丸にまたがる形で三原駅が開業した。

▶中国・四国最大の空の玄関口

広島県内唯一の空港で、広島の空の玄関口としての役割を果たす「広島空港」。空港から、広島市・三原市・尾道市・福山市などへアクセスできるリムジンバスが運行している。2023（令和5）年12月には、空港と宮島口、「THE OUTLETS HIROSHIMA」をつなぐ新規路線も誕生した。また、空港周辺には、築山池泉回遊式庭園を有する三景園、八天堂カフェリエ、中央森林公園といった観光スポットも多く存在する。空港3階にあるフードコート「たちまち横丁」には、広島のお好み焼きや地酒を楽しめる飲食店などが入る。

国内線・国際線が就航している。展望デッキからは飛行機を間近に見ることができる

おさんぽプラン

① 三原だるま工房（▶P.229）
　　　徒歩10分
② 酔心山根本店（▶P.225）
　　　徒歩15分
③ お食事処　蔵（▶P.231）
　　　徒歩10分
④ 大島神社（▶P.229）
　　　車6分
⑤ 道の駅みはら神明の里（▶P.227）

寄り道スポット　横山大観が愛した日本酒

1860（万延元）年創業。大正時代に全国酒類品評会で、3回連続で優等賞を受賞し、名誉賞を授与される。軟水の名水で醸し上げたなめらかな口当たりで飲み飽きしない「辛口なのに甘露」な酒。日本画の巨匠・横山大観氏が愛した酒としても有名。

すいしんやまねほんてん　酔心山根本店

MAP 別冊P.31-D3

住 三原市東町1-5-58　TEL 0848-62-3251　営 10:00～12:00、13:00～16:00　休 土・日・祝　CC ADJMV　P あり※3台　交 JR「三原駅」から徒歩11分

現地での購入が可能。蔵内の見学もできる（要予約）

三原の基礎を築いた知将・小早川隆景

戦国時代、中国地方の覇者として君臨した毛利元就の三男として誕生した小早川隆景は、父と同様に物事を熟考して決断する知略の武将であった。12歳の時に現在の竹原市に本拠をおく竹原小早川家を相続、18歳で本家にあたる沼田小早川家を相続。毛利家にまつわる有名な逸話・三矢の訓のうちの一本として支えている。豊臣秀吉の臣下となってからは、絶対的な信頼を得て、西国制覇の急先鋒として活躍した。

三原駅の広場には、三原城を築いた小早川隆景の銅像がある

ひろしま
Q 江戸末期に由来、戦後廃れたものの、その後復活を遂げた、三原市の民芸品「三原〇〇〇」。小早川隆景の時代から450年以上も続く祭り「三原神明市」の別名「〇〇〇市」。〇〇〇に入る文字は？

佛通寺

日本屈指の禅道場。新緑と紅葉も美しい

MAP 別冊P.10-B2

▶ **佛通寺**

住 三原市高坂町許山22 **TEL** 0848-66-3502 営 8:00〜17:00 休 なし 料 無料 P あり 交 JR「三原駅」から芸陽バスで34分「佛通寺」下車、徒歩8分

1397（應永4）年、小早川春平が、中国に渡って修行した名僧、愚中周及（佛德大通禅師）を迎えて建てた寺。日本屈指の禅道場として知られる。堂塔伽藍が古い杉木立に囲まれて立ち並んでおり、夏の新緑、秋の紅葉の時期は美しい景観が広がり、観光客でにぎわう。

「佛通寺」の一帯は、自然環境にも恵まれている

巨蟒橋（きょもうばし）を渡ると山門・法堂・本堂・庫裡（くり）などの建物がある

三景園

広島空港そばにある日本庭園

MAP 別冊P.10-A2

▶ **三景園**

住 三原市本郷町善入寺64-24 **TEL** 0848-86-9200 営 9:00〜18:00（10〜3月は〜17:00） 休 なし 料 350円（小・中学生180円） P なし 交 広島空港から徒歩7分

広島空港の開港を記念して誕生した、約6ヘクタールの広さの築山池泉回遊式庭園。広島県の山渓谷、瀬戸内海の風景をモチーフにしており、山・里・海のゾーンからなる。3月は梅、5月は新緑・ボタン・ツツジ、6月はアジサイ、11月には紅葉をテーマに祭りを開催。

6月には、100種類1万本ものアジサイが咲き誇る

高低差約14mの三段の滝、数寄屋風水上建築の潮見亭など見どころが多い

筆影山・竜王山

山頂から望む瀬戸内随一の多島美

MAP 別冊P.10-B2

▶ **筆影山・竜王山**

住 三原市須波町・沖浦町 **TEL** 0845-67-6014（三原市観光課）、0848-67-5877（三原観光協会） 営 自由 休 なし 料 無料 P あり 交 本郷ICから車で35分

標高311mで頼山陽が命名したという筆影山。標高445mで四国山地が望める竜王山。それぞれの山頂付近の展望台から眺められる多島美は瀬戸内随一と評される。山頂の園地は桜の名所であり、夏から秋はハイキング、冬には海霧と、多くの観光客でにぎわう。（→P.41）

晩秋から冬、湯気のように立ち昇る海霧と朝日が見られる日も

1950（昭和25）年に瀬戸内海国立公園の一部に指定される。展望台からの多島美を楽しみたい

〇〇〇は「だるま」。「三原だるま」は、握りこぶしほどの大きさ、少し縦長のフォルム、鉢巻をして、目が最初から入っているのが特徴。江戸時代末頃に「三原神明市」で縁起物として三原だるまを売られるようになった。

三原グルメを気軽に堪能するなら

みちのえきみはらしんめいのさと
道の駅みはら神明の里

「三原やっさタコ」や「みはら神明鶏」など三原食材を使った料理が自慢の道の駅。鮮魚や野菜を販売する産直市場では、珍しい魚や柑橘に出合えることも。ここで三原みやげをゲットしよう。

神明鶏定食（950円）。三原名物のタコ飯、小鉢3品、味噌汁などもつく

世界的な建築家が手がけた建物にも注目

みはらししげいじゅつぶんかせんたーぽぽろ
三原市芸術文化センターポポロ

芸術文化活動の情報発信拠点であり、市民の憩いの場として生まれた施設。音響のよさと舞台の見やすさを併せもつ約1200席のホールがあり、ドーム型の屋根が特徴的だ。（→P.43）

世界的な建築家・槇文彦氏が設計したドーム型の建物。受賞歴ももつ

国重文・絹本著色小早川隆景像を収蔵する

べいさんじ
米山寺

1153（仁平3）年に建立。1235（嘉禎元）年に小早川茂平が念仏堂を建立して氏寺とした。小早川家の菩提寺として、初代実平から17代隆景までの
ほうきょういんとう
宝篋印塔20基の墓が並んでいる。

山門の屋根瓦には、毛利家の家紋である「一文字三つ星」が掲げられている

MAP 別冊P.31-D3
▶ 道の駅みはら神明の里
住 三原市糸崎4-21-1 **TEL** 0848-63-8585 **営** 9:00〜18:00（レストランL.O.17:30) **休** 第3火 **CC** ADJMV **P** あり **交** JR「糸崎駅」から徒歩16分

2階の展望デッキにある、だるま型の絵馬掛所

MAP 別冊P.31-C3
▶ 三原市芸術文化センターポポロ
住 三原市宮浦2-1-1 **TEL** 0848-81-0886 **営** 9:00〜22:00 **休** なし **料** 公演・施設により異なる **P** あり **交** JR「三原駅」から芸陽バスで3分「芸術文化センターポポロ・医師会病院入口」下車、徒歩1分

施設内にはカフェもある

MAP 別冊P.10-B2
▶ 米山寺
住 三原市沼田東町納所460 **TEL** 0848-66-0693 **営** 自由 **休** なし **料** 無料 **P** あり **交** 本郷ICから車で15分

\ もっと知りたいじゃろ？ /
おかわり地元ネタ

三原の魅力をプリンに込めて発信

三原を応援する人（店）の手で、三原食材をひとつ以上使用し、三原の町や食材への思いを表現したプリンのみが認定される「広島みはらプリン」。甘い"デザートプリン"と農水畜産物を入れたおかずにもなる"デリカ（総菜）プリン"の2パターンを展開する。現在は90以上の認定プリンが存在し、各店舗または道の駅などおみやげ売り場で購入が可能。令和5年には「ご当地プディングフェスティバル」も開催した。

バラエティに富んだプリンが揃う。意外な食材の組み合わせがあり楽しい

Plus

三原市本町に2023（令和5）年オープンした「西国街道の駅ミホラ」。周辺の特産品の販売のほか、カフェやランチも楽しめるスポット。2階にはコワーキングスペースも。

MAP 別冊P.10-A2

▶ 八天堂ビレッジ

住 三原市本郷町善入寺用倉山
10064-190　TEL0848-86-8622
営10:00〜16:00、土・日〜17:00
休水ほか　CCADJMV　Pあり
交広島空港から徒歩7分

「八天堂」特製のクリームと果物をサンド

MAP 別冊P.10-A2

▶ マイ・フローラ プラント

住 三原市本郷町善入寺字用倉山
10064-200　TEL080-5021-9852
営10:00〜16:00　休月・火・水・木
料無料　Pあり　交JR「三原駅」からリムジンバスで30分「中央森林公園」下車、徒歩8分

約9mの噴水は人の腸の長さを表現している

MAP 別冊P.10-A2

▶ 県立中央森林公園

住 三原市本郷町上北方1315
TEL0848-86-9101　営9:00〜18:00　料無料　Pあり　交JR「三原駅」からリムジンバスで30分「中央森林公園」下車、徒歩10分

手ぶらバーベキューが楽しめる広場も

MAP 別冊P.10-A1

▶ 道の駅 よがんす白竜

住 三原市大和町和木652-3
TEL0847-35-3022　営9:00〜17:00、土・日・祝〜18:00(レストランは10:00〜L.O.16:30、土・日・祝〜L.O.17:00)　休第3木
CCADJMV　Pあり　交三原久井ICから車で20分

地元産直品のほか、イタリアン食材も販売

体験型の食のテーマパークへ

八天堂ビレッジ
はってんどうびれっじ

「八天堂」のスイーツをはじめ、果実を使った商品が揃う「空の駅 オーチャード」、「くりーむパン」を使ったメニューが味わえる「天空カフェ&ファクトリー」「八天堂カフェリエ」などからなる施設。(→P.80、86)

フルーツを主役にした特産品がずらりと並ぶ。テイクアウトカウンターもある

腸活ドリンクは必食の価値あり!

マイ・フローラ プラント
まい・ふろーら ぷらんと

2023（令和5）年に誕生した野村乳業の新工場。HPからの予約制で工場見学も可能で、"腸活"についてさまざまな形で体験できる。併設の直売所では、マイ・フローラを使ったフローズンソフトも提供。

シンバイオティクスマイ・フローラ（700ml・1000円）などを販売

サイクリングや散歩で体を動かそう

県立中央森林公園
けんりつちゅうおうしんりんこうえん

離発着する飛行機を間近に眺めることができる公園。サイクリングロードやキャンプ場なども整備されている。自転車を借りたり、園内を散歩したり、体を動かすのにぴったり。

広島空港から近く、園内からは離発着する飛行機が間近に眺められる

大和町の食材を使ったイタリアンを堪能

道の駅 よがんす白竜
みちのえき よがんすはくりゅう

白竜湖の湖畔に立つ道の駅。地元と本場の食材を使ったイタリアンが味わえる。道の駅としては珍しいナポリ製の薪窯で焼き上げるピザ、パスタ、ドルチェを堪能して。

大和蓮根を使ったピザ（2200円）など、常時6種類のピザを提供

「久井稲生神社」で毎年2月に開催される「御福開祭・はだか祭」は100年以上の歴史のある神事。無病息災を願って300を超える裸男が御福木を奪い合う。県内唯一のはだか祭りとされる。

旬の果実を思う存分味わって
SMILE-LABO HIROSHIMA
すまいる・らぼ ひろしま

イチゴ、サクランボ、ブルーベリー、ブドウ、梨、リンゴなどを栽培する観光農園。旬の時期には、果実狩りができる。広い芝生広場もあり、ピクニックも楽しめる。

1〜5月にはイチゴ狩りを開催、旬の果実を使った加工品も販売される

MAP 別冊P.10-A2
▶ SMILE-LABO HIROSHIMA
住 三原市大和町大草75-28 TEL 0848-34-0005 営 9:00〜16:00 休 水 料 入場料無料、体験により異なる P あり 交 河内ICから車で15分

8〜9月には梨狩りを楽しめる

しだれ桜の名所としても有名な秀吉ゆかりの八幡宮
御調八幡宮
みつぎはちまんぐう

社殿造営が777（宝亀8）年といわれる歴史ある神社。国の重要文化財となった木造狛犬や古版木、阿弥陀経などが保存される。「西の吉野」とも呼ばれるしだれ桜の名所。

秋には紅葉、春には桜が楽しめることから、多くの観光客が訪れる

MAP 別冊P.10-B2
▶ 御調八幡宮
住 三原市八幡町宮内7 TEL 0848-65-8652 営 自由 休 なし 料 無料 P あり※30台 交 三原久井ICから車で5分

豊臣秀吉が植えたという桜の切り株が残る

三原の名物「三原だるま」に顔を描こう
三原だるま工房
みはらだるまこうぼう

三原の伝統工芸「三原だるま」をPRする拠点として誕生した施設。握り拳くらいの大きさで、全体がやや縦に長い「三原だるま」に、思いおもいの絵付け体験ができる。だるまの展示もあり。

手軽に面相書き体験ができる、自分に似せたダルマを作るのもよい

MAP 別冊P.31-C3
▶ 三原だるま工房
住 三原市城町1-1-1 TEL 0848-67-5877 営 月・水13:00〜16:00、土10:00〜13:00 休 月・水の午前、火・木・金、土の午後、日・祝 料 体験料600円 P なし 交 JR「三原駅」から徒歩1分

豆絞りの鉢巻がトレードマーク

戦国武将・福島正則にゆかりのある神社
大島神社
おおしまじんじゃ

大島にかつて祀られていた稲荷神社と、三原城の守護神として祀っていた厳島神を合祀。その後、戦国武将・福島正則によって現在地に遷座される。2020（令和2）年に連立鳥居が完成。

細い路地にある急な坂道を登った先にある。三原城跡も眼下に見える

MAP 別冊P.31-C3
▶ 大島神社
住 三原市本町3-6-12 TEL 0848-67-5877 営 自由 休 なし 料 無料 P なし 交 JR「三原駅」から徒歩6分

67基の鳥居が立ち並ぶ姿は写真映え抜群

plus
広島空港近くに、2023（令和5）年リニューアルオープンした「広島県動物愛護センター」。土・日・祝も開館しており、保護犬・保護猫の譲渡会・譲渡前講習会などを開催。人間と動物の共存の形を模索する場所となっている。

▶ 皇后八幡神社

住三原市須波西2-6-27 TEL
0848-67-0733 営自由 休な
し 料無料 Pあり 交JR「三
原駅」から芸陽バスで15分「四堂
踏切」下車、徒歩8分

330km先
に鎮座す
る伊勢神
宮を遥拝
できる

▶ 瀬戸内醸造所 レストランmio

住三原市須波西1-5-26 TEL
050-3749-9902 営11:30〜
17:00 休火・水 CCADJMV
Pあり 交JR「三原駅」から芸予
バスで15分「四堂踏切」下車、徒
歩1分

ディナータ
イムは完全
予約制

▶ すなみ海浜公園

住三原市須波西1-7-1 TEL
0848-67-0277 営9:00〜17:00
休なし 料無料 Pあり 交JR
「三原駅」から芸予バスで15分
「西須波」下車、徒歩2分

すなみ海
浜公園の
モニュメン
トとやっさ
だるマン

▶ 佐木島・小佐木島

住三原市鷺浦町 TEL0848-67-
5877(三原観光協会) 営自由
休なし 料無料 Pなし 交「三
原港」から、佐木島は弓場汽船で
13分「鷺港」下車、小佐木島はマ
ルト汽船で15分「小佐木港」下船

小早川隆景が戦勝祈願を行った勝運の神社

こうごうはちまんじんじゃ
皇后八幡神社

1425（応永32）年創建、八幡神社と厳島神社を合祀する。小早川隆景が「厳島の戦い」の出陣前に戦勝祈願を行った。瀬戸内海を望む高台にあり「須波の八幡さん」として親しまれている。

社殿は初日の出に向かって建てられ、日の出が社殿の中まで差し込む

三原食材とワインのペアリング

せとうちじょうぞうじょ れすとらん みお
瀬戸内醸造所 レストランmio

瀬戸内海を目の前に望むワイナリー併設のレストラン。地元食材を使用した料理とのペアリングが楽しめるほか、ワインの購入だけのためにショップを訪れることも可能。（→P.365）

三原産のニューベリーAを使ったスパークリング（3850円）など

バリアフリー化が進む優しいビーチ

すなみかいひんこうえん
すなみ海浜公園

砂浜までスロープを設置し、バリアフリー化が進んだビーチ。事前予約をすれば、車椅子を借りることも可能だ。三原市の中心部から車で約20分とアクセスのよさも抜群。

幼児用プールやレストランなどもあり、シーズン中は多くの人でにぎわう

新幹線の停まる駅から日本一近い離島

さぎしま・こさぎしま
佐木島・小佐木島

佐木島、小佐木島ともに、三原駅近くの三原港から高速船で15分で到着できる離島。自然が織りなす景観美や、海水浴やサイクリング、トレッキングなど癒やしの島遊びを。

筆影山（→P.226）から見た様子。手前が小佐木島、奥が佐木島

 三原市の「せんちゃんファーム」の自然薯アイスクリーム、一見合わなそうな組み合わせなのですが、さっぱりした味でとってもおいしいですよー。（三原市在住・ピケ）

この味を知らないなんて人生の8割損してる！
三原の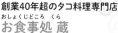タコ

6月から8月にかけて三原沖で捕獲されるマダコ。締まったコリコリの身と濃く甘〜い味わいで食通を虜にする味をぜひ！

伝統のたこつぼ漁で捕らえる実力ブランド「三原やっさタコ」

水温が一定できれいな水質、カニやエビが多く生息する三原沖の海は、美食家できれい好きなタコにとって絶好のすみか。海流が速い海域のため、岩に張りつくほど鍛えられたタコは身が締まり歯応え抜群で、一度食べたらやみつきに。「三原やっさタコ」の名で知られる。

タコ刺 1080円

タコ刺のほか、試行錯誤の末に誕生したというタコ酒も味わいたい！

創業40年超のタコ料理専門店
お食事処 蔵
おしょくじどころ くら

1980（昭和55）年創業。大きなタコの看板が目印。直前まで生きていた三原やっさタコを調理し、素材のうま味が生きた新鮮なタコ料理が自慢。刺身・酢物・蒸し物・タタキなどがついたタコ尽くしのコース3000円〜が人気。

MAP 別冊P.31-C3
住 三原市港町1-4-14
TEL 0848-64-3200
営 11:30〜13:30、17:30〜22:00 **休日** 不可 **CC** 不可 **P** なし **交** JR「三原駅」から徒歩5分

コース料理のほか単品料理も豊富

カラッと揚がったタコ足
おはぎのこだま
おはぎのこだま

三原駅すぐの場所で50年以上続く総菜店。開店当初、寿司とおはぎだけだったメニューが徐々に増え、現在は弁当や天ぷら類も豊富に揃う。タコの足をまるまる1本使用した「ジャンボタコ天」は、この店の看板メニューだ。

ジャンボタコ天 1000円

カラッと揚がった、タコの歯応えを感じて。数量に限りあり

MAP 別冊P.31-C3
住 三原市城町1-6-1
TEL 0848-63-4275
営 7:00〜18:00 **休** 月（祝日の場合は翌日） **CC** 不可 **P** なし **交** JR「三原駅」から徒歩4分

きな粉と粒あん2種類のおはぎにも注目

たこ焼(8個) 670円

海を眺めながら、外のベンチで味わうのがおすすめ

大玉のタコ焼きをほお張って
すなみ港売店
すなみこうばいてん

「三原のタコ焼きといったらココ！」と県外からも人が訪れる。注目すべきは、タコの大きさ。エビ粉入りの生地を少しつついただけで、顔を出すほどの大きさで、噛むほどにうま味が広がる。野菜もしっかり入っていて、食べ応えは十分だ！

MAP 別冊P.34-A1
住 三原市須波西1-2-1 **TEL** 0848-67-4025 **営** 8:00〜16:30(売店)、10:00〜15:30(タコ焼き販売) **休** なし **CC** 不可 **P** あり **交** JR「三原駅」から芸陽バスで14分「須波フェリー前」下車、徒歩1分

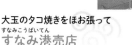
食後は、売店で三原みやげもチェック

Plus 三原のタコ銘菓といえば「ゑびす家」。タコがたっぷり入った一味の風味がクセになる煎餅「たこせん」が人気。もみじ饅頭にタコを入れた「たこもみじ」のほか、「たこサブレ」「たこパイ饅頭」にもタコが！

映画のロケ地にも選ばれるノスタルジックな町並み

尾道市
おのみちし

千光寺公園（→P.234）から眺める尾道水道、海を挟んで対岸に見えるのが向島

福山市
尾道市
三原市

（人口） 尾道市▶12万8299人

🚃 エリア利用駅

▼尾道駅
JR山陽本線
▼東尾道駅
JR山陽本線
▼新尾道駅
JR山陽新幹線

エリア中心部への行き方

JR広島駅	JR山陽新幹線 所要約40分 （料金は列車により異なる）	JR新尾道駅	おのみちバス 所要約15分（190円）	JR尾道駅
広島バスセンター	高速バス（フラワーライナー） 所要約1時間30分（2000円）			

　瀬戸内海に面した港町。尾道の中心市街地がある本州と向島の間に形成される幅200〜500mほどの狭い海峡は、尾道水道と呼ばれている。この利便性の高い「海の川」は、古くから重要な交通路として重宝された。江戸時代には、北海道〜大阪を結ぶ「北前船」の寄港も始まり、その繁栄ぶりは見事なものであったそう。その繁栄により、豪商たちが現れ、多くの財が寺の建立や町の整備に充てられた。また「坂の町」「文学の町」「映画の町」としても知られており、林芙美子や志賀直哉らが居を構え、尾道を舞台とした作品を発表している。大林宣彦監督の『転校生』『時をかける少女』『さびしんぼう』の「尾道三部作」の舞台としても有名だ。風光明媚な町並みに引きつけられ、多くの観光客が訪れる。

plus 🛈 千光寺山、西國寺山、浄土寺山の尾道三山と尾道水道に挟まれたエリアに、寺社や民家が並び、ぬうように路地や坂道が通る尾道は"箱庭的都市"として日本遺産に認定される。この景観を楽しむなら「千光寺山ロープウェイ」で!

歩き方

歴史ある町並みを巡る

尾道が港としての役割を担うようになったのは1169（嘉応元）年のこと。世羅郡を中心とした「大田庄」という荘園で徴収した年貢の積み出し港としての機能を果たすようになったことがきっかけ

平安時代初期に創建。旧尾道市内で最古の神社といわれる「艮神社」（→P.234）

だ。後に、北前船の寄港で、さらなるにぎわいを見せることとなる。地元の豪商たちや将軍・足利氏による庇護・寄進により数々の神社仏閣が健立された「寺の町」でもある。尾道駅の裏手にある山手エリアには、平地が少ない山肌で、住宅や神社仏閣が密集。この独特な景観は、尾道を舞台にした映画やアニメのロケ地として起用されることが多い。

新旧交じる尾道でお気に入りを探して

尾道駅から東へ続く「尾道本通り商店街」は東西約1kmにわたって延びるアーケード街。創業100年を超える老舗店が10店舗以上も残るほか、ここ数年で新たにオープンした店も多数あり、尾道散策をするなら必ず訪れたいスポットだ。商店街の南側にある海岸通りには、尾道ラーメンの名店、レストラン、カフェなどがある。また、商店街を抜けた先には尾道最大

かつては尾道を代表する豪商の商店や家屋が軒を連ねていた

の繁華街・新開エリアがある。細く入り組んだ路地には、スナックや居酒屋、古書店やカフェなどが点在しており、ディープな尾道を楽しむのにもってこいのエリア。

おさんぽプラン

①尾道市役所展望デッキ（▶P.235）
↓ 徒歩1分
②おのみち映画資料館（▶P.235）
↓ 徒歩11分
③御袖天満宮（▶P.235）
↓ 徒歩8分
④艮神社（▶P.234）
↓ 徒歩9分
⑤千光寺公園（▶P.234）

寄り道スポット 戦前から続く店の懐かしい味

たまごアイスをモナカで挟んだ、アイスモナカ（180円）が定番だ。北海道産大納言を使ったぜんざいの中にアイスをトッピングしたクリームぜんざい（400円）もおすすめ。10〜3月は季節限定で、抹茶、ゴマ、イチゴのフレーバーが登場！

からさわ

MAP 別冊P.32-B3
住 尾道市土堂1-15-19 TEL 0848-23-6804 営 10:00〜17:00（季節により異なる）休 火（祝日の場合は翌平日、11〜3月は火・第2水）CC 不可 P なし 交 JR「尾道駅」から徒歩10分

ファンが多いアイスモナカ。1939（昭和14）年開業の老舗店の味をぜひ味わって

好きじゃけん広島県！
ご当地トピックス

あまたの文学人に愛された証し

気候温暖で風光明媚な尾道には、多くの文人墨客が訪れ滞在したとの記録が残る。千光寺公園内には、林芙美子や松尾芭蕉など、尾道にゆかりのある25名の作家の小説の断片、詩人の詩歌を刻んだ碑が点在する「文学のこみち」と名がつけられた散歩道。くねくねと曲がる坂道を上りつつ、文学碑を見つけて。ゆっくりと文学に触れ眺める尾道の景色は、また違った印象を抱けそう。散策は歩きやすい運動靴で。

千光寺山頂から、千白稲荷まで続く全長約1kmの遊歩道

ひろしま
Q 風光明媚な尾道は、多くの文人らを虜にした"文学の町"。尾道ゆかりの作家のひとり、「海が見えた。海が見える。五年振りに見る尾道の海はなつかしい」の一節で有名な作品とその作者の名前は？

おもな見どころ 左カラム

`MAP` 別冊P.32-A2

▶ 千光寺公園

住 尾道市西土堂町19-1 `TEL`
0848-38-9184(尾道市観光課)
営 自由 休 なし 料 無料 P あ
り 交 JR「尾道駅」からおのみち
バスで3分「長江口」下車、千光寺
山ロープウェイ乗車で「山頂駅」下
車、徒歩5分

全長約63mの長い橋のようなデザイ
ンが斬新だ

`MAP` 別冊P.32-B2

▶ 艮神社

住 尾道市長江1-3-5 `TEL` 0848-
37-3320 営 自由 休 なし 料
無料 P なし 交 JR「尾道駅」か
らおのみちバスで3分「長江口」下
車、徒歩5分

大林宣彦監督『時をかける少女』
のロケ地になった下り坂

`MAP` 別冊P.32-A2

▶ 尾道市立美術館

住 尾道市西土堂町17-19(千光寺
公園内) `TEL` 0848-23-2281 営
9:00～17:00(最終入館16:30)
休 月(祝日は開館) 料 展示によ
り異なる P あり 交 JR「尾道
駅」からおのみちバスで3分「長江
口」下車、千光寺山ロープウェイ乗
車で「山頂駅」下車、徒歩5分

南側の斜面には「KINCHO」ととも
に栽培する除虫菊が

右カラム

尾道の市街地を見下ろす随一の観光名所

千光寺公園
せんこうじこうえん

標高144.2mの千光寺山の山頂から中腹にかけて広がる公園。2022（令和4）年3月にリニューアルした「千光寺頂上展望台PEAK」などを有する。春になると約1500本の桜が咲き誇り、桜の名所として有名だ。千光寺山にはロープウエイもあり、頂上には売店もある。

尾道市街地から見上げた「千光寺公園」、ロープウエ
イで3分で到着する

映画のロケ地にも選ばれた巨大なクスノキ

艮神社
うしとらじんじゃ

尾道市内で最古の神社といわれる。境内には推定樹齢900年ものクスノキの大木が4株あり、「艮神社のクスノキ群」として県の天然記念物に指定されている。映画『時をかける少女』のロケ地でもあり、劇中には神社西側の下り坂、境内のクスノキが登場する。

拝殿の手前にある株が最大で、地上3mほどのところ
から幹が3つに分かれる

瀬戸内風景のなかで芸術や文化に触れるなら

尾道市立美術館
おのみちしりつびじゅつかん

尾道市街地を一望できるロケーション。「時代や国境、さらにはジャンルを超えて、広範にわたり、質の高い芸術を提供することによって、地域とともに文化を育み、日本と世界の伝統を担う芸術と文化の橋渡しとなっていくこと」を理念に、さまざまな展示を行う。

2003（平成15）年に改修。設計は、世界的な建築
家である安藤忠雄によるもの

幼少期を尾道で過ごしたという女流作家・林芙美子の若き日の自叙伝『放浪記』。本通り商店街の入口には、林芙美子
像が。6月にはこの像で、芙美子の命日にちなみ「あじさいき」という行事が行われる。

360度どの角度からも尾道を見渡せる

尾道市役所展望デッキ
おのみちしやくしょてんぼうでっき

2020（令和2）年にリニューアルした尾道市役所の屋上にある展望デッキ。誰でも自由に出入りすることが可能だ。デッキの周囲を一周することができ、「尾道水道」「西國寺」「浄土寺」など尾道ならではの風景がさまざまな角度から楽しめる。夜景観賞にもぴったり。

新しくなった尾道市役所の全景。1階の売店では尾道みやげを販売する

MAP 別冊P.33-C2
▶尾道市役所展望デッキ
住尾道市久保1-15-1 TEL0848-38-9332(尾道市総務課) 営展望デッキ8:30〜21:00、売店8:15〜17:15(土・日・祝9:00〜16:00) 休なし 料無料 Pあり 交JR「尾道駅」からおのみちバスで3分「長江口」下車、徒歩6分

展望デッキにあるオブジェ、訪れた記念に写真撮影もぜひ

菅原道真公を祀る学問の神社

御袖天満宮
みそでてんまんぐう

学問の神様である菅原道真公を祀る。道真公が京から太宰府に向かう道中、尾道へ上陸した際に、民衆に親切にしてもらったお礼に自らが着ていた着物の袖を破り渡したことが名前に由来する。受験シーズンになると、市内外から多くの受験生が訪れる。

大林宣彦監督の映画『転校生』の重要なシーンに登場することでも有名

MAP 別冊P.32-B2
▶御袖天満宮
住尾道市長江1-11-16 TEL0848-37-1889 営自由 休なし Pなし 交JR「尾道駅」からおのみちバスで3分「長江口」下車、徒歩6分

さすると願いがかなうさすり牛。菅原道真公は丑と縁が深いという

映画の町・尾道を舞台にした映画の資料館

おのみち映画資料館
おのみちえいがしりょうかん

白壁の倉庫を改修して造られた資料館内には、昔懐かしいレトロな映画ポスターや古い撮影機器などが展示される。なかには、尾道で映画撮影をした際に記録した写真なども。そのほか、ミニシアターもあり、尾道にゆかりのある映画の予告編などが鑑賞可能だ。

資料館内には、雑誌や書籍を読むことができるシネマサロンもある

MAP 別冊P.32-B2
▶おのみち映画資料館
住尾道市久保1-14-10 TEL0848-37-8141 営10:00〜18:00(最終入館17:30) 休火(祝日の場合は翌平日) 料520円、中学生以下無料 Pなし 交JR「尾道駅」からおのみちバスで3分「長江口」下車、徒歩6分

海岸通り沿いに立つ。明治時代には倉庫として使用されていた

plus
「尾道市立美術館」は展示のほかにも"名物"が。それは館内に侵入を試みる黒猫・ケンちゃんと、それを阻止する警備員さんとの攻防戦だ。その様子が、X(旧Twitter)に投稿されたことで一躍有名に。

MAP 別冊P.32-B2

▶ 工房尾道帆布

住 尾道市土堂2-1-16　TEL 0848-24-0807　営 10:00〜17:45
不定休　CC ADMV　P なし　交 JR「尾道駅」からおのみちバスで3分「渡場通り」下車、徒歩3分

商品が並ぶ店内の奥には工房があり、帆布製品が作られている

MAP 別冊P.32-B2

▶ ONOMICHI DENIM SHOP

住 尾道市久保1-2-23　TEL 0848-37-0398　営 11:00〜18:00
火・水　CC ADJMV　P なし　交 JR「尾道駅」からおのみちバスで3分「長江口ロープウェイのりば」下車、徒歩4分

デニムに付いているタグに職業名が記載されている

MAP 別冊P.32-A3

▶ HOTEL BEACON ONOMICHI

住 尾道市東御所町1-1（JR尾道駅2階）　TEL 0570-040-033　営 施設により異なる　休 なし　料 施設により異なる　P なし　交 JR「尾道駅」直結

ワーケーションラウンジは60分440円〜。個別ブースも

毎日使っても飽きないタフな"相棒"を見つけて

工房尾道帆布
こうぼうおのみちはんぷ

尾道の伝統素材である「帆布」を使い、バッグや帽子、小物を製作・販売する。この帆布は、かつて船の帆に使われていたほど丈夫な綿織物だ。シンプルで飽きのこないデザインと、丈夫でたっぷり荷物が入る機能性が高いかばんは評判。

ショルダートート1万6500円、年月がたつと少しずつ味わいが出てくる

物語が感じられるリアルユーズドデニム

ONOMICHI DENIM SHOP
おのみちでにむしょっぷ

備後地区で作られたデニムを1年間、尾道で働く人たちに実際に履き込んでもらいリアルなユーズドデニムを作る「尾道デニムプロジェクト」の直営店。漁師、大工、農家、住職など、20代から70代までの幅広い人が履き込んだデニムは実に表情豊かだ。

奥に広い店内にずらりとデニムが並ぶ、デニムの端材を使って作った靴下も

アクセスのよさと利便性抜群の新設ホテル

HOTEL BEACON ONOMICHI
ほてる びーこん おのみち

尾道駅の2階にあるホテル。宿泊者以外も利用可能なレストラン、ワーケーションラウンジ、貸切風呂を有し、使い勝手のよさ抜群の施設。時間制で借りられる風呂（宿泊者は60分2500円、日帰りは60分3500円）は、サイクリストにうれしいサービスだ。

ロードバイク専用ラックやプロジェクターやスクリーンを完備したコンセプトルームがある

Plus

北前船の寄港地・尾道は、「帆布」の生産が盛んだった。戦後一度衰退したが、帆布のポーチやバッグを手がけた「工房尾道帆布」の取り組みが、再び尾道帆布に火をつけた。丈夫でナチュラルな風合いが人気の秘密。

"尾道のおやつ"といえば……このプリン!

おやつとやまねこ

牛乳瓶に赤いイラストと、ぶら下がった魚の容器が特徴の「尾道プリン」。滑らかな食感のプリンは、まずはそのまま、途中から別添えのレモンシロップを加えて、味変を楽しむのがおすすめだ。地元の人はもちろん観光客からも人気で、休日になると長蛇の列ができる。

プリン1個450円。プレーンのほかに季節限定のフレーバーも登場する

MAP 別冊P.32-A3
▶ おやつとやまねこ
住 尾道市東御所町3-1 TEL 0848-23-5082 営 11:00～18:00 休 月(祝日の場合翌日) CC 不可 P なし 交 JR「尾道駅」から徒歩2分

オレンジと黄色のストライプの日よけを目印に訪れて

世界でひとつの招き猫を手作りしよう

おのみち小物招き猫工房

宝土寺観音堂にある、オリジナルの招き猫が手作りできる工房。真っ白な招き猫の張り子に自由に絵付けして、世界にひとつだけの招き猫を作ることができる。開運招福・商売繁盛・家内安全などの縁起物として、贈り物にもぴったり! 工房から見える尾道の町並みは絶景。

絵付け体験は1～2時間ほど、開始時間については要問い合わせ

MAP 別冊P.32-B2
▶ おのみち小物招き猫工房
住 尾道市東土堂町10-3(宝土寺観音堂内) TEL 080-2917-7119 営 10:00～15:30、土・日・祝9:30～17:00 休 水・木 料 絵付け体験3300円 P なし 交 JR「尾道駅」から徒歩11分

ビッグサイズの招き猫が迎えてくれる

海軍倉庫をリノベしたモダンな複合施設

ONOMICHI U2

サイクリストにフレンドリーなホテル、レストラン&バー、カフェ&ベーカリー、ライフスタイルショップ、サイクルショップなどを有する複合施設。瀬戸内の旬食材を使った料理を味わったり、瀬戸内生まれの良品を手に入れたいなら、こちらを目指して。(→P.387)

「HOTEL CYCLE」は自転車のままチェックインすることが可能

MAP 別冊P.32-A3
▶ ONOMICHI U2
住 尾道市西御所町5-11 TEL 0848-21-0550 営 施設により異なる 休 なし CC ADJMV P あり 交 JR「尾道駅」から徒歩5分

海軍倉庫を改装。海沿いのデッキでのんびり

plus 港が近く、坂道や細い路地が多い尾道は猫にとっても住み心地がよいらしく悠々自適な猫の姿を町のあちこちで目にできる"猫の町"。園山春二氏が手がけた「福石猫」が置かれる「猫の細道」と呼ばれる路地も。

ノスタルジックな港町
尾道で楽しみたいグルメ

瀬戸内海で取れた魚介が味わえるお店やレトロな建物をリノベーションしたカフェなど町歩きとあわせて楽しみたいグルメを紹介。

尾道市三軒家町

心あたたまる朝食が自慢
昭和レトロカフェ

きっちゃうい
きっちゃ初

　三軒家町路地裏の空家再生施設「三軒家アパートメント」にあるカフェ。看板メニューの朝ご飯は、揚げたてがんもどきを主役にした品と、季節で変わるメニューの2種類を用意。夏は冷や汁、冬はおでんなど、シーズンごとのおかずも登場する。なかでもファンに人気なのが、月に1度、不定期で提供される夜ご飯だ。日時はインスタグラム（@kiccha_ui）をチェックしよう。

MAP 別冊P.32-A3

🏠尾道市三軒家町3-26 ☎なし ⏰7:30〜14:00(L.O.13:30) 休火・水、不定休 💳不可 🅿なし 🚉JR「尾道駅」から徒歩3分

揚げたてがんもの朝ごはん
750円

メインのがんもどきは枝豆、昆布、大葉などが入る。副菜と汁物、ご飯付き

野菜は無農薬栽培のものを中心に使っています

店主の土井美樹さん

ビンテージソファやレトロな雑貨がズラリ

2019（令和元）年オープン。同施設には古着やギャラリーなども入る

ほうじ茶ラテと抹茶ラテ
500円

静岡県「小澤製茶」のお茶パウダーを使用

コーヒーやチャイも提供

かわいい手書き看板が目印

店内には店主のお気に入り雑貨も並ぶ

Plus ℹ カフェ「きっちゃ初」も入る「三軒家アパートメント」には、古本屋、マッサージサロン、観葉植物の店やレコード店……と多様なショップが。箱庭的都市・尾道を象徴するかのような宝箱みたいな空間だ。

尾道市 尾道で楽しみたいグルメ

尾道市久保

ランチ＆カフェ利用OK！ 町散策の休息所

つつゆ おのみち かふぇ
Tutuyu ONOMICHI CAFE

明治時代に建てられた築100年の古民家をカジュアルに改装。ランチは平日限定のランチ（950円〜）と、週末しか食べられないワンプレートランチ（1350円）を用意。自家製デザートやドリンクもあり。

MAP 別冊P.33-C2
🏠尾道市久保2-14-6 URL tutuyuonomichicafe.com
☎11:30〜16:00、土・日・祝11:00〜17:00 ※テイクアウトは15:00〜 休木・金 CC ADJMV P なし 交JR「尾道駅」から徒歩18分

チキンハニーマスタードプレート
1350円

付け合わせは日によって異なる

レトロな町並みで注目されている新開エリア

2020（令和2）年に田中夫婦がオープン

チーズフォームを使ったバスクチーズケーキ（550円）。チーズの味は控えめで、まろやかで優しい味

散策のお供にぴったりなびんごクリームソーダ（680円〜）。期間限定。フレーバーは月替わりで登場

尾道市新浜

タコ漁師直営店
ぷりぷりなタコをいただこう

いちまるきっちん
一丸キッチン

タコ漁師が営む名店。尾道沖で朝締めした新鮮なタコを刺身（1200円）や天ぷら（950円）、1本炙り（1800円）など、さまざまな調理方法で楽しめる。ボリューム満点の洋食メニューもスタンバイ。

一丸定食
1500円
天ぷらや酢の物、タコぷつなどのタコ料理が一堂に会する

❶ふたりがけが4卓、4人がけが2卓 ❷タコのイラストをあしらった暖簾が目印

MAP 別冊P.11-C2
🏠尾道市新浜1-13-32 TEL 0848-51-6336 ☎水〜日11:30〜14:00、金・土11:30〜14:00、18:00〜21:00※売り切れ次第終了 休月・火 CC不可 P あり 交JR「尾道駅」から徒歩20分

タコが苦手な方は洋食メニューを。デラックス定食（1500円）は大人のお子様ランチをイメージ

「ランチは数量限定なのでお早めに」と7代目のタコ漁師・山本さん

MAP 別冊P.32-A3

▶しまなみ交流館

住 尾道市東御所町10-1　**TEL** 0848-25-4073　営9:00〜22:00 ※受付は〜17:00　休 火（祝日の場合は翌平日）料 施設により異なる　P あり　交 JR「尾道駅」から徒歩1分

開催されるコンサート情報は公式サイトにて

MAP 別冊P.32-A3

▶尾道WHARF

住 尾道市東御所町9-1　**TEL** 0848-38-2200　営11:30〜15:00(L.O.14:30)、17:30〜22:00(L.O. 21:00)、土・日・祝11:30〜15:00、17:00〜22:00　休 水　**CC** ADJMV　P なし　交 JR「尾道駅」から徒歩3分

アメリカ西海岸を思わせる、おしゃれな店内

MAP 別冊P.11-C2

▶尾道平原温泉 ぽっぽの湯

住 尾道市平原2-1-33　**TEL** 0848-22-4126　営10:00〜22:00(最終受付21:30)　休 不定休　料860円(4歳〜小学生430円、3歳以下無料)　P あり　交 尾道ICから車で17分

つぼ湯。ほかにも女性専用で漢方薬草サウナなどもある

しまなみ海道とともに開館した複合施設

しまなみ交流館
しまなみこうりゅうかん

　しまなみ海道の開通に合わせて開館した、多目的ホールを中心とする複合施設。690人を収容するホールをはじめ、1階のロビーにはしまなみ海道の観光情報が集まるブースもある。瀬戸内一帯の町の交流を図るために、さまざまなイベントで活用されている。

対岸の向島から見た様子。「テアトロシェルネ」の愛称ももつ

1年中食せる"今が旬"のカキを片手に乾杯

尾道WHARF
おのみちわーふ

　カキの加工・販売を行う「クニヒロ」直営のダイニングバー。ここでは、1年中いつでも新鮮なカキを使った料理を味わうことができる。また、旬の野菜や魚を使った料理も魅力のひとつ。このほか、肉料理や農園から直送される野菜を使ったサラダなども人気だ。

専用注文シートを使ってカキは1個から注文可能。産地ごとに違う味を感じて

バラエティに富んだ風呂でくつろいで

尾道平原温泉 ぽっぽの湯
おのみちひらはらおんせん ぽっぽのゆ

　尾道市平原の丘の上にある木造建築の温浴施設。開放感ある露天風呂をはじめ、「つぼ風呂」「しるく風呂」など多彩な風呂を用意する。食事処、リラクセーションルーム、約2000冊のマンガを揃える休憩所などもあるので、旅の疲れをのんびり癒やしたい。

山々の季節の移ろいが楽しめる露天風呂、泉質は単純弱放射能冷鉱泉

---

 plus

2023(令和5)年7月から、広島空港と尾道・向島間の移動に便利な予約制乗合タクシー「でベライナー」が運行中。乗り換えの心配がいらないと人気だ。料金は片道4000円。乗車日の3時間前までの予約が必要。

尾道・三原・福山を一望できる眺望スポット
鳴滝山
なるたきやま

尾道市と三原市の境に位置する。展望台からは、尾道市内や向島、因島、生口島、因島大橋などを正面に眺められる。山頂近くにある八注池までは車道が整備されている。

山肌にうっすらと雪化粧をした鳴滝山。標高は402mある

MAP 別冊P.11-C2

▶鳴滝山

住尾道市吉和町 TEL0848-38-9184（尾道市観光課） 営自由 休なし 料無料 Pあり 交尾道ICから車で30分

公園内にある展望台からの眺め

各競技の大会が行われるスポーツ施設
こざかなくんスポーツパークびんご（県立びんご運動公園）
こざかなくんすぽーつぱーくびんご（けんりつびんごうんどうこうえん）

アリーナをはじめ、陸上競技場、テニスコート、屋内プールを完備するスポーツ施設。各競技の発信の場となっている。敷地内には、見晴らしのいいオートキャンプ場も併設。

広大な敷地内には、アスレチック遊具が複数ある公園もあり子供たちに人気

MAP 別冊P.11-C2

▶こざかなくんスポーツパークびんご（県立びんご運動公園）

住尾道市栗原町997 TEL0848-48-5446 営9:00～21:00 休なし 料施設により異なる Pあり 交尾道ICから車で5分

尾道ICから近い場所にあり、アクセス良好

買い物のあとは併設のそば処で食事を
道の駅クロスロードみつぎ
みちのえきくろすろーどみつぎ

尾道市御調町のランドマーク的存在。道の駅では珍しい公立の図書館を併設しており、絵本や児童書を中心に約5万冊の本を収蔵する。野菜市、物産売り場、そば処もある。

売り場には、特産品の尾道ラーメンや瀬戸内の加工品などが集まる

MAP 別冊P.11-C1

▶道の駅クロスロードみつぎ

住尾道市御調町大田33 TEL0848-76-3115 営9:00～18:00 レストラン11:00～15:00（L.O.14:30）、図書館～19:00 休なし※図書館は月（祝日の場合は翌平日） CC不可 Pあり 交尾道ICから車で13分

併設するそば処のラー油肉蕎麦1180円

日本彫刻界の巨匠・圓鍔勝三氏の美術館
圓鍔勝三彫刻美術館
えんつばかつぞうちょうこくびじゅつかん

尾道市御調町出身の彫刻家・圓鍔勝三氏の功績をたたえるとともに、文化・芸術の発信基地となる施設。2300点以上もの作品・資料を収蔵し、年に4回作品の展示替えを行う。

彫刻家・圓鍔勝三氏の初期の作品から晩年にいたるまでの作品を収蔵する

MAP 別冊P.11-C1

▶圓鍔勝三彫刻美術館

住尾道市御調町高尾220 TEL0848-76-2888 営9:00～17:00（最終入館16:30） 休月（祝日の場合は翌日） 料420円（高校生310円、中学生以下無料） Pあり 交尾道北ICから車で15分

圓鍔勝三『北きつね物語より』

plus
尾道を訪れる観光客があまり足を運ばないとされる尾道市街地の東側エリアを、オランダの16人乗り自転車「ICHIROKU ONOMICHI」で巡るツアーが人気。

三原・尾道

尾道市 ★ おもな見どころ

古刹を歩いて回って満願成就
尾道七佛巡り♪

専用アイテムをお忘れなく！

古くから貿易の中継地として発展した港町・尾道にはさまざまな宗派の寺院が100を超えるほどに集まる。この地にゆかりの深い7つの寺を回って諸願成就を祈願しよう！

寺ごとのパワーストーン（1個500円）を集めて、プレス念珠作りセット（300円）で念珠を完成させるのも

専用朱印色紙（500円）は各寺院で購入できる。御朱印料はひとつの寺につき300円

浄土宗西山禅林寺派
創建 承和年間（834〜848年）

長寿延命にまつわる石門&国宝で有名

祈願 延命

持光寺 （じこうじ）

鳥羽法皇の命で、御子・近衛天皇のご息災を願い作られた国宝「絹本著色 普賢延命像」を所蔵することが延命祈願の御利益の由来。36枚の花崗岩からなる延命門はくぐると寿命増長するといわれる。左手で粘土を握って作る「にぎり仏」体験も人気。

MAP 別冊P.32-A2

住 尾道市西土堂町9-2 TEL 0848-23-2411 営 9:00〜拝観16:30、納経17:00 休 なし 料 内拝300円 P なし 交 JR「尾道駅」から徒歩5分

❶七佛巡りのうち、尾道駅からいちばん近い ❷延命門の花崗岩は裏山の日輪山から切り出された ❸「にぎり仏体験」（1500円）

徒歩20分

曹洞宗
創建 1367（貞治6）年

尾道らしい景観を楽しむ病気平癒の寺

祈願 平癒 病気

天寧寺 （てんねいじ）

本堂に祀られている賓頭盧像は「さすり仏さん」と呼ばれ、自分が患っている場所と同じ場所を撫でると治ると言い伝わる。尾道のシンボル的存在でもある重要文化財・三重塔やお堂にずらっと526体が並ぶさまが圧巻の五百羅漢も必見だ。

MAP 別冊P.32-B2

住 尾道市東土堂町17-29 TEL 0848-22-2078 営 9:00〜拝観16:30、納経17:00 休 なし 料 無料 P なし 交 JR「尾道駅」から徒歩15分

❶三重塔は別名「海雲塔」と呼ばれ、背景に海と空が見える ❷表情豊かな五百羅漢 ❸地元の人に「さすり仏さん」と慕われる

真言宗
創建 806（大同元）年

尾道を代表する開運祈願の名所

祈願 厄除 開運

千光寺 （せんこうじ）

尾道港を一望する大宝山の中腹にある代表的な観光スポット。縁結び・交通安全・病気平癒・家内安全などさまざまな御利益を求め多くの人が訪れる。鐘楼「驚音楼」や、たたくと「ポンポン」と音がする「鼓岩」など見どころ満載。

MAP 別冊P.32-B2

住 尾道市東土堂町15-1 TEL 0848-23-2310 営 9:00〜拝観・納経17:00 休 なし 料 無料 P あり 交 JR「尾道駅」からおのみちバスで3分「長江口」下車、千光寺山ロープウェイ乗車「山頂駅」下車、徒歩5分

徒歩1分＋ロープウェイ片道3分＋徒歩5分

❶断崖絶壁に建つ舞台造りの本堂 ❷本堂裏の「くさり山」。鎖を使って頂上に登ると石鎚蔵王権現の祠が ❸眼下に広がる町並み

徒歩15分

---

plus 尾道七佛巡りでは、7つの寺を巡って7色の宝印紙（1ヵ寺500円）を集めると特製尾道帆布の御朱印帳をもらえる。このほか正月限定の特別企画もあり。

真言宗泉涌寺派大本山

創建 616（推古24）年

国宝や国重文に触れつつ必勝祈願を

浄土寺（じょうどじ）

聖徳太子の創建と伝えられ、足利尊氏が戦勝祈願をした寺。国宝の本堂、多宝塔、重要文化財の山門、阿弥陀堂など貴重な建造物が多数。横綱・陣幕久五郎が奉納した「願かけ石」は願いごとをして回すと成就するという。

❶鎌倉時代末期建立の多宝塔。壁面に真言八祖像が描かれている　❷案内人が解説をする特別拝観（800円）も　❸本堂前にある「願かけ石」

MAP 別冊P.33-C2
住尾道市東久保町20-28　TEL0848-37-2361　営9:00〜拝観16:00、納経17:00　休なし　料内拝600円※本堂の参拝は無料　Pあり　交JR「尾道駅」からおのみちバスで10分「浄土寺下」下車、徒歩5分

祈願 上達・技芸

創建 1245（寛元3）年

人形浄瑠璃の始祖にあやかり芸事を磨く

海龍寺（かいりゅうじ）

人形浄瑠璃の創始者・植村文楽軒の墓があり、手・指を使う文楽軒にちなみ「お経塚」を撫でながら念じると技芸上達すると伝わる。本尊の千手観世音菩薩の手につながる5色のひもを持って祈ると願いがかなうとも。

❶技芸上達のお守りの授与も　❷右端の「お経塚」を両手で上部分を奥から手前に引き寄せるように撫でよう　❸千手観音菩薩は正月の開帳時のみ

MAP 別冊P.33-C2
住尾道市東久保町22-8　TEL0848-37-6251　営9:00〜拝観16:30、納経17:00　休なし　料無料　Pあり　交JR「尾道駅」からおのみちバスで6分「浄土寺下」下車、徒歩5分

徒歩1分

徒歩15分

真言宗

創建 天平年間中（729〜749年）

祈願 健脚

多数の重要文化財を見られる健脚の寺

西國寺（さいこくじ）

大小のわら草履がところ狭しと奉納された仁王門がシンボル。仁王様のたくましい脚にあやかろうと、健脚祈願で、スポーツ選手や足腰の悪い人が数多く参拝することでも有名。三重塔や金堂などの国の重要文化財や、子授け祈願の「子もらい地蔵」などがある。

MAP 別冊P.32-B1
住尾道市西久保町29-27　TEL0848-37-0321　営9:00〜拝観16:30、納経17:00　休なし　料内拝300円　Pあり　交JR「尾道駅」からおのみちバスで3分「西國寺下」下車、徒歩5分

祈願 合格

❶御袖天満宮は境内から自由に行き来できる　❷お参り最終日に軽く持ち上げば願いがかなうと伝わる「日限地蔵尊」

真言宗

創建 平安時代前期、延久年間（1069〜1074年）中興

心願成就の地蔵尊と天満宮を合わせて参拝

大山寺（たいさんじ）

日を限ってお参りし、祈願すると願いがかなうか教えてくれる「日限地蔵尊」（別名：重軽地蔵）が祀られる。また、菅原道真公が九州筑紫へ赴く道中で尾道に立ち寄ったことに由来して建立された「御袖天満宮」も隣接。

❸朝ドラ『てっぱん』に登場した梵鐘

MAP 別冊P.32-B2
住尾道市長江1-11-11　TEL0848-37-2426　営9:00〜拝観16:30、納経17:00　休なし　料無料　Pなし　交JR「尾道駅」からおのみちバスで3分「長江口」下車、徒歩6分

徒歩15分

❶「子もらい地蔵」は金堂右奥に　❷日没から22時までライトアップされる　❸巨大な草履がインパクト抜群の仁王門

plus「大山寺」の重軽地蔵は、日を限って参拝し最後の日に手にした重さで願いがかなうかがわかるという。観光客はその日だけのお参りでOK。隣には天満宮もあるため、御利益を求めて参拝する受験生も多い。

美しい島々と橋の造形美が織りなす絶景エリア

しまなみ海道
かいどう

1999（平成11）年に開通した西瀬戸自動車道

三原市
竹原市
向島
因島
生口島
大島
上島町
呉市
愛媛県

人口
向島 ▶ 2万1291人
因島 ▶ 1万9781人
生口島 ▶ 8779人

🚌 **エリア利用バス停**

▼向島農協前バス停
おのみちバス

▼瀬戸田港バス停
おのみちバス

しまなみライナー、フラワーライナーなど高速バスは停車するバス停が限られるので事前確認を。路線バスは各所で停車するが、運行本数・時間に注意。

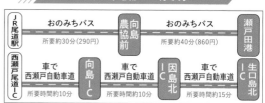

エリア中心部への行き方

JR尾道駅	おのみちバス 所要約30分（290円）	向島農協前	おのみちバス 所要約40分（860円）	瀬戸田港
西瀬戸尾道IC	車で西瀬戸自動車道 所要時間約10分	向島IC	車で西瀬戸自動車道 所要時間約10分	因島北IC

（因島北IC）車で西瀬戸自動車道 所要時間約15分 → 生口島北IC

　広島県尾道市と愛媛県今治市を結ぶ全長約70kmの「瀬戸内しまなみ海道」。正式な名称は「西瀬戸自動車道」で、西瀬戸尾道ICを起点とし、今治ICを終点とする。自転車歩行者専用道路が設けられており、自転車または徒歩で渡ることが可能。国内外からサイクリストが訪れる、サイクリストの聖地だ。尾道大橋で向島が、因島大橋で因島が、生口橋で生口島が、多々羅大橋で大三島が、大三島橋で伯方島が、伯方・大島大橋で大島が、来島海峡大橋で愛媛県今治市へとつながる。この島々は、芸予諸島と呼ばれる島の一部で、向島・因島・生口島までが広島県である。尾道を起点に航路がつながっているので、フェリーでのアクセスも可能。潮風を感じながら、しばしの船旅を楽しむのもおすすめだ。

244

クチコミ 向島にある創業100年の「住田製パン所」のパンは昔懐かしい味です。夕方5時過ぎるとパン1個65円に！　近くの「後藤鉱泉所」のラムネも一緒にレトロ旅を♪（尾道市在住・噂ワンダラー）

歩き方

しまなみ海道の広島側から1番目の島・向島

尾道の南対岸に位置する。1930（昭和5）年創業の「後藤飲料水工業所（後藤鉱泉所）」、チョコレート専門店「USHIO CHOCOLATL」など、立ち寄りたいスポットがたくさん。海景色が美しい立花海岸周辺には、レストランやカフェが密集する。

高見山展望台から見た朝日。展望台からは、四国山脈まで見渡せる

村上水軍のかつての本拠地・因島

室町から戦国時代に制海権を握り瀬戸内海を支配した日本最大の海賊・村上海賊の本拠地。東ちづる氏、ポルノグラフィティ岡野昭仁氏・新藤晴一氏の故郷としても有名。「はっさく大福」（→P.251）でおなじみのハッサクは因島発祥。

1983（昭和58）年に築城された因島水軍城には村上水軍に関する資料を展示

レモンとアートで彩られた島・生口島

国産レモン生産量1位の"レモンの島"。また、現代彫刻家による全17作品が島中に設置される"アートの島"として「島ごと美術館」の取り組みを行う。日本画の重鎮・平山郁夫氏の生誕の地であり、「平山郁夫美術館」（→P.249）がある。

サンセットビーチにある、川上喜三郎の作品「ベルベデールせとだ」

おさんぽプラン

① 向島洋らんセンター（▶P.246）
　↓ 車17分
② 因島水軍城（▶P.247）
　↓ 車10分
③ HAKKOパーク（▶P.247）
　↓ 車20分
④ 耕三寺博物館（▶P.248）
　↓ 徒歩8分
⑤ SOIL Setoda（▶P.248）

寄り道スポット　海賊むすびで小腹を満たして

村上海賊が食べたであろううおむすびをイメージし、特産品を盛り込んだ「海賊むすび」。しまなみ海道のいろいろな店が独自のレシピで提供。この店では、タコのから揚げ・レモンポーク・しらすをのせた品を用意。食事やショップのほか、自転車の貸し出しも。

しまなみロマン
MAP 別冊P.34-A2
🏠 尾道市瀬戸田町瀬戸田214-1　📞 0845-27-0010　🕙 10:00～21:00（日～木の17:00～は要予約）　休 水～金　CC ADJMV　P なし　交「瀬戸田港」から徒歩すぐ

3個700円、具材はどれも周辺エリアの特産品だ

好きじゃけん広島県！　ご当地トピックス

しまなみ海道でサイクリングを満喫

瀬戸内しまなみ海道にあるサイクリングロードは、日本で初めて海峡を横断できる自転車道として誕生。今では名の知れたサイクリストの聖地だ。尾道市から今治市までしまなみ海道の沿線には、10ヵ所のレンタサイクルターミナルがある。各地区のレンタサイクルターミナルで乗り捨ても自由。尾道～向島までは約18km、生口島～大三島までは約9kmなど、初心者向きのコースもあるので、ぜひ挑戦を。（→P.108）

瀬戸内海とそこに浮かぶ島々が織りなす絶景を眺めながら、自転車で滑走しよう

Q 尾道市に合併する前の旧因島市の「市の花」であり、因島でかつて蚊取り線香の原料として盛んに栽培されていた、地中海原産のこの花の名前は？

おもな見どころ

MAP 別冊P.35-C1
▶ 向島洋らんセンター
住 尾道市向島町3090-1 TEL
0848-44-8808 営 9:00〜17:00
休 火 料 無料 P あり 交 向
島ICから車で7分

胡蝶蘭を中心に洋らんの生産と販売が行われる

多種多様な洋ランを即売
向島洋らんセンター
むかいしまようらんせんたー

　国立公園高見山の麓に広々と広がるセンター内では、向島の温暖な気候を利用して栽培したさまざまな品種の洋ランが即売されている。自宅観賞用にはもちろん、贈り物にもぴったり。また、2000㎡もの芝生が敷かれた憩いの場もあり、子供も大人も気軽に外遊びができる。

広々とした芝生の広場はくつろぎの場所。野外イベントが行われることもある

MAP 別冊P.34-B1
▶ 岩子島　嚴島神社
住 尾道市向島町岩子島1944
営 自由 休 なし 料 無料 P
あり 交 向島ICから車で5分

夜空に堂々とそびえ立つ大鳥居。幻想的な雰囲気を醸し出している

満潮時の海上に立つ鳥居の姿に心を奪われる
岩子島　嚴島神社
いわしじま　いつくしまじんじゃ

　岩子島海水浴場にある神社。境内の西側の海辺には大鳥居があり、大潮の満潮時には海上に立つ鳥居が見る者を魅了する。映画『男たちの大和／YAMATO』や『探偵ミタライの事件簿　星籠の海』などにも登場。鳥居越しの夕焼けは美しく、時がたつのを忘れそう。

波打ち際に立つ赤い大鳥居。境内一帯は砂浜になっており海遊びができる

MAP 別冊P.34-B2
▶ 白滝山・五百羅漢
住 尾道市因島重井町 TEL 0845-
26-6212(尾道市因島総合支所
しまおこし課) 営 自由 休 なし
料 無料 P あり 交 因島北ICか
ら車で10分

因島で栽培が盛んだった除虫菊。「にほんの里100選」に選ばれる

山頂に鎮座する約700体の石仏
白滝山・五百羅漢
しらたきさん・ごひゃくらかん

　1569(永禄12)年、因島村上水軍6代当主・村上吉充が観音堂を建立したと伝えられる標高227mの岩山。五百羅漢の石仏は、1827(文政10)年に柏原伝六とその弟子たちによって作られた。白滝山の山頂には、さまざまな姿態と表情の大小約700体の石仏がところ狭しと並ぶ。

因島随一のロケーションを誇る。瀬戸内海に浮かぶ島々と因島大橋が眺められる

除虫菊。菊科の多年草。その昔、因島では殺虫剤の原料として除虫菊が多く生産され、開花期には島が白い花で包まれたという。化学薬品の普及で栽培面積は減り、現在は島内5ヵ所で観賞用に栽培。4月末〜5月上旬が開花時期。

村上海賊の貴重な資料を展示

因島水軍城
いんのしますいぐんじょう

日本遺産に認定された「村上海賊」の資料を展示する、日本で唯一の水軍城。城の麓の「金蓮寺」には、村上海賊代々の墓（五重塔）があり、歴史の重みを感じさせる。

金蓮寺境内から見た水軍城の様子。歴史を感じながら城への道をたどって

MAP 別冊P.34-B2
▶ 因島水軍城
住 尾道市因島中庄町3228-2 TEL 0845-24-0936 営 9:30～17:00（最終入館は16:30） 休 木（祝日の場合は営業） 料 330円（小・中学生160円） P あり 交 因島北ICから車で5分

作戦会議の様子をろう人形で再現した展示

"発酵"がキーワードのテーマパーク

HAKKOパーク
はっこーぱーく

「万田発酵」が運営する、発酵について学べるテーマパーク。発酵食材を使った食事やドリンクを提供するカフェ、発酵にまつわるみやげ物を購入できるショップを併設する。

「万田酵素」について学べる「HAKKOパークガイドツアー」も実施

MAP 別冊P.34-B2
▶ HAKKOパーク
住 尾道市因島重井町5800-95 TEL 0120-85-1589 営 10:00～17:00 休 水（祝日の場合は営業） 料 無料 P あり 交 因島北ICから車で10分

植物用万田酵素で育てた植物が楽しめるガーデン

因島にあるのどかな植物公園

尾道市因島フラワーセンター
おのみちしいんのしまふらわーせんたー

四季折々の花が咲く花壇や芝生広場がある、無料開放の植物公園。園内には、因島で栽培が盛んであった除虫菊も咲く。家族や友人と訪れてのんびりくつろいで。

四季によって違う表情を見せる花壇。公園は白滝山の麓にある

MAP 別冊P.34-B2
▶ 尾道市因島フラワーセンター
住 尾道市因島重井町伊浜1182-1 TEL 0845-26-6212 営 9:00～17:00 休 火（祝日の場合営業） 料 無料 P あり 交 因島北ICから車で5分

白滝山へと続く登山道。頂上までは石像が並ぶ

サイクリストが旅の安全を願い参拝

大山神社
おおやまじんじゃ

因島最古の海を臨む高台に鎮座する古社。近年では、自転車の神様としても有名で、しまなみ海道を渡るサイクリストが多く訪れる。珍しい自転車のお守りを手に入れよう。

773（宝亀4）年創建と伝わる。境内にはサイクルラックも用意されている

MAP 別冊P.35-C3
▶ 大山神社
住 尾道市因島土生町1424-2 TEL 0845-23-6000 営 8:30～17:00 休 なし 料 無料 P あり 交 因島北ICから車で12分

境内にある「耳明神社」で開催される耳祭りの様子

plus

「自転車神社」として知られる「大山神社」の「のろのろ一本橋全国大会」。遅い者が勝ち！という大盛り上がりのイベント。2023（令和5）年の開催が第2回。今後の開催にも期待したい。

MAP 別冊P.34-A2

▶ 耕三寺博物館

住尾道市瀬戸田町瀬戸田553-2 TEL0845-27-0800 営9:00～17:00(最終入館は16:30) 休なし 料1400円(大学生・高校生1000円、中学生以下無料) Pなし 交生口島北ICから車で11分

未来心の丘。大理石で造られた「カフェ・クオーレ」もある

MAP 別冊P.34-A2～3

▶ SOIL Setoda

住尾道市瀬戸田町瀬戸田254-2 TEL0845-25-6511 営8:00～21:00 休施設により異なる 料無料 Pなし 交生口島北ICから車で13分

地元の漁師や農家から仕入れた食材を使った料理。弁当の購入も可

MAP 別冊P.34-A2～3

▶ yubune

住尾道市瀬戸田町瀬戸田269 TEL0845-23-7917 営日帰り入浴は水～月10:00～20:00、火17:00～20:00 休なし 料日帰り入浴900円(小・中学生450円、小学生未満270円)※土・日・祝は変動あり Pなし 交生口島北ICから車で13分

国産檜材をふんだんに使用した客室。ライブラリーやショップも併設

ミュージアムや大理石の庭園を有する寺院

こうさんじはくぶつかん
耕三寺博物館

実業家・耕三寺耕三氏が母の菩提寺として建立した浄土真宗本願寺派の寺院・耕三寺を博物館として公開している。また、重要文化財を含む館蔵品を、仏教美術・近代美術・茶道美術の各展示室に展示。大理石彫刻でできた庭園・未来心の丘は、人気のスポットとなっている。

日光東照宮陽明門を模した門。地獄の世界が垣間見える千佛洞など見どころ満載

瀬戸田の土地の魅力に触れて

そいるせとだ
SOIL Setoda

瀬戸田港から徒歩1分の場所に位置し、客室・レストラン・ショップなどを備える複合施設。レストランでは地元食材を使った食事が味わえ、ショップでは、瀬戸内生まれの良品が見つかる。2024(令和6)年の春には、1階に飲食店、2階に客室を有する新棟も誕生。

1階はレストラン、2階は客室。隣は築140年の蔵を改装した焙煎所

生口島唯一の日帰り可能な銭湯

ゆぶね
yubune

瀬戸田町の「しおまち商店街」に立つ、宿泊型銭湯。日帰り入浴をすることも可能で、島の情景が描かれた壁画は見もの。昼の情景が描かれた湯「hinagi」、月夜の情景を描いた湯「tsukinagi」があり、日替わりで入れ替わる。島散策やサイクリングの合間に立ち寄りたい。

昼の情景を描いた「hinagi」。半屋外の中庭にはサウナもある

尾道市因島中庄町にある「金蓮寺(こんれんじ)」は、村上水軍の菩提寺。境内には村上家や家臣たちの石塔が並ぶ。「因島水軍城」と一緒に訪れたい場所だ。

日本画家・平山郁夫氏の貴重な作品を展示

平山郁夫美術館
（ひらやまいくおびじゅつかん）

1997（平成9）年、日本画家・平山郁夫氏の故郷である生口島に開館。幼少期からの貴重な資料のほか、シルクロードや仏教の大作などを企画展に合わせて展示する。

幼少期の作品や、故郷である瀬戸田を描いた作品は貴重

MAP 別冊P.34-A2

▶ 平山郁夫美術館
住 尾道市瀬戸田町沢200-2　TEL 0845-27-3800　営 9:00～17:00（最終入館は16:30）　休 なし　料 1000円（大学生・高校生500円、小・中学生300円）　P あり　交 生口島北ICから車で12分

地元産柑橘で作ったジュースが自慢の喫茶も

瀬戸内海の夕日を満喫

瀬戸田サンセットビーチ（しまなみレモンビーチ）
（せとださんせっとびーち（しまなみれもんびーち））

長さ800mの白い砂浜が広がる。生口島に設置される17作品のアートのうち、5作品がビーチに設置される。「サンセットビーチ」の名のとおり、夕景が美しいことで評判。

ビーチにはレンタサイクルターミナルも設置。レストランで休憩するのもよい

MAP 別冊P.34-A3

▶ 瀬戸田サンセットビーチ（しまなみレモンビーチ）
住 尾道市瀬戸田町垂水1506-15　TEL 0845-27-1100　営 8:30～17:00　休 なし　料 無料　P あり　交 生口島北ICから車で15分

海を茜色に染める夕日に心癒やされて

オーシャンビューの部屋でアウトドアステイ

シトラスパーク瀬戸田
（しらすぱーくせとだ）

瀬戸内の絶景が楽しめる園内には、1300本のレモンの木が育つ農園やドッグランが。全8棟、全室オーシャンビューのグランピング施設もあり、愛犬同伴可のヴィラも。

一面に瀬戸内海が広がる。過ごし方にあった客室を選んで

MAP 別冊P.34-A3

▶ シトラスパーク瀬戸田
住 尾道市瀬戸田町荻24985-1　TEL 0845-28-1111　営休料 施設により異なる　P あり　交 生口島北ICから車で15分

パノラマドームタイプの客室も

\ もっと知りたいじゃろ？ /
おかわり地元ネタ

地元グルメを片手に商店街を散策

瀬戸田港から耕三寺までを結ぶ「しおまち商店街」。約600mの道には、コロッケが人気の精肉店「岡哲商店」、ローストチキンの店「玉木商店」など、約53店舗のレトロな店が建ち並ぶ。近年、「Azumi Setoda」（→P.398）や「SOIL Setoda」（→P.248）などの誕生をきっかけに、新しい店も続々と誕生中。地元ならではを見つけるなら、必ず立ち寄るべき場所だ。ご当地グルメを片手に、散策を楽しみたい！

「住みたいまち、しおまち」を合言葉に商店街活性化が進む

岡哲商店のサクサクコロッケ（左）／玉木商店のローストチキン（右）

生口島と今治市・大三島の間の、瓢箪の形の無人島「瓢箪島」は、NHK『ひょっこり、ひょうたん島』のモデルになったとされる島のひとつ。島のくびれは生口島と大三島の神が島取りの綱引きをしてできたという伝説が。

しまなみを食べて楽しもう
柑橘スイーツ三昧

　広島県をはじめとする瀬戸内海エリアは、1年を通して晴れの日が多く、柑橘の栽培にとって適した場所。山の斜面を利用した柑橘栽培の歴史は古く、明治時代頃まで遡るといわれる。産地としては、国産レモンの生産量1位を誇る瀬戸田が有名だが、因島のハッサク、大三島のみかんなども有名。しまなみ海道エリアを散策していたら、見た目や味わいも異なる珍しい柑橘を見かけることも多い。また、それらの柑橘を使ったドリンクやスイーツも豊富だ。

生口島にある「レモン谷」

全長3m、高さ1.5mの「怪獣レモン」のオブジェ

MAP 別冊P.34-A3

住 尾道市瀬戸田町垂水　TEL 0845-27-0051　営 自由
休 なし　料 無料　P なし　交 生口島北ICから車で20分

多々羅大橋を背景にたわわに実るレモン
レモン谷
れもんだに

　瀬戸田町垂水地区の一帯を中心に起こったレモンブームから、1963（昭和38）年には生産量900トンを誇るレモンの産地になり、いつしかレモン谷と呼ばれるようになった。多々羅大橋を背に、たくさんのレモンが実る。

ジェラート
瀬戸田のレモン
400円
「レモンの島」発祥のジェラート店で推すべき一品

希少な柑橘品種も！
素材自慢のジェラート専門店
しまなみどるちぇほんてん
しまなみドルチェ本店

　地産地消をコンセプトに、素材・原料・製法にこだわるジェラート店。あまり市場に出回らない柑橘を使ったものも多く、珍しい味に出合える。柑橘を中心としたシャーベット、伯方の塩や尾道産イチジクを使ったアイスミルクもあり、どれにするか迷う！

MAP 別冊P.34-B2

住 尾道市瀬戸田町林20-8　TEL 0845-26-4046
営 10:00〜17:00　休 なし　CC ADJMV　P あり
交 生口島北ICから車で5分

ジェラート
瀬戸田の夏みかん
330円〜
さわやかな酸味と甘酸っぱいあと味がクセになる

ジェラート
瀬戸田のはれひめ
330円〜
酸味が少なく、オレンジのような弾ける香り

アイスなどら焼き
瀬戸田のデコみかん®
410円
不知火の果汁を惜しみなく使ったシャーベットとレモンあん

アイスなどら焼き
瀬戸田のレモン
410円
冷やしても軟らかい生地とさわやかなレモンがマッチ！

休日には多くのサイクリストも訪れる

plus

瀬戸田産レモンブランド「怪獣レモン」が話題。普通のレモンに比べると2〜3倍の大きさがあり、ゴツゴツした見た目が怪獣を思わせることから名づけられた。農薬を抑えているから皮ごと食べられ、9〜11度の高糖度。

酸味と甘味のバランスが最高！
はっさく屋
はっさくや

地元の人はもちろん、遠方の人への贈り物としても喜ばれる、はっさく大福。みかん餅と白あんに包まれたハッサクの果汁がじゅわっとあふれ、酸味と甘味のバランスが抜群！　製造、包装、発送まですべて手作業で行う。

はっさく大福
230 円
みかん餅と白あんに包まれたハッサクから果汁があふれる

はっさく甘夏大福
230 円
ハッサクと甘夏を包んだ、初夏のみの限定商品

因島大橋を望む店内ではイートインも可

MAP 別冊P.35-C2
住 尾道市因島大浜町246-1　TEL 0845-24-0715　営 8:30～売り切れ次第終了　休 月・火
CC ADJMV　P あり　交 因島北ICから車で7分

写真映えドリンクのほか
瀬戸田の柑橘をカフェグルメで
felice di tucca
ふぇりーちぇ でぃ つっか

「しおまち商店街」入口すぐの場所にあるカフェ。瀬戸田産の果実を使ったジュースやスムージーが豊富だ。果実をまるごと器にしたカジュッタジュースを目当てに訪れる人が多い。ほかにも、ムースやブリュレといった日替わりスイーツも。

カジュッタ
700 円
瀬戸田産ネーブルと不知火が味わえるのは2～4月のみ！

レモンはちみつ
シャーベット
500 円
瀬戸田産レモンを使用。テイクアウトもOK

商店街散策の起点に

MAP 別冊P.34-A2
住 尾道市瀬戸田町瀬戸田574-1　TEL 0845-25-6771
営 11:30～16:30(L.O.16:15)　休 水・木(祝日の場合営業)　CC ADJMV　P なし　交 生口島北ICから車で11分

ランチでもスイーツでも
レモンメニューを堪能
レモンカフェ 汐待亭
れもんかふぇ しおまちてい

古民家を改装し、地元の素材を使ったフードやドリンクを提供する。レモンバターチキンカレー、レモンパンケーキ、冬限定のスイーツ系レモン鍋など、レモンのメニューがずらり。自家製のレモンケーキはひと口サイズで食べ歩きにもぴったり。

レモンパンケーキ
850 円
甘酸っぱいレモンの輪切りが乗ったパンケーキ。奥は、耕三寺のもなかが乗った「未来心パフェ」(800円)

塩田業の庄屋の建物だった

MAP 別冊P.34-A2
住 尾道市瀬戸田町瀬戸田425　TEL 0845-25-6572　営 11:00～16:00
休 月(祝日の場合営業)　CC 不可　P なし　交 生口島北ICから車で11分

レモンの食べ過ぎで黄色くなったくまがいるらしい!?
その名も **ひろくま**

広島県に在住する普通のくまだったが、2023 (令和5) 年にひょんなことからHITひろしま観光大使に任命されたラッキーベア！　もし広島でひろくまに出会えたら大図鑑カードがもらえるらしい!? (→P.345)

plus
瀬戸内柑橘スイーツといえば県内のおみやげ売り場やスーパーで目にする「因島のはっさくゼリー」も。ゆる～いパッケージとは裏腹に実力派！　ハッサクの果汁がごろりと入って子供から大人まで虜に。シャーベットも人気。

福山・府中エリア

広島県の南東部に位置するエリア。幹川流路延長86kmの備後地方を代表する一級河川・芦田川が流れる。県の最東部、岡山県と接する福山市は、福山城を創建した水野勝成が奨励した綿花栽培を起点に、日本3大絣のひとつ備後絣をルーツとしたデニム製造が盛んだ。

内陸工業都市である府中市は、木工・繊維・金属・機械など"ものづくりの町"として知られ、なかでも府中家具は18世紀初頭からの歴史をもつ。

1 福山駅では城がお出迎え！100万本のばらが咲く町
福山市
▶ P.254　MAP 別冊P.11、36

福山の復興のシンボル

広島市に次いで県2番目の人口数、約46万人の中核都市。新幹線「のぞみ」が停車するため遠方からのビジネスマンや観光客もアクセスしやすい。福山駅のすぐ北側に福山城があり、新幹線のホームから城を間近に見ることができる。また、春と秋にはばらが咲き誇る「ばらのまち」としても知られる。

福山城（→P.256）の天守閣最上階から。すぐそばには福山駅が

鞆の浦らしい雑貨もゲット（→P.266）

明王院（→P.259）は国宝の本堂と五重塔を有する

2 表情豊かな自然と"ものづくり"が自慢
府中市
▶ P.268　MAP 別冊P.11、15、37

府中家具メーカー土井木工（→P.271）

府中市という地名は、約1300年前に備後国を治める国府がおかれたことに由来し、現在も当時の名残を随所に残す。山に囲まれた地形で近くに自然が多く、四季を感じられる体験が豊富だ。府中家具をはじめ、職人の手がける"ものづくり"が盛ん。

井伏鱒二ら数多くの著名人が訪れた府中市のシンボル、恋しき（→P.270）

府中町にある「日本一の石灯篭」

白壁やなまこ壁、格子戸など、江戸時代の表情を残す上下町の町並み

Access INFO

主要IC

▶山陽自動車道…福山東IC、福山SAスマートIC、福山西IC、三原久井IC

福山市へは福山東ICから国道182号を南下、国道2号に入り西へ。または福山SAスマートICから県道463号線、県道378号線を経由し国道2号を東へ。府中市街地へは三原久井ICから国道486号を北へ、または福山東ICから国道182号を北へ国道486号に入る。そこから上下町へは県道24号線を北上、国道432号に入り北へ。

このエリアで
しんさい
5

① 体験型コンテンツ満載の福山城博物館へ ▶ P.256
② 福山の魅力をたっぷり味わえるホテルが…… ▶ P.411
③ 潮待ちの港町・鞆の浦で癒やしの時間を ▶ P.264
④ 400年受け継がれる府中味噌の虜に ▶ P.273
⑤ 江戸幕府直轄の天領・上下の町並みを歩こう ▶ P.272

カリカリ食感が決め
手の備後府中焼き
(→P.70) は市外
にもファン多し

岡山県
高梁市

神石高原町

泊まれる町家 天領上下
(→P.404)

上下駅

備後矢野駅

井原市

備後三川駅

福塩線

② 府中市

河佐駅

世羅IC

中畑駅

世羅町

下川辺駅

府中駅

高木駅

鵜飼駅

新市駅

上戸手駅

戸手駅

駅家駅

万能倉駅

道上駅

湯田村駅

井原駅

御領駅

井原鉄道

磐台寺観音堂 (阿伏兎観音)
(→P.262) の「おっぱい絵馬」

喜納
泰納

神辺駅

福山東IC

横尾駅

福山SAスマートIC

尾道自動車道

尾道市

尾道IC

備後本庄駅

福山駅

東福山駅

笠岡市

大門駅

原久井IC

山陽自動車道

尾道JCT

福山西IC

松永駅

備後赤坂駅

福山市 ①

三原市

新尾道駅

東尾道駅

西瀬戸尾道IC

山陽新幹線

山陽本線

糸崎駅

須波駅

みろくの里 (→P.261)

瀬戸内しまなみ海道

因島北IC

因島

因島南IC

生口島

鞆の浦

鞆の浦の福禅寺対潮楼
(→P.264)

福山市
ふくやまし

水野勝成が築城した名城・福山城。
福山駅のホームから望める

三次市　世羅町　府中市　岡山県
尾道市　福山市
三原市

人口　福山市 ▶ 45万8192人

🚃 エリア利用駅

▼福山駅
JR山陽新幹線　JR福塩線
JR山陽本線

▼松永駅
JR山陽本線

▼神辺駅
JR福塩線　井原鉄道

▼新市駅
JR福塩線

観光の起点は福山駅、鞆の浦に
は福山駅からバスが便利

エリア中心部への行き方

| JR広島駅 | JR 山陽本線 所要約2時間(1980円)／JR 山陽新幹線 所要約25〜50分(料金は列車により異なる) | JR福山駅 |
| 広島空港 | リムジンバス 所要約1時間(1400円) | |

　瀬戸内海沿岸の中央、広島県東部に位置。穏やかな気候と豊かな自然に恵まれた人口約46万人の中核都市。福山駅の新幹線ホームのすぐそばにある福山城は、徳川家康の従弟である初代藩主・水野勝成が創建した江戸時代の名城だ。2022（令和4）年8月に築城400年を迎えるにあたり、全国唯一の北側鉄板張りなど福山城外観復元をはじめとした「令和の大普請」を完了させた。水野勝成が奨励した綿花栽培は、現在の特産品であるデニムへとつながっている。また、鞆の浦は、瀬戸内海を渡航する船が必ず立ち寄った「潮待ちの港」として知られ、室町幕府最後の将軍・足利義昭はこの地に「鞆幕府」をおいたといわれている。水面を輝かせる瀬戸内海、情緒あふれる町並みは万葉集にも詠まれた名勝だ。

福山城が立つ場所は、その昔は蝙蝠山（こうもりやま）と呼ばれており、「蝠」の漢字が「福」に似ていたことから「福山」と名がついた。市章はコウモリを山の字にデザインしたものだとか。

歩き方

🚶 100万本のばらに彩られる町

「戦災で荒廃した町に潤いを与え、人々の心に和らぎを取り戻そう」と戦後の復興を願い、1956年から公園にばらの苗木約1000本を植えたのが「ばらのまち」の始まり。以来、地域や企業なども

毎月5月にはばらをテーマにした「福山ばら祭」（→P.343）を開催している

一緒になりばらの植栽・手入れを行い、2016（平成28）年には「100万本のばらのまち」を達成した。2025年には「第20回世界バラ会議福山大会」が開催される。世界約40ヵ国が加盟する組織「世界バラ会連合」が3年に1度開催する大会だ。この大会に向けて「ばら公園」は約1年をかけてリニューアル、2024（令和6）年の春に完成した。

🚶 「潮待ちの港」の歴史を歩く

1859（安政6）年に建てられた灯台・常夜燈は、海中の亀腹型石積まで含めると10m以上。これは、現存する港の常夜燈では最大級の大きさだ。雁木、船番所跡、防波堤の大波止や船の整備を行った焚場の跡など、江戸期の港湾施設が当時の趣のまま残る。ほかにも「潮待ちの港」として繁栄を極めた頃の豪商の屋敷や小さな町家がひしめき、近世港町の

鞆の浦のシンボル・常夜燈そばから眺める瀬戸内海も絶景（→P.264）

伝統文化が息づいている。町歩きでどこに行くか迷った際には「鞆の浦しお待ちガイド」にお願いするのがおすすめだ。ベテランガイドたちが、地元の人ならではのスポットを案内してくれる。

おさんぽプラン 🏠🌲

① 福山城博物館（▶P.256）
↓ 　徒歩8分
② ふくやま草戸千軒ミュージアム（▶P.256）
↓ 　徒歩1分
③ ふくやま美術館（▶P.256）
↓ 　徒歩7分
④ iti SETOUCHI（▶P.257）
↓ 　徒歩25分
⑤ 明王院（▶P.259）

寄り道スポット

福山の郷土料理「うずみ」を

鞆の浦で取れた魚や地元農家から仕入れる野菜を使った季節料理を提供する。鞆の浦の名物である真鯛料理のほか、ご飯の下に豪華な食材を隠した福山の郷土料理であるうずみも自慢。「衣笠」では、醤油漬けにした鯛の切り身がたっぷり。

季節料理 衣笠
（きせつりょうり きぬがさ）

MAP 別冊P.37-C2

🏠 福山市鞆町鞆150-12 **TEL** 084-983-5330 **営** 11:30～14:00(L.O.13:30)、18:00～20:30(L.O.20:00) **休** 水(祝日の場合は翌平日)、月に一度火または木 **CC** 不可 **P** なし **交** JR「福山駅」から鞆鉄バスで34分「安国寺下」下車、徒歩3分

「鯛うずみ」（1200円）。途中からだしを足せばひつまぶし風に

🚶 好きじゃけん広島県！
ご当地トピックス

くわいがあれば酒がグイグイ進む

実から立派な芽が伸びる形から「食べると芽が出る」縁起のよい食べ物とされる「くわい」。全国一の生産量を誇る「福山のくわい」だが、もともと沼地に自生していたものを福山城の堀に植えたのが栽培の始まりといわれている。ほっこりとした食感とほろ苦さのなかに甘味が残るのが特徴。福山市の特産の食材を使ったおつまみ「福つまみ」にも選ばれる。さっと油で揚げたくわいのから揚げは、酒のアテにぴったりだ。

11月頃に旬を迎え、煮物やから揚げとしてよく食べられる

ひろしま

Q カナダ・ハミルトン市、韓国・浦項市、フィリピン・タクロバン市、アメリカ・マウイ島と友好都市提携を結ぶ福山市だが、2022（令和4）年にある世界的に有名な都市と友好都市提携をした。その都市の名前は？

255

福山城博物館

MAP 別冊P.36-B2
▶福山城博物館

住福山市丸之内1-8 TEL084-922-2117 営9:00〜17:00(最終入館16:30) 休月(祝日の場合は翌平日) 料500円(高校生以下無料) Pあり 交JR「福山駅」から徒歩8分

火縄銃や一番槍レースなど体験型コンテンツ

生まれ変わった天守閣で没入感のある体験を
福山城博物館
ふくやまじょうはくぶつかん

福山城の大規模改修にともないリニューアル。最新デジタル技術を用いたエンターテインメント性ある展示に生まれ変わった。落語家・春風亭昇太氏、声優・福山潤氏による演出も。

地階から4階までが展示室。最上階の5階からは福山市内を一望できる

MAP 別冊P.36-B2
▶ふくやま草戸千軒ミュージアム

住福山市西町2-4-1 TEL084-931-2513 営9:00〜17:00(最終入館16:30) 休月(祝日の場合は翌平日) 料290円(大学生210円、高校生以下無料) Pあり 交JR「福山駅」から徒歩5分

重要文化財「菅茶山の関係資料」を展示する

中世の港町「草戸千軒」を原寸大で再現
ふくやま草戸千軒ミュージアム
ふくやまくさどせんげんみゅーじあむ

中世の港町であった草戸千軒遺跡を中心とした歴史の資料、近世後期の漢詩人・教育者の「菅茶山の関係資料」、日本屈指の古地図資料を集めた「守屋壽コレクション」を展示。

草戸千軒の町並みを実物大で復元・再現した展示。遺跡から出土した資料も

MAP 別冊P.36-B2
▶ふくやま美術館

住福山市西町2-4-3 TEL084-932-2345 営9:30〜17:00 休月(祝日の場合は翌平日) 料310円(高校生以下無料) Pあり 交JR「福山駅」から徒歩5分

館内の喫茶室から、福山城天守閣を望める

多彩なコレクションを所蔵する公園型美術館
ふくやま美術館
ふくやまびじゅつかん

福山城の麓に立つ。イタリアを中心とした20世紀ヨーロッパの美術、瀬戸内圏にゆかりのある作家の作品、日本の近代・現代美術のほか、刀剣や茶道具なども所蔵する。

赤いアーチのモニュメントがシンボルマーク。制作は福山市出身の高橋秀氏

MAP 別冊P.36-B2
▶中央公園

住福山市霞町1-10 TEL084-928-1096(福山市役所公園緑地課) 営自由 休なし ※Enleeは火 料無料 Pあり 交JR「福山駅」から徒歩11分

持ち帰りの軽食やスイーツを公園で食べられる

Park-PFIを活用した市民が集う場所
中央公園
ちゅうおうこうえん

公募設置管理制度(Park-PFI)を活用し、ガーデンレストラン「Enlee」を設置するおしゃれな公園へと生まれ変わった。開放的なテラス席もあり、市民の集いの場として活用されている。

広場では定例イベント「NIWASAKI」やマルシェなどが開催される

ひろしま
A 『バットマン』に登場するアメリカの架空都市、ゴッサム・シティ。バットマンのマークと福山市章が瓜ふたつだったことを縁に、映画『THE BATMAN-ザ・バットマン-』公開PRとして実現した。

「屋根のある公園」に見立てた元百貨店
いちせとうち
iti SETOUCHI

福山駅前にあった元百貨店の1階部分のみをリニューアル。スーパーマーケット、飲食店、コワーキングスペース「tovio」といったテナントが入る。定期イベントも開催。

屋内にある公園をイメージし、テーブルや椅子を多数設置する

MAP 別冊P.36-B2

▶ iti SETOUCHI

住 福山市西町1-1-1 1F **TEL** 084-959-3481 営 休 料 店舗により異なる P あり 交 JR「福山駅」から徒歩7分

1日単位での利用も可能なコワーキングスペース

季節ごとに表情が変わる山の自然を体感
やまのきょうけんりつしぜんこうえん
山野峡県立自然公園

福山市の最北部に位置。龍頭峡と猿鳴峡、ふたつの峡谷からなる自然公園。中国山地のなだらかな山々に囲まれ、四季折々の景観が楽しめる。滝、キャンプ場もある。

紅葉の名所として知られ、もみじ橋から眺める紅葉は絶景

MAP 別冊P.15-D3

▶ 山野峡県立自然公園

住 福山市山野町山野 **TEL** 084-928-1043(福山市役所観光課) 営 自由 休 なし 料 無料 P あり 交 福山東ICから車で57分

水遊びや渓流釣りをする子供たちの姿も

全国に建立された国分寺のひとつ
びんごこくぶんじ
備後国分寺

奈良時代に聖武天皇の発願により建立された国分寺のひとつで、当時の古い瓦が保存され磁石も参道の両側に置かれている。現在の建物は、江戸時代に福山城主・水野勝種により再建。

樹齢300年以上もの松が並ぶ参道をぬけると仁王門が見えてくる

MAP 別冊P.11-D1

▶ 備後国分寺

住 福山市神辺町下御領1454 **TEL** 084-966-2384 営 自由 休 なし 料 無料 P あり 交 井原鉄道「御領駅」から徒歩10分

5月にはカキツバタ、梅雨には古代蓮が咲く

天気がよい日のウオーキングスポット
かすがいけこうえん
春日池公園

福山市の東部にあり、ウオーキングするのにピッタリな大きな公園。春日池を中心に、バラ園、ショウブ園などを有する。遊具もあり、休日は小さな子供連れの家族でにぎわう。

初夏に咲く花菖蒲やバラ、春には桜、秋には紅葉と自然が楽しめる

MAP 別冊P.11-D1

▶ 春日池公園

住 福山市春日町4 **TEL** 084-928-1095(福山市役所公園緑地課) 営 自由 休 なし 料 無料 P あり 交 JR「福山駅」から井笠バスで20分「春日池」下車、徒歩5分

彫刻家の杭谷一東氏による作品『太陽の滴』

Plus
Park-PFI(公募設置管理制度)とは2017(平成29)年に創設された制度で、自治体が管理する都市公園の飲食店・売店などの施設を民間事業者の公募で選定する。中国・四国地方では「福山市中央公園」が初。

MAP 別冊P.36-B2
▶ふくやま芸術文化ホール リーデンローズ
住 福山市松浜町2-1-10 TEL 084-928-1800 営 9:00~22:00 休 月(祝日の場合は翌平日) 料 イベントにより異なる P あり 交 JR「福山駅」から徒歩25分

ミニコンサートなどに使用できる小ホール

MAP 別冊P.36-B2
▶広島県民文化センターふくやま
住 福山市東桜町1-21 TEL 084-921-9200 営 イベントにより異なる 休 6月最終日曜 料 イベントにより異なる P あり 交 JR「福山駅」から徒歩5分

1階の文化情報コーナーでは、近隣の観光や文化情報を発信する

MAP 別冊P.36-B2
▶ばら公園
住 福山市花園町1-6 TEL 084-928-1095(福山市役所公園緑地課) 営 自由 料 なし 料 無料 P あり 交 JR「福山駅」から中心部循環バスで5分「ばら公園前」下車、徒歩1分

豊かな花の香りに包まれるばらのアーチ(写真はイメージ)

MAP 別冊P.36-B2
▶福山通運ローズアリーナ
住 福山市緑町2-2 TEL 084-927-9910 営 9:00~22:00 休 12/29~1/3 料 内容により異なる P あり 交 JR「福山駅」から徒歩29分

屋外に日本水泳連盟公認の飛び込みプールも

中国地方随一のコンサートホール
ふくやま芸術文化ホール リーデンローズ

中国地方最大級の音楽ホール。主目的は音楽だが、数多くのコンベンションも開催される。2003席の大ホール、312席の小ホールともに、音響のよさで高い評価を得る。

中世のヨーロッパ建築を彷彿させる建物、名だたるアーティストも訪れる

福山駅前で音楽、演劇、能楽を鑑賞するなら
広島県民文化センターふくやま

広島県と民間企業による建物で、全体を「エストパルク」と呼ぶ。ホールは、音楽、演劇、講演会、能楽など各仕様に変更が可能。音響特性が得られる優れた音響設備も備える。

鞆の浦の名物である鯛網漁を描いた緞帳

新しくなった福山市民の憩いの場
ばら公園

2025年5月に開催予定の「第20回世界バラ会議福山大会」に向けリニューアル。ガーデン、ばらのアーチなどを一新し、より周遊性の高い空間へと生まれ変わった。

「平和」「皇室」など、テーマに合わせたばらを集めたガーデン(写真はイメージ)

プールやアリーナとして活躍
福山通運ローズアリーナ

6~9月には水深調整装備を備えた屋内型プール、10~5月には床にパネルを敷いたアリーナへと変わる屋内競技場。各種目の大型大会の会場など、幅広く使用される。

水深0mから2mに変わる50mプール、大人から子供まで利用可能

plus 簡易食品容器メーカーとして1962(昭和37)年に創業した「エフピコ」は福山市発祥の企業。食品トレイ容器の業界最大手だ。使用済みトレイ回収リサイクルをはじめ環境問題にも取り組む。

朱色の本殿を参拝して「大大吉」のあるおみくじを

草戸稲荷神社
（くさどいなりじんじゃ）

807（大同2）年に隣接する国宝「明王院」の鎮守社として創建。三が日の境内には、多くの露店が立ち並び、約50万人の参拝客でにぎわう。全国的に珍しい大大吉のおみくじもある。

太鼓橋を渡り本殿へ。芦田川や福山市街が見渡せて爽快感が味わえる

MAP 別冊P.36-A2

▶ 草戸稲荷神社

住 福山市草戸町1467　TEL 084-951-2030　営 8:00〜16:00　休なし　料無料　P あり　交 JR「福山駅」から鞆鉄バスで10分「草戸大橋」下車、徒歩15分

京都伏見稲荷系列における日本稲荷5社のひとつ

福山市を代表する国宝の本堂と五重塔

明王院
（みょうおういん）

807（大同2）年、弘法大師の開基と伝えられる。和様と唐様を採用した折衷様は、この様式として現存するなかで最古の建物。愛宕山中腹近くに立ち、眼下に草戸千軒町遺跡を見渡せる。

本堂には、国指定の重要文化財である本尊・木造十一面観世音菩薩立像を安置

MAP 別冊P.36-A2

▶ 明王院

住 福山市草戸町1473　TEL 084-951-1732　営 8:00〜17:00　休なし　料無料　P あり　交 JR「福山駅」から鞆鉄バスで10分「草戸大橋」下車、徒歩15分

本堂とともに国宝のひとつに数えられる五重塔

スポーツによるにぎわいを創造する場所

エフピコアリーナふくやま（福山市総合体育館）
（えふぴこありーなふくやま（ふくやましそうごうたいいくかん））

メインアリーナ、サブアリーナ、武道場で構成される。トレーニングルームがあり、1日単位での利用が可能。バリエーション豊富なプログラムを用意するスタジオもある。

大きな遊具やランニングコースがあり、休日になると多くの人でにぎわう

MAP 別冊P.36-B3

▶ エフピコアリーナふくやま（福山市総合体育館）

住 福山市千代田町1-1-2　TEL 084-981-3050　営 9:00〜22:00 ※施設により異なる　休 12/29〜1/3　料施設により異なる　P あり　交 JR「福山駅」から中国バスで7分「エフピコアリーナふくやま前」下車、徒歩5分

\ もっと知りたいじゃろ？ /
おかわり地元ネタ

1世紀以上愛される福山市民のソウルフード

2020（令和2）年に惜しまれつつ閉店、101年にわたり地元民から愛された大衆食堂「稲田屋」。豚の小腸と牛の肺を甘辛く炊いた「関東煮」は福山市民のソウルフードだ。そんな名店の味を、珍味製造の「阿藻珍味」が継承。「阿藻珍味」各店や地元のスーパーで販売される。系列の料理店「小魚阿も珍」では店内でも提供。"稲田屋の関東煮"を食べずして福山の食は語れない！

▶ 阿藻珍味　TEL 084-982-3333

稲田屋の関東煮6本1170円（店頭販売専用）

おみやげにもピッタリな関東煮缶（594円）も

plus　「稲田屋関東煮」を購入できる販売店舗一覧は公式ホームページ（URL www.inadaya.jp）から確認を。オンラインショップでも手に入れることができる。

MAP 別冊P.36-B3

▶ スーパー健康ランド 華のゆ

住 福山市沖野上町5-27-11
TEL 084-922-5511 営 10:00～24:00
（施設により異なる） 休 なし
料 900円（小学生以下500円）
P あり 交 JR「福山駅」から中国バスで6分「ファーマシィ本社前（五本松）」下車、徒歩4分

「福山温泉 華のゆ」は、2004（平成16）年に湧出

MAP 別冊P.11-C1

▶ 備後一宮 吉備津神社

住 福山市新市町宮内400 TEL 0847-51-3395 営 自由 休 なし 料 無料 P あり 交 JR「新市駅」から徒歩20分

吉備津彦命の御一族と大国主命を祀る十二神社

MAP 別冊P.11-C1

▶ 素盞嗚神社

住 福山市新市町戸手1-1 TEL 0847-51-2958 営 自由 休 なし 料 無料 P あり 交 JR「上戸手駅」から徒歩2分

祇園祭では神輿同士がぶつかる喧嘩神輿も

MAP 別冊P.11-C1

▶ 福山市立動物園

住 福山市芦田町福田276-1 TEL 084-958-3200 営 9:00～16:30（最終入園16:00） 休 火（祝日の場合は翌平日） 料 520円（中学生以下無料） P あり 交 福山西ICから車で30分

大型遊具公園「富谷公園」に隣接する

疲れた体を整える癒やしのスポット
スーパー健康ランド 華のゆ
すーぱーけんこうらんどはなのゆ

天然温泉とさまざまな風呂やサウナがある。読み放題の漫画がある広間、リラクセーションルーム、居酒屋などもあるため、お風呂上がりものんびりくつろげるのがうれしい。

檜風呂、露天風呂、壺風呂などバラエティに富んだ風呂が楽しい

「一宮さん」と親しまれ広く信仰される
備後一宮 吉備津神社
びんごいちのみや きびつじんじゃ

806（大同元）年に創建と伝わる神社。吉備津神社本殿や木造狛犬は国の重要文化財に指定されている。地域の人たちからは、一宮（いっきゅう）さんという愛称で親しまれている。

11月には市立大祭、2月にはほら吹き神事が行われ多くの参拝客でにぎわう

祇園祭発祥の地で圧巻の喧嘩神輿をご覧あれ
素盞嗚神社
すさのおじんじゃ

『備後風土記』に見られる蘇民将来伝説の舞台となる神話に彩られた由緒ある神社。地元の人からは「祇園さん」「天王さん」として親しまれる。本地堂は福山市の重要文化財に指定。

境内中央には迫力のある大銀杏が。落ち葉で作られる黄金の絨毯は見ものだ

55種448点を飼育する郊外型の動物園
福山市立動物園
ふくやましりつどうぶつえん

福山駅から北西15kmに位置する動物園。キリンやペンギンなど、約55種、約448点の動物を飼育する。日本唯一のボルネオゾウのフクちゃんは、園のアイドル的存在。

2001（平成13）年に来園、日本で1頭のみ飼育されているボルネオゾウのフクちゃん

  創業400年超の和菓子店「虎屋」には、タコ焼きそっくりのシュークリーム、コロッケそっくりのレアチーズケーキ、餃子のようなチョコ……と5種類以上のそっくりスイーツがあります。（福山市在住・O）

3世代で楽しめる人気のテーマパーク

みろくの里
みろくのさと

　遊園地、昭和30年代の街並みを再現したエリアなどがあり、幅広い世代で楽しめる。実物大（!?）の恐竜たちと出合える「ダイナソーパーク」も。夏季にはプールも登場。（→P.43）

小さな子供向けのものから、絶叫系好きにピッタリのアトラクションまである

MAP 別冊P.11-D2

▶みろくの里
住 福山市藤江町638-1　TEL 084-988-0001　営 10:00～17:00　休 火・水（時期により異なる）　料 1200円～（小学生以下900円～、3歳未満無料、繁忙期は変動あり）　P あり　交 JR「福山駅」から鞆鉄バスで30分「みろくの里」下車すぐ

体験を通じて研ぎ澄まされていく五感

神勝寺　禅と庭のミュージアム
しんしょうじ　ぜんとにわのみゅーじあむ

　滋賀県から移築した17世紀の堂宇、復元された千利休の茶室などが、趣向を凝らした庭園に点在。目玉は、現代アートを通じ禅の世界を体験するアートパビリオン≪洸庭≫。

Photo : Nobutada OMOTE
名和晃平氏とクリエイティブプラットフォームSandwichの設計によるパビリオン

MAP 別冊P.11-D2

▶神勝寺　禅と庭のミュージアム
住 福山市沼隈町上山南91　TEL 084-988-1111　営 9:00～17:00（最終受付16:30）　休 なし　料 1500円（大学生・高校生1000円、小・中学生500円、未就学児無料）　P あり　交 JR「福山駅」から鞆鉄バスで30分「天神山」下車、徒歩15分

体を支える履き物と心を支える玩具を展示

福山市松永はきもの資料館　あしあとスクエア
ふくやましまつながはきものしりょうかん　あしあとすくえあ

　「日本はきもの博物館」「日本郷土玩具資料館」から引き継いだ貴重な資料が多数。松永地域の産業を支えた下駄、い草、塩の生産に関連する資料も展示し、地域産業の歴史を継承する。

広島東洋カープの黒田博樹選手らのスパイクを展示する「栄光のはきもの」

MAP 別冊P.11-C2

▶福山市松永はきもの資料館　あしあとスクエア
住 福山市松永4-16-27　TEL 084-934-6644　営 10:00～16:00（最終入館15:30）　休 月～木（祝日を除く）　料 300円（高校生以下無料）　P あり　交 JR「松永駅」から徒歩5分

岡本太郎作の足あと広場では子供が遊ぶ姿も

＼もっと知りたいじゃろ？／
おかわり地元ネタ

福山産デニムの歴史を紡ぐブランド

　福山市は備後絣の産地であったことから織物関連の企業が多く、現在はデニム生産量日本一を誇る。（株）NSGが展開する「F.F.G（Fukuyama Factory Guild）」は、福山のデニム文化の継承・認知向上を目的に、繊維関連企業8社が手がけたブランドだ。染色・刺繍・縫製の高い技術で作られるジーンズは、柔らかい生地と履き心地のよさが抜群。お手に取ってご覧あれ！

▶**NSG** TEL 0847-51-2402

福山市内の伏見町「HORUS WORKS」や春日町「OCRES」で販売

plus
「伊予絣」「久留米絣」に並び、日本三大絣のひとつ「備後絣」。江戸時代末期に芦品郡（現・福山市）で生産されたことが起源。その染色・縫製などの知識や技術が、「備後デニム」の発展につながった。

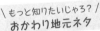

MAP 別冊P.11-D2
▶ 道の駅 アリストぬまくま

住 福山市沼隈町常石1796 TEL 084-987-5000(代表) 営 8:00〜16:00(施設により異なる) 休 水(祝日の場合は営業) CC 不可 P あり 交 JR「福山駅」から鞆鉄バスで36分「ぬまくまハーブガーデン前」下車、徒歩3分

地元の漁師自ら魚を搬入する鮮魚売り場

MAP 別冊P.11-D2
▶ 平家谷つばき園
平家谷花しょうぶ園

住 福山市沼隈町中山南1954-1 TEL 090-7507-7294(門田氏) 営 9:00〜16:00 休 不定休 料 500円(中学生以下200円) P あり 交 福山西ICから車で36分

10月は、旅する蝶・アサギマダラが訪れる

MAP 別冊P.11-D2
▶ 福山ファミリーパーク

住 福山市熊野町字夜打谷283-1 TEL 084-951-6768(11:30〜13:00、16:30〜17:15) 営 9:00〜17:00 休 なし 料 無料 P あり 交 福山西ICから車で32分

施設内にはクジャク園やシカ園などもある

MAP 別冊P.11-D2
▶ 磐台寺観音堂(阿伏兎観音)

住 福山市沼隈町能登原1427-1 TEL 084-987-3862 営 8:00〜17:00 休 なし 料 100円(小学生以下50円) P あり 交 JR「福山駅」から鞆鉄バスで46分「阿伏兎観音入口」下車、徒歩14分

「おっぱい絵馬」が並ぶ。乳房型のお守りも

地元食材やハーブを使った食事を楽しめる
道の駅 アリストぬまくま

福山市唯一の道の駅。ベーカリーカフェ、レストランをはじめ、敷地内のハーブ園で育てたハーブを取り入れた風味豊かな品が多数。秋にはブドウの名産地・沼隈町産のブドウが各種登場。

9月、10月には100種類以上のハーブ苗を販売

平家にまつわる伝説が残る地で花を愛でる
平家谷つばき園 平家谷花しょうぶ園

平通盛が隠れ住んでいたという伝説から平家谷と呼ばれる地域にある。3月には約400種類、約500本の椿が、6月には約300種類、約5000本の菖蒲が咲き誇る。

侘助椿、四海波、金魚椿、黒椿など珍しい品種を全国から集める

自然たっぷりの公園でのびのびと遊ぶなら
福山ファミリーパーク

標高約350mにある自然豊かな公園。すべり台4本、ローラーすべり台3本、スパイラルスライダー、ターザンロープなどからなる大型遊具があり、子供連れから人気。

複合遊具「アドベンチャーわんぱくランド」は公園のシンボル

断崖岬の上に立つ観音堂で絶景を
磐台寺観音堂(阿伏兎観音)

沼隈半島の南端、阿伏兎岬の突端に鎮座する臨済宗の寺。毛利輝元によって創建され、国の重要文化財に指定される。航海の安全、子授け・安産の祈願所としても有名。

スリル満点の通路を進むと、観音堂のいちばん先でビューポイントが待っている

福山藩初代藩主・水野勝成が福山に築城した頃からの歴史がある「福山琴」。正月によく耳にする『春の海』は、筝曲家・宮城道雄が瀬戸内海をイメージして作曲したという。国の伝統的工芸品にも指定される。

白い砂浜が三日月状に広がる美しいビーチ

クレセントビーチ海浜公園
くれせんとびーちかいひんこうえん

白い砂浜が三日月状に600m続く穏やかな波のビーチ。海の上に浮かぶ「うつみウォーターアイランド」が毎夏登場する。バーベキュースペースなどもあり1年を通して楽しめる。

2020（令和2）年にキャンプ場もオープンした

MAP 別冊P.11-D2

▶ クレセントビーチ海浜公園

住 福山市内海町ハ316-29 **TEL** 084-986-2304（田島漁業協同組合） **営休料** 施設により異なる **P** あり **交** 福山西ICから車で41分

ビーチの目の前には、源平合戦の伝説が残る矢ノ島が浮かぶ

山頂から望む瀬戸内の多島美

王城　切石山公園
おうじょうきりいしやまこうえん

標高228m、横島の南側に位置。山頂からは眼下に横島と周辺の風景が広がり、晴れた日には四国の山影まで望める。たたくとポンポンと鳴ることから名のついた「たいこ岩」も。

瀬戸内海国立公園に指定。瀬戸内の島々が点在する様子が眺められる

MAP 別冊P.11-C2

▶ 王城　切石山公園
住 福山市内海町横島 **TEL** 084-986-3561 **営** 自由 **休** なし **料** 無料 **P** あり **交** 福山西ICから車で50分

展望台までは緩やかな坂道と階段を上る

瀬戸内の魅力を感じる「海の公園」

シーパーク大浜
しーぱーくおおはま

海水浴、キャンプ、釣りなどさまざまな体験ができるレジャー施設。地元の食材や海鮮をいただけるBBQレストランも。より快適に過ごせるグランピング場もある。

ビーチの近くには芝生広場があり、エアコン完備の休憩室なども備える

MAP 別冊P.11-C2

▶ シーパーク大浜
住 福山市内海町大浜2220 **TEL** 084-986-3011 **営** 10:00〜17:00 **休** 水・木 **料** 1200円（4歳以上600円、3歳以下無料） **P** あり **交** 福山西ICから車で50分

1泊2食付き3万2640円（1室2名）

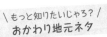
\ もっと知りたいじゃろ？ /
おかわり地元ネタ

「とれぴち活魚市場」で地魚をお得にゲット

内海町の田島漁協青年部が、4・5月、7・8月、10〜12月の毎週土曜に開催する魚市場。瀬戸内海で水揚げした新鮮な魚介を漁師自ら販売する。魚は大きな生けすで販売され、無料で捌いてくれるサービスも。漁師がおすすめの魚や調理法を教えてくれる。春に登場するブランドアサリ「貝王」は見つけたら即購入！

▶ とれぴち活魚市場 **住** 福山市内海町393 **TEL** 084-986-2304 **営** 8:00〜12:00（なくなり次第終了）

天候や漁の関係で中止になる場合もあるので公式SNSで要確認

福山市内には、野性のクジャクやシカが暮らす無人島「宇治島」がある。目の前には有人島「走島」があり、水揚げされたばかりの海鮮を使った食事が味わえる。

癒やしの時を求めて

潮待ちの港町を一日のんびり旅しよう

鞆の浦へ

万葉集でもうたわれた歴史ある港町・鞆の浦。江戸時代には北前船の寄港地としてもにぎわったという郷愁誘う情景を歩いてみよう。

"ニャン"とも心地よき時間

多くの人々を魅了した鞆の浦の絶景
福禅寺対潮楼
ふくぜんじたいちょうろう

「いろは丸事件」の際に海援隊と紀州藩の談判の場として坂本龍馬が訪れた

1690年頃、真言宗の寺院・福禅寺の客殿として創建された。窓を額縁のように見立てて、仙酔島や弁天島を一望できる。この眺めには、朝鮮通信使も「日東第一形勝（朝鮮より東で一番美しい景勝地）」だと称賛したそう。写経体験（1000円）もある。

MAP 別冊P.37-D3
🏠福山市鞆町鞆2 **TEL** 084-982-2705 🕘9:00～17:00、土・日・祝8:00～17:00 🈳なし 💰200円（中・高・生150円、小学生100円）Ｐなし 🚃JR「福山駅」から鞆鉄バスで32分「鞆港」下車、徒歩2分

歴史深く見どころ満載
備後安国寺
びんごあんこくじ

❶毛利家の外交僧、安国寺恵瓊（えけい）が再興した寺 ❷桜の名所。夜にはライトアップもされる

足利尊氏と直義が各地に建立した「安国寺」。新築ではなく既存の寺を改修したものもあり、鞆の浦の「備後安国寺」も、もとは鎌倉時代に創建された「金宝寺」だったそう。県史跡の枯山水や国重文の釈迦堂など見どころ満載。

MAP 別冊P.37-C2
🏠福山市鞆町後地990-1 **TEL**084-982-3207 🕘8:30～17:00 🈴不定休 💰150円（大学生100円、高校生以下無料）Ｐあり 🚃JR「福山駅」から鞆鉄バスで29分「安国寺下」下車、徒歩3分

〔地図〕
備後安国寺
沼名前神社
鞆の津ミュージアム
バスセンター
鞆の浦歴史民俗資料館
鞆城跡
入江豊三郎本店
医王寺
八田保命堂
千とせ
渡船場
弁天島
岡本亀太郎本店
バス停「鞆港」
鞆酒造
太田家住宅
福禅寺対潮楼
大可島城跡
鞆の浦 a cafe
いろは丸展示館
常夜燈
鞆港
阿藻珍味 鞆の浦 鯛匠の郷
龍馬の隠れ家
桝屋清右衛門
瀬戸内小物と暮らし MASUYA

古来からの風光明媚な景勝地
仙酔島
せんすいじま

❶仙酔島のほか、弁天島、玉津島、津軽島など大小さまざまな島がある ❷坂本龍馬率いる海援隊の蒸気船を模した「平成いろは丸」

鞆の浦から渡船「平成いろは丸」で5分の無人島。1934（昭和9）年、ここを含む瀬戸内海一帯が日本初の国立公園に指定された。仙人が住んでいた伝説があり「仙人が酔うほどに美しい島」というのが名前の由来だそう。

MAP 別冊P.37-D3
🏠福山市鞆町後地 **TEL**084-982-3200（鞆の浦観光情報センター）🕘福山市営渡船場から仙酔島行「平成いろは丸」の始発は7:30、最終は20:00 🈳なし 💰無料 ※「平成いろは丸」は往復240円（12歳未満は120円）Ｐなし 🚃鞆の浦から渡船で5分

クチコミ 漁港が近くにあるせいか、鞆の浦を歩いているとたくさんの猫に出合えます。岩合光昭さんも猫の撮影に来られたことがあるとか。私をはじめとして猫好きの聖地です。(広島市在住・ニャメロウ)

鞆の浦の港の歴史を物語る

常夜燈
じょうやとう

　鞆の浦と聞いて思い浮かべるシンボル的存在。1859（安政6）年に創建され、船の出入りを誘導してきた燈台。高さは5.5m、海中の基礎の上から宝珠まで11mもあり、現存する江戸時代の常夜燈としては最大級の大きさ。

ノスタルジックさが漂う夕暮れの常夜燈

MAP 別冊P.37-C3

住 福山市鞆町鞆844-3　TEL 084-928-1043（福山市観光課）　営 自由　休 なし　料 無料　P なし　交 JR「福山駅」から鞆鉄バスで32分「鞆港」下車、徒歩4分

情緒ある美しい町並みはロケ地に引っ張りだこ

あの人気作も!?

『ウルヴァリン』『銀魂』など数多くの作品のロケ地として支持される鞆。また、舞台であるとは明言はされていないが『崖の上のポニョ』構想時に宮崎駿監督が滞在したことでも知られる。

散策中にほっとひと息つこう

鞆の浦 a cafe
とものうら あ かふぇ

　常夜燈前にあるカフェ。築150年の長屋を生かした店内では、海の幸を用いたパスタ、レモンを使ったさわやかなドリンクなどがいただける。夏には、特産である釜揚げしらすを使ったパスタも登場。瀬戸内海の潮風を感じつつ、ランチタイムやティータイムを。

MAP 別冊P.37-C3

住 福山市鞆町鞆844-2　営 11:00〜17:00(L.O.16:30)　休 水　CC ADJMV　P なし　交 JR「福山駅」から鞆鉄バスで32分「鞆港」下車、徒歩5分　URL www.tomonoura-a-cafe.jp

❶瀬戸内のレモンや柑橘を使ったドリンク　❷建物の趣を生かしつつモダンなカフェに改装　❸日本遺産に認定された鞆港周辺に立つ

アール・ブリュットを発信

鞆の津ミュージアム
とものつみゅーじあむ

　築150年の元醤油蔵を再生し、2012（平成24）年に開館した美術館。障がいの有無、知名度、プロかアマチュアかなど立場や属性にかかわらず、さまざまなつくり手の人生に根差した独学・自己流のユニークな創作物を中心に展示。企画展会期中にはトークなども。

❶HPやSNSで会期情報をチェックして開催　❷ほかにはない斬新な切り口の企画展　❸蔵の造りが作品の魅力をより引き出す

MAP 別冊P.37-C3　住 福山市鞆町鞆271-1　TEL 084-970-5380　営 企画展により異なる　休 月・火　料 無料　P なし　交 JR「福山駅」から鞆鉄バスで30分「鞆の浦」下車、徒歩5分

Plus

鞆町内にある「沼名前神社」も観光スポットのひとつ。境内の一角に、豊臣秀吉が愛用したといわれる能舞台がある。もともとは京都伏見城内にあったが、福山城に移設、その後この社に寄進された。

❶1階は雑貨店、屋根裏に隠し部屋がある **❷**当時、龍馬は名前を変えてこの部屋に潜んでいた **❸**福山の名産をモチーフにしたオリジナル雑貨を多数販売

龍馬が潜んだ隠れ部屋を公開

龍馬の隠れ部屋桝屋清右衛門宅 瀬戸内小物と暮らしの雑貨 MASUYA
りょうまがかくれべやますやせいえもんたくせとうちこものとくらしのざっかますや

　江戸時代から廻船問屋を営んでいた「桝屋」。屋根裏には坂本龍馬が潜んだという部屋があり、2011（平成23）年から一般公開している。龍馬ファンは必見だ。1階の土間では、福山みやげにぴったりな雑貨を販売。

MAP 別冊P.37-D3

住福山市鞆町422 **TEL**084-982-3788 **営**9:00〜16:30 **休**火〜木（祝日の場合は営業）**料**200円（小中高校生100円）※雑貨店は入場無料 **P**なし **交**JR「福山駅」から鞆鉄バスで30分「鞆の浦」下車、徒歩2分

鞆の浦の散策の際はぜひ
店主・江竜義政さん

坂本龍馬ファンは必見！

いろは丸展示館
いろはまるてんじかん

　1867（慶応3）年5月26日に鞆沖合で起こったいろは丸と明光丸の衝突事件に関する資料を展示。坂本龍馬の等身大フィギュアを展示する部屋や、オリジナルグッズも豊富に取り揃えており、龍馬ファンが歓喜するスポット。建物は国の登録有形文化財に指定。

江戸時代の蔵をそのままの形で利用する

MAP 別冊P.37-C3

住福山市鞆町鞆843-1 **TEL**084-982-1681 **営**10:00〜17:00（入館〜16:30）**休**月〜木 **料**200円（小中学生100円）**P**なし **交**JR「福山駅」から鞆鉄バスで32分「鞆港」下車、徒歩4分

今にも動き出しそうな等身大龍馬フィギュア

❶鯛そうめん（1650円）。そのほかのメニューも一緒には弁天島がある **❷**店舗の対岸には弁天島がある

景観美を前に
鯛料理を堪能

千とせ
ちとせ

　名物である鯛料理をはじめ地魚料理が楽しめる郷土料理店。名物の「鯛そうめん」は、鯛のお頭がまるまる入った圧巻の一品だ。鯛のだしとふっくらとした白身が麺によく絡む。鯛の味がご飯に染み込んだ鯛めしも絶品だ。仙酔島、弁天島を望みつつ堪能したい。

MAP 別冊P.37-D3

住福山市鞆町鞆552-7 **TEL**084-982-3165 **営**11:30〜15:00（L.O.14:30）、18:00〜20:00（L.O.19:30）**休**火（祝日の場合はその週の木）、月の夜 **CC**不可 **P**あり※3台 **交**JR「福山駅」から鞆鉄バスで30分「鞆の浦」下車、徒歩4分

❶瀬戸内ならではの味はおみやげにぴったり！ **❷**ガス天、手焼き煎餅、ふりかけ調合の体験も

瀬戸内の食文化を体感

阿藻珍味 鞆の浦 鯛匠の郷
あもちんみ とものうら たいしょうのさと

　1949（昭和24）年創業、瀬戸内で採れる小魚の練り物といった加工品を製造。鯛ちくわは、しっかりとした歯ごたえ、きめこまやかな鯛のすり味の味わいが自慢の一品。ちくわ握り体験（1本360円）も可能。自分で作るとおいしさもひとしお。

MAP 別冊P.37-C3

住福山市鞆町後地1567-1 **TEL**084-982-3785 **営**10:00〜12:00、13:00〜16:00 **休**火 **料**入場無料、ちくわ握り体験1本360円 **P**あり **交**JR「福山駅」から鞆鉄バスで32分「鞆港」下車、徒歩6分

鞆の浦の本店のほか、福山市内に8店舗ある

plus

海援隊が操縦する「いろは丸」を紀州藩の軍艦が鞆の浦沖で沈没させたいろは丸事件。紀州藩が坂本龍馬側に支払った賠償額は7万両。現在価値で何十億円もの額になる。坂本龍馬の交渉術のすごさを物語る事件だ。

福山市 癒やしの時を求めて鞆の浦へ

鞆の保命酒

ペリーも飲んだ!!

江戸幕府への献上品としてペリーが来航した際にも振る舞われた由緒ある薬酒・保命酒。現在、鞆町にある4つの店でのみ製造される希少品だ。鞆に立ち寄ったらぜひ味わってみて。

コラボ商品も多数開発中!

強い甘みがクセになる

入江豊三郎本店
（いりえとよさぶろうほんてん）

ひときわ目を引く雅なパッケージが好評。使用する16種類すべての薬味が植物性であり、香り豊かでさわやかな味わいが特徴。アレンジ商品も数多く開発しており、甘酒と保命酒を使った鞆の浦ラーメンは「福山ブランド」に認定される。

MAP 別冊P.37-D3

住 福山市鞆町鞆534
TEL 084-982-2013
営 10:00～17:00 休 不定休
CC ADJMV P なし
交 JR「福山駅」から鞆鉄バスで30分「鞆の浦」下車、徒歩3分

1520円（600ml）。おみやげにもよい

❶縁側に腰掛けてのんびり過ごせる坪庭空間
❷徳利や狸形など瓶のバラエティが豊か

これぞ正統派保命酒!

味と香りにこだわった品

八田保命酒舗
（はったほうめいしゅほ）

こちらの保命酒は、カクテルにするとおいしいと評判。また、東京のイタリア料理店ではベルモットの代わりとしても使用されている。その味わいは、雑誌『日経ヘルス』で、3大薬酒のひとつとして取り上げられたことも。

MAP 別冊P.37-C～D3

住 福山市鞆町鞆531
TEL 084-982-2453
営 10:00～17:00 休 不定休 CC 不可 P なし
交 JR「福山駅」から鞆鉄バスで30分「鞆の浦」下車、徒歩5分

緑ラベル3100円（900ml）

❶1908（明治41）年創業、350年以上の歴史を持つ ❷赤たる保命酒は柑橘系のピールを多く使用

名物店主に会いに訪れよう

クローブの高き香り

鞆酒造
（ともしゅぞう）

太田家の住宅を改装した店内をのぞくと、名物店主である岡本さんが出迎えてくれる。とろりと甘い保命酒は、ガラス瓶入りで、店主が店内でろくろを回し焼き上げた豆徳利入りを用意。保命酒の酒粕も販売、歯応えと風味がよいと評判だ。

MAP 別冊P.37-C3

住 福山市鞆町鞆841-1
TEL 084-982-2011 営 9:00～17:00 休 不定休 CC 不可 P なし 交 JR「福山駅」から鞆鉄バスで32分「鞆港」下車、徒歩5分

十六味保命酒
3000円（900ml）

❶常夜燈へ向かう路地に沿って立つ ❷1879（明治12）年より変わらぬレシピで醸造する

味醂作りに一切の妥協なし

店舗は福山市の重要文化財

岡本亀太郎本店
（おかもとかめたろうほんてん）

保命酒元祖の中村家伝統の看板と道具一式を譲り受ける蔵元。保命酒のベースとなる味醂造りにこだわり、その味は飲食店などでも重宝される評判の品だ。保命酒に、ウメ、アンズ、ショウガを漬け込んだリキュールなども販売。

MAP 別冊P.37-C3

住 福山市鞆町鞆927-1
TEL 084-982-2126
営 9:00～17:00
休 不定休 CC ADJMV
P あり 交 JR「福山駅」から鞆鉄バスで32分「鞆港」下車、徒歩5分

岡亀保命酒
2000円（900ml）

❶3種類のリキュール各1350円 ❷建物は、旧福山城長屋門の遺構で、市重要文化財

---

plus ⓘ 保命酒はヨーグルトやバニラアイスに加えるのも◎。店舗によっては保命酒を使った飴や煎餅などの商品も。2024（令和6）年3月にリニューアルした「入江豊三郎本店」渡船場店には、保名酒アイスクリームが。

府中市
（ふちゅうし）

石州街道出口通り周辺には、国の
登録有形文化財が点在

三次市　神石高原町

世羅町　**府中市**　福山市

三原市　尾道市

人口 府中市 ▶ 3万5176人

エリア利用駅

▼府中駅
JR福塩線

▼鵜飼駅
JR福塩線

▼上下駅
JR福塩線

上下町に行くには、府中駅から
乗り換える

エリア中心部への行き方

| JR福山駅 | JR 福塩線 所要約45分(510円) | JR府中駅 | JR 福塩線 所要約45分(510円) | JR上下駅 |

府中市は、広島県の東南部にある人口約3.5万人の市。竜王山と岳山をはじめとする400～700mの山々に囲まれた中山間地域。府中市のルーツは、約1300年前に「備後国」を治める「国府」がおかれたことにある。今もなお、地割、道路、神社など市内のいたる場所に当時の面影をとどめている。現在は、木工、繊維、金属、機械などさまざまな分野の"ものづくり"が盛んな町として知られ、なかでも家具作りが有名。そのほかにも「府中味噌」（→P.273）、スニーカーブランド「SPINGLE」など、職人気質あふれる町から生まれる産物は多数。2022（令和4）年12月からはドローンの産業・人材・研究機関などが集まる「ドローンネイティブシティ」を目指している。

広島市の「広島バスセンター」からは、上下町エリアへ向かう「ピースライナー」（約2時間）、府中町エリアへ向かう「リードライナー」（約1時間30分）という高速バスがそれぞれ出ている。

歩き方

ノスタルジックな町並みを巡る

かつて大森銀山からの銀を運ぶ銀山街道（石州街道）として栄え、代官所もおかれた江戸幕府直轄の天領の地、上下町。最盛期には33軒もの金融業者が軒を連ね、政治と経済の中心地であった。

商店街には、上下キリスト教会、江戸時代の町屋・旧田辺邸がある

後に、酒や醤油などの醸造業をはじめとするさまざまな商人が集まり、町は繁栄した。メインストリートの商店街には、白壁、なまこ壁、格子窓と格式のある懐かしい町並みが続く。そして、上下町からさらに坂根峠を越えて、平地に出られたことから地名がついた出口町。石州街道出口通りには、黒壁や土壁の建物が点在し、当時のにぎわいの面影が残る。

"ものづくりの町"で紡ぐ府中家具の歴史

内陸工業都市であり、木工、繊維、金属、機械などさまざまな"ものづくり"が盛んな府中市。なかでも「府中家具」が有名で、大阪でたんすの製法を習得した内山円三が、18世紀初頭に帰郷し生産を始めたのが起源とされている。婚礼家具の販売をきっかけに、高級家具の産地として全国に知られることとなった。大正時代の当時は、現在の府中市鵜飼町付近に100軒以上ものたんす職人が軒を連ねており、ノミやカンナを使う音が絶えなかったといわれている。「府中家具」は「素材を吟味」「確かな技術」「洗練された仕上げ」の3つの特徴をもつ。

「木のぬくもりを大切にした家具づくり」を理念とする「土井木工」（→P.271）

おさんぽプラン

① 道の駅 びんご府中（▶P.271）
　↓ 徒歩2分
② 土井木工（▶P.271）
　↓ 徒歩8分
③ GLOBAL SHOES GALLERY（▶P.270）
　↓ 徒歩5分
④ キテラスふちゅう（▶P.270）
　↓ 徒歩1分
⑤ 恋しき（▶P.270）

寄り道スポット

酒好きも驚く大人のお菓子

きめこまやかなカステラにラム酒とブランデーのシロップをたっぷり浸した贅沢なお菓子。上品なコクと甘みに、スイーツ好きの大人を虜にする。じゅわっと滴るほど水分を含んだ洋酒ケーキに、酒好きも驚くこと間違いなし。5個入り700円～。

くにひろ屋

☎ 0847-62-2449（本社）

「天満屋ストア府中店」「道の駅びんご府中」（→P.271）などで販売する

好きじゃけん広島県！
ご当地トピックス

願いをかなえてくれる首のないお地蔵様

1977（昭和52）年に、八尾山山麓の府中市出口町で掘り起こされた首のないお地蔵様。「願い事をかなえてくれる」と瞬く間に有名になり、お堂が建ち、お地蔵様はご本尊として本堂に安置されることとなった。以降は地元の人だけではなく県外からも多くの参拝客が訪れている。発掘された毎年5月18日と11月18日に行われる大祭では、より多くの参拝客でにぎわう。「くびなしさん」として親しまれている。

「首無地蔵」は八尾山の南の麓標高65mの丘の上にある

カリッ&ふわっ！ うみゃ～（備後地方で「うまい」の意）な、府中市のご当地お好み焼き「備後府中焼き」。パリッとした食感が特徴だが、その秘密は豚バラ肉の代わりに入る具材にある。その具材とは？

269

MAP 別冊P.37-D1

▶ キテラスふちゅう(北館)

住 府中市府中町559-2 **TEL** 0847-43-7135 **営** 観光案内所9:00～17:30、施設により異なる **休** 12/29～1/3 **料** 観光案内所無料 **P** あり **交** JR「府中駅」から徒歩9分

南館のお好み焼きの店は「あわけん」と「一宮」

MAP 別冊P.37-C1

▶ 恋しき

住 府中市府中町178 **TEL** 0847-41-5140 **営** 9:00～17:00 **休** 火 **料** 無料 **P** あり **交** JR「府中駅」から徒歩9分

2024(令和6)年4月に料亭としての機能が復活した

MAP 別冊P.37-C2

▶ GLOBAL SHOES GALLERY

住 府中市府中町74-1 **TEL** 0847-41-5608 **営** 10:00～18:00 **休** なし **料** 無料 **P** あり **交** JR「府中駅」から徒歩7分

カフェ「Vulca CAFE」はくつろぎの空間

MAP 別冊P.37-C2

▶ 府中市こどもの国ポムポム

住 府中市土生町1581-7 **TEL** 0847-41-4145 **営** 9:00～18:00 **休** 木(祝日の場合は翌週の水) **料** 無料 **P** あり **交** JR「府中駅」から徒歩9分

2022(令和4)年に屋外の大型遊具がリニューアル

観光の拠点でソウルフード府中焼きを堪能
きてらすふちゅう(きたかん)
キテラスふちゅう(北館)

木を基調とした内観。北と南で建物が分かれており、北館には観光で訪れた人をもてなす観光案内所が、南館には、府中っ子のソウルフード備後府中焼きの店が2店舗ある。

「府中お祭り通り」と「石州街道」の交点に位置

国の有形文化財に登録される府中市のシンボル
こいしき
恋しき

1872(明治5)年創業の歴史ある旧・料亭。井伏鱒二をはじめ多くの著名人が訪れた奥ゆかしい建物は健在で、府中市のシンボルとして愛される。回遊式の庭園が見どころ。

国の登録有形文化財に登録されている。庭園の離れにはカフェもある

カフェ併設のシューズギャラリー
ぐろーばる しゅーず ぎゃらりー
GLOBAL SHOES GALLERY

職人技、機能性ともに優れた靴のみを集めたシューズ専門店。なかには国内外から集めたレアな1足も。お気に入りに出合ったあとは、併設のカフェでのんびりスイーツを。

府中市生まれのスニーカーブランド「SPINGLE」の靴も店内に並ぶ

木のぬくもりに包まれる児童館
ふちゅうしこどものくにぽむぽむ
府中市こどもの国ポムポム

木工の町ならではの「木育」を推進する児童館。無垢のヒノキ材を用いた滑り台や木のボールプールなど木製遊具・玩具が充実。キッチンや工作室があり、子供を対象としたさまざまな教室を開催。

幼児向けと児童向けのプレイルームがある、木のぬくもりがあふれる空間

ひろしま

「備後府中焼き」は、牛や豚のひき肉(ミンチ)を使用。ミンチの脂が溶け、カリカリの食感に。第1回広島てっぱんグランプリ初代王者。店に迷ったら「備後府中焼きドットコム」(URL fuchuyaki.com)を。

＼ あなたの声をお聞かせください！ ／

毎月合計3名様 読者プレゼント

1．地球の歩き方オリジナル御朱印帳
2．地球の歩き方オリジナルクオカード（500円）

いずれかおひとつお選びください 。

★応募方法

下記URLまたは2次元コードにアクセスして
アンケートにお答えください。

URL https://arukikata.jp/hirgnz

★応募の締め切り

2026年7月31日

Gakken

木工、味噌、繊維……府中市の伝統産業に触れる

道の駅　びんご府中
みちのえき　びんごふちゅう

　2022（令和4）年にリニューアルしたレストランのほか、野菜、漬物、米の量り売りまである道の駅。アンテナショップには、府中市の伝統産業である木工、味噌、繊維にまつわる品が並ぶ。

駅長の喜多村さん「地元農家の野菜のほか冷凍のお好み焼きもあります」

MAP 別冊P.37-D2
▶ 道の駅　びんご府中
住 府中市府川町230-1　TEL 0847-54-2300　営 9:00～17:00　休 水（祝日は開館）　CC 不可　P あり　交 JR「府中駅」から徒歩2分

府中味噌を使用した「ゆずみそソフト」（500円）

府中家具の製造過程を見学できる
土井木工
どいもっこう

　1949（昭和24）年創業の伝統ある府中家具メーカー。「人と素材に優しい家具づくり」を理念に、上質な家具を製造。事前予約制（平日限定）で府中家具を製造する工場内を見学できる。

工場見学はショールームツアーもあわせて約1時間。職人技をご覧あれ

MAP 別冊P.37-D2
▶ 土井木工
住 府中市府川町57-1　TEL 0847-45-0123　営 9:00～18:00　休 なし　料 無料　P あり　交 JR「府中駅」から徒歩6分

自社ブランド「AUTHENTICITY」の家具

80種3000株のアジサイを見物しよう
神宮寺
じんぐうじ

　6月に80種3000株ものアジサイが咲くことから「あじさい寺」とも呼ばれる。境内には「府中神宮寺郷土館」があり、府中市栗柄町で発掘された土器や昔の生活用具などを展示。

府中市の指定文化財。寺の裏には、孝霊天皇御陵伝説地といわれる古墳が残る

MAP 別冊P.11-C1
▶ 神宮寺
住 府中市栗柄町2987　TEL 0847-45-5118　営休 要確認　料 無料　P あり　交 JR「府中駅」から車で10分

6月上旬～下旬には「あじさい祭り」が開催される

夏には滝滑り、秋には紅葉が楽しめる

三郎の滝
さぶろうのたき

　長さ30mの天然の滝で造られるウオータースライダーが全国的に有名。下から、一郎の滝、二郎の滝、三郎の滝と続き、毎年7月上旬には滝開きが行われる。いざ、滝つぼへ！

気分爽快な滝滑りを！　すぐそばに軽食を取ることができる「龍王荘」がある

MAP 別冊P.11-C1
▶ 三郎の滝
住 府中市三郎丸町90　TEL 0847-41-7900（龍王荘※12～3月休業）　営 自由　休 なし　料 無料　P あり　交 JR「府中駅」から車で15分

紅葉が落ちて水面を赤く染める姿も絶景

plur
高木町にある「若葉家具」には、府中家具の歴史について知ることができるミュージアムがある。職人たちが使用していた古道具や家具が並べられており、匠の技を感じる展示に心が震える！

MAP 別冊P.11-C1
▶ 府中市羽高湖森林公園
住 府中市諸毛町3000 **TEL**
0847-49-0339 **営** 施設により異なる **休** 水（祝日の場合は翌平日）、12/29〜1/3 **料** 施設により異なる **P** あり **交** 尾道北ICから車で20分

桜の名所としても有名。開花時期が市内に比べ遅め

MAP 別冊P.14-B3
▶ 矢野温泉公園四季の里
住 府中市上下町矢野691-2 **TEL**
0847-62-4990 **営** 施設により異なる **休** 水（祝日の場合は開館）、12月〜3月 **料** 施設により異なる **P** あり **交** 世羅ICから車で15分

電源、流し台、かまどが付いたオートキャンプサイトがある

MAP 別冊P.15-C3
▶ 府中市上下歴史文化資料館
住 府中市上下町上下1006 **TEL**
0847-62-3999 **営** 10:00〜18:00 **休** 月（祝日の場合は翌平日） **料** 無料 **P** あり **交** JR「上下駅」から徒歩5分

2月中旬〜3月下旬「天領上下ひなまつり」の通りの様子

MAP 別冊P.15-C3
▶ 翁座
住 府中市上下町上下2077 **TEL**
0847-54-2652 **営** 10:00〜15:00 **休** 月〜金、12/29〜1/3 **料** 入館料200円 **P** あり **交** JR「上下駅」から徒歩8分

回り舞台や花道、奈落、楽屋などが残る

湖の周りでのんびりと過ごそう

府中市羽高湖森林公園
ふちゅうしはたかこしんりんこうえん

標高500mに位置する羽高湖のほとりにあり、林間キャンプ場や多目的広場を備える公園。ソロからファミリーキャンプまで幅広く人気。管理棟の一角にワークスペースも誕生した。

湖の周りには1.4kmの遊歩道も整備されている。散策や森林浴を楽しんで

矢野岩海の麓でキャンプや森林浴

矢野温泉公園四季の里
やのおんせんこうえんしきのさと

巨岩が重なり合う国指定天然記念物「矢野岩海」の麓にある。建築家・隈研吾氏とアウトドアブランド「Snow Peak」がコラボしたトレーラーハウスも設置。2024（令和6）年3月現在「矢野温泉」は閉館中。

6月には7万株のアヤメや花ショウブが咲く

上下白壁の町並みのシンボル

府中市上下歴史文化資料館
ふちゅうしじょうげれきしぶんかしりょうかん

明治時代の文豪・田山花袋の中編小説『蒲団』。作中に登場するヒロインのモデルとなった岡田美知代の生家。上下町の歴史、岡田美知代の資料などが展示されている。

上下白壁の町並みの観光拠点。観光案内所としての機能も合わせもつ

現代に姿を残す、名優たちが愛した芝居小屋

翁座
おきなざ

大正時代に建てられた木造の芝居小屋。当時の面影を残す木造建築物としては、中国地方唯一のもの。終戦当時には、高田浩吉、鶴田浩二、大友柳太郎らもこの場所で芝居をした。

2020（令和2）年に国の登録有形文化財に指定。当時は町の娯楽施設としてにぎわった

クチコミ 上下町名物「風月堂」の「つちのこ饅頭」。かつてツチノコの目撃情報があった上下町に全国から捜索隊が来たのが誕生のキッカケらしい。ツチノコ……じゃなくて饅頭買いにきんしゃー！(府中市在住・もっちゃん)

福山藩主をも虜にした
400年受け継がれる至高の味
府中に味噌あり

良質な米・大豆・塩が揃い、温暖な気候に恵まれた味噌の醸造に適していた府中市。現在は市内に残る3つの蔵が伝統の味を継承している。

府中味噌とは

府中の豪商、木綿屋の当主・大戸久三郎が、1616（元和2）年に奈良で行われた博覧会に白味噌を出品し最高賞を受賞したのが歴史の始まり。400年前の技術を受け継ぎ、厳選した大豆、米、はだか麦を用いて自然発酵させた府中味噌はうま味がありまろやか。

大豆に対する米・麦の比率が高いため、塩味が少なく甘口なのが特長

人気の「中みそ」は、カップ入り（400g・680円）と袋入り（1kg・1070円）を用意

「フリーズドライ味噌汁」はギフトや手みやげにも

フリーズドライはおみやげに
あさのみそ
浅野味噌

1904（明治37）年創業。約半年から1年の熟成期間を設け、麹の甘味と大豆のうま味を調和した「中みそ」が売れ筋。天然醸造味噌とたっぷりの具材で作るフリーズドライ味噌汁もある。年間70万食を売り上げる商品で、贈り物の定番として人気だ。

MAP 別冊P.37-C1
住 府中市府中町830-1
TEL 0847-41-2032
営 8:30〜18:00　**休** 土・日
CC ADJMV　**P** あり
交 JR「府中駅」から徒歩11分

毎秋に蔵を解放し「味噌祭り」を開催

安心・安全がモットーの優しい味
かねみつみそ
金光味噌

1872（明治5）年の創業以来、健康に配慮した味噌造りを行う。2000年に有機JASを取得した有機原料で作るオーガニックシリーズは、日本のみならず海外の人からも広く愛されている。容器持参（または店の袋）で量り売り購入も可能。

赤みそは、500g・570円〜

酒の肴にピッタリな、なめみそ、鯛みそもある

手作り体験教室も開催（要予約）

秀峰白みそ（500g・756円）

上から有機のしょうゆ麹（170g・756円）、白みそ（300g・540円）、玄米みそ（500g・756円）

MAP 別冊P.37-C1
住 府中市府中町628
TEL 0847-41-2080
営 9:00〜17:00　**休** 土・日
CC ADJMV　**P** あり
交 JR「府中駅」から徒歩15分

創業当時からの杉樽で熟成

自然に逆らわない味噌造り
ほんけなかむらや
本家中村屋

1946（昭和21）年に創業。長期熟成させることで麦がもつ独特の風味が生きた味噌を造り続けている。自然な環境で味噌造りをすることで、多少色の濃さや色むらがあっても、香りと味がよい味噌に仕上がっている。

MAP 別冊P.37-D1
住 府中市元町497-1　**TEL** 0847-45-2735　**営** 8:00〜18:00　**休日**　**CC** 不可　**P** あり
交 JR「府中駅」から徒歩7分

---

plus

「浅野味噌」「金光味噌」「本家中村屋」の3社とも、公式ホームページのオンラインショップから、味噌をはじめとした商品の購入ができる。土曜や日曜が店舗休日のためこちらも活用しよう！

安芸高田・安芸太田・北広島エリア

広島県北西部に位置する芸北エリア。安芸高田市は22の神楽団が存在する神楽の聖地、安芸太田町は国の特別名勝・三段峡をはじめとする緑豊かな里山の自然美が魅力、北広島町は神楽や田楽などの民俗芸能が盛んだ。

戦国武将・毛利氏、吉川氏ともゆかりが深く遺跡が多数。島根県との県境は豪雪地帯で、冬はウインタースポーツを求め、中国地方だけでなく九州・四国からも多くの人が訪れる。

1 毛利元就の本拠地 土師ダムや安芸高田神楽も
安芸高田市
▶P.276　MAP 別冊P.13,38-39

大小の山々に囲まれるほか、江の川をはじめとする水資源にも恵まれた自然豊かなエリア。なかでも土師ダムは観光スポットとして人気。また、神楽の聖地としても知られ、全国の高校生による「神楽甲子園」も実施。毛利元就が本拠とした郡山城跡がある。

「ダム湖百選」にも選ばれている土師ダム（→P.279）

湖畔は紅葉の名所でもある

毛利元就のことを学ぶなら、安芸高田市歴史民俗博物館（→P.278）へ

御神木の老杉が境内にそびえる清神社（→P.278）はパワースポット

江津東IC
浜田JCT
江津市
旭IC
浜田自動車道
島根県
浜田市
瑞穂IC
ユートピアサイオト（→P.287）をはじめゲレンデが点在

大佐山
3 北広島町
大佐川
益田市
2 安芸太田町
三段峡
恐羅漢山
加計スマートIC
戸河内IC
広島北
中国自動車道
広島西風新都IC
広島
廿日市市
「鯛焼屋よしお」の名物たい焼き（→P.283）
五日市IC
広島

\このエリアで/
しんさい

5

① 国の特別名勝・三段峡を歩こう ▶ P.58
② 日本の棚田百選、井仁の棚田の絶景を ▶ P.40
③ 芸北のゲレンデで雪遊び ▶ P.287
④ 世界に誇る伝統芸能、芸北神楽を知る ▶ P.336
⑤ 壬生の花田植と安芸のはやし田を見たい！▶ P.344

北広島町は米どころ。どぶろく特区（→P.289）でもあり、地酒も評判

🚗 *Access INFO*

主要IC

▶中国自動車道… 高田IC、戸河内IC、千代田IC

安芸高田市へは高田ICから県道6号線（陰陽神楽街道）で。安芸太田町へは戸河内ICから国道191号を北へ進む。北広島町へは戸河内ICすぐ。

安芸高田市サッカー公園
（→P.277）

---

2 特別名勝の三段峡をはじめ緑豊かな自然美が広がる

安芸太田町

▶P.282 **MAP** 別冊P.12、40-41

　里山の自然美が魅力。特に、国指定の特別名勝の三段峡は、フランスの旅行専門誌『ブルーガイド』で3つ星を取り、外国人観光客からも絶賛される。5つのセラピーロードも人気。

秘境の渓谷として海外からの観光客も多い三段峡（→P.58）

四季ごとに移ろう表情が美しい井仁の棚田（→P.40）

3 吉川家ゆかりの史跡多数脈々と続く民俗芸能も魅力

北広島町

▶P.288 **MAP** 別冊P.12-13、38、41

　町としては中国地方一の広さ。この地を本拠地としていた吉川氏の遺跡群が残る。神楽や田楽など民俗芸能も盛んで、「壬生の花田植」（→P.344）はユネスコ無形文化遺産に登録される。

国の天然記念物に指定される、大朝のテングシデ群落

安芸高田市

あきたかたし

神楽の聖地として知られる自然豊かな町

華麗な演出と圧倒的な演劇性で魅了する「ひろしま安芸高田神楽」

島根県
三次市
北広島町　**安芸高田市**
広島市　東広島市

人口
安芸高田市 ▶ 2万6675人

エリア利用駅

▼吉田口駅
JR芸備線

▼甲立駅
JR芸備線

▼向原駅
JR芸備線

甲立駅、向原駅は快速みよしライナーの停車駅。広島駅から所要時間およそ1時間

エリア中心部への行き方

| 広島バスセンター | 広電バス | 安芸高田市役所前 |
| | 所要約1時間30分（1080円） | |

| 広島IC | 車で　山陽自動車道・広島自動車道・中国自動車道 | 高田IC |
| | 所要時間約40分 | |

広島県のほぼ中央に位置し、北は島根県、南は広島市に接する。大小さまざまな山に囲まれているほか、中国地方最大の「江の川」が流れるなど水資源にも恵まれ、緑と水が調和した落ち着きのある景観が魅力。なかでも、県内初の本格的多目的ダムとして建設された「土師ダム」（→P.279）は観光地としても人気で、「八千代湖」の湖畔に沿って造られた平坦な道が続くサイクリングロードは初心者にもおすすめだ。また、「三本の矢」の逸話で知られる戦国武将・毛利元就（→P.334）の本拠地でもあり、その居城で、県最大の山城・吉田郡山城があったことでも有名だ。全国的にも神楽が盛んな地であり、エリア内には22の神楽団が存在。神楽を観劇できる「神楽門前湯治村」（→P.280）もある。

plus
ⓘ　安芸高田市はプロサッカークラブ「サンフレッチェ広島」（→P.46）の練習拠点があるほかにも、男子ハンドボールチーム「安芸高田ワクナガハンドボールクラブ」がこの地に本拠点を構えている。

歩き方

▶▶▶ 戦国大名・毛利氏ゆかりの史跡を巡る

安芸高田市は、戦国時代に中国地方をひとつにまとめた毛利元就が生涯を過ごした地。本拠地となる郡山城跡をはじめ、三矢の訓跡碑や百万一心碑、墓所、清神社など市内には毛利氏ゆかりの史跡が点在。郡山城跡の麓に整備された「郡山公園」（→P.278）には池や庭石を配した日本庭園があり、春は桜、秋は紅葉が美しい。すぐ近くの「安芸高田市歴史民俗博物館」（→P.278）では毛利氏や郡山城の歴史を深く知ることができる。史跡巡りには車移動がおすすめだが、公共交通を利用する場合は吉田口駅からタクシーを。

標高390m、比高190mの郡山城跡は中国地方最大級の山城跡

▶▶▶ 土師ダムで四季折々の自然を堪能

何といっても豊かな自然が魅力。なかでも「土師ダム」（→P.279）は自然が満喫できる人気スポットで、サイクリングやキャンプなどさまざまなアクティビティも楽しめる。ダム湖「八千代湖」はダム湖百選にも選出され、春になると湖畔に3000本もの桜が咲き誇ることから西日本有数の桜の名所としても知られるほか、秋の紅葉も圧巻。土師ダムサイクリングターミナルを拠点に芝生広場や大型遊具がある「のどごえ公園」や、テニスやグラウンドゴルフなどのスポーツ施設も点在。中国自動車道千代田ICから車で10分とアクセスも良好。

八千代湖を囲んで咲く桜。桜まつり期間中の夜は提灯がともされる

おさんぽプラン

① 郡山公園（▶P.278）

↓ 徒歩5分

② 清神社（▶P.278）

↓ 徒歩7分

③ 安芸高田市歴史民俗博物館（▶P.278）

↓ 車10分

④ 道の駅 三矢の里あきたかた（▶P.279）

↓ 車11分

⑤ 土師ダム（▶P.279）

寄り道スポット

西日本最大級のサッカー公園

天然芝グラウンド2面、人工芝グラウンド1面を有する本格的なサッカー公園。プロサッカーチームのサンフレッチェ広島（→P.46）の練習拠点にもなっており、間近で練習見学ができる。練習スケジュールはサンフレッチェ広島の公式サイトで確認を。

安芸高田市サッカー公園

MAP 別冊P.39-D2

住 安芸高田市吉田町西浦10187-1　TEL 0826-42-1600
営 8:30〜21:30、日〜17:30
休 水（祝日の場合は翌平日）
料 要問い合わせ　P あり
交 高田ICから車で15分

県内で希少な天然芝グラウンド

好きじゃけん広島県！
ご当地トピックス

神楽囃子が聞こえる「メロディーロード」

安芸高田市吉田町と島根県邑智郡邑南町を結ぶ吉田邑南線は「陰陽神楽街道」と命名され、下り線の一部、約270mの区間が「メロディーロード」（美里町横田、神楽門前湯治村手前約2km）となっており、区間走行中（時速50Km走行時に約19秒）に道路から鳴る軽快な神楽囃子を聞ける。進行方向左側は笛と鐘、右側は太鼓の走行音が。アスファルトに描かれた笛や鐘、太鼓のイラストも話題に。スタート地点の「打始め」の看板をお見逃しなく。

かわいい太鼓のイラストや「打始め」看板に注目しよう！

ひろしま
Q レジャー施設型ダム「土師ダム」は、ダム湖である八千代湖を中心にさまざまなアクティビティが楽しめることで人気。1994（平成6）年に広島で開催されたアジア競技大会の会場にもなったが、その競技とは何？

277

MAP 別冊P.39-D2

▶ 郡山公園

住 安芸高田市吉田町吉田 **TEL** 0826-47-4024(安芸高田市商工観光課) **営** 自由 **休** なし **料** 無料 **P** あり **交** 路線バス「安芸高田市役所前」下車、徒歩10分

春は花見スポットとしても人気。池を囲むように咲く桜は見もの

MAP 別冊P.39-D2

▶ 安芸高田市歴史民俗博物館

住 安芸高田市吉田町吉田278-1 **TEL** 0826-42-0070 **営** 9:00～17:00 **休** 火(祝日の場合は翌平日)、祝日の翌日 **料** 500円(中学生以下無料) **P** あり **交** 路線バス「安芸高田市役所前」下車、徒歩5分

郡山の麓に位置。毛利氏や市に関わる企画展、講座、イベントも開催

MAP 別冊P.39-D2

▶ 清神社

住 安芸高田市吉田町吉田477 **TEL** 0826-42-0123 **営** 自由 **休** なし **料** 無料 **P** あり **交** 路線バス「安芸高田市役所前」下車、徒歩5分

境内には樹齢1000年以上といわれる御神木の大杉が5本そびえる

毛利氏ゆかりの史跡と自然が調和した公園

こおりやまこうえん
郡山公園

かつて毛利元就の居城があった郡山に築造された公園で、町を一望できる憩いの場。池や庭石を配した閑静な日本庭園の趣で、春は桜、夏はツツジ、秋は紅葉の名所として知られる。明治天皇聖徳碑や土生玄碩碑などがあるほか、遊歩道や展望台も整備されている。

四季折々の風情が楽しめる日本式庭園。秋は紅葉が池に映り幻想的な美しさに

毛利氏と安芸高田市の歴史を紹介する博物館

あきたかたしれきしみんぞくはくぶつかん
安芸高田市歴史民俗博物館

毛利氏とその本拠・郡山城跡を中心に安芸高田市の古代から近現代までの歴史と文化財を紹介する博物館。毛利氏関係の古文書や郡山城からの出土品、社寺への奉納品などが多数あり、毛利氏について深く知ることができる。郡山登城とのセットでの来館がおすすめだ。

関連資料や郡山城の模型、映像などで詳しく紹介される毛利氏コーナー

戦国時代、毛利氏にあつく信仰された祇園社

すがじんじゃ
清神社

郡山城の築城以前から祇園社として存在し、戦国時代には毛利氏にあつく信仰された。現存の社殿は1694（元禄7）年建立で主祭神は素戔嗚尊。5月5日の例大祭は「吉田の市入り」として知られるほか、Jリーグ・サンフレッチェ広島の必勝祈願所としても有名。

どっしりと構える本殿は6本の太い柱で形成された五間社入母屋造

ひろしま
カヌー。湖面が広く水面が穏やかな八千代湖はカヌー競技に適しているのだとか。第51回国民体育大会(ひろしま国体)の会場にもなった。「土師ダムサイクリングターミナル」ではカヌー教室も開催。

戦国武将・毛利元就がテーマの道の駅
道の駅 三矢の里あきたかた
みちのえき みつやのさとあきたかた

毛利元就をテーマに、新鮮野菜が並ぶ産直棟、地元産の食材を使った料理が味わえるレストラン棟、休憩情報発信棟の3棟で構成する道の駅。ここでしか買えない元就グッズもある。施設名の「三矢」は元就が3人の息子たちに与えた教訓「三矢の訓」に由来。

地元農家が持ち込む新鮮野菜が並ぶ産直棟「ベジパーク安芸高田」

「三矢の訓」に由来した三角屋根の建物がシンボルに

MAP 別冊P.39-D2
▶ 道の駅 三矢の里あきたかた
住 安芸高田市吉田町山手1059-1　TEL 0826-47-2533　営 10:00〜17:00(レストラン11:00〜15:00、産直市場8:30〜18:00)　休 12/31〜1/4　CC 店舗により異なる　P あり　交 広電バス「愛郷小学校前」下車、徒歩3分

アウトドアが満喫できる多目的ダム
土師ダム
はじだむ

広島県内初の本格的多目的ダムとして建設。サイクリングやキャンプ、釣り、テニスなどのアウトドアが楽しめる施設が充実し、土師ダム貯水池「八千代湖」の湖畔には各種イベントの中心となる「のどごえ公園」もある。西日本有数の桜の名所で秋は紅葉も美しい。

春は湖畔に約3000本の桜が咲き誇り、夜はライトアップも行われる

日没後はライトアップされた幻想的な雰囲気のダムが楽しめる

MAP 別冊P.39-C2
▶ 土師ダム
住 安芸高田市八千代町土師1194-1　TEL 0826-52-2841(土師ダムサイクリングターミナル)　営 総合案内所9:00〜17:00、レストラン11:00〜16:00　休 火(祝日の場合は翌日)、年末年始　料 体験により異なる　P あり　交 千代田ICから車で10分

広島県内最大規模を誇る産直市場
八千代産直市場
やちよさんちょくいちば

安芸高田市や北広島町を中心に広島県北部で生産された朝取れ野菜や果物、花、米などを販売する大型産直市。鮮魚・精肉コーナーや焼きたてパンが30種並ぶベーカリー、ラーメンを提供するフードコート、ジャムなどの加工品コーナー、生花コーナーもある。

ずらりと並ぶ広島県北部で生産された新鮮野菜には生産者の名前を表示

店舗面積は広島県最大規模。1000人近い地元生産者が出品

MAP 別冊P.39-C3
▶ 八千代産直市場
住 安芸高田市八千代町佐々井1405-5　TEL 0826-52-7006　営 8:30〜18:00　休 1/1〜1/4　CC ADJMV　P あり　交 千代田ICから車で20分

plus　神楽の町・安芸高田市のご当地グルメ、神楽に登場する女の鬼「夜叉」にちなんで生まれた「夜叉うどん」をご存じ？真っ赤な辛〜いスープと、地元産の青ネギがたっぷりのった、やみつきになる味だ。

右側縦書き：安芸高田・安芸太田・北広島　安芸高田市　おもな見どころ

▶ 神ノ倉山公園

住 安芸高田市向原町有留　TEL 080-3058-1723（神ノ倉山公園 代表 岡田）　営 自由　休 なし　料 無料（2024年1月現在）※有料化の予定あり　P あり　交 志和ICから車で25分　URL www.instagram.com/kannokura_official

山頂から眺める中国山脈。雲海が広がる冬の眺望も一見の価値あり

▶ 向原農村交流館やすらぎ

住 安芸高田市向原町長田22-1　TEL 0826-46-3987　営 9:00～17:30、食堂11:00～14:00（コーヒーは～17:30）　休 第3火（祝日の場合は翌日）　料 無料　P あり　交 JR「向原駅」から徒歩15分

三角屋根が特徴的。軽食が楽しめる食堂や展示スペースもある

▶ 神楽門前湯治村

住 安芸高田市美土里町本郷4627　TEL 0826-54-0888　休 施設により異なる　料 日帰り温泉800円（4歳～小学生450円、4歳未満無料）、その他体験により異なる　P あり　交 高田ICから車で7分

全面ガラス張りの広々とした大浴場。寝湯や蒸気サウナなどもある

広島湾や中国山脈が一望できる絶景公園

神ノ倉山公園
かんのくらやまこうえん

標高561mの神ノ倉山公園（私有地公園）は、ハイキングや音楽の森ライブなどで利用されるほか、ハンググライダーやパラグライダーの滑空場もある。春から夏にかけて楽しめる数千本の桜やツツジ、藤の美しさは見事。山頂からの眺めも圧巻で、晴れた日は中国山脈が一望できる。

山頂には珍しい円形の藤棚があり、満開を迎える5月頃には多くの人が観賞に訪れる

豊富に揃う特産品と多彩なイベントが魅力

向原農村交流館やすらぎ
むかいばらのうそんこうりゅうかんやすらぎ

コンセプトは「みんなの自遊空間」。食品や木工芸品など地元の特産品の販売ほか、100店舗を超える出店がある「アートまつり」や「ちびっこワンパクフェア」などさまざまなイベントを開催。施設横にある「ふるさと河原公園」ではバーベキューも楽しめる。

新鮮野菜や卵、味噌や醤油といった加工品など、向原町の美味が豊富に揃う

神楽も温泉も食事も楽しめる総合施設

神楽門前湯治村
かぐらもんぜんとうじむら

神楽をテーマに懐かしい温泉街を再現。全国的にも珍しい巨大な神楽専門ドームや神楽体験館、神楽の伝説にまつわる露天風呂が魅力の「天然ラドン温泉岩戸屋」、格子造りの旅籠屋や湯治宿、田舎料理店など見どころ満載。市内22神楽団による神楽公演は必見。（→P.337）

瓦の屋根が連なる、古きよき日本を感じさせる町並み

 JAFの公認コースの安芸高田市「TSタカタサーキット」。運転免許証のみでOKだし、自分の愛車で走れる快感。子供向けのイベントもあり家族で行けるのがいい。（広島市在住・スピードデーモン）

滝ヶ谷の源流で育ったヤマメが釣れる釣り堀

滝ヶ谷養魚場
たきがたにようぎょじょう

祖父から孫へ受け継がれた、50年以上の歴史をもつ自然に囲まれた養魚場。釣り堀では、滝ヶ谷の源流で大切に育てたヤマメを釣ることができる。釣り上げたヤマメは持ち帰るか、その場で串焼きにできる。近くには風光明媚な滝があり、四季折々の自然散策も楽しめる。

美しい水や空気に癒やされながらのヤマメ釣りは世代を問わず好評

MAP 別冊P.38-B1

▶ 滝ヶ谷養魚場

住 安芸高田市美土里町桑田188-2 TEL 0826-55-0758 営 10:30～15:00(要予約)、土・日・祝9:00～16:00(来場前に要連絡) 休 不定休 料 ヤマメ1尾320円、竿2本・練り餌セット300円 P あり 交 千代田ICから車で25分

源流で育ったヤマメは川魚特有の臭みがなくおいしいと評判

安芸高田市の玄関口にある道の駅

道の駅 北の関宿安芸高田
みちのえききたのせきじゅくあきたかた

中国自動車道・高田ICに隣接。地元産の新鮮野菜や島根や徳島から仕入れる海産物が並ぶ産直市場「山の市・海の市」、地元農家が栽培したウコン入り麺が味わえる「ながいきラーメン食堂」、コンビニエンスストアがあり、地域の交流拠点としても愛される。

赤茶色の石州瓦に白壁、切妻屋根に左右対称の社殿風造りの駅舎が印象的

MAP 別冊P.39-D1

▶ 道の駅 北の関宿安芸高田

住 安芸高田市美土里町横田331-1 TEL 0826-57-1657 営 9:00～18:00(レストラン11:00～17:00、コンビニエンスストア24時間) 休 なし CC 不可 P あり 交 高田ICから車で1分

地域の朝採れ野菜や山陰の干物が揃う産直市場「山の市・海の市」

手打ちそばやユズ商品で人気の憩いの場

エコミュージアム川根
えこみゅーじあむかわね

手打ちそばや地元食材を生かした料理を提供する食事処や名産ユズの加工品などが並ぶ特産品販売コーナー、各種研修が可能なメダカホールなどがある地域の憩いの場。自慢は高宮産のそばの実を使った手打ちそば。上質な絶品そばを求め県外から足を運ぶ人も多数。

川根地域の豊かな自然を満喫できる施設。田舎好きにはたまらない!

MAP 別冊P.13-D1

▶ エコミュージアム川根

住 安芸高田市高宮町川根1973 TEL 0826-58-0001 営 11:00～18:00(そば11:00～15:00) 休 水 CC 不可 P あり 交 高田ICから車で20分

高宮産のそばの実をその日に使う分だけ石臼でひく手打ちそば

クチコミ 「エコミュージアム川根」には、安芸高田市の特産品・川根ユズを使った商品がたくさんあります。なかでも私のいち押しは「柚子ヴぁたーケーキ」。ユズの香りがたまりません!(広島市在住・M)

国外でも人気の国の名勝・三段峡がある自然豊かな町

安芸太田町
あきおおたちょう

三段峡（→P.58）の「黒淵荘」は、まさに秘境の飲食店

島根県 北広島町

安芸太田町

広島市

🚌 **人口** 安芸太田町 ▶ 5549人

🚌 **エリア利用バス停**

▼三段峡バス停
三段峡線

▼安芸太田町役場バス停
三段峡線、新広益線

▼戸河内ICバスセンターバス停
三段峡線、新広益線

「三段峡正面入口」は廃線となったJR可部線の終点だった場所。現在はバス路線の終点に。

▷▷▷ エリア中心部への行き方

広島バスセンター	広電バス	三段峡
	所要約1時間21分（高速道1570円）	

広島IC	車で 山陽自動車道・広島自動車道・中国自動車道	戸河内IC
	所要時間約40分	

　山県郡を構成するふたつの町のひとつで、大部分を森林が占める。緑豊かな里山の自然美が魅力で、なかでも国指定の特別名勝・三段峡（→P.58）は広く知られ、2015（平成27）年にはフランスの旅行専門誌『ブルーガイド』で最高格付けの3つ星を獲得し、外国人観光客からも絶大な人気を誇る。山々に5つのセラピーロードや多数のキャンプ場があるほか、町名の由来にもなった水流豊かな太田川ではSUPやカヤック、シャワークライミングなどの川遊びも楽しめ、町内いたるところでアウトドアを満喫できる。また、初心者でも日本で数少ないライフル射撃体験ができる「つつがライフル射撃場」（→P.286）もある。県内で最も人口が少ない地域だが、自然豊かで人情味あふれる暮らしが堪能できる。

ⓘ plus 「戸河内彫物（とごうちくりもの）」とは安芸太田町で作られる県指定伝統的工芸品。起源は宮島細工で、この地の木材を宮島へ送っていたことが始まりとされる。ノミやカンナで削り出して作る和食器は素朴さが魅力。

歩き方

セラピーロードで癒やしのひとときを

広島県で初めて認定された森林セラピー基地があり、5つのセラピーロードが設定されている。森林浴と草原散歩を楽しむ登山初心者向けの深入山セラピーロードや、広島県最高峰・恐羅漢山の麓に

里山ガイドが参加者のリクエストに応じて最適なプログラムを用意

ある恐羅漢セラピーロード、鳥の声や水の音を聴きながらゆったりと散策する龍頭峡セラピーロードなどコースの特徴はさまざまで、参加者の体力や希望に沿って、時間やコース、体験内容などを自由に設定できる。各セラピーロードは広島市から車で1時間弱、中国自動車道・戸河内ICから30分程度。移動には車がおすすめだ。

1年を通じていろんな自然遊びができる

川遊び、雪遊びなど、自然を満喫するアウトドアやアクティビティが年中盛んな安芸太田町。4月中旬〜11月中旬は、西中国山地国定公園で県内最高峰の恐羅漢山中腹に広大な「恐羅漢エコロジーキャンプ場」がオープン。キャンプやBBQはもちろんのこと、ジップラインやバンジートランポリン、マウンテンバイクなどアクティビティ体験も充実する人気定番スポット

「恐羅漢エコロジーキャンプ場」は、県内外のキャンパーからも人気の高いスポット

で、期間中は、毎年県内外から多くの人が足を運ぶ。周囲には三段峡をはじめとする景勝地も多数あるので移動は車がおすすめ。戸河内ICから国道191号経由で約1時間。

おさんぽプラン

① 三段峡（▶P.58）
　↓ 車10分
② 道の駅 来夢とごうち（▶P.285）
　↓ 車8分
③ 井仁の棚田（▶P.40）
　↓ 車17分
④ 鯛焼屋よしお（▶P.283）
　↓ 車2分
⑤ 月ヶ瀬温泉（▶P.285）

寄り道スポット　老舗の名物たい焼き店

1970（昭和45）年の創業以来、50年以上愛されるたい焼き店。厳選した上質な国産素材を使って熟練職人が焼くたい焼きは、たっぷりのあんことサクッとした生地が人気の理由。2022（令和4）年に旧JR加計駅跡地に移転リニューアルした。

鯛焼屋よしお

MAP 別冊P.41-C1

住 山県郡安芸太田町加計3494-9　TEL 0826-22-0571
営 9:00〜18:00　休 水（祝日の場合は翌日）　CC ADJMV
P あり　交 加計スマートICから車で7分

羽付きのたい焼きは旅のお供やおみやげにもぴったり

好きじゃけん広島県！
ご当地トピックス

漬け物を焼く!? 名物B級グルメ・漬け物焼きそば

安芸太田町の名物といえば、日本最南端の豪雪地帯といわれるこのエリアの「漬け物を焼いて食べる食文化」を伝えるために開発されたB級グルメ「漬け物焼きそば」。具材に広島菜漬やたくあん、高菜漬けなどの漬け物を使った焼きそばで、ひと口食べれば香ばしい焼き漬け物の風味がクセに。町内4つの飲食店で提供され、それぞれがこだわりの漬け物、こだわりのソースを使うため、食べ比べを楽しんで。

2015（平成27）年に誕生し、今では町の名物グルメとして定着

Q 広島県で9割以上を生産し、江戸時代の佐東郡祇園社（現在の広島市安佐南区の安神社）をルーツとする、広島原産の古品種、高級品としても知られる安芸太田町の特産品は？

おもな見どころ

MAP 別冊P.41-C1

▶ 温井ダム

住 山県郡安芸太田町大字加計1956-2 TEL 0826-22-1501 営 9:00〜16:30 休 なし 料 無料 P あり 交 戸河内ICから車で20分

建設時の資料を展示する「温井ダム資料館」

MAP 別冊P.41-C1

▶ 名勝 吉水園

住 山県郡安芸太田町加計神田3410 TEL 0826-22-0002(9:00〜17:00 ※土・日・祝休み) 営 9:00〜17:00 休 公開日以外 料 200円(15歳未満無料) P あり 交 戸河内ICから車で15分

庭園の景色が見渡せる茅葺屋根の吉水亭

MAP 別冊P.41-C1

▶ 川・森・文化・交流センター

住 山県郡安芸太田町加計5908-2 TEL 0826-22-2126 営 9:00〜16:30 休 なし 料 無料 P あり 交 戸河内ICから車で15分

図書館や古文書館、IT情報館もある

MAP 別冊P.12-A3

▶ 恐羅漢山

住 山県郡安芸太田町横川 TEL 0826-28-1800(一般社団法人地域商社あきおおた) 営 自由 休 なし 料 無料 P あり(恐羅漢エコロジーキャンプ場／恐羅漢スノーパーク) 交 戸河内ICから車で1時間

冬は西日本最大級のスキー場がオープンする

日本で2番目の堤高を誇るアーチ式ダム

温井ダム
ぬくいだむ

　アーチ式ダムでは黒部ダムに次ぐ日本で2番目の高さを誇る堤高156mの多目的ダム。四季折々の景観が楽しめる温井ダム貯水池「龍姫湖」は、「ダム湖百選」に選出。

太田川水系初の多目的ダム。毎年春の放水イベントは見物客でにぎわう

江戸時代半ばに造られた歴史ある日本庭園

名勝 吉水園
めいしょう よしみずえん

　地域の商家・加計隅屋の16代当主が江戸時代に造った日本庭園。一般公開は6月と11月の年に2回のみ。春は県の天然記念物「モリアオガエル」、秋は「江戸モミジ」でも有名。

秋の開園時は、江戸時代から植わっている「江戸モミジ」が見事に色づく

太田川の自然環境や加計地区の歴史が学べる

川・森・文化・交流センター
かわ・もり・ぶんか・こうりゅうせんたー

　加計地区の文化継承の拠点。太田川の自然環境や水利用について展示する「水の文化館」や、安芸太田町の暮らしや歴史、文化について学べる「歴史民俗資料館」などがある。

1階にある「水の文化館」。太田川流域についてパネルや模型で紹介

県下最高峰！ 登山や紅葉狩り、スキーの名所

恐羅漢山
おそらかんざん

　標高1346mで、山頂裏側の台所原には直径1m、高さ20mを超えるブナやケヤキなどの巨木の森がある。春から秋は登山やキャンプ、紅葉狩り、冬はスキーが楽しめる。

春から秋のグリーンシーズン。ジップラインやサウナなどアクティビティも充実

ひろしま

祇園坊柿（ぎおんぼうがき）。安芸太田町が生産量日本一。渋柿のため干し柿で食す。名前の由来は、祇園社の社僧が広めた、僧侶の頭の形に似ていた、など諸説あり。「道の駅 来夢とごうち」では祇園坊柿を使った商品も。

地域の憩いの場として人気の日帰り温泉施設
月ヶ瀬温泉
つきがせおんせん

観光客にも地元の人にも愛される日帰り温泉施設。ほんのり硫黄の香りがする弱アルカリ性の泉質で美肌効果に期待大。施設内にはレストラン「やぶ月」やおみやげコーナーも。

春は桜を眺めながらの入浴が楽しめる人気の露天風呂「川の湯」

MAP 別冊P.41-C1
▶ 月ヶ瀬温泉
🏠 山県郡安芸太田町大字加計3505-2 📞 0826-22-6666 🕐 11:00～21:00 🈳 木(祝日の場合は要問い合わせ) 💴 500円(小学生以下200円、3歳未満無料) Ｐ あり 🚃 路線バス「加計中央」下車、徒歩1分

2020(令和2)年に地域の交流拠点としてオープン

安芸太田町の玄関口に位置する道の駅
道の駅 来夢とごうち
みちのえき らいむとごうち

安芸太田町の食や文化が結集した道の駅。なかでもおすすめは生産量日本一を誇る祇園坊柿の関連商品、広島県の指定伝統工芸品「戸河内刳物」など。(→P.371)

飲食店エリアや大型遊具を備えた公園などもあり、幅広い層が楽しめる

MAP 別冊P.40-B2
▶ 道の駅 来夢とごうち
🏠 山県郡安芸太田町上殿632-2 📞 0826-28-1800(一般社団法人地域商社あきおおた) 🕐 1F売店10:00～17:00(土・日・祝～18:00)、店舗により異なる 🈳 なし(店舗により異なる) 🆑 店舗により異なる Ｐ あり 🚃 戸河内ICすぐ

高低差が少ない森林散歩にぴったりの山
深入山
しんにゅうざん

3つの登山口を有する標高1153mのなだらかな山で、広島県初認定の森林セラピーロード®として整備された登山道もある。山頂で楽しめる360度の大パノラマは圧巻。

三段峡の東、西中国山地国定公園内に位置。草原に包まれた美しさも魅力

MAP 別冊P.40-A1
▶ 深入山
🏠 山県郡安芸太田町大字松原 📞 0826-28-1800(一般社団法人地域商社あきおおた) 🕐 自由 🈳 なし 💴 無料 Ｐ あり 🚃 戸河内ICから車で16分

春の到来を告げる伝統行事「深入山山焼き」

深入山の麓にある大自然を堪能できる施設
いこいの村ひろしま
いこいのむらひろしま

西中国国定公園の深入山の麓に位置し、観光やレジャーの拠点に最適。全部屋から中国山地が望め、セラミック大浴場の日帰り入浴もできるため癒やしのスポットとしても知られる。

西中国山地の大パノラマが魅力の宿。四季折々の壮大な景色が楽しめる

MAP 別冊P.40-B1
▶ いこいの村ひろしま
🏠 山県郡安芸太田町大字松原1-1 📞 0826-29-0011 🕐 日帰り入浴11:00～19:00 🈳 不定休 💴 日帰り入浴600円(小学生300円、1歳以上の幼児200円) Ｐ あり 🚃 戸河内ICから車で25分

山々を眺めながら入浴できるセラミック大浴場

安芸太田町「大歳神社」には、推定樹齢1100年を超える巨大なイチョウの木、「筒賀の大銀杏」がある。県の天然記念物に指定されている。秋になると"黄金の絨毯"を求め、各地から人が訪れる。

▶ 棚田カフェ イニ ミニ マニモ

住 山県郡安芸太田町大字中筒賀629-2 TEL 0826-22-6789 営 11:30〜17:00(土・日・祝〜17:30) 休 月・火・第4水 CC AJMV P あり 交 戸河内ICから車で7分

標高450〜550mに位置し、四方を山に囲まれた「井仁の棚田」

▶ 龍頭峡

住 山県郡安芸太田町筒賀 TEL 0826-28-1800(一般社団法人地域商社あきおおた) 営 自由 休 なし 料 無料 P あり 交 戸河内ICから車で12分

秋は紅葉を満喫しながらハイキングや森林浴が楽しめる

▶ つつがライフル射撃場

住 山県郡安芸太田町大字上筒賀字猪股山919 TEL 0826-32-2249 営 3〜12月の土・日・祝9:00〜16:00※要予約 休 月〜金、1・2月 料 広島県民1000円(学生以下500円)、広島県民以外2000円(学生以下1000円) P あり 交 戸河内ICから車20分

豊かな自然に囲まれた射撃場。積雪の多い1・2月は原則閉鎖

井仁の棚田を眺めながら食事や休憩ができる

棚田カフェ イニ ミニ マニモ
たなだかふぇ いに みに まにも

広島県で唯一、「日本の棚田百選」に選ばれた「井仁の棚田」(→P.40)が見渡せるカフェ。井仁の棚田や安芸太田町で採れた米や野菜、果物を使ったランチやデザートだけでなく、静かに流れる時間も堪能できる。藍の生葉染めワークショップやジャズライブなど随時イベントも実施。

「井仁の棚田」が一望できる好立地。建物の一部は店主と地元の方によるDIY

清流と滝、森林が絶景を織りなす名峡

龍頭峡
りゅうずきょう

美しい清流と豊かな緑が魅力の渓谷。峡内には落差40mの二段滝や落差20mの奥の滝、ナメラ滝、追森の滝、引き明けの森など名所が点在。安芸太田町にある5つのセラピーロード®のうちのひとつがあり、初心者にも優しい緩やかなコースとして知られている。

二段になって落下する二段滝。下流には美しいナメラ滝と魚切淵がある

一般来場者でもライフル射撃体験が可能

つつがライフル射撃場
つつがらいふるしゃげきじょう

アジア大会・国体も開催された日本で唯一の国際規格の射撃場。銃の所持許可をもっていない一般来場者でもビームライフルやビームピストルの射撃体験ができる。ライフル協会役員が銃の操作や撃ち方を指導してくれ、初心者でもゲーム感覚で楽しめるのがうれしい。(→P.90)

射場は50mあり、国際的なライフル射撃競技大会も実施できる

---

plus

川魚・ヤマメの釣り堀、安芸太田町「渓流茶園」は、釣った魚をその場でいただける。囲炉裏で炭火の塩焼きにしてもよし、ヤマメのから揚げもいい。肉などを持ち込んでバーベキュー(要予約)することも。

冬遊びはここに決まり！
芸北ゲレンデ **4選**

西日本有数の豪雪地帯である
安芸太田町や北広島町は、
良質なゲレンデが点在するスキー天国！

❶100％天然雪のゲレンデ
❷地形も豊富で初心者から上級者まで楽しめる

❷

リフト1日券
5100円
子供2000円、
シニア4100円
※子供以外は
土・日・祝は
500円アップ

初心者ファミリーでも安心
おそらかんすのーぱーく
恐羅漢スノーパーク

　県の最高峰に展開する2500mのロングランと雪質が魅力。場内には初心者でも安心な緩やかな斜面のほか、雪遊びに疲れた子供たち用にキッズルームも完備。県内のスキー発祥の地としても知られる。

MAP 別冊P.40-A2
🏠 山県郡安芸太田町横川740-1　☎ 0826-28-7007
🕐 12月中旬〜3月中旬(変動あり)8:00〜17:00　休
不定休　🅿 あり　🚃 戸河内ICから車で20分

国道からすぐの好立地
げいほくこうげんおおさすきーじょう
芸北高原大佐スキー場

　国道186号沿いという立地のよさが好評。天然雪100％のゲレンデは横幅が400mあり、初心者やファミリーでも安心して滑れる。名物の「ペンギンデー」実施日には、ペンギンがゲレンデを散歩する姿が見学できる。

MAP 別冊P.12-B2
🏠 山県郡北広島町荒神原38-31　☎ 0826-35-0038
🕐 12月中旬〜3月中旬(変動あり)8:00〜17:00　休 期間中なし　🅿 あり　🚃 戸河内ICから車で35分

リフト1日券
※2024年4月現在
変更の可能性あり
4800円
子供2600円

❶初心者から上級者まで6つのコースがある　❷ペンギン目当ての家族も多数

❶バラエティに富んだ7つのコースがある　❷スキー場での冬キャンプも可能

シーズン中は毎日営業！
やわたはいらんどいちきゅういちりぞーと
やわたハイランド191リゾート

　7つのうちの6コースが初級・中級者向けで、子供から大人まで楽しめる。中級・上級者にはモーグルコースが人気。人工造雪設備を導入しており、毎日滑れるのも魅力。楽しみあふれるソリ遊び「キッズスノーランド」も完備。

MAP 別冊P.12-A2
🏠 山県郡北広島町西八幡原　☎ 0826-37-0341
🕐 12月中旬〜3月中旬(変動あり)8:00〜17:00、土・日・祝7:30〜17:00　休 期間中なし　🅿 あり　🚃 戸河内ICから車で30分

リフト1日券
5000円
子供2500円、
高校生・シニア
4000円

西日本最大級スノーパーク
ゆーとぴあさいおと
ユートピアサイオト

　標高1150mの高杉山と標高1042mの夫婦岩の麓にあり、ファミリーコースから上級者向けメダリストコースまで揃う。スノーアドベンチャーエリアやそり遊びゾーンなど子供向けのエリアも充実。

MAP 別冊P.12-B2
🏠 山県郡北広島町才乙144　☎ 0826-35-1234　🕐 12月中旬〜3月中旬(変動あり)8:00〜17:00　休 期間中なし　🅿 あり　🚃 戸河内ICから車で45分

リフト1日券
4800円
子供2500円、
シニア4500円

❶最高峰の雄大さと爽快感がたまらないメダリストコース
❷いろいろな雪遊びが楽しめるスノーアドベンチャーエリア

ℹ️ plus 「ユートピアサイオト」では、夏場にはバギー体験ができる。子供向けコースから、初心者コース、4000mのロングコースまでバリエーション豊か。バギー初体験でもレクチャーがあるので安心。

北広島町
（きた ひろ しま ちょう）

北広島町が世界に誇るユネスコ無形文化遺産「壬生の花田植」（→P.344）

島根県

北広島町

安芸太田町

広島市

🚶 人口　北広島町▶1万7159人

🚌 **エリア利用バス停**

▼広島北インター入口バス停
芸北あき亀山線

▼安佐市民病院バス停
芸北あき亀山線

▼芸北支所バス停
芸北あき亀山線

▼上荒神原バス停
芸北あき亀山線

北広島町では、便利な予約制定時運行型デマンドバス「ホープタクシー」の利用を推奨。

エリア中心部への行き方

広島バスセンター	備北交通　高速バス	千代田IC
	所要約1時間（1330円）	
広島IC	車で　山陽自動車道・広島自動車道・中国自動車道	
	所要時間約30分	

　安芸太田町とともに山県郡を構成する北広島町は、町としては中国地方一の広さ。中国山地に位置し、面積の8割が森林で、北西部には1000m級の山が連なる。また、国立公園の一部・八幡湿原（→P.41）がある芸北地域八幡は、2mの積雪を記録することもある豪雪地帯として有名。古くから山陽と山陰を結ぶ中継として栄え、戦国武将・毛利元就の次男であり吉川家の家督を継いだ吉川元春に関連する遺跡も残る。神楽や田楽などの民俗芸能も盛んで、なかでも「壬生の花田植」（→P.344）はユネスコの無形文化遺産に登録されている。主産業は農業や林業だが、高速道路の沿線には6つの工業団地が整備され、多くの企業が操業するほか、スキーなど豊かな自然を活用した観光業も盛ん。

ⁱ plus　発電用の「樽床（たるとこ）ダム」建設のために造られた人造湖「聖湖」。特に秋は紅葉スポットとして人気だ。近くには、湖底に沈んだ樽床集落地域の暮らしを展示する「芸北民俗博物館」や、キャンプ場などもある。

歩き方

戦国武将・毛利氏と吉川氏の史跡を巡る

鎌倉時代末期、約280年にわたって吉川氏の本拠地であった。町内には駿河丸城跡や小倉山城跡などの中世山城や、万徳院跡や常仙寺跡などの寺院や墓所、吉川元春館跡や松本屋敷跡など、吉川

毛利元就の次男・吉川元春が築いたといわれる長さ80mの石垣

氏ゆかりの史跡が点在する。吉川氏の史跡を巡るなら、吉川元春館跡歴史公園に隣接し、毛利氏・吉川氏の歴史や史跡を学べる「戦国の庭 歴史館」（→P.290）を起点にするのがおすすめ。また、歴史館から車で5分の場所にある「万徳院跡歴史公園」（→P.290）では、3～11月の第3日曜に復元した風呂屋で蒸し風呂体験も実施する。

森林が育むおいしい名水を求めて

全体の8割以上を森林が占め、太田川・江の川の源流域である北広島町はまさに自然の宝庫。森が美しい水を育むことから名水も多数存在し、名水を巡る旅も楽しめる。なかでも、千代田ICから車で約10分の場所にある八王子神社（北広島町本地4811）の麓から湧く「よみがえりの水」は「平成の名水百選」にも選ばれた名水中の名水。白亜紀の地殻変動によってできた花崗岩の破砕帯から湧いたこの水は、ラドンを豊富に含む軟水の冷鉱泉で、口当たりが軟らかく、ほのかに甘みが感じられ、コーヒーやお茶、料理にと使いやすい。

よみがえりの水。水汲み場から山のほうを見上げると地層が見える

おさんぽプラン

① 道の駅 舞ロードIC千代田（▶P.291）
　↓ 車7分
② 古保利薬師収蔵庫（▶P.291）
　↓ 車14分
③ 戦国の庭 歴史館（▶P.290）
　↓ 車5分
④ 万徳院跡歴史公園（▶P.290）
　↓ 車25分
⑤ 豊平手打ちそば こぼり（▶P.292）

寄り道スポット　全国でも珍しいオートバイの神社

町のツーリングスポットのひとつ、「RAKUSAN」敷地内に赤い鳥居が目印の日本で2番目にできたオートバイ神社。自由に立ち寄ることができるほか、自動販売機で購入できるオートバイ絵馬もあり、安全を祈願するための場所として人気。

長笹樂山オートバイ神社
[MAP] 別冊P.41-D1
🏠 山県郡北広島町長笹10636-1　☎0826-85-0770（10:00～18:00）🕐自由　休なし　料無料　Pあり
🚃 千代田ICから車で35分

山々に囲まれた豊かな自然のなかにある。写真はオートバイ絵馬

好きじゃけん広島県！ ご当地トピックス

全国でも数少ない「どぶろく特区」が！

広島県の高原地域にあたる北広島町は、全国でも数少ない「どぶろく特区」のひとつ。現在は3つの工房がどぶろくの製造を手がける。そのひとつ、八幡高原にある「あるぺん屋」は、民宿を営みながら、2007（平成19）年から「八幡高原酒造」としてどぶろくや甘酒の製造を開始。店舗での販売も行っている。

▶ あるぺん屋　🏠 山県郡北広島町西八幡原10405-3　☎0826-37-0226　🕐9:00～17:00　休不定休　[MAP] 別冊P.12-A2

樹齢400年のブナ林が育む美しい地下軟水を使うどぶろくは絶品

おもな見どころ

MAP 別冊P.38-A1
▶ 戦国の庭 歴史館
住 山県郡北広島町海応寺255-1 **TEL** 0826-83-1785 **営** 9:00～16:30(最終入館16:00) **休** 月(祝日の場合は翌平日) **料** 300円(高校生100円、中学生以下無料) **P** あり **交** 千代田ICから車で20分

吉川元春館跡歴史公園が隣接(年中開放)。元春が築いた重厚な石垣は圧巻

MAP 別冊P.38-A1
▶ 万徳院跡歴史公園
住 山県郡北広島町舞綱 **TEL** 0826-83-1785(戦国の庭 歴史館) **営** 自由(ガイダンスホール8:30～16:30) **休** なし(ガイダンスホール月) **料** 無料 **P** あり **交** 千代田ICから車で20分

室町時代の絵巻物や現存例などをもとに復元された風呂屋。蒸気浴後の爽快感は格別!

MAP 別冊P.13-C2
▶ 天意の里ハーブガーデン
住 山県郡北広島町大朝11654-1 **TEL** 0826-82-3898 **営** 10:00～16:00 **休** 木・金 **料** 入園無料、ジャーマンカモミール花つみ1袋300円(5～6月)、リース作り1500円～(要予約) **P** あり **交** 大朝ICから車で7分

カモミールが満開を迎えた1ヘクタールのハーブガーデンは圧巻

吉川氏の遺跡と中世の暮らしについて学べる

戦国の庭 歴史館
せんごくのにわ れきしかん

　吉川元春館跡や万徳院跡など、国の史跡に指定された吉川氏城館跡全体を案内する施設。出土品とともに、吉川氏を支えた豊富な森林・鉄資源や、民衆の技術・知恵を紹介。甲冑の試着は老若を問わず人気。また、当時の履物や服を身に着けて中世の人々の生活が体験できる。

吉川元春館を復元した模型で、当時の館の姿と暮らしの様子を紹介

吉川氏の興隆を今に伝える歴史公園

万徳院跡歴史公園
まんとくいんあとれきしこうえん

　万徳院は吉川元春の嫡男・元長が建立した寺院。発掘調査にて本堂跡や庫裏跡、風呂屋跡、庭園跡など多くの遺構や遺物が見つかった。元長が好んだ静謐な景観は、今も変わらず心を癒やしてくれる。復元した風呂屋では、3～11月の第3日曜に蒸気浴体験ができる。

万徳院跡歴史公園の全景。ガイダンス施設は本堂をイメージ。資料や出土品は「戦国の庭 歴史館」に展示

花つみ体験ができる広大なハーブガーデン

天意の里ハーブガーデン
あいのさとはーぶがーでん

　約3ヘクタールの敷地を持つハーブガーデン。ベストシーズンは、1ヘクタールに広がるジャーマンカモミールの花が満開となる5月下旬から6月下旬にかけて。ハーブ園や自然食レストラン、カフェ、クラフト教室などがあるほか、花つみ・栗ひろい体験やリース作りも楽しめる。

カフェではハーブティーやハーブコーヒー、手作りスイーツなどが堪能できる

ひろしま

テングシデ。カバノキ科イヌシデの変種で、世界でここだけに自生する。「天狗シデ」と書き、天狗伝説とともに大切に守られてきた。通常は幹を真っすぐ伸ばすイヌシデだが、幹から曲がりくねった形は珍しく貴重だ。

全国からファンが集まる貴重な仏像の宝庫
こほりやくしじゅうぞうこ
古保利薬師収蔵庫

平安時代に弘法大師が開基したと伝わる福光寺跡にある収蔵庫には、本尊薬師如来や日光・月光菩薩など、国の指定重要文化財をはじめとした貴重な仏像が24体以上並ぶ。

1本の木から量感豊かに掘り出された本尊の薬師如来坐像は国の重要文化財

MAP 別冊P.38-B2
▶古保利薬師収蔵庫
住山県郡北広島町古保利224 TEL0826-72-7362(北広島町教育委員会)営9:00～16:30(最終入館16:00) 休月(祝日の場合は翌日) 料300円(高校生100円、中学生以下無料) Pあり 交千代田ICから車で5分

収蔵庫には威厳に満ちた仏像がずらり

北広島町の魅力が集結した道の駅
みちのえき まいろーどいんたーちぇんじちよだ
道の駅 舞ロードIC千代田

北広島町内で採れた野菜や果物、菓子類などのみやげ品が揃う「きたひろ市場」やランチバイキングが人気の「レストラン響」、月に1度開催される「神楽の日」など魅力満載。

月に1度、レシート提示で観覧できる神楽の公演イベントが開催される

MAP 別冊P.38-B2
▶道の駅 舞ロードIC千代田
住山県郡北広島町有田1122 TEL0826-72-0171 営9:00～18:00(12～3月は～17:00) 休なし(レストランは水) CC不可 Pあり 交千代田ICから車で1分

高速道路からも見える大きな太鼓が目印

「遊べる・泊まれる・体験できる」道の駅
みちのえき とよひらどんぐりむら
道の駅 豊平どんぐり村

産直市場、レストラン、温泉、宿泊施設などが揃う魅力満載の道の駅。目玉は爽快な天然ラドン温泉と特産の豊平そば。豊平流のそば打ち体験ができる「そば道場」も人気。

豊平の景色を眺めつつ天然ラドン温泉が堪能できる「どんぐり荘 龍頭の湯」

MAP 別冊P.38-A2
▶道の駅 豊平どんぐり村
住山県郡北広島町都志見12609 TEL0826-84-1313 営9:00～18:00(温泉12:00～、レストランと「むすび むさし」11:00～15:00、そば処11:00～14:00、産直市場～16:00)※温泉・レストランは土日祝～19:00 休第3火(「むすび むさし」は水、産直市場はなし) CC店舗により異なる Pあり 交広島北ICから車で20分

イタリアン精進料理が味わえる寺
じょうけんじ
淨謙寺

400年以上の歴史をもつ寺で、時期限定で芸北地域の旬の食材を使ったイタリアン精進料理(6600円、要予約)を提供。食前は法話を拝聴し、食後は茶室で抹茶を一服……が定番。

美しく整備された境内。芸北地区に古くから根づいてきた風格が感じられる

MAP 別冊P.12-B2
▶淨謙寺
住山県郡北広島町奥原161 TEL0826-35-0730 営自由(精進料理は4～11月の金・土・日11:30～※要予約) 休なし 料無料 Pあり 交千代田ICから車で50分または戸河内ICから車で40分

地元野菜を豊富に使ったイタリアン精進料理

 plus
毎年11月に「道の駅 豊平どんぐり村」では、「そばまつりとよひら」が開催される。手打ちそばの店が集まり、北広島町産の新そばのほか、地元の名物も味わえる。神楽の上演もある。

MAP 別冊P.38-B1

▶ JB北広島乗馬クラブ

住 山県郡北広島町川東1309-3
TEL 0826-72-7340 営 10:00～
12:00、14:00～17:00 ※季節に
よって変動 休 水、第4火 料 体
験乗馬6600円、ひき馬体験2640
円 ※装具レンタル・保険代含む
P あり 交 千代
田ICから車で10分

餌やり体験（1カッ
プ・100円）のニン
ジンは専用のものを
販売

MAP 別冊P.12-B2

▶ 芸北オークガーデン

住 山県郡北広島町細見145-
104 TEL 0826-35-1230 営 日
帰り入浴10:00～21:00（最終受
付20:00） 休 なし 料 日帰り入
浴600円（小学生以下200円、幼
児100円、3歳未満無料） P あり
交 戸河内ICから車で30分

レストラン
は11:00～
14:00,17:00
～21:00の
営業

MAP 別冊P.38-A3

▶ 豊平手打ちそば　こぼり

住 山県郡北広島町阿坂3425-7
TEL 0826-84-0474 営 3月中旬
～12月上旬の土・日・祝11:00～な
くなり次第終了 休 月～金 CC
不可 P あり 交 広島北ICから
車で20分

テーブル
席と座敷
がある民
家のような
店内

MAP 別冊P.38-A3

▶ 夢天文台Astro

住 山県郡北広島町今吉田2591
TEL 090-7971-9170 営 チェック
イン16:00・チェックアウト11:00、
体験は要問い合わせ 休 なし
料 要問い合わせ P あり 交 広
島北ICから車で20分

別荘を改
装した日
本でも珍し
い私設天
文台

北広島の大自然を感じながら馬と触れ合う
JB北広島乗馬クラブ
じぇいびーきたひろしまじょうばくらぶ

北広島の緑豊かな自然
に囲まれた乗馬クラブ。乗
馬体験はもちろん、ひき馬
体験や厩舎にいる馬にニン
ジンをあげる餌やり体験な
ども実施。ヤギやポニーと
も触れ合える。

乗馬体験はしっかりと指導してもらえるので
子供でも安心

大自然に囲まれた高原リゾートランド
芸北オークガーデン
げいほくおーくがーでん

標高約600mの高原内
にあり、中国山地を見渡
せる眺望が魅力。天然温
泉「芸北温泉」や、旬の
高原野菜や芸北の清流に
すむアマゴを使った料理が
味わえるレストランがある。

季節によって表情を変える中国山地を一望で
きる露天風呂。日帰り入浴も可能

県外からファンが集う豊平手打ちそばの名店
豊平手打ちそば　こぼり
とよひらてうちそば　こぼり

豊平手打ちそば保存会
の名人から学んだ技術で、
のどごしがよく、コシのあ
るそばを提供。県外から
足を運ぶ客も多い人気店。
素材は北広島町産そば「と
よむすめ」にこだわる。

天ぷらとセットになった「もり天ぷら」。のどご
しのよいそばとサクサクの天ぷらは相性抜群

広島県内最大の屈折望遠鏡で天体観測を
夢天文台Astro
ゆめてんもんだいあすとろ

国内最大級の屈折望遠
鏡で星の観察ができる天
文台で、愛犬と宿泊でき
る宿も併設。手作り天体
望遠鏡工作教室のほか、
公開天体観望会や天体望
遠鏡体験会なども実施。

口径210mmの屈折望遠鏡。簡易プラネタリ
ウムを含めドームは全部で7つ

2024（令和6）年1月に開催された「お米番付 第10回記念大会」の最終審査会にて、北広島町大朝地区で生産された
米、品種名「いのちの壱」が最優秀賞、日本一に輝いた。

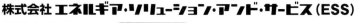

三次・庄原・神石高原・世羅エリア

広島県の北東部に位置し、島根県、鳥取県、岡山県に接する。水と緑に恵まれたエリアで、幻想的な自然現象から渓谷美、里山風景など、心が洗われるような自然スポットが多い。

また、寒暖の差が激しく、それを生かした農作物の生産が盛ん。ブランド牛をはじめ、チーズ、梨、ブドウ、ワインなど、全国的に知られる特産物も豊富。江戸時代の妖怪物語の舞台となった三次市、未確認動物の目撃情報がある比婆山など、神秘スポットも。

1 川が生み出した自然の恵みとユニークな妖怪文化に注目

三次市

▶ P.296　**MAP** 別冊P.14、43

晩秋になると市内を流れる3つの川が冷気を運び、幻想的な「霧の海」が発生。濃い霧が市街地を覆いつくし、三次の風物詩として知られるように。その川のひとつ馬洗川では、夏になると伝統漁法「三次の鵜飼」（→P.343）が行われる。近年は、妖怪での町おこしが話題に。

馬洗川にかかる巴橋

濃霧が三次市街地を覆う。晩秋の気象条件が揃ったときに見られる

三次ピオーネの別名 "黒い真珠"

みよし本通り商店街のうだつ

湯本豪一記念日本妖怪博物館（三次もののけミュージアム）（→P.298）

カメラ愛好家が集まる今高野山（→P.38、314）の紅葉

奥出雲町

美郷町

島根県
飯南町

高野IC

松江自動車道

口和IC

備後三日市駅

七塚駅

邑南町

江の川

三次駅

八次駅

西三次駅

三次東JCT・三次東IC

三良坂駅

三次IC

神杉駅

塩町駅

吉舎駅

志和地駅

1

吉舎IC

高田IC

上川立駅

三次市

安芸高田市

甲立駅

3

吉田口駅

世羅町

芸備線

向原駅

広島市

井原市駅

志和口駅

上三田駅

東広島市

三原市

↓三原久井IC

このエリアで
しんさい
5

❶ 物の怪に縁の深い三次に妖怪の博物館が!? ▶P.298
❷ モォたまらん! 備北で牛追楽 ▶P.310
❸ 世羅高原の四季を花と果物で満喫♪ ▶P.316
❹ 世界に誇るワインVinoble Vineyard & Winery ▶P.95
❺ 秋になったら今高野山で紅葉狩り ▶P.38、314

「日本ピラミッド」としてオカルト好きからも話題の葦嶽山（→P.308）

Access INFO

主要IC

▶ 山陽自動車道…福山東IC、三原久井IC
▶ 中国自動車道…三次IC、三次東JCT・三次東IC、庄原IC、東城IC
▶ 中国やまなみ街道…三次東JCT・三次東IC、世羅IC

三次市へは三次ICから国道375号で。三次東JCT・三次東ICから県道434号線を西、国道183号・国道375号で。庄原市へは庄原ICから国道432号・県道231号線で。神石高原町へは福山東ICから国道182号、または東城ICから国道182号で。世羅町へは三原久井ICから県道25号線で、または世羅ICから国道432号で。

桜の名所、上野公園（→P.308）

鳥取県 日南町
三井野原駅
木次線
油木駅
庄原市
道後山駅
小奴可駅
比婆山駅
内名駅
備後落合駅
備後西城駅
平子駅
東城駅
東城IC
中国自動車道 ②
帝釈峡
上石見駅
新郷駅
伯備線
備中神代駅
市岡駅
野馳駅
岡山県 新見市
高梁市

神石高原町
小田川
梶田駅
甲奴駅
甲奴IC
上下駅
備後矢野駅
備後三川駅
河佐駅
府中市
中畑駅
下川辺駅
府中駅
新市駅
上戸手駅
戸手駅
駅家駅
湯田村駅
道上駅
福山市
井原市
福塩線
尾道市
世羅IC
神辺駅
福山東IC

②

人と自然が共存する
緑豊かな癒しエリア

庄原市・神石高原町

▶P.304　**MAP** 別冊P.14-15、43

国の名勝である帝釈峡は、全国有数の景勝地として有名。庄原市では、昔ながらの里山の暮らしが注目を集めている。神石高原町は標高が高く、夏でも涼しい避暑地として人気。

庄原市東城町と神石高原町にまたがる帝釈峡（→P.306）

朝霧の三河内棚田テラス（→P.307）

③

いつ訪れても楽しめる
花とフルーツの町

世羅町

▶P.312　**MAP** 別冊P.10-11、42

良質な水、寒暖差のある気候、豊かな日差しと、絶好の条件が揃った農作物の一大生産地。花の観光農園や果樹農園が多い。駅伝の強豪・世羅高校（→P.313）があり、駅伝の町としても有名。

世羅高原農場（→P.316）のチューリップ

三次市
みよしし

昇る朝日と霧の海のコラボレーションは、神々しい美しさ

人口 三次市▶4万8813人

エリア利用駅

▼三次駅
JR芸備線、JR福塩線

エリア中心部への行き方

JR広島駅	JR芸備線 所要約1時間30分(1340円)	JR三次駅
広島バスセンター	備北交通 高速バス 所要時間約1時間30分(1620円)	三次駅前

　中国地方のほぼ中央に位置し、山陰と山陽を結ぶ交通の要衝として発展してきた三次市。江戸時代には、石見銀山街道など多数の街道が交差する宿場町として栄えた。四季折々の豊かな自然にも恵まれ、四方を山々に囲まれた三次盆地には、西城川、馬洗川、江の川の3つの川が流れ込む。晩秋になると、その川が運んだ冷気によって川霧が発生。濃い霧が市街地を覆い、まるで海のように広がることから「霧の海」と呼ばれ、幻想的な風物詩として知られるように。同じく三次の川から生まれ、県の無形民俗文化財にも指定されたのが「鵜飼」（→P.343）。450年以上の歴史があるといわれる伝統漁法は、今でも6〜9月の夜に行われている。また、最近は妖怪をテーマにした町おこしで注目を集める。

太歳神社を舞台にした漫画『朝霧の巫女〜平成稲生物怪録』はテレビアニメ化もされた人気作品。三次市の妖怪ブームに一役買った存在。作者の宇河弘樹氏は広島県出身だ。

歩き方

三次の気候が育んだ「黒い真珠」

三次を代表する特産品といえば、真っ先にその名が挙がるのが「三次ピオーネ」。カノンホールマスカットと巨峰をかけ合わせた最高級の種なしブドウで、大きくてハリのある実は「黒い真珠」と称され

三次市は40年以上も前からピオーネ栽培に着手した先駆け的存在

る。口に入れるとあふれ出る果汁は、うっとりするほど上品な甘さ。そのおいしさの秘密は、三次盆地特有の昼夜の寒暖差。昼と夜の気温に差があればあるほど、糖度の高い、色の濃いブドウができる。もっとブドウを楽しみたいなら、ワイン醸造所「広島三次ワイナリー」へ。周辺には大型公園や美術館などが集結しており、観光スポットとしても人気だ。

不思議な妖怪物語の舞台となった三次市

江戸時代中期に三次市三次町は、妖怪物語『稲生物怪録』の舞台となった。主人公は、旧三次藩の町内で暮らす16歳の少年、稲生平太郎。彼のもとに突如、怪物姿の魔王が現れ、さまざまな妖怪とともに人間をおどかしてくるという不思議な物語だ。現在も存在する場所や、当時の三次に実在した人物が登場するのもおもしろい。この物語を背景に、三次市は妖怪で町

『（仮称）稲生物怪録絵巻』（部分）江戸時代「湯本豪一記念日本妖怪博物館（三次もののけミュージアム）」蔵

おこしを展開している。メインとなるのが「湯本豪一記念日本妖怪博物館（三次もののけミュージアム）」（→P.298）。ここを起点にゆかりの地を巡ってみるのも楽しい。

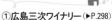

おさんぽプラン

① 広島三次ワイナリー（▶P.298）
　↓ 徒歩4分
② 奥田元宋・小由女美術館（▶P.299）
　↓ 車15分
③ 湯本豪一記念日本妖怪博物館（三次もののけミュージアム）（▶P.298）
　↓ 徒歩7分
④ 太歳神社（▶P.297）

寄り道スポット　妖怪にゆかりのある神社

比熊山の麓に鎮座する神社。808（大同3）年建立と伝えられ、『稲生物怪録』にも登場する。境内には、稲生物怪録に出てくる「たたり石」の兄弟石があり、強運をもった石といわれている。漫画『朝霧の巫女』の神社のモデルにもなった。

**だいさいじんじゃ
太歳神社**

MAP 別冊P.43-C2

住 三次市三次町1112-2　TEL 0824-62-3732　営 自由　休 なし　料 無料　P あり　交 JR「三次駅」から循線バスで10分「三次もののけミュージアム」下車、徒歩6分

三次の町を静かに見守る、風格あるたたずまい

\好きじゃけん広島県！/
ご当地トピックス

三次市在住の妖怪 鳥天狗に会いたい！

妖怪の町・三次には、なんと鳥天狗が住んでいて、「湯本豪一記念日本妖怪博物館（三次もののけミュージアム）」（→P.298）を中心とした三次市の観光PRを行っている。キリッとした大きな目、大胆にそり上げた髪型に、真っ黒なくちばし。インパクトのあるカッコいいビジュアルが特徴だ。妖怪らしく怖いのかと思いきや、口調は意外にも礼儀正しい。イベントや地域行事に出現しているので、会いに行ってみよう。

「皆さまをお出迎えできる日を心より楽しみにしております！」と鳥天狗から本誌にコメント

ひりょうず
三次市や庄原市など備北エリアの郷土グルメとして有名なワニ料理。実はこの「ワニ」、爬虫類のワニのことではなく別の生物のことを指しています。その生物とは何でしょう？

MAP 別冊P.14-A3
▶ 高谷山
住 三次市粟屋町 TEL 0824-63-9268(一般社団法人三次観光推進機構) 営 自由 休 なし 料 無料 P あり 交 JR「三次駅」から車で15分

市街地を一望できる展望台が設置されている。星空や夜景も美しい

神秘的な霧の海を堪能できる絶景スポット

たかたにやま
高谷山

標高490mの高谷山は、三次の風物詩「霧の海」を鑑賞するのに絶好のビュースポット。三次市街が一望できる展望台やライブカメラが設置されており、ベストシーズンには幻想的な光景をひとめ見ようと多くの人が訪れる。見晴らしがよく、夜景スポットとしても人気。

秋から早春にかけて、限られた気象条件の時だけに現れる貴重な光景

MAP 別冊P.43-C2
▶ 湯本豪一記念日本妖怪博物館(三次もののけミュージアム)
住 三次市三次町1691-4 TEL 0824-69-0111 営 9:30〜17:00(最終入館16:30) 休 水(祝日の場合は翌平日) 料 600円(高校・大学生400円、小・中学生200円) P あり 交 JR「三次駅」から路線バスで10分「三次もののけミュージアム」下車、徒歩1分

常設展示では人々の生活と密接に関わってきた妖怪の様子を紹介

思わず魅入られる! 妖怪専門の珍しい博物館

ゆもとういちきねんにほんようかいはくぶつかん(みよしもののけみゅーじあむ)
湯本豪一記念日本妖怪博物館(三次もののけミュージアム)

三次を舞台にした妖怪物語『稲生物怪録』(→P.297)や、日本屈指の妖怪研究家・湯本豪一氏のコレクションなど、多くの妖怪資料を展示。妖怪の存在をより身近に、おもしろく感じることができる「チームラボ妖怪遊園地」では子供から大人まで楽しめる仕掛けがいっぱい。

描いた妖怪が動き出す! チームラボ 妖怪遊園地「お絵かき妖怪とピープル」

MAP 別冊P.14-A3
▶ 広島三次ワイナリー
住 三次市東酒屋町10445-3 TEL 0824-64-0200 営 ショップ9:30〜18:00(施設により異なる) 休 1月〜3月の第2水 CC 店舗により異なる P あり 交 JR「三次駅」から路線バスで12分「三次ワイナリー」下車、徒歩1分

国内外で高く評価されるワインがずらりと並ぶウオークインセラー

三次産のブドウで作る高品質のワインに舌鼓

ひろしまみよしわいなりー
広島三次ワイナリー

ブドウの栽培から、収穫、醸造まで手がけるワイナリー。自社農園と契約農家が育てたさまざまな品種のブドウを、細部にまでこだわって醸造し、理想の味を追求する。製造工場やショップ、BBQレストランなどがあり、見学、買い物、食事とゆっくり楽しめる。

自由に見学できる地下貯蔵庫。資料も展示してありワインの知識が深められる

ひろしま
A 「ワニ」とは「鮫(サメ)」のこと。アンモニアを含むサメの身は日持ちがよく、山間部のこの地域では腐りにくい海産物として重宝された。臭みを消すためショウガ醤油をつけて刺身で食すことが多い。

プロ仕様の施設から子供の遊具まで充実

みよし運動公園
みよしうんどうこうえん

本格的な陸上競技場や全天候型のテニスコート、プロ野球公式戦も開催できる野球場など、充実した設備が魅力の運動公園。年齢別にエリア分けした複合遊具施設「みよしあそびの王国」もあり、スポーツからレジャーまで目的に合わせてたっぷり楽しめる。

内外野人工芝のグラウンドを備えた野球場。愛称は「三次きんさいスタジアム」

MAP 別冊P.14-A3

▶ みよし運動公園

住 三次市東酒屋町10493 TEL 0824-62-1994 休 なし 料 施設により異なる P あり 交 JR「三次駅」から路線バスで10分「三次中央病院」で下車、徒歩1分

乳幼児、児童、その他の3つのエリアごとに適した遊具を設置

美しいアートと月に癒やされる美術館

奥田元宋・小由女美術館
おくだげんそう・さゆめびじゅつかん

日本で初めて夫妻ともに文化勲章を受章した、三次市出身の日本画家・奥田元宋氏と人形作家・奥田小由女氏の作品を常設展示する美術館。奥田元宋作品の重要なモチーフである"月"にちなんで設計されたロビーなど、芸術と自然が美しく調和した建物も見どころ。

風景画を通して、日本画の新たな表現を模索し続けた奥田元宋氏の作品

MAP 別冊P.14-A3

▶ 奥田元宋・小由女美術館

住 三次市東酒屋町10453-6 TEL 0824-65-0010 営 9:30〜17:00（最終入館16:30） 休 水（祝日または満月の場合は翌平日） 料 常設展800円（企画展は展示により異なる） P あり 交 JR「三次駅」から路線バスで15分「美術館前」下車、徒歩1分

ロビーからの水面に映りこむ月を鑑賞できる。満月の夜は開館時間を21時まで延長

スポーツからレジャーまで誰もが楽しめる

みよし公園（電光石火みよしパーク）
みよしこうえん（でんこうせっかみよしぱーく）

山と緑に囲まれた自然のなかで、多様なスポーツ、レクリエーション、文化活動が楽しめる公園。体育館、温水プール、テニスコートなど施設も充実。「こども広場」にあるドーム型トランポリン「ふわふわドーム」や長さ103mのローラースライダーなどが人気。

山のような形の「ふわふわドーム」は、三次の霧の海をイメージしているそう

MAP 別冊P.14-A3

▶ みよし公園（電光石火みよしパーク）

住 三次市四拾貫町神田谷 TEL 0824-66-3366 営 9:00〜21:00 休 水（祝日の場合は翌平日） 料 施設により異なる P あり 交 三次東ICから車で2分

初夏の6月には、しょうぶ園の花が競い合うように咲き始める

Plus

「みよし運動公園」にある野球場、通称「三次きんさいスタジアム」の"きんさい"は広島弁で「来なさい」という意味。三次市内外の多くの人に訪れてほしいという思いから名づけられたのだとか。

▶辻村寿三郎人形館

住三次市三次町1236 TEL0824-64-1036 営10:00〜17:00(最終入館16:30) 休水(祝日の場合は翌平日) 料800円(学生400円、中学生以下無料) Pあり 交JR「三次駅」から徒歩15分

建物は国の登録有形文化財に指定されている

▶みよし風土記の丘・みよし風土記の丘ミュージアム(県立歴史民俗資料館)

住三次市小田幸町122 TEL0824-66-2881 営9:00〜17:00(ミュージアムは最終入館16:30) 休なし※ミュージアムは月(祝日の場合は翌平日) 料なし※ミュージアム200円(大学生150円、高校生以下無料) Pあり 交三次ICから車で10分

▶尾関山公園

住三次市三次町中所439-3 TEL0824-63-9268(一般社団法人三次観光推進機構) 営自由 休なし 料無料 Pあり 交JR「三次駅」から路線バスで10分「尾関山公園」下車、徒歩2分

春と秋は夜間のライトアップも行われる

▶平田観光農園

住三次市上田町1740-3 TEL0824-69-2346 営10:00〜17:00(12〜2月は〜15:00) 休水・木(12〜2月は火・水・木) 料果物やコースにより異なる Pあり 交三次ICから車で20分

売店ではオリジナル商品やフルーツを販売

まるで生きているかのような表情豊かな人形

辻村寿三郎人形館
つじむらじゅさぶろうにんぎょうかん

世界的な人形作家・辻村寿三郎氏の作品を多数展示する唯一の常設館。歴史ある建物の中、華やかな衣装に身を包んだ人形がずらりと並ぶさまは圧巻。独特の世界観を楽しもう。

凛としたたたずまいが美しい真田幸村人形。細かく施された装飾に驚く

中国地方最大級の古墳群で古代ロマンを感じて

みよし風土記の丘・みよし風土記の丘ミュージアム(県立歴史民俗資料館)
みよしふどきのおか・みよしふどきのおかみゅーじあむ(けんりつれきしみんぞくしりょうかん)

約30ヘクタールの丘陵上に群集する176基の古墳を中心に、復原古代住居などを自然と一体的に保存・公開する。ミュージアムでは県内の遺跡から出土した遺物などを展示。

原始・古代より三次の地でどんな暮らしが営まれてきたか学ぶことができる

四季を通じて自然の情景が楽しめる

尾関山公園
おぜきやまこうえん

春は桜、秋は紅葉の名所として人気の公園。山頂展望台からは市街地が一望でき、休日は多くの人でにぎわう。三次市出身の歌人・中村憲吉の歌碑や、阿久里姫の像が設置されている。

情緒豊かな短歌が刻まれた歌碑とともに、四季折々の自然を満喫しよう

1年を通していろいろな果物狩りができる

平田観光農園
ひらたかんこうのうえん

イチゴ、桃、ブドウ、リンゴなど、四季折々の果物狩りが楽しめる。定番の食べ放題プランはもちろん、好きな果物を選んで収穫できる「ちょうど狩り」も人気。

果物狩りとアウトドア体験のセットなど、さまざまな過ごし方ができる

 クチコミ 江戸時代の妖怪実録譚『稲生物怪録』の舞台である三次市には妖怪博物館があります。日本最大級の妖怪コレクションやさまざまなイベントが楽しめますよ!(ミクシ井オモシ郎)

明治から守り続ける手作りの優しい味

佐々木豆腐店
さささきとうふてん

1894（明治27）年創業の老舗豆腐店。三次産の大豆を使って一つひとつ手作りする豆腐は、きめが細かく、大豆の風味が感じられると好評。併設の食堂では、できたての豆腐料理を堪能できる。

手作りにこだわるため少量しか生産できないが、質の高さは間違いない

MAP 別冊P.14-B3
▶ 佐々木豆腐店

住 三次市三良坂町三良坂2610-16 TEL 0824-44-2662 営 10:00〜18:00（食堂は11:00〜14:30） 休 日・月 CC 不可 P なし 交 JR「三良坂駅」から徒歩11分

食堂の人気メニュー、「福々膳」（1650円）

日本の滝百選に選出された雄大な滝

常清滝
じょうせいだき

県内で唯一「日本の滝百選」に選ばれた名滝。約126mの高さから三段に分かれて流れ落ち、新緑や紅葉など、季節ごとに美しい姿を見せる。近くには「川の駅常清」がある。

滝つぼ近くまで行って迫力を味わうのもよし、展望台から全体像を眺めるのもよし

MAP 別冊P.13-D1
▶ 常清滝

住 三次市作木町下作木674（三次市作木支所付近） ※常清滝まで約500m TEL 0824-55-2112（三次市作木支所） 営 自由 休 なし 料 無料 P あり 交 三次ICから車で35分

「川の駅常清」では天然のアユを使った料理が名物

豊かな川で思いっきり遊びつくそう

江の川カヌー公園さくぎ
ごうのかわかぬーこうえんさくぎ

中国地方最大の一級河川・江の川で多彩な水遊びが楽しめるアウトドア施設。まったくの初心者からできるカヌー体験（要予約）のほか、自然の沢を利用したすべり台やプールが人気。

初心者でも70分のカヌースクールを受ければカヌーが楽しめるようになる

MAP 別冊P.13-D1
▶ 江の川カヌー公園さくぎ

住 三次市作木町香淀116 TEL 0824-55-7050 営 8:30〜18:00 休 火（GW・夏休み期間は無休） 料 アクティビティや施設により異なる P あり 交 JR「三次駅」から路線バスで35分「カヌー公園前」下車、徒歩1分

キャンプ場や囲炉裏付きのコテージで宿泊も可能

野菜からアイスまで布野の魅力がぎゅっと凝縮

道の駅 ゆめランド布野
みちのえきゆめらんどふの

国道54号沿いの道の駅。地元の採れたて野菜を使ったヘルシーな総菜バイキングのほか、布野町・作木町産の新鮮な素材で作ったアイスなど、ここでしか食べられないメニューが豊富。

レストラン「味の館」のふるさとバイキング一般1430円、小学生990円

MAP 別冊P.14-A2
▶ 道の駅 ゆめランド布野

住 三次市布野町下布野661-1 TEL 0824-54-2929 営 9:00〜17:00（食堂11:00〜14:00、レストラン11:00〜15:00・最終入店14:00） 休 なし CC 不可 P あり 交 三次ICから車で20分

アイスは季節ごとにいろいろな味が楽しめる

 クチコミ 三次市の「風季舎」の「かりんとう饅頭」はマジでうまいから1回食べてみて！ 日持ち短くてその日中に食べないと味が落ちるから、ある意味幻のお菓子。（三次市在住・Y）

自然あふれる三次で、極上の食と自然に癒されよう

世界の注目を集めた三次の食と豊かな命を育む自然に触れる旅

必食!

三次が誇るワイン&チーズ

三次の大地の恵みにカンパイ!

G7で要人たちを唸らせた一本
広島三次ワイナリー
ひろしまみよしワイナリー

三次を代表する観光施設であり、数々の受賞実績を誇るワインを製造。G7広島サミットでは代表銘柄の「TOMOÉ」シリーズが提供され、注目を浴びた。施設内にはワインと広島和牛を味わえるバーベキューガーデン、カフェ、見学OKのワイン貯蔵庫などがあり、三次ワインの魅力を堪能できる。

「TOMOÉ」シリーズは、バーベキューガーデンでも楽しめる

理想を追求した世界レベルの逸品
三良坂フロマージュ
みらさかフロマージュ

牛やヤギを山で自然放牧する「山地酪農」を貫くナチュラルチーズ工房。2023年には「ワールド・チーズ・アワーズ」でウォッシュタイプのチーズ「アカショウビン」が世界ベスト100となるスーパーゴールドを受賞し、大きな話題を集めている。

山でのびのびと暮らす牛やヤギたち。

アカショウビン(左)のほか、フロマージュ・ド・みらさか(右)など多種類のチーズを販売

住 三次市三良坂町仁賀1617-1
電 0824-44-2773
営 10:00～16:00
休 日 駐 あり

302 PR

川を臨む囲炉裏コテージ
江の川いろり庵
ごうのかわいろりあん

「江の川カヌー公園 さくぎ」内にあり、全コテージが囲炉裏付き。雄大な江の川を楽しむ、カヌーのレッスン（70分2030円）も用意。

和の趣が居心地良い

🏠 三次市作木町香淀116
☎ 0824-55-7050
⏰ IN15:00、OUT10:00
💰 4名まで1棟1万4250円、8名まで1棟2万8500円
🅿 あり

自然を五感で感じる
農家体験型民宿
菜の花ばたけ
のうかたいけんがたみんしゅく なのはなばたけ

野菜の収穫、牛への餌やり、釣りなどを体験し、食と命の尊さを学ぶ。ブッポウソウなど絶滅危惧種の鳥にも出合える。1日1組限定。

秋にはアサギマダラが見られることも

囲炉裏を囲んで食べる田舎料理は格別！

🏠 三次市作木町森山西845
☎ 0824-55-2907
⏰ IN14:00、OUT11:00
💰 1泊2食付き7700円（3歳〜小学生3300円）、各種体験料別途要
🅿 あり

非日常が待っている
山仕事体験民宿
気楽坊
やましごとたいけんみんしゅく きらくぼう

豊臣秀吉の邸宅「聚楽第」をイメージした家屋に泊まり、日本文化に触れられる。季節ごとの里山体験で思い出づくりをしよう。1日1組限定。

まるでタイムスリップしたみたい！

🏠 三次市甲奴町有田1462
☎ 080-5233-6006
⏰ IN14:00、OUT11:00
💰 1泊2食、2時間以上の山仕事付き（田舎満腹プラン）1万2000円、小学生6000円
🅿 あり

三次ワイナリーとあわせて楽しみたい体験工房

自然の中で藍染めに触れる
染工房 奈っ
そめこうぼう なつ

山からの湧水を使い、衣類など天然素材の藍染めを行う。要予約でワークショップも開催。日本伝統の藍染めと山の恵みを身にまとう心地良さを体感して。

ワークショップは子どもから年配者まで幅広い層に人気

🏠 三次市東酒屋町885-7
☎ 0824-63-5522　⏰ 10:00〜15:00
休 火〜木　🅿 あり

三次生まれのワインのNEWフェイスにも注目！

設立後数年で高い評価を獲得
Vinoble Vineyard & Winery
ヴィノーブルヴィンヤード アンド ワイナリー

海外のコンクールで高評価を受け、G7広島サミットではパートナーズプログラムの乾杯にセミヨンスパークリングが採用された。ワイナリー併設のショップで至高の一本に出合おう。

🏠 三次市四拾貫町1371　☎ 0824-55-6182　⏰ 10:00〜16:00
休 月〜金（祝日の場合営業）　🅿 あり

庄原市・神石高原町
しょう ばら し　じん せき こう げん ちょう

悠久の時が生み出した天然橋「雄橋」。帝釈川が石灰岩を侵食してできた

島根県
岡山県
庄原市
安芸高田市
三次市
神石高原町

人口 庄原市▶3万1989人
神石高原町▶8040人

 エリア利用駅

▼備後庄原駅
JR芸備線

≫≫≫ **エリア中心部への行き方** ≫≫≫

広島バスセンター	備北交通 高速バス	市庄原役所所
	所要約1時間50分(2020円)	
広島IC	車で 山陽自動車道	福山東IC	車で 国道182号	高神原石町
	所要時間約1時間		所要時間約50分	

　広島県の北東部、中国地方のほぼ中央に位置する庄原市。東は岡山県、北は島根県・鳥取県に隣接する"県境のまち"だ。面積は県の約14%を占め、全国自治体のなかで13番目、近畿以西では最大の広さ。そのうちの8割が森林に囲まれ、人と自然が共存して生きる里山の暮らし方が、今なお息づく。近年は里山ならではの体験やグルメ、古民家をリノベーションした宿泊施設などが旅の目的地として注目を集めている。また、庄原市に隣接する神石高原町は、標高500〜700mに位置するため、夏でも涼しく過ごしやすい高原リゾート地として人気。庄原市と神石高原町にまたがる国定公園「帝釈峡」（→P.306）は、世界3大天然橋「雄橋」に代表される全国有数の景勝地であり、国の名勝に指定されている。

 温暖なイメージのある西日本エリアでリンゴ栽培？ と思うかもしれないが、庄原市の冬は寒い。特に県最北端に位置し標高が高い高野町は、青森県とほぼ同じ年間平均気温。豪雪地帯にも指定されている。

歩き方

おさんぽプラン

①そば処 みのり（▶P.305）
　↓ 車2分
②国営備北丘陵公園（▶P.306）
　↓ 車35分
③帝釈峡（▶P.306）
　↓ 車20分
④道の駅 遊YOUさろん東城（▶P.310）

日本の原風景に囲まれた里山の暮らし

「里山の暮らし」とは、森の恵み、澄んだ空気、源流域の清流などとともに生きる、人間本来のゆったりとした暮らし方。都会の喧騒では決してできないことだけに、新たな旅の選択肢として国内外から

自然の近さや里の営みを味わうことができる古民家ホテル

注目を浴びている。庄原の里山景観を代表するのが、比和町三河内の里山。「三河内棚田テラス」（→P.307）では、一面に広がる美しい棚田の風景を堪能できる。また、古民家残存率が全国第3位の庄原市には、古きよき古民家の魅力を生かした宿泊施設も点在する。朝・昼・晩と里山のリアルな暮らしを味わいたいなら、ぜひ宿泊してみよう。

神話から未確認動物までロマンあふれる比婆山

庄原市には登山スポットが多い。なかでも比婆山は、日本を創造した女神・イザナミノミコトを葬った場所として、日本最古の書物『古事記』に登場する。比婆山の麓にある熊野神社から、イザナミの墓として祀られている巨石までは「古事記への路」という名前がついており、神秘的なトレッキングコースとして人気。周辺は、日本に3ヵ所しかないという国の天然記念

神の宿る山として信仰された比婆山には、西日本有数のブナ林が残る

物に指定されたブナ林で、さわやかな森林浴を楽しむことができる。また、比婆山連峰は、1970年代に相次いだ未確認動物・ヒバゴンの目撃騒動の舞台にもなった。

寄り道スポット
庄原産のそばにこだわった名店

全国に誇れる庄原産のそばを作るため、比和町の生産者と一緒にそばの実を作るところから始めた、こだわりの店。紆余曲折を経て完成したそばは、うっすらと緑がかった美しい色が特長。独特の味を求めて遠方からも多くの人が訪れる。

そば処 みのり

MAP 別冊P.14-B2
住 庄原市七塚町59-1
TEL 0824-74-1128　営 11:00〜14:30、17:00〜20:00（L.O.19:30）　休 火（夜のみ）、水　CC ADJMV　P あり
交 JR「七塚駅」から徒歩5分

もりそば（二八そば920円、十割そば1140円）

\好きじゃけん広島県！/
ご当地トピックス

リンゴの木が並ぶアップルロード

庄原市高野町は、標高約500mの冷涼な地域で朝晩の気温差が大きいことから、リンゴの栽培が盛ん。毎年10月頃から出回り始める「高野りんご」は、甘くておいしいと評判だ。高野ICからほど近い所にある通称「アップルロード」には、観光リンゴ園が道路沿いにずらりと並ぶ。真っ赤に色づいたリンゴが実った様子を見るだけでも楽しい。リンゴ狩りはもちろん、手作りジャムなどの加工品を販売する直売所もあり。

リンゴ狩りができるのは、9月上旬から11月上旬頃

ひろしま
Q 中国山地の山々に囲まれた庄原市。比婆山には、日本神話に登場する神、イザナミノミコトの墓として伝わる巨石がある。比婆山の遥拝所として信仰を集めた、山麓にある神社の名前は？

MAP 別冊P.15-C2
▶帝釈峡

住 庄原市東城町帝釈未渡2125-2（上帝釈帝釈第1駐車場） **TEL** 0847-86-0611（帝釈峡観光協会） **営** 散策自由 **休** 不定休 **料** 無料 **P** あり **交** 東城ICから上帝釈まで車で18分

景色を眺めながら大自然を満喫できるカヤック体験（要予約）

MAP 別冊P.43-C2
▶国営備北丘陵公園

住 庄原市三日市町4-10 **TEL** 0824-72-7000 **営** 9:30～17:00（開園時間は季節により異なる、最終入園は閉園の1時間前まで）**休** 月（季節により異なる）**料** 450円（中学生以下無料）**P** あり **交** 庄原ICから北入口まで車で5分

「大型複合遊具きゅうの丘」には30種類以上の遊具が!

MAP 別冊P.14-A1
▶道の駅 たかの

住 庄原市高野町下門田49 **TEL** 0824-86-3131 **営** 9:00～18:00（「そらら」11:00～17:00・L.O.16:30、「たかのキッチン」L.O.17:30）**休** 第2・4水（祝日は営業）**CC** 店舗により異なる **P** あり **交** 高野ICから車で1分

敷地内には、庄原の雪を貯蔵した天然の冷蔵庫「雪室」もある

息をのむほど美しい渓谷は圧巻
帝釈峡
たいしゃくきょう

中国山地の中央に位置する、全長約18kmの石灰岩渓谷。国の天然記念物に指定された天然橋・雄橋、紺碧の湖面上に真紅の橋が印象的な神龍湖、奥行き200mの鍾乳洞窟・白雲洞など、壮大な見どころがいっぱい。遊覧船やカヤックなどのアクティビティも充実。

10月下旬から11月上旬頃は紅葉が見頃に。湖面とのコントラストが美しい

3世代家族で丸1日楽しめる広大な公園
国営備北丘陵公園
こくえいびほくきゅうりょうこうえん

中国地方唯一の国営公園。一面が花々で埋め尽くされる「花の広場」、多彩な遊具が集結した「大芝生広場」、わら細工や手打ちそばといった昔ながらの体験ができる「ひばの里」など、広大な敷地にはさまざまなエリアがある。四季折々に開催されるイベントも人気。（→P.42）

春と秋は約1.5ヘクタールの花の広場に季節の花が咲き誇る

庄原の魅力がぎっしり詰まった道の駅
道の駅 たかの
みちのえきたかの

高野町の肥沃な土地で育まれた地元の野菜や、庄原の寒さを生かして作る特産品などを販売。地元の食材をふんだんに使ったカフェレストラン「そらら」、特産の「高野米」を使用したおにぎりや季節のジェラートといった軽食が楽しめる「たかのキッチン」などがある。（→P.370）

「そらら」のランチバイキングでは旬野菜ピザや天ぷらなど50品目以上が並ぶ

ひろしま
庄原市西城町の「熊野神社」。国生みの神話で知られるイザナミノミコトを祀る。境内には100本以上の大杉が茂る神秘的な場所。そのうちの11本の老杉が県の天然記念物に指定されている。

神話の伝説が残るパワースポット

比婆山

比婆山は『古事記』に記された「比婆之山」との説があり、昔から神域として崇拝された。山頂には、国生みの女神・イザナミノミコトが葬られた場所と伝えられる巨石が横たわる。

樹齢2000年級の古木に囲まれた、苔むした巨石が墳墓とされている

比婆山の大自然に抱かれたキャンプ場

ひろしま県民の森

比婆山の麓にあるレジャー施設。敷地内には立地の異なる4つのキャンプエリアがある。常設テントやレンタルも利用できるのでキャンプ初心者やファミリーも安心。

キャンプはもちろん、トレッキングや天体観測など過ごし方はいろいろ

木の上でスリル満点の冒険に挑もう

大鬼谷オートキャンプ場

広葉樹林に覆われた自然豊かなキャンプ場。場内では季節に合わせてさまざまな遊びが楽しめる。なかでも、木の上を冒険するアスレチック「ツリーアドベンチャー」が人気。（→P.395）

快適な設備や宿泊施設が充実しているキャンプ場

とっておきの特等席から眺める里山風景

三河内棚田テラス

ウッドデッキにオシャレな椅子が置かれたテラスは、のどかな里山と美しい棚田の風景を眺めるために設置された。四季それぞれに移り変わる景色はまるでアート作品のよう。

初めて見るはずなのに、どこか懐かしく感じる里山の風景が目の前に広がる

MAP 別冊P.14-B1
▶ 比婆山
住 庄原市西城町熊野比婆山 TEL 0824-75-0173（庄原観光推進機構）営 自由 休 なし 料 無料 P あり 交 東城ICから車で50分

山々が連なる比婆山連峰は人気の登山スポット

MAP 別冊P.14-B1
▶ ひろしま県民の森
住 庄原市西城町油木156-14 TEL 0824-84-2020 営 8:00〜17:00 休 不定休 料 設備により異なる P あり 交 庄原ICから車で38分

秋は紅葉に囲まれてキャンプができる

MAP 別冊P.14-A1
▶ 大鬼谷オートキャンプ場
住 庄原市高野町南257 TEL 0824-86-2323 営 8:30〜17:30（電話受付時間）休 なし 料 施設により異なる P あり 交 高野ICから車で7分

「ツリーアドベンチャー」の営業は4月上旬〜11月下旬。日帰り利用も可能

MAP 別冊P.14-B1
▶ 三河内棚田テラス
住 庄原市比和町三河内1248 TEL 0824-75-0173（庄原観光推進機構）営 自由 休 なし 料 無料 P なし 交 庄原ICから車で30分

製鉄の跡地を利用してつくられた三河内の棚田

plus
JR芸備線快速「庄原ライナー」の運行時期に合わせて、無料の臨時シャトルバスや庄原市内の観光地を巡るツアーも実施されている。詳しくは庄原市役所のホームページをチェック！

▶ **七塚原高原**

住庄原市七塚町　TEL0824-75-0173（庄原観光推進機構）　営自由　休なし　料無料　Pあり　交庄原ICから車で15分

夏は青々とした緑が美しい。秋には紅葉も楽しめる

▶ **上野公園**

住庄原市東本町1　TEL0824-75-0173（庄原観光推進機構）　営自由　休なし　料無料　Pあり　交JR「備後庄原駅」から徒歩10分

ライトアップは18時〜22時に実施

▶ **葦嶽山**

住庄原市本村町葦嶽山　TEL0824-75-0173（庄原観光推進機構）　営自由　休なし　料無料　Pあり　交庄原ICから車で25分

葦嶽山の隣にある鬼叫山にも多数の巨石がある

▶ **道の駅　リストアステーション**

住庄原市総領町下領家1-3　TEL0824-88-3050（レストラン0824-88-3051）　営9:00〜17:00（レストラン11:00〜16:00、L.O.15:30）　休火、レストランは火・水ほか不定休　CC不可　Pあり　交庄原ICから車で15分

「光のドーム」は夜にライトアップされる

のどかなポプラ並木の風景を楽しもう

七塚原高原
ななつかはらこうげん

1900（明治33）年に日本で初めての国立種牛牧場が創設され、その記念に植えられたポプラ並木が今も牧歌的な景観を造り出している。散歩やランニング、サイクリングなどにおすすめ。

広大な牧草地に背の高いポプラの木が並び、道行く人の目を楽しませている

池の水面に映る桜も楽しめるお花見スポット

上野公園
うえのこうえん

周囲2kmの上野池を中心に、約600本のソメイヨシノが咲き乱れる桜の名所。桜の開花時期には、夜になるとぼんぼりの電飾が点灯し、幻想的な夜桜を堪能できる。例年の見頃は4月上旬。

日本さくらの会が選定する、「さくら名所100選」にも選ばれている

どこから見ても三角形に見える神秘的な山容

葦嶽山
あしたけやま

「日本ピラミッド」と呼ばれる葦嶽山は、昔から神武天皇陵と言い伝えられてきた。きれいに整った円錐形の山には鷹岩や天狗岩などの巨岩が多数存在し、古代ロマンをかきたてられる。

日本ピラミッドと称されるのも納得できる美しい山の形。標高は815m

スケルトンドームがシンボルの道の駅

道の駅　リストアステーション
みちのえき　りすとあすてーしょん

県内で最初に認定された道の駅。「特産品館」には新鮮な野菜や加工品が並ぶ。地産地消を軸にした、目にも美しい創作料理が堪能できるレストラン「avenir town」が人気。

「avenir town」の「シェフの創作おまかせランチ」（1430円）

自然豊かな神石高原でフィンランド式のテントサウナをレンタルできる「ジンセキテントサウナ」に注目。タオル、ガウン、サウナハットがレンタルできるので、持参物は水着のみでOKなのがうれしい！

世界で唯一の紙ヒコーキ専用タワー
とよまつ紙ヒコーキ・タワー
とまつかみひこーき・たわー

標高661mの米見山（よなみやま）山頂公園にそびえ立つ、高さ26mのタワー。紙ヒコーキを飛ばすために造られた、世界でも珍しい施設。360度見渡せる展望台がある。

展望台からは豊松の町並みのほか、大山、道後山、比婆山連峰なども望める

▶ とよまつ紙ヒコーキ・タワー
住 神石郡神石高原町下豊松381 TEL 0847-84-2000 営 10:00〜18:00（10・11・3月は〜17:00）※GW、夏休み期間（7月下旬〜8月末）は無休 休 月・水・金、12〜2月は冬期休館 料 エコ用紙5枚付き300円（小学生未満無料、ただしエコ用紙は別途購入必要） P あり 交 東城ICから車で40分

自然と触れ合いながら遊ぶ非日常スポット
神石高原ティアガルテン
じんせきこうげんてぃあがるてん

標高約700mの高原にあるアウトドア施設。ログハウスやキャンプサイトのほか、ヤギの餌やりや森林セラピーロードなどがある。多彩な体験プログラムも人気だ。

天気や気象条件が合えば、キャンプサイトから雲海を見ることができる

▶ 神石高原ティアガルテン
住 神石郡神石高原町上豊松72-8 TEL 0847-82-2823 営 9:00〜17:00 休 水（7〜9月を除く）、12月末〜2月は冬期休園 料 施設・サービスにより異なる P あり 交 東城ICから車で30分

ピザ作りなどの体験プログラムも充実

自分を見つめ直す修行体験ができる
秀嶺山 光信寺
しゅうれいざん こうしんじ

禅の基本的な修行法である、写経や坐禅などの体験ができる。日常の喧騒から離れ、静かに自分と向き合うことで心身ともにリフレッシュしよう。隣には光信寺の湯「ゆっくら」もあり。

一字一字無心で書き続ける写経は、予約不要で1名から気軽に体験できる

▶ 秀嶺山 光信寺
住 神石郡神石高原町光信5500 TEL 0847-85-2368 営 8:00〜17:00（拝観可能時間） 休 なし 料 施設、体験により異なる P あり 交 東城ICから車で40分

秋は境内の紅葉が真っ赤に色づいて美しい

スギの巨木に囲まれた厳かな雰囲気の神社
亀鶴山八幡神社
かめつるやまはちまんじんじゃ

902（延喜2）年に祀られたとされ、1000年以上の歴史をもつ神社。油木八幡神社とも呼ばれる。ご神木は樹齢約600〜700年の巨樹。病気平癒・交通安全・家内安泰の御利益がある。

参道にそびえ立つスギの巨木の並木は、県の天然記念物に指定されている

▶ 亀鶴山八幡神社
住 神石郡神石高原町油木甲3147 TEL 0847-82-0177 営 自由 休 なし 料 無料 P あり 交 東城ICから車で25分

秋祭りで勇壮に踊る神儀は県の無形民俗文化財

ひろしま
Q 神石高原町の特産品といえば、日米首脳昼食会でバイデン大統領も食した「神石牛」が有名。そしてもうひとつ、300年もの歴史をもち、高原という立地を生かしたこの地で栽培される町の特産品といえば？

比婆牛 (ひばぎゅう)

たたら製鉄が盛んだった庄原市では、古くから役牛として身近な存在だった。その後、役牛から肉用牛への転換が進み、今や県を代表する和牛銘柄に。

\ モオオォ！たまらん！ /
備北で
牛道楽

比婆牛とは……

広島県を代表するブランド和牛の「比婆牛」。血統や生産地などに厳しい基準が設けられており、庄原市が認定したものだけを比婆牛と呼ぶ。「比婆」とは、現在の庄原市ができる前にあった「比婆郡」などの地域名称のこと。この地域特有の冷涼な気候のなか生育された牛は、脂と赤身のバランスがよく、口当たりが驚くほどなめらか！

比婆牛の認定基準

- 牛の父、母の父、母の母の父のいずれかが広島県種雄牛である
- 庄原市内で生まれ、広島県内で最終最長期間肥育された
- 肉質等級が3等級以上
- 市が指定した県内のと畜場でと畜された黒毛和種の去勢牛または未経産牛
- 庄原市長が発行した「比婆牛素牛認定書」を有している

❶オレイン酸が遺伝的に多く含まれるため、口どけがよい ❷長い年月をかけて牛の改良を重ね、現在の和牛に ❸生産頭数が少なく、地元で消費されるので希少価値が高い

比婆牛とともに色とりどりの野菜が添えられ、見た目も◎

東城産の米や野菜と一緒に
比婆牛を堪能！

道の駅 遊YOUさろん東城
（みちのえき ゆうゆうさろんとうじょう）

グルメスポットとしても人気を集める道の駅。比婆牛から自家製そばまで幅広いメニューが揃う。比婆牛をカジュアルに楽しみたいなら「レストランもみじ」の比婆牛丼（2300円）がおすすめ。東城産の米に、自家製甘辛だれで炒めた比婆牛バラ肉と野菜が相性抜群。ニンニクチップとピリ辛の比婆コンニャクがアクセント。

MAP 別冊P.15-C2

🏠庄原市東城町川東877 ☎08477-2-4444 ⌚9:00～18:00（レストラン11:00～、そば処10:00～16:00、産直市場8:00～17:00) 休なし、食事処は水（祝日の場合は翌平日) CC不可 P あり 交東城ICから車で1分

❶子供から年配の方まで満足できる「レストランもみじ」 ❷売店では地元の特産品や加工品が約4000種類並ぶ

（ひろしま）A コンニャク芋。特に、在来種「和玉」の栽培は全国でも珍しいという。加工したコンニャクは苦味がなく風味が豊かと評判。中国山地から生まれる良質な水もひと役買っている。

三次市・庄原市などの備北エリアは自然豊かな土地柄、良質な生乳の産地でもある。この地で育まれた生乳を使ったチーズ店をクローズアップ。

チーズ

牛の幸せを大事にした酪農スタイル
三良坂フロマージュ
みらさかふろまーじゅ

「山地酪農」という、山でのびのびと自然放牧するスタイルで家畜を育てている。その家畜が出した乳を一滴も無駄にしないように、チーズを作るのがモットー。フランスとイタリアで学んだ伝統製法に、日本人独特のエッセンスを加えたチーズ作りを目指す。

MAP 別冊P.14-B3
住 三次市三良坂町仁賀1617-1 **TEL** 0824-44-2773 **営** 10:00〜16:00 **休** 日(臨時休業あり) **CC** ADJMV **P** あり **交** 三良坂ICから車で7分

❶フロマージュ・ド・みらさか(70g以上・1167円) ❷山羊ミルクを使った富士山・炭(120g以上・1971円) ❸好みの場所で草を食べてのんびり過ごす牛たち

❶三つ編みチーズ(40g・440円) ❷ウォッシュチーズ(50g・650円) ❸放牧地で育った牛のミルクには優しい甘味とコクが! ❹乳搾り体験は感動の連続

牛にも人にも優しいチーズ作り
ふくふく牧場
ふくふくぼくじょう

山を切り拓いた放牧地で元気に運動して、自然の草をおなかいっぱいに食べたジャージー牛。そのミルクからシンプルで素朴なチーズを作る。安心して食べられるよう、添加物などは入れずに手作りするのがこだわり。乳搾り、チーズ作りなどの牧場体験もできる。

MAP 別冊P.14-A2
住 庄原市口和町湯木1390 **TEL** 0824-87-2195 **営** 10:00〜16:00 **休** 水、第1土 **CC** 不可 **P** あり **交** 口和ICから車で10分

庄原の恵みをおいしいチーズに
チーズ工房「乳いーずの物語。」
ちーずこうぼう「ちぃーずのものがたり。」

「地域の乳で、地域に根差したチーズを作りたい」という思いから、「チーズ」ではなく「乳いーず」と名づけた。生乳は、工房近くにある契約酪農家の新鮮な搾りたてを使用する。定番人気のモッツァレラのほか、庄原の雪をイメージした個性的なチーズも。

MAP 別冊P.14-B2
住 庄原市一木町533-4 **TEL** 0824-72-2062(土・日・祝)、0824-72-7634(平日) **営** 11:00〜17:00 **休** 月〜金 **CC** 不可 **P** あり **交** 庄原ICから車で10分

おつまみにぴったりなドライチーズ燻製(595円)

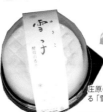

庄原の雪を思わせる「雪子」(900円)

自家製チーズのほか地酒も販売。盆や連休などは臨時営業

江戸時代、旧比和村の畜産家・岩倉六右衛門が地元の優良な雌牛をもとに血統の優れた蔓牛(つるうし)、「岩倉蔓」を作り上げた。この「岩倉蔓」がブランド牛「比婆牛」のルーツとなっている。

四季折々の恵みを実感できる花とフルーツの町

世羅町
せ　ら　ちょう

「世羅高原農場」（→P.316）のチューリップ。カラフルな花の共演にうっとり

三次市
府中市
三原市
尾道市

世羅町

人口 世羅町▶1万4838人

エリア利用駅

▼備後三川駅
JR福塩線

エリア中心部への行き方

| 広島バスセンター | 広島交通・中国バス 高速バス 所要約1時間30分（2000円） | 甲山営業所 |

| 広島IC | 車で 山陽自動車道 所要時間約25分 | 河内IC | 車で 広島中央フライトロード 所要時間約40分 | 世羅町 |

　広島県のほぼ中央、中東部に位置する世羅町は、通称「世羅台地」と呼ばれる標高350〜450mの台地を形成している。瀬戸内海に流れる芦田川水系と、日本海に流れる江の川水系の分水嶺となっており、良質な水に恵まれている。さらに昼夜で寒暖差のある気候、豊かな日差しと農作物の生育に絶好の条件が揃い、広島県屈指の農産物一大生産地として発展。町内には多くの観光農園や果樹農園、産直市場などがあり、美しい花やおいしいフルーツが訪れる人々を楽しませている。近年では、生産から加工、流通までを行う農業の6次産業化にも取り組み、全国的にも高い評価を受けている。また、駅伝の強豪校である「広島県立世羅高等学校」を地域全体で応援し、「駅伝のまち」としても盛り上がる。

312 **クチコミ** 秋になると「今高野山」（→P.38、314）に紅葉狩りに出かけます。近くで売っている、弘法大師ゆかりのお菓子「唐饅頭（とうまんじゅう）」は素朴な甘さで癒やされます。（三原市在住・エカッタ吾郎）

歩き方

季節を告げる色とりどりの花を楽しもう

世羅町には、花の観光農園が多い。桜やフジをはじめ、ネモフィラ、ラベンダー、ダリアなど1年中さまざまな種類の花を観賞できる。広大な敷地一面に、四季折々の花々が咲き誇る様はとてもロマンティックで、カメラ愛好家の撮影スポットとしても人気。花の見頃にあわせて、フォトコンテストや写真撮影会、手作り体験など多彩なイベントも開催される。また、世羅町観光協会では毎年「せらめぐり花めぐりチケット」を販売。町内のいろいろな場所で使えるお得なチケットだが、期間限定の販売となるので詳細は観光協会のサイトをチェックしよう。

「Flower village花夢の里」（→P.316）の芝桜は、花の絨毯のよう

梨やブドウなど旬のフルーツがいっぱい

世羅町は、広島県内でも有数の農業地帯を形成し、米、野菜など、多彩な農業を展開している。なかでも有名なのが果物。特に「豊水」や「幸水」を中心にたくさんの品種が揃う赤梨は、県内一の生産量を誇る。また、ブドウの生産も盛んで、「せら夢公園」（→P.314）にある「せらワイナリー」では世羅産のブドウを100%使ったさまざまなワインが楽しめる。

「なしの店　ビルネ・ラーデン」（→P.318）。梨狩りは8月中旬～9月下旬頃

町内には観光農園も多く、旬のシーズンに合わせて果物狩りが実施される。春はイチゴ、夏は桃やブルーベリー、秋は梨やブドウ、冬はリンゴなど、農園によっていろいろな果物の収穫体験ができる。

おさんぽプラン

① 道の駅 世羅（→P.315）
　↓ 車6分
② 今高野山（→P.38,314）
　↓ 徒歩2分
③ 雪月風花 福智院（→P.39）
　↓ 車19分
④ せら夢公園（→P.314）
　↓ 車15分
⑤ 世羅高原農場（→P.316）
　　閉園期間あり

寄り道スポット

天然ラジウム温泉に癒やされて

地下600mから湧き上がる、天然ラジウム温泉が楽しめる。柔らかな肌当たりのお湯で、お風呂上がりはしっとりなめらか。温泉は日帰り入浴も可能なので、気軽に立ち寄ろう。グランピングドームやケビンなど、宿泊施設も充実する。

せら香遊ランド
MAP 別冊P.42-A3
住 世羅郡世羅町京丸809-3
TEL 0847-22-5280　営 11:00～20:00（最終受付19:30）
休 火　料 中学生以上600円（小学生400円、小学生未満無料）　P あり　交 世羅ICから車で15分

「万病の湯」ともいわれるラジウム温泉で、日常でたまった疲れを癒やそう

ご当地トピックス 好きじゃけん広島県！

駅伝強豪校を支える町ぐるみでの応援

「広島県立世羅高等学校」は高校駅伝の強豪校。男子は歴代最多の11回、女子は2回の優勝をなし遂げている。その活躍をバックアップしているのが、「ランナー育成プロジェクト」を推進する世羅町。山道のクロスカントリーコースを、選手がいつでも練習できるよう整備するなど、町ぐるみで応援している。ちなみにこのコースは自然の起伏が激しく、走ると筋力アップにつながるそう。これが世羅高校の強さの秘密かも!?

高校駅伝の名門校として全国でも有名な「広島県立世羅高等学校」

縄文・弥生時代の営みの跡が多数発見されるなど古くから歴史が紡がれる世羅町。平安時代にはこの地に荘園が築かれ統治された。平清盛の子・重衡が後白河法皇に寄進したという、この荘園の名称は？

おもな見どころ

MAP 別冊P.42-A3

▶ せら夢公園

住 世羅郡世羅町黒渕518-1 **TEL**
0847-25-4300 **営** 9:00～17:00
(1・2月は10:00～16:00) **休** 火
(祝日・イベント期間は営業) **料**
無料 **P** あり **交** 世羅ICから車
で20分

せらワインは、町内約20戸の農家
で栽培されたブドウが原料

MAP 別冊P.42-B2

▶ ラ・スカイファーム

住 世羅郡世羅町別迫1093-24
TEL 0847-24-0614 **営** 9:00～
18:00 **休** 開園期間中なし※開
園時期は要問い合わせ **料** 内容
により異なる **P** あり **交** 世羅IC
から車で15分

梅もぎで取った梅は梅干しやジャム
にすると◎

MAP 別冊P.42-B3

▶ 今高野山

住 世羅郡世羅町甲山 **TEL** 0847-
22-4400(世羅町観光協会) **営**
自由 **休** なし **料** 無料 **P** あり
交 世羅ICから車で7分

春は桜、秋は紅葉の名所として人気

公園からワイナリーまで盛りだくさん

せら夢公園
せらゆめこうえん

テーマごとに広場が配置された「せら県民公園」と「せら
ワイナリー」がある。公園は子供たちが思う存分楽しめる遊具
がいっぱい。ワイナ
リーでは、世羅町
産のブドウを原料に
した「せらワイン」
が味わえる。「夢
高原市場」では地
元野菜や特産品の
販売も。

ファミリースポーツが楽しめる芝生広場やピクニックが
できる草原などもあり

夏の梅もぎ、秋の栗拾いが人気の観光農園

ラ・スカイファーム
らすかいふぁーむ

6月中旬～7月上旬頃には「梅もぎまつり」が、9月下旬～
10月上旬頃には栗拾いが行われ、収穫体験を満喫できる。
いずれも有機栽培
で農薬を使ってお
らず、安心して口
にできるのがうれし
い。生育状況によ
り開催時期などの
詳細は異なるので、
問い合わせを。

「梅もぎまつり」は実際に木になっている梅を収穫でき、
大人も子供も楽しめる

歴史の重みを感じさせる荘厳な雰囲気

今高野山
いまこうやさん

今高野山の寺院は、822(弘仁13)年に弘法大師空海が
開いた真言密教の霊場とされ、開基1200年を迎えた。紀州・
高野山が西の拠点
として7堂12院を
建てたが、天災な
どにより焼失。現
在は「木造十一面
観音立像」など、
貴重な国の文化財
が保存されている。
(→P.38)

参道の入口に建つ今高野山総門は、県の重要文化財
に指定されている

ひろしま

「大田庄」。平家の滅亡後には、紀州高野山に寄進され、「今高野山龍華寺」を中心にして栄えた。今高野山のふもとにあ
る「大田庄歴史館」には、関連資料や文化財が保管されている。

生活を支えるダムの魅力を発見しよう
八田原ダム
はったばらだむ

ダムの一部を一般開放しており、自由に見学できる。湧き出る天然水を「夢の山水」として自由に利用できるよう水汲み場を設置。近くには、ギネス記録をもつ「夢吊橋」もあり。

一級河川・芦田川の治水、利水などを目的として建設された多目的ダム

「メイドイン世羅」がたっぷり
道の駅 世羅
みちのえきせら

野菜や果物から、ジビエ、スイーツまで、世羅の特産物が一堂に会する道の駅。インフォメーションカウンターには観光コンシェルジュが常駐しており、旬な情報を提供してくれる。（→P.370）

物販スペースの野菜や果物は、地元の農家が直接持ち込んでおり、鮮度抜群

大輪の花が色鮮やかに咲くアジサイ寺
康徳寺
こうとくじ

672年創建といわれる、歴史ある寺。1982（昭和57）年からアジサイを植え付け始め、現在では「世羅のアジサイ寺」と呼ばれるほどに。画聖・雪舟が築造したと伝えられる庭園がある。

雪舟は修業の一時期、康徳寺3代目住職のもとに足を運んだという記録が残る

きのこの魅力を発信するショップ＆レストラン
mantenere SERA
まんてねーれ せら

「世羅きのこ園」の直営店。1階の直売所では、特産品の松きのこ、松なめこを販売する。2階のレストランでは、そのきのこをふんだんに使った料理が堪能できる。

人気メニュー、松きのことポルチーニのクリームソース タリアテッレ（1500円）

MAP 別冊P.11-C1
▶八田原ダム
住 世羅郡世羅町大字小谷字苦谷山1100-1　TEL 0847-24-0490　営 9:00〜16:00　休 なし（臨時閉鎖あり）　料 無料　P あり　交 世羅ICから車で20分

完成当時に橋脚を持たない体として世界最長の「夢吊橋」

MAP 別冊P.42-B3
▶道の駅 世羅
住 世羅郡世羅町川尻2402-1　TEL 0847-22-4400　営 8:00〜18:00　休 なし　CC ADJMV　P あり　交 世羅ICから車で1分

世羅町をイメージした「世羅ブレンドコーヒー」（280円）

MAP 別冊P.42-A3
▶康徳寺
住 世羅郡世羅町寺町1386　TEL 0847-22-0635　営 自由　休 なし　料 無料　P あり　交 世羅ICから車で10分

アジサイの見頃は6月中旬〜7月中旬頃

MAP 別冊P.42-B3
▶mantenere SERA
住 世羅郡世羅町小世良715-4　TEL 0847-25-5030　営 10:00〜17:00（レストランは11:30〜15:00、L.O.14:30）　休 火（祝日の場合は翌平日）　CC ADJMV　P あり　交 世羅ICから車で2分

ショップでは最先端技術を駆使した冷凍食品も販売する

クチコミ 世羅町には俊足の神・韋駄天を祀る「修善院」というお寺があって、有名陸上選手のシューズが供養されている。（庄原市在住・J）

世羅高原の四季を味わおう♪

花スポット＆果物狩り

四季の移り変わりにそって、異なる花々や実りを堪能することができる世羅の大地を思う存分味わい尽くそう！

ダリア、ガーデンマム
9月上旬〜10月下旬

ヒマワリ
7月下旬〜
8月中旬

丘一面を埋め尽くす感動の花風景
せらこうげんのうじょう
世羅高原農場

園内総面積15万㎡という壮大な敷地に、色彩豊かな花風景が広がる農園。春はしだれ桜やチューリップ、夏はヒマワリ、秋はダリアとガーデンマムが楽しめる。季節ごとに変化する花畑はいつ訪れても飽きることがない。

MAP 別冊P.42-B2
住 世羅郡世羅町別迫1124-11　TEL 0847-24-0014
営 9:00〜17:00（入場〜16:30、早朝延長開園あり）
休 開園期間中なし（閉園期間あり）　料 開園時期、開花状況により異なる　P あり　交 世羅ICから車で15分

❶「世羅高原農場」では3月下旬から4月上旬にさくら祭りが開催される　❷ぽんぽん丸い花が咲くキク科のガーデンマム　❸夏は約110万本のヒマワリが一面を黄色く染め上げる

イングリッシュローズ（初夏）
5月下旬〜7月上旬

イングリッシュローズ（秋）
9月中旬〜11月上旬

❶青い空とイングリッシュローズのコントラストが美しい
❷秋は、一輪が大きく香りの強いバラが咲く

空に近いロケーションで咲くバラ
そらのはなばたけ　せらこうげんはなのもり
そらの花畑　世羅高原花の森

中四国初となる、イングリッシュローズに特化したバラ農園。標高540mに位置し、冷涼な気候を生かして長期間バラを開花させている。優しい色と豊かな香りに包まれて、贅沢なひとときを過ごそう。

MAP 別冊P.42-A2
住 世羅郡世羅町戸張空口1405　TEL 0847-29-0122　営 9:00〜17:00（入場〜16:30、早朝延長開園あり）　休 開園期間中なし（閉園期間あり）　料 1200円（4歳〜小学生600円）　P あり　交 世羅ICから車で18分

3色に彩られた花の丘
ふらわー びれっじ かむのさと
Flower village 花夢の里

ピンク、青、白の3つのテーマカラーを基調に、旬の花々を届ける農園。春は芝桜とネモフィラ、初夏はアジサイとタチアオイ、夏はヘブンリーブルー（西洋アサガオ）と、季節ごとにさまざまな花が咲き誇る。

MAP 別冊P.10-A1
住 世羅郡世羅町上津田3-3　TEL 0847-39-1734　営 9:00〜17:00（入場〜16:30、早朝延長開園あり）　休 開園期間中なし（閉園期間あり）　料 1000円（4歳〜小学生500円）　P あり　交 世羅ICから車で30分

ネモフィラ
4月上旬〜
5月中旬

タチアオイ
6月中旬〜
7月上旬

❶野の花のような可憐さをもつ100万本のネモフィラ　❷3500株のタチアオイが高原をピンクに彩る

Plus 花や果物などの植物は自然条件に大きく左右されるため、開花・収穫期間や料金は必ず各施設のホームページなどで確認してから出かけよう。

藤
4月下旬〜
5月中旬

❶地面に敷きつめられた白石と藤の桃色が美しく共演 ❷まるで鏡に反射したような藤とルピナス

ルピナス
4月下旬〜5月中旬

藤の魅力を多彩な演出で見せる
せらふじ園
せらふじえん

約1000本の藤と「昇り藤」という別名をもつツルピナス7500株が花開く、春限定の花園。園内はさまざまな視点で分かれた12のエリアがあり、藤の魅力をより深く発信する。夜間はライトアップされ幻想的な雰囲気に。

MAP 別冊P.42-A2

住 世羅郡世羅町安田478-82　TEL 0847-22-0020　営 9:00〜17:00(入場〜16:30、早朝延長開園あり)　休 開園期間中なし(閉園期間あり)　料 1200円(4歳〜小学生600円)　P あり　交 世羅ICから車で15分

花々とハーブの香りに包まれて
香山ラベンダーの丘
こうざんらべんだーのおか

自然豊かな緑の山々に囲まれた観光農園。春はポピーが咲き誇り、夏はラベンダーとブルーベリーが繁茂し、秋はコスモスが色鮮やかに咲き乱れる。それぞれの開花に合わせて、収穫体験やイベントも開催。ハーブ苗の販売も。

MAP 別冊P.42-B2

住 世羅郡世羅町別迫794-9　TEL 0847-24-1108　営 9:00〜17:00(ランチは11:00〜14:00、カフェは〜16:00)　休 開園期間中なし(11〜4月初旬は閉園)　料 800円(小学生300円)　P あり　交 世羅ICから車で10分

ラベンダー
6月中旬〜
7月中旬

ポピー
4月中旬〜
5月下旬

❶ラベンダーが一面に咲く風景は異国情緒たっぷり ❷丘一面に咲く色とりどりのポピー。写真映えスポットも

花が織りなすフォトジェニックな世界
花の駅せら
はなのえきせら

高原を彩る愛らしい花々や自然を満喫できるスポット。春から秋にかけて、ビオラやユリ、サルビアやコスモスなど、さまざまな花が楽しめる。フォトスポットが多く、カメラ好きからも人気。園内にはオートキャンプエリアもあり。(→P.40)

MAP 別冊P.42-A2

住 世羅郡世羅町黒渕権現山413-20　TEL 0847-27-1555　営 9:00〜17:00(オートキャンプ場13:00〜翌12:00)　休 なし(農園は閉園期間あり)　料 1000円(小学生・未就学児無料)※開花状況により変動あり　P あり　交 吉舎ICから車で25分

コスモス
9月下旬〜
10月下旬

❶一面に広がるコスモスとブランコが幻想的 ❷モモイロタンポポの畑には真っ白なピアノが!

モモイロ
タンポポ
4月下旬〜
5月

全国屈指のしだれ桜の並木道
世羅甲山ふれあいの里
せらこうざんふれあいのさと

しだれ桜の並木道が評判の桜スポット。約250本のしだれ桜が満開を迎えると圧倒的な美しさ。3月中旬〜4月下旬の開園期間中は、園内各所で吉野桜、しだれ桜、紅八重しだれ桜、八重桜の開花リレーが楽しめる。

MAP 別冊P.11-C1

住 世羅郡世羅町小谷1049　TEL 0847-24-1188　営 9:00〜17:00　休 開園期間中なし　料 800円(小学生400円)　P あり　交 世羅ICから車で20分

ソメイヨシノ
3月下旬〜
4月中旬

❶青空に映える美しいソメイヨシノ ❷しだれ桜の並木道は思わず足を止めて見入ってしまいそう

しだれ桜
3月下旬〜
4月中旬

plus

点在する見どころを自転車で回るなら、「道の駅 世羅」(→P.315)のレンタサイクル(冬季休業あり)はいかが? 電動自転車なので坂道・山道もラクラク。無料でヘルメットの貸し出しもしてくれる。

果物狩りや直売が楽しめる

なしのみせ びるね・らーでん（せらこうすいのうえんのちょくばいじょ）

なしの店　ビルネ・ラーデン
（世羅幸水農園の直売所）

　世羅幸水農園の直売施設。丹精込めて栽培した四季折々の果実や、世羅高原の特産物を販売するほか、梨、ブドウ、イチゴの果物狩りも楽しめる。世羅高原の自然の風を感じながら食べる採れたての味は格別だ。

MAP 別冊P.42-A3

🏠世羅郡世羅町本郷365-24　☎0847-25-0174　営8:00〜17:00(夏季は〜17:30)　休水(11月下旬〜3月中旬)　料梨狩り1100円(4歳以上〜小学生600円)、ブドウ狩り1400円(4歳以上〜小学生900円)、ほか果物により異なる　Ｐあり　交世羅ICから車で15分

梨狩り
8月中旬〜
8月下旬

❶世羅の梨は、酸味が少なく甘さが強めで子供たちにも人気　❷黄緑色の甘い実が特徴の「ハニービーナス」

ブドウ狩り
9月上旬〜9月下旬

梨狩り
8月中旬〜
9月下旬

ブドウ狩り
9月上旬〜
9月中旬

自然の恵みをたっぷり受けた果物

せらたいほうのうえん

世羅大豊農園

　45ヘクタールの広大な園内で、梨とブドウをメインに栽培する農園。きれいに整備された畑で、梨狩りやブドウ狩りを堪能できる。夜は、蛾から果実を守るために照らす「防蛾灯」の黄色い電気が世羅台地の風物詩に。

MAP 別冊P.42-A3

🏠世羅郡世羅町京丸10804-1　☎0847-27-0231　営8:00〜17:00　休収穫期間中なし　料梨・ブドウ狩り入園料共通1200円(4歳以上〜小学生600円)　Ｐあり　交世羅ICから車で20分

❶世羅高原を代表する果物といえば梨　❷寒暖差のある気候でブドウがおいしくなる

花見頃&果物狩りカレンダー

	1月	2月	3月	4月	5月	6月	7月	8月	9月	10月	11月	12月
🌸世羅高原農場			桜	チューリップ				ヒマワリ		ダリア、ガーデンマム		
🌸そらの花畑 世羅高原花の森					バラ					バラ		
🌸Flower village 花夢の里			芝桜、ネモフィラ			アジサイ、タチアオイ			ヘブンリーブルー			
🌸せらふじ園				藤								
🌸香山ラベンダーの丘				アイスランドポピー		ラベンダー			コスモス			
					ハーブガーデン				ブルーベリー			
					バラ							
🌸花の駅せら				モモイロタンポポ		ユリ						
				ビオラ			ペチュニア		サルビア			
				カリフォルニアポピー			ヒマワリ		ジニア			
					バーベナ・ボナリエンシス				コスモス			
🌸世羅甲山ふれあいの里			桜									
🍎なしの店 ビルネ・ラーデン（世羅幸水農園の直売所）	イチゴ							梨	ブドウ			
🍎世羅大豊農園								梨	ブドウ			

🌸━花　🍎━果物狩り・果物収穫体験

plus ℹ️ 最新の開花・収穫状況は、世羅町観光協会のホームページ(URL seranan.jp)で確認しよう。各農園の開園状況も掲載されているのでお出かけ前にはチェックしたい。

第3章

歴史と文化

年表で見る広島の歴史 …………………………… 320

原爆と平和〜祈りは世界へ
見て歩いて感じるヒロシマ …………………… 328

平清盛と厳島・瀬戸内海 ……………………… 332

戦国武将・毛利元就 …………………………… 334

ひろしまの神楽 ………………………………… 336

絶対ハズせない広島のお祭り12祭 ………… 340

広島の国指定重要無形文化財 ……………… 344

広島の愛すべきキャラクターたち …………… 345

年表で見る広島の歴史

時代	西暦	和暦	広島のできごと	日本・世界のできごと
旧石器・縄文時代	約2万5千年前～		・西ガガラ遺跡（東広島市）で旧石器時代の住居跡6軒を発見	・日本列島の誕生。岩宿遺跡（群馬県みどり市）の発見で日本列島における旧石器時代の人類の存在を確認
	～約1万5千年前		・下本谷遺跡（三次市）や冠遺跡群（廿日市市）でナイフ形石器などを出土	
	約1万2千年前～		・帝釈峡遺跡群（庄原市・神石高原町）は広大な地域に分布する我が国の代表的な洞窟・岩陰遺跡群　帝釈峡→P.306	
	～約5000年前		・太田貝塚（尾道市）で、貝殻・土器・石器のほか、70体以上の人骨が出土	・海面上昇により瀬戸内海が現れはじめる
	～約2300年前		・比治山貝塚（広島市）で縄文時代晩期の土器のほか、石錘（漁網に付けるおもり）や石鏃、石匙などの石器を出土	
弥生時代	紀元前4～紀元3世紀		・木の宗山遺跡（広島市）で銅鐸・銅剣・銅戈を出土	
			・中山貝塚（広島市）はハマグリ、カキ、アサリなどを主体とする貝塚	
			・大宮遺跡（福山市）、亀山弥生式遺跡（福山市）、御領遺跡（福山市）	
			・弥生時代後期の墳丘墓として最大規模の矢谷墳丘墓（三次市）。隣の同時代の墓から古代ローマ帝国産ガラスで作られた小玉が出土　みよし風土記の丘・みよし風土記の丘ミュージアム（県立歴史民俗資料館）→P.300	
		神武天皇御代	・神武天皇が多祁理宮・埃宮（現多家神社）（府中町）滞在　多家神社→P.146	
古墳時代	4世紀		・太田川流域の宇那木山第2号古墳（広島市）から「画文帯神獣鏡」が出土。神宮山第1号古墳（広島市）から「内行花文鏡」の破片が出土 ・太田川沿い南から北にのびる標高60～130mの丘陵に存在する12基からなる中小田古墳群（広島市） ・大迫山古墳群（庄原市）は前方後円墳と円墳の2基からなる古墳群	・倭国の統一（大和朝廷の成立）（350年頃） ・ローマ帝国が東西に分裂（395年） ・この頃、日本各地で巨大な前方後円墳が作られる ・百済から仏教伝来（538年） ・遣隋使が派遣される（600年～） ・ムハンマド、イスラム教を創始（610年）
			・甲立古墳（安芸高田市）から円筒埴輪と器財形埴輪が出土	
			・辰の口古墳（神石高原町）は備後地区最大の前方後円墳	
	5世紀前半頃～		・三ツ城古墳（東広島市）築造　三ツ城古墳・三ツ城公園→P.202 ・池の内第2号古墳（広島市）や空長第1号古墳（広島市）から須恵器が出土	
	5世紀～6世紀		・中国地方最大級の古墳群、浄楽寺・七ツ塚古墳群（三次市）が築造 みよし風土記の丘・みよし風土記の丘ミュージアム（県立歴史民俗資料館）→P.300	
	6世紀～7世紀		・新宮古墳（広島市）、二子塚古墳（福山市）、御年古墳（三原市）築造	
飛鳥時代	593年	推古元年	・厳島神社（廿日市市）の創建　厳島神社→P.30、161 ・地御前神社（廿日市市）の創建と伝わる　地御前神社→P.172	
	7世紀		・広島県内最古の寺院跡、横見廃寺跡（三原市）が見つかる	
	603年	推古11年	・厳島神社の摂社として大頭神社（廿日市市）創祀と伝承　大頭神社→P.173	
	616年	推古24年	・聖徳太子によって浄土寺（尾道市）創建と伝承　浄土寺→P.243	
	618年	推古26年	・河辺臣が安芸に派遣され船舶を建造	・唐による中国統一（618年） ・大化の改新（645年） ・藤原京への遷都（694年） ・大宝律令を定める（701年）
	672年	弘文元年／天武元年	・康徳寺（世羅町）創建と伝承　康徳寺→P.315	
	679年	天武7年	・素盞嗚神社（福山市）創祀と伝承　素盞嗚神社→P.260	
	684年	天武13年	・安芸国、備後国の境界ほぼ定まる	
	703年	大宝3年	・亀山神社（呉市）創建　亀山神社→P.186	
	706年	慶雲3年	・御建神社（東広島市）創建と伝わる　御建神社→P.205	
奈良時代	719年	養老3年	・安芸国に初めて按察使が置かれる	・平城京に遷都（710年） ・日本最古の史書『古事記』編纂（712年） ・『日本書紀』編纂（720年） ・聖武天皇が国分寺建立の詔を発令（741年） ・墾田永年私財法施行（743年） ・奈良東大寺の大仏開眼供養（752年） ・長岡京へ遷都（784年） ・万葉集の編纂（629年～759年頃）
	8世紀中頃		・大伴旅人が鞆の浦について詠んだ歌が『万葉集』に載る　鞆の浦→P.264 ・下岡田官衙遺跡（府中町）　下岡田官衙遺跡→P.145	
	729～749年	天平年間	・西國寺（尾道市）創建　西國寺→P.243	
	730年	天平2年	・行基が竹林寺（東広島市）建立　竹林寺→P.206	
	741年	天平13年	・安芸国分寺（東広島市）、備後国分寺（福山市）の建立が始まる　安芸国分寺→P.204　備後国分寺→P.257	
	761年	天平宝字5年	・安芸国で遣唐使船4隻を建造	
	773年	宝亀4年	・因島最古の神社、大山神社（尾道市）創建と伝わる　大山神社→P.247	
	777年	宝亀8年	・御調八幡宮（三原市）社殿造営と伝わる　御調八幡宮→P.229	

時代	西暦	和暦	広島のできごと	日本・世界のできごと
平安時代	806年	大同元年	・弘法大師が弥山（廿日市市）で修行し、大聖院（廿日市市）を開基と伝わる　**弥山→P.32, 160、大聖院→P.162** ・艮神社（尾道市）が尾道で最初にできた神社といわれる　**艮神社→P.234** ・千光寺（尾道市）創建　**千光寺→P.242** ・備後一宮 吉備津神社（福山市）創建　**備後一宮 吉備津神社→P.260**	・平安京に遷都（794年） ・イングランド王国建国（829年） ・遣唐使の停止（894年） ・藤原純友の乱（939年） ・高麗による朝鮮統一（936年） ・宋が中国を統一（979年）
	807年	大同2年	・弘法大師が明王院（福山市）を開基と伝わる　**明王院→P.259** ・明王院の鎮守社として草戸稲荷神社（福山市）創建　**草戸稲荷神社→P.259** ・神宮寺（府中市）創建　**神宮寺→P.271**	
	808年	大同3年	・太歳神社（三次市）建立と伝承　**太歳神社→P.297**	
	811年	弘仁2年	・速谷神社（廿日市市）が初めて正史に登場　**速谷神社→P.170**	・武士の誕生（10世紀頃） ・第1回十字軍遠征（1096年）
	822年	弘仁13年	・弘法大師が今高野山（世羅町）開基と伝わる　**今高野山→P.38, 314**	
	834〜848年	承和年間	・持光寺（尾道市）創建　**持光寺→P.242**	
	902年	延喜2年	・亀鶴山八幡神社（神石高原町）創建と伝承　**亀鶴山八幡神社→P.309**	
	933年	承平3年	・榊山神社（熊野町）が福岡の宇佐八幡宮より勧請　**榊山神社→P.153**	
	1069〜1074年	延久年間	・尾道御社（現御袖天満宮）創建　**御袖天満宮→P.235** ・大山寺（尾道市）中興　**大山寺→P.243**	・保元の乱（1156年） ・平治の乱（1159年）
	1118年	元永元年	・平清盛が平忠盛の長男として生まれる	
	1151年	仁平元年	・平清盛、安芸守となる	・平清盛の娘・徳子が高倉天皇の女御として入内（1172年） ・中宮平徳子が言仁親王（のちの安徳天皇）出産（1178年）
	1153年	仁平3年	・米山寺（三原市）建立　**米山寺→P.227**	
	1160年	永暦元年	・平清盛が厳島神社（廿日市市）に初参詣　**厳島神社→P.30, 161**	
	1164年	長寛2年	・平清盛が音戸の瀬戸（呉市）の開削工事に着手　**音戸の瀬戸公園→P.184** ・平家一門が厳島神社（廿日市市）に国宝『平家納経』を奉納	
	1167年	仁安2年	・平清盛が武士初の朝廷最高職、太政大臣となる	・安徳天皇即位（1180年） ・源頼朝、伊豆国で挙兵（1180年）
	1168年	仁安3年	・平清盛が妻・時子とともに出家する ・厳島神社（廿日市市）社殿の大造営　**厳島神社→P.30, 161**	
	1169年	嘉応元年	・尾道が、備後大田荘公認の船津倉敷地となる	
	1174年	承安4年	・後白河法皇、厳島神社（廿日市市）参詣　**厳島神社→P.30, 161**	・壇ノ浦の戦いで源義経が平家を滅ぼす（1185年）
	1180年	治承4年	・高倉上皇、厳島神社（廿日市市）に参詣　**厳島神社→P.30, 161**	
	1181年	治承5年	・平清盛死去	
	1186年	文治2年	・後白河上皇が大田荘（世羅町）を高野山に寄進する　**今高野山→P.38, 314**	
鎌倉時代	1207年	承元元年	・厳島神社（廿日市市）炎上。安芸国を厳島神社造営料国として再建	・源頼朝征夷大将軍となる（1192年） ・源頼朝死去（1199年） ・チンギス・ハーン、モンゴル統一（1206年） ・承久の乱（1221年） ・元寇 文永の役（1274年） ・元寇 弘安の役（1281年） ・オスマン帝国の建国（1299年） ・鎌倉幕府が滅亡（1333年）
	1221年	承久3年	・承久の乱の戦功により、甲斐国守護・武田信光が安芸国守護を兼任	
	1233年	天福元年	・現廿日市天満宮（廿日市市）が鎌倉の荏柄天神を勧請　**廿日市天満宮→P.171**	
	1245年	寛元3年	・海龍寺（尾道市）寄進される　**海龍寺→P.243**	
	1274年	文永11年	・武田信時が元軍に備えるため安芸国に赴く	
	1287年	弘安10年	・一遍上人が厳島神社（廿日市市）参詣。この様子が国宝『一遍聖絵』に	
	13世紀中頃〜16世紀初頭		・草戸千軒（福山市）の町ができる　**ふくやま草戸千軒ミュージアム→P.256**	
	13世紀		・武田信宗により銀山城（広島市）が築かれたとの伝承	
室町時代	1335年	建武2年	・安芸国守護の武田信武が足利尊氏方として挙兵、矢賀城（広島市）攻略	・室町幕府成立（1336年） ・足利尊氏征夷大将軍になる（1338年） ・英仏百年戦争（1337年） ・ヨーロッパで黒死病が流行（1347年） ・元滅亡（1368年） ・南北朝が統一（1392年） ・ティムール、トルコを支配（1402年） ・応仁の乱（1467年） ・コロンブス、西インド諸島に着く（1492年）
	1367年	正平22年／貞治6年	・天寧寺（尾道市）創建　**天寧寺→P.242**	
	1389年	元中6年／康応元年	・足利義満が厳島神社（廿日市市）を参詣　**厳島神社→P.30, 161**	
	1397年	応永4年	・佛通寺（三原市）創建　**佛通寺→P.266**	
	1407年	応永14年	・五重塔（廿日市市）が建立　**五重塔→P.161**	
	1420年	応永27年	・朝鮮使節の宋希璟が天寧寺・浄土寺・海徳寺・常称寺（尾道市）を参詣	
	1424年	応永31年	・皇后八幡神社（三原市）創建　**皇后八幡神社→P.230**	 天寧寺の三重塔から
	1497年	明応6年	・毛利元就、安芸の国人・毛利弘元の次男として生まれる	・ルターの宗教改革（1517年） ・マゼラン海峡の発見（1520年） ・ムガル帝国成立（1526年） ・種子島にポルトガル船漂着、鉄砲伝来（1543年） ・コペルニクス「地動説」を唱える（1543年）
	1517年	永正14年	・毛利元就の初陣、有田中井手の戦いで武田氏の勢力が弱まる	
	1523年	大永3年	・毛利元就が毛利家の家督を相続し、吉田郡山城（安芸高田市）入城	
	1540年	天文9年	・毛利元就、吉田郡山城の戦いで尼子氏を撃破 ・不動院（広島市）金堂の建立　**不動院→P.138** ・天文年間に空鞘稲生神社（広島市）創建　**空鞘稲生神社→P.127**	
	1541年	天文10年	・大内義隆と毛利元就の軍勢により銀山城（広島市）落城。安芸武田氏滅亡	
	1544年	天文13年	・毛利元就の三男が竹原小早川家の養子となり、小早川隆景として家督を継ぐ	
	1546年	天文15年	・毛利元就が長男・隆元に家督を譲る	

時代	西暦	和暦	広島のできごと	日本・世界のできごと
室町時代	1549年	天文18年	・毛利元就の次男・元春が吉川家を継ぐ	・ザビエル来日、キリスト教伝来（1549年） ・室町幕府滅亡（1573年）
	1552年	天文21年	・小早川隆景、新高山城（三原市）の築城開始	
	1555年	天文24年／弘治元年	・大内氏の実権を握った陶晴賢を毛利軍が村上水軍の来援を得て厳島で討つ ・厳島への道中、毛利元就が現旭山神社（広島市）参拝　旭山神社→P.140	
	1557年	弘治3年	・毛利軍により、大内氏滅亡 ・毛利元就が三子（隆元・元春・隆景）に『三子教訓状』を書く	
安土桃山時代	1563年	永禄6年	・毛利隆元死去。輝元が家督を継ぐ	
	1566年	永禄9年	・毛利軍が尼子氏を下し、中国地方ほぼ全域を手中に収める	
	1567年	永禄10年	・毛利元就の三男・小早川隆景が三原城（三原市）を築城。これを祝って踊った踊りがやっさ踊りの始まりと伝承　三原市→P.224　三原やっさ祭り→P.342	
	1571年	元亀2年	・毛利元就死去	
	1576年	天正4年	・将軍・足利義昭が織田信長により京都追放、毛利輝元を頼って鞆に動座 ・第1次木津川口の戦い。村上水軍と毛利水軍が織田信長の水軍を破る	・長篠の戦い（1575年） ・本能寺の変（1582年） ・大坂城完成（1585年） ・天正遣欧使節、ローマ教皇に謁見（1585年） ・スペイン無敵艦隊、英国に敗北（1588年） ・刀狩り開始（1588年） ・豊臣秀吉が北条氏を討ち天下統一をなす（1590年） ・朝鮮出兵 文禄の役（1592年） ・朝鮮出兵 慶長の役（〜1598年） ・豊臣秀吉死去（1598年） ・関ヶ原の戦い（1600年） ・イギリス、東インド会社設立（1600年）
	1582年	天正10年	・毛利軍、備中高松城をめぐり羽柴軍と対陣していたが、本能寺の変で和睦	
	1587年	天正15年	・豊臣秀吉が千畳閣（廿日市市）を建立　千畳閣（豊国神社）→P.161	
	1588年	天正16年	・豊臣秀吉が「海賊停止令」を発令、村上海賊の衰退へ	
	1589年	天正17年	・毛利輝元が「広島」と名づけ、広島城（広島市）築城開始　広島城→P.118 ・毛利輝元が明星院（広島市）建立　明星院→P.128	
	1591年	天正19年	・毛利輝元、広島城（広島市）に入城　広島城→P.118	
江戸時代	1600年	慶長5年	・関ヶ原の戦い。敗戦の将となった毛利輝元は周防・長門両国へ移封となり、福島正則が安芸・備後両国（現在の広島県）入封	
	1601年	慶長6年	・福島正則が広島城（広島市）入城。広島城の修築と城下の整備を行う。西国街道が整備されたのも福島時代とされる　広島城→P.118	・シェイクスピア『ハムレット』初演（1603年） ・江戸幕府成立、徳川家康が征夷大将軍になる（1603年） ・平戸にオランダ商館設立（1609年） ・大坂冬の陣始まる（1614年） ・大坂夏の陣、豊臣氏滅亡（1615年）
	1603年	慶長8年	・胡子神社（広島市）を現在地に勧請と伝わる　胡子神社→P.122、342 ・福島正則、亀居城（大竹市）の築城開始　亀居公園（亀居城跡）→P.178	
	1604年	慶長9年	・広島城下白神社（広島市）の社殿を再興　白神社→P.122	
	1607年〜	慶長12年〜	・朝鮮通信使が下蒲刈の三之瀬（呉市）や鞆（福山市）に停泊する	
	1608年	慶長13年	・亀居城完成　亀居公園（亀居城跡）→P.178	
	1611年	慶長16年	・亀居城（大竹市）が破却される　亀居公園（亀居城跡）→P.178	
	1616年	元和2年	・府中の豪商・木綿屋が府中味噌を流通させたと伝わる　府中味噌→P.273	
	1617年	元和3年	・太田川大洪水により、広島城が大被害を受ける　広島城→P.118	
	1618年	元和4年	・福島正則が広島城（広島市）を無断普請、翌年改易、信濃・越後へ	
	1619年	元和5年	・初代広島藩主・浅野長晟が広島（広島市）入城、安芸国・備後国北部を統治　広島城→P.118 ・とうかさん圓隆寺（広島市）創建　とうかさん圓隆寺→P.122、340 ・水野勝成が初代福山藩主として神辺城（福山市）に入城、備後国南部を統治	
	1620年	元和6年	・浅野長晟の別邸庭園として上田宗箇が縮景園（広島市）作庭　縮景園→P.118	
	1622年	元和8年	・水野勝成、福山城（福山市）を築城　福山城博物館→P.256	
	1632年	寛永9年	・浅野長晟死去	
	1634年	寛永11年	・干拓により国泰寺沖手に新開完成。以降、新開築成が続く	・江戸幕府、スペイン船の来航を禁止（1624年） ・参勤交代制度制定（1635年） ・島原・天草の乱（1637年） ・オランダ商館を出島に移す（1641年） ・鎖国制度完成（1641年〜1854年）※年代は諸説あり ・明の滅亡（1644年） ・生類憐みの令（1685年）※時期は諸説あり ・イギリスで名誉革命（1688年）
	1640年	寛永17年	・尾長天神宮（現尾長天満宮）建立　尾長天満宮→P.128	
	1643年	寛永20年	・儒学者林春斎が『日本国事跡考』で、厳島神社（廿日市市）を松島、天橋立とともに「為三処奇観」と記す。「日本三景の始まり　厳島神社→P.30、161	
	1648年	慶安元年	・広島藩主・浅野光晟が広島東照宮（広島市）造営　広島東照宮→P.128	
	1649年〜	慶安2年〜	・広島藩、竹原に塩田（入浜式）を造成。以降、竹原の各地に塩田が築造される	
	1659年	万治2年	・鞆の浦で中村吉兵衛が考案した保命酒の製造が始まる　鞆の保命酒→P.267	
	1672年	寛文12年	・豪商・河村瑞賢が西廻り航路を開設。以降、北前船の寄港地として尾道・竹原・呉などが栄える	
	1673年	延宝元年	・洪水で草戸千軒町（福山市）水没　ふくやま草戸千軒ミュージアム→P.256	
	1675年	延宝3年	・屋号「嘉登屋」（現白牡丹酒造／東広島市）創業　白牡丹酒造→P.210	
	1688年	貞享5年／元禄元年	・島田水産の創業者・木屋周蔵が地域の生産者を募り、大坂でかき船の営業をはじめる　島田水産 かき小屋→P.348	
	1698年	元禄11年	・福山藩5代目藩主・水野勝岑が死去。水野氏改易	

時代	西暦	和暦	広島のできごと	日本・世界のできごと
江戸時代	1700 年	元禄 13 年	・松平忠雅、山形から福山へ移封	・赤穂浪士討ち入り（1702 年） ・イギリスの産業革命（1760 年頃～） ・アメリカ合衆国独立宣言（1776 年） ・フランス革命（1789年～）
	1710 年	宝永 7 年	・福山藩主・松平忠雅が伊勢桑名に移封、阿部正邦が宇都宮から福山に入封	
	1717 年	享保 2 年	・福山藩・広島藩で全藩一揆が起こり、藩が要求を受け入れる	
	1733 年	享保 18 年	・竹鶴造（竹原市）創業　竹鶴酒造→P.217	
	1758 年	宝暦 8 年	・宝暦の大火により広島城下東部がほぼ焼失	
	1782 年	天明 2 年	・広島城三の丸に、広島藩学問所を開設　広島城→P.118	・伊能忠敬、蝦夷地を測量（1800 年） ・十返舎一九『東海道中膝栗毛』刊行（1802 年） ・シーボルト、長崎に来航（1823 年） ・歌川広重『東海道五十三次』刊行（1833 年） ・大塩平八郎の乱(1837年) ・清でアヘン戦争勃発（1840 年） ・ペリー、浦賀に来航（1853 年） ・日米和親条約締結（1854 年） ・皇女和宮の将軍家への降嫁が勅許される（公武合体)(1861 年) ・大政奉還（1867 年） ・戊辰戦争（1868 年） ・明治改元（1868 年）
	1786 年	天明 6 年	・広島藩内のほとんどに社倉法成就 ・福山藩で天明の百姓一揆が起こる	
	1825 年	文政 8 年	・頼杏坪ら『芸蕃通志』（159 冊）を脱稿	
	1826 年	文政 9 年	・頼山陽『日本外史』完成　頼山陽史跡資料館→P.123	
	1831 年	天保 2 年	・この頃から熊野町で筆作りが始まったとされる	
	1843 年	天保 14 年	・福山藩主阿部正弘が老中になる	
	1848 年	嘉永元年	・頼山陽『日本外史』出版　頼山陽史跡資料館→P.123 ・柄酒造（東広島市安芸津町）創業　柄酒造→P.211	
	1854 年	安政元年	・岩惣（廿日市市）が紅葉谷を開拓、茶屋開業　みやじまの宿岩惣→P.55, 400	
	1860 年	万延元年	・酔心山根本店（三原市）創業　酔心山根本店→P.255	
	1864 年	文久 4 年・元治元年	・第 1 次長州出兵のため、広島城下に諸藩が集まる	
	1867 年	慶応 3 年	・鞆沖合で坂本龍馬ら海援隊が操舵するいろは丸と、紀州藩の明光丸が衝突、鞆の浦で賠償交渉が行われる　いろは丸展示館→P.266	
明治時代	1868 年	明治元年	・広島護国神社創建　広島護国神社→P.118 ・今田酒造本店（東広島市）創業　今田酒造本店→P.211	
	1871 年	明治 4 年	・廃藩置県により、広島県、福山県、中津県、倉敷県が設置 ・県内全域で大農民一揆（武一騒動）	
	1872 年	明治 5 年	・旅館土生屋（現恋しき／府中市）創業　恋しき→P.270	
	1873 年	明治 6 年	・木村酒造（現賀茂鶴酒造）創業　賀茂鶴酒造→P.56, 209 ●	
	1874 年	明治 7 年	・広島大学の前身 白島学校創立　広島大学→P.201	
	1876 年	明治 9 年	・岡山県から備後 6 郡が移管し、現在の広島県になる	
	1878 年	明治 11 年	・広島県初の国立銀行が設立	
	1879 年	明治 12 年	・第 1 回広島県会議員選挙（62 名の議員）	
	1880 年	明治 13 年	・金光酒造（東広島市）創業　金光酒造→P.211	
	1885 年	明治 18 年	・ハワイへ集団移民が渡航する（広島県から海外への移民の始まり）	
	1886 年	明治 19 年	・広島合資ミルク会社（現チチヤス）として牛乳事業開始　チチヤス→P.79	
	1888 年	明治 21 年	・海軍兵学校を東京から江田島に移転する	
	1889 年	明治 22 年	・市制を施行、広島市が誕生する ・呉鎮守府開庁 ・宇品築港竣工	・大日本帝国憲法発布（1889 年 2 月 11 日） ・教育勅語発布(1890年) ・日清戦争勃発(1894年)
	1891 年	明治 24 年	・山陽鉄道笠岡～福山間開通	
	1892 年	明治 25 年	・『中國』（現中国新聞）創刊	
	1894 年	明治 27 年	・山陽鉄道、広島まで開通 ・日清戦争により大本営を広島に設置	
	1897 年	明治 30 年	・東広島市安芸津町の酒造家・三浦仙三郎が「軟水醸造法」を開発	
	1898 年	明治 31 年	・屋号「吉田屋」を（現亀齢酒造／東広島市）酒屋創業　亀齢酒造→P.208	
	1901 年	明治 34 年	・広島漬物製造（現田中食品）が漬物等の製造を始める　田中食品→P.81	
	1903 年	明治 36 年	・全国初のバス運行である乗合自動車開業（横川～可部間） ・呉海軍工廠設置	・日露戦争勃発(1904年) ・第 1 次ロシア革命始まる（1905 年） ・韓国併合（1910 年）
	1904 年	明治 37 年	・西條鶴醸造（東広島市）創業　西條鶴醸造→P.209	
	1905 年	明治 38 年	・日本銀行広島出張所が現在の中区加古町に設置される	
	1911 年	明治 44 年	・セーラー万年筆の前身、阪田製作所創業　セーラー万年筆→P.78	
大正時代	1912 年	大正元年	・広島電鉄の前身、広島電気軌道が 3 路線で市内電車開業　広島電鉄→P.100 ・前垣酒造場（現賀茂泉酒造／東広島市）創業　賀茂泉酒造→P.210 ・山陽鶴酒造（東広島市）創業　山陽鶴酒造→P.210	・中華民国発足(1912年) ・大正改元（1912 年） ・第 1 次護憲運動始まる（1912 年） ・第 1 次世界大戦勃発（1914 年）
	1915 年	大正 4 年	・郡山城跡の麓に郡山公園（安芸高田市）を築造　郡山公園→P.278	
	1917 年	大正 6 年	・写真家・熊南峰の三段峡（安芸太田町）入峡を機に名が広まる　三段峡→P.58 ・広島護謨（現ミカサ／広島市）設立　ミカサ→P.77 ・福美人酒造（東広島市）創業　福美人酒造→P.208	

酒造の施設見学もできる

東広島市内には 10 の酒蔵がある

時代	西暦	和暦	広島のできごと	日本・世界のできごと
大正時代	1920年	大正9年	・広島出身の海軍大臣・加藤友三郎がワシントン会議に派遣される ・東洋コルク工業（現マツダ）創立　マツダミュージアム→P.84	・関東大震災(1923年) ・治安維持法公布(1925年) ・普通選挙法公布(1925年)
	1921年	大正10年	・東洋コルク工業（現マツダ）の2代目社長に松田重次郎が就任　マツダミュージアム→P.84	
	1922年	大正11年	・佐々木商店（現オタフクソース）創業　オタフクソース→P.77、85	
	1923年	大正12年	・厳島（廿日市市）が国の史跡・名勝に指定　宮島→P.158 ・帝釈峡（庄原市・神石高原町）が国の名勝に指定　帝釈峡→P.304	
昭和時代	1928年	昭和3年	・日本放送協会中国支部広島放送局が開局し、ラジオ放送開始 ・第9回五輪アムステルダム大会の三段跳びで織田幹雄が日本初の金メダル獲得　織田幹雄記念館→P.150 ・昭和曲木工場（現マルニ木工）創業　マルニ木工→P.54	・昭和改元（1926年） ・日本で金融恐慌が始まる（1927年） ・日本初の地下鉄開通(上野～浅草間)(1927年) ・世界恐慌が始まる（1929年）
	1929年	昭和4年	・広島最初の百貨店として福屋開業　福屋八丁堀本店→P.126	
	1930年	昭和5年	・芦田川の改修工事で、草戸千軒町遺跡（福山市）が発見　ふくやま草戸千軒ミュージアム→P.256 ・林芙美子が『女人藝術』に発表した『放浪記』が出版されベストセラーに　文学のこみち→P.233	
	1931年	昭和6年	・広島城（広島市）と福山城（福山市）の天守が国宝に指定　広島城→P.118、福山城博物館→P.256 ・織田幹雄、三段跳びで世界新記録樹立　織田幹雄記念館→P.150 ・この頃に、広島地方専売局男子排球部（現JTサンダーズ広島）が発足したといわれる（詳細時期不明）　JTサンダーズ広島→P.48	・満州事変（1931年） ・五・一五事件(1932年) ・日本が国際連盟脱退（1933年） ・二・二六事件(1936年) ・日中戦争勃発(1937年) ・第2次世界大戦勃発（1939年） ・太平洋戦争勃発（1941年）
	1932年	昭和7年	・旗道園（現アヲハタ）創業、みかん缶詰やジャムを製造　アヲハタ→P.78、85 ・太田川改修工事に着手	
	1933年	昭和8年	・広島港の修築が始まる ・和菓子店、森光八天堂（現八天堂）創業　八天堂→P.80、86	
	1934年	昭和9年	・瀬戸内海一帯が雲仙、霧島とともに日本で最初の国立公園に指定 ・広島護国神社が新社殿を造営し移設する　広島護国神社→P.118	
	1935年	昭和10年	・第1回尾道みなと祭を開催　尾道みなと祭→P.343 ・第1回筆まつりを開催　筆まつり→P.341 ・広島市の本通に「ちから」1号店オープン　ちから→P.360	
	1936年	昭和11年	・新築移転で現在の被爆建物・旧日本銀行広島支店が現在の場所に ・耕三寺（尾道市）の造営が始まる　耕三寺博物館→P.248	
	1941年	昭和16年	・戦艦大和が建造　呉市海事歴史科学館（大和ミュージアム）→P.184	・長崎に原子爆弾投下（1945年） ・日本敗戦、ポツダム宣言受諾（1945年） ・日本国憲法施行（1947年）
	1945年	昭和20年	・造幣局広島市局を設置　独立行政法人造幣局広島支局→P.142 ・広島に原子爆弾が投下される　被爆直後のヒロシマの町→P.330	
	1948年	昭和23年	・広島市比治山本町で高木俊介・彬子夫妻がパン製造開始。その後事業を展開、1967年に「広島アンデルセン」オープン　広島アンデルセン→P.56、388 ・第1回芸石神楽競演大会　芸石神楽競演大会→P.336	
	1949年	昭和24年	・広島平和記念都市建設法制定。広島市が平和記念都市になる ・広島大学設置（翌年開学）　広島大学総合博物館→P.201 ・松尾糧食工業（現カルピー）設立　カルビー→P.76 ・広島野球倶楽部（現広島東洋カープ）創設　広島東洋カープ→P.44 ・三島商店（現三島食品）創業　三島食品→P.81	
	1950年	昭和25年	・この頃に新天地広場に約50軒のお好み焼き屋台が集まったのがお好み村の始まりとされる　お好み村→P.132 ・「美笠屋」（現お好み焼 みっちゃん総本店）創業　お好み焼 みっちゃん総本店→P.62	 広島人のソウルフード
	1951年	昭和26年	・中国電力設立 ・広島市松原町で「にしき堂」創業　にしき堂→P.381 ・福山市鞆町に三輪船具製作所（現三輪）設立　santo→P.87	・対日講和条約、日米安全保障条約調印（1951年） ・メーデー事件(1952年) ・NHKがテレビ本放送開始（1953年）
	1952年	昭和27年	・厳島神社が国宝に、厳島全島が特別史跡・特別名勝に指定される ・広島初の民間放送局としてRCCラジオ開局	
	1953年	昭和28年	・広島城内堀の内側が、国の史跡に指定　広島城→P.118 ・三段峡（安芸太田町）が国の特別名勝に指定　三段峡→P.58	
	1954年	昭和29年	・『平家納経』が国宝に指定される　厳島神社→P.30、161	
	1955年	昭和30年	・広島平和記念資料館が落成する　広島平和記念資料館→P.55、328 ・湯来温泉が国民保養温泉地に指定　広島市国民宿舎 湯来ロッジ→P.143	
	1956年	昭和31年	・県庁舎及び県議会議事堂落成 ・原爆で焼失した広島護国神社の新社殿が広島城跡に　広島護国神社→P.118	
	1957年	昭和32年	・広島東洋カープの本拠地として広島市民球場開場	
	1958年	昭和33年	・広島復興大博覧会開催 ・広島城（広島市）の天守を復元　広島城→P.118 ・モルテンゴム工業（現モルテン）創立　モルテン→P.80 ・広島市のえびす通りで「むすびむさし」開業　むすびむさし→P.361	・東京タワー完成（1958年）
	1959年	昭和34年	・RCCテレビ開局、広島県内唯一のラジオ・テレビ兼営局に	・広島県出身・池田勇人が第58～60代の内閣総理大臣に就任(1960年) ・カラーテレビ放送開始（1960年）
	1960年	昭和35年	・広島港1万トンバース完成 ・県立図書館開館	
	1961年	昭和36年	・広島空港（旧広島西飛行場）開港 ・音戸大橋開通　音戸の瀬戸公園→P.184 ・尾道市でまるか食品が個人創業　まるか食品→P.86、384	
	1962年	昭和37年	・広島～東京間、国鉄の電化完成 ・広島テレビ開局	

時代	西暦	和暦	広島のできごと	日本・世界のできごと
昭和時代	1963 年	昭和 38 年	・広島－東京間、直通航空便就航 ・広島市民交響楽団（現広島交響楽団）発足　**広島交響楽団→** P.133 ・新天地広場を公園整備するためお好み焼き屋台は立ち退きに。その後 2 階建てのプレハブ風食店舗「お好み村」として開村　**お好み村→** P.132	・部分的核実験禁止条約（PTBT）発効（1963 年） ・J・F・ケネディ米大統領暗殺（1963 年） ・東海道新幹線（東京～大阪間）が開業（1964 年） ・東京オリンピック開催（1964 年） ・小笠原諸島返還、東京都に編入（1968 年）
	1964 年	昭和 39 年	・広島市区新天地に「德以」1 号店開業　**德川→** P.363	
	1965 年	昭和 40 年	・宮島の対岸に庭園の宿 石亭が創業　**庭園の宿 石亭→** P.401 ・天心山神勝寺 建立　**神勝寺 禅と庭のミュージアム→** P.261	
	1966 年	昭和 41 年	・広島市議会が原爆ドーム保存要望を決議　**原爆ドーム→** P.331	
	1967 年	昭和 42 年	・入船山記念館（呉市）開館　**入船山記念館→** P.190	
	1968 年	昭和 43 年	・太田川放水路完成 ・第 1 回バラ祭（現福山ばら祭）を開催　**福山ばら祭→** P.343 ・広島県立美術館開館　**広島県立美術館→** P.119	
	1970 年	昭和 45 年	・広島ホームテレビ開局 ・広島市民交響楽団が広島交響楽団に改称　**広島交響楽団→** P.133 ・ヤマサキが個人創業　**ヤマサキ 西風新都工場→** P.87 ・庄原市西城町で謎の類人猿が目撃。ヒバゴンと名づけられ目撃情報が相次ぐ	
	1971 年	昭和 46 年	・ひろしま県民の森開所（明治 100 年記念事業）　**ひろしま県民の森→** P.307 ・広島市安佐動物公園開園　**広島市安佐動物公園→** P.141 ・お好み村に「お好み焼き 八昌」開業　**お好み焼き 八昌→** P.63 ・吉田郷土資料館（現安芸高田市歴史民俗博物館／安芸高田市）開館　**安芸高田市歴史民俗博物館→** P.278	・沖縄返還、日本復帰（1972 年） ・日中国交正常化（1972 年）
	1972 年	昭和 47 年	・広島県の人口 250 万人突破 ・湯の山温泉が国民保養温泉地に指定される　**湯の山温泉郷→** P.143 ・広島交響楽団がプロに組織変更　**広島交響楽団→** P.133	
	1974 年	昭和 49 年	・安芸灘大橋完成 ・土師ダム完成　**土師ダム→** P.279	
	1975 年	昭和 50 年	・山陽新幹線全線開通 ・広島東洋カープがセ・リーグ初優勝　**広島東洋カープ→** P.44 ・テレビ新広島開局	路面電車もカープ！
	1976 年	昭和 51 年	・広島市植物公園が開園　**広島市植物公園→** P.142	・ロッキード事件、田中角栄首相逮捕(1976 年)
	1977 年	昭和 52 年	・第 1 回ひろしまフラワーフェスティバル開催　**フラワーフェスティバル→** P.341 ・広島市の牛田で「讃岐屋」1 号店オープン　**讃岐屋→** P.362	
	1978 年	昭和 53 年	・廿日市木材港開港 ・村上農園創業　**村上農園→** P.79	
	1979 年	昭和 54 年	・瀬戸内しまなみ海道最初のルート大三島 IC-伯方島 IC（大三島橋）が開通　**瀬戸内しまなみ海道→** P.108、244 ・みよし風土記の丘・みよし風土記の丘ミュージアム開館　**みよし風土記の丘・みよし風土記の丘ミュージアム（県立歴史民俗資料館）→** P.300 ・東広島市立美術館（東広島市）が市立美術館としては県内最古で開館　**東広島市立美術館→** P.204	しまなみ海道の多々羅大橋を生口島から
	1980 年	昭和 55 年	・広島市が 10 番目の政令指定都市となる。中区・東区・南区・西区・安佐南区・安佐北区・安芸区を設置 ・尾道市立美術館（尾道市）開館　**尾道市立美術館→** P.234 ・広島市の薬研堀で「野球鳥ひろしま」開業　**本格派 炭焼やきとり処 カープ鳥→** P.362 ・広島県緑化センターオープン　**広島県緑化センター→** P.138	
	1981 年	昭和 56 年	・ローマ教皇ヨハネ・パウロ 2 世が広島で核兵器廃絶を訴えた「平和アピール」	・東京ディズニーランド開園（1983 年） ・ファミリーコンピュータ発売（1983 年） ・日本電信電話公社がNTT へ、日本専売公社が JT へ民営化（1985 年） ・国鉄分割民営化（1987 年） ・本州と四国を結ぶ「瀬戸大橋」完成(1988 年)
	1982 年	昭和 57 年	・広島フエム放送が放送開始 ・呉市立美術館（呉市）開館　**呉市立美術館→** P.186 ・広島市にあった広島大学が、工学部から東広島市に順次移転を開始	
	1983 年	昭和 58 年	・中国縦貫自動車道全線開通 ・因島水軍城（尾道市）開館　**因島水軍城→** P.247 ・広島全日空ホテル（現 ANA クラウンプラザホテル広島）開業　**ANA クラウンプラザホテル広島→** P.406	
	1985 年	昭和 60 年	・佐伯郡五日市町と合併し、広島市の人口が 100 万人を超える	
	1987 年	昭和 62 年	・都市間コミューター就航	
	1988 年	昭和 63 年	・ふくやま美術館（福山市）開館　**ふくやま美術館→** P.256	
平成時代	1989 年	平成元年	・広島県立大学開学 ・'89 海と島の博覧会・ひろしま開催 ・第 9 回全国豊かな海づくり大会開催 ・広島市現代美術館が開館　**広島市現代美術館→** P.131 ・ふくやま草戸千軒ミュージアム（県立歴史博物館）開館　**ふくやま草戸千軒ミュージアム→** P.256 ・みろくの里（福山市）開園　**みろくの里→** P.43、261 ・中国電力陸上競技場が創設　**中国電力陸上競技部→** P.51	・平成改元（1989 年） ・消費税導入(1989 年) ・ベルリンの壁崩壊（1989 年）
	1990 年	平成 2 年	・広島市西区商工センターにアルパークオープン　**アルパーク→** P.140 ・広島県立因島フラワーセンター開園　**尾道市因島フラワーセンター→** P.247 ・海田大橋開通 ・第 1 回酒まつり開催　**酒まつり→** P.341	・イラクがクウェートへ侵攻（1990 年）

時代	西暦	和暦	広島のできごと	日本・世界のできごと
平成時代	1991年	平成3年	・広島－ソウル間に初の国際定期航空便就航 ・広島アジア大会の水泳メイン会場として広島ビッグウェーブ（現ひろしんビッグウェーブ）オープン　**ひろしんビッグウェーブ→ P.137** ・広島県民文化センターふくやま開館　**広島県民文化センターふくやま→ P.258** ・第1回県民文化祭開催 ・中国横断自動車道広島浜田線全線開通 ・本四連絡橋（尾道－今治ルート）生口橋開通 ・蘭島閣美術館（呉市）開館　**蘭島閣美術館→ P.188** ・中国電力ラグビー部（現中国電力レッドレグリオンズ）創部　**中国電力レッドレグリオンズ→ P.51**	・多国籍軍がイラクに攻撃を開始、湾岸戦争勃発（1991年）
	1992年	平成4年	・Jリーグ サンフレッチェ広島設立　**サンフレッチェ広島→ P.46** ・広島広域公園陸上競技場開業 ・お好み村がビルとしてオープン　**お好み村→ P.132** ・広島港、特定重要港湾に昇格 ・広島－香港間に国際定期航空便就航	
	1993年	平成5年	・県立中央森林公園オープン　**県立中央森林公園→ P.228** ・山陽自動車道県内全線開通 ・広島空港を広島県三原市に開港 ・広島－シンガポール間に国際定期航空便就航	・Jリーグ開幕（1993年） ・法隆寺、姫路城、屋久島、白神山地が世界遺産に登録される（1993年） ・阪神淡路大震災（1995年） ・地下鉄サリン事件（1995年） ・香港が中国に返還（1997年）
	1994年	平成6年	・広島県立体育館を改築し、広島県立総合体育館に　**広島グリーンアリーナ（広島県立総合体育館）→ P.119** ・広島PARCO オープン　**広島PARCO → P.126** ・リーガロイヤルホテル広島開業　**リーガロイヤルホテル広島→ P.406** ・グランドプリンスホテル広島開業　**グランドプリンスホテル広島→ P.54、409** ・広島新交通システム（アストラムライン）開業 ・第12回アジア競技大会広島大会開催 ・広島三次ワイナリーオープン　**広島三次ワイナリー→ P.298** ・ふくやま芸術文化ホール（リーデンローズ）オープン　**ふくやま芸術文化ホール（リーデンローズ）→ P.258** ・イズミ女子ハンドボール部（現イズミメイプルレッズ）創部　**イズミメイプルレッズ→ P.50**	
	1995年	平成7年	・国営備北丘陵公園（庄原市）が一部エリアから開園、2012年に全面開園　**国営備北丘陵公園→ P.306** ・広島ガスバドミントン部創部　**広島ガスバドミントン部→ P.49**	
	1996年	平成8年	・厳島神社と弥山（廿日市市）がユネスコ世界文化遺産登録　**厳島神社→ P.30、161、弥山→ P.32、160** ・原爆ドーム（広島市）がユネスコ世界文化遺産に登録　**原爆ドーム→ P.331** ・山陽コカ・コーラボトリングホッケー部が創部し、この年開催された第51回国民体育大会で3位に　**コカ・コーラ レッドスパークス→ P.49** ・広島呉道路（クレアライン）の南区仁保新町－呉市西中央5丁目間が開通	
	1997年	平成9年	・広島市まんが図書館開館　**広島市まんが図書館→ P.131** ・県とハワイ州が友好提携 ・八田原ダム完成　**八田原ダム→ P.315** ・日本画家・平山郁夫の故郷・瀬戸田町に平山郁夫美術館（尾道市）開館　**平山郁夫美術館→ P.249**	
	1998年	平成10年	・第13回海の祭典開催	
	1999年	平成11年	・広島駅前に大型商業施設エールエールA館が開業　**エールエールA館→ P.130** ・広島県備後圏域と岡山県西南圏域を結ぶ井原鉄道開業　**井原鉄道→ P.99** ・瀬戸内しまなみ海道全線開通 ・「日本の棚田百選」に安芸太田町の井仁の棚田が選ばれる　**井仁の棚田→ P.40**	
	2000年	平成12年	・安芸灘大橋完成 ・県立保健福祉大学開学 ・第15回国民文化祭ひろしま2000開催　**ブンカッキー→ P.345** ・広島市西区三篠町に「我馬」1号店オープン　**我馬→ P.363**	・二千円札発行（2000年） ・九州・沖縄サミット開催（2000年）
	2001年	平成13年	・芸予地震がおこり、県内各地で大きな被害が出る ・広島空港滑走路3000 mに延長 ・紙屋町地下街・紙屋町シャレオがオープン　**紙屋町シャレオ→ P.124** ・温井ダム完成　**温井ダム→ P.284**	・ユニバーサル・スタジオ・ジャパン開園（2001年） ・アメリカ同時多発テロ（2001年）
	2002年	平成14年	・広島空港そばにフォレストヒルズガーデンオープン　**フォレストヒルズガーデン→ P.399** ・すなみ海浜公園完成　**すなみ海浜公園→ P.230** ・広島－釜山間に国際定期フェリー就航 ・国際旅客ターミナルオープン	
	2003年	平成15年	・広島港に国際コンテナターミナル、宇品旅客ターミナルオープン ・広島－大連・ハルビン間に国際定期航空便就航 ・日本のまつり2003 ひろしま開催	
	2004年	平成16年	・府中町に大型商業施設、現在のイオンモール広島府中がオープン　**イオンモール広島府中→ P.146** ・広島県大型観光キャンペーン「ええじゃん広島県」 ・広島－台北間に国際定期航空便就航	

広島のお好み焼きの聖地

原爆の惨状を伝える遺構

◆ 年表で見る広島の歴史

時代	西暦	和暦	広島のできごと	日本・世界のできごと
平成時代	2005 年	平成 17 年	・広島市が佐伯郡湯来町と合併 ・呉市海事歴史科学館（大和ミュージアム）開館　**呉市海事歴史科学館（大和ミュージアム）→ P.184** ・福山港国際コンテナターミナル供用開始 ・3 大学が統合し、県立広島大学開学 ・広島－グアム間、広島－中国間に国際定期航空便就航	・JR 福知山線脱線事故（2005 年） ・郵政民営化法が公布（2005 年）
	2006 年	平成 18 年	・指定都市高速道路広島高速 1 号線全線開通 ・西瀬戸自動車道（瀬戸内しまなみ海道）全線開通 ・市町村合併で 86 市町村から 23 市町に再編 ・オリエンタルホテル広島開業　**オリエンタルホテル広島→ P.408**	・表参道ヒルズ開業（2006 年） ・会社法施行（2006 年） ・郵政民営化（2007 年）
	2007 年	平成 19 年	・広島平和記念公園が国の名勝に指定　**広島平和記念資料館→ P.55、329** ・海上自衛隊呉史料館（てつのくじら館）が開館　**海上自衛隊呉史料館（てつのくじら館）→ P.184** ・吉川元春館跡歴史公園に隣接し、戦国の庭 歴史館（北広島町）開館　**戦国の庭 歴史館→ P.290** ・ポートパーク広島開業 ・東広島呉道路一部供用開始	・憲法改正国民投票法公布（2007 年） ・裁判員法施行（2009年） ・バラク・オバマ第 44 代アメリカ大統領、ノーベル平和賞受賞（2009 年）
	2009 年	平成 21 年	・広島東洋カープの新本拠地・MAZDA Zoom-Zoom スタジアム広島オープン　**MAZDA Zoom-Zoom スタジアム広島→ P.44** ・広島県・四川省友好提携 25 周年 ・定期園コンテナ便（台湾、香港等）新規就航	
	2010 年	平成 22 年	・東広島・呉自動車道、東広島高田道路供用開始 ・RCC テレビ『元気。』放送開始　**アンガールズインタビュー→ P.28**	名物の真っ赤な風船飛ばし
	2011 年	平成 23 年	・江田島市で"官民一体"のオリーブ振興を開始、その後オリーブの名産地に ・壬生の花田植（北広島町）がユネスコ無形文化遺産に　**壬生の花田植→ P.344** ・シェラトングランドホテル広島開業　**シェラトングランドホテル広島→ P.409** ・FIFA 女子 W 杯で優勝した日本代表に国民栄誉賞が授与され「熊野筆」が副賞として贈られた　**筆の里工房→ P.153**	・東日本大震災（2011年） ・なでしこジャパンがFIFA 女子 W 杯優勝（2011 年） ・東京スカイツリーが完成（2012 年）
	2012 年	平成 24 年	・サンフレッチェ広島、初の J1 年間総合優勝 ・テレビ新広島『そ〜だったのかンパニー』放送開始　**八嶋智人さん・枡田絵理奈さんインタビュー→ P.74**	・熊本地震発生（2016年） ・核兵器廃絶国際キャンペーン（ICAN）がノーベル平和賞受賞（2017 年）
	2013 年	平成 25 年	・広島ドラゴンフライズ設立　**広島ドラゴンフライズ→ P.48**	
	2014 年	平成 26 年	・平成 26 年 8 月豪雨 ・廿日市市で「けん玉 W 杯」第 1 回大会開催	
	2015 年	平成 27 年	・JR 新白島駅が開業 ・中国やまなみ街道（中国横断自動車道尾道松江線）が全線開通 ・ヴィクトワール広島発足　**ヴィクトワール広島→ P.50**	
	2016 年	平成 28 年	・バラク・オバマ第 44 代アメリカ大統領が広島を訪問 ・福山市が「100 万本のばらのまち」に ・平和記念公園隣におりづるタワー開業　**おりづるタワー→ P.121** ・広島ホームテレビ『ひろしま深掘りライブ フロントドア』放送開始　**ロザンインタビュー→ P.52**	 マンホールもサミットデザイン！
	2017 年	平成 29 年	・広島市西区商工センターに大型商業施設 LECT がオープン　**LECT → P.141** ・広島駅南口にエキシティ・ヒロシマがオープン　**エキシティ・ヒロシマ → P.130** ・JR 広島駅直結の商業施設 ekie（エキエ）オープン　**ekie → P.129** ・西条の酒造施設群（東広島市）が「日本の 20 世紀遺産 20 選」に選ばれる	
	2018 年	平成 30 年	・平成 30 年 7 月豪雨 ・THE OUTLETS HIROSHIMA 開業　**THE OUTLETS HIROSHIMA → P.142** ・ザ ロイヤルパークホテル広島リバーサイド開業　**ザ ロイヤルパークホテル広島リバーサイド→ P.407** ・JR 広島駅北口にお好み焼き体験スタジオ OKOSTA（オコスタ）オープン　**OKOSTA（オコスタ）→ P.129** ・広島テレビ『三四郎の Dear ボス』放送開始　**三四郎インタビュー→ P.82**	 市街地から徒歩圏内
令和時代	2019 年	令和元年	・ローマ教皇フランシスコが広島を訪問 ・「比婆牛」「農島タチウオ」「大野あさり」「福山のくわい」が農林水産省の地理的表示（GI）保護制度に登録　**福山のくわい→ P.255　比婆牛→ P.310** ・宇品の港湾に宇品デポルトピアがオープン　**宇品デポルトピア→ P.138** ・湯本豪一記念日本妖怪博物館（三次もののけミュージアム）オープン　**湯本豪一記念日本妖怪博物館（三次もののけミュージアム）→ P.298** ・厳島神社の大鳥居改修工事（〜 2022 年）　**厳島神社→ P.30、161** ・テレビ新広島『西村キャンプ場』放送開始　**西村瑞樹さんインタビュー→ P.394**	・皇太子徳仁親王が天皇に即位、令和改元（2019 年） ・新型コロナウイルスの世界的流行（2020 年 2 月〜） ・東京オリンピック開催（2021 年） ・広島県出身・岸田文雄が第 100 代内閣総理大臣に就任（2021 年） ・ロシアがウクライナに侵攻（2022 年） ・ジブリパーク開園（2022 年） ・イスラム組織ハマスによるイスラエルへの大規模攻撃（2023 年） ・能登半島地震（2024年）
	2020 年	令和 2 年	・女子サッカーチーム「サンフレッチェ広島レジーナ」誕生 ・JR 広島駅ビル建替工事開始（2025 年開業予定）　**JR 広島駅ビル→ P.72** ・東広島市立美術館が西条栄町へ移転　**東広島市立美術館→ P.204**	
	2022 年	令和 4 年	・福山城、大規模改修完成　**福山城博物館→ P.256** ・ヒルトン広島開業　**ヒルトン広島→ P.407** ・広島が舞台となった映画『ドライブ・マイ・カー』がアカデミー賞® 国際長編映画賞受賞　**ドライブ・マイ・カー→ P.88、広島市環境局中工場→ P.137**	
	2023 年	令和 5 年	・G7 広島サミット開催　**G7 広島サミット→ P.54** ・旧広島市民球場跡地にひろしまゲートパーク誕生　**ひろしまゲートパーク→ P.121** ・東広島・安芸バイパス全線開通　**東広島・安芸バイパス→ P.201** ・下瀬美術館（大竹市）が開館　**下瀬美術館→ P.179**	
	2024 年	令和 6 年	・エディオンピースウイング広島が開業　**エディオンピースウイング広島→ P.46**	

原爆供養塔
原爆ドーム
平和の鐘

原爆と平和 ～祈りは世界へ
見て歩いて感じる ヒロシマ

広島を語るのに忘れてはならないのが原爆の悲劇。
広島市内にはその惨禍の遺構や資料が数多く残る。
この"まち"を訪れた際には、それらを見て回って、戦
争の悲惨さ、平和の大切さについて考えてほしい。

本川町
広島電鉄
本川小学校・
平和資料館
原爆
ドーム前
② おりづる
タワー
③
①
爆心地
（島病院）
韓国人原爆犠牲者
慰霊碑
⑤
元安橋
レストハウス
本川橋
⑥
G7広島サミット・
記念植樹木
⑦ 国立広島原爆死没者
追悼平和祈念館
被爆遺構展示館
広島国際・
会議場
G7広島サミット
記念館
被爆樹木アオギリ
祈りの泉
④ 広島平和記念資料館
西平和大橋
嵐の中の母子像
マルセル・ジュノー博士
記念碑
平和の門
平和大通り
平和橋

0　　　100m

世界の平和を願う場所
平和記念公園
へいわきねんこうえん

　世界の恒久平和を願って、
爆心地に近い場所に建設され
た。園内には、世界遺産に登
録されている原爆ドームや、
広島平和記念資料館など多く
の施設や慰霊碑などがある。
　被爆後、1949（昭和24）年
8月6日に施行された「広島平
和記念都市建設法」に基づい
て、爆心地周辺を恒久平和の
象徴の地として整備し、1955
（昭和30）年に完成した。原爆
ドームの区域も含めて12万
2100㎡の広さ。毎年8月6日に
は平和記念式典が開催され、
原爆が投下された午前8時15
分には黙祷がささげられる。

エリアガイド ▶P.120
特集 ▶P.55

憩いの公園の役割も

広島平和記念資料館

原爆の子の像

平和の灯

⑦
原爆死没者慰霊碑（広
島平和都市記念碑）

ピースツーリズムを体験してみよう

復興した今の広島を見
て、平和のありがたみを
感じてほしいと思います

広島市経済観光局
観光政策部
観光プロモーション担当課長
増谷秀樹さん

　広島市では、国内外の来訪
者と市民が平和への思いを
共有するという意味を込め、
「ピースツーリズム」とい
う言葉を打ち出している。市
内には原爆ドームや平和記
念公園以外にも数多くの被
爆の痕跡が残っている。復
興した現在の姿を見て、そ
の場所に立ち、平和とは何
かについて考えるきっかけ
になってほしい。

公式サイトをチェック
● スポット検索ができる
● おすすめルートが表示される
● スポットのストーリーを掲載している

広島ピースツーリズム
HIROSHIMA
PEACE
TOURISM
URL peace-tourism.com

原爆ドーム北側の観光案内板に設置され
ているARマーカーにスマートフォンをかざ
すと、ドーム内側の360度パノラマ映像を
見ることができる

平和や原爆に関する記述の際には、カタカナ表記「ヒロシマ」が使われることが多い。広島市役所でも「被爆都市として
世界恒久平和の実現をめざす都市であることを示す場合」には「ヒロシマ」を使っているという。

過去から学び、未来への扉を開く
広島平和記念資料館へ

被爆者の遺品や被爆の惨状を示すさまざまな資料や、被爆前後の様子などが展示されている。本館と東館からなり、本館では、被爆者の遺品や被爆の惨状を伝える写真や絵などを展示。東館には、核兵器の危険性や被爆前後の広島の歴史についての展示のほか、被爆者証言ビデオを自由に視聴できるコーナーもある。期間限定の企画展示も実施する。

東館2階の常設展「広島の歩み」。戦前から戦時下、被爆直後、復興、被爆体験の継承といった視点で「広島」を展示

常設展の6つのテーマ（順路）

1導入展示 ▶▶ **2**8月6日のヒロシマ ▶▶ **3**被爆者 ▶▶
4ギャラリー ▶▶ **5**核兵器の危険性 ▶▶ **6**広島の歩み

[東館] **1 5 6**のほか、被爆者証言ビデオコーナー
[本館] **2 3 4**で被爆者の遺品や被爆の惨状を示す写真や絵を展示

このコーナーに注目

[東館3階] 導入展示
焦土と化した都市
爆心地を中心に直径5kmの範囲を表した広島市の地形模型に映像を投影し、多くの人々が住む町の上に原爆が投下され、焦土と化したことを伝える。

一瞬で町の様子が一変したことをリアルに体感できる

[本館] 8月6日のヒロシマ
亡くなった生徒たち
8月6日の朝、建物疎開作業に取りかかっていた何千という生徒が屋外で被爆し大やけどを負い、苦しみながら亡くなった。

衣類の損傷が原爆のすさまじさを物語る

もとの形がわからなくなっているものも

破壊された街
建物の屋上に飛んできたトタン板、金庫、自転車などを展示。被害の大きさが感じられる。

ウェブチケットの事前購入がスムーズ
7:30〜8:30および各時期の閉館前1時間半の時間帯に入館するには、オンラインでのウェブチケットの事前予約が必要。それ以外の時間帯に入館する場合でも、窓口に並ばずにチケット購入ができるので便利だ。詳細は公式サイトで確認を。
🔗 hpmmuseum.jp

東館1階 ビデオシアター映像作品『ヒロシマ 被爆者からの伝言』
被爆者からのメッセージを証言映像や映像で伝えるとともに、それを受け継ぐ若い世代の取り組みも紹介。

日英字幕、日本手話あり

ノーモア・ヒロシマを訴える
ひろしまへいわきねんしりょうかん
広島平和記念資料館

🗺 MAP 別冊P.19-C2 　特集 ▶ P.55

🏠 広島市中区中島町1-2 ☎ 082-241-4004（総合案内）🕐 7:30〜19:00（3〜7月、9〜11月）、7:30〜20:00（8月）、7:30〜18:00（12〜2月）※8/5・6は〜21:00 最終入館は閉館30分前 休 12/30〜12/31、ほか臨時休館あり 💴 大人200円（高校生・65歳以上100円、中学生以下無料）Ｐ なし 🚋 広島電鉄「原爆ドーム前」から徒歩10分

次の世代へ語り継ぐ「被爆体験伝承講話」
被爆者から被爆体験などを受け継いだ「被爆体験伝承者」による講話を行う。被爆者の高齢化が進み、被爆体験の話者が少なくなっている現状、被爆者の体験や平和への思いを語り継ぐ活動への期待は大きい。

❶2023年5月1日時点で被爆体験伝承者226人、家族伝承者38人 ❷「活動を通して人の痛みや優しさを知ることができました」と被爆体験伝承者の茂津目 恵さん

ℹ️ 平和記念公園内をVRゴーグルを使って巡り、被爆当時の様子を体感できるガイドツアー「PEACE PARK TOUR VR」。詳細は🔗 hiroshima-resthouse.jp/tour/peacetour

広島県産業奨励館（現在の原爆ドーム）と爆心地付近
撮影：米軍　撮影日：1945（昭和20）年11月
撮影場所：基町・広島県商工経済会
写真提供：広島平和記念資料館

被爆直後のヒロシマの町

一瞬にして廃墟に

今の広島を見ると信じられないだろうが、1945（昭和20）年8月6日午前8時15分、原子爆弾が落とされ、強烈な熱線、爆風、放射線で多くの広島市民が一瞬のうちに命を落とした。当時の広島市には約35万人がいて、その年の12月末までに約14万人が死亡したといわれている。

爆心地周辺の地表面の温度は、3000～4000℃に達したと推定され、市内各所で火の手が上がった。原爆投下20～30分後から多量の放射性物質を含む黒い大粒の雨が降り、広島は「死の街」となった。

被爆した電車　撮影／岸田貢宜　提供者／岸田哲平
撮影日／1945（昭和20）年8月9日　撮影場所／小町・中国配電本店

市内の被爆建物を巡る

原子爆弾は、爆心地から2km以内の建物をほとんど破壊し、焼き尽くしたが、市内には原爆に耐え抜いた建物が残っている。爆心地から最も近い北西160mで被爆した原爆ドーム（旧広島県産業奨励館）をはじめ、本通りにある広島アンデルセン（旧帝国銀行広島支店）、旧日本銀行広島支店など、80を超える被爆建物が存在し、被爆の痕跡を今に伝えている。

❶にぎわう本通りに立地　❷原爆被災説明板　❸説明板は市内に45基設置　❹現在も当時の姿をほぼ残す

広島アンデルセン

旧日本銀行広島支店

Plus　原爆被災説明板は、このほか、広島本通商店街（→P.117）、原爆ドーム（→P.331）、縮景園（→P.118）、広島城（→P.118）、福屋八丁堀本店（→P.126）など各所に設置されている。

（写真左）広島県産業奨励館（現在の原爆ドーム）。1915（大正4）〜1945（昭和20）年。写真提供：広島平和記念資料館　（写真右）2024（令和6）年、元安川側から撮影した原爆ドーム。爆心地から約160mに位置する

◆見て歩いて感じるヒロシマ

人々の夢が詰まった場所だった
世界文化遺産・原爆ドームは語る

1996（平成8）年、ユネスコ第20回世界遺産委員会メリダ会議で
核兵器の惨禍を伝える建築物として世界文化遺産に登録された
「原爆ドーム」は、産業振興のための施設だった。

世界中の人々が訪れる平和記念公園。「このあたりは被爆前はどんな町だったのだろう」と思いをはせる人も多いだろう。公園のある中島地区は江戸時代から活気のある町で、原爆が落とされる前までは商店が建ち並び、映画館もあったという。もちろん民家もあり、4400人が暮らしを営んでいた。

現在の原爆ドームは、「広島県産業奨励館」という名称で、産業振興の役割を担う重要な施設であった。館内では新商品が陳列され、販売もされていた。この施設は、もともと物産陳列館として建てられたものであり、設計者はチェコ人の建築家ヤン・レツルであった。原爆投下の際には、傷ついた多くの被爆者が、奨励館の脇を流れる元安川に水を求めてたどり着き、ここで命を落としたという。犠牲者慰霊のため、毎年8月6日には元安川で「とうろう流し」が行われている。

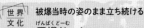

世界文化遺産 被爆当時の姿のまま立ち続ける
原爆ドーム げんばくどーむ　MAP 別冊P.19-C2

内部は立ち入り禁止で、外からの見学になる。広島ピースツーリズム（→P.328）のサイトではドーム内部を360度で見ることができるARを掲載。

原爆ドームにある慰霊の石碑

市内の被爆樹木を巡る

原爆で焼け野原となった広島は、「75年間は草木も生えぬ」といわれた。しかし、驚くことに幹半分が焼けてえぐられた樹木からも芽が出て、人々に生きる勇気や復興に向けた希望を与える存在となった。今もなお元気に生き続ける被爆樹木は、広島市内に約160本残され、平和の象徴として大切にされている。

市に登録された被爆樹木にはプレートがつけられている

白神社（→P.122）の前の平和大通り沿いにあるクロガネモチ

クチコミ　広島では小さな頃から平和学習が身近にあることに感銘を受けている県外出身者の私。保育園時代から平和を学ぶ時間があったり、小学校では夏休みでも8月6日は登校して黙とうして帰ってきます。(広島市在住・鳩母ちゃん)

安芸守となって嚴島神社を大改修し
瀬戸内海航路を整備
平清盛と嚴島・瀬戸内海

武士として初めて太政大臣に上り詰め、平家一門の繁栄を築いた平清盛はなぜ広島とのつながりを深めたのか。嚴島神社を大改修し瀬戸内海航路を整備した理由とは。

武士で初めての太政大臣に
◆ 平清盛とは

　平清盛は1118（元永元）年に平忠盛の長男として京都・六波羅に生まれた。父・忠盛は海賊を取り締まり、日宋貿易にも関わった。1151（仁平元）年に安芸守となった清盛は、その2年後35歳で父・忠盛の後を継ぐと、天皇家や藤原氏との関係を深めて勢力を強め、特に1156（保元元）年の保元の乱、1159（平治元）年の平治の乱で源氏の勢力を弱めたことで強い権力を手にしていく。1167（仁安2）年には武士で初めて朝廷の最高職である太政大臣になり、領地や荘園を各地に広げるとともに日宋貿易にも力を入れることで財力をも手中にしていった。

安芸守になったことから始まった
◆ 清盛と広島との深いつながり

　1996（平成8）年にユネスコ世界文化遺産に登録された嚴島神社。この嚴島神社を現在のような姿にしたのが平清盛で、1151（仁平元）年に安芸守となったことから密接な関わりを持つようになった。嚴島神社の大改修では平安貴族の邸宅様式だった寝殿造を取り入れ、美術工芸品も多く奉納している。日宋貿易に力を入れた清盛は、貿易の窓口となっていた博多と都を勢力下である瀬戸内海で結ぶために、瀬戸内海の航路を整備していく。清盛と広島のつながりは深くなっていった。

宮島　平清盛像
嚴島神社をあつく信仰し、現在の姿の礎を築いた平清盛の銅像は、フェリーを降りてすぐの桟橋広場で宮島を訪れる人を出迎える

嚴島神社と大鳥居
海から見た嚴島神社と大鳥居。背景の深い緑色の弥山原始林に大鳥居と社殿の朱色が美しく映える
特集 ▶ P.30　エリアガイド ▶ P.161

嚴島神社を最初に創建したのは？

　嚴島神社は佐伯鞍職（さえきのくらもと）により593年、推古天皇即位の年に創建された。「神を斎（いつ）き祀（まつ）る島＝嚴島」と島全体が神の島としてあがめられたことから社殿は潮の満ち引きする場所に建てられた。

"夢のお告げ"で大改修を決意

　『平家物語』によると、清盛は夢で見た「嚴島神社を造営すれば必ずや地位を極めるだろう」とのお告げに従い、社殿の造営を決意。あつく信仰することで躍進し栄華を極めていった。

足利義満や豊臣秀吉との関わりも深い

　嚴島神社には後白河法皇や足利義満が訪れた。また、毛利家による大鳥居の再建、本殿の改修や豊臣秀吉による千畳閣の建立など、多くの歴史上の人物とも深いつながりがあった。

宮島で春に開催される「清盛まつり」。「平家一門の嚴島神社参詣行列」をモチーフとした祭りで、宮島桟橋から嚴島神社・清盛神社まで行列を行う。平家一門の武将や公達、白拍子など平安絵巻を彷彿させる仮装行列だ。

貿易の輸送と参拝という目的のために
◆ 平清盛が整備した 瀬戸内海航路

平清盛は厳島神社の大改修だけでなく、瀬戸内海航路の整備も行った。その瀬戸内海航路は宋（中国）からの貿易品を都に運ぶためと都からの参拝のために重要なものだった。

平清盛による瀬戸内海航路

- **平安京**
- 清盛が社殿を現在の姿に整備した **厳島神社**
- **大輪田泊** 清盛が整備した港。現在の神戸港にあたる
- 自国の船
- **音戸の瀬戸** 清盛が切り開いたという伝説が残る
- 宋からの船
- **博多** ここに港を築き日宋貿易を本格化させた

中国と都を支配下でつなぐために
◆ 日宋貿易の航路として

当時、中国からの貿易船は博多の港に着き、貿易品はそこから各地へ広まっていった。清盛は博多を勢力下におきながら都と結ぶために瀬戸内海の航路を整備していく。呉市の音戸の瀬戸には清盛がこの事業を進めるなかで生まれたとされる伝説が残り、現在の神戸港にあたる大輪田泊の整備も行うことで都までの航路を整えた。

都からの参拝を盛んにするために
◆ 厳島神社の参拝ルートとして

古くより信仰されていた厳島神社だが、当初の社殿は今より小さなものだった。清盛が厳島神社の大改修を行い、瀬戸内海航路を日宋貿易のための航路としてだけでなく参拝のためのルートとして整備することで、都の貴族や天皇までもが参拝するようになるなど、厳島神社の権威は徐々に高まっていった。

工芸技法の粋を尽くした経典群
◆ 平家納経

栄華を極めた清盛は、平家一門のますますの繁栄と極楽往生を願って厳島神社に経典を納めた。『平家納経』として知られる全33巻からなる平家一門の写経が収められたもので、清盛自筆の願書1巻も含まれる。平安時代に流行した装飾経の最高峰として、また大和絵の史料としても貴重なものとして国宝に指定されている。

厳島神社宝物館 `MAP` 別冊P.26-B3
「厳島神社宝物館」には『平家納経』と『金銀荘雲竜文銅製経箱』の複製があり、常時公開されている。実物は宝物収蔵庫で定期的に公開される

広島に残る「清盛伝説」

「音戸の瀬戸」と呼ばれる広島県呉市の本土と倉橋島の間の海峡は潮の流れが早く、岩礁もあることから開削は難しいとされていた。引き潮を待って工事を行おうとしたが、日が沈み、工事を続けることが難しくなったのを見ていた清盛が、金の扇をかざして太陽を呼び戻したおかげでその日のうちに工事が終了したという「日招き伝説」が残されている。

❶呉市警固屋「音戸の瀬戸公園」（→P.184）に立つ平清盛「日招像」 ❷音戸大橋。春には桜やツツジが咲き、すばらしい景色が楽しめる

安芸国（現広島県西部）から中国地方を統一
戦国武将・毛利元就

毛利元就は戦国時代に現在の安芸高田市を拠点として、中国地方のほぼ全域を統一。安芸国の一領主にすぎなかった元就が「戦国の雄」といわれるまでになった足跡をたどる。

戦国時代の広島の勢力図

毛利元就の年表

1497（明応6）年	郡山城で毛利弘元の次男として生まれる
1500（明応9）年	兄・興元が毛利家を継ぐ
1506（永正3）年	父・弘元が死去
1511（永正8）年	元服し元就と名乗る
1516（永正13）年	兄・興元が死去し、兄の息子の幸松丸が毛利家を継ぐ
1517（永正14）年	初陣で勝利する
1523（大永3）年	幸松丸の死去により毛利家を継ぐ 長男・隆元が生まれる
1544（天文13）年	三男・隆景が竹原小早川家を継ぐ
1546（天文15）年	長男・隆元に毛利家を譲る
1547（天文16）年	次男・元春を吉川家の養子に
1549（天文18）年	次男・元春が吉川家を継ぐ
1563（永禄6）年	長男・隆元が亡くなり、孫の輝元が毛利家を継ぐ
1571（元亀2）年	75歳で死去

安芸高田市にある元就の居城・郡山城跡。国の史跡に指定されており、日本100名城のひとつ

次男として誕生するも27歳で家督を継ぐ
◆兄と兄の子の死を経て跡取りに

毛利氏は安芸国の国人のひとりで、領地も狭い範囲にすぎなかった。北からの尼子氏と南からの大内氏との対立の間に挟まれ苦悩するも、安芸国の国人たちと団結して戦うことで領土と領民を守り、勢力を広げていった。元就は毛利家の次男として生まれ、家督を継いだ兄・興元が24歳の若さで死去。その後、家督を継いだ兄の子・幸松丸もわずか9歳で亡くなったため、27歳で家督を継ぐことになった。

大国に翻弄されながらも自国を守り抜く
◆大内氏の援軍を得て尼子氏を撃退

元就は家督を継いだ当初は尼子氏に従っていたが、1525（大永5）年に大内氏と手を結び、豪族 高橋氏を討ち所領を得る。1540（天文9）年には一貫して毛利家の本拠であった郡山城を尼子氏の大軍に包囲されたが、大内氏の援軍を受けて尼子氏を撃退。尼子氏は出雲へ撤退した。その後、大内氏は出雲国の尼子氏を攻め、元就もそれに従ったが逆襲に遭い、多くの犠牲を出しながら撤退を余儀なくされた。

元就が残した逸話「百万一心」

郡山城の拡張工事の際、無事に完成することを願って人を生き埋めにする「人柱」の代わりに、使用した石碑に書かれていたとされる元就の言葉。百の字と万の字を崩して「一日一力一心」と読めるように記されていて、「日を同じにし、力を同じにし、心を同じにする」と一致団結の大切さを訴えた教えとされている。

百万一心の碑
安芸高田市にある碑は幕末に長州藩士によって発見され、拓本の要領で写しとったもので作られたとされている

戦国時代の豪傑として、数多くの武将のなかでも人気の高い毛利元就。1997（平成9）年には、NHKで大河ドラマ『毛利元就』も制作された。主演の元就を演じたのは中村芝翫（当時は中村橋之助）。

3人の息子とともに中国地方を統一へ

◆両川体制で繁栄の基盤を築く

勢力を拡大しつつあった元就は、瀬戸内海に水軍を有する小早川氏に三男の隆景を、安芸・石見の山陰に勢力を持つ吉川氏に次男の元春を養子として送り込み、それぞれが家督を継ぐ。1546（天文15）年には長男・隆元に家督を譲り、毛利家は備後国（現広島県東部）と安芸国・石見国（現島根県西部）を支配下におく。小早川・吉川の両方に"川"の字があることから「毛利の両川体制」と呼ばれ、毛利氏が繁栄する礎となった。

長男・隆元の死を乗り越え
大内氏・尼子氏を滅ぼす

◆厳島合戦から中国地方統一へ

1551（天文20）年に陶晴賢が主君・大内義隆を自害させ実権を握ると、元就は陶氏と関係を断ち、厳島での合戦で陶晴賢に勝利する。1557（弘治3）年には大内氏を滅ぼし、周防・長門（現山口県）を支配下におく。1563（永禄6）年に長男・隆元が41歳で亡くなるがその子、輝元を当主におき、1566（永禄9）年には尼子氏を滅ぼし、出雲・伯耆国（現鳥取県中部及び西部）を支配することで中国地方のほぼ全域を治める戦国大名にのし上がっていった。

毛利の両川体制

次男・吉川元春
日野山城

長男・毛利隆元
吉田郡山城

三男・小早川隆景
新高山城

毛利元就の墓
一代で中国地方を支配した毛利元就は、1571（元亀2）年に生涯本拠地とした郡山城において75歳で亡くなり、その墓は安芸高田市にある

孫・輝元が築いた広島城

1589（天正17）年に築かれた広島城

毛利元就の長男・隆元の死で、わずか11歳で家督を継いだ毛利輝元。中国地方の大半を領有していた輝元が、水陸交通の便のよい現在の広島市に広島城を築城し本拠地とした。（→P.118）

サンフレッチェ広島と三本の矢

広島のプロサッカーチーム「サンフレッチェ広島」（→P.46）の「サンフレッチェ」は日本語の「三（サン）」とイタリア語の「矢（フレッチェ）」を合わせて作った造語で「3本の矢」という意味。元就が息子たちに「1本の矢は折れやすいが、3本まとめれば折れがたい」と協力の大切さを説いた「三矢の訓」に由来している。クラブエンブレムにも3本の矢が使われ、エディオンピースウイング広島の選手控室の天井にも3本の矢があしらわれている。

©1992 S.FC

サンフレッチェ広島クラブエンブレム
3本の矢は、「県民市民・行政・財界」の三位一体に支えられ、スポーツの基幹をなす「技術・戦術・体力」の3要素、そして選手に必要とされる「心・技・体」の3原則につながっている

---

plus 「三矢の訓」の銅像、は山口県の「萩市民館」前にある。元就の孫・毛利輝元は関ヶ原の戦いで西軍総大将として指揮をとるが敗戦し、周防・長門の2ヵ国に減封される。その後、萩城を築城、嫡男・秀就が長州藩の初代藩主となる。

ダイナミックな舞のほか、豪華絢爛な衣装や面、演出など見どころは数え切れない

神秘的&ド迫力！ ひとめで虜になる
ひろしまの 神楽

全国でも秀でた神楽どころ、広島県。古来からの神事が、その役割をさらに拡大しエンターテインメントとしても進化したのが広島の神楽の魅力だ。

万物に宿る神々に奉納された「神楽」

日本の最古の芸能「神楽」。一説によると、その起源は神話「天岩戸伝説（あまのいわと）」に遡り、天岩戸に隠れた天照大神（あまてらすおおみかみ）を誘い出すために、天鈿女命（あめのうずめのみこと）が岩戸の前で踊った舞が、神楽の始まりとされる。神楽の語源は「神の宿るところ」を意味する「神座（かむくら）」ともいわれ、神座に神様を迎え、鎮魂・五穀豊穣・厄災の払拭、豊作への御礼のために神楽が奉納された。全国に広まった神楽は、各地の文化や風土とともに変化し、神事芸能、郷土芸能として今も受け継がれている。

300近い神楽団が活動する広島県

広島県は300近い神楽団が活動する全国有数の"神楽どころ"。神楽団はおもに10〜40代の演者で構成され、普段は仕事や学校に通いながら練習を重ね、週末に神楽を奉納している。古くから県内各地で秋の収穫祭に奉納神楽が行われてきたが、近年は神事としての神楽を大切にしつつ、娯楽性の高い神楽も人気が高い。県内では、奉納神楽のほかに、年間30本以上開催されている共演（競演）大会、さらに広島市「広島県民文化センター」や安芸高田市「神楽門前湯治村」など各地で定期公演が催されていて、1年中、生の神楽を気軽に鑑賞できる。

『八岐大蛇（やまたのおろち）』はファンが多い演目

EVENT Info

順位が決まる"競演"大会は各神楽団の熱演が見もの
芸石神楽競演大会（げいせきかぐらきょうえんたいかい）

権威ある神楽大会のひとつで、70年以上の歴史をもつ。約70もの神楽団が活動する北広島町で毎年10月初旬に開催。町内を中心に安芸高田市や安芸太田町、島根県浜田市の神楽団が熱演を繰り広げる。

☎ 0826-72-6908（北広島町観光協会）

神楽が盛んな北広島町では、毎年数多くの神楽の大会が開催される。そのパイオニア的な大会

安芸太田町で開催される「中国地方選抜神楽競演大会」も"競演"大会として知られる。神楽の盛んな土地である広島県・島根県の神楽団を中心に技を競い合う。

県内各地に伝わる5系統の神楽

　広島の神楽は、古来の形を受け継ぐ島根県石見地方の大元神楽の流れをくみ、出雲神楽や九州の岩戸神楽をはじめ、さまざまな地方の流れが融合して今にいたる。現在、県内に伝わる神楽は「芸北神楽」「安芸十二神祇」「芸予諸島の神楽」「比婆荒神神楽」「備後神楽」の5つに大きく分けられる。なかでも、安芸地方の県北一帯で舞われている芸北神楽は、石見神楽をもととして、江戸時代の終わり頃に伝わったといわれており、時代の流れに沿って進化しながら独特の神楽として展開している。芸北神楽は「旧舞」と「新舞」に分類され、「旧舞」は戦前から舞われている古事記や日本書紀がベースのゆったりとした動きの神楽。一方、「新舞」は戦後に登場したエンターテインメント性の高い神楽で、衣装や面の早変わり、素早いアクションなどの派手な演出で観客を魅了する。

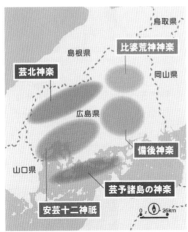

広島県北部は島根県と接する土地柄の影響で、島根県の石見神楽とのつながりが深かったりするなど、その地の歴史と文化が色濃く出ているのがおもしろい

安芸高田市「神楽門前湯治村」は神楽観劇の専用ドームや、神楽グッズの製作体験ができる神楽体験館などがある広島の神楽の聖地的存在

▶ **神楽門前湯治村** エリアガイド P.280

神事から舞台芸術へ進化
芸北神楽（げいほくかぐら）

旧舞
『塵倫』

新舞
『紅葉狩』

　島根県の石見神楽の流れをくみ、芸北地域（安芸太田町・安芸高田市・北広島町）を中心に独特の神楽として展開。「ひろしま神楽」とも呼ばれ、凝った演出で注目。演目は旧舞・新舞・新作を合わせ約70種。

伝統の神楽を脈々と継承
安芸十二神祇（あきじゅうにじんぎ）

4人の息の合った演技『八つ花の舞』

　呉市から広島市周辺の瀬戸内海沿岸部で継承され、古来、神聖な数といわれた「十二」をもとに演目が構成されていることが名前の由来とされる。将軍舞や荒平舞などの全国的にも珍しい神楽を伝える。

島々に受け継がれた神楽
芸予諸島の神楽（げいよしょとうのかぐら）

瀬戸内の水軍の活躍を彷彿させる

　瀬戸内海の島々とその沿岸部で密かに行われている神楽。しまなみ海道周辺から西へ、呉市まで広く分布しており、広島県の無形民俗文化財に指定されるなど学術的に高く評価されている神楽もある。

神がかりの古式を伝える
比婆荒神神楽（ひばこうじんかぐら）

毎年行う小神楽と、式年で行う大神楽がある

　庄原市東城町に継承され、岡山県の備中神楽の影響を受けるが、非常に古い伝統を残す広島県独自の神楽。全国でも珍しい「託宣神事（たくせんしんじ）」として、国の重要無形民俗文化財に指定。

伝統から新作、歌や語りも
備後神楽（びんごかぐら）

修験者の流れをくむ人々が踊った舞が由来という

　広島県南東部の広い地域で継承され、「御神事式」「御神能」「五行祭」「折敷舞」の4つの形式を伝える。歌や語りを味わう神楽や、古い形の能舞や愉快な新作能が地域の祭礼で奉納されている。

広島市佐伯区湯来町、"広島の奥座敷"湯来温泉にある「広島市国民宿舎 湯来ロッジ」（→P.143）では、毎月第2・第4日曜に神楽公演を実施している。出演するのは広島市内で活動する神楽団。

見るならコレ

編集部イチオシ
演目⑤

手に汗握る大蛇退治 【旧舞】
八岐大蛇（やまたのおろち）

およそ18mにもなる蛇胴をひとりの舞手が操る姿は圧巻

天上を追われた須佐之男命（すさのおのみこと）が、八岐大蛇の災難に嘆き悲しむ老夫婦とその娘の奇稲田姫（くしなだひめ）を救うために一計を案じ、毒酒で大蛇を酔わせて最後には討ち取る物語。最大8匹の巨大な大蛇と須佐之男命の迫力ある立ち合いは必見。

豪華絢爛、迫力満点！ 【旧舞】
塵倫（じんりん）

仲哀天皇の御代、背中に翼を持つ大悪鬼"塵倫"が、異国の大軍を従えて日本に舞い降りた。神通力をもつ塵倫を誰も倒せないなか、天皇が霊力のある弓矢で退治する。塵倫の豪華絢爛な衣装や飛行の所作はこの演目の醍醐味。

塵倫の面は、神楽面のなかでは最大級

美女から鬼へ、恐怖の豹変 【新舞】
土蜘蛛（葛城山）（つちぐも（かつらぎさん））

病で寝込む武将・源頼光（みなもとのらいこう）に、葛城山の土蜘蛛が侍女に化けて襲いかかる。しかし伝家の宝刀・膝丸で切りつけられた土蜘蛛は退散。家臣たちが追いかけ激闘の末に成敗する。蜘蛛のおどろおどろしい所作や演奏が見どころ。

土蜘蛛の面や衣装の早変わりにも注目

父を思う姫の悲しい復讐劇 【新舞】
滝夜叉姫（たきやしゃひめ）

「東の国の"新皇"になる」と宣言したことで朝廷軍に討たれた平将門。娘の五月姫（さつきひめ）は、父の無念を晴らそうと願かけをしてあやしい妖術を授かる。姫は滝夜叉と名をあらためて朝廷に反旗をひるがえすが、征伐の勅命を受けた大宅光圀（おおやのみつくに）は、陰陽の秘術により姫の妖術を封じ鎮圧する。

美しい姫が恐ろしい鬼へと変化するさまは圧巻

見逃せない一瞬の早変わり 【新舞】
紅葉狩（もみじがり）

戸隠山にすむ鬼女の成敗に向かった平維茂（たいらのこれもち）主従は、山中で紅葉狩りの酒宴を催す美女たちと出会い酒をすすめられ酔い伏す。美女たちは鬼女となり襲いかかるが、維茂は夢のなかで八幡大菩薩の神剣を授かり、目覚めとともに神剣で退治する。鬼女への早変わりは必見。

優美な美女たちが、一瞬にして鬼女へと変貌

神楽 Info①

主君の大内義隆に反乱を起こした陶晴賢に対し、毛利元就は陶氏の本拠地・厳島に奇襲をかけ、敗れた晴賢は自害に追い込まれる

2022年初披露の新作『厳島合戦』に熱視線

「ひろしま神楽」の本場・安芸高田市は、戦国武将の毛利元就が本拠地を構えた場所でもある。安芸高田神楽部の新作演目『厳島合戦』は、日本3大奇襲のひとつ、元就が中国地方を制覇するきっかけとなった合戦を描く。同市ゆかりの作家・稲田幸久氏が奇襲部分にスポットを当て原作を手がけた。勧善懲悪が定石の神楽で、史実どおり陶晴賢（すえはるかた）が自害する意欲作。

クチコミ　私が好きな演目は『滝夜叉姫』。滝夜叉を演じる舞手は男性なのですが、ひと目で姫とわかる、ときにしなやかでときに妖艶なしぐさや表情にうっとり見入ってしまいます。(TJ Hiroshima編集部・たにパン)

毎週水曜に神楽を体感できる場所
広島県民文化センター
の皆さんに聞いた神楽の魅力

館長　　　神楽運営スタッフ　川角さん
上田さん　　石橋さん

■上=上田さん　■石=石橋さん　■川=川角さん

神楽の市街地発信基地！　毎週水曜に定演

上 次世代に伝えていくべき宝、広島の神楽を広く浸透させようと取り組む「ひろしま神楽定期公演」事業も10年を超えました。私たちの会場は広島市街地の中心部にあり、どなたでも気軽に立ち寄りやすいのがメリット。神楽ファンのための玄関口となり、次は芸北など神楽の本場へと足を運んでいただけたら……という思いです。

川 海外からのお客様もどんどんお越しくださっています。2023（令和5）年9月からは英語字幕のモニターも用意し、さらに鑑賞しやすい体制を整えました。

石 照明や音響など、ホールだからこそできるパワフルな演出も魅力です。

どんな神楽団や演目を鑑賞できるの？

上 広島市内や芸北の神楽団を中心にさまざまな神楽団が登場します。演目も週ごとに変わります。人気は『紅葉狩』『滝夜叉姫』。海外の方は『八岐大蛇』を喜ばれることが多いです。

石 同じ演目でも、神楽団によって演出やストーリー進行が違うんですよ。例えば蜘蛛の糸を出す演出も、手に持った玉を広げる場合もあれば、バズーカで飛ばす場合も。いろいろな神楽団を見比べていただきたいですね。

広島の神楽の見どころや魅力とは？

川 いつ見ても、神楽囃子の音やビートに感動しますね。あの一体感はほかでは味わえないです。

上 広島の神楽は、見ていてワクワクする演目・衣装で、初めての方でも目から楽しめる要素がたくさん。まずは一度お越しください。体に電気が走るような衝撃を味わっていただけるはずです！

👀 広島県民文化センターで鑑賞するには？

①神楽団＆演目をチェック
4〜12月の毎週水曜19時開演の定期公演を見るなら、まずは出演神楽団・演目を公式サイト（URL www.rcchall.jp/bunkac/）でチェックしよう。

②前売りチケットを購入 前売券1000円
指定席はチケットぴあ（当日17時まで）、自由席はtabiwa（前日17時まで）で購入可。舞台を間近に感じるなら指定席がおすすめ。

③当日券を購入
公演当日18時からロビーで自由席が販売される。
当日券1200円
▶広島県民文化センター
エリアガイド ▶ P.125

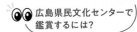

舞台
ぴあ販売分（指定席）
団体予約優先席
自由席
通路
自由席｜関係者席｜自由席

神楽 Info②　県民文化センター定期公演で購入できるキュートな神楽グッズ

ドン舞い神楽ちゃん（大蛇）
2万8000円

声や音に反応して舞い踊る神楽人形。「素戔嗚尊」バージョン（2万円）も

神楽デコ飯シート（悪狐） 990円

シートの上からココアやふりかけを振りかけるだけでSNS映えするデコ飯が！

神楽面を手作りで精巧に、手の平サイズのミニチュアで再現
ひろしま安芸高田　神楽面（狐）
2800円

手帳型スマホケース 3780円

人気演目『塵倫』×アメコミ風という斬新さが神楽ファン心をくすぐる

▶神楽傳　URL globe-goods.com/kagura

 Plus

ダンシング人形「ドン舞い神楽ちゃん」はかわいらしい見た目だが侮るなかれ。普段、神楽の面や衣装を作っている職人が手がける作品で、人形の衣装も金糸や銀糸を贅沢に織り込んだ、本物と同じ製法技術で仕上げている。

絶対ハズせない
広島のお祭り
12祭

これだけは押さえておきたい！
県内各地の伝統的な祭りから個性的な祭りまで。

廿日市市

時 旧暦6月17日（7〜8月頃）
所 厳島神社（→P.161）および周辺

世界遺産の厳島神社が舞台
圧巻の日本3大船神事

いつくしまじんじゃかんげんさい
厳島神社管絃祭

　旧暦の6月17日に開催される「管絃祭」は、世界遺産の厳島神社と瀬戸内海を舞台に、船上で管絃が奏でられる祭り。平安時代の貴族たちが水上で楽しんだ「管絃の遊び」を、平清盛が厳島神社に移し、神様を慰める神事として執り行うようになったといわれており、日本3大船神事のひとつにも挙げられている。

▶ 管絃祭（宮島観光協会サイト）
📱 www.miyajima.or.jp/event/
event_kangen

スケジュール

16:00	発輦祭（はつれんさい）
17:00	御本殿出御
17:40	大鳥居前の儀
19:00	火立岩（ほたていわ）
20:20	地御前神社
21:40	長浜神社
22:30	大元神社
23:10	火焼前（ひたさき）
23:30	客神社前
24:00	御本殿還御

※時間が変更される場合あり

POINT
事前の申し込みで船から間近に見ることもできる。申し込みは2ヶ月前から電話予約（📞0829-44-2011）で

❶海に浮かぶ大鳥居の下を進む御座船　❷本社出御の様子　❸大鳥居前の儀を終えると出航する

❶圓隆寺の参拝者は8万人を超える　❷夜になると赤提灯がともり幻想的　❸この日は浴衣を着た人でにぎわう

広島市

45万人以上の人が訪れる
広島市民の夏の風物詩

とうかさんだいさい
とうかさん大祭

時 6月第1金〜日曜
所 とうかさん圓隆寺（→P.122）

　約400年の歴史を誇る「広島の3大祭り」のひとつ。初代住職の功力と霊験ある「とうか大明神」の神力により、広島城の守りと人々の安寧繁栄がもたらされたといわれる。別名「ゆかたの着始め祭り」とも呼ばれ、毎年45万人以上の人でにぎわう広島県の夏の風物詩。

▶ とうかさん圓隆寺公式サイト
📱 www.toukasan.jp

POINT 「とうかさん大祭」にあわせて開催される「ゆかたできん祭」は、「ゆかた」をコンセプトとする市民参加型の祭り

Plus

厳島神社管絃祭で、島内の「長浜神社」では無料のちょうちんが配られる（数に限りあり）。ちょうちんを手に表参道商店街から厳島神社へ向かい祭りのクライマックスを体感しよう！　予約不要で誰でも参加可能。

広島市
時 5月3〜5日
所 平和大通り、平和記念公園(→P.120)ほか

季節の花々を愛でる
平和を願う花の祭典
ひろしまふらわーふぇすてぃばる
ひろしま
フラワーフェスティバル

「広島と世界を結ぶ平和の花の祭典」として開催される華やかな祭り。3日間で約160万人を超える来場者数があるといわれる。「花の総合パレード」をはじめ、「きんさいYOSAKOI」など各日さまざまなイベント・パフォーマンスが繰り広げられるのでお見逃しなく。

▶ ひろしまフラワーフェスティバル
公式サイト ▨ www.hiroshima-ff.com

POINT 初日の「花の総合パレード」は、毎年80団体5000人を超える参加団体が!

❶パレードの衣装にも注目 ❷大迫力!「きんさいYOSAKOI」 ❸全国のグルメが揃う観光物産展

❶鳥居につり下げられる熊野筆 ❷神事「筆供養」の様子

熊野町

嵯峨天皇をしのぶ
長い伝統を誇る祭典
ふでまつり
筆まつり
時 秋分の日
所 榊山神社・筆の里工房(→P.153)ほか

毎年秋分の日に行われる熊野町最大のイベント。使命を終えた筆を供養する「筆供養」、約30社の生産者が大特価で筆を直売する「筆の市」、書道家が約20畳ほどの特殊な布に作品を書き上げる「大作席書」など見どころ満載。

▶ 筆まつり公式サイト ▨ www.fudematsuri.jp

POINT 神事「筆供養」では、役目を終えた筆を一般の来場者も供養することができる

東広島市
時 10月
所 西条中央公園、西条酒蔵通り(→P.207)周辺

酒の都・西条に全国の日本酒が集結
さけまつり
酒まつり

酒の都とも呼ばれる東広島市西条のJR西条駅周辺で開催される酒をシンボルにした祭り。メイン会場ではステージやグルメ出店、全国の地酒が集まる「酒ひろば」(有料)、趣向を凝らした酒蔵イベントのほか、子供が楽しめる「キッズ広場」も催される。

▶ 酒まつり公式サイト ▨ sakematsuri.com

❶各県の地酒の飲み比べで沸く来場者 ❷大酒林神輿、姫神輿も町中を練り歩く

POINT 「酒ひろば」では、全国の日本酒約800銘柄が集まる大試飲会を開催(有料入場)

広島市 🕐 11月18〜20日 📍 胡子神社（→P.122）

商売繁昌を願う胡子神社の秋季大祭

胡子大祭（えべっさん）
えびすたいさい（えべっさん）

　地元では「えべっさん」や「えびす講」とも呼ばれる、約420年続く商売繁昌を願う祭り。縁起物の「こまざらえ（竹のくま手）」を買うのが定番。歩行者天国になった中央通りで披露される夜神楽や太鼓競演が会場を盛り上げる。

▶ 胡子神社公式サイト 🔗 ebisujinja.jp

○ POINT 「胡子大祭」の期間に合わせて、付近の商店街では大売出しが行われる

神社付近の商店街は毎年大にぎわい！

広島を食べ尽くす！
地産地消グルメの祭典

広島市 🕐 10月 📍 広島城（→P.118）周辺

ひろしまフードフェスティバル
ひろしまふーどふぇすてぃばる

　「食欲の秋」にぴったり！　広島県の味覚が集結する年に一度のグルメの祭典。約250ものブースが出店し、2日間で約15万人が訪れる。グルメ以外に、地元の企業や高校生も出店し盛大に盛り上がる。

▶ ひろしまフードフェスティバル公式サイト 🔗 foodfesta.jp

❶広島県内各地の飲食店が出店 ❷ガッツリお肉系のほかスイーツも

○ POINT
イベント会場にあるステージでは各地域の魅力紹介や、ダンス、歌なども披露される

呉市 🕐 4月29日 📍 蔵本通り、れんがどおり周辺

食と文化に触れて呉市の魅力を再発見

呉みなと祭
くれみなとまつり

　呉市で最大規模といわれる「呉みなと祭」。蔵本通りに立ち並ぶグルメブースでは、呉市のご当地グルメが食べられる。大パレードや、各会場のステージではさまざまなプログラムが行われ、盛り上がりを見せる。

○ POINT メイン会場の蔵本通りでの大パレードは、約2000名の参加者が練り歩く

海上自衛隊呉音楽隊の演奏も楽しめる迫力満点のパレード！

チームを組み、踊り手として参加もできる

三原市 🕐 8月第2日曜を含む金・土・日曜 📍 JR三原駅周辺

三原市に響き渡る「やっさ」のかけ声

三原やっさ祭り
みはらやっさまつり

　三原市内で継承されてきたやっさ踊りを中心にしたお祭り。期間中は子供から大人まで多くの市民が、三原駅前周辺を「やっさ、やっさ」と軽快に踊り歩く。花火大会も開催される。

▶ 三原やっさ祭り公式サイト 🔗 www.yassa.net

○ POINT 1567（永禄10）年の三原城築城を祝い、踊ったのが始まりとされる

 Plus

広島県の"奇祭"といえば、尾道市無形民俗文化財に指定されている「尾道ベッチャー祭」。三鬼神「ベタ」「ソバ」「ショーキー」が市街地を練り歩き、泣き叫ぶ子供たちを追い回す。たたかれたり突かれると御利益が！

① 満開のばらが咲き誇る
「ばら公園」 ② 華やかな
行進「ローズパレード」

尾道市 | 時 4月 | 所 尾道市内一円

尾道市内一帯が祭りムードに染まる

尾道みなと祭
おのみちみなとまつり

尾道港開港の恩人、町奉行・平山角左衛
門翁 の功績をたたえ、尾道の発展を願い開催
される祭り。「ええじゃんSANSA・がり」踊りの
コンテストをはじめ、多彩なイベントで中心街
がにぎわう。

▶ 尾道みなと祭公式サイト
URL www.onomichi-matsuri.jp/port_festival

① 尾道市内全体がお祭りムードに
② 幼稚園児も踊りに参加!

POINT 三味線楽曲『正調尾道三下がり』から創作さ
れた音楽で踊る、「ええじゃんSANSA・がり」

福山市 | 時 5月 | 所 ばら公園(→P.258)、緑町公園ほか

ばらのまち福山最大のイベント!

福山ばら祭
ふくやまばらまつり

戦後の復興を願い市民が1000本のばらを植
えたことをきっかけに、ばらをシンボルにまちづ
くりを進めている福山市。「福山ばら祭」では、
280種5000本以上の色とりどりのばらを見なが
ら地元のグルメを味わえる。

▶ 福山ばら祭公式サイト
URL fukuyama-matsuri.jp/bara

POINT さまざまな団体が参加する「ローズパ
レード」は、マーチング演奏や踊りな
ど見応えあり

福山市 | 時 5月最終土曜 | 所 鞆町弁天島、鞆支所周辺

夜空に咲く大輪の花
夏の香りをひと足先に感じて

福山鞆の浦弁天島花火大会
ふくやまとものうらべんてんじまはなびたいかい

初夏の到来を告げる風物詩として地元の人
に愛される祭り。沖合の弁天島から打ち上げ
られた花火を、鞆の町から間近で見ることが
できる。花火打ち上げ前には地元住民による
鞆の伝統芸能「鞆の浦アイヤ節」を披露。

① 鞆の浦の夜空に
咲く花火 ② 地元の
人々が「鞆の浦アイ
ヤ節」を披露

POINT 江戸時代から、海上の安全祈願のため
に開催される伝統の花火大会

約450年の歴史がある伝統文化
三次の鵜飼を間近で体感

三次市 | 時 6~9月 | 所 三次市馬洗川

① 鵜の様子を見て手
縄を操る鵜匠 ② 日
没前の夕涼み観覧も
人気

戦国時代末期から約450年の伝統がある
「三次の鵜飼」。3本の一級河川が合流す
る巴橋を舞台に、日本一長い7mの手縄を
使用し、川底まで鵜が魚を追う。臨場感
のある漁撈を、鵜舟と並走する遊覧船に
乗って楽しもう。

▶ 三次観光推進機構 公式ウェブサイト
URL www.miyoshi-dmo.jp

---

plus
3つの町が合併してできた大崎上島町には、合併前から各地区で行われてきた祭りが受け継がれ、「木江十七夜祭」「ひ
がしの住吉祭」「大崎上島サマーフェスティバル」が夏の3大祭りとなっている。

次世代に継承したい誇るべき文化
広島の国指定重要無形文化財

県北部の民の暮らしのなかで生まれ受け継がれてきた文化です。

現在、県内の国重要無形民俗文化財は4つ。もうひとつの「比婆荒神神楽」はP.337をチェック。

北広島町 壬生

ユネスコ無形文化遺産
華やかな田園絵巻
開 6月第1日曜

壬生の花田植
みぶのはなたうえ

ユネスコの無形文化遺産にも登録された、年に一度の伝統催事。五穀豊穣を祈り「田の神」を祀る稲作儀礼で、美しい衣装をまとった人や牛が、太鼓や笛の音に合わせて代を掻き、田植歌を歌いながら田植えを行う。

田植歌に合わせて一斉に苗を植える

POINT 花田植の主役は、早乙女、囃し方、そして豪華な花鞍が特徴の飾り牛

庄原市 東城町

昔から受け継がれる
4年に一度の行事
開 4年に一度開催（5月）

塩原の大山供養田植
しおはらのだいせんくようたうえ

大山信仰に基づく伝統を守り、牛馬の霊の供養と、牛馬の安全・五穀豊穣を祈念する庄原市東城町の伝統催事。4年に一度、現地公開され、この日を楽しみに県内外から多くの観客が集まる。

❶華やかな衣装で田植えする姿は圧巻 ❷頭の赤い太ひも、飾鞍で着飾った牛

POINT 牛馬守護の大山信仰を背景に、牛馬供養も行うためこの名称に

ふたつで
「安芸のはやし田」として登録

北広島町 新庄

中世の絵図に残る
貴重な民俗文化財
開 5月第2日曜

新庄のはやし田
しんじょうのはやしだ

「原田のはやし田（来原さんばい祭り）」とともに、1997（平成9）年に国の重要無形民俗文化財に指定。田植草子の歌が、日本の歌謡研究において貴重な資料であると評価を受けている。中世の絵図『大山寺縁起絵巻』にも田植の様子が残る。

❶豪華な飾鞍を背負った牛の代掻き ❷小歌を歌いながら苗を植える早乙女

POINT 「八調子」というテンポの速さが特徴。一節で8株を植えたとされる

安芸高田市 高宮町

「原田節」を歌い
豊作を神様に願う
開 5月最終日曜

原田のはやし田
（来原さんばい祭り）
はらだのはやしだ（くるはらさんばいまつり）

もともとこの地域の耕地の多くが厚い粘土と深い泥に覆われており、稲作には向いていない土地柄だったことから、太陽と土と水の神様「さんばいさん」を招く神事として盛大に執り行われている。

太鼓を打ち鳴らす勇ましい姿

POINT 腰まで泥につかるような湿田で、田植歌「原田節」を歌う姿が特徴

Plus 中国山地の伝統的な田植行事は、田の神を祀る県西部の「花田植系（安芸系）」と、大山信仰を背景にもつ東部の「供養田植系（備後系）」に系統が分かれており、行事内容や田植歌に違いが出てくるのだとか。

地元魂あふれる彼らを愛してる！
広島の愛すべきキャラクターたち

ご当地キャラクターにはその土地のアピールポイントがギュッと詰まっている。彼らを知ることが広島を知ることの近道なり！

最強ニューカマー見参！
ひろくま

2023（令和5）年「HITひろしま観光大使」に就任した、広島のおいしいものが大好きなくま。愛らしいビジュアルで県民をキュンキュンさせている。（→P.251）

HITひろしま観光大使とは？

「広島が好き！」なら、誰でもなれるHIT（広島県観光連盟）の観光大使。詳細は公式サイト（ URL dive-hiroshima.com）で！

伝説のゆるキャラ
ブンカッキー

2000（平成12）年「国民文化祭」で誕生、その後「けんみん文化祭ひろしま」のキャラとして続投。カキの体に頭にモミジ、青い部分は広島の「ひ」をモチーフにしたかわいらしい丸い体。ご当地キャラブームでいち早く注目され、広島県庁キャラクター総選挙では1位に。

北広島町
町の伝統を背負って舞う
花田舞太郎

北広島町の伝統行事「壬生の花田植（→P.344）」の飾り牛がモチーフ。名前は、同町が誇る伝統芸能「神楽」に由来、方言で「舞ってやろう」から来ている。ダンスが得意。

福山市
みんな笑顔になあれ
"ばらのまち福山"
イメージキャラクター
ローラ

福山市民のみならず、福山市を訪れた人々のポケットに忍び込み幸せを届けている心優しきばらの妖精。赤いばらのドレスがキュート。

東広島市
美酒の都で今日も酔う
のん太

第1回の「酒まつり」（→P.341）で誕生した。酒どころ・西条に伝わる民話のタヌキがモデル。大好物は東広島市の日本酒！　のん気で陽気なお祭りキャラ。

三次市
三次観光イメージ
キャラクター
きりこちゃん

三次盆地の絶景「霧の海」（→P.296）をモチーフに生まれた女の子。泡雪のように真っ白で、ふわふわしたボディが魅力的。前髪は市内を流れる3本の川をイメージ。

三原市
おっさ踊りに情熱を注ぐ
やっさだるマン

「やっさ踊り（→P.342）を踊りたい」という願いをかなえた、もとは三原神明市の大だるま。推定年齢450歳。とても優しいだるまで、映画まで制作された人気者。

呉市
"クレ"イジーに
呉市を愛す
呉氏

名前に「呉」、顔に「呉」、背中に「クレ」！　呉市を全身で熱烈アピールする姿が胸を打つ。語尾に「〜クレ」が口癖。市内の小学生で構成する、呉氏Jr.も話題。

背中にも注目してクレ！

クチコミ　子育て世代の私にとってなじみ深い広島のキャラは「イクちゃん」。子連れに優しいお店にある「イクちゃんサービス」ステッカーや、県内のさまざまな子育て情報の場で目にするので愛着を覚えています。（取材担当・K）

わしらの育った
牡蠣
食べたんさい！

冬は牡蠣
食べ放題

かき船から300年続く
老舗生産者直営のかき小屋

島田水産 かき小屋

住 廿日市市宮島口西1-2-6
電 0829-30-6356
営 10:00～17:00（L.O.16:00）
　 土 10:00～20:00（L.O.19:00）
　 日・祝 10:00～18:00（L.O.17:00）
休 不定休（年末年始は要問合せ）
https://shimadasuisan.com/

第4章

グルメ

カキ食べ行こう！ ……………………………………… 348

What's 牡蠣食う研？ …………………………………… 352

宮島でカキ食い行脚 …………………………………… 353

広島の名酒は踊る ……………………………………… 354

広島の名酒と美食 ……………………………………… 356

ローカルチェーン 人気メニュー ……………………… 360

潮風が気持ちいい絶景カフェ ………………………… 364

ローカル御用達のレトロ食堂＆スイーツ …………… 368

寄り道おやつ …………………………………………… 370

おさえておきたい ご当地麺事情 …………………… 372

おもしろ自販機大集合 ………………………………… 377

世界一おいしく カキが味わえる町へ カキ食べ行こう!

広島のカキ養殖の歴史は室町時代にまで遡る。島々に囲まれる広島湾は波が静かで、カキ養殖に最適。幾筋もの川が栄養豊富なプランクトンを運び、身が大きく味わい濃厚なカキを育む。旬は1〜2月頃だが、近年では品種改良により1年中食べられるブランドカキも開発。カキいかだが並ぶ光景や、取れたてのカキを味わう祭りが県内各地で開催されるのもご当地ならでは。広島自慢の食材を存分に召し上がれ。

❶カキ生産量が日本一の広島県。全国シェアは5割を優に超える
❷江波、宮島、地御前、呉、江田島が主要産地
❸10月頃から収穫シーズンに

カキ小屋行こう!

「カキ小屋」とは?
新鮮なカキを自分たちで網焼きにして食べる。食べ放題やkg単位で注文するスタイルなどさまざま。注文は1kg単位が多く、殻付きで10〜12個程度。上質なのに格安というコスパも人気の秘密。

焼きガキ食べ放題70分
中学生以上2750円、
小学生1100円

❶生産者直営ならではのリーズナブルな価格でカキを心ゆくまで ❷かき小屋は自分で焼くセルフ形式。食べ頃を見極めるのも醍醐味 ❸水揚げ見学ツアーにはカキ雑炊がつく ❹宮島を望む、瀬戸内らしい景色が楽しめる2階のテーブル席も ❺10〜翌5月頃には水揚げ見学と厳島神社沖遊覧ツアーも開催

最高の味覚で
新鮮な
カキをどうぞ

代表取締役会長
島田俊介さん

廿日市市
宮島口西

老舗水産会社の直営店舗
鮮度抜群のカキを桟橋席で

島田水産　かき小屋
しまだすいさん　かきごや

江戸時代からカキ船を営み300年以上の歴史をもつ老舗の水産会社。カキ養殖や販売、体験ツアーなどを手がけ、カキの魅力を多方面で発信する。自社で水揚げしたカキを1年中提供するカキ小屋は、約250席を用意し団体でも訪れやすい。目の前に海が広がる桟橋席が特におすすめ。焼きガキ、カキフライ、カキ飯などとりどりに揃うが、10〜翌5月頃まで提供する食べ放題がお得。

MAP 別冊P.25-C2

🏠廿日市市宮島口西1-2-6 ☎0829-30-6356
🕙10:00〜17:00(L.O.16:00)、土〜20:00
(L.O.19:00)、日・祝〜18:00(L.O.17:00) 休不定休
CC不可 Pあり 交JR「宮島口駅」から徒歩13分

plus
呉市のJR呉駅を起点とし、音戸大橋、倉橋島、能美島を経由、江田島市の切串港まで続く約70kmのサイクリングロードを「かきしま海道」と呼ぶ。カキの産地のため多くのカキいかだが浮かぶ。

◆ カキ食べ行こう！

かき小町（1kg）
1100円

東広島市
安芸津町

店主　森尾治子さん

土日と祝日営業のかき小屋
三津湾を望み自慢のカキを

かき小屋　龍明丸
（かきごや　りゅうめいまる）

　塩分濃度や菌の低さなど、県が定める基準をクリアした清浄海域でカキを育む「森尾水産」が運営。土・日・祝のみの営業で、三津湾を望む絶好の立地で自慢のカキを堪能できる。焼きガキは殻付きカキ1kg880円と、肉厚で大粒のブランドカキ「かき小町」を提供。両方注文して味の違いを比べるのも楽しい。カキがまるごとひと粒入った、タコ焼き風の「かき丸クン」などアイデアメニューもあり。

MAP 別冊P.10-A3

住 東広島市安芸津町風早3245-33　TEL 080-1925-6597　営 10:00〜16:00(L.O.15:30)　休 月〜金　CC ADJMV　P あり　交 JR「安芸津駅」から徒歩25分

❶産卵しないために身が痩せない「かき小町」は食べ応えも抜群　❷海沿いにありドライブがてら訪れるのにも最適のロケーション　❸店内40席。1テーブルにつき炭代660円が別途必要になる　❹かき丸クン（495円）、カキめし（440円）、カキフライ（550円）

焼きガキ食べ放題
中学生以上2500円、
小学生700円

漁場すぐのロケーション
旬に味わう新鮮なカキ

広島市西区
草津港

草津かき小屋
（くさつかきごや）

　例年11月下旬〜翌4月下旬頃までオープンする養殖業者直営のカキ小屋。草津漁港内にあり、目の前が漁場なのもワクワクを高めてくれる。「新鮮、安い、ボリューム満点」がモットーで、シンプルな料理を良心価格で提供。人気の焼きガキはザル2000円やバケツ2500円があり、うれしい食べ放題も。かき串150円やかき入りがんす450円、かき味噌焼き450円などつまみ類も豊富。

MAP 別冊P.16-A3

住 広島市西区草津港1-13　TEL 082-277-9321　営 11:00〜14:00(L.O.13:30)、17:00〜21:00(L.O.20:30)、土11:00〜21:00(L.O.20:30)、日・祝11:00〜20:00(L.O.19:30)　休 不定休　CC 不可　P あり　交 JR「新井口駅」から徒歩20分

❶おなかいっぱい味わえる食べ放題。焼き方のレクチャーもある　❷大漁旗がはためく海のような空間も楽しい。家族や仲間とぜひ　❸漁の最盛期のみにオープンするため、カキの鮮度は折り紙付き　❹のぼりを目印に来店を。網で焼かない食材であれば持ち込み可

カキ飯と味噌汁に、カキフライが付くかき定食（1000円）も人気

plus
1〜3月にはカキの主要生産地で試食・販売をする「カキ祭り」が開催される。県内で最初に「カキ祭り」を開いたという「宮島かき祭り」のほか、「大野かきフェスティバル」などが有名。

349

もっと多彩に カキグルメ

社長 坂井英隆さん　店長 十河貴人さん

> 広島産カキと地酒の漁師焼き 2500円 ①

江田島市 江田島町

江田島のおいしい新名所！加工工場一体型レストラン

おいすたーかふぇえたじま
OYSTER CAFE ETAJIMA

水産加工品卸会社が運営する加工工場「江田島オイスターファクトリー」に併設するレストラン。壁一面がガラス張りの店内からは、海景色を一望できる。メニューはイタリアンをベースにした創作料理やデザートを用意。生産者から直接仕入れるカキ、峠下牛などのブランド肉、江田島産野菜や果物といった地素材をふんだんに使用する。セットやコースもあり、多様なシーンで利用できる。

MAP 別冊P.29-D2
🏠 江田島市江田島町秋月2-49-52　☎ 0823-27-6173　🕐 11:00〜17:00(L.O.16:30)　休 水（祝日の場合は翌日）　CC ADJMV　P あり　🚶「小用港」から江田島バスで「秋月」下車、徒歩1分

> 多彩なつまみを一度に味わえるオードブル盛り合わせ（1500円）

❶カキを日本酒でアクアパッツァ風に仕立てた逸品。独創性が光る　❷本日のパスタに前菜やデザートが付くパスタコース（2800円）　❸青と白を基調にした空間はリゾートムードたっぷりで開放的　❹潮風感じるテラス席。陽光が海面に反射する様子や夕日が美しい

> 生ガキ食べ比べ3種 1890円

福山市 三之丸町

各地のカキを食べ比べ アメリカンな料理も多数

ふぉーえばーかふぇあんどおいすたーばー
FOREVER CAFE & OYSTER BAR

福山市では珍しい年中生ガキが食べられるオイスターバー。内海町の養殖業者から届く地元産カキのほか、全国各地からさまざまな品種を取り寄せている。カキ料理はもちろん、アメリカ西海岸から着想を得たシーフード料理やボリューム満点の肉料理も提供。また、農家直送の季節野菜を使った鉄板料理も人気だ。カキによく合うワインやビールなどアルコール類も充実。コース各種も用意する。

MAP 別冊P.36-B2
🏠 福山市三之丸町4-16　☎ 084-931-8388　🕐 18:00〜23:00(L.O.22:00)、日・祝18:00〜22:00(L.O.21:00)　休 火　CC ADJMV　P なし　🚶 JR「福山駅」から徒歩3分

❶その時の旬の各地のカキを食べ比べ。味や食感の違いを感じてみて　❷れんががアクセントの店内。30〜60人の貸し切りもできる　❸白ワインに合わせたいカキとウニとケールのバター焼き（2300円）　❹マイクやプロジェクターを完備しているためパーティ利用も

Plus 「広島県立総合技術研究所水産海洋技術センター」で開発された「かき小町」は、夏に産卵することで身が痩せる一般的なカキとは違って、産卵をしない。そのため夏でも肉厚で濃厚な味わいを楽しめる。

牡蠣屋定食
2600円

職人による焼きガキが自慢
多様なカキ料理はワインで

廿日市市
宮島町

かきや
牡蠣屋

　鮮度のよさを表す光沢のあるクリーム色のプリっとした身が特徴の広島県産のカキ。そのうま味を最大限に生かすため、「牡蠣屋」では味付けは最小限に抑え、シンプルに提供する。熟練の職人が強火で焼き上げ、海の塩味だけで食す「焼きガキ」や、カキ飯・フライ・オイル漬けなどさまざまなカキ料理を楽しめる「牡蠣屋定食」などを用意。多彩なメニューにぴったりのワインも幅広く揃える。（→P.353）

MAP 別冊P.27-C2

住 廿日市市宮島町539　TEL 0829-44-2747　営 10:00〜カキがなくなり次第終了　休 なし　CC 不可　P なし　交 宮島桟橋から徒歩7分

❶いろいろなカキ料理が味わえるお得な定食　❷各地のワインを手頃な価格で。生ガキとの相性◎　❸大ぶりのカキが3個入ったカキグラタン　❹カウンターやテーブルを配する

店頭では職人が腕を振るう

春には川沿いの桜を眺めて
県産カキを本格和食の味で

広島市
中区大手町

かきふね かなわ せと
かき船 かなわ 瀬戸

　広島市中心部に流れる元安川に浮かぶかき船。店内はコンセプトの異なるふたつのフロアに分かれる。本格和食をカジュアルに楽しめる1階「瀬戸」では、瀬戸内の食材をふんだんに使ったメニューを提供。瀬戸内海でも屈指の透明度を誇る清浄海域、大黒神島沖で育ったカキを思う存分堪能できる「かき三昧コース」は見逃せない。全個室の2階「和久」では、より贅沢な品々をゆったり味わえる。

MAP 別冊P.19-C2

住 広島市中区大手町1地先　TEL 082-241-7416　営 11:00〜14:30、17:00〜（L.O.20:00）　休 なし　CC ADJMV　P なし　交 広島電鉄「原爆ドーム前」から徒歩4分

かき三昧コース
7700円

2階の「和久」ではカキ料理をフルコースで楽しめる

❶カキしゃぶやカキフライなど盛りだくさん　❷名物の土手鍋。季節に合わせ料理長が味噌を調合　❸穏やかな元安川に浮かぶ　❹春には店内から川沿いの桜を望める

クチコミ　「牡蠣屋」ではカキを使ったオイル漬けやドレッシング、塩辛などのオリジナル商品も販売されています。自宅用だけでなく、贈り物としても重宝しています。（廿日市市在住・たくみママ）

広島カキ界を支える謎の集団あり

広島のカキの魅力を世界に届けるため昼夜を問わず（!?）活動する集団がいる……その名も「牡蠣食う研」。これまでの活動を紹介しよう。

What's 牡蠣食う研?

広島を観光で訪れる世界中の人に
おいしいカキが食べられる場所を

「広島を世界一おいしく牡蠣が食べられる街へ」というビジョンで2019（令和元）年に発足した、広島県観光連盟の「牡蠣食う研」。生産者はもちろん飲食店経営者、料理人、編集者、バーテンダーや歌手など、カキを愛する研究員たちが集い、日々活動を展開している。

広島県は全国の約6割、年間約2万トンものむき身カキを養殖する日本有数のカキどころ。当然観光客からも、「広島でカキを食べたい」というニーズは多い。しかし広島県民にとっては、カキは基本「親戚からもらったりして家で食べるもの」。意外と、県外から訪れた人をカキでもてなせていない……という課題を抱えている。そこで「牡蠣食う研」では、長期的に、かつ多彩な切り口で広島のカキの魅力をアップデート。生産者と飲食店のマッチングや、カキを使ったメニューの提案、カキに合うドリンク考案など、さまざまな活動を行ってきた。2023年度は地元企業とコラボして新商品の開発にも取り組み中だ。

2023（令和5）年9月には広島県の業務用食品卸会社「アクト中食」の展示会にブース出展。来場した飲食店関係者に、観光客からのカキニーズの多さをPRした

おいしいのにもったいない春のカキ
「ひろしま春の牡蠣まつり」で堪能

「牡蠣食う研」の活動のなかでも、継続的に行われているのが「ひろしま春の牡蠣まつり」。カキは冬の味覚のイメージが強く、年末年始を過ぎると需要が落ちていく。しかしカ

広島駅西側「エキニシ」エリアには「ひろしま春の牡蠣まつり」参加店舗が多数。目印として飾られた桜色の提灯が印象的（2021年春）。

キが持つうま味成分や栄養価がピークを迎えるのは実は2〜4月という研究結果もあり、さらに温暖化の影響で身が入る時期もずれこんでいる。安くておいしい「春牡蠣」なのに、食べてもらえないという、もったいない状況なのだ。「牡蠣食う研」では、4月中旬までカキをメニューから下げないように、広島市内の飲食店へ依頼。「ひろしま春の牡蠣まつり」と題し、共通ポスターを展開するなどして盛り上げてきた。初年度27店舗で始まったこのイベントは、2024（令和6）年春には参加店舗100店以上に増加。スーパーの生鮮売り場やおみやげ物コーナーにもポスターが設置されたり、春の野外で生産者が焼いたカキが食べられるイベントが行われたりするなど、年々広がりが生まれている。

Plus
イベントやプロダクト開発など多岐にわたる「牡蠣食う研」の活動。もっと詳しく「牡蠣食う研」のことを知りたくなったアナタは、ホームページ（🔍kakikuken.com）をチェックしてみよう。

牡蠣食う研の研究員
TJ Hiroshima編集部
山根が提案

宮島で
カキ食い行脚

広島を代表するご当地食材と言えばカキ。焼きや生で食べるのもいいけれど、ちょっと変わった名物にも挑戦を。観光地、宮島にも注目のカキ料理が盛りだくさんです！

◆ カキ食べ行こう！

① 牡蠣屋の 牡蠣料理

厳選した県内産のカキ料理を提供。豪快な強火で仕上げる焼きカキは香ばしくジューシー。カキ飯やフライなどいろいろ食べたい場合は「牡蠣屋定食」がおすすめ。

第4章グルメ ▶ P.351

② MIYAJIMA BREWERYの
オイスタースタウト （1本750円）

醸造所併設のビールスタンドでできたての1杯が楽しめる。カキを副原料にした黒ビールのオイスタースタウトはボトルほかカップS500円〜でも販売。

巻頭特集 ▶ P.34

③ 博多屋の もみじの出逢い
牡蠣セレクション （1個300円）

創業140年の歴史をもつ老舗のもみじ饅頭店で、アレンジ自在なレモン風味のカステラ「もみじの出逢い」（120円）を考案。カキのオイル漬けをのせた「牡蠣セレクション」は、甘じょっぱさがクセになる新感覚の味わい。

MAP 別冊P.27-C2

住 廿日市市宮島町459 　TEL 0829-44-0341 　営 9:00〜17:00
休 なし

⑤

ぺったらぽったら本舗の
ぺったらぽったら 牡蠣 （1個400円）

おやつにもご飯にもなる焼きおにぎり風の名物。県産のうるち米ともち米を楕円のむすびにして、秘伝の甘め醤油だれを目の前で重ね塗りしながら炭火で焼き上げる様子が食欲をそそる。香ばしいアツアツをその場でどうぞ。

MAP 別冊P.27-C2

住 廿日市市宮島町北之町浜1183-2
TEL 0829-44-2075 　営 11:00〜16:00（売り切れ次第終了） 　休 不定休

④
宮島咖喱麺麭研究所の
宮島牡蠣カレーパン
（1個500円）

県内で4店舗を展開するカレーパン専門店。宮島店のおすすめは、カキが丸ごと2粒入った「宮島牡蠣カレーパン」。甘めのオリジナルビーフカレーと蒸しガキのうま味、カリカリふっくらの生地がマッチ。食べ歩きにぴったり。

MAP 別冊P.27-C1

住 廿日市市宮島町浜之町853-2 　TEL 0829-44-2343
営 8:00〜18:00 　休 不定休

plus 特殊なスチーム方法と急速冷凍で生のような食感を生み、注目を集めている新商品「まるで生牡蠣」。現在「牡蠣食う研」では、「まるで生牡蠣」の広島県産版を作ろうと取り組んでいるらしい。カキへの飽くなき探究心恐るべし！

えっと飲んで酔いんさい!
広島の名酒は踊る

酒処・西条のほかにも、広島にはまだまだおいしい日本酒の蔵元があるんです。広島県酒造組合加盟の日本酒蔵を一挙掲載。

広島の地酒を買うなら…

広島空港や広島駅のほか、広島みやげが集まるスポット(→P.386)をチェックしてみよう。酒蔵の直売所で販売しているところも多い。東広島市西条の各酒蔵(→P.207)のように試飲ができる場合もある。広島県酒造組合公式サイト(ⓤhirosake.or.jp)では、好みの条件から広島の酒を検索することができる。

広島市中区白島九軒町	広島市西区草津東	広島市安佐北区可部
はらほんてん 原本店	こいずみほんてん 小泉本店	きょうほうしゅぞう 旭鳳酒造
代表銘柄 蓬莱鶴	代表銘柄 御幸	代表銘柄 旭鳳

広島市安芸区船越	広島市佐伯区八幡	安芸郡熊野町
うめだしゅぞうじょう 梅田酒造場	やたがわしゅぞう 八幡川酒造	ばじょうしゅぞう 馬上酒造
代表銘柄 本洲一	代表銘柄 八幡川	代表銘柄 大号令

廿日市市桜尾　▶P.57、95	呉市吉浦中町	呉市本通
さくらお サクラオ ぶるわりーあんど でぃすてぃらりー ブルワリーアンドディスティラリー	なかのみつじろう 中野光次郎本店	みやけほんてん 三宅本店 ▶P.94、385
代表銘柄 一代弥山	代表銘柄 水龍	代表銘柄 千福

呉市仁方本町	呉市仁方本町	呉市安浦町
あいはらしゅぞう 相原酒造	ほうけんしゅぞう 宝剣酒造	もりかわしゅぞう 盛川酒造
代表銘柄 雨後の月	代表銘柄 宝剣	代表銘柄 白鴻

呉市警固屋	呉市音戸町	呉市倉橋町
はくてんりゅうしゅぞうじょう 白天龍酒造場	えのきしゅぞう 榎酒造	はやししゅぞう 林酒造

代表銘柄 白天龍	代表銘柄 華鳩	代表銘柄 三谷春

江田島市能美町	江田島市江田島町	東広島市西条上市町
つだしゅぞう 津田酒造	えたじまめいじょう 江田島銘醸	かもいずみしゅぞう 賀茂泉酒造 ▶P.207
代表銘柄 島の香	代表銘柄 同期の桜	代表銘柄 賀茂泉

ⓘ plus 全国でも珍しい日本酒の製造販売免許を持つ公的研究機関「広島県立総合技術研究所 食品工業技術センター」。研究の一環として試験醸造される日本酒「明魂」は、毎年ホームページなどで先着順で販売され、人気になっている。

◆広島の名酒は踊る

東広島市西条本町	東広島市西条本町	東広島市西条本町
かもつるしゅぞう	きれいしゅぞう	さいじょうつるじょうぞう
賀茂鶴酒造	亀齢酒造	西條鶴醸造
▶P.56、209	▶P.208	▶P.209
代表銘柄	代表銘柄	代表銘柄
賀茂鶴	亀齢	西條鶴

東広島市西条岡町	東広島市西条本町	東広島市西条本町
さんようつるしゅぞう	はくぼたんしゅぞう	ふくびじんしゅぞう
山陽鶴酒造	白牡丹酒造	福美人酒造
▶P.210	▶P.210	▶P.208
代表銘柄	代表銘柄	代表銘柄
山陽鶴	白牡丹	福美人

東広島市安芸津町	東広島市安芸津町	東広島市黒瀬町
いまだじゅぞうほんてん	つちしゅぞう	かねみつしゅぞう
今田酒造本店	柄酒造	金光酒造
▶P.211 	▶P.211	▶P.211
代表銘柄	代表銘柄	代表銘柄
富久長	於多福	賀茂金秀

竹原市本町	竹原市中央	竹原市本町
たけつるしゅぞう	なかおじょうぞう	ふじいしゅぞう
竹鶴酒造	中尾醸造	藤井酒造
▶P.217		▶P.216
代表銘柄	代表銘柄	代表銘柄
竹鶴	誠鏡	龍勢

三原市東町	尾道市三軒家町	福山市箕島町
すいしんやまねほんてん	よしげんしゅじょう	あしーど
醉心山根本店	吉源酒造場	アシードブリュー
▶P.225		
代表銘柄	代表銘柄	代表銘柄
醉心	寿齢	三吉正宗

福山市神辺町	福山市神辺町	安芸高田市向原町
てんぼういち	みのつるしゅぞう	むかいはらしゅぞう
天寶一	美の鶴酒造	向原酒造
代表銘柄	代表銘柄	代表銘柄
天寶一	美の鶴	向井櫻

山県郡安芸太田町	山県郡北広島町	三次市三和町
かわもとしゅぞうじょう	おのしゅぞう	みわさくらしゅぞう
川本酒造場	小野酒造	美和桜酒造
代表銘柄	代表銘柄	代表銘柄
三段峡	老亀	美和桜

三次市甲奴町	庄原市総領町	庄原市東城町
やまおかしゅぞう	はなよいしゅぞう	いくましゅぞう
山岡酒造	花酔酒造	生熊酒造

代表銘柄	代表銘柄	代表銘柄
瑞冠	桜酔	超群

庄原市東城町	庄原市西城町	神石郡神石高原町
きたむらじょうぞうじょう	ひばびじんしゅぞう	みわしゅぞう
北村醸造場	比婆美人酒造	三輪酒造
代表銘柄	代表銘柄	代表銘柄
菊文明	比婆美人	神雷

クチコミ 広島に来たなら、ぜひとも東広島の西条まで足を延ばして、蔵出しの日本酒を試飲してみよう。帰りに「福栄堂」の酒饅頭をおみやげに。いい気分で旅ができそう。(比治山のぼる)

355

えっと飲んで酔いんさい！
広島の名酒と美食

うまい酒の隣には乙な味が寄り添っていてほしい。
地元の食材も味わえたならなおよし。さあ今夜は
どこで酔いましょうか？

お造り盛合せ
1800円〜
マグロやイサキのあぶり、地物ウニな
ど5種類の旬の海の幸を盛り合わせ

本日のお椀物
7000円のコースより
荒節と枯れ節、利尻昆布で
ていねいにだしを引いた椀物

本日の前菜
800〜1000円
三原産マスカットの白あえと卵黄の味噌漬け、
トマトのお浸しなど。写真は盛夏のもの

手仕事が光る正統派和食
モダンな大人の隠れ家
いしまつさんだいめ
石まつ三代目

　テーマは「季節の料理と酒を愉しむ店」。
店主の吉田さんは創業70余年の歴史がある
こちらで3代目として舵を取る。広島の海山
の幸を生かした品は見た目にも美しい正統
派の和食。業界の重鎮「日本料理 喜多丘」
の北岡さんを迎え勉強会を開催し10年以上
仲間とともに技術に磨きをかけている。利酒
師、SAKE DIPLOMA、ソムリエの資格をも
ち、酒選びのプロとして、料理に合う銘酒
を提案してくれる。おこもり感のある掘りご
たつの個室も完備で、しっぽりと過ごせる。

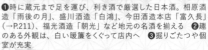

MAP 別冊P.19-D3
住 広島市中区流川町3-14 **TEL** 082-241-9041 **営**
18:00〜22:30(料理L.O.21:30、ドリンクL.O.22:00)
休 日・祝(連休初日は営業) **CC** ADJMV **P** なし
交 広島電鉄「胡町」から徒歩5分

❶時に蔵元まで足を運び、利き酒で厳選した日本酒。相原酒
造「雨後の月」、盛川酒造「白鴻」、今田酒造本店「富久長」
(→P.211)、福光酒造「朝光」など地元の名酒を揃える　❷趣
のある外観は、白い暖簾をくぐって店内へ　❸掘りごたつや個
室が充実

 県内では「小イワシ(コイワシ)」と呼ばれる、カタクチイワシ料理は酒のつまみにもってこい。全国ではあまり一般的で
ない刺身で食せるのは漁場が近い広島だからこそ。天ぷらもまた味わい深い。旬は6〜8月。

◆ 広島の名酒と美食

県内各地の食材が集結！
利酒師の女将がおもてなし

（ひろしましゅんさい つるのやほんてん）
ひろしま旬彩
鶴乃や本店

広島の郷土料理を中心に、旬の魚や野菜を使った品を提供。広島名物のアナゴは蒲焼きや寿司など多彩な調理法で楽しめる。カキや小イワシ、尾道のデベラ（タマガンゾウビラメ）、三原の地ダコ、三次の焼き米など県内のグルメも集結！利酒師の資格をもつ女将がセレクトした地酒をお供にいただこう。店内2階と3階は個室を完備。

MAP 別冊P.19-D3
住 広島市中区立町6-5 坂本ビル1〜3F **TEL** 082-545-7143
営 11:30〜14:00、17:00〜23:00
休 日(日・月連休の場合は日営業、月休み) **CC** ADJMV **P** なし **交** 広島電鉄「立町」から徒歩3分

おすすめのお酒を
ご案内します

女将
中屋まやさん

アナゴ棒寿司
1870円
ふっくらと煮たアナゴにたれをつけてあぶり、香ばしさを引き出す

**広島県北 イノシシの
鉄板焼き**
1760円
臭みのない猪肉を仕入れ、豪快に焼いて鉄板で提供する、名物メニュー

アナゴの白焼き
2200円
香ばしく焼き上げたアナゴを、シンプルに塩とワサビでいただけば素材のよさが際立つ

❶旅館のような和の趣を感じさせる空間で、1階のカウンター席にはズラリと地酒が並ぶ ❷隠れ家のような扉を開けて。1階はカウンターのみ

クチコミ 呉の居酒屋でよく見かける「鶏皮味噌煮」。ぷるぷるした鶏皮を味噌ベースのたれで煮込んだ呉名物です。店ごとにたれの味が微妙に違うんですよ。缶詰商品もあるので、おみやげ売り場などで見かけたらぜひ。(呉市在住・半蔵)

2代目女将
渡会美津子さん
❶

❶創業40年以上。2017（平成29）年に代替わりし、2代目女将の渡会さんが切り盛りする　❷あっさりとした関西風、黒く甘い関東風の2種類のだしのおでん。人気はほろほろのスジ　❸おでんの横で熱燗を湯煎。日本酒の香りがたちこめる店内が心地よい　❹呉市が誇る、歴史ある蔵元の地酒を心ゆくまで

女将の手料理と呉の地酒
しみじみ飲める穴場店

ぎょさいや
魚菜や

　カウンターのみのこぢんまりとした小料理店。40年の歴史があるこちらでは、割烹着姿の2代目女将・渡会さんが笑顔で出迎えてくれる。品書きはなく、先代から引き継いだおでんと日替わりのおばんざい、そしてその日届いた瀬戸内海の魚を使った酒肴を用意。おすすめの地酒ラインアップは地元・呉市の「雨後の月」「華鳩」など5銘柄。個性的な味わいのものが多く、さまざまな料理とのペアリングを楽しもう。寒い時期は2種類のだしのおでんとの相性ばっちり。

MAP 別冊P.28-B1
住呉市中通4-1-24　TEL0823-24-7409
営17:00〜23:00　休日・祝　CC不可
Pなし　交JR「呉駅」から徒歩16分

❺本日のお刺身1種（800円）、突出し（300円）、おばんざい（400円）、おでん（150円※一部除く）など　❻日本酒を関西風のおでんのだしで割って飲む「だし割り」が楽しめる

「雨後の月」を手がけるのは、1875（明治8）年創業の呉市仁方本町にある相原酒造。「華鳩」は、1899（明治32）年創業、呉市音戸町の榎酒造の酒。榎酒造は日本で初めて「貴醸酒」を醸造した蔵としても知られる。

元祖・美酒鍋が楽しめる酒蔵の和洋ダイニング

にほんしゅだいにんぐ ふらんすや
日本酒ダイニング 佛蘭西屋

　酒どころ・西条で約150年続く賀茂鶴酒造（→P.209）のレストラン。看板メニューは賀茂鶴発祥の「美酒鍋」。砂糖や醬油は使用せず、塩胡椒のみで味つけし日本酒で具材を煮込んだ逸品。砂肝や野菜など素材のうま味を味わって。ほか、日本酒と赤ワインを使った広島牛ほほ肉の煮込み料理など日本酒を堪能できる料理が揃う。日本酒カクテルもぜひ。

MAP 別冊P.30-B2
住 東広島市西条本町9-11
TEL 082-422-8008 **営** 11:30
〜14:30(L.O.14:00)、17:00
〜22:00(L.O.21:00)　**休** 木、
第2・4月　**CC** AJMV　**P** あり
交 JR「西条駅」から徒歩3分

美酒鍋御膳
1900円
日本酒のうま味を残しつつもアルコール分はぬけており、あっさりとした味わい

9種類のおつまみ盛り合わせプレート
1990円
毎日内容が異なるおつまみと、季節の酒がペアリングされたディナーメニュー

峠下牛ステーキランチ
3860円
うま味の強い広島県産ブランド牛を堪能できるとして人気のランチ

❶ 酒どころの風情を感じる京町家風の外観が目印　❷ 樽酒は穏やかな甘い香りのなかに完熟した果実の香りを楽しめる。蔵元限定酒なども用意

牛ほほ肉の美酒煮込みランチ
2650円
日本酒と赤ワインを使用して煮込んだ広島牛のほほ肉は、とろける軟らかさ

🗨 クチコミ　福山には「福つまみ」という7種の酒のつまみがある。そのひとつ、ネブトのから揚げで1杯……は最高の時間。ネブトは瀬戸内でよく取れる小魚で備後の名物。南蛮漬けでもおいしい！（福山市在住・酔っぱ雷鳥）

ちから
Since 1935
CHIKARA

「おいしい」の笑顔のために守る味

広島市内を中心に展開するうどんチェーン店。うどんやそばをはじめ、中華そば、おむすび、和菓子などを販売。店舗拡大しながらも「ほんものの味」にこだわり、お店で使用する食材や原材料は厳選したもののみ使用。

中華そば(伝や味) 760円
豚骨と鶏ガラ、魚介のうま味を重ねた豚骨醤油スープ。呼称の"伝や味"は、「伝統のやさしい味」が由来

肉うどん 750円
牛肉の肩ロースを甘辛く炊き上げ、肉のうま味とだしの味わいが調和する一杯

カレーうどん 720円
だしの香りと味わいがしっかりと広がりながらも、カレーのスパイシーさも楽しめる

「ちから」ではこれもチェック

きなこ 120円

おはぎやきなこ、季節の生和菓子も揃う。手みやげにもおすすめ

おはぎ 130円

天ぷらうどん 660円
むきエビを散らした衣たっぷりの木の葉型かきあげは昔から変わらないオリジナルスタイル

玉子うどん 560円
ふわっと半熟に仕上げたかきたまを麺の上に。シンプルながらも優しい味の一杯

History

1935(昭和10)年、中区本通に1号店を開業した本通で最も古い飲食店。創業から一貫して「ほんものの味」にこだわり、店舗拡大しながらも「昔と変わらないおいしさ」を守る。2010(平成22)年に初めて「ちからのだし」がモンドセレクション金賞受賞、続けて「ちからのつゆ」「大納言わらび餅」も金賞受賞。「ちからのだし」はザ・広島ブランドにも認定されている。

▶店舗情報
本店(広島市中区鉄砲町)、本通四丁目店(広島市中区紙屋町)、中の棚店(広島市中区立町)、呉駅店(呉市宝町)、広島駅ekie店(広島市南区松原町)など全28店舗

平和公園から徒歩約5分!

たちまちここへGO!

ちから 本通四丁目店

本通商店街アーケードにある、「ちから」でいちばんの大型店。ほかの店舗では味わえない中華メニューも豊富。

おむすびや和菓子もあり

MAP 別冊P.19-C2

住 広島市中区紙屋町2-3-24 **TEL** 082-245-0118 **営** 11:00～20:00(L.O.19:50) **休** なし **CC** ADJMV **P** なし **交** 広島電鉄「本通」から徒歩1分

P.360～363に掲載している、各ローカルチェーンの商品・価格および店舗数は2024年1月現在の情報です。

ローカルチェーン 人気メニュー

"地元じゃ負け知らず"の、これが広島発!地域に根付く味です。

むすび むすし

県民に愛される「ふるさとの味」

Since 1958

むすびとうどんを中心に県民から長きにわたり愛されている老舗。名物のむすびには、県産コシヒカリを使用し、専門職人「ライス炊き」が米を炊き、「むすび人」が米を握る。炊き具合や塩加減が絶妙で冷めてもおいしいと評判。

若鶏むすび 1100円
身がぎゅっと引き締まった大きなから揚げが3つ入った定番のお弁当。むすびは梅と昆布入り

肉うどん 830円
甘辛く味付けされた肉がたっぷり入った食べ応え抜群の一杯。肉のうま味を存分に感じて

元気うどん 850円
ゴボウ、ニンジン、キクラゲ、豚肉、ニンニクが入ったあんかけうどん。黒コショウがアクセント

安芸むすび 1100円
秘伝たれで味つけされたむすしの代名詞・俵形のむすびが付いた弁当。おかずの種類も豊富

天婦羅うどん 850円
サクサクの天ぷらがうどんだしにコクを与えてよりいっそうおいしく食べられる

「むすし」ではこれもチェック

スタジアムつくねと若鶏むすび 1200円
マツダスタジアム店限定メニューあり。観戦にぴったり。これを食べてカープを応援しよう!

History

1958(昭和33)年、えびす通りにて創業者の住居兼店舗としてスタート。1号店は現在も胡店として存在し、繁華街の中心で日々にぎわいを見せる。その後、総本山を土橋店に移し、自慢の俵むすびを中心に、2014(平成26)年には累計1億2000万個を売り上げた。現在では「ザ・広島ブランド」に認定されるなど名実ともに広島のソウルフードに。

▶店舗情報
土橋店(広島市中区榎町)、胡店(広島市中区堀川町)、新幹線店(広島市南区松原町)、横川駅店(広島市西区横川)、マツダスタジアム店(広島市南区南蟹屋)など全14店舗

むすしの総本山!

むすび むすし 土橋店

たちまちここへ GO!

1階ではうどんやむすびを提供、2階から4階ではコース料理や御膳なども食べられ、団体客利用や宴会利用もできる。

持ち帰りも店内飲食も可能

MAP 別冊P.18-B2
住 広島市中区榎町10-23　**TEL** 082-291-6340　**営** 10:00～20:00(日・祝9:00～)　**休** 水(祝日の場合は翌平日)　**CC** DJ　**P** なし　**交** 広島電鉄「十日市町」から徒歩3分

広島市内を中心に展開している「むすび むすし」だが、2021(令和3)年に福山箕島店、2023(令和5)年に福山駅店が開店し話題に。むすしのむすびは備後地方の人をも虜にしている。

本格派 炭焼やきとり処 カープ鳥

広島愛＆カープ愛で地元民御用達 **Since 1980**

本格派 炭焼やきとり処 カープ鳥
ほんかくは すみやきやきとりどころ かーぷどり

カープ選手の名前がついた焼き鳥メニューが特徴のお店。もちろん素材や味、盛りつけにもこだわり、料理はどれも絶品。カープファン以外の人にも行ってほしい広島の名物スポット。

ベストナイン焼鳥 9本セット 1870円

創業以来継ぎ足しの秘伝たれで焼くこだわりの焼き鳥。備長炭でジューシーに焼き上げ

博多風もつ鍋 1人前1078円

創業者が本場福岡の名店で学んだ独自のだしで作るもつ鍋は、博多っ子も思わず唸る逸品

History
1980（昭和55）年に広島市薬研町にて1号店「野球鳥ひろしま」を開店して以来、県内外から多数の客が訪れ、カープファンの聖地となっている。

全14店舗からフォーカス

たちまちここへ GO！

連日カープファンで大にぎわい！
カープ鳥 球場前スタジアム
かーぷどり きゅうじょうまえすたじあむ

系列店のなかで最もマツダスタジアムに近く、連日カープファンでにぎわう。大きなカープ坊やが描かれた3階のふすまはファン必見。

3階まであり

MAP 別冊P.21-C3
住 広島市南区東荒神町5-12　**TEL** 082-209-8988　**営** 16:00～23:00　**休** なし　**CC** ADJMV
P なし　**交** JR「広島駅」から徒歩5分

広島風つけ麺 880円

さわやかな辛みのあるオリジナルつけだれに麺をくぐらせて食べる広島のソウルフード

この店オンリーメニュー

広島県産の大きな殻付きカキが1個～注文可能。広島産殻付カキの酒蒸し1個418円～

国産小麦 自家製麺 讃岐屋

愛され続けるこだわりのうどん

讃岐屋
さぬきや

Since 1977

創業以来変わらない味を貫く讃岐うどんの店。国産小麦粉・国産塩・水のみで作る無添加のうどんを、毎日打ち立て、ゆでたてで提供。門外不出のレシピで45年以上同じ味を維持。

ちく玉天ぶっかけうどん 880円

ちくわ天と半熟ゆでの卵の天ぷらをトッピングしたぶっかけうどん。温冷は気分に合わせて

スタミナうどん 880円

こだわりのだしをベースに素材のうま味を引き出した一杯。創業以来約500万食以上を販売

コレも注文！

だし唐揚げ 600円

厳選鶏肉のうま味を染み込ませたオリジナルから揚げ

鍋焼きうどん 930円

牛肉とエビのうま味が麺にも染み込んだ一杯。県内鍋焼きうどんランキング1位に選ばれたことも

History
1977（昭和52）年の創業から47年。広島で長く愛される味を目指し、おいしさ・感動・喜びを、客とともに分かち合える店づくりを大切にしている。

全15店舗からフォーカス

さまざまなシーンで利用可
讃岐屋 紙屋町店
さぬきや かみやちょうてん

町なか・駅近でアクセスは抜群。平和公園の近くにあることから観光客も訪れやすく、1日を通してにぎわっている。

たちまちここへ GO！

2009（平成21）年オープン

MAP 別冊P.19-C2
住 広島市中区大手町1-4-1　**TEL** 082-249-8068　**営** 11:00～21:00（L.O.20:40）　**休** なし　**CC** なし　**P** なし
交 広島電鉄「紙屋町西」から徒歩2分

黄金時代を知る、元カープ選手の長内孝氏が「カープ鳥 おさない」の、木下富雄氏が「カープ鳥 きのした」のオーナーを務める。2016（平成28）年の25年ぶりのセ・リーグ優勝時はファンで大にぎわいだったという。

ローカルチェーン 人気メニュー

広島の豚骨ラーメンで揺るぎない人気

我馬（がば）
Since 2000

自社工場で作った自家製麺と自家製豚骨スープを使用し、こだわりのラーメンを届ける。「せっかくなら我馬」と老若男女に選ばれる一杯を目指し、日々「おいしい」を追求する。

赤うま 902円

うま味たっぷりの自慢の豚骨スープに、香ばしい自家製香油を溶かしていただく革新の一杯

もやチャー 638円

特製だれで炒めたモヤシとチャーシュー。ニンニクバター風味で酒のアテにもぴったり

白うま 792円

濃厚なうま味と深いコクがありながらもあと味はスッキリ。豚骨のおいしさを堪能できる

ラーメン店でプリン!?

我馬プリン 396円

甘さ控えめで、店ごとに手作りする。テイクアウトも可（容器代要）

History
2000（平成12）年に三篠店を開店、わずか20日で約1000万円の売上を達成。広島の伝統的な豚骨醤油の中華そばを出す「中華そば我馬」を広島駅に展開。

全12店舗からフォーカス

歴史はここから始まった
我馬 三篠本店（がば みささほんてん）

ひとりでも家族連れでも行きやすい店の造り。朝から深夜1時までの通し営業なので時間に縛られず訪問できるのもうれしい。

たちまちここへ GO!

駐車場は店前5台と提携2ヵ所

MAP 別冊P.17-C1
住広島市西区三篠町3-22-4 フレア21 1F **TEL**082-230-8141 **営**10:00〜翌1:00(L.O.24:30) **休**火(祝日の場合は営業) **CC**ADJMV **P**あり **交**JR「横川駅」から徒歩10分

自分で焼いて楽しめるお好み焼き

●お好み焼 ●鉄板焼
徳川（とくがわ）
Since 1964

広島スタイルだけでなく、混ぜて焼く関西スタイルもある、セルフで焼いて楽しむお好み焼き店。味・栄養を兼ね備えた自信作。オリジナルソースをたっぷりかけて召し上がれ。

家康公 レギュラー 920円

人気ナンバーワンの関西風お好み焼き豚肉入り。豚肉増量は1040円

家継公 1190円

豚肉とチーズが入った関西風お好み焼き。しっかり混ぜてじっくりふんわり焼き上げて

広島お好み焼 そば入り 990円

自分で焼くには少しハードルの高い広島お好み焼きだが、お手本動画を見て挑戦

広島滝似島産をトッピング

タンパク質、ミネラル豊富な"海のミルク"をイン！

トッピング「カキ」500円

History
1964（昭和39）年に中区新天地に1号店を開店。各テーブルの鉄板で客が自ら焼くという、当時においては目新しいスタイルで人気に。

全14店舗からフォーカス

中心部でアクセス抜群
お好み焼き 徳川 総本店（おこのみやき とくがわ そうほんてん）

お好み焼き店らしからぬモダンな雰囲気の店内は、テーブル席、カウンター席、掘りごたつなどさまざまなシーンで利用可能。

たちまちここへ GO!

木のぬくもりあふれる空間

MAP 別冊P.19-D2
住広島市中区胡町5-12 東劇ビル2F **TEL**082-241-7100 **営**11:00〜23:00(L.O.22:00) **休**不定休 **CC**ADJMV **P**なし **交**広島電鉄本線「八丁堀」または「胡町」から徒歩2分

クチコミ「我馬」好きの私。初めての方へ伝えたい。"たちまち"「白うま」、より濃い味を求めるなら「赤うま」で。するとあまりのおいしさで次の日も行きたくなるので「季節限定メニュー」をどうぞ。（広島市在住・ダマ）

抜群のロケーションに癒やされる
潮風 が気持ちいい
絶景カフェ

忙しい日常を離れて今日は少しだけ遠出しよう。絶景のカフェで過ごす時間は格別だ。

View Point
ダイニングとテラスを仕切るガラスの引き戸は全開放でき、店内でも抜群の開放感を満喫

テラスからの宮島ビュー

テラスには柵がないため、景色との一体感を味わえる

宮島の景色と一体になれる
大人旅にぴったりのカフェ

かきわい
牡蠣祝
廿日市市
宮島町

カキ料理専門店「牡蠣屋」（→P.351）が手がける、同店の商品「牡蠣屋のオイル漬け」をコンセプトにしたカフェ。宮島の高台に立つ古民家を改装し、開放的なテラス席からは大野瀬戸と宮島の町並みが望める。季節によって色を変える海と、手つかずのまま残されている自然が作り出す絶景にしばし時を忘れて過ごそう。店内では瀬戸内で育ったレモンを贅沢に使用した広島レモンレアチーズケーキや、ひきたてコーヒー、グリーンティーなどが楽しめる。

MAP 別冊P.27-C2
住 廿日市市宮島町422 **営** 12:00～16:00 **休** 不定 **CC** 不可 **P** なし **交** 宮島桟橋から徒歩15分

広島レモン
レアチーズケーキセット
1380円

ケーキには瀬戸田レモンを使用。口に入れるとふわっと溶ける。コーヒーとセット

❶五重塔と千畳閣が目の前に。春は桜も楽しめる　❷商店街や観光名所から少し離れた閑静な丘の上に位置　❸大ぶりのカキを時間以上かけ低温で焼き上げた「牡蠣屋のオイル漬け」（1550円）

plus 「牡蠣祝」でも購入できる「牡蠣屋のオイル漬け」は、味付けからパッケージまで、宮島内ですべての工程が行われる。オンラインショップ（**URL** miyajima-kakiya.shop-pro.jp）でも購入可。

◆潮風が気持ちいい絶景カフェ

View Point
対岸にあるのは、三原市の佐木島と小佐木島。瀬戸内ならではの穏やかな海と多島美だ

店内は全32席ある

絵画のような海を眺める優雅なランチタイム

三原市
須波西

りすとらんて ぞーな ふぉるとぅなーと
RISTORANTE ZONA FORTUNATO

「すなみ海浜公園」内にあるイタリアンレストラン。海に面した席は全面ガラス張りで2階まで吹き抜けになっており、明るく開放的だと評判だ。大きな窓1枚1枚が、まるで額縁のように海と空の青や対岸の島々の緑を切り取っているよう。瀬戸内ならではの穏やかな情景を眺めつつ、時間をかけてゆっくりとランチコースを楽しみたい。

MAP 別冊P.34-A2
🏠 三原市須波西1-7-1すなみ海浜公園内　**TEL** 0848-81-2055　⏰ 11:00〜17:00(L.O.16:00)　**休** 水〜金
CC ADJMV　**P** あり　**交** JR「須波駅」から芸陽バスで3分「すなみ海浜公園前」下車、徒歩1分

パスタランチ
1980円

3種類のパスタから選べる

❶広島県産食材をふんだんに使った料理が人気　❷店内すべての席から瀬戸内海を眺めることができる

三原市にある眺めがよくて……
ワイナリーで……レストラン!?

せとうちじょうぞうじょ　れすとらんみお
瀬戸内醸造所 レストランmio

瀬戸内生まれの素材でワインを醸す「瀬戸内醸造所」に併設するレストラン。海に臨んで建てられており、どの席からも瀬戸内海が目の前に広がる。地元の食材を使い、洋食をベースに和の雰囲気を織り交ぜた「SETOUCHI料理」を展開する。

エリアガイド ▶ P.230

❶造船所跡地ということで瀬戸内らしい風景が目の前に広がる　❷「瀬戸内醸造所」の外観　❸料理の一例。瀬戸内食材を使った料理とワインのペアリングを楽しみたい

plus ℹ️ 「瀬戸内醸造所 レストランmio」にはワインショップも併設されており、「瀬戸内醸造所」が醸造するワインを購入することができる。オンラインショップ(**URL** shop.setouchijozojo.jp)でも手に入る。

大きな窓からの浜風が心地よい特等席

View Point
2階席からは、空と海のマリンブルー、そして瀬戸内海の島々が広がる絶景を楽しめる

❶1階には大崎下島の柑橘で作るここでしか買えないみやげが並ぶ ❷店頭にも座席を用意

輝く海と島が織りなす景色
船宿の歴史ある空間を感じて

ふなやどかふぇ わかちょう
船宿カフェ 若長 　呉市豊町御手洗

江戸時代から中継貿易港として栄えた呉市大崎下島。その島内にあるのは、かつて船宿だった建物をそのまま生かしたカフェ。築200年という歴史ある建物の店内は和モダンなセンスの光る空間が広がる。大きな窓のある2階からは、瀬戸内海の島々を眺めることができる。地元の柑橘を使用したドリンクやスイーツでゆったりと過ごして。

冷やしレモンぜんざい 650円

安芸灘で取れたテングサから作る臭みのないところてんを使用。夏季限定メニュー

MAP 別冊P.10-A3
🏠呉市豊町御手洗325　📞050-3558-4141　営11:00～17:00　休月～金（祝日の場合は営業）
💳ADJMV　🅿なし　🚊「御手洗港」から徒歩4分

❶店内の窓際にもカウンター席を用意。一面がガラス張りに ❷店に到着した瞬間は海が見えないように工夫されている

View Point
外のテラス席は瀬戸内海が一面に！ 四国山脈まで見渡せ、鞆の浦なども一望できる

テラス席はすべて海に面した特等席

テラス席から見渡す瀬戸内海
圧巻の大パノラマに感動

たかのすかふぇ
たかの巣カフェ　福山市箕島町

真っ白な建物のスタイリッシュなカフェ。2階にある店内への階段を上ると目に飛び込んでくるのは島々が浮かぶ瀬戸内海の大パノラマ！ 窓一面に広がる景色は店内からはもちろんテラス席からも楽しむことができる。ランチのほか、SNS映えするスイーツやドリンクが充実しているのもうれしい。日中の景色もさることながら、閉店間際のサンセットも魅力的。

レモンの瀬戸内ミルクレープ
（ドリンク付き） 1380円

レモンのコンポートやミルク感たっぷりの生クリームをふわもちの生地で包んだ一品

MAP 別冊P.11-D2
🏠福山市箕島町6677-2　📞084-961-3100　営10:00～18:00(L.O.17:00)、日・祝～19:00(L.O.18:00)　休火（そのほか臨時休業あり）　💳不可　🅿あり
🚊JR「福山駅」から車で20分

「たかの巣カフェ」では、毎週月・水・金（平日のみ）に、1階で弁当の販売をしている。購入した弁当はそのままテラス席でいただける（別途1ドリンクオーダー）。リピーターも多いのだとか。

スカイブルーの海を独占！　コーヒーと本で島時間を

しーさいどかふぇ あるふぁ
seaside cafe ALPHA

呉市
倉橋町

「桂浜海水浴場」のすぐそばに立つ旅館「シーサイド桂ヶ浜荘」にあった「喫茶アルファ」を改装してオープン。丸い建物をぐるりと囲む窓から見える瀬戸内海はまるで映画のワンシーンのよう。スペシャルティコーヒーをはじめ、倉橋産のトマトや魚介などを使用したモーニングやランチメニューも好評。ブックディレクターにより厳選された本にも注目して。

クランペット 500円
外はカリ、中はもっちりのイギリス風パンケーキ。ほのかな塩味がポイント

海面に反射した太陽光が店内に差し込む

View Point
広島の最南端に位置する倉橋島の透明度の高い海が広がる。窓辺のカウンターから景色を独占

❶シングルオリジンのコーヒーをフレンチプレスで提供　❷島の未利用食材を使用するなどフードロス問題にも取り組む

MAP 別冊P.9-C3
住 呉市倉橋町オノ木576-7　TEL 0823-53-1311
営 8:30〜17:00　休 水・木　CC 不可　P あり　交 JR「呉駅」から広電バスで1時間「桂浜・温泉館」下車、徒歩1分

◆潮風が気持ちいい絶景カフェ

グルメ

リゾート感あふれる空間で多島美が主役の風景を

かふぇ ほくすとん
CAFE HOXTON

竹原市
忠海

室内空間が海に向かって立体的に開く建物は、有名建築家により船をイメージしデザインされたもの。大きな窓からは瀬戸内海の絶景が。本格的な音響設備が完備され、心地よい音楽が流れるなか優雅な時を過ごそう。クワトロフォルマッジなど、ピザからスイーツまで充実のメニュー。サイフォンで入れるコーヒーとともにどうぞ。

カフェ・ラテ 750円
かわいいラテアート。手作りスイーツと一緒にどうぞ

MAP 別冊P.10-B2
住 竹原市忠海長浜3-4-10　TEL 0846-24-2011
営 11:00〜18:00(L.O.17:00)　休 月、第2・4火
CC AJMV　P あり　交 JR「安芸長浜駅」から徒歩10分

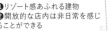

❶リゾート感あふれる建物
❷開放的な店内は非日常を感じることができる

どの席からも景色が楽しめる

View Point
大崎上島や大久野島をはじめ、四国まで瀬戸内の多島美を望むことができる

Plus　「CAFE HOXTON」では、冬になると、地元・吉名町の特産であるカキを使った季節限定メニューが登場する。ドリア、焼きカレー……どんなメニューに出合えるかはその年のお楽しみ。

昔ながらの愛されフード
ローカル御用達の
レトロ食堂 & スイーツ

地元で長〜く愛されているあの
店の懐かしくて心地よい味を。

表面張力の限界!?
ふわトロ感に夢中

天津丼（並）
780円

あふれんばかりの
具だくさんのトロト
ロあんが、ご飯を
包んだふわふわ卵
を覆う看板メニュー

1972年来の味　広島市
愛され続ける町中華の老舗

ほうらい　さんもーるてん
蓬莱 サンモール店

　広島カルチャーの拠点としてオープンした商業施設「サンモール」とともに51年。定番のラーメンや炒飯もさることながら、来店した約7割の人が注文するという天津丼はそのボリュームにも驚かされること間違いなし!

MAP 別冊P.19-C2
住 広島市中区紙屋町2-2-28 サンモール B1F TEL
082-247-1208 営 10:30〜18:00(L.O.17:45) 休
サンモールに準ずる CC 不可 P なし 交 広島電鉄
「紙屋町西」から徒歩3分

1962年創業　広島市
圧倒的早さのカレー専門店

さんかれー
SunCurry

　卵やから揚げ、クリームコロッケなど全10種類のトッピングを用意。驚くのはその提供の早さ! 来店者が券売機で食券を買うと同時に調理がスタート。ゆえに驚異の回転率を誇り、多くの県民のおなかを満たしている。

MAP 別冊P.19-D2
住 広島市中区堀
川町6-6 TEL 082-
248-0632 営
11:00〜19:30 休
不定休 CC 不可
P なし 交 広島電
鉄「八丁堀」から徒歩
3分

チキンカツカレー
810円

毎日、使い切る量だけ
を仕込む。3時間ほど
煮込みひと晩寝かせる
のがサンカレー流だ

毎日食べたくなる
シンプルさが魅力

（※左下の洋食画像）

破格の税込430円!
コスパ最強トンカツ

**サービストンカツ・
ライス付き**
430円

手のひらサイズ
までたたいて伸
ばした国産豚バ
ラ肉のカツを自
家製デミグラス
ソースで

1956年創業　広島市
精肉店直営ごちそう洋食店

すきやき・ようしょく　にくのますゐ
寿き焼・洋食 肉のますゐ

　大正生まれの創業者が「誰でもおいしい肉を食べられるように」と考案したサービストンカツは、今やこの店の代名詞。ステーキやハンバーグ、すき焼きなど精肉店直営ならではの極上肉料理を良心価格で堪能できる。

MAP 別冊P.19-D2
住 広島市中区八丁堀14-13 TEL 082-227-2983 営
1階11:00〜20:45(L.O.20:20)、2階11:00〜21:00
(L.O.20:30) 休 水、第2火 CC ADJMV P なし
交 広島電鉄「八丁堀」から徒歩2分

1965年創業　呉市
呉市民が愛し続ける老舗店

えーでるわいすようがしてん
エーデルワイス洋菓子店

　創業者である先代が考案したオリジナル商品「クリームパイ」が看板。創業当時から変わらないレシピで、地元では親から子へと世代を超えて愛されているまさに逸品。独創的で唯一無二な洋菓子を提供し続ける老舗洋菓子店。

呉を代表する洋菓子
絶品クリームパイ

MAP 別冊P.28-B1
住 呉市本通3-4-6
TEL 0823-21-0637
営 9:00〜18:00 休
月・火（月が祝日の
場合は 営業、火・
水休み） CC 不可
P あり 交 JR「呉
駅」から広電バス5分
「本通3丁目」下車、
徒歩1分

クリームパイ
432円

カスタードと甘い生クリーム
の二重層。塩味の利いたパ
イ生地がアクセントに

 呉の名物・細うどんなど、昔ながらの味で迎えてくれる呉市の「甘加羅」。いろいろなメニューがあって迷いますが、ここの「あんみつ」が好きです。（呉在住・ぺろこん）

ローカル御用達のレトロ食堂&スイーツ

1955年創業
行列ができるバターケーキ 広島市
ながさきどう
長崎堂 🐦

長崎出身のカステラ職人が終戦直後の広島で創業。1961（昭和36）年にルーツのカステラをアレンジした新しい洋菓子「バターケーキ」を開発。広島の発展とともにおいしさが全国へ広まり、お取り寄せスイーツとしても人気に。

MAP 別冊P.19-D3

住 広島市中区中町3-24　TEL 082-247-0769　営 9:00～15:30（売り切れ次第閉店）　休 日・祝　CC 不可　P なし　交 広島電鉄「袋町」から徒歩5分

1961年に誕生
広島を代表する銘菓

バターケーキ
小(18cm)1150円
中(21cm)1400円

濃厚なバターの風味としっとり食感が人気で、その製法は60年以上守られ続けている
店頭販売のほか現金書留でのお取り寄せも

"広島流おもたせ"
の定番でも

特製ソースで味わう
ボリューム満点カツ

ビーフカツランチ
1150円

1947年来の味 東広島市
伝統の味を現代に引き継ぐ
くろんぼや
くろんぼ屋 🐦

70年以上も前に同所で創業した名店「レストランくろんぼ」の味を引き継ぐ店。ビーフカツをはじめ牛ロースカツやエビフライ、地元名物「コメカラ」などを提供。ライス・スープ付きのランチタイムは行列ができることも！

70年以上変わらないカレー風味の特製ソースをたっぷり絡めて味わう、伝説の逸品

MAP 別冊P.30-B2

住 東広島市西条本町15-34　TEL 082-422-2916　営 11:20～14:30（L.O.14:00）、17:00～20:00（L.O.19:30）　休 火、月の夜　CC ADJMV　P あり　交 JR「西条駅」から徒歩4分

甘味マニアも唸る
純喫茶の看板パフェ

1956年創業 福山市
これぞ昭和レトロ純喫茶
じゅんきっさ るな
純喫茶 ルナ 🐦

プリントップ
780円

新鮮卵を使用した昔ながらのプリンを主役に、ゼリーとフルーツ、ソフトクリームが層に

ノスタルジックな雰囲気に魅せられた老若男女が集う老舗。学生さんに喜んでもらいたいと考案したのがプリントップだ。ブラジル政府公認コーヒー鑑定士の資格をもつ3代目が、自ら焙煎するコーヒーとの相性も抜群。

MAP 別冊P.36-B2

住 福山市元町12-8　TEL 084-923-1758　営 7:00～20:00（L.O.19:30）　休 第2・4水　CC 不可　P なし　交 JR「福山駅」から徒歩5分

1948年来の味 広島市
たむらの味を完全再現
こはるかふぇ
小春カフェ 🐦

クリームぜんざい(大)
500円

材料は炊いたあんこ、水あめ、砂糖と水。5月上旬～11月限定の素朴な味わいの氷菓子。

戦後、闇市で手に入る材料で作ったというクリームぜんざいは、店主の巣守さんが学生時代に通った「甘党たむら」発案の氷菓子。味も製法も、製造機もそのまま受け継ぎ、2013（平成25）年のオープンと同時に復活させた。

「甘党たむら」が復活！
和製ジェラート!?

MAP 別冊P.18-B2

住 広島市中区榎町11-1　TEL 082-942-5861　営 11:30～16:00　休 木・日　CC 不可　P なし　交 広島電鉄「土橋」から徒歩3分

クチコミ 広島市の鷹野橋商店街にある喫茶店「ルーエ・ぷらじる」さんは、日本で初めてモーニングを出したことで知られる店なんです。（広島市在住・モモーキン）

色とりどりで目移りしちゃう

団子各種
172円〜 ❶

抹茶モンブラン団子
388円 ❷

❶華やかな団子は手みやげに喜ばれる ❷お茶の香り豊かな人気商品

老舗茶屋で味わうお茶と和菓子　呉市

たがしらちゃほくれなかどおりてん
田頭茶舗 呉中通店

90年以上続く老舗。「健康は日々の食生活から」をモットーに、おいしいお茶を現代風にアレンジしている。抹茶やほうじ茶を使用したシェイクやラテなどのドリンクも提供。特に毎朝せいろで蒸し、備長炭で焼き上げる米粉100%のお団子の対面販売が評判。落ち着いた店内でお茶と味わうのも、テイクアウトするのもOK。

店内は2022（令和4）年にリニューアル

MAP 別冊P.28-B1
住 呉市中通4-6-6
TEL 0823-25-4424　営 10:00〜17:30　休 なし
CC ADJMV　P あり　交 JR「呉駅」から焼山熊野苗代線バスで7分「呉市役所前」下車、徒歩4分

心弾んで
わざわざ足延ばす♪
寄り道おやつ

時に目的地への道すがら手を出し、時にそれ目当てに立ち寄ったりもする。実に奥が深い寄り道おやつの世界へ。

庄原市

高野リンゴを使ったジェラートが大人気！

みちのえき たかの
道の駅 たかの

庄原市のおいしいものが集まる道の駅で特に人気のスイーツは、「高野りんごジェラート」。たかののリンゴジュースを使ったさわやかな味わい。他にも数種のフレーバーがある。

エリアガイド ▶ P.306

高野といえばリンゴ”です

高野りんごジェラート
シングル380円

世羅町

町の美味が詰まった道の駅の満腹バーガー

みちのえき せら
道の駅 世羅

世羅町は農作物の育成に適した環境で、果物や野菜のほか、六穀豚の産地としても知られる。スタミナ系グルメのなかでも、六穀豚のカツや地場野菜がたっぷり入ったバーガーは必食！

エリアガイド ▶ P.315

六穀豚をはじめ世羅産がぎっしり

世羅の恵みバーガー
800円

クチコミ　呉市の老舗和菓子屋「天明堂」の「鳳梨萬頭（おんらいまんとう）」をぜひ食べて。パイナップルのジャムあんがちょうどいい甘味。初めて食べる方でも懐かしい気持ちになれるはず。（呉市在住・あんこマスター）

大自然のなかで食べる
絶品ご当地の味の数々

神石
高原町

みちのえき さんわいちはちにすてーしょん
道の駅 さんわ182ステーション

神石高原町産の食材を使ったグルメが満載の道の駅。「182CAFE」では、ブランド牛・神石牛のだしで炊いたコンニャクや、神石牛を使ったピザやホットドック、濃厚なミルクから作るソフトクリームなどが味わえる。レストランのバイキングも人気!

MAP 別冊P.15-C3
住 神石郡神石高原町坂瀬川5146-2 **TEL**
0847-85-2550 **営** 7:30〜18:00 **休** なし
CC 不可 **P** あり **交** 福山東ICから車で40分

182CAFEメニュー

写真手前から、神石牛こんにゃく(600円)、神石高原ピザ(1180円)、神石高原ジンジャエール(450円)、神石高原ホットドック(750円)、神石高原牛乳ソフトクリーム(500円)

"これぞ
"映え"
スイーツ"

神石高原食材がたくさん!

王道一直線!
1500円
バナナと2倍盛りのイチゴが贅沢!

イチゴとキウイとシャインマスカット
1650円
3種のフルーツを組み合わせた季節限定商品

安芸
太田町

王様と称される希少な柿を
ソフトクリームで

みちのえき らいむとごうち
道の駅 来夢とごうち

広島原産の希少種「祇園坊柿」を、この道の駅では冷たいスイーツとして味わえる。渋抜きし、凍らせた柿をソフトクリームにトッピング。柿の上品な甘みとシャリシャリ食感がクセになる。

エリアガイド ▶ P.285

まるで花束!
美し過ぎるクレープ

尾道市

えたにてぃ
Eternity

SNSで話題になっている、花束のようなフルーツクレープ。メニューにあるフルーツのなかから好きなものを選び、倍盛りにして、その他トッピングを組み合わせたら自分だけのオリジナルクレープの完成。期間限定メニューもあるので、ホームページを要チェック!

MAP 別冊P.32-B2
住 尾道市土堂2-2-14 **TEL** 0848-38-7057 **営** 11:00〜17:00(生地がなくなり次第終了) **休** 水・木
CC 不可 **P** あり **交** JR「尾道駅」から徒歩12分

広島の高級柿を贅沢に使用

祇園坊柿
ソフトクリーム
600円

クチコミ 江田島市で「島の駅 豆ヶ島」(→P.195、197)を営む「徳永豆腐店」が、2023(令和5)年にスイーツ専門「鬼のおやつMIKIYO」をオープン。厳選した豆乳で作る「豆乳プリン」や「豆乳チーズケーキ」をぜひ。(江田島在住・K)

まずは外せないこの一杯!

陽気

中華そば 750円

チャーシュー、もやし、ネギのシンプルな具材。これぞ広島ラーメン!

長年語り継がれる
懐かしい広島の味

広島市中区
江波南

中華そば 陽気 江波店
ちゅうかそば ようき えばてん

　1958（昭和33）年創業の、言わずと知れた広島ラーメンの名店。創業当時は屋台から始まり、1975（昭和50）年に現在の場所に店舗を構えた。豚骨、鶏ガラ、野菜でじっくりとていねいに取ったスープとシンプルな具材は、まさに広島ラーメンの神髄。長年愛されるこの味を求め、県外からも多くの観光客が足を運ぶ。「陽気」のラーメンは、オンラインでも購入可能。

老舗の貫禄を感じるたたずまい。「陽気」の文字が書かれた赤暖簾が目印

MAP 別冊P.16-B3
住 広島市中区江波南3-4-1
TEL 082-231-5625 営
11:30～13:30、18:00～
23:00(土・日・祝16:30～
23:00) 休1・12・13・26日
CC不可 Pあり 交広島
電鉄「江波」から徒歩10分

おさえておきたい ご当地麺事情①
広島ラーメン

広島市内を中心に県西部に広まる中華そばで、醤油だれに豚骨、鶏ガラ、野菜などを濁るまで煮出した醤油豚骨スープは、見た目よりもあっさりとした優しい味わい。スタンダードなものから進化系まで幅広く愛されている。

リピーター多数!
世代を超える1杯

広島市西区
三篠町

らーめん与壱
らーめんよいち

　ラーメン好きが足しげく通う広島ラーメンの人気店。長時間煮込むことで野菜などの素材のうま味とコクを感じるスープと、3度に分けて炊く柔らかいチャーシューなど、伝統を守りつつ、試行錯誤の末行き着いた店主こだわりの1杯が味わえる。写真の「らーめん」のほか、「チャーシューめん」や「辛味噌らーめん」も。店頭の自販機で冷凍らーめんも24時間販売。

MAP 別冊P.17-C1
住 広島市西区三篠町2-10-2
TEL 082-509-2055 営11:30～
14:30、17:00～21:00(売り切れ
次第終了) 休月午後、火 CC
不可 Pなし 交JR「横川駅」
から徒歩5分

以前の店舗の隣に移転。変わらず多くの人でにぎわっている

庄主自慢の広島ラーメン

らーめん 800円

与壱の定番メニュー。平日のランチタイムはこれに「チャーめし」が付いた定食もあり

plus ⓘ うまいラーメン店の後ろには手練れの製麺所の姿あり。「陽気」をはじめとする名店に麺を卸しているのが広島市中区江波の「原田製麺」。日に約4000～8000玉を製造、80～100店舗に麺を届けているのだとか。

◆ご当地麺事情　広島ラーメン／尾道ラーメン

優しい甘さのスープ

ラーメン 770円

豚の背脂がゴロゴロと浮いた、まさに正統派の尾道ラーメンを貫き通している

創業50年あまり
王道の尾道ラーメン

尾道市栗原町

東珍康（とんちんかん）

1973（昭和48）年に創業した尾道ラーメンの代名詞ともいわれる店。豚骨と鶏ガラのスープと背脂を入れた醤油スープ、2種類のスープを直前に合わせるのが特徴。尾道の湧水を使うことで、雑味や臭みのないスープができるのだとか。2022（令和4）年に広島市内に2号店が誕生し、ますます多くの観光客でにぎわっている。尾道ラーメンはオンラインで購入可能。

MAP 別冊P.11-C2

住 尾道市栗原町6023-5　TEL 0848-23-4537
営 11:00〜21:00（水〜15:00）　休 木　CC 不可
P あり　交 JR山陽新幹線「新尾道駅」から徒歩5分

1階にはテーブル席と座敷、2階席もあり大人数でも利用できる

おさえておきたい ご当地麺事情②

尾道ラーメン

1947（昭和22）年が始まりとされる、尾道市を発祥とした広島県東部に広く定着しているご当地ラーメン。豚の背脂がたっぷりと浮かんだ醤油ベースに鶏ガラと小魚をメインとしたスープに、平打ち麺を使用するのが王道。

至極の麺とスープ
尾道愛を感じる逸品

尾道市土堂

尾道ラーメン専門店 丸ぼし（おのみちらーめんせんもんてんまるぼし）

尾道市の中心地にある尾道ラーメンの名店。麺は地元の製麺所に特注し、季節により加水率や卵白の量を調整。小鯛をベースに瀬戸内の小魚でとる和風だしと鶏と豚、そして醤油を合わせて完成したスープは、コク深い絶妙なハーモニーを奏でる。また、スープに浮いた小粒の背脂は口の中でとろけ甘味を感じる。尾道愛あふれる店主が作る至極の1杯をぜひ。

MAP 別冊P.32-B2

住 尾道市土堂2-8-16　TEL 0848-24-5454　営 10:30〜20:00（売り切れ次第終了）
休 水　CC 不可　P あり　交 JR「尾道駅」から徒歩15分

海のすぐそばにある。特に昼時には行列を作る

小鯛ベースの魚介スープ

尾道ラーメン 780円

あっさりとした醤油ベースのスープとちぢれ麺がよく絡む、店の看板メニュー

Plus

尾道ラーメンの人気店「東珍康」の味が広島市内でも食べられる！「東珍康」2号店は広島市中区十日市町、「十日市町」電停のすぐそば。トンカツやから揚げなどの変わり種トッピングのラーメンも。

刺激的な辛さとしびれ

広島汁なし担々麺発祥の店がここ!

きさく

店主の服部さんが汁なし担々麺の本場の中国・四川省で食べ歩き、試行錯誤を重ねたうえで完成した広島汁なし担々麺。ラー油、豆鼓醤（トウチジャン）などを混ぜた醤油だれ、独自ブレンドの山椒、そして鶏ガラベースのスープが少量入り、鶏ミンチ肉と青ネギ、それらと麺を30回以上混ぜて召し上がれ。食材が混ざり合った複雑で刺激的な味わいの虜になる。

広島市中区
舟入川口町

MAP 別冊P.16-B2
住 広島市中区舟入川口町5-13 佐々木ビル1F
TEL 082-231-0317 営 11:00〜14:00、18:00〜19:00（日〜15:00、祝〜14:00） 休 水 CC 不可
P あり 交 広島電鉄「舟入幸町」から徒歩1分

汁なし担々麺 580円

人気のトッピングは温玉。店主曰く混ぜれば混ぜるほどおいしさが増すのだとか!

器の底からすくい上げるようにして全体を絡ませるのがコツ

おさえておきたい ご当地麺事情③

汁なし担々麺

中国四川省の汁なし担々麺から着想を得て、2000年代に生まれた広島のご当地グルメ。花椒による痺れる辛さが特徴。共通ルールとして「食べる前に30程度混ぜる」「最後にご飯投入で締める」などがある。

探究心で行き着いた虜になる極うま辛!

あかめん ぼんてんまる いつかいちほんてん
赤麺 梵天丸 五日市本店

広島市佐伯区
五日市中央

汁なし担々麺を初めて口にしたときに衝撃を受けたという店主が、修業を積んでオープンした汁なし担々麺の専門店。こだわりは、辛さのなかにある凝縮したうま味。味の要にもなる自家製ラー油は、ゴマ油、白絞油、ショウガ、ニンニク、玉ネギ、白ネギ、唐辛子3種が入って具材たっぷり。汁のあるオリジナルメニュー「梵天麺」もぜひ味わってほしい。

MAP 別冊P.8-B1
住 広島市佐伯区五日市中央7-5-11 TEL 082-208-5366
営 10:00〜15:00（土・日・祝〜15:30）、17:30〜21:30
休 木の夜 CC 不可 P あり
交 広電バス「五日市落合」から徒歩1分

辛さのなかにうま味を凝縮

特製汁なし担々麺 1000円

ピリリとしたクセになる辛さの中に素材のしっかりとしたうま味が◎。辛さは5段階

店名は伊達政宗の幼名からとったそう。ひとりでも足を運びやすい店

plus

汁なし担々麺をおいしくいただく極意は、"とにかくよ〜く混ぜること"。丼の底に沈んだたれと具材をしっかり絡ませ合って30回は混ぜたい。温泉卵のトッピングや、麺を食べ切ってご飯を入れるのもおすすめ。

呉冷麺を知るならここへ

呉冷麺の元祖
70年以上続く老舗

呉市本通

珍来軒
ちんらいけん

呉冷麺発祥の店として有名な「珍来軒」は1955（昭和30）年創業の老舗。甘さとピリッとした辛さが広がる、酸味を抑えたスープと、もちもちとした平打ち麺は、先代から変わらない伝統製法で守り抜かれている。スープと麺をよく絡めながら味わって。呉冷麺のほかにも、中華麺やワンタン麺、点心などメニューも豊富に展開している。

MAP 別冊P.28-B1
住呉市本通4-10-1 **TEL**0823-22-3947 **営**11：30〜15：00（売り切れ次第終了）**休**火 **CC**不可 **P**なし **交**JR「呉駅」から徒歩10分

呉冷麺 小850円
さっぱりとしたスープに、もちもちの平麺、元祖・呉冷麺は必食！冬季はミニスープ付き

著名人もたくさん訪れる人気店だ

◆ご当地麺事情 汁なし担々麺／呉冷麺

おさえておきたい ご当地麺事情④

呉冷麺

「冬でも冷麺が食べたい」という常連客の思いに応え、呉市の「珍来軒」で誕生したご当地冷麺。甘酸っぱいスープと平打ち麺が特徴で、途中で黒酢や酢に辛子を足した「酢辛子」を回しかけて味わうのが定番。

具材たっぷりの
進化系呉冷麺

呉市広本町

旬麺 晴れる家
しゅんめん はれるや

王道の呉冷麺よりも具材がたっぷりなのがこの店ならでは。千切りキャベツやネギなどのシャキシャキとした野菜と、その上に甘めのたれに漬けた自家製チャーシューをオン。ボリューム満点ながら、お酢などもかけて最後のひと口までおいしくいただける。ほかにも、汁なし担々麺や、台湾まぜそば、つけ麺など、それぞれにファンをつくっている。

MAP 別冊P.9-D2
住呉市広本町1-1-3 **TEL**0823-72-0650 **営**11:30〜14:00、18:00〜22:00 **休**日 **CC**不可 **P**あり **交**JR「新広駅」から徒歩10分

とろけるチャーシュー

オレンジ色のひさしが目印。多彩な麺グルメを楽しんで

冷麺 820円
チャーシューやうま味のある少量のスープ、もちもちとした麺を混ぜ合わせてどうぞ

呉市のソウルフードは数多く、「呉冷麺」のほかにも、通常のうどんより細い「細うどん」、海上自衛隊の艦艇で食べられているカレーを再現した「呉海自カレー」などがあり、商店街内のお店で出会えます。（呉市民・F）

また食べたくなる
この辛さに夢中！
**広島市中区
大手町**

冷めん家 大手町店
れいめんや おおてまちてん

1985（昭和60）年に開店した広島つけ麺の店。つるっとしたのど越しを追求した麺は、冷めん家特注のもの。つけだれに使っているラー油は、一味が際立ったストレートな辛さ（ラー油なしもオーダー可能）。野菜はその時期ごとにおいしいものを仕入れており、こうした素材一つひとつへのこだわりが、多くの人をひきつける1杯を作り出している。

MAP 別冊P.19-C2
住 広島市中区大手町2-4-6-1F　TEL 082-248-7600　営11:00～14:00、18:00～21:00　休日・祝　CC不可　P なし　交 広島電鉄「本通」から徒歩3分

広島冷麺（めんいち）990円
メニューは冷麺一択。そばの量（1玉から）と辛さ、追加トッピングは好みで選べる

比較的新しい大手町店は、女性ひとりでも足を運びやすい

おさえておきたい ご当地麺事情⑤
広島つけ麺

冷たく締めたストレート麺に、たくさんのゆで野菜、香辛料をたっぷり使用した真っ赤なつけだれが特徴の広島つけ麺。酸味が少ない醤油ベースのつけだれは、クセになる辛さで激辛マニアから愛されている。

辛味スパイスが
中毒性あり！
**広島市中区
八丁堀**

辛めん屋 茂すけ
からめんや もすけ

2023（令和5）年2月にオープンした、カフェ風の広いカウンター席と、女性スタッフが接客してくれる女性人気の高い店。瀬戸内の魚介からだしをとった醤油ベースのたれに、コシの強い麺を絡めて味わう。ピリリと辛い味の決め手は、オリジナルブレンドの辛味スパイスで、唐辛子のなかでも特に辛味の強いものを厳選して使用している。つけ麺に並び人気のラーメンも、ぜひ食べてほしい。

MAP 別冊P.19-D2
住 広島市中区八丁堀6-4 スカイパークビル 1F　TEL 082-553-9980　営11:30～15:00　休日・祝　CC不可　P なし　交 広島電鉄「八丁堀」から徒歩4分

八丁堀交差点から歩いて4分の大通り沿い

汗が出る辛さ！

つけ麺 900円～
具だくさんのつけ麺。辛さは5段階から選べる。初めての人は2辛がおすすめ

plus 広島市内の中華料理店「新華園」で提供されていた「冷麺」が広島つけ麺のルーツといわれている。「つけ麺」という名称がつき、専門店ができ始めたのが昭和60年頃だとか。

見つけたら即買いしたい
おもしろ自販機 大集合

ご当地グルメや専門店の本格的な味まで。広島市内で発見したユニークな自動販売機を集めました。

昆布と長崎県（平戸）のアゴを合わせた「焼きあご入りだし」（500ml・750円）

広島発の万能調味料
だし道楽「焼きあご入りだし」

江田島市の「二反田醤油」が製造する万能調味料。国内産の厳選素材を使って作られただしはさまざまな料理で大活躍間違いなし！

MAP 別冊P.16-A2

住 広島市西区草津新町2-7-47（三井のリパーク内）ほか、県内13ヵ所・県外176ヵ所設置（2024年4月1日現在）

1〜3辛・激辛まで、辛さが選べる「汁なし担々麺」（800円）

汁なし担々麺の名店の味！
梵天丸「汁なし担々麺」

汁なし担々麺の人気店「梵天丸」の担々麺や、魚介系とんこつラーメンを冷凍販売。生麺1玉ととれ・スープがセットに。（→P.374）

MAP 別冊P.16-A2

住 広島市西区草津新町1-16-8 BONTENMARU24

本格派！ご当地麺

本格韓国グルメをゲット
あい食品「韓国料理」

野菜巻きキンパ、プレミアムキンパアラカルト、3種チーズコレクションなど種類豊富なキンパを販売！子供用商品もある。

MAP 別冊P.8-B1

住 広島市佐伯区五日市中央5-21-10（大進創寫舘五日市店敷地内）

今夜のおかず決定

変わり種キンパのほかに、ヤンニョムチキンも人気なのでご賞味あれ

なんとおみくじ付き♪

バーガーの箱にはおみくじが付いている。今日の運勢を占ってみて

お寺の境内にある自販機
本覚寺「ハンバーガー」

お寺の境内にあるハンバーガーの自販機。ピザバーガーや、タルタルバーガーなどバラエティに富んだバーガーを販売。

MAP 別冊P.18-B2

住 広島市中区十日市町1-4-10（日蓮宗広布山 本覚寺内）

甘いものは正義〜？

かわいい洋菓子の自販機！
菓子工房カプリス「洋菓子」

鮮やかなオレンジ色がかわいい洋菓子の自販機。広島市安佐北区の「菓子工房カプリス」の季節ごとのお菓子が10種類。ヴィーガンのお菓子も販売。

MAP 別冊P.9-C1

住 広島市安佐南区古市3-173-1（安佐南区総合福祉センター前）

どれもおやつにぴったりの買いやすい価格とサイズ感だ

クチコミ 広島県の定番みやげといえば……そうです！　もみじ饅頭です！　なんとビックリ、広島県には、もみじ饅頭の自販機もあるんですよ。（→P.37）（広島市在住・ぜんぜんだいじょうぶだぁ）

第5章

ショップ

広島おみやの達人①
王道店で見繕う定番&注目アイテム ……………………… 380

広島おみやの達人②
周りに差をつけるなら広島生まれの逸品で ………… 382

広島おみやの達人③
サッパリ感が沼にハマる瀬戸内レモンみやげ …… 384

広島おみやの達人④
広島みやげはここでゲット ……………………………… 386

新世界"ぱん"タジー …………………………………… 388

もう迷わない！

広島おみやの達人①

王道店で見繕う
定番&注目アイテム

ビジネスの場、社交の場……大切な相手にはきちんとしたものを贈りたい。そんなときに頼りになるのが、地元有名店のこちらの品です。

注目
ひろしま吟醸菓 酒々【SASA】
5個入1372円

生地と白あんベースの羊羹に、広島・呉の銘酒「雨後の月」の酒粕を加え、吟醸香豊かに仕上げ、和風バウムクーヘンのような味わい

酒どころ広島を象徴

平和の思いを紡ぐ

定番
鶴亀もなか
6個入1394円

広島県産もち米のもなか種、あんには備中産大納言小豆の粒あんと抹茶あんの2種類を使用。春は桜あん、秋は栗あんと、季節限定商品も人気

MAP 別冊P.18-B2
住 広島市中区十日市町1-4-26　TEL 082-231-2121　営 9:00〜18:00　休 なし　CC 店舗により異なる　P あり　交 広島電鉄「十日市町」から徒歩1分

「十日市町」電停すぐの場所

広島の老舗和菓子店
おかしどころ　たかき　とうかいちほんてん
御菓子所 高木 十日市本店

　1919（大正8）年に創業、県内に11店舗を構える老舗。店舗のロゴマークには鶴と亀の字があしらわれ、「鶴は千年、亀は万年」という言い伝えから、「お慶びごとの際に高木のお菓子を」と買い求める人が多い。

定番
蜜饅頭
5個入972円

生地とあんにハチミツを使用。生地は水を一切使用せず練り上げる「玉練り」で作られる。小豆こしあんと白あんの2種類

昔懐かしい本物の味

本店は呉中通商店街にある

画期的などら焼き

注目
乙女のひととき
3個入918円

宮島産のハチミツ漬けドライフルーツと北海道産白小豆あんを合わせたどら焼き。あっさりとした味わいにリピーターも多い

呉を代表する菓子処
みつや　ほんてん
蜜屋 本店

　製造するお菓子の生地やあんに、ハチミツを使うことが店名の由来。創業時から代々受け継がれる技法と良質な素材にこだわり、丹精込めて作られた手作りの菓子は、昔ながらの上品な味わいで長年支持されている。

MAP 別冊P.28-B1
住 呉市中通3-5-10　TEL 0823-21-3255　営 9:00〜18:00　休 火　CC ADJMV　P なし　交 JR「呉駅」から広電バスで6分「本通3丁目」下車、徒歩1分

Plus

「御菓子所 高木」の「鶴亀もなか」は、戦後「被爆復興途上の広島に慶ばしいお菓子を」という思いで作られた銘菓。甘いものが希少だった当時から砂糖を使い、本物の味を追求していたそう。

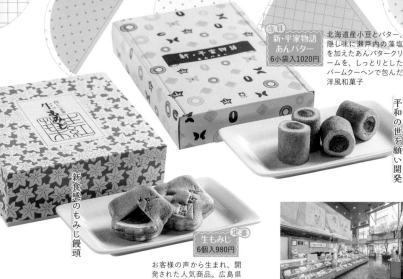

◆広島おみやの達人❶定番&注目アイテム

注目
新・平家物語 あんバター
6小袋入1020円

北海道産小豆とバター、隠し味に瀬戸内の藻塩を加えたあんバタークリームを、しっとりとしたバームクーヘンで包んだ洋風和菓子

平和の世を願い開発

新食感のもみじ饅頭

定番
生もみじ
6個入980円

お客様の声から生まれ、開発された人気商品。広島県産米粉から作るもちもちとした食感の生地が特徴。自然な甘さで上品な味わい

工場併設のため品揃えが豊富

広島銘菓充実の名店
にしき堂 光町本店
にしきどう ひかりまちほんてん

1951（昭和26）年に創業した広島の代表銘菓「もみじ饅頭」の有名店。お菓子作りで使用されるあんは北海道産小豆、水は安芸郡海田町の良質な地下水を使用。年中無休の工場から作りたての和菓子を提供する。

MAP 別冊P.21-C2
住 広島市東区光町1-13-23 TEL 0120-979-161（受付時間9:00〜17:00）
営 9:00〜18:00 休 なし CC ADJMV
P あり 交 JR「広島駅」から徒歩4分

抹茶の香りが広がる

注目
純濃抹茶 ガトーショコラ・新月
3024円

ホワイトチョコレートを使った濃厚な抹茶ガトーショコラ。抹茶の芳醇な香りとチョコレートのまろやかな甘みが高級感を醸し出す

定番
抹茶満月
1944円

茶鑑定士が厳選した最高級の宇治抹茶「金天閣」をふんだんに使用した定番のバターケーキ。生地が落ち着く2〜3日後が食べ頃

これぞ、大人の贅沢

店内にはカフェも併設する

抹茶の贅沢を堪能
cha-no-wa平和大通り
ちゃのわ へいわおおどおり

創業60年の歴史ある茶舗の抹茶スイーツ専門店。提供するのは、厳選されたおいしいお茶と抹茶のよさを最大限に引き出した高品質な和洋菓子の数々。贅沢に使用された濃い茶葉の味わいをしっかりと堪能あれ。

MAP 別冊P.18-B2
住 広島市中区河原町2-1 TEL 082-554-5088
営 10:00〜19:00 休 水
CC ADJMV P なし 交 広島電鉄「土橋」から徒歩6分

 「生もみじ」のモチモチ感を増し増しにした「やき餅咲ちゃん」が大好きです。「にしき堂」さんは、限定商品やコラボ商品がたくさんで、商品棚を見ているだけでも楽しい！（広島市在住・プチモチ）

もう迷わない！ **広島おみやの達人②**

周りに差をつけるなら
広島生まれの逸品で

特別な人へのおみやげには、この土地で生まれた一級品を贈ってみませんか？　自分へのご褒美としても手にしたいものを揃えました。

多彩な使い方が魅力

技術と情熱の融合
ふくなりーじ あうとれっと ひろしまてん
FUKUNARY THE OUTLETS HIROSHIMA店

広島市にある縫製工場「八橋装院」が手がけるファクトリーブランド。長年培った縫製技術と新しい発想を融合したものづくりを通して、「MADE IN JAPAN」の魅力を発信している。

「FUKUNARY feat. MIKASA」スマホショルダー
5500円

世界的ボールメーカー「MIKASA」（→P.77）のボール素材を使用したスマホショルダー。チケットやカードを入れられるポケット付き

MAP 別冊P.16-A1
住 広島市佐伯区石内東4-1-1-2階　TEL 082-554-5883
営 10:00〜20:00　休 なし
CC ADJMV　P あり　交 JR「西広島駅」からボン・バスで25分「THE OUTLETS HIROSHIMA」下車すぐ

バッグやパスケースなども

「FUKUNARY feat. MIKASA」お守りケースL
1650円

お守りを入れるケースとしてだけでなく、カードケースや小物入れとしても活用可能。宮島をイメージできる鳥居のモチーフ付き

MIKASAとのコラボ

EC サイト（URL wazavi-collection.shop）で購入できる

トートポシェット
1万9800円

定番の人気アイテム

オリジナルの市松生地が印象的な機能性とデザイン性を両立させたポシェット。トートバックとしても使え、マルチに活躍！

備後デニムを世界へ
わざび
WAZAVI

国内有数のデニム産地として知られる福山市のファクトリー「サンクチュール」が手がけた備後デニムブランド。上質で機能性の高いバッグや財布を中心とした商品を展開する。

優秀サブバッグ！

サコッシュポーチ
1万4300円

岡山デニムと栃木レザーを組み合わせたポーチ。薄型ですっきりしたシルエットだが、必需品をしっかり収納でき、機能性は抜群

TEL 084-965-6065（本社）
URL wazavi-collection.com

plus ⓘ 「FUKUNARY feat. MIKASA」は「八橋装院」の縫製技術と「MIKASA」のボール素材が融合したブランド。バスケットボール素材やバレーボール素材のバッグや財布が人気。

◆広島おみやの達人❷広島生まれの逸品で

優しい香りが広がる

アロマディフューザー lemon
2750円

ひのきの間伐材で作られた、組み立て式のアロマディフューザー。アロマオイルを入れて、一輪挿しとして、癒やしのひとときを

※アロマオイルは付属なし

「ekieしま商店」（→P.387）やECサイトで購入できる

ウッドコースター 990円

木材を薄くしたツキ板で作られたコースターは、美しい木目が印象的。デザインもさまざまでインテリアとして飾るのもおすすめ

暮らしにかわいさを

木のぬくもりを感じて
もっこうのまちにあるざっかやさん せんめぐ
木工の町にある雑貨屋さん senmegu

家具・木工の町として有名な府中市で、オリジナル木製雑貨のデザインから販売を展開。レーザー彫刻を駆使した繊細な作品は、木のぬくもりと優しさを感じられる逸品だ。

TEL 0847-41-2094(タフコム)
URL www.senmegu.com

手芸店だけでなく、「ekieしま商店」や「おりづるタワー」などの県内のおみやげショップ（→P.386）でもよく目にする

らくらくソーイングセット もみじ
1320円

糸通しが"らくらく"簡単にできるマジック針やもみじのまち針など、裁縫の必需品が宮島をイメージしたかわいいケースにイン！

持ち歩きたいセット

「広島針」針仕事
1210円

ひっかかりのない針穴、なめらかで曲がりにくいボディ、スムーズな布通りが特徴。300年以上の歴史を受け継ぐ「広島針」をセットで

世界に誇る広島針
ちゅーりっぷ
チューリップ

広島針の伝統を背景に、1948（昭和23）年に創業した手縫針、かぎ針、レース針のブランド。高品質な商品の提供をモットーに、誰からも愛され、親しまれるブランドを目指している。

伝統技術を継承

TEL 0120-21-1420(本社)
URL www.tulip-japan.co.jp

熊野筆の伝統と技術が光る
こうゆうどう
晃祐堂

筆の匠が受け継いできた伝統と技術を生かし、機能性とオリジナリティを追求した筆を作り続ける。肌あたりと仕上がりのよさ、使いやすさで世界的にも高い評価を受けている。

エリアガイド ▶ P.153

LEMON×WALNUT
6600円

レモンをイメージしたフェイスブラシは、最高級の山羊毛、天然木のウォールナットを軸に使用。ギフトにも自分へのご褒美にも◎

1本1本心を込めて

熊野筆ハート型洗顔ブラシ
3300円

肌触りがよく、コシもある山羊毛を使用した洗顔ブラシ。機能性だけでなく、素肌に触れるたびに気分が上がりそうなデザインも人気

かわいい×機能性

plus
広島では300年以上前に藩主浅野家が武士の手内職として普及させたことから針の製造が始まったされる。現在も手縫針、まち針の生産量が全国の9割以上を占める日本一の針の産地だ。

サッパリ感が沼にハマる
瀬戸内レモンみやげ

レモン生産量・日本一の広島には、瀬戸内産レモンを使ったおみやげがこんなにたくさん。レモンのさわやかな風味は一度食べたら虜に！

3000万食突破の人気商品

📍ここで出合えるかも!?
広島駅や広島空港はじめ、P.386〜387のおみやげコーナーに置いてあることが多い。入荷状況により置いてない場合もあるのでご注意を。

イカ天瀬戸内れもん味
65g・324円

瀬戸内産レモンを利かせたさわやかなレモン風味とさっぱりした酸味が特徴。100%植物油を使用したサクサク軽い食感と爽快なレモン感で、ひと口食べるとやみつきに！

カルビーとのコラボ商品も

カルビー（→P.76）の「かっぱえびせん」とタッグを組んだ商品もぜひ。

イカ天を作り続けて60年
まるか食品
まるかしょくひん

尾道市でイカ天やのり天、天かすなどを製造するフライメーカー。海産素材のおいしさをダイレクトに味わうことができる商品を提供。

巻頭特集 ▶ P.86

レモン食品でヒットを量産
ヤマトフーズ
やまとふーず

自社グループ農園でのレモン栽培、商品開発から販売までを手がける。「レモスコ」を中心に、「瀬戸内レモン農園」のブランド名で商品を展開。

☎ 0120-817-438(本社)

酸っぱい！辛い！うまい！

レモスコ
454円

広島県産レモンと「海人の藻塩」青唐辛子と酢をブレンドした和製ホットソース。料理に振りかけるだけで、さっぱりピリッとおいしいアクセントに

国産のハバネロがピリリ！

レモスコRED
454円

「レモスコ」同様、広島県産レモンと藻塩、九州産唐辛子に加えて、国産のハバネロを使用。さわやかな酸味とじわじわ来る辛味がやみつきに。より辛い物が好きな方はこちらをどうぞ

口に広がるレモンの香り

広島レモンケーキ
4個入1026円

レモン型のかわいいケーキ。生地に広島レモンのコンフィチュールを加えて、ふわりと仕上げた。レモンの香りが口のなかで広がる

創業50年の洋菓子店
BACKEN MOZART 廿日市工場直売所
ばっけん もーつあると はつかいちこうじょうちょくばいじょ

県内に数店舗をもつ洋菓子店の製造工場内の直売店。ここならではの商品や、焼きたてのパン、カフェでの食事のほか、敷地内の庭の散策も季節ごとに楽しめる。

MAP 別冊P.25-D1
🏠 廿日市市木材港北15-24　☎ 0829-34-4324
🕐 10:00〜20:00　休 なし　CC ADJMV　P あり
🚗 廿日市ICから車で10分

ℹ️ 広島でレモンの栽培が始まったのは、豊田郡大長村(現在の呉市豊町大長)が、1898(明治31)年に和歌山県からネーブルの苗木を購入した際、混じっていた数本のレモン苗木の栽培を試みたことがきっかけといわれる。

旬の広島果実を全国に！
JA広島果実連
じぇいえーひろしまかじつれん

果物に関するさまざまな情報や技術を駆使し、瀬戸内で作られる四季折々の果物を全国に提供。果物関連商品の開発にも力を入れている。

☎082-420-7150(本所)

レモン1個分がぎゅっと！

広島レモンサイダー 海人の藻塩プラス
280円

広島レモン1個分の果汁が入った、砂糖不使用のレモンサイダー。「海人の藻塩」を加えることでレモンのさわやかな香りとまろやかな酸味が際立つ、すっきりとした味わいに

レモンの美味しさをまるごと

またきて四角
3個入2160円

生地にも表面にも広島県産のレモン果汁をふんだんに使用したレモンケーキ。甘酸っぱく、さわやかな味わいが人気で、ギフトにも最適

地元で長年愛される人気店
西洋菓子 無花果
せいようがし いちじく

厳選された素材のおいしさや風味を最大限に生かす、熟練の技術と真心に定評あり。開店から35年以上長く愛される洋菓子店。

MAP 別冊P.25-D1
🏠広島市佐伯区楽々園3-13-2 ☎082-922-2080 営10:30～19:30 休なし CCADJMV Pあり 交広島電鉄「楽々園」から徒歩8分

上品でさわやかな味わい

広島レモンスティック ミニ
5本入702円

瀬戸内の太陽をたっぷりと浴びた広島レモンのおいしさを最大限に引き出し、さわやかな香りとうま味がしっかりと感じられるスティックケーキ。食べやすいサイズ感がうれしい

1世紀守り続けた伝統の味
ボストン 本店
ぼすとん ほんてん

1923（大正12）年広島初の洋菓子工房として創業、2023（令和5）年に100周年を迎えた老舗店。広島の歴史とともに築いた伝統の味を受け継ぐ。

MAP 別冊P.18-B2
🏠広島市中区堺町2-6-3 ☎082-292-9665 営10:00～20:00 休なし CCADJMV Pなし 交広島電鉄「土橋」から徒歩1分

瀬戸内の恵みが詰まった酒

大長レモンのお酒
360mℓ・1100円

全国の鎮守府にも卸した老舗酒造
千福醸造元 三宅本店
せんぷくじょうぞうもと みやけほんてん

1856（安政2）年創業、日本酒「千福」で知られる呉市の蔵元。清酒のほか、ウイスキーやジンなど洋酒の開発にも力を入れている。（→P.94）

☎0823-22-1029(本社)

大長レモンと千福純米酒を使用した日本酒リキュール。レモンの果汁と酸味が感じられ、すっきりとした味わいが特徴。ロックでもソーダ割でも、幅広く楽しめる

三宅本店の商品を買うなら！
千福ギャラリー三宅屋商店

「大長レモンのお酒」をはじめ、千福の各ラインアップや限定グッズが手に入る三宅本店直営のショップが呉市内に。

MAP 別冊P.28-B1
🏠呉市本通7-7-1 ☎0823-22-3838 営12:00～16:00 休土・日・祝 CCADJMV Pあり 交JR「呉駅」から広電バスで11分「本通7丁目」下車、徒歩2分

 plus
「広島レモン」は、安心・安全をモットーにJA広島果実連の栽培基準に沿って栽培され、JA広島果実連の管理下で販売されるレモンの総称。全国の消費者に支持されている。

広島みやげはここでゲット

もう迷わない！ 広島おみやの達人 ④

「あれも欲しい！これも欲しい！」もおまかせあれ。広島銘菓や特産品が取り揃ったショッピングスポットをご紹介します。ここまでに紹介してきた"広島おみや"がこれらのショップで見つかるかも。

❶原爆ドームに隣接する
❷1階の物産館は入場無料

宮島口旅客ターミナル直結

広島の銘品に出会うなら……

広島市中区 大手町

おりづるたわー
おりづるタワー

物産館「SOUVENIR SELECT 人と樹」では広島を代表する銘品や話題のアイテムなど約1000点もの商品を取り揃える。地元で愛用されている逸品も多数並び、選ぶ楽しさを提供する。

エリアガイド ▶ P.121

宮島の魅力発見スポット

廿日市市 宮島口

ひろでん えっと
HIRODEN etto

「DISCOVER MIYAJIMAGUCHI」をコンセプトに広島の企業を中心に集う観光商業施設。1階のショップではグルメ、雑貨など、広島・瀬戸内の誇る多彩なアイテムを取り揃える。

エリアガイド ▶ P.166

アーケード街に位置。修学旅行生・観光客でにぎわう

❶地域のものを見て、触れて、食べられる ❷併設のカフェでは「ひろしまさとやまプリン」が人気

1892（明治25）年創業の老舗店

広島市中区 本通

ながさきや
長崎屋

広島市の繁華街の中心地・広島本通商店街にある創業130年超の老舗みやげ物専門店。広島の銘菓・名産品はもちろん、旬の食材や海産加工品、フルーツなど、バイヤーが厳選した商品が並ぶ。

MAP 別冊P.19-C2

🏠広島市中区本通6-8 ☎082-247-2275 ⏰10:00～18:00 休なし 🆑ADJMV Ｐなし 🚋広島電鉄「本通」すぐ

地方と都市をつなぐ場所

広島市中区 三川町

たび らぼ かふぇ
Tabi Labo CAFE

旅とローカルフードがテーマの複合アンテナカフェ。店内一角にある「さとやま商店」では、道の駅の産品など、広島を中心にさとやま地域の生産者の野菜や雑貨など厳選したアイテムを販売する。

MAP 別冊P.19-D3

🏠広島市中区三川町5-7 並木ツインビル1F ☎082-258-5449 ⏰11:30～18:00 休不定休 🆑ADJMV Ｐなし 🚋広島電鉄「八丁堀」から徒歩8分

クチコミ 「そごう広島店」にある「Hiroshimarche Etto」は、イベントごとにいろいろなテーマの広島の特産品が集まっていて、いつ行っても新しい発見があります。（広島市在住・コマ）

◆広島おみやの達人④広島みやげはここでゲット

❶広島駅直結 ❷丹精込めて作られた物が集う

広島市南区
松原町
えきえ しましょうてん

広島のクラフト製品が満載
ekie しま商店

熊野筆や化粧品など、瀬戸内海沿岸地域の雑貨や工芸品を約600点取り揃える。みやげ物としてだけではなく、自分へのご褒美として購入したいアイテムが並び、地元客も足を運ぶスポットだ。

MAP 別冊P.20-B2
🏠広島市南区松原町1-2 2F ☎082-568-9195
🕐8:00〜21:00 🈺施設に準ずる 💳ADJMV 🅿️あり 🚃JR「広島駅」直結

❶しまなみ海道のサイクリストに人気の複合施設 ❷瀬戸内に暮らす価値と楽しみ方を伝えるアイテムが揃う

尾道市
西御所町
おのみち ゆーつー

瀬戸内の恵みが詰まってる
ONOMICHI U2

「What is a 瀬戸内くらし?」をテーマに瀬戸内の暮らしに寄り添うアイテムを取り揃える「SHIMA SHOP」。書籍、食器、オリジナル商品のアパレルなど店内には厳選されたアイテムが。

エリアガイド ▶ P.237

❶ひろぎんHD本社ビル1階に位置 ❷地元企業とのコラボした商品も!

広島市中区
紙屋町
ばんかーと

"銀行"ならではの商品に注目
BANCART

広島銀行の本社ビル1階にあるライフスタイルマーケット。店内には、銀行由来の商品やオリジナルグッズ、広島県を中心とする周辺地域から厳選された文房具や食品などこだわりのアイテムが並ぶ。

MAP 別冊P.19-C2
🏠広島市中区紙屋町1-3-8 ☎082-504-3192
🕐11:00〜19:00、日・祝〜18:00 🈺1/1、1/2
💳ADJMV 🅿️なし 🚃広島電鉄「紙屋町東」または「本通」から徒歩2分

❶完全予約制の食事どころも併設 ❷明治時代の町屋を再生した店舗

尾道市
十四日元町

尾道を代表する おみやげどころ
尾道ええもんや
おのみちええもんや

尾道市内のみやげ業者70社が集う協同組合が運営しているみやげ物店。尾道ラーメンや海産物、銘菓など500を超える商品を取り揃える。JR新尾道駅や千光寺山ロープウェイ山麓駅前にも店舗あり。

MAP 別冊P.32-B2
🏠尾道市十四日元町4-2 ☎0848-20-8081
🕐10:00〜18:00 🈺不定休 💳ADJMV 🅿️なし 🚃JR「尾道駅」からおのみちバスで3分「長江口」下車、徒歩1分

"広島おみや"はこんなところでも買える

🏢広島空港 **MAP** 別冊P.10-A2
🏢バスマチフードホール ▶ P.123
🏢ekie（おみやげ館）▶ P.129
🏢ひろしま夢ぷらざ ▶ P.123

💬クチコミ 手みやげに悩んだらチェックしてほしいのが、江田島市の優れた特産品が認定される「えたじまブランド」。オリーブやカキなどを使った江田島ならではの商品がたくさんあります。(取材担当・K)

あちこち買い巡ったらこれはもはや冒険の旅!

新世界"ぱん"タジー

パンはロマンだ。素材、味、形、大きさ、食感……いろとりどりの職人のこだわりが詰まっている。自分の理想の1軒を求めて、さあ県内を駆け巡ろう。

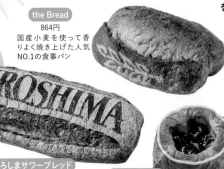

the Bread
864円
国産小麦を使って香りよく焼き上げた人気NO.1の食事パン

ひろしまサワーブレッド
972円
オリジナル酵母と日本酒由来のサワー種を使いうま味がしっかり

ダークチェリー
345円
デンマークとの出合いのきっかけになったデニッシュペストリー

広島市

広島自慢の名ベーカリー

ひろしまあんでるせん
広島アンデルセン

1967（昭和42）年から現在の場所でベーカリーとレストランの複合店として開店。パンを中心に、デリやワイン、フラワーなどが揃い、パンのある暮らしをトータルで提案。建物南側にある屋外スペース「ヒュッゲパーク」での朝食もおすすめ。（→P.56）

MAP 別冊P.19-D2
🏠広島市中区本通7-1　☎082-247-2403　⏰1Fベーカリー10:00～19:30、サンドイッチスタンド7:30～17:00、2Fレストラン11:00～21:00（土日曜・祝日は7:30～）　休不定休　CC ADJMV　Pあり　交広島電鉄「紙屋町東」から徒歩3分

❶パンの専門家ブレッドマスターが在籍　❷もと銀行の建物を生かし2020（令和2）年に建て替え

👣その足で立ち寄り♪
● 広島城 ▶P.118
● おりづるタワー ▶P.121

広島市

売り切れ必至ハード系の名店

かどな
Cadona

2010（平成22）年の開店以来パン好きに愛される名店。店主・中原真介さんによる、北海道産小麦粉やライ麦全粒粉、継ぎ足しながら使う自家製天然酵母で焼くハード系を中心としたパンは、店頭に並んだものから次々と売れていく。土・日限定のサンドイッチにも注目。

MAP 別冊P.8-B1
🏠広島市安佐南区沼田町吉山3149-1　☎082-839-3006　⏰7:00～15:00（売り切れ次第終了）　休月・火（祝日の場合は営業）　CC不可　Pあり　交西風新都ICから車で25分

👣その足で立ち寄り♪
● 広島市安佐動物公園 ▶P.141
● ヌマジ交通ミュージアム ▶P.141

天然酵母のカンパーニュ
1060円
店の代名詞といえる定番の品。料理と一緒に楽しむのがおすすめだ

じゃがいもとオイルサーディンのホットサンド
660円
北海道産真イワシのオイルサーディンと新ジャガをチャバタとともに

中田農園さんの小松菜のフォカッチャ
280円
町内にある農園で収穫された新鮮な小松菜の風味がたまらない一品

自慢のカンパーニュをぜひ

店主
中原真介さん

❶パンの提供内容は日により異なる　❷広島市郊外の山あいにたたずむ人気店

クチコミ　広島市中区幟町「河内ベーカリー」のパンが大好物です。昔ながらの懐かしいパンがたくさん！　おすすめはきな粉クリームパン。ふわふわの生地にきな粉クリームと求肥が入って最高。（広島市在住・きにゃこ）

**たっぷり野菜の
バジルソース**
268円
自家製バジルソースと
野菜、チーズをのせて
焼き上げた人気の品

**月替わりの
カンパーニュ**
431円
季節の素材などを用い
た、さまざまな味のカン
パーニュを提供

自家栽培野菜の
パンもおすすめ

アーモンドプレッツェル
354円
デニッシュ生地に、ホワイトチ
ョコとアーモンドをトッピング

店主
藤山佐知子さん

廿日市市

果実の酵母が生きたパンを

La pain joujou
らぱん じゅじゅ

　宮島を望む小高い住宅地にある一軒家。
自宅の一角を開放した空間に、店主の藤山
佐知子さんが愛情込めて焼いたパンが並ぶ。
おいしさの決め手は、近隣で収穫されるさま
ざまな果実を発酵させた天然酵母。特に、
酵母のうま味がダイレクトに伝わるカンパーニ
ュは必食だ。

MAP 別冊P.24-B3
🏠廿日市市物見東1-7-24　☎0829-20-4338
🕐11:00～17:00　休日～火、祝、8月　CC ADJMV
🅿あり　🚉JR「前空駅」から徒歩8分

その足で立ち寄り♪
●厳島神社 ▶P.30.161
●宮島水族館（みやじマリン） ▶P.162

❶パンは約60種類と豊富な品揃え　❷人気のパンは
事前予約がおすすめ

メロンパン
225円
ビスケットを重ねた菓子
パン生地に特製クリーム
入り。優しい味

呉市

長く愛されるソウルフード

メロンパン 本店
めろんぱん　ほんてん

　戦前からある商店が始まりで「甘いパンで
おなかいっぱいになってほしい」とパンの製造
販売に舵を切った。紡錘形のメロンパンや平
和への願いを込めた平和パンなど創業時から
変わらぬ味が85年以上もの間愛され続けて
いる。個包装になっているので手みやげにも。

MAP 別冊P.28-B1
🏠呉市本通7-14-1　☎0823-21-1373
🕐6:30～売り切れ次第終了　休日　CC
不可　🅿あり　🚉JR「呉駅」から広電バ
スで11分「本通7丁目」下車、徒歩1分

その足で立ち寄り♪
●呉市海事歴史科学館（大和ミュージアム） ▶P.184
●海上自衛隊呉史料館（てつのくじら館） ▶P.184

平和パン
225円
長崎由来のカステラと広
島のパンとで、平和を願
って作られた商品

呉海自がんすバーガー
390円
海上自衛隊呉地方総監部監修のソー
ス「愚直たれ」とがんす入り

変わらぬ味を
どうぞ

オーナー
中塩隆馬さん・愛子さん

❶約40種類の商
品が並ぶ　❷創業
1936（昭和11）年。
朝6時半開店

クチコミ　呉市「昂珈琲店」はドリップバッグの種類がたくさんあって見てるだけで楽しい。戦時下、戦艦・大和でこっそり飲まれて
いたというコーヒーを再現した「海軍さんの珈琲」が私のいち押し。（呉市在住・レッソレオ）

ショップ

◆ 新世界"ぱん"タジー

389

きのこグラタン
302円
ベーコンとマイタケのベシャメルソースが入ったフランスパン

バターブリオッシュ
216円
「高千穂牧場」のバターを差し込んで焼いたふんわり柔らか食感

じゃがいものクロワッサン
237円
ジャガイモを練りこんだ、フランス中央部で作られる郷土パン

MAP 別冊P.30-B3
住 東広島市西条町御薗宇8521-1 TEL 082-426-4460 営 6:00〜18:00 休 火・水 CC 不可 P あり 交 JR「西条駅」から中国JRバスで13分「水源地前」下車、徒歩8分

❶完売も多いので予約がベター ❷広い駐車場完備で寄りやすい

オーナーシェフ
ルメ・パトリックさん

フランスパンが自慢です

東広島市

フランス人シェフの本格派

Boulangerie LAPAIN
ぶーらんじぇりー らぱん

オーナーシェフを務めるのは、16歳から母国フランスでパン作りに携わってきたルメ・パトリックさん。体に優しい素材を選び抜き、健康とおいしさを両立するパンを提供する。また本場のレシピを用いた品も多く、ブルターニュ地方の焼き菓子なども用意する。

👣 その足で立ち寄り♪
● 西条酒蔵通り ▶P.207 ● 鏡山公園 ▶P.202

尾道市

尾道商店街にたたずむ人気店

パン屋航路
ぱんやこうろ

店向かいに尾道水道を望む、尾道商店街に位置する1軒。2011（平成23）年のオープン時から種継ぎしているルヴァン種がおいしさの秘密。北海道産小麦粉「春よ恋」を使ったベーグルが人気で、2016（平成28）年から広島市で「Wildman Bagel」も展開。

MAP 別冊P.32-A3
住 尾道市土堂1-3-31 TEL 0848-22-8856 営 7:00〜18:00（売り切れ次第終了） 休 月・火 CC 不可 P あり 交 JR「尾道駅」から徒歩6分

牛スジカレーパン
350円
ザクザクの生地に、牛スジと香味野菜を煮込んだルウがたっぷり

レモンケーキ
350円
瀬戸田町産の有機栽培レモンがさわやか。ホワイトチョコとマッチ

島もずくとピスタチオのフォカッチャ
320円
沖縄産もずくの効果で驚くほどモッチリ。外はカリッと香ばしい

❶2023（令和5）年4月にリニューアルした ❷店名は小説『暗夜行路』にちなんでいる

オーナー
寺地秀平さん

尾道散策のついでにぜひ

👣 その足で立ち寄り♪
● 千光寺公園 ▶P.234
● 工房尾道帆布 ▶P.236

 尾道のディープエリア「新開」にあるクロワッサンの店「キャッスルロック」は何度もリピートするおいしさ。種類もいろいろあって、しまなみの柑橘を使ったクロワッサンも。(尾道市在住・グレイス)

お酒に合うパンも
あります

◆ 新世界"ぱん"タジー

福山市

安心安全な素材で焼くパン

ざ すたんだーど べーかりー
The Standard Bakery

店主の藤井祥二さんが「食べる人を元気にするおいしいパンを届けたい」と、2011（平成23）年に開いた店。店頭には、よけいなものを使用せず、自身がよいと思った材料を用いて焼くパン約60種類を用意。マイルドな味わいにこだわった、ライ麦パンシリーズがいち押し。

MAP 別冊P.36-A2

住 福山市山手町6-14-15　TEL 084-951-3207
営 8:00〜18:00　休 火・水　CC 不可　P あり
交 JR「備後本庄駅」から徒歩15分

👣その足で立ち寄り♪
● 福山城博物館 ▶P.256　● 明王院 ▶P.259

全粒粉食パン(1斤)
340円（写真は2斤）
北海道産小麦粉を70%、福山市で取れる全粒粉を30%使用する

瀬戸内じゃこちょ〜
220円
瀬戸内産のちりめんじゃこを挟んで、チーズと青のりをトッピング

クランベリー&クリームチーズ
620円
ライ麦を加えた生地に、クランベリーとクリームチーズを混ぜて

店主 藤井祥二さん

❶店内は半対面、半セルフ方式だ ❷外壁とのれんのパンの絵が目印。週末限定登場のパンも要チェック

ミラクロ
281円
三良坂町産小麦の香りを存分に感じられるいちばん人気のクロワッサン

お米食パン
378円
創業当時からの人気を誇る、米粉を使ったもっちり軟らかい食パン

酒種あんぱん
238円
地元酒蔵・美和桜酒造の酒粕を使って仕込む。香りよい生地が魅力

三次市

素材が生きた地産地消の味

むぎ むぎ
mugi mugi

広島県内に6店舗を展開する人気ベーカリーが、2001（平成13）年に開いた1号店。三次市三良坂町で栽培される小麦や自家製酵母、地産地野菜などを使用して焼く、地産地消のパンが自慢。店前の椅子に座り入れたてのコーヒーと焼きたてのパンでひと息つくのも◎。

MAP 別冊P.14-B3

住 三次市三良坂町三良坂5038-3　TEL 0824-44-2661　営 9:00〜17:00　休 水　CC 不可　P あり
交 JR「三良坂駅」から徒歩7分

三良坂の魅力を伝えたい！

店長 田村雅美さん

❶地元産の野菜を使った総菜パンも ❷遠方からもファンが訪れる人気店

👣その足で立ち寄り♪
● 三良坂フロマージュ ▶P.311
● 佐々木豆腐店 ▶P.301

クチコミ 「ル・サンク」という庄原市にあるお店がお気に入り。天然酵母の石窯パンです。広島市内のスーパーでも置かれていることがあるので、見かけたらいつも買っています。（広島市在住・ラッテ）

宮島対岸　宮浜温泉

庭の宿 石亭

美しい日本庭園に
快適な客室、
丁寧に設えた調度品と
洗練された小物、
地元の料理と
ほっとするサービス、
それらを"遊び心"で
くるんでみたら…

「2023日本庭園ランキングShiosai Project」において、ランキング5位に選出されました。

庭園の宿 石亭

⊕廿日市市宮浜温泉3-5-27
☎0829-55-0601

第6章

宿泊

ローカル人気番組でおなじみのあのスターが語る
「わたしと広島の話」
バイきんぐ西村瑞樹さん@『西村キャンプ場』……… **394**

憧れの宿へ ……………………………………… **396**

麗しの温泉宿 …………………………………… **400**

町家ステイ ……………………………………… **404**

広島市内のシティホテル ……………………… **406**

こだわりの個性派宿 …………………………… **410**

ローカル人気番組でおなじみの
あのスターが語る

わたしと広島の話

西村キャンプ場

テレビ新広島

バイきんぐ
西村瑞樹さん

広島キャンプはおまかせあれ！

放送開始から大反響のキャンプバラエティ『西村キャンプ場』。各地を番組で巡る"ご当地キャンプのプロ"に、広島の魅力や番組秘話をインタビュー！

聞=編集室　写=西村さん

編　ロケで気づいた広島の魅力は何ですか?

西　まず、広島には海も山もあります。この番組は生産者さんとお会いして食材をいただき、キャンプ飯を作るところも見せ場のひとつなのですが、食材の豊富さにはいつも驚かされています。大野あさり（廿日市市本土と宮島の間の海域・大野瀬戸で取れる大粒のブランドアサリ）のおいしさには衝撃を受けましたね。また、海へ行けば瀬戸内ならではの多島美の景色が楽しめ、山へ行けば中国山地の雄大な光景を眺めることができます。冬場にスキー場のほうへキャンプに行きましたが、一面雪景色の山々が遠くまで連なる様子は本当に美しかったです。昇ってくる朝日の神々しさも、すごく記憶に残っています。それから、広島の人のあたたかさや気さくさもあらためて感じています。皆さん、ふた言三言しゃべると心を開いてくれるのが伝わるし、一見強面のお父さんが優しかったりして、いろいろな人との出会いをとても楽しみにしています。

編　印象的なエピソードを教えてください

西　人との出会いでいえば、唐辛子の生産者さんがいちばん印象に残っています。その方はいろいろな唐辛子を作っていて、世界一辛い唐辛子とも称されるキャロライナ・リーパーも育てているんです。「食べられるんですか?」と聞いたら、「食べられないことはないですよ」っていう返事だったので、軽い気持ちで生で食べたんですよね。そしたら涙も鼻水も止まらなくなって。その生産者さんはキャッキャッ笑っているし忘れられないできごとです（笑）。あと、偶然にも僕の父親と同姓同名の生産者さんにお会いすることがあり、年齢も父親と近くて親近感がわきました。この生産者さんも丸いズッキーニなどの変わった野菜を栽培されていて、「この野菜何なの」って人に驚かれるのが楽しいんだそうです。ひと癖ある野菜を作られる方は魅力的な人が多いなと感じました。

編　今後やってみたいことは?

西　これまでさまざまなキャンプ地を巡り、ほかにない経験をさせていただきました。2023年10月に安芸太田町の「杉の泊ホビーフィールド」で開催したリアルキャンプイベントには、視聴者の方が多く参加してくれました。また、番組を通じてオタフクソースさんとオリジナルソースを開発したり、多彩なコラボグッズも生み出すことができました。今後は関連プロジェクトを行うのと同時に、まだ行ったことのないキャンプ地に足を運びたいですね。海のきれいな無人島キャンプなんていいですね！　あと、以前にロケでマツタケを収穫したのですが、専門家に調べてもらったらマツタケもどきだったのも楽しかった思い出です（笑）。これからもいろいろな場所で、おもしろい人やきれいな景色、おいしい食材との出会いを存分に楽しんでいきたいです。

西村さんの思いの強さと軽快なトークが番組人気の理由

クチコミ　「キャンプのいちばんの醍醐味はたき火」と話してくれた西村瑞樹さん。「火の調節がおもしろいんですよ」と楽しそうにほほ笑む表情がとても魅力的な方でした！（取材担当・A）

寒さで湯気も際立つ

雪中キャンプなら **大鬼谷オートキャンプ場**
雪に包まれる静寂な時間がすてきだホイ!

西村さん思い出の
キャンプ旅

かまくら作りは
必須

庄原市高野町「大鬼谷オートキャンプ場」では雪中キャンプに挑戦できます。かまくらを作るのも楽しいし、雪が音を吸収して静かなのでたき火の爆ぜる音に耳を傾けるのも格別ですよ。

エリアガイド ▶ P.307

湖が美しい **OutdoorFunキャンプフィールド**
オーナーこだわりのレイアウトに注目だホイ!

湖がきれいなキャンプ場で、天気のよい日に湖面に映る山々の景色が最高。小川に沿って、コテージを離れて点在させるなど、静かに過ごせるレイアウトの工夫もgoodです! **MAP** 別冊P39-C1

静穏がうれしい湖畔のキャンプ

番組ファンが
大勢集った

杉の泊ホビーフィールド でイベントだホイ!
深い森で自然と一体化するキャンプを体感

イベントを開催した思い出の場所。小学校の頃の同級生がイベントに来てくれたのもうれしかったです。森の緑が深くて、自然と一体化するような感覚が味わえるキャンプ場です。

MAP 別冊P.40-B1

西村さん思い出の
キャンプ飯

ファンと一緒に火おこしも

広島食材カレー鍋

大野あさり、くれぇ海老、赤土ジャガイモ「あきつ美人」が入ったカレー鍋。だしが美味!

そうめん瓜グラタン

麺状の繊維質果肉を生かしてグラタンに。瓜を器にして"映え"も意識した渾身の一品

芸北高原豚と雪んこキャベツの **ミルフィーユどぶろく鍋**

芸北高原豚とソーセージ、雪んこキャベツの鍋。麹の効果で豚肉が柔らかうま味が凝縮

PROFILE

西村瑞樹(にしむら みずき)

1977年4月生まれ。広島県広島市出身。お笑いコンビ「バイきんぐ」にておもにボケを担当。相方は小峠英二。多数のバラエティ番組や情報番組、CMに出演。

西村キャンプ場
(テレビ新広島)

毎週土曜17:00放送。人気お笑いコンビ「バイきんぐ」の西村瑞樹が、趣味のキャンプをひたすら楽しむだけのドキュメントバラエティ番組。アウトドア初心者からキャンプ通まで幅広い層に支持。

※番組情報は2024年2月時点のものです

plus
キャンプだホイキャンプだホイキャンプだホイホイホーイ♪のメロディを聞くと『西村キャンプ場』を思い出す広島県民は多い。この『キャンプだホイ』の作詞・作曲をしたマイク眞木さんも過去にゲスト登場している。

イチオシ
ポイント 『ドライブ・マイ・カー』のロケ地に

大きな一幅の絵画のよう。瀬戸内海を
望む2階で映画『ドライブ・マイ・カー』
のワンシーンが撮影された（→ P.88）

一度は
泊まりたい

憧れの宿へ

絶景、美食、くつろぎの空間、文化体験……どれ
をとっても最上級。とっておきの日に訪れたい4軒。

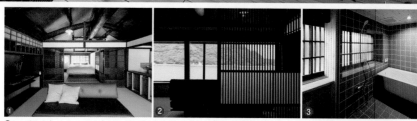

❶キングサイズ、クイーンサイズのベッドを備えた寝室がふたつ　❷昔の建具からのぞ
く多島美。目の前の窓から朝日と満月が昇る　❸水回り、お風呂はタイル貼りで清潔
感あるモダンな印象

❹1階「SEAFRONT DINING新豊」は
土・日・祝の昼営業。レストランのみ
の利用可　❺建物のよさを生かしつつ
も新しく生まれ変わった

呉市
豊町 築150年以上の古民家
一棟貸切で贅沢なひととき

かんげつあん　しんとよ
閑月庵 新豊

安芸灘で取れた活きのいい魚
料理と地酒を堪能したい

　昭和初期まで営業していた旅館「新豊」の名を引き継ぎ、1日
ひと組限定の宿とレストランとして生まれ変わった。江戸時代末
期に建てられた古民家は、一棟まるごと貸切となる。建物を支え
る大きな柱や梁、木製の建具、箪笥などから150年の歴史の重
みが感じられる。1階のレストラン「SEAFRONT DINING新豊」
では「とびしま海道」ならではの海の幸をふんだんに盛り込んだ
創作懐石料理を提供。宿がある御手洗地区は、江戸時代に中継
貿易港として栄え、「重要伝統的建造物群保存地区」「日本遺産」
にも選定される。タイムスリップした気分で町歩きを。

MAP 別冊P.10-A3

🏠呉市豊町御手洗313　📞050-7128-3003　**IN**15:30　**OUT**11:00　🍴
1泊2食付き4万6000円（2名利用時・1名あたり）〜 ※1組最大4名まで
CC ADJMV　🏨1室　**P**あり　🚃呉ICから車で1時間

尾道の文化を今に伝える
オールインクルーシブの宿

りょかんおのみちにしやま
Ryokan尾道西山

　1943（昭和18）年の創業以来、尾道を訪れる多くの著名人をもてなしてきた老舗宿「西山別館」をリニューアルし、2023（令和5）年にオープン。「本物の尾道文化を今に伝える宿」を目指し、"尾道文化"を体感できるサービスを提供する。北前船がこの地へ運んだ食材を使った料理、抹茶のウエルカムドリンクや昔の茶園を彷彿とさせるラウンジなど茶園文化も継承し、尾道らしさがあふれている。客室は、庭園を囲むように6棟の離れに8室と本館に3室。いずれも和の伝統美に現代の快適性が感じられる。オールインクルーシブの宿で、気兼ねなく過ごして。

MAP 別冊P.11-C2

住 尾道市山波町678-1　TEL 0848-37-3145　IN 15:00　OUT 11:00　料 1泊2食付き4万8750円～　CC ADJMV　客室 11室　P あり　交 JR「尾道駅」からおのみちバスで11分「山波」下車、徒歩1分

❶フランス料理に和食のエッセンスを取り入れたコース料理、アラカルトも提案する。ワインや日本酒とのペアリングも提案　❷フレンチをベースに和のエッセンスを加えた、イノベーティブな料理をいただける

❸「restaurantようそろ」。オールインクルーシブなので、好きなものを好きなだけ味わえる　❹日本茶、クラフトビール、地酒などを味わいながら、優雅にくつろいで　❺かつて皇族や豪商、文人墨客にも愛された客室　❻季節の移り変わりが映える宿

イチオシポイント
庭園を間近に眺める
客室「聴涛亭」。庭園には約200本の松、季節ごとの花木が植えられる

plus

「Ryokan尾道西山」内のライブラリー「西山文庫」には、文豪たちが愛した尾道をイメージし、ブックソムリエがセレクトした民芸やクラフトの書籍が置かれている。客室に持ちこんでゆったり読書時間を満喫しては？

イチオシ
ポイント

**フレンチの技法を用いた
コース料理**

瀬戸内の旬野菜や海の幸が中心。
「旧堀内邸」とともに継承した器
で提供。五感で味わいたい

❹旧堀内邸から受け継いだ器で和朝食を堪能。
地場食材を使い、「堀内家の朝ご飯」をテーマ
としている ❺ロビーから続く階段の先にはラウ
ンジが。自然光が差し込み、非日常感を演出

尾道市
瀬戸田町

**140年余りの旧堀内邸で
美味なる食体験を**

旅館はしおまち商店街
の中にある。瀬戸田散
策を楽しみたい

あずみ せとだ
Azumi Setoda

　製塩業や海運業を営んでいた豪商・堀内家、その「旧堀
内邸」を受け継いで誕生したのが、こちらの旅館。世界的な
ホテリエ「Adrian Zecha」が立ち上げに携わったことでも有
名だ。伝統的な日本建築を得意とする六角屋・三浦史朗氏
が建築デザインを監修。貴重な建築意匠は残しつつ、モダン
な雰囲気に生まれ変わっている。食事を統括するのは、東京
時代に1つ星を獲得した腕前の秋田シェフ。自らが生産者の
もとを訪ね調達した食材を、フレンチの技法で華麗に昇華。
半径50km以内の食材のみを使用するのも、"風味"を感じて
ほしいと願うシェフならではのこだわりだ。

❶客室「庭」。1階の各部屋には坪庭があ
る ❷全客室に檜の浴槽を設置。姉妹宿
「yubune」（→P.248）の大浴場やサウナ
も利用できる ❸ダイニング。ふたつの個室
と東屋を用意する

MAP 別冊P.34-A3

🏠尾道市瀬戸田町瀬戸田269　📞0845-23-7911　🕐IN 16:00
🕐OUT 12:00　💴1泊2食付き7万円（2名利用時・1名あたり）〜
💳ADJMV　🛏22室　🅿あり　🚃「瀬戸田港」から徒歩2分

生口島にある宿「Azumi Setoda」は、充実したアクティビティが自慢。サイクリングツアーや釣り、サンセットクルーズ、レ
モン収穫、カヤック、SUPなど、ここならではの体験をすることができる。

三原市
本郷町

別荘のようなコテージで
大人な休日を満喫したい

ふぉれすとひるずがーでん

フォレストヒルズガーデン

広島空港に隣接する、都市型庭園リゾートホテル。1万2000坪の広大な敷地内には、石造りのチャペル、ゴルフコース、テニスコート、フィットネスなどの施設が揃う。リストランテ「フォルネッロ」では、地元の食材とイタリア直輸入の食材を使って、健康も意識したヘルシーなイタリアンを提供。ワインの品揃えも豊富なので、コース料理に合わせたワインを選ぶのも楽しみのひとつ。一棟貸切のコテージは、自分の別荘のようにくつろげる極上の空間。コテージの窓を開ければ癒やし効果のある緑の絶景が広がり、夜になれば満天の星を眺めることができる。

MAP 別冊P.10-A2

住 三原市本郷町上北方1361　TEL 0848-60-8211　IN 15:00
OUT 11:00　料 1泊2食付き6万9100円〜　CC ADJMV　客室 8室　P あり
交「広島空港」から徒歩15分

❹ディナーは月替わりのほかさまざまなコース料理を用意。料理長おまかせのスペシャルコース1万円なども　❺ロビー。重厚な扉を開けるとあたたかくやわらかな雰囲気　❻愛犬と一緒に過ごすこともできる

❶8棟のなかでも一番かわいらしいデザインの「サクラソウ」。おとぎ話に出てきそう　❷テラス席には暖かい光が差し込む。ティータイムや読書を楽しんで　❸レストラン「フォルネッロ」。ランチやディナーなど宿泊以外でも利用可能

イチオシポイント

自然に溶け込む贅沢なコテージ

緑に囲まれた広大な敷地内には、8棟のコテージが点在。周囲に気兼ねなく過ごせる

plus

「フォレストヒルズガーデン」には、朝食のみが付いたプランもある。食材の持ち込みが自由なので、キッチン用品をレンタル(有料)して、コテージのキッチンで自炊することができる。

良質湯で身も心も癒やされる
麗しの温泉宿

温泉と旬の料理、優雅な客室で過ごす
贅沢時間。宿のおもてなしにも心が洗
われる至福のひとときを。

「岩惣」を訪れた偉人たち

伊藤博文　夏目漱石　高浜虚子
桂太郎　森鷗外　東郷平八郎
加藤友三郎　大隈重信　昭和天皇
山本五十六　マルセル・ジュノー
ヘレン・ケラー　池波正太郎
吉川英治　など

♨ 肌艶効果が期待できる

温泉の特徴

源泉周辺を若宮ヶ原と呼んでいた
ことに由来。単純弱放射能冷鉱泉
で、肌が艶々になる

❶大浴場「月の湯」❷格式が感じられる玄関建屋の外観❸離れの客室。紅葉谷の中にあり、眺めのよさで人気。宮島
の自然をより楽しみたい人に……

若宮温泉 📍廿日市市宮島町

世界遺産・安芸の宮島で170年続く温泉旅館へ
みやじまの宿 岩惣
みやじまのやど　いわそう

　世界遺産の地、日本三景のひとつでもある安芸の
宮島で、170年の歴史をもつ旅館。客室は、一室一
棟の離れのほかに、本館、新館からなる。火灯窓、
欄間、格子、床柱といった装飾からは、当時の大工
の思いがよみがえるようだ。弥山原始林の麓、紅葉
谷に湧きいずる若宮温泉の泉質は、単純弱放射能冷
鉱泉。神経痛や疲労回復などに幅広い効果が得られ
る。紅葉谷公園の四季折々の風情を感じながら入浴
すれば、愛らしい鹿にも出会えるかも。温泉のあとは、
カキやアナゴなど広島の風土を感じる食材を用いて、
手間暇をかけて作られた上品な懐石料理を、ぜひ。

❹京懐石で経験を
積んだ料理長が提
供　❺朝食の一
例。活力をチャー
ジして、宮島観光
を満喫しよう　❻
離れ。細部までこ
だわった日本建築
を楽しみたい

MAP 別冊P.27-C3

🏠 廿日市市宮島町345-1　📞 0829-44-2233　**IN** 15:00
OUT 10:00　💴 1泊2食付き2万9850円～　**CC** ADJMV　🛏 38
室　**P** あり　🚶 宮島桟橋から徒歩15分

カキコミ　広島県には魅力あふれる銭湯が多くあります。なかでも尾道市の「大宮湯」、広島市安芸区の「日の出湯」は国宝級で
す！　その情緒、そしてひなびた雰囲気は圧巻です！(中野一行・フォトグラファー)

宮浜温泉 📍廿日市市宮浜温泉

宮島を望む高台に立つ庭園自慢の老舗宿

ていえんのやどせきてい
庭園の宿 石亭

　宮島をはじめ瀬戸内の島々を望む高台に立つ、1965（昭和40）年創業の宿。そびえ立つ経小屋山から海へと続くなだらかな斜面に溶け込むように作られた庭園が自慢だ。中央にある池と名松を中心とした海遊式の配置で、そこから翼が広がるように、離れと母屋が立っている。全12室の部屋はすべて造りが異なる。食事は、瀬戸内の山の幸と海の幸を使った懐石料理。宮島口「あなごめしうえの」とこの宿が姉妹店であることから、〆に供される「アナゴ茶漬け」などアナゴ料理には定評あり。山水画のような絶景を楽しみながら、静かな時を過ごしたい。

MAP 別冊P.24-B3

🏠 廿日市市宮浜温泉3-5-27　☎ 0829-55-0601　IN 15:20　OUT 10:20　料 要問い合わせ　CC ADJMV　🛏 12室　P あり　交 JR「大野浦駅」から車で5分

❶大浴場は檜の内湯と露天風呂を用意　❷離れの2階にあるリビングルームから庭園を望む優雅なひととき

❸床下空間を利用したライブラリーテラス。隠れ家のよう　❹客室「四阿 安庵」にある書斎。もとは宿の主人の書斎として使われていた場所だ

❺夕食の一例。瀬戸内の小魚や小貝を中心に海・山の幸を取り入れた懐石料理。食事は日帰りでの利用も可能　❻朝食のだし巻き卵は、席に着いてから一気に巻き上げ提供される

♨ 温泉の特徴
背後の山から引いた宮浜温泉
ラドンを含む単純弱放射能低温泉・低張性弱アルカリ性低温。写真の客室「四阿 安庵」には露天風呂が

広島県の温泉事情
中国地方の温泉といえばお隣の島根県や山口県の印象が強い。広島県内には大規模な温泉街はないものの良質な温泉が点在。ラジウム泉とラドン泉をよく目にする。

体の芯から温めて血行を促進

療養泉のなかでも塩化物泉と硫酸塩泉の特徴を合わせもつ、ダブル保湿・保温の湯

温泉の特徴

❹保湿・保温効果が高い。つるんと滑らかな美肌に ❺和とフレンチを融合させたコース。使用食材のみ伝えられるため、料理の登場の瞬間のワクワク感が！

えたじま温泉 📍江田島市能美町

穏やかな瀬戸内海を望むオーシャンフロントの客室

えたじまそう
江田島荘

　「こころとからだが元気になる宿」として、2021（令和3）年に誕生。1部屋31㎡以上ある32室の客室は、すべての部屋から瀬戸内海が見渡せるオーシャンフロント。すがすがしい青空から少しずつ空を赤く染める夕日まで、時間ごとに異なる表情が美しい。放射能泉としては珍しい約30℃の貴重な源泉を用いた天然温泉は、加温・加水しない源泉掛け流しの「ぬる湯」のほか、内風呂、露天風呂、寝湯などバラエティ豊富。プライベートな時間が過ごせる半露天貸切風呂も。食事は、海と山に囲まれた食材の宝庫である江田島産の食材を中心にしたフルコースを。

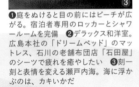

❶庭をぬけると目の前にはビーチが広がる。宿泊者専用のロッカーとシャワールームを完備 ❷デラックス和洋室。広島本社の「ドリームベッド」のマットレス、石川の老舗布団店「石田屋」のシーツで疲れを癒やしたい ❸刻一刻と表情を変える瀬戸内海。海に浮かぶのは、カキいかだ

MAP 別冊P.29-D2

🏠 江田島市能美町中町4718　**TEL** 0823-27-7755　**IN** 15:00　**OUT** 11:00　要問い合わせ　**CC** ADJMV　**客室** 32室　**P** あり　**交**「中町港」下船、江田島バスで1分「長瀬海岸」下車、徒歩1分

ロビーには足湯も

Plus ℹ️ 世界で活躍する和紙作家・堀木エリ子氏のアート作品が、館内に配されているのも「江田島荘」の魅力のひとつ。4点展示されている作品は、堀木氏が実際に江田島の自然を体感し、地元の人々との触れ合いから着想を得たという。

鞆の浦温泉　📍福山市鞆町

景勝地・鞆の浦を前にのんびり過ごす大人の時間

みぎわてい　をちこち
汀邸 遠音近音

　古より"潮（汐）待ちの港"として多くの客人を迎えてきた鞆の浦に、ひっそりとたたずむ宿。江戸時代創業の旅籠「籠藤（かごとう）」をリニューアルしたもので、十返舎一九、井伏鱒二、シーボルトなども宿泊した記録が残る。全客室にオーシャンビューの露天風呂があり、鞆の浦の景勝である仙酔島、弁天島を眺めることができる。瀬戸内の海の幸をはじめ、米、味噌、卵まで、食材のすべてにこだわり抜いた料理を提供。生産者の顔が見える、安心安全な絶品料理の数々を堪能したい。鞆の浦には神社や寺院が多く点在しているため、周辺の散策もおすすめだ。

MAP 別冊P.37-D3

住 福山市鞆町鞆629　TEL 084-982-1575　IN 15:00　OUT 11:00
料 1泊2食付き2万9700円〜
CC ADJMV　客室 17室　P あり
交 JR「福山駅」から鞆鉄バスで30分「鞆港」下車、徒歩2分

❶目の前に見えるのは、景勝地・弁天島
❷すべての客室には、シーサイドデッキがあり、弁天島・仙酔島をほぼ正面に望める
❸「アッパースイートルーム」の露天風呂。24時間いつでも癒やされて

❹目の前の海で水揚げされた海の幸を贅沢に堪能　❺木造本瓦葺ベンガラ塗りの古民家。江戸時代の風情を今に伝える　❻全室オーシャンビューで、海に浮かんでいるような気分に

♨ 温泉の特徴

日本有数のラジウム含有量
瀬戸内海国立公園の名勝・鞆の浦に湧く。日本有数のラジウム含有量を誇る天然温泉だ

Plus

「汀邸 遠音近音」では客室にこもって1日ゆったり羽を伸ばすのももちろんいいが、鞆の浦を体感できるアクティビティに参加するのもあり！ 伝統産業・鍛造体験や、保命酒酒蔵ツアーなどここでしか味わえない経験ができる。

塩と竹原の酒を通じて
歴史と文化に思いをはせる

竹原市 中央

にっぽにあ ほてる たけはらせいえんちょう
NIPPONIA HOTEL
竹原製塩町

安芸の小京都「たけはら町並み保存地区」に点在する歴史ある邸宅をリノベーションした、小規模分散型のホテル。町に暮らしているかのような過ごし方ができるのが魅力だ。創業150年を超える3つの地元酒蔵で醸す美酒と、製塩の町にちなみ全国から集めた上質な塩を使った美食のペアリングが楽しめる。塩田主・浜旦那たちによって作られた竹原の文化や歴史が色濃く残る町で、豊かな時間を。

❶「たけはら町並み保存地区」に溶け込むように立つ ❷明治期に建てられた「旧芸備銀行（現広島銀行）」、その後は「旧水儀旅館」として、ふたつの歴史をもつMOSO棟 ❸KIKKO棟。明治期は造り酒屋、大正から昭和はビリヤード場だった

❹グランシェフを務めるのは、関西フレンチの次代を牽引する石井之悠シェフ ❺重要文化財が建ち並ぶ

MAP 別冊P.31-D1
住 竹原市中央3-16-33 **TEL** 0120-210-289 **IN** 15:00 **OUT** 12:00 **料** 5万1150円（2名1室）〜 **CC** ADJMV **客室** 10室 **P** あり **交** JR「竹原駅」から徒歩10分

風情に浸る **町家ステイ**

明治初期に建造された
上下町らしい格式ある商家

府中市 上下町

とまれるまちや　てんりょうじょうげ
泊まれる町家
天領上下

白壁が残る上下町の商店街の中心にある、築150年の町家宿。明治時代に建てられた古民家をリノベーションした全3室で、家族や友人で1棟貸し切ることも可能。庭を囲むように縁側が設けられて、のどかな時間が過ごせる。見事な細工の欄間、なまこ壁の外壁など、当時を思わせる建造美もそのままに。天領地であった名残がある歴史的建造物が建ち並ぶ上下の町並みを散策して。

MAP 別冊P.15-C3
住 府中市上下町上下1003 **TEL** 0847-54-2468 **IN** 16:00 **OUT** 10:00 **料** 1泊8000円（1名追加ごとにプラス4000円、最大利用人数は部屋により異なる）
CC ADJMV **客室** 3室 **P** あり **交** JR「上下駅」から徒歩5分

❶灯篭など日本らしい風景が凝縮された庭園 ❷黒漆喰の塗り壁となまこ壁。上下の格式ある商家の特徴だ ❸情緒ある町家で贅沢な時間を過ごせる

❹縁側。庭を眺めたり、日なたぼっこをしたり ❺いちの間。14畳あるいちばん広い部屋。館内のキッチン、トイレ、シャワーは共用

全3室、1棟まるごと借りることができる「泊まれる町家　天領上下」。1棟貸しの場合、料金は1泊5万円、最大利用可能人数は14人。食事については、館内にレストランがないため、近隣の飲食店を利用するのが便利だ。

❶2階には3間続きの居室と寝室、2022（令和4）年に新設されたワークルームが　❷家族、友人と訪れて、思いおもいの過ごし方を　❸モーニングは宮島で50年愛される「喫茶しま」の手作りパンと広島レモンジャムのセット

厳島神社からも近い町家で暮らすようなひとときを

きたのちょう　いつもや
北之町 厳妹屋

廿日市市 宮島町

　厳島神社から徒歩10分。明治後期に建てられた町家は、1棟貸しなので他人の目を気にせず気兼ねなく過ごせる。建物内に神を祀る部屋「おうえの間」があるのは、宮島の伝統的町家だからこそ。コウヤマキの大きな浴槽を設置する浴室は、壁は中国山地のヒノキ、床面は倉橋島産のもみじ御影石。中庭に接しており、戸を開ければ半個室に。四季によって表情を変える紅葉を眺めながら、贅沢な時を。

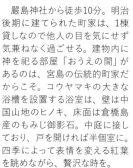

MAP 別冊P.27-C2
住 廿日市市宮島町580　**TEL** 0829-44-0925　**IN** 15:00
OUT 10:30　**料** 要問い合わせ
CC ADJMV　**室** 1室　**P** なし
交 宮島桟橋から徒歩5分

❹約20畳ある2階座敷は大人数でも余裕の広さを併設
❺1階の土間にはギャラリーを併設

歴史ある町並みに溶け込み、その地に暮らすように宿泊ができる町家宿が広島県内でも人気急上昇中。

趣の異なる分散型ホテル鞆の浦がたどった軌跡を感じて

しおまちほてる　おーべるじゅさくらや
潮待ちホテル
オーベルジュ櫻や

福山市 鞆町

　鞆の浦の歴史的商家や町家を改装した分散型ホテル「潮待ちホテル」。2023（令和5）年に誕生した「オーベルジュ櫻や」はそのひとつ。大正期の町家を改装した宿泊棟は、梁や柱、欄間や土間など、往時の建築のディテールを復元しつつフルリノベーション。1階には歴史的空間を生かした本格的なダイニング、2階には趣きの異なる2室の客室を配置。和と洋を融合させた和懐石のコース料理が楽しめる。

MAP 別冊P.37-C3
住 福山市鞆町鞆808-1（代表櫓屋）　**TEL** 084-982-2480　**IN** 15:00　**OUT** 11:00　**料** 1泊2食付き3万250円〜　**CC** ADJMV　**室** 10室（潮待ちホテル合計）　**P** あり　**交** JR「福山駅」から鞆鉄バスで32分「鞆港」下車、徒歩3分（チェックインは「ホテル鷗風亭」で）

❶チェックインは姉妹店「ホテル鷗風亭」のフロントにて

❷時間を忘れてくつろぎたい　❸地元の海の幸・山の幸をふんだんに取り入れた和懐石コース　❹頭上の太い梁が存在感を放つ

Plus
「潮待ちホテル」には、このページで紹介した「オーベルジュ櫻や」のほか、明治期の商家「櫓屋-ROYA-」、対潮楼に面して立つ町家「櫂-KAI-」、江戸中期の平屋建築「別邸　試楽亭」がある。

充実サービスで太鼓判
広島市内の **シティホテル**

ビジネスから観光まで幅広いニーズに対応してくれる広島市内の8つのホテルをご紹介。

開業以来、世代を超えて広島で愛される存在

立地と眺望のよさは抜群！
広島のランドマーク的存在

中区 基町

りーがろいやるほてるひろしま
リーガロイヤルホテル広島

2024（令和6）年4月25日で開業30周年。中四国随一の規模と設備を誇る都市型リゾートホテルで、広島中心部のランドマーク的存在だ。平和記念公園や原爆ドームなども徒歩圏内の好立地。また、路面電車、バス、アストラムラインの最寄駅も近く、観光やビジネスにも利便性がよい。高層階の南側は海まで広がる市街地、北側は広島城を眼下に、市内の風景が楽しめる。

ご当地グルメも揃う全50種以上の朝食ビュッフェ

① エグセクティブフロア（30〜31階）。限定アメニティなど特別なプランを用意 ② 最上階レストラン・バーから広島の夜景が一望できる ③ スーペリアフロア（26〜29階）

MAP 別冊P.19-C2

🏠広島市中区基町6-78 ☎082-228-5401（予約センター）月〜金9:00〜18:00、土・日・祝9:00〜17:00 🈺15:00 🈳11:00 🈴要問い合わせ 🆑ADJMV 🈶491室 🅿あり 🚃広島電鉄「紙屋町東」下車、徒歩3分

観光にもビジネスにも最適
朝食ビュッフェにファン多し

中区 中町

えーえぬえーくらうんぷらざほてるひろしま
ANAクラウンプラザホテル広島

平和大通りに面し、徒歩圏内に平和記念公園がある好立地。スタンダード、ミドル、クラブフロアとニーズに合わせた客室を用意する。館内には5ヵ所にレストランやバーがあり、軽食に、日本料理、中国料理が揃う。朝食ビュッフェは6時オープンで、朝早い出発でも安心。シェフが目の前で調理する卵料理のほか和食、洋食、焼きたてパンなど豊富なメニューが自慢。

① クラブフロア（19〜21階） ② 朝食ビュッフェ。小イワシやがんすなど広島名物も楽しめる ③ 日本料理「雲海」には、縮景園を模した庭園が

MAP 別冊P.19-C3

🏠広島市中区中町7-20 ☎0570-07-1640（ナビダイヤル） 🈺15:00 🈳11:00 🈴要問い合わせ 🆑ADJMV 🈶402室 🅿あり 🚃広島電鉄「袋町」から徒歩2分

④ 料理を目でも楽しませる「鉄板焼愛宕」 ⑤ 周囲はオフィス街で、交通の便がよい

plus **P.406〜409の宿泊料金** データ欄の宿泊料金は、1室利用時の大人1名分の料金（諸税・サービス料込）。季節や曜日などにより価格変動の可能性があるため、最新料金は公式サイトなどで確認を。

世界的なホテルで
ワンランク上の滞在を

中区
富士見町

ひろとんひろしま
ヒルトン広島

　中国・四国地方では、初の「ヒルトン」として2022（令和4）年に開業した。最高層階である22階には、最大80名まで利用可能なエグゼクティブラウンジが完備されており、ワンランク上の滞在を楽しむことができる。鉄板焼きや寿司カウンターを有する日本食レストラン、各種ビュッフェを提供するオールデイダイニング、席数100席以上のバー&ラウンジなどもある。

❶広島の町並みを一望できる ❷スイートを含む全420室 ❸ロビー階にはカフェ&ラウンジを隣接

MAP 別冊P.19-D3
🏠広島市中区富士見町11-12 ☎082-243-2700 IN15:00 OUT12:00 💴ツイン1泊朝食付き1万8210円〜 CCADJMV 🛏420室 🅿あり 🚃広島電鉄「比治山下」から徒歩10分

❹朝食からディナーまで利用可能な「モザイク」 ❺屋内プールに加え、24時間利用可能なジムには最新機器を用意

京橋川沿いにたたずむ
リバーサイドホテル

中区
上幟町

ざ ろいやるぱーくほてる ひろしまりばーさいど
ザ ロイヤルパークホテル
広島リバーサイド

　「川の都・広島」を堪能できるリバーサイドにあり、広島駅、中四国有数の繁華街・流川も徒歩圏内とアクセス良好。「The River Side Cafe」では、川沿いのロケーションならではの時間を過ごしながら、朝食、ランチ、アフタヌーンティー、カフェタイムが過ごせる。客室は160cm幅のゆとりあるベッドを配置したダブルルームを中心に、ニーズに合わせた部屋を用意。

MAP 別冊P.20-A2
🏠広島市中区上幟町7-14 ☎082-211-1111 IN15:00 OUT11:00 💴1泊朝食付き7670円（1室2名利用時・1名あたり）〜 CCADJMV 🛏127室 🅿あり 🚃JR「広島駅」から徒歩7分

❶広島市内を流れる京橋川沿いに立つ ❷広島の自然や四季を表現した内装 ❸カラフルなインテリアを起用したラウンジロビー

❹「The River Side Cafe」にはテラス席もあり。テラス席はレストラン利用者以外も利用可能 ❺2018（平成30）年に開業

 広島駅から南へ、京橋川を下った場所に架かる「京橋」。西国街道上、京へ向かう橋として架けられたことからその名が付いた。「被爆に耐えた装飾的橋梁」として、土木学会の土木遺産に推奨されている。

① 客室はモダンなインテリアで統一 ② 館内にはふたつのレストラン。県産食材の料理がたくさん ③ 7:00〜10:00で利用可能な朝食ビュッフェ

広島の魅力を伝える
おもてなし上手なホテル

中区 田中町

おりえんたるほてるひろしま
オリエンタルホテル広島

　広島市内の主要道路である平和大通り、繁華街・流川へ隣接。魅力のひとつが、2023（令和5）年に始まったウエルカムサービスだ。宮島紅茶や宮島緑茶、広島発祥のチチヤスのドリンク、広島レモンのパウンドケーキ、「瀬戸内れもんイカ天」など、広島の魅力がいっそう伝わるサービスでおもてなし。3つのフロアで構成された客室はすべて15㎡以上の大きさで快適な時間が過ごせる。

MAP 別冊P.19-D3

🏠広島市中区田中町6-10 📞082-240-7111 🕐15:00 🕚11:00 💴セミダブル1泊朝食付き9000円〜 💳ADJMV 🛏227室 🅿あり 🚋JR「広島駅」から広島バスで5分「田中町」下車、徒歩3分

④ 広島駅から車で5分と、アクセスがよい

⑤ 宿泊者限定のウエルカムサービスは、15〜21時の間、何度でも利用可能

広島駅にダイレクトに接続
多彩なレストランで食事も◎

南区 松原町

ほてるぐらんゔぃあひろしま
ホテルグランヴィア広島

　広島の陸の玄関口である広島駅に直結。移動はもちろん、観光やビジネスの拠点としてアクセス良好だ。くつろぎをテーマにハイグレードな空間作りにこだわった客室、広島の魅力を味わう朝食「ひろしま味朝ごはん」のほか、旬の味覚を味わえる日本料理や中国料理を提供する各種レストランを用意。ホテル最上階のラウンジでは、地上80mからの眺望とともにゆったりくつろげる。

MAP 別冊P.20-B2

🏠広島市南区松原町1-5 📞082-262-1111 🕐14:00 🕚12:00 💴要問い合わせ 💳ADJMV 🛏407室 🅿あり 🚋JR「広島駅」から徒歩1分

① シックでモダンなインテリアの客室 ② 広島駅に直結で、ロケーションは絶好　チェックイン前に荷物の預かりも可能（無料、チェックアウト後）

④ 朝食はビュッフェ形式で
⑤ 最上階のラウンジでは広島の地酒も楽しみたい

ⓘ plus 「ホテルグランヴィア広島」や「シェラトングランドホテル広島」は、広島駅の北口側に立地する。周辺には飲食店やショップも多く便利。再開発の進む広島駅だけあって、訪れるたびに新しい施設や店舗に出会える楽しみがある。

広島駅に直結！
カフェバーも要注目

東区
若草町

しぇらとんぐらんどほてるひろしま

シェラトン
グランドホテル広島

広島駅に直結する好立地。2011（平成23）年に開業、2016（平成28）年にシェラトンブランドのなかでもワンランク上のカテゴリー、「シェラトングランドホテル広島」に名称を変更した。館内にはレストランがあり、モダンな配色と目にも楽しいインテリアが魅力。また、シェラトンブランドのカフェバー「&More by Sheraton」が日本に初上陸したのもこちら。

MAP 別冊P.21-C2

住広島市東区若草町12-1　TEL082-262-7111　IN15:00　OUT12:00　料要問い合わせ
CCADJMV　室238室　Pなし　交JR「広島駅」から徒歩1分

❶広島駅改札から雨にぬれずに移動できる　❷チェックインカウンターのあるロビー　❸「&More by Sheraton」では、カフェメニュー、アフタヌーンティー、カクテルが楽しめる

❹最高層の客室からは広島の町並みが眼下に広がる　❺朝食はビュッフェレストラン「ブリッジ」にて

瀬戸内を望む好ロケーション
G7広島サミットの会場にも

南区
元宇品町

ぐらんどぷりんすほてるひろしま

グランドプリンスホテル広島

瀬戸内国立公園に面した絶好のロケーションに立つ。広島湾や瀬戸内の景観が全客室から楽しめるように配慮された、地上23階建ての三角柱の建物が特徴的。季節の移ろいを楽しめる展望露天風呂、海を眺めながら心まで解きほぐされるスパ施設、大パノラマを楽しめる高層レストランを完備。2023（令和5）年に開催された「G7広島サミット」では、メイン会場となった。（→P.54）

MAP 別冊P.17-C3

住広島市南区元宇品町23-1　TEL082-256-1111　IN14:00　OUT11:00　料要問い合わせ
CCADJMV　室510室　Pあり　交JR「広島駅」から広電バスで38分「元宇品」下車、徒歩3分

❶瀬戸内海をモチーフにしたデザインの客室　❷自然素材を取り入れたオリジナルトリートメントでスパも　❸展望露天風呂、広島温泉「瀬戸の湯」は宿泊者限定

❹G7広島サミットで各国首脳に提供したメニューをアレンジした特別コース　❺各国の首脳をもてなした瀬戸内海の絶景を堪能して

Plus

「グランドプリンスホテル広島」前の桟橋から宮島港行きの高速船が出ており、約26分で宮島に到着できるので便利。「宮島アクティビティパスポート」付きの宿泊プランもあります。

感性が磨かれるお泊まり
こだわりの **個性派宿**

普通の宿では満足できないアナタにおすすめしたい5軒。ハイセンスな非日常空間を楽しもう!

注目 Point **屋内プールをリノベーション**
屋内プールの跡地をゲストラウンジへと改装

❶季節野菜とソーセージなどのクレープ料理をメインに、副菜やスープなどがつく朝食 ❷11パターンの趣の異なる客室を用意する。写真はスタンダードツイン ❸フロントのある1階に、ショップを併設

屋内プールを再生したラウンジ
洗練されたリノベホテル

きろ ひろしま ばい ざ しぇあ ほてるず
KIRO 広島
by THE SHARE HOTELS

広島市内中心部に位置

　かつての役目を終えた建物から生まれたリノベーションホテル。既存建物の改修・再生を手がける「ReBITA」がプロデュースした。見どころは3階にあるラウンジバー「THE POOLSIDE」。屋内プールを改装しており、どことなくかつての趣が漂う。7〜11時はモーニング、11〜24時はゲストラウンジとして利用できる。1階には、広島各地のバリスタが入れ替わり登場するドリンクスタンド「cicane -liquid stand-」、広島の工芸品・食品・雑貨を扱う「SHOWCASE」が。ホテルに滞在しながら、ディープな広島を見つけることができる。

❹個性が光るドリンクが楽しめる「cicane -liquid stand-」 ❺11〜24時はゲストラウンジ。アロマウオーターやお茶などのフリードリンクのほか有料のバーメニューも楽しめる

MAP 別冊P.19-D3

🏠広島市中区三川町 3-21　📞082-545-9160　🕐15:00
🕙10:00　💴ダブル1泊2名朝食付き1万3000円〜　💳ADJMV
🛏49室　🅿なし　🚃広島電鉄「八丁堀」から徒歩7分

「KIRO 広島 by THE SHARE HOTELS」のドリンクスタンド「cicane -liquid stand-」に登場するバリスタの月間スケジュールは、公式サイト(URL www.thesharehotels.com/kiro)で確認できる。

広島ならではのサービス
平和大通り沿いのホテル

ざ のっと ひろしま
THE KNOT HIROSHIMA

　"上空のアトリエ"を目指し、広島にゆかりのあるアーティストや企業とコラボした家具をセンスよく配置し、館内アートにもこだわる。平和記念公園をはじめ、広島の市街地を一望できるルーフトップバーでは、広島ならではのフードやドリンクを用意。世界中へ開かれた場所として、多言語を使用したタイポグラフィーアートがエントランスや各階に飾られる。

> **注目Point** **夜景を眺めつつ乾杯**
> 雰囲気あるルーフトップバーでは、チェックイン時にもらうホテルオリジナルのコインで飲食可

MAP 別冊P.19-C3
🏠 広島市中区大手町3-1-1　☎0570-009-015　🕒15:00　🕚11:00　🛏クイーン1泊朝食付き1万3460円（変動あり）～　💳ADJMV　🔑201室　🅿あり　🚃広島電鉄「中電前」から徒歩3分

❸月替わりのオリジナルカクテルなども用意する ❹多言語のサインで迎えるエントランス

❶1階 イタリアンレストラン「MORETHAN HIROSHIMA」の朝食 ❷グレーを基調とした落ち着きのある客室

❶1階「ANCHOR BAR with あき乃」。18～24時の営業 ❷朝食のホットドッグはテイクアウトも可能

地域のハブとして
福山を見つける感じる

あんかー ほてる ふくやま
ANCHOR HOTEL FUKUYAMA

　ファブリックは備後デニム、家具は「心石工芸」の木製品や「三暁」の鍛造製品、朝食は「池口精肉店」のソーセージと「The Standard Bakery」のパンを使ったホットドッグなど、福山の魅力に触れることができる。チェックイン後は、オリジナルの浴衣を着用して、飲食店がひしめく夜の街散策を。1階のバーで瀬戸内をイメージしたカクテルを味わいつつ、旅の1日を締めくくりたい。

MAP 別冊P.36-B2
🏠 福山市城見町1-1-10　☎084-927-0995　🕒14:00　🕚11:00　🛏6500円（1名利用時）～　💳ADJMV　🔑35室　🅿なし　🚃JR「福山駅」から徒歩6分

> **注目Point** **"福山"で満たされる空間**
> 備後産デニムで作るファブリックが特徴的。全室にバルコニー付き

❸近隣にある「東珈琲店」のコーヒーサービスもあり ❹旧マンションの趣を生かした外観、駅近でアクセスも良好

クチコミ 江田島市には家庭に泊まる体験民泊のお宿がいっぱい！「潮騒」さん、「みさご」さん、「コンベイ」さん、「ポークアンドチキン」さん、「シガハウス」さん、「NORA」さんなど。普通のホテルと違う体験をぜひ♪（小林由佳）

世界的な建築家が手がける "海辺の建築作品"に滞在

SIMOSE ART GARDEN VILLA
しもせ あーと がーでん ゔぃら

　美術館、ヴィラ、レストランが一体となった施設「SIMOSE」は2023（令和5）年に誕生。広大な敷地内に建つ、"海辺の建築作品に泊まる。"をコンセプトにした全10棟のヴィラは、建築家・坂茂氏が設計を手がける。「森のヴィラ」「水辺のヴィラ」のふたつのエリアに分けられ、瀬戸内の島々を望むプライベート空間を楽しめる。建築、食、アートを通じて体験する、新感覚の滞在を。

MAP 別冊P.8-B2

🏠大竹市晴海2-10-50　☎0120-907-090　**IN**15:00　**OUT**11:00　💰7万円（2名1室・1名あたり）〜　**CC**ADJMV　🛏10室　**P**あり　🚃JR「玖波駅」から大竹市バスで5分「ゆめタウン」下車、徒歩5分

アートに包まれた非日常空間
注目Point
瀬戸内海に面した4.6ヘクタールの敷地内には、下瀬美術館（→ P.179）とヴィラ、レストランが

❶「森のヴィラ」のひとつ「紙の家」　❷水辺のヴィラ。室内には木漏れ日が注ぎ込む

❸施設内のフレンチレストラン。宿泊者以外も、ランチやディナーの利用が可能　❹ランチ6000円〜、ディナー1万3500円〜

江田島の料亭旅館で瀬戸内の美食を堪能

坪希 別館「天風邸」
つぼき べっかん てんぷうてい

　地元の漁師から仕入れた鮮度抜群の海鮮料理を振る舞う料理旅館「坪希」。2022（令和4）年に新施設「天風邸」が登場。和モダンなメゾネットタイプの客室を2室用意する。2階には露天風呂があり、瀬戸内海を一望することが可能だ。料理はすべてコース料理。四季ごとに異なる瀬戸内の味覚を思う存分楽しみたい。仕入れ状況によって、出合える料理が違うのもおもしろい。

MAP 別冊P.29-C2

🏠江田島市沖美町畑6-2　☎0823-48-0018　**IN**16:00　**OUT**10:00　💰1泊2食付2万5000円〜（2名から利用可）　**CC**ADJMV　🛏2室（別館）※本館2室　**P**あり　🚃呉ICから車で50分

新鮮な海の幸を贅沢に
注目Point
タイ、エビ、アワビ、サザエ、カキなど、水揚げされたばかりの瀬戸内の海の幸を堪能

❸2階には海を眺められるバルコニーと露天風呂がある　❹料理は本館の個室にて。大人数の宴会にも対応する

❶昼または夜の食事のみのプランと、宿泊プランを用意　❷宿泊専用棟「天風邸」はメゾネットタイプで全2室。本館宿泊も

412

クチコミ　旧海軍の町・呉には、潜水艦がテーマの「Red Submarine」というゲストハウスが！ 細部までこだわった作りで感激しました。タイミングが合えば元海自のMIKIO艦長のお話も聞けますよ。（広島市在住・クレヨ軍曹）

第7章

旅の準備と技術

旅のプランニング ································· 414

広島への道 ······································· 416

広島へのアクセス早わかり ················· 420

旅の予算 ·· 422

旅のシーズン ····································· 424

旅に役立つ情報源 ······························ 426

旅の安全情報とトラブル対策 ·············· 430

習慣とマナー ····································· 432

🍁広島弁講座 ··································· 436

旅のプランニング

2025年に改装工事が終了する広島駅周辺。新しいホテルが目立つ

▶ 予算に合わせたツアー選び
パック旅行では、予算に応じて乗り物の座席のクラスや宿のグレードを選べる場合が多い。富裕層向けの超高級ツアーから若者向けの格安ツアーまで、バラエティ豊かにラインアップされている。女性限定ツアーやひとり客向けツアーもあるのでリサーチしてみよう。

▶ フリーツアーという選択も
航空券やきっぷと宿がセットになったフリーツアーは、パック旅行と個人旅行の中間的な存在。金額的にもお得なので、ビジネスシーンでもよく利用される。行きと帰りの交通手段、そして宿泊先が確保されているので、広島に着いたあとの行き先や動き方を集中して検討できるはずだ。

▶ 特別なツアーの手配
「マツダ スタジアム野球観戦付きプラン」「サンフレッチェ広島オフィシャル応援ツアー」など、観戦チケットがセットになったツアーは要チェック。スポーツ観戦以外にもお祭りなど、目的が設定されたツアーでは、利用客限定の体験がプランされている場合もある。旅行会社に問い合わせてみよう。

▶▶ パック旅行と個人旅行、どっちにする？

広島への旅は、航空券やきっぷと宿泊がセットになった「パック旅行（パッケージツアー）」と、自身で交通手段や宿泊先を段取りする「個人旅行」の2種類に分かれる。あなたの広島旅行は、いつ？　行きたい場所はどこ？　何を目的に？　予算の目安は？　こうしたことを整理して、パック旅行か個人旅行かを決定。旅の計画を立てていこう。

▶▶ パック旅行のメリット＆デメリット

パック旅行の正式名称は「募集型企画旅行」。旅行会社が飛行機や新幹線などの交通手段と宿泊などをセットにして販売する商材のことだ。旅行会社で申し込みをすれば手配が一気に完了するので気楽。公共交通機関で行くのが難しい場所でも、専用バスなどで行けるのもメリットだ。

◆個人で手配するよりお得

パック旅行のメリットのひとつは、リーズナブルであること。運賃や宿泊料金が団体料金で割安に設定されている。ゴールデンウイーク・お盆・年末年始、広島なら平和記念式典のある8月6日周辺は高くなるが、個人で手配するよりお得なはずだ。

◆面倒なことを考えずに済む

行程を組んだりさまざまな予約をしたり、楽しさはあるが面倒なのが旅の手配。決めるのが苦手な人や、旅行前に時間が取れない人は、パック旅行で旅行会社に任せれば安心。プロが組む行程は効率的で、無駄なく旅を満喫できる。

◆宿泊施設のレベルが安定している

宿泊先が残念だと、旅の評価はダダ下がり。その点、旅行会社が選ぶ宿泊施設には大きな外れがなく、質が安定していると考えられる。よほど激安なツアーでない限りは不安はない。旅慣れず宿泊先選びに難儀する人はぜひ。

◆自分の興味と100％マッチはない

パック旅行は便利な反面、印象に残りにくいという面も。旅行会社が選んだ行程なので、自分が心から行きたい場所や食べたい物をすべて体験できるわけではないからだ。

◆参加者に合わせた行動が求められる

思ったよりよかったからもう少しここにいたい、せっかくだからもう1泊……といった、現地で生まれた自分の気持ち。残念ながら、パック旅行では参加者の行動は時間厳守が鉄則。心のままに旅をアレンジすることは許されない。

Plus
帰りに食べる駅弁は旅の集大成。ウェブサイト「駅弁図鑑」では各駅で食べられる駅弁を紹介。広島駅の駅弁はここでチェック。ekiben.gr.jp/odekake.php?p01=10&p02=1

⋙ 個人旅行のメリット＆デメリット

何から何まで自分で手配しなければならないが、誰の制限も受けず好きな場所へ行ける。個人旅行の魅力は、団体旅行とはまた違ったところにある。旅慣れて来れば来るほど、自由に楽しめる個人旅行を選ぶ人が増えるものだ。

◆ 旅を気ままにアレンジできる

ニッチな観光地や推しの聖地、あの映画のロケ地……。すべてを自分で手配するからこそ、誰とも似ていないオリジナルな旅を作っていけるのが個人旅行の最大の醍醐味だ。行き先だけでなく、交通手段や宿泊先も自分次第。その組み合わせで生まれる旅のアイデアは無限大だ。

◆ 広島っ子との交流も生まれやすい

団体行動のパック旅行と違い、困ったときに相談できる人は地元の人しかいない。道を聞いたり、路面電車への乗り方を確認したりと、ふとしたことで広島の人たちとの交流も生まれやすいだろう。積極的に話しかけ、思わぬ広島の歴史や、知らなかったおすすめスポットなど、地元ならではの情報を教わって、あなたの旅をより豊かにしていこう。

◆ 忘れられない思い出になる

自分で考え、自分で選択して作り上げる個人旅行は、五感を磨きあげる訓練のようなもの。短い時間であれ、見知らぬ土地を自分だけの力と感覚で歩く経験は、やはり強く印象に残る。忘れられない旅を経験することになるだろう。

◆ 予算が高くつくことも想定を

自由な代わりに、割引などが利きにくく、結果どうしても割高になりがちなのが個人旅行のネック。乗り物と宿だけがセットになったフリーツアーを選んだり、周遊券や早割チケットなどを賢く利用することで節約していこう。

◆ トラブルに見舞われたときは……

個人旅行でいちばん心配なのは、例えば事故や盗難など、不意のトラブルに見舞われたとき。何か困ったことがあれば、地域の交番や病院を利用して乗り切ろう。多少のハプニングは旅の思い出のひとつ、と捉える気持ちが大切だ。

⋙ 旅のプランニング、ここに気をつけて

フリーツアーや個人旅行では、広島に着いたあとの行程を進めるのは自分だけ。残念な思いや失敗をしないための心構え、旅をより盛り上げるヒントをいくつか紹介しよう。

◆ 予定を詰め過ぎない

旅にいちばん必要な物、それは「ゆとり」。時間や乗り継ぎを気にして猛ダッシュでは、急かされてばかりでエンジョイできない。ひとつの行動ミスであとの旅が総崩れになるのも避けたいところだ。無理のない行程で考えておこう。

▶ 情報収集で旅の勝者に

訪れる予定の施設や店が臨時休業していないか、参加するつもりのイベントが中止になったりしていないか。施設のウェブサイトやSNSなどで、最新情報をチェックしておくことを忘れずに。広島の天気予報を見ておくことも重要だ。『ドライブ・マイ・カー』や『ミステリと言う勿れ』など最新の広島ロケ映画で町の雰囲気を予習しておけば、旅の印象もより深いものに。

▶ 現地発着ツアーを活用

地元ガイドと巡るピースサイクリングツアー「sokoiko!」、早朝の広島で参拝と絶景を楽しむ「Asageshiki」など、広島では今、現地発着の観光体験ツアーが多数登場している。シーズンにはカキの水揚げや酒蔵案内ツアーなどもあるので探してみよう。
● sokoiko！
URL www.sokoiko-mint.com
● Asageshiki
URL www.asageshiki.com

▶ 体調に気をつける

旅先での思わぬ体調不良。せっかくの旅行だから……と予定どおりの行程を消化するのは禁物だ。宿泊先で少しのんびりしたり、移動手段を楽なものに変えたりして臨機応変に旅を進めよう。

▶ もしものときのメモを用意

個人旅行でトラブルに巻き込まれたら、対応するのは自力。クレジットカードやキャッシュカードを紛失したときの連絡先、宿泊先の電話番号、普段飲んでいる薬の名前、スマホを紛失したときに連絡できる家族の番号など、もしものための備忘録を用意しておこう。旅行用バッグの目立たない場所にそっと忍ばせて。

クチコミ コンサートで広島を訪れる全国区のミュージシャンにも人気の「むさし」。広島市を中心にたくさん店舗がありますが、もし旅行中に買いそびれても、広島駅新幹線改札内でも購入OK。最後まで諦めないで!(広島市在住・山村あやめ)

415

広島への道

■主要航空会社問い合わせ先

●全日空（ANA）
TEL 0570-029-222 ナビダイヤル
（有料・8:00〜20:00受付）
URL www.ana.co.jp

●日本航空（JAL）
TEL 0570-025-071 ナビダイヤル
（有料・7:00〜20:00受付）
URL www.jal.co.jp

●スプリング・ジャパン
TEL 0570-666-118 ナビダイヤル
（有料・9:00〜17:30受付）
URL jp.ch.com

●アイベックスエアラインズ
TEL 0570-057-489 ナビダイヤル
（有料・8:00〜20:00受付）
URL www.ibexair.co.jp

広島の空の玄関口である広島空港は、1993（平成5）年10月に開港

■航空券の子供運賃

小児料金は3〜11歳。普通運賃の半額が適用される。もともと割引率の高い航空券の場合は、1〜2割ほどしか安くならないこともある。3歳未満の幼児と搭乗する際は、大人1名につき1名まで無料になるが、座席は利用できないのでひざ上などへ。座席を利用する場合は小児料金が適用される。小型旅客機の場合は1機あたりの幼児搭乗数に制限があるため早めに予約しよう。

■そのほかの割引運賃

65歳以上向けのシニア割引、12〜25歳の若者向け割引、4名以下のグループ向け割引などがある。

　新幹線、飛行機、高速バスと、主要公共交通機関を使ってのアクセスが潤沢にある広島。国内各地からさまざまな方法で訪れることができるので、予算と時間に合わせて最適な方法を選ぼう。ポイントは実際の乗車時間ではなく、自宅を出る時間から目的地に到着する時間までで考えること。広島空港は三原市にあるため、空港から広島市街への移動時間も考えておく必要がある。尾道など広島東部エリアが目的地なら、福山駅を起点とするのもいいだろう。

▶▶ 飛行機で広島へ

　広島への空の旅は広島空港が拠点。空港内にはおみやげ物売り場やレストランのほか、飛行機の離発着を眺められる展望デッキ、キッズコーナー、無料無線LAN（Wi-Fi）サービスが利用できるパソコンコーナーなども充実している。旅前の準備や、次の移動までの休憩にも便利。人気店のポップアップなどが行われていることも多いのでぜひチェックを。

◆航空会社のチョイスは大手2社がメイン

　現在、広島空港に乗り入れている国内線航空会社は4社。行き先は東京、札幌、仙台、沖縄、成田の5ヵ所となっている。フライト情報は各社のウェブサイトから確認しよう。

▶日本航空（JAL）、全日空（ANA）：広島発着の国内線のほとんどがこの2社で占められる。路線も便数も多いので安心。大手ならではの安定感とマイルを貯める楽しみがある。

▶スプリング・ジャパン：日本航空グループのLCC（格安航空会社）。ウェブサイトからリーズナブルな価格の航空券を予約できるほか、割引セール情報も常時提供されている。広島空港からは成田便のみ運航している。

▶アイベックスエアラインズ：全日空とのコードシェア便を運航している（仙台・成田便）。

◆お得に利用するなら早めの予約が鍵

　航空券の価格は早めに予約するほど安くなる場合が多い。旅の日程が前々から決まっているならぜひ活用しよう。日本航空は360日前、全日空は355日前から予約でき、割引率も最大80%近くになる。ただし売れ残りの予測値によって割引率が変更される場合もあり、購入後にさらに安くなっているということも。いつが最も安いとは言い切れないのだ。年末年始やお盆などの繁忙期は値上がりするのはもちろん、発着時間によっても料金は異なる。ビジネスシーンでの需要が多い朝晩は高く、日中や早朝・深夜は安い傾向がある。キャンセル

 広島空港の売店で売ってる「超高圧熟成かきオイル漬」が大好きです。和食の名店「喜多丘」の監修で、ごま油が使われています。空港に行ったら必ず買うことにしています。（三原市在住・すっちょのネクタイ）

できる時期やマイルの加算率なども細かく規定されている。しっかり調べて賢く予約を。

◆ 飛行機の荷物についての注意

機内へ持ち込める荷物と受託手荷物（搭乗時に預ける荷物）には、それぞれ重さやサイズの制限がある。全日空の場合、機内持ち込み荷物は1名につき10kgまで。サイズは100席以上の場合3辺（縦・横・高さ）の合計が115cm以内かつ3辺それぞれの長さが55cm×40cm×25cm以内（キャスターやハンドルの長さも含む）。手荷物1個と身の回り品1個の計2個までと定められている。無料の受託手荷物の重量は1名につき20kgまで（クラスにより変動あり）。3辺の合計が203cm以内、重さとサイズの条件を満たしていれば数には制限がない。これらの条件は全日空の例。航空会社によって異なるので、荷物が多いときはあらかじめ確認しておこう。

◆ 広島—東京便ならLCCも選択肢に

空の便の旅費を安く抑えるなら、やはりLCCがお得だ。広島空港からはスプリング・ジャパン社の成田便のみなので、東京からの旅を検討している人はぜひ活用を。スプリング・ジャパン社の国内線では「ラッキースプリング（無料機内持ち込み手荷物7kgまで、期間限定の格安キャンペーンあり）」、「スプリング（無料機内持ち込み手荷物7kg＋無料お預け手荷物20kgまで、変更や払い戻しもお得）」、「スプリングプラス（1回のみ無料座席指定可、無料機内持ち込み手荷物7kg＋無料お預け手荷物30kgまで、変更・払い戻しもお得）」の3種類の運賃タイプが用意されている。

◆ 航空会社や旅行会社が催行するフリーツアー

旅行会社が催行するフリーツアーは、往復の航空券と宿泊がセットになったもの。「フリープラン」「ダイナミックパッケージ」といった商品名で催行されている。空港から宿までの交通手段は自分で確保しなければならないが、ビジネスホテルをはじめ好みの宿泊先を選ぶことができる。日本航空の「JALパック」、全日空の「ANAトラベラーズ　ダイナミックパッケージ」などがこれに当たる。旅行会社が販売するフリーツアーはJTBやHISの「ダイナミックパッケージ」、楽天トラベルの「楽パック」、じゃらんnetの「じゃらんパック」などがある。値段は時期により異なるため、旅費を安く上げたいならいろいろ比較して検討しよう。ちなみに旅行会社から注文すると、航空会社のマイルと旅行会社のポイント、両方が貯められる場合もあるのでお見逃しなく。毎回の旅でマイルやポイントの貯蓄を楽しみにしている人は、まずはリサーチしてみてほしい。

◆ 広島空港からはリムジンバスで

広島空港に着いてからは、リムジンバスで各地へ向かうことになる。これ以外に、JRとバスの乗り継ぎ、高坂BSでの乗り継ぎ便もあるので、広島空港ウェブサイトで確認を。

■ 航空会社系フリーツアー

● JAL パック
URL www.jal.co.jp/jp/ja/tour
※2024年11月30日（土）宿泊分まで、グルメクーポン付きプラン「JALダイナミックパッケージで行く　広島グルメを食べつくそう！」実施中

● ANA トラベラーズ
URL www.ana.co.jp/ja/jp/domestic/dp

■ 航空会社系フリーツアー

● JTB
URL www.jtb.co.jp/kokunai_tour
● 楽天トラベル
URL travel.rakuten.co.jp/package
● じゃらんパック
URL www.jalan.net/dp

■ 広島空港からのリムジンバス

広島バスセンター⇔広島空港
55分1450円
広島駅新幹線口⇔広島空港
45～50分1450円
福山駅⇔広島空港
65分1400円
三原駅⇔広島空港
38分840円
竹原港⇔広島空港
30分1500円
忠海駅⇔広島空港
土・日・祝のみ運行／30分2000円
呉駅前⇔広島空港
58分1450円
尾道・向島方面⇔広島空港
60～90分4000円
西条駅⇔広島空港
25分660円
宮島口⇔広島空港
60分3500円～4000円
アルパーク・ジ アウトレット広島⇔広島空港
60分1000円～2000円

※2024（令和6）年3月現在。広島空港ウェブサイトより

カキコミ　私の家は広島空港の近くにあり、家族でよく遊びに行っています。休日はイベントだとか、人気店のポップアップが出ていることもあって飽きないんです。息子は飛行機見るのが好きなので大喜びです。（三原市在住・ポケモン）

広島への道
旅の準備と技術

■ JR 問い合わせ先
● JR 西日本
URL www.westjr.co.jp
● JR おでかけネット
URL www.jr-odekake.net
※在来線も含めたルート検索などができる。

■ JR の子供運賃
小学生半額。未就学児・乳児は大人1名につき2名まで無料。

■スマートEX の早得商品
● EX 早特 3
3日前までの予約で長距離区間の「のぞみ」「みずほ」「さくら」「つばめ」グリーン車（一部区間・普通車指定席を含む）が割引に。平日片道東京・品川—広島間グリーン車が2万2790円（4230円お得）。
● EX 早特 7
7日前までの予約で、長距離区間の「のぞみ」「みずほ」「さくら」「つばめ」普通車指定席が割引に。平日片道なら東京・品川—広島間が1万6190円（3570円お得）。
● EX 早特 21 ワイド
21日（3週間）前までの予約で、「のぞみ」普通車指定席を割引で利用できる。平日片道なら東京—広島間1万5000円（4760円お得）。新幹線を最もお得に予約するならこの商品が一番だ。前々から決まっている旅行などに。
URL smart-ex.jp

■EX 予約の往復割引乗車券
片道600kmを超える区間の往復きっぷを一括購入することで、さらなる割引が受けられる。乗車日当日まで予約できるのもうれしいポイント。一般的な往復きっぷとは異なり、復路は購入時から最大1ヵ月先の列車まで予約できる。
● EX 予約
URL expy.jp

■株主優待鉄道割引券
JR西日本の「株主優待鉄道割引券」は、片道1名の運賃・料金がなんと50％割引になる。株主ではなくても、ネットオークションや金券ショップで販売されているものを購入すれば利用できる。

▶ 新幹線で広島へ

　東京—広島間は、飛行機なら約1時間30分、新幹線なら4時間程度といったところだ。単純な移動時間だけでいえば、もちろん飛行機に軍配が上がる。しかし広島の場合は、空港から広島市中心部まで車で1時間程度かかることもあり、乗り継ぎのことや便数の多さを加味して新幹線を選ぶ人も多い。東京以北からの広島の旅は、飛行機の直行便がある札幌・仙台以外は、必然的に陸路になる。関西や九州からなら、新幹線が手軽なのは言うまでもないだろう。新幹線はJR5社により運営されており、各社さまざまな割引プランを用意している。まずはウェブサイトで確認を。

◆スマートEX（JR 東海・JR 西日本・JR 九州）
　「スマートEX」は、東海道・山陽・九州新幹線（東京~鹿児島中央間）のネット予約・チケットレスサービスだ。簡単な登録と操作ですぐに利用でき、年会費も無料となっている。クレジットカードと交通系ICカードを登録すれば、改札にカードをかざすだけで乗車できる。乗車の4週間前から4分前まで予約でき、早めの予約にはさまざまな割引プランがあるのでぜひ活用しよう。

◆ EX（エクスプレス）予約
　「EX 予約」は、お盆・年末年始・連休といった繁忙期も含め、東海道・山陽・九州新幹線の指定席をお得な会員価格で利用できるネット予約サービス。年会費（1100円）が必要だが、スマホやパソコンから新幹線を予約でき、何度でも手数料無料で予約変更できる。2023（令和5）年10月からは、チケットレス乗車の利用者を対象に、ポイント付与（東海道新幹線乗車分は「EX ポイント」、山陽新幹線乗車分は「WESTER ポイント」、九州新幹線乗車分は「JR キューポ」）もスタート。新幹線と宿がセットになったフリープラン「EX ダイナミックパック」や、オリジナルのパッケージツアー「EX こだわりツアー」といった商品も。また、一部の商品は最大1年前から指定席予約が可能に。新幹線を頻繁に利用する層なら、年会費を払っても損はない。

◆ e5489（いいごよやく）
　「e5489」は、JR 西日本のインターネット列車予約サービス。山陽・九州新幹線（新大阪~鹿児島中央）、西九州新幹線（長崎~武雄温泉）、北陸新幹線（敦賀~東京）、さらにJR 西日本・四国・九州エリアの特急列車（一部の快速列車含む）や、JR 東海・東日本の一部エリアの新幹線・特急列車などを予約することができる。また、J-WEST カード会員なら、JR 西日本・JR 四国・JR 九州エリア内と北陸新幹線を利用した場合は、お得な「e きっぷ」を予約することもできる。

クチコミ 広島名物「がんす」。私は「坂井屋」のがんすが一番好き。マヨネーズの上に七味唐辛子をパッと振りかけ、小ぶりにカットしたがんすをつけていただく。左手に地酒があったら最高の夜！（広島市在住・ジモジ）

◆新幹線回数券

出張時などに愛されてきた、JR各社による新幹線回数券。実はネット予約など時代の波に押され、軒並み廃止となっている。JR東海で続いていた普通車自由席用の回数券も2024（令和6）年12月22日で販売終了、2025（令和7）年3月31日で利用終了。手元にある人は早めに利用しよう。

◆新幹線＋宿泊のセットプラン

往復の新幹線と宿泊がセットになったツアーパッケージは、JR各社や旅行会社から販売されている。新幹線往復の通常料金と同程度の価格でホテルが付いてくるので、かなりお得感がある。セットのホテルはビジネス系が多いので、旅費宿泊費を抑えて体験にお金を使いたい旅にぜひ。

▶▶ 高速バスで広島へ

広島発着の高速バスは、関東（東京・横浜・千葉）、中部（名古屋・富山・金沢・福井）、近畿（大阪・神戸・京都）、四国（今治・高松・高知・徳島）、九州（博多・小倉南）、中国（湯田温泉・岩国・益田・徳山・松江・鳥取・浜田・出雲・米子・大田・岡山）と、西日本中心のラインアップ。時間はかかるが料金は安く、広島―東京間を5500円～1万3000円で移動できる。夜行バスを使えばホテル代もかからないので、旅費宿泊費をできるだけ切り詰めたい人におすすめだ。最近の高速バスは座席も座り心地よく、Wi-Fiや電源などのサービスも充実。長旅も快適に過ごせる。

◆広島バスセンター

広島市中区基町にある広島バスセンター（→ P.104）は、広島と県外を結ぶ高速バス各種および、広島県内を走る高速バス・路線バスのハブとなる民営バスターミナル。特に広島県内で複数の市町をまたぐ移動をする場合は、広島バスセンターの利用は欠かせない。1957（昭和32）年の創業で、日本初の一般バスターミナルとしても知られている。複数の飲食店とおみやげ物売り場が一体化したバスマチフードホール（→ P.123）は、バスを待つ間の時間つぶしにも便利。

■ダイナミックパッケージ

JTBが販売する、新幹線・JR・宿泊がセットになったオリジナルツアー。乗車日の前日まで購入可能で、乗車日の1ヵ月以内なら座席指定もできる。日帰りから14日間まで期間を選べ、広島で連泊したいときにも活用できる。

● ダイナミックパッケージ
JTBMySTYLE
🔗 www.jtb.co.jp/kokunai_tour

■高速バスを比較するなら

出発地と目的地を入力すると、最安値を教えてくれる高速バス比較サイト。アプリ版を含めいくつかのサービスがあるので、自分が使いやすいものを選ぼう。

● バス比較なび
🔗 www.bushikaku.net
※アプリ版あり
● 高速バスドットコム
🔗 www.kosokubus.com
● バス市場
🔗 www.bus-ichiba.jp

■快適高速バス

国内各地に路線を持つ「ウィラーエクスプレス」社をご存じだろうか。夜行バスは疲れるというイメージを覆すような、オリジナルシートのバスを用意している。寝顔を隠せるカノピー（フード）や、大きなパーテーションが付くなど、これまでにないバス体験が楽しめること請け合いだ。
🔗 travel.willer.co.jp/bus_search

そごう広島店の3階が広島バスセンターになっている

2018（平成30）年に誕生したバスマチフードホール

クチコミ 普通の鍋に飽きたら、よしの味噌「広島れもん鍋」はどうですか？ ほのかなすっぱさがやみつきになりますよー。（安芸郡在住・レモニャード）

広島へのアクセス早わかり

全国のおもな都市から広島を訪れるには？　新幹線、飛行機、高速バス、フェリーなどの手段が挙げられる。時間をかけてお得に、お金をかけて素早く……。旅の目的に合わせて検討を。

高松から

高松駅 → JR四国バスほか 3時間45分〜 4500円〜 → 広島バスセンター

松山から

松山観光港 → 瀬戸内海汽船 スーパージェット 1時間10分〜 8000円 → 広島港

福岡から

JR博多駅 → さくら・のぞみ 1時間2分〜 8570円〜 → JR広島駅

博多バスターミナル → JR九州バスほか 4時間32分〜 4250円〜 → 広島バスセンター

沖縄から

那覇空港 → ANA 1時間45分〜 1万2840円〜 → 広島空港

神戸から

JR新神戸駅 → さくら・のぞみ 1時間8分〜 9670円〜 → JR広島駅

神戸三宮バスターミナル → WILLER 6時間35分〜 3440円〜 → 広島バスセンター

京都から

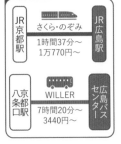

JR京都駅 → さくら・のぞみ 1時間37分〜 1万770円〜 → JR広島駅

八条京都口駅 → WILLER 7時間20分〜 3440円〜 → 広島バスセンター

大阪から

JR新大阪駅 → さくら・のぞみ 1時間21分〜 9890円〜 → JR広島駅

JR大阪高速バスターミナル → 中国JRバス 5時間20分〜 3500円〜 → 広島バスセンター

名古屋から

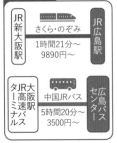

JR名古屋駅 → さくら・のぞみ 2時間13分〜 1万3540円〜 → JR広島駅

名古屋駅 → JR東海バスほか 9時間32分〜 5890円〜 → 広島バスセンター

金沢

名古屋

京都

新神戸

新大阪

広島空港

岡山

広島

高松

松山観光港

博多

小倉

武雄温泉

長崎

鹿児島中央

※上図はすべての交通手段を示しているものではありません。運賃はシーズンなどにより変動するため通常期の最安値の目安とお考えください。路線が運休・休止になる場合がございますのでご利用前には各社ウェブサイトなどで最新情報をご確認ください。

札幌から

| 新千歳空港 |  ANA／JAL 2時間20分〜 1万4670円〜 | 広島空港 |

仙台から

| 仙台空港 | ANA／IBEX 1時間45分〜 1万3290円〜 | 広島空港 |

横浜から

| JR新横浜駅 | のぞみ 3時間31分〜 1万8050円〜 | JR広島駅 |

東京から

羽田空港	ANA／JAL 1時間20分〜 1万4120円〜	広島空港
成田空港	SPRING JAPAN 1時間45分〜 3980円〜	広島空港
東京駅八重洲口	中国JRバス 12時間25分〜 4400円〜	広島バスセンター
JR東京駅	のぞみ 3時間50分〜 1万8380円〜	JR広島駅

	飛行機
	新幹線
	高速バス
	船

ANA＝全日空、JAL＝日本航空

旅の予算

いざ広島への旅へ。そう思ったとき、どの程度の予算を見込んでおけばいいのだろうか？ ここでは、広島旅行の予算シミュレートに役立つ情報をピックアップする。

宿泊費はどのくらい？

求める旅のグレードや性質を大きく左右するのが、宿泊先選び。広島県、特に広島市内は、欧米からのバックパッカーが多いこともあり、ゲストハウスなど廉価な施設が充実。季節にもよるが、1泊2000円台で泊まることもできる。比較的築年数が新しい施設が多く、価格以上の満足感が得られるはずだ。魅力的な出会いを求めてこうした宿を探すのもいいだろう。一般的なビジネスホテルでも、オフシーズンなら5000円台〜で探せるはずだ。広島市中区の中心部に位置する利便性と、高いデザイン性を両立したスタイリッシュホテル「THE KNOT HIROSHIMA」(→ P.411) は、素泊まり7000円台〜と意外にリーズナブル。一方、宿泊自体を目的に訪れたくなるような、クオリティの高い宿も広島県内には多数ある。1943 (昭和18) 年創業の老舗旅館を再生した尾道市の「Ryokan 尾道西山」(→ P.397) は、宿での料理や飲み物もすべて含むオールインクルーシブ方式で6万円程度〜。好みや旅の目的に応じて使い分けて。

飲食費はどのくらい？

安さ自慢の店からコース主体のレストランまで、チェーン店含め幅広く揃う広島の食。節約派も食道楽も安心だ。

◆朝食

実は広島は、日本のモーニング発祥の地という説がある。(広島市中区のベーカリー・喫茶店「ルーエぶらじる」が起源とされている)。広島市周辺にはパンのモーニングにコーヒーと味噌汁が付く店も多いのでぜひ喫茶店のモーニングを試してほしい。店にもよるが500円〜1000円程度で提供される。

◆昼食

広島名物お好み焼きなら、探せば肉玉そば500円台の店も。汁なし担々麺で600円台〜。おおむね、ランチは手頃。

◆夕食

和洋中、名物含めさまざまな料理がラインアップ。特に瀬戸内の鮮魚を使った和食、居酒屋、イタリアンは選択肢が多い。気軽な店なら1ドリンク＋1〜2品で1500円程度のちょい飲みも楽しめる。ハシゴ酒もおおいにおすすめだ。

■意外と狙い目、直前予約

一般的には、宿泊施設の料金は、予約が早いほど割安。ただし、直前まで空室だった場合は、思わぬ低価格で宿泊できることも。特にオフシーズンの旅の場合はおすすめだ。各種検索サイトを利用し、安くてよい宿を探そう。

■おもな予約サイト

● JTB
URL www.jtb.co.jp
●近畿日本ツーリスト
URL www.knt.co.jp
●じゃらん
URL www.jalan.net
●楽天トラベル
URL travel.rakuten.co.jp
●トラベルコ
URL www.tour.ne.jp
● Yahoo！トラベル
URL travel.yahoo.co.jp
●一休.com
URL www.ikyu.com
●ブッキングドットコム
URL www.booking.com
●エクスペディア
URL www.expedia.co.jp

■レストラン予約サイト

食べログ、ぐるなび、ホットペッパーなどのレストラン予約サイトを活用すると、お得なクーポンや限定メニューなどに出会えることも。気になるお店は、予約サイトに登録されているか確認してみよう。

●食べログ
URL tabelog.com
●ぐるなび
URL www.gnavi.co.jp
●ホットペッパー
URL www.hotpepper.jp

名物お好み焼きは昼食にはもちろん、酒肴とともに夜楽しむのもよい

Plus ⓘ 竹原市出身の浜田省吾さんが"初恋のきた島"とした江田島市には、ゆかりのバス停があった。路線廃止で撤去されたが「江田島図書館」に移設され、ファンの聖地に。2023 (令和5) 年12月にリニューアルされた。

観光費はどのくらい?

広島県内を移動するには、JR、路面電車、バス、時にはフェリーなど、複数の交通機関を組み合わせる必要がある。時間を気にせず自由に動きたいなら貸切タクシーやレンタカーも選択肢に入れたほうがいいだろう。入館料がかかる観光施設もあるので、事前に確認しておこう。

おもな観光施設の大人料金の目安

厳島神社(→P.30、P.161)	500円(昇殿料+宝物館拝観料)
広島平和記念資料館(→P.329)	200円
おりづるタワー(→P.121)	2200円
大和ミュージアム(→P.184)	500円
耕三寺博物館(→P.248)	1400円
三景園(→P.226)	270円

◆買い物

グルメはもちろん、尾道帆布や竹原の竹細工、宮島焼、熊野筆、大竹和紙など、ものづくり系のおみやげも種類豊富な広島。価格はピンキリなので一概には言えないが、ある程度の予算を確保しておいたほうがいいだろう。あまり重くなるようなら宅配便で自宅に先に送ってしまうというのも一案だ。その費用も見込んで予算を検討しておこう。

◆交通費

おもな観光エリアが広島市中心部で、宮島にも寄りたいという人には、広島電鉄の「一日乗車乗船券」がおすすめ。広島電鉄の電車全線を1日自由に乗り降りできて、宮島松大汽船(宮島口〜宮島航路)にも乗れて大人1000円(宮島訪問税100円含む)だ。宮島まで行くにはJRより時間がかかるが、景色を見ながらのんびり向かうのもいいものだ。

結局かかる費用は……?

ゲストハウスに泊まって食事はお手軽グルメ、移動は前述の「一日乗車乗船券」のみを使用……というくらい徹底すれば、道中に使うお金は1泊2日で5000円程度で収まるだろう。宿や食事のグレードを上げたり、活動範囲を広げていったとしても、1泊2日で1万5000円〜2万円といったところではないだろうか。もっとしっかり高級食材の料理やハイクラスなホテルでの宿泊を求めるなら、5万円〜6万円は見ておいたほうがよさそうだ。これに加え、おみやげ代や広島までの交通費があれば、広島旅の予算は想定できる。広島でどんなふうに過ごしたいのか、何にならお金を使ってかまわないのか、財布としっかり相談し、よく考えて予算を組もう。

■おすすめの無料スポット

入場無料で遊べる場所が多い広島県。ここでは、おもな無料スポットを紹介する。利用に予約がいる場合もあるので気をつけて。
- ●不動院(広島市→P.138)
- ●海上自衛隊呉史料館(てつのくじら館)(呉市→P.184)
- ●マツダミュージアム(安芸郡府中町/要予約→P.84)
- ●賀茂鶴酒造見学室直売所(東広島市→P.209)
- ●ばら公園(福山市→P.258)
- ●三段峡(山県郡安芸太田町→P.58)
- ●西方寺 普明閣(竹原市→P.216)
- ●マイ・フローラ プラント(三原市→P.228)

東広島市西条酒蔵通りの蔵の中でも賀茂鶴の見学室は内容充実

■広島のいいもの買うなら

JR主要駅の構内にある「おみやげ街道」では、広島県内のおみやげ物が多数揃う。なかでも広島駅隣接の「ekie」(→P.129)にある店舗は、品数・ラインアップともに県内最大規模だ。ウェブサイト「瀬戸内・広島おみやげガイド」で注目商品が紹介されているので、旅の前にチェックしてみよう。ちょっと個性的なイイものを求めるなら、ひろぎんホールディングス本社ビル1階にあるライフスタイルショップ「BANCART」(→P.387)もぜひ。
- ●瀬戸内・広島おみやげガイド
- URL miyage-guide.jp
- ●BANCART
- URL bancart.base.shop

旅のシーズン

多島美が楽しめる瀬戸内海、雄大な山々が広がる中国山地。海と山が近く、どちらも手軽に楽しめるのが広島県の最大の魅力だ。瀬戸内海に浮かぶ島々にも独特の景観があり、何度訪れても飽きることはない。「ひろしまフラワーフェスティバル（→ P.341）」や「福山ばら祭（→ P.343）」など大型イベント以外にも、県内各地で折々の祭りや伝統行事が行われている。観光情報に特化した HIT（広島県観光連盟）のウェブサイト「Dive！Hiroshima」でも、広島の四季を楽しむための記事が公開されているのでチェックを。

春

広島県の春を彩るのは、やはり桜前線。宮島（→ P.158）に咲き誇る桜を筆頭に、安芸高田市の土師ダム（→ P.279）、呉市の音戸の瀬戸公園（→ P.184）、福山市の福山城公園など県内各所に多彩な桜スポットがある。ちょっと変わった桜を楽しむなら、世羅郡世羅町の世羅甲山ふれあいの里（→ P.317）がおすすめだ。約 300 mの桜並木は、見事な枝垂桜。桜のトンネルを歩く気分で散策したその先には、ソメイヨシノや八重桜が待ち構えている。東広島市の酒蔵で、2023（令和 5）年からスタートしたのが蔵開きイベント。市内 10 ヵ所の蔵が、4 月の週末に週替わりで蔵開きを行う。蔵見学や試飲などが楽しめ、風情たっぷり。暖かな日のそぞろ歩きにぴったりだ。5 月になると、福山市鞆の浦では観光鯛網が行われる。観覧船に乗って、鯛を網で捕獲する様子を楽しむ春の風物詩だ。

夏

5 ～ 6 月には、県内の田植えも本格化。山県郡北広島町では、毎年 6 月の第 1 日曜日に、ユネスコ無形文化遺産にも登録されている「壬生の花田植え」（→ P.344）が行われる。植えた苗が育ち、美しい緑の絨毯を見せてくれる7 ～ 9 月頃には、山県郡安芸太田町の「井仁の棚田」（→ P.40）へぜひ向かってほしい。標高が高いため風も涼やかで、眺めていると心が穏やかになる。アメリカの放送局CNN が「日本でもっとも美しい場所 36 選」に選んだことで一躍有名になった。夏真っ盛りの 7 ～ 8 月は、県内各地で花火大会が行われる。2024（令和 6）年は広島市の「広島みなと夢花火大会」が 5 年ぶりに復活。このほか尾道市「おのみち住吉花火まつり」、福山市「あしだ川花火大会」など、1 万発超えの規模のものも。夏らしいといえば世羅郡世羅町の世羅高原農場（→ P.316）で行われる「ひまわりまつり」も必見。

■桜（ソメイヨシノ）の開花日
平年　3月25日
2023年　3月19日
2022年　3月21日
2021年　3月11日
※気象庁ホームページより

平和記念公園（→P.120）周辺は手近な花見スポットでもある

■桜梅雨入りと梅雨明け
平年
6月6日頃／7月19日頃
2023年
5月29日頃／7月16日頃
2022年
6月11日頃／7月26日頃
2021年
5月12日頃／7月13日頃
2020年
6月10日頃／7月31日頃
※気象庁ホームページより

おのみち住吉花火まつりは江戸時代から続くという説もある

クチコミ　尾道の「烏須井八幡神社」は私にとってのパワースポット。願いがかなうお守り「願い玉」が評判で、いつも多くの参拝者が訪れています。（福山市在住・ドドニデス）

広島の秋の楽しみといえば、何といっても神楽（→ P.336）。神楽そのものは1年中観られるが、本来収穫や豊穣を祝う儀式であり、そのメインシーズンは秋。安芸高田市で9月下旬に行われる「美土里神楽発表大会」や、10月第2土曜日の「高宮神楽まつり」には、全国からファンが訪れる。一方、広島市内の秋祭りといえば「胡子大祭」（えべっさん・えびす講）（→ P.342）。毎年11月18日〜20日の3日間にわたり行われる、胡子神社（→ P.122）の大祭だ。変わりどころでは、秋分の日に開催される熊野町の「筆まつり」（→ P.341）。使い終えた筆に感謝を込める筆供養、小中学生からプロの書道家まで誰でも参加できる競書大会などが行われる。11月に入ると、中国山地を中心に県内各所で紅葉が見頃に。もみじ橋とのコントラストが美しい宮島の紅葉谷公園（→ P.160）、世羅町の今高野山（→ P.38、314）、三原市の佛通寺（→ P.226）、三次市の尾関山公園（→ P.300）などで楽しめる。

沿岸部は比較的暖かいが、中国山地は雪も深く、かなり寒くなるので出かけるときは防寒をしっかり整えよう。冬山ではスキー場が人気で、特に芸北エリアは恐羅漢スノーパーク（→ P.287）、芸北高原大佐スキー場（→ P.287）、やわたハイランド191リゾート（→ P.287）、ユートピアサイオト（→ P.287）とゲレンデが集中している。一方、ロマンティックな演出が楽しめる冬の風物詩、イルミネーションも各所に登場。広島市の平和大通りを中心に行われる「ひろしまドリミネーション」（→ P.42）は、おとぎの国に迷い込んだような構成で毎年話題に。県北エリアでは、庄原市・国営備北丘陵公園のイルミネーション（→ P.42）が規模も大きく見応え抜群だ。2月を中心に、沿岸部や島しょ部の各地で行われるのが「かき祭り」。生産者が提供する焼ガキやカキ料理が味わえる。最後に、ユニークな冬の祭りとして、三原市・久井稲生神社の「御福開祭・はだか祭」もぜひ挙げておきたい。毎年2月の第3土曜日に行われ、無病息災を願う300人余りの裸男が、陰陽2本の御福木を奪い合う。御福木を手にした福男はその1年、幸運に恵まれるそうだ。

▶ 服装について

広島県は、沿岸部・島しょ部は四季を通じて比較的温暖だが、山間部は寒暖差が激しい。そして今や、夏の暑さからは県内どこにいても逃れられない。季節と出かける場所に応じた服装を心がけよう。海や山など自然を楽しむ旅にするなら歩きやすい靴を用意するのも鉄則だ。ここ数年はゲリラ豪雨も激しいため、夏季は折りたたみ傘もお忘れなく。

シーズンには県内各地の神社やお祭りなどで神楽が楽しめる

■おすすめの持ち物

●**スマホ**：もはや生活必需品。Googleマップでの行き先探しに、宿や移動手段の予約に、スマホがないと旅は始まらないほど。

●**モバイルバッテリー・充電器**：旅先ではスマホをよく使うので特にあると便利。忘れた場合は電器店などで購入するとよい。

●**健康保険証**：体調を崩して病院などにかかるとき、あると便利。

●**お薬手帳**：ふだんから飲んでいる薬がある人は特に忘れずに。

●**帽子**：夏場は熱中症対策にも。

●**替えの靴下**：ぬれたりしたときのために余分に持っておこう。

平和大通り沿いを埋め尽くす、ひろしまドリミネーション（→P.42）

■荷物が増えてしまったら

増えてしまった荷物は宅配便を活用してあらかじめ送ってしまおう。身軽になるし、帰りの荷物の持ち込み制限を気にせずに買い物ができる。「ヤマト運輸」のホームページでは、近くの持ち込み店舗を探すこともできる。

●**ヤマト運輸**

URL www.kuronekoyamato.co.jp/ytc/customer

クチコミ 呉市の「大和ミュージアム」前にある「大和波止場」は、戦艦「大和」の甲板左半分を実物大で再現されている。そんな波止場からは「大和」を建造した造船所も見られます。（呉市在住・K）

425

旅に役立つ情報源

■おもな公式観光情報サイト
●広島県観光連盟
ひろしま公式観光サイト
Dive!Hiroshima
🔗 dive-hiroshima.com
●尾道観光協会
尾道観光情報おのなび
🔗 www.ononavi.jp
●呉観光協会
🔗 www.kure-kankou.jp
●宮島観光協会
🔗 www.miyajima.or.jp
●福山観光コンベンション協会
🔗 www.fukuyama-kanko.com

■広島市の観光案内所
●広島駅総合案内所（広島駅構内）
☎ 082-263-5120
🕐 6:00～24:00
休 無休
●広島バスセンター総合案内所（そごう広島店3階）
☎ バス案内082-225-3133、観光案内082-554-1810
🕐 バス案内8:00～19:00（電話受付9:00～）、観光案内9:00～16:00
休 無休
●広島港総合案内所（広島港宇品旅客ターミナル内）
☎ 082-207-2010
🕐 9:00～16:00
休 無休
●広島市観光案内所（平和記念公園レストハウス内）
☎ 082-247-6738
🕐 8:30～17:00(3/1～11/30は～18:00、8月は～19:00、8/5は～20:00、8/6は7:30～20:00)
休 無休
●広島市観光案内所（紙屋町地下街シャレオ内）
☎ 082-243-5716
🕐 11:00～17:00
休 無休

　旅前の準備にも旅行中の情報収集にも欠かすことができないインターネット。旅行会社のウェブサイトや各種ホームページには観光情報がてんこ盛りだ。ただし、更新頻度の少ないサイトで情報が古かったり、いい加減な内容のものもあるので吟味が必要。目的地が決まっているときは、公式サイトやSNSで最新情報をチェックしたほうがいいだろう。広く基本的な情報を確認したい場合は、広島県観光連盟の公式観光サイト「Dive！Hiroshima」や各市町の観光情報サイトがおすすめだ。

観光案内所を利用する
　広島到着後、何といっても頼りになるのは観光案内所だ。各種パンフレットがもらえたり、乗り物の乗り方や道案内など、誰かに詳しく聞きたいときにはぜひ立ち寄りたい。近くに観光案内所がない場合にも、道の駅などには情報コーナーがある場合が多く、知りたい情報を探しやすいはず。

◆広島市の観光案内所
　広島市内では広島駅、広島バスセンター、広島港、平和記念公園レストハウス、紙屋町地下街シャレオの5ヵ所に「広島市観光案内所」が設けられている。英語対応可能なスタッフが常駐しており、インバウンド対応も万全だ。

◆県内各市町の観光案内所
　広島市以外では、熊野町「熊野町観光案内所筆の駅」（→P.152）、竹原市「たけはら観光案内所」（竹原市中央1-1-10）、福山市「福山観光案内所」（福山駅構内）、東広島市「東広島市観光案内所」（西条駅構内）、尾道市「新尾道駅観光案内所」（新尾道駅構内）、「尾道観光案内所」（尾道駅構内）廿日市市「宮島口観光案内所」（宮島口旅客ターミナル内）などがある。

地元ならではのローカル情報
　広島は、有料の月刊タウン情報誌が複数あるなど、ローカル情報が豊富。書店やコンビニエンスストアへ行けば、観光向けの情報とは違う、町の飲食店情報やイベント案内などに触れることができる。今広島ではやっているものを知りたいときには特におすすめ。ビジネス＆カルチャーニュースに特化した「広島経済新聞」、町ネタが豊富な「広島ニュース　食べタインジャー」、「ペコマガ」など、ローカル情報のウェブサイトも人気。さらにコミュニティFM局も多く、地元のコアな情報を知りたいときに便利だ。

夜のミュージアムを舞台にした新感覚体験ツアー。現在まで広島県立美術館、ひろしま美術館、福山城で開催。不定期開催のため公式サイト（🔗www.xperisus.com/hiroshimanight-hit）をチェック！

◆広島県内で発行されている有料の地域情報誌

TJ Hiroshima （月刊タウン情報ひろしま）

1977（昭和52）年創刊、広島最古参の月刊タウン情報誌。毎月25日発売、定価590円。グルメやレジャーなどの地域情報以外に、地元スポーツ、サステナブル企業、再開発情報、防災など、ときには社会的なテーマの特集を、生活者目線でエンタメ性高く取材する。中国電力グループの株式会社アドプレックスが発行している。サンフレッチェ広島や地元商店街、道の駅、酒蔵など地域と連携した企画も人気。（→ P.5）

● TJ Hiroshima
URL www.tjtj.net

Wink （タウン情報ウインク）

1985（昭和60）年創刊。毎月23日発売、定価520円。福山市に本社を持つ株式会社アスコンが発行。福山市と広島市に編集部があり、広域な情報を掲載しているのが強み。

● Wink
URL wink-jaken.com

月刊くれえばん

1984（昭和59）年『くれえ版』、1987（昭和62）年『月刊くれえばん』として創刊。毎月25日発売、定価499円。呉のタウン誌として人気。発行は株式会社SAメディアラボ。

●月刊くれえばん
URL kureeban.co.jp

Grande ひろしま （グランデひろしま）

2013（平成25）年創刊の季刊誌。「いいもの、いいこころを広島から」をキャッチフレーズに、記者歴40年の女性編集者ふたりがえりすぐりの情報を取り上げる。発行は有限会社グリーンブリーズ。定価935円。

● Grande ひろしま
URL www.greenbreeze-h.net/grande

◆コミュニティFM

エフエムちゅーピー　76.6MHz （広島市）

中国新聞グループのFM局。地域ニュースや生活情報番組のほか、J-WAVEやミュージックバードが流れる時間も。

エフエムハムスター　79.0MHz （広島市）

広島経済大学の学生が運営する全国的にも珍しい局。そのため放送は月曜から金曜の9時～18時で土・日曜は休止。

尾道エフエム放送　79.4MHz （尾道市）

愛称・エフエムおのみち。尾道市民の生活情報を発信する。生放送は月曜から金曜、朝・昼・夕方の3番組。

FMはつかいち　76.1MHz （廿日市市）

「ゆめタウン廿日市」の3階にスタジオがあり、放送中のパーソナリティたちの様子を見に行くことができる。

FM東広島　89.7MHz （東広島市）

2011（平成23）年「酒まつり」の日に、地元の団体・企業を中心に設立。東広島市内のほぼ全域で聴くことができる。

FMふくやま　77.7MHz （福山市）

中国地方初のコミュニティFMとして1996（平成8）年開局。愛称・レディオBINGO。福山商工会議所ビル内。

FMみはら　87.4MHz （三原市）

命、生活、人生、生の4つのLIFEを大切にする「For Life Radio」。ステーションコールは小林克也が担当。

●エフエムちゅーピー
URL chupea.fm
●エフエムハムスター
URL fmhamstar.wixsite.com/mysite
●尾道エフエム放送
URL www.fmo.co.jp
●FMはつかいち
URL 761.jp
●FM東広島
URL fmhigashi.jp
●FMふくやま
URL fm777.co.jp
●FMみはら
URL www.fm-mihara.jp

plus
ⓘ 2023（令和5）年に工事が完了した福山駅北口の「福山駅北口スクエア」。バラ花壇や芝生広場、噴水などが整備され、開放的な雰囲気に。イベントなども開催されているので、出かけてみよう。

●広島平和記念資料館
URL hpmmuseum.jp

■知っておくと便利な広島のアプリ・ウェブサービス
●ひろしま観光アプリ「KINSAI」
URL kin-sai.com
●広島県営SNS「日刊わしら」
URL washira.jp
●バスの到着時間がわかる「くるけん」
URL kuruken.jp
※広島の主要バス会社の運行情報がリアルタイムでわかる。各バス停に掲示されている二次元バーコードからもアクセス可能。

■充電スポットを探せるアプリ
●モバイルバッテリーシェアサービス「Charge SPOT」
URL chargespot.jp
最大レンタル時間120時間未満まで。料金はレンタル開始後30分未満165円、30分〜3時間未満360円、3時間〜6時間未満450円、6時間〜24時間未満540円、その後120時間未満まで24時間につき360円。モバイルバッテリーの紛失時・破損時は3980円の補償金が発生する。「セブン-イレブン」「ファミリーマート」「ローソン」、駅や携帯ショップなど設置場所多数。

事前チケット購入で旅を快適に

目的地に着いたはいいが、入場に長時間並び、あとの予定が大幅変更……となってしまうのは冴えない話。「広島平和記念資料館（→ P.329）」には、ウェブから事前に入館券の購入ができるシステムが導入されている。平和記念式典がある8月6日前後や連休期間など、時期や時間帯によりチケット購入に長時間並ぶ場合があるため、あらかじめチケットがあると安心だ。購入方法の詳細など最新情報は「広島平和記念資料館」ウェブサイトで確認を。

無料アプリで情報収集

旅に便利な無料アプリを活用すれば、旅行中の情報収集はもっと快適に。出発前にインストールしたり、ウェブアプリの場合はホーム画面にショートカットを作っておこう。

◆ひろしま観光アプリ「KINSAI」

広島県観光連盟（HIT）が作ったアプリ。「広島に"来んさい"！」を合言葉に、広島に友達がいるような感覚で旅行が楽しめる。ユーザー同士で情報交換できる投稿型アプリなので、旅の準備や道中で、気になることがあれば質問してみよう。

◆広島県営SNS「日刊わしら」

「話題はひろしまのことだけ」をコンセプトに2017（平成29）年からスタートした、広島好きのための投稿型サイト。ウェブ版とアプリがあり、閲覧だけなら登録なしでできる。登録して投稿やコメントをすれば、広島を愛するユーザーたちがさまざまなリアクションを返してくれるはず。「いいね!」の代わりがヘラの形の「じゃね!」なのも広島らしい。

スマホの充電サービス

バッテリー残量が心もとないと、思う存分検索できなくて旅のストレスに。モバイルバッテリーを用意していてもまだ足りないというときには、充電スポットを探してみよう。

◆モバイルバッテリーシェアサービス「Charge SPOT」

コンビニエンスストアなど全国の設置スポットでモバイルバッテリーを借り、移動しながら充電したあと、ほかのスポットで返却できるサービス。利用のためには事前にアプリをダウンロードして登録する必要があるため、旅の前に準備しておこう。USB-C、iOS、Micro USBの3タイプの ケーブルを内蔵しており、ほぼすべてのスマートフォンに対応。クレジットカード、携帯電話料金まとめて払い、各種キャッシュレス決済など都合のいい支払い方法を選べる。設置場所や返却場所、貸し出し可能台数はアプリで調べられる。

クチコミ 意外にもお好み焼きをおうちで手作りする人って多いんです。ホットプレートに生地を広げて、具材を重ねてひっくり返して蒸して麺を炒めて重ねて……って私はお店で食べる派(笑)。(広島市在住・明美)

荷物を預けて身軽に観光

ホテルにチェックインするまでの時間に手荷物が多いと、フットワークが重くなって旅を存分に楽しめない。できれば、不要な荷物は預けてしまって移動したいところだ。チェックイン前の時間でもホテルに申し出れば荷物は預かってもらえるが、一度ホテルに寄るのが煩わしいという場合もあるだろう。その日の動線に合わせて、最適な預かり場所を確保しておきたい。広島駅や広島空港、広島港にはコインロッカーが設置されているので場所を確認しておこう。また広島市内では、「紙屋町シャレオ」（→ P.124）内のコインロッカーが便利。シャレオは広島の中心部に位置するため、どこへ移動する場合にも活用できそうだ。「アストラムライン本通駅改札前」「広島 PARCO」（→ P.126）「広島平和記念資料館」（→ P.329）あたりも便利な場所にあるので覚えておこう。

◆広島の荷物一時預かりシェアリングサービス「airbag」

広島市を中心に「荷物を預けたい人」と「荷物を預かるスペースをもつお店」とをつなぐシェアリングサービス。サイトに登録されている飲食店やショップに、1 日 300 円〜、荷物を預けることができる。小さな手荷物はもちろん、90 リットル以上あるスーツケースやベビーカーの預け入れにも対応。預かり場所をサイトから確認したあと、参加店に問い合わせて持ち込みや予約ができる。登録などの必要がなく、支払いは各店舗で行えばいいという手軽さもうれしい。

◆エクボクローク

前述の「airbag」同様、荷物を預けたい人と預かってくれる施設を結ぶサービス。こちらは専用アプリがあり、2 ヵ月前から予約をすることができる。料金は 1 日 500 円〜。

手荷物配送を利用する

いっそのこと旅に必要な荷物はホテルに送ってしまいたい、というときには宅配便。スーツケースを抱えて大移動したくないならぜひ活用しよう。到着当日にホテルで荷物を受け取れるよう、あらかじめ発送しておくといいだろう。ただし到着日時をしっかり確認しておく必要がある。また予定どおりに荷物が届かない可能性もゼロではないので、1 泊分の着替えや最低限の荷物は手持ちしておくほうが安心だ。

◆ Crosta 広島

荷物を広島駅から宿泊先まで送りたいときは「Crosta 広島（クロスタひろしま）」を活用しよう。「Crosta」は、さまざまな国籍の人々が交わる場所に位置し、旅を快適にしてくれる駅ナカのクローク。2023（令和 5）年にオープンした「Crosta 広島」は広島駅北側 1 階に位置。手荷物の一時預かりや、駅〜ホテル間の当日中の手荷物配送をしてくれる。

■広島市内中心部のおもなコインロッカースポット

- ●広島駅（→ P.72）
- ●紙屋町シャレオ（→ P.124）
- ●そごう広島店（→ P.124）
- ●広島 PARCO（→ P.126）
- ●広島平和記念資料館（→P.329）
- ●ひろしまゲートパーク（→ P.121）
- ●おりづるタワー（→ P.121）

■荷物一時預かりシェアリングサービス

- ● airbag（エアバッグ）
- URL www.airbag-hiroshima.com
- ● ecbo cloak（エクボクローク）
- URL cloak.ecbo.io

■広島駅からの手荷物配送

- ● Crosta 広島（クロスタひろしま）
- 住 広島市南区松原町2-37（広島駅北側1階）
- TEL 090-2867-4941

■広島空港から自宅・ホテルへの荷物配送

- ●ヤマト運輸「空港宅急便」
- スーツケースや手荷物を空港に送れるサービス。空港から自宅やホテルへも送ることができる（重さ30kg未満まで）。
- URL www.kuronekoyamato.co.jp/ytc/customer/send/services/airport

クチコミ 呉市には、劇団・大人計画の主宰と同姓同名の、「松尾スズキ」という会社が現存している。看板は必見です！（TJ Hiroshima編集部・山猫）

旅の安全情報とトラブル対策

●広島県警察
住 広島市中区基町9-42
TEL 082-228-0110(代表)
URL www.pref.hiroshima.lg.jp/
site/police

**■広島県警察　安全安心
アプリ「オトモポリス」**
スマホで「オトモ」して不審者や痴漢の撃退を手助け。犯罪情報のMAP機能、防犯ブザー・痴漢対策機能、現在地送信機能など。
URL www.pref.hiroshima.lg.jp/
site/police/otomopolice.html

政令指定都市である広島市を擁する広島県。昭和の某名作映画の影響もあり治安が悪いイメージがあるかもしれないが、実際に広島で暮らしていて危ない目に遭うことはあまりない。ただし、旅行者が訪れることが多い繁華街や人気観光地は、さまざまな人が集まるだけに油断は禁物だ。気を緩めすぎず、注意を怠らないようにして、無用なトラブルに巻き込まれないように行動しよう。

広島の治安

日中広島を歩いていて、治安が悪いと感じることは少ない。夜の繁華街を歩くときには注意が必要だが、それはどの都市も変わらないだろう。大きな祭りの日や、平和記念式典のある8月6日前後は特に人が増えるため、気をつけて歩こう。

◆ひったくり、置き引き

ひったくりの被害者は女性が多いという。広島県のホームページによると、県内でのひったくり認知件数は2003（平成15）年の1063件がピーク。その後着実に減少し、新型コロナウイルスなどの影響もあってか2020（令和2）年は4件に。人流が戻ってきた今こそ気を引き締めたい。バッグなどは車道側で持たないように。また、引きずられてけがをすることもあるので、万一のときは諦めて手を放そう。荷物での場所取りによる置き引きも注意。

◆歓楽街で

広島最大の歓楽街・流川をはじめ、華やかだが注意が必要なのが夜の町歩き。広島県警察では2005（平成17）年より街頭防犯カメラシステムの運用を行っているが、トラブルに巻き込まれないよう注意するのは自分自身。深酒は控えよう。

◆交通事故

広島市の中心部である紙屋町交差点や広島駅南口一帯は地下道が整備されているが、それ以外の大型道路は車の行き来がかなり激しい。ちょっとした住宅街の路地でも意外なほど交通量が多いので、車には気をつけよう。もちろん、自分が運転手になる場合はくれぐれもご注意を。

体調不良やけが

■医療情報ネット
今受診できる医療機関を診療科目ごとに検索できる。
URL www.iryou.teikyouseido.mhlw.
go.jp/

旅先での体調不良や突然のけがは、普段以上に不安なもの。落ち着いて、まずは周囲の人に相談しよう。厚生労働省が運営するウェブサイト「医療情報ネット」を使えば、キーワードや住所、診療科目などから病院・薬局を検索できる。

  錦帯橋で有名な岩国市、実は……広島県じゃないんです！　お隣の山口県なんですよ。(みふゆ)

◆航空券や乗車券をなくしたら

　新幹線や飛行機は、今やスマホで乗る時代。紛失を防ぐ意味でもアプリを活用したい。新幹線は予約から乗車まで、飛行機ならチェックインから搭乗まで、スマホ1台で事が足りる。スマホを紛失した場合も申請すれば対応してもらえる（身分証明書や申込時のクレジットカードなどが必要）。

◆忘れ物、落とし物をしたとき

　JR西日本では、忘れ物は駅または「忘れ物センター」へ集約している。一定期間が過ぎると所轄の警察署へ引き渡されるので、忘れ物に気づいたら早めに問い合わせを。ウェブサイト「JRおでかけネット」内に24時間対応の「JR西日本お忘れ物チャット」があるので、まずは連絡してみよう。駅や保管場所からの折り返し電話は非通知の場合もあるため、拒否設定は解除しておくこと。また線路に物を落としたときは、絶対に線路に入らずに、駅係員に連絡を。

自然災害

　広島を集中的に襲った豪雨災害といえば、2014（平成26）年8月20日に起きた平成26年8月豪雨、そして2018（平成30）年の西日本豪雨災害。とはいえ、もはや夏のゲリラ豪雨は毎年といっていいレベルで発生している。台風接近時には公共交通機関も計画運休することがあるため、自治体や交通機関のウェブサイトを確認しておこう。一方、予測しづらく避けがたいのが大地震。建物の中にいるときに大きな揺れを感じても、すぐに外へ飛び出すのは禁物だ。屋外では窓ガラスや外壁、樹木や看板など、倒れてくるものを防ぎにくい。ホテルなど大きく新しい建物は耐震構造や免震構造が施されているため、ドアを開放して揺れが収まるのを待とう。ともかく冷静な行動を心がけて。

◆旅先で災害に遭ったら

防災アプリ

　広島県危機管理課では、防災・災害時のポータルサイト「広島県防災Web」を開設している。土砂災害、洪水、高潮・津波災害などの情報が確認でき、警報や注意報の一覧も掲載。同様に広島市にも「広島市防災ポータル」があり、緊急情報などが確認できる。X（旧Twitter）を使っているなら、広島県公式の防災アカウント「広島県防災」＠HiroshimaBousaiはぜひフォローしておこう。

災害用伝言ダイヤル（171）

　地震、噴火などの災害が発生すると、被災地への通信が増加し、つながりにくい状況になることも。こうした場合に提供開始される声の伝言板が「災害用伝言ダイヤル」だ。ほぼすべての一般用電話から、1伝言あたり30秒以内で安否などを録音できる。災害用伝言板（web171）とも連携。

■航空券や乗車券の紛失、忘れ物時の連絡先
● JAL
TEL 0570-025-071
● ANA
TEL 0848-86-8800（広島）
● JR西日本
TEL 082-261-5461（広島忘れ物センター）
●広島電鉄
TEL 0570-550700（ひろでんコールセンター）
●アストラムライン
TEL 082-228-2364（県庁前駅）

■広島県防災情報
●広島県防災Web
URL www.bousai.pref.hiroshima.jp
●広島市防災ポータル
URL www.bousai.city.hiroshima.lg.jp

■災害用伝言ダイヤル
TEL 171
使い方 URL www.ntt-west.co.jp/dengon
ウェブ版 URL www.ntt-west.co.jp/dengon/web171

クチコミ　最近、クラフトビールとちょっとしたおつまみが楽しめるビールスタンドが増えてるなって思います。広島市中区に2024（令和6）年にオープンした「kamer」が好きでよく行ってます。（広島市在住・もりこ）

習慣とマナー

■アストラムラインの利用

広島市中区から安佐南区方面を行き来する場合は「アストラムライン」（→P.99）が便利だ。中区「本通」から安佐南区「広域公園前」までの22駅があり、JR可部線や山陽本線との連結駅もある。一般的な電車と同様に、改札で切符を購入して乗車するか、交通系ICカードで入場する仕組み。
URL www.astramline.co.jp

明日（あす）＋トラム（英語で路面電車の意）から生まれた名前

■公共交通機関内での飲食

新幹線や高速バスなど長距離乗車するものは別として、一般的な公共交通機関内での移動時は、飲食は軽い水分補給程度に留めよう。臭いや音などで周囲の乗客に迷惑をかけないように。

■新乗車システム「MOBIRY DAYS（モビリー デイズ）」

広島電鉄が導入する新たなクラウド型チケッティングサービス。定期券の購入やチャージが、スマートフォンアプリやウェブサイトから可能になる。
URL www.mobirydays.jp

▶ 困ったときは周りの人を見て

日本の一地方都市である広島県。特に広島市は、支店経済といわれることもあり、転勤などで多くの県外者が出入りしている。つまりとまどうほどの独自の風習は少ないということ。たいていの習慣やマナーはこれまでに見聞きしたことがあるものなので、神経質にならなくて大丈夫。一般常識と思いやりの心をもって。もし困ったら、周りの人の様子を観察してみよう。

▶ 電車でのマナー

◆乗車するとき

朝の通勤通学の時間帯は非常に混むことがある。特に広島駅前後の区間を利用する場合は、予定より少し早めの行動を心がけよう。乗車時は先に降車する人を待ってから乗り込むこと。駅で電車を待つ際は黄色い線の内側にいるように。ホームの点字ブロックを荷物などでふさがないよう気をつけて。

◆車内では

背中のリュックが後ろの人を遮ることはよくある話。混雑時は前に抱えて乗るようにしよう。足元や網棚などに置くのもいい。雨の日は傘の雫を切り、畳んでから乗ることも心がけたい。携帯電話はマナーモードにして通話は控えること。ドア付近に立つときは、乗降客のじゃまにならないように注意し、場合によってはいったんホームへ降りて。

▶ バスでのマナー

◆乗車するとき

広島県の路線バスは、基本的に運賃後払いだ。広島市内中心部は均一運賃大人220円で、それ以外のエリアは均一運賃と距離制とに分かれる。乗車は後方扉から、下車は前方扉から。料金はバス前方の料金表に表示されるため、現金の場合は必ず整理券を受け取ろう。両替機では1000円札までしか両替できないので、5000円札や1万円札しか手持ちがないときは乗務員に両替してもらおう。新500円玉も両替機未対応の場合があるので注意が必要だ。なお2024（令和6）年9月以降は、広島電鉄に新たな乗車券システム「MOBIRY DAYS」が導入される。スマートフォンのアプリで表示する二次元コードか、専用ICカードで乗り降りする。残高はスマートフォンアプリやウェブサイトからログインして確認でき、自由にチャージができる。

クチコミ 広島県には約1500店ものお好み焼き屋さんがあり、コンビニエンスストアより多いとも。そのコンビニにも各店舗で違ったお好み焼きが販売され、実質コンビニもお好み焼き屋さん。→（右ページへ）

◆車内では

　座席が埋まっている場合は、できるだけ奥に詰めて立とう。入口付近に乗客が集まると混雑時の迷惑になる。また降車する際は、バスが停止してから移動すること。両替などの乗務員への声かけも、バスが停止しているときにしよう。

⫸ タクシーでのマナー

◆乗車するとき

　大きめの駅や観光地などにはタクシー乗り場があるので順番に並んで待とう。広島駅は南口にも北口にもタクシー乗り場があるが、最近は行列ができていることが多い。流しのタクシーも走っているので、専用乗り場でなくても、大きな道路の道端などで手を挙げて乗ることもできる。タクシー配車アプリ「DiDi」は広島市、廿日市市、安芸郡府中町・海田町・熊野町・坂町、三原市、尾道市、福山市、府中市で対応。「GO」は広島市、廿日市市※、呉市※、福山市※、尾道市※、東広島市※、三原市※（※は一部地域を除く）で対応している。支払いに現金以外を利用する場合は、必ず乗車前に使える決済方法を確認しよう。

◆観光タクシー

　県内のタクシー会社各社からは、タクシードライバーが観光案内してくれる観光タクシーも運行されている。ロケ地巡りなどテーマが設定されたコースや、行きたい場所を相談しながら回れる時間貸切コースなどがあるので、予定に合わせてセレクトしよう。子供連れの旅など、周りを気にせずゆっくりと観光したいときは特におすすめだ。

⫸ レンタカーでのマナー

◆借りるときと返すとき

　飛び込みだと車が出払っていることもあるので、事前予約を忘れずに。チャイルドシートやスタッドレスタイヤなどの希望があるときは必ず伝えておこう。予約時は、当日運転する人全員の運転免許証を持参して。クレジットカード払いのみの場合もあるので、利用可能なカードも用意しておこう。乗車前には車の傷や凹みを確認しておくこと。返却時はガソリンを満タンに。店のスタッフが新たな傷や凹みができていないか確認し、問題なければ清算して終了。

◆運転するとき

　最近はさまざまな機能を備えた車種が多くて便利だが、乗り慣れていないとかえって混乱する場合も。操作方法や車両感覚が自分の車とは違うので、くれぐれも慎重に。

◆事故に遭ったら

　けが人がいればまずは救護。場合によっては救急車を呼んで。その後は警察とレンタカー会社へ連絡しよう。

■タクシー配車アプリ
● DiDi
🔗 didimobility.co.jp
● GO
🔗 go.goinc.jp

■タクシー運賃の目安
一般的な普通車タクシーの初乗り運賃は670円。時間と距離に応じて加算される。

■観光タクシー
広島のタクシー会社各社から、観光タクシーのプランが発売されている。ユニークなものも多いのでチェックしてみよう。
● 広交タクシー
🔗 www.hiroko-group.co.jp/taxi/tourism_taxi.html
● 鯉城タクシー
🔗 rijogroup.com/taxi/kanko-taxi
● つばめ交通
🔗 www.tsubame.co.jp/service/kanko

広島本社のタクシー会社は上記以外も多数。詳細は各社に問い合わせを

カキコミ　（左ページから）→スーパーにいたっては、店内の鉄板で調理している店舗が多く、まさしくお好み焼き屋さん。広島県は見渡す限りお好み焼き屋さんだらけ。（井上龍也・タッちゃん）

433

■外国人への配慮

新型コロナウイルスの影響による入国規制もなくなり、どの観光地も外国人観光客であふれている。特に8月の広島は、広島市内を中心にさまざまな国の人たちが集まって来る。言葉も宗教も、習慣や常識も違っていて当たり前。こちらにとっては何でもないことが相手を不快にさせてしまう場合もあるので気をつけよう。例えば子供の頭をなでることが無礼にあたる国もある。また宗教上食べられない食材がある国、アルコールが禁止されている国も。せっかく旅先で出会うのだから外国の人ともすてきな思い出を残したいが、過度なスキンシップや押しつけがましく食事や飲み物をすすめるのは、やめておくほうが賢明だ。

■ドローン撮影について

ドローンを使うと、手持ちのカメラとは違う斬新なアングルでの画像を撮ることができるが、撮影時には注意が必要だ。例えば空港などの重要施設の上空では撮影不可だし、撮影に許可が必要なエリアも多い。ドローンを使用する際は、事前に目的地の役場などで、飛ばせる場所があるかどうかを確認しよう。

■広島市の路上喫煙制限区域

「広島市ぽい捨て等の防止に関する条例」により、喫煙により他人の体を害する行為を防止することが特に必要であると認められる区域を「美化推進区域・喫煙制限区域」としている。この区域内では、屋外の公共の場所で、管理者が設置する灰皿がない場所での喫煙はできない。具体的には広島駅周辺、紙屋町・八丁堀周辺、広島城周辺、中央公園、平和公園などが該当する。

▶ 携帯電話のマナー

公共交通機関に乗る際は、携帯電話での通話は控え、マナーモードに設定。これが最低限のマナーだ。優先席の近くでは、混雑時には電源を切るようアナウンスが入ることもある。神社や寺院、劇場や美術館・博物館の中などでもマナーモードにしておこう。旅先では調べることが多く、つい歩きスマホしたくなってしまうが、事故やトラブルのリスクが高くなるのでやめておこう。検索は立ち止まって、できれば落ち着いた状態で。スマホの充電が切れそうなとき、飲食店などの電源を勝手に使うのもマナー違反だ。頼んで使わせてもらうか、電器店でモバイルバッテリーを購入するなどして対応しよう。

▶ 写真撮影時は周囲への気配りを

デジタルカメラはもちろん、最近はスマホでも、旅先であれば特に撮影の機会は多いはず。第三者が本人とわかるような形で写っている写真は、肖像権侵害になることがあるので注意が必要だ。SNSなどへアップする場合は特に慎重に。場合によってはボカシなどの加工を加えたほうが賢明だ。美術館や博物館などは館内撮影不可のことが多いので要注意。飲食店でも撮影NGやSNS公開NGの掲示を出している場合もある。うっかり撮ってしまう前に確認を。駅ホームや電車内など、フラッシュ使用不可の場所もある。撮影前は、許される場所かどうか確認して損はない。

▶ 喫煙には配慮しよう

望まない受動喫煙の防止を目的とした改正健康増進法の成立を受け、広島県内でも喫煙場所は激減。2020（令和2）年4月1日から、県内の事業所・飲食店など、多くの人が利用するすべての施設が原則屋内禁煙になっている。また2024（令和6）年3月16日からは東海道・山陽・九州新幹線車内のすべての喫煙ルームが廃止に。基本的に、複数の人が出入りする公共的な場所では喫煙ができなくなったという理解でいいだろう。愛煙家の皆さんは、指定された喫煙場所へ。周囲への配慮を忘れずに喫煙を楽しもう。

▶ お酒を嗜むときは

海外には飲酒に厳しい国もあるが、日本は基本的に寛容なお国柄。公共の場所で飲酒をしても、とがめられることはないだろう。しかし、羽目を外し過ぎると周囲に迷惑なのはもちろん、トラブルの元にもなる。お花見や花火大会などでは、過ぎた飲酒が見知らぬ同士のケンカに発展することも……。酔っぱらうのもほどほどに、気持ちいい程度で。

ℹ️ plus 広島市周辺ではお盆の時期にお墓に「盆灯篭」を供える風習が。「盆灯篭」とは、灯篭に見立てた逆六角錐型の竹の枠組みに赤や黄、青などの色紙を貼ったもの。盆前になると生花店やスーパーの店頭に彩り鮮やかに並ぶ光景が。

神社と寺院

　大勢の参拝客が訪れる神社仏閣。観光地化された人気スポットでも、神聖なる宗教施設であることをお忘れなく。大声を出したりはしゃいだりは慎もう。お参りの一般的な流れやマナーは以下のとおり。詳しくは各神社や寺院によって異なるため、訪れた先の案内などを見ながら参拝しよう。

▶ 鳥居や山門をくぐる前は軽く一礼。

▶ 手水舎の水で心身を清める。

▶ 参道をとおり、拝殿へと進む。

▶ 賽銭箱の前で一礼をして、お賽銭を入れる。

▶ 神社では一般的には二拝・二拍手・一拝の作法で拝礼。寺院の場合は合掌して最後に一礼してから退く。

▶ 帰る際も、鳥居や山門を出たら振り返って一礼を。

温泉・銭湯でのマナー

　広島県内には温泉郷はさほど多くないが、旅先で立ち寄れる入浴施設や昔ながらの銭湯、ファミリーに人気のスーパー銭湯などはたいていの町にある。タオルなどは販売されていることも多いし、備え付けがある場合も。シャワーだけでは味気ないと思うときは、ぜひ地元の湯に立ち寄ろう。

▶ まずかけ湯から。温度に体を慣らすため、また浴槽へ入る前に体の汚れを落とすために、体全体をざっと流す。

▶ 体を洗うのは湯船で温まってからのほうが効果的だが、メイクをしている人は湯船に入る前に洗顔をしておく。

▶ いきなり全身でつかると体に負担がかかるので、静かに少しずつ入り体を慣らす。湯船にタオルを入れるのは厳禁。

▶ 浴槽内で泳いだり水しぶきを立てるのはやめよう。

▶ 髪が長い人は湯船に髪がつからないよう束ねること。

▶ 汗ばむ程度に温まったら体を洗う。洗い場で周囲の人にお湯のしぶきがかからないように気をつける。

▶ 洗い場の場所取りはほかの人の迷惑になるので控える。

▶ 椅子や桶など浴場内の共用物を使ったら、最後にさっと流して元あった場所へ戻す。桶は伏せておく。

▶ サウナに入る前は、ぬれた体を軽く拭く。サウナを出たらいきなり水風呂には入らず、シャワーなどで汗を流す。

▶ 露天風呂など人気の浴槽は混み合うため譲り合って。

▶ 湯上りには脱衣所をぬらさないよう、全身を軽く拭く。

▶ 脱衣所でのスマートフォンや携帯電話の使用は控える。

▶ ドライヤーなど脱衣所の共用物は、使ったあと元の場所へ。

▶ 湯上りはしっかり水分補給して体を潤す。

▶ 入浴後は急に動かず、休憩所などでしばらく休む。このとき、髪と体はしっかり乾かす。湯冷めにも気をつけよう。

■参拝時の服装

参拝時の服装にこれといったマナーはないが、節目でのお参りなど重要な参拝では正装する人も多い。場の雰囲気を壊さないためにも、過度な露出や奇抜な服装は避けるべき。神前ではマフラーや帽子を外すなどするとなおよし。

■御朱印のいただき方

近年ブームの御朱印帳。参拝した証しにいただくものなので、必ず社殿や本堂などにお参りしてからもらうようにしよう。御朱印を受ける際には初穂料（寺院では志納料）を納めるため、あらかじめ小銭を用意しておこう。

賽銭は5円（ご縁）など縁起のよい金額を払う場合が多い

■タトゥーがある人の入浴

体にタトゥーが入っている人は入浴を断っている施設が多い。ただ、最近は訪日外国人観光客の増加などで、タトゥーに対する認識も変化中。カバーシールを付けるなど条件付きで入浴できる場合もあるので確認を。

人気の露天風呂は湯船が小さいことも多い。譲り合おう

広島─広島弁が飛び交うご当地アニメ
『おしゃべり唐あげあげ太くん』 × 広島の夕方の顔
広島テレビ『テレビ派』

迷 広島弁講座

\\ 役立つか役立たんかはわからんよ //

広島テレビの2大番組、地元ネタ満載で熱狂的ファンが多い『おしゃべり唐あげあげ太くん』と、夕方の情報番組『テレビ派』が、広島弁レッスンのために本誌に登場。

旅先で気になることに出合ったら、まずこう言おう

なにをしよるんかいねー

広島弁で「何をしているんですか?」ってことね。このフレーズで問いかけられたら、思わずディープな地元ネタを話しちゃいそう! 地元人かと思われてベッタベタな広島弁で返答が来るだろうからご注意を(笑)

馬場のぶえアナ

うまいカキやお好み焼きを食べたときに
「超超超良い感じ 超超超超良い感じ」と言いたくなったら

ぶり ばり ぶち ばちえげな
ぶり ばり ぶり ばり ばちえげな

「えげな」は「いい感じ」。「ぶり」「ばり」「ぶち」「ばち」いずれも「とても」の意味。重ねれば重ねるほど早口言葉みたいに……。このフレーズはアナウンサーの私でも舌噛んでしまうかも!?

森拓磨アナ

ひと口に広島弁といっても安芸と備後でちょっと違う

かつての安芸国、備後国の一部がそれぞれ現在の広島県を構成しているがゆえ、エリアによって発音や使用単語に違いがある。県西部の安芸地方は山口県の方言と近く、県東部の備後地方は岡山県とつながりが深かったりする。さらに県北部や呉市、尾道市など地域ごとに方言は細分化される。

⚠ **広島でお好み焼きを食べるときは禁忌に気をつけろ!**

×広島風
×広島焼
○お好み焼き

広島県民にとって広島のお好み焼き店で提供されるお好み焼き(いわゆるそばやうどんが入った)こそが、"本物"かつ"王道"かつ"正統"なお好み焼き。決して「広島焼き」「広島風」ではない。その発言は禁忌!

よく出合う広島弁

「すいばり」は中国地方でよく使われる。「すいばりが立った」と使う

いたしい(itashii) 🈂難しい(difficult)	うち(uti) 🈂私(I)
じゃけん/じゃけえ (jaken/jakee) 🈂だから(so)	すいばり(suibari) 🈂木などの小さなとげ (splinter)
えっと(etto) 🈂たくさん(many)	はぶてる(habuteru) 🈂すねる(get sulky)
めぐ(megu) 🈂壊す(break)	たう(tau) 🈂届く(reach)
たちまち(tatimati) 🈂とりあえず(anyway)	ねぶる(neburu) 🈂舐める(lick)
きんさい(kinsai) 🈂来てね(come on) 「~さい」で「~してね」	むつこい(mutsukoi) 🈂味が濃いしつこい (heavy)
たいぎい(taigii) 🈂おっくう(troublesome) 「やねこい」と似て非なる	やねこい(yanekoi) 🈂面倒だ(troublesome) 「たいぎい」と似て非なる

すいばり(とげ)に注意!

クチコミ 大学で広島県へ来ました。居酒屋でバイトをしたのですが、注文のたびに「たちまちビール!」と言われるので、一刻も早くと小走りで届けていました。広島弁と知るまで「広島人はせっかち」と思ってました。(広島市在住・元しまねっこ)

会社帰りの夫や子供におつかいを頼むときに使える!?

帰りにポン酢こうてきてーや。柚子がようきいたのがあるじゃろ？　あれこうてきてーや

冷蔵庫を開けてハッとした瞬間。外出中のご家族に、"柚子がよくきいたポン酢を買って帰ってほしいとき"に使えますね。ポン酢を牛乳、味噌、醬油、お好みソース……に換えれば、応用が利く便利（!?）な広島弁です

馬場のぶえアナ

あげ太がイチオシする広島流"謝罪"の言葉

何言われても"たいぎい"これでばっちりじゃ

コレ絶対に信じちゃダメッ！　「たいぎい」は「だるい。めんどくさい」の意。怒られているときに口にすると火に油を注ぐことになるので、絶対使っちゃいけんワードですっ。ご注意ください！

森拓磨アナ

この地名、県外人には読めんじゃろ？

①似島　②井口　③三篠　④戸坂　⑤温品
⑥土師　⑦水分峡　⑧風防地　⑨十四日　⑩雲耕

▶アニメで登場した間違い

◎土師（どし・はじ）
◎水分峡（すいぶんきょう）
◎風防地（かぜぼうち）
○十四日（じゅうよっか）
◎雲耕（うんこう）

ご当地番組をやっているわれわれには簡単！
①にのしま　②いのくち　③みささ　④へさか　⑤ぬくしな　⑥はじ
⑦みくまりきょう　⑧たらんち　⑨とよひ　⑩うずのう　えっへん！

馬場のぶえアナ

 広島ツウになりたければ……　**広島テレビの2大番組を見よう**

おしゃべり唐あげあげ太くん

　月曜21:54〜放送のショートアニメ。広島生まれ、広島育ち、広島在住……生粋の"広島っ子"から揚げの「唐あげ太」とその仲間が、広島に転勤してきた人間・山田龍三に、広島のことを嘘か実かあれやこれやと教える。Youtube公式チャンネル（URL www.youtube.com/@oshaberiageta）も。

おしゃべり唐あげ あげ太くん
© 「おしゃべり唐あげ あげ太くん」製作委員会

テレビ派

　「地域密着主義！」を掲げ、徹底した地元取材にこだわり、広島県民から信頼が寄せられる夕方のローカル情報番組。総合キャスターは、今回誌面に登場いただいた馬場のぶえアナと森拓磨アナのほか、木村和美アナ、井上沙恵アナ。放送は月〜金曜15:48〜。

テレビ派

plus ⓘ 『おしゃべり唐あげあげ太くん』は、カープの秋山翔吾選手も「広島のバイブル」とたたえ、お子さんもこの番組で広島弁を学んでいるとか!?　広テレ公式YouTube『【カープ公認】金鯉チャンネル』でその話題を視聴可。

437

索引 INDEX

あ

あい食品自販機（ショップ）················ 377
天意の里ハーブガーデン（体験）············· 290
OutdoorFunキャンプフィールド（体験）········ 395
赤麺 梵天丸 五日市本店（グルメ）············ 374
安芸国分寺（見どころ）·················· 204
安芸高田市サッカー公園（見どころ）··········· 277
安芸高田市歴史民俗博物館（見どころ）·········· 278
浅野味噌（ショップ）·················· 273
旭山神社（見どころ）·················· 140
アジアンリゾート・スパ シーレ（体験）········· 151
味いろいろ ますや（グルメ）··············· 215
葦嶽山（見どころ）·················· 308
Azumi Setoda（ホテル・旅館）············· 398
阿多田島（見どころ）·················· 179
アートギャラリーミヤウチ（見どころ）·········· 172
穴子と牡蠣 まめたぬき（グルメ）············· 34
あなごめし うえの（グルメ）············ 21、166
阿藻珍味 鞆の浦 鯛匠の郷（体験）············ 266
アルパーク（ショップ）·················· 140
あるぺん屋（ショップ）·················· 289
アレイからすこじま（見どころ）············· 190
アヲハタ ジャムデッキ（体験）············· 85
ANCHOR HOTEL FUKUYAMA（ホテル・旅館）··· 411

い

イオンモール広島府中（ショップ）············ 146
いこいの村ひろしま（体験）··············· 285
憩いの森公園（見どころ）················ 205
石まつ三代目（グルメ）·················· 356
iti SETOUCHI（見どころ）················ 257
一丸キッチン（グルメ）·················· 239
伊都岐珈琲 宮島（グルメ）··············· 35
嚴島神社（見どころ）········ 30、55、161、332
嚴島神社宝物館（見どころ）··············· 333
井仁の棚田（見どころ）·················· 40
今高野山（見どころ）··············· 38、314
今田酒造本店（ショップ）················ 211
妹背の滝（見どころ）·················· 173
入江豊三郎本店（ショップ）··············· 267
入船山記念館（見どころ）················ 190
いろは丸展示館（見どころ）··············· 266
岩子島 嚴島神社（見どころ）·············· 246
岩村もみじ屋（ショップ）················ 36
因島水軍城（見どころ）·················· 247

う

Vinoble Vineyard ＆ Winery（ショップ）······ 95
上野学園ホール（広島県立文化芸術ホール）（見どころ）··· 136
上野公園（見どころ）·················· 308
上ノ原牧場カドーレ（グルメ）·············· 206
艮神社（見どころ）·················· 234
宇品デポルトピア（見どころ）·············· 138
ウッドワン美術館（見どころ）·············· 175

え

ANAクラウンプラザホテル広島（ホテル・旅館）···· 406
ekie（ショップ）·················· 129
ekie しま商店（ショップ）··············· 387
エキシティ・ヒロシマ（ショップ）············ 130
エコミュージアム川根（ショップ）············ 281

江田島オリーブファクトリー（ショップ）········· 194
えたじまSUP（体験）·················· 196
江田島荘（ホテル・旅館）················ 402
江田島ワークス（ショップ）··············· 93
Eternity（ショップ）·················· 371
etto宮浜交流館（宮浜まちづくり交流センター）（見どころ）··· 164
エディオンピースウイング広島（見どころ）········ 46
エーデルワイス洋菓子店（グルメ）············ 368
エデンの海パーキングエリア（見どころ）········· 219
NTTクレドホール（見どころ）············· 124
胡子神社（見どころ）··············· 122、342
えびす屋（体験）·················· 159
エフピコアリーナふくやま（福山市総合体育館）（見どころ）··· 259
エールエールA館（ショップ）·············· 130
圓鍔勝三彫刻美術館（見どころ）············· 241

お

OYSTER CAFE ETAJIMA（グルメ）········· 350
黄金山緑地（見どころ）·················· 139
王城 切石山公園（見どころ）·············· 263
大頭神社（見どころ）·················· 173
大鬼谷オートキャンプ場（体験）·········· 307、395
大久野島（見どころ）·················· 219
大鳥神社（見どころ）·················· 229
おおたけ手すき和紙の里（体験）············· 179
おおの自然観察の森（見どころ）············· 169
大元公園（見どころ）·················· 163
大山神社（見どころ）·················· 247
御菓子所 高木 十日市本店（ショップ）········· 380
岡林花月堂（グルメ）·················· 197
岡本亀太郎本店（ショップ）··············· 267
岡本醤油醸造場（体験）·················· 221
翁座（見どころ）·················· 272
奥田元宋・小由女美術館（見どころ）··········· 299
okeiko Japan（体験）·················· 167
おこのみ魂 悟空（グルメ）··············· 65
お好み村（グルメ）··············· 20、132
お好み焼＆鉄板焼 鏡（グルメ）············· 68
お好み焼 コバヤシ（グルメ）·············· 71
お好み焼き すみチャン（グルメ）············ 70
お好み焼き そぞ（グルメ）··············· 65
お好み焼・たこ焼 多幸膳（グルメ）··········· 68
お好み焼 てっちゃん（グルメ）············· 69
お好み焼・鉄板焼かたおか（グルメ）··········· 70
お好み焼 鉄板料理 笑楽家（グルメ）·········· 71
お好み焼き 徳川 総本店（グルメ）··········· 363
お好み焼き 八昌（グルメ）··············· 63
お好み焼 Bali-A 本店（グルメ）············ 67
お好み焼 ひらの（グルメ）··············· 66
お好み焼き・ホルモン焼き 武西（グルメ）········ 66
お好み焼き まる麺 本店（グルメ）··········· 67
お好み焼 御幸（グルメ）················ 69
お食事処 蔵（グルメ）·················· 231
尾関山公園（見どころ）·················· 300
恐羅漢山（見どころ）·················· 284
恐羅漢スノーパーク（体験）··············· 287
オタフクソース Wood Egg お好み焼館（体験）···· 85
織田幹雄記念館（見どころ）··············· 150
尾長天満宮（見どころ）·················· 128

おのみち映画資料館（見どころ）············ 22、235
尾道ええもんや（ショップ）····················· 387
おのみち小物招き猫工房（体験）·············· 237
尾道市因島フラワーセンター（見どころ）······ 247
尾道市役所展望デッキ（見どころ）············· 235
尾道市立美術館（見どころ）····················· 234
ONOMICHI DENIM SHOP（ショップ）········· 236
尾道平原温泉 ぽっぽの湯（体験）·············· 240
尾道ブルワリー（グルメ）·························· 93
尾道本通り商店街（見どころ）········ 22、89、233
ONOMICHI U2（見どころ）·············· 237、387
尾道ラーメン専門店 丸ぼし（グルメ）·········· 373
尾道WHARF（グルメ）···························· 240
おはぎのこだま（ショップ）····················· 231
おやつとやまねこ（グルメ）····················· 237
オリエンタルホテル広島（ホテル・旅館）········ 408
おりづるタワー（見どころ）·········· 20、121、386
音戸の瀬戸公園（見どころ）············· 184、333

か
海上自衛隊呉史料館（てつのくじら館）（見どころ）··· 184
海上自衛隊第1術科学校（見どころ）··········· 194
海上保安資料館（海上保安大学校内）（見どころ）·· 191
海田総合公園（見どころ）······················· 150
海田町ふるさと館（見どころ）·················· 150
海龍寺（見どころ）······························· 243
鏡山公園（見どころ）···························· 202
かき小屋 龍明丸（グルメ）······················ 349
かき船 かなわ 瀬戸（グルメ）·················· 351
牡蠣屋（グルメ）····························· 351、353
牡蠣祝（グルメ）································· 364
神楽門前湯治村（体験）················· 280、337
菓子工房カプリス自販機（ショップ）············ 377
KAJISAN（グルメ）······························· 64
春日池公園（見どころ）························· 257
合正ガーデン（グルメ）························· 197
桂公園（見どころ）····························· 171
桂浜（見どころ）······························· 187
Cadona（ショップ）····························· 388
金光酒造（ショップ）··························· 211
金光味噌（ショップ）··························· 273
我馬 三篠本店（グルメ）······················· 363
CAFE HOXTON（グルメ）······················· 367
カープ鳥 球場前スタジアム（グルメ）··········· 362
紙屋町シャレオ（ショップ）····················· 124
亀居公園（亀居城跡）（見どころ）··············· 178
亀鶴山八幡神社（見どころ）··················· 309
亀屋（ショップ）································· 56
亀山神社（見どころ）··························· 186
賀茂泉酒造（ショップ）························· 207
賀茂川荘（体験）······························· 218
賀茂鶴酒造（ショップ）··················· 56、209
からさわ（グルメ）····························· 233
辛めん屋 茂すけ（グルメ）····················· 376
カルビー広島工場（体験）······················· 76
川原厳栄堂（体験）····························· 167
川・森・文化・交流センター（見どころ）········ 284
閑月庵 新豊（ホテル・旅館）··············· 88、396
元祖広島流お好み焼き たむ商店 三次駅前総本店（グルメ）··· 71

神ノ倉山公園（見どころ）······················· 280
神峰山（見どころ）····························· 220

き
きさく（グルメ）······························· 374
季節料理 衣笠（グルメ）······················· 255
北之町 厳妹屋（ホテル・旅館）················· 405
喫茶 伴天連（グルメ）························· 203
きっちゃ初（グルメ）··························· 238
キテラスふちゅう（北館）（見どころ）··········· 270
きのえ温泉ホテル清風館（体験）·············· 220
ぎゃらりぃ宮郷（グルメ）······················· 164
旧宇品陸軍糧秣支廠建物・広島市郷土資料館（見どころ）·· 139
旧海軍墓地／長迫公園（見どころ）············· 190
旧澤原家住宅 三ツ蔵（見どころ）··············· 89
旧松阪家住宅（見どころ）······················· 216
魚菜や（グルメ）······························· 358
亀齢酒造（ショップ）··························· 208
KIRO 広島 by THE SHARE HOTELS（ホテル・旅館）··· 410

く
草津かき小屋（グルメ）························· 349
草戸稲荷神社（見どころ）······················· 259
熊野町観光案内所「筆の駅」（見どころ）········ 152
クライムセンターCERO（体験）··············· 147
CRAFTBEERと炭火 はればれ（グルメ）········· 92
グランドプリンスホテル広島（ホテル・旅館）····· 54、409
呉市海事歴史科学館（大和ミュージアム）（見どころ）··· 184
呉市上下水道局三永水源地堰堤（見どころ）····· 203
呉市立美術館（見どころ）······················· 186
クレセントビーチ海浜公園（見どころ）········· 263
呉地方総監部 第1庁舎・旧電話総合交換所（見どころ）·· 191
呉ポートピアパーク（見どころ）················ 185
黒滝山（見どころ）····························· 219
GLOBAL SHOES GALLERY（ショップ）········· 270
くろんぼ屋（グルメ）··························· 369

け
芸北オークガーデン（体験）··················· 292
芸北高原大佐スキー場（体験）·················· 287
GEBURA（グルメ）······························· 35
Kendama Shop Yume.（ショップ）············· 171
原爆ドーム（見どころ）··················· 89、331
県民の浜（見どころ）··························· 189
県立中央森林公園（見どころ）·················· 228

こ
恋しき（見どころ）····························· 270
皇后八幡神社（見どころ）······················· 230
耕三寺博物館（見どころ）················ 22、248
香山ラベンダーの丘（見どころ）················ 317
康徳寺（見どころ）····························· 315
江の川カヌー公園さぎ（体験）·················· 301
工房尾道帆布（ショップ）······················· 236
弘法寺（見どころ）····························· 187
晃祐堂（体験）······················· 153、383
郡山公園（見どころ）··························· 278
コカ・コーラレッドスパークス ホッケースタジアム（見どころ）··· 49
国営備北丘陵公園（見どころ）·········· 42、306
極楽寺山（見どころ）··························· 172
こざかなくんスポーツパークびんご（県立びんご運動公園）（体験）·· 241
呉娑々宇山（見どころ）························· 145

索 引

小芝島（見どころ） 41
五重塔（見どころ） 161
古代製塩遺跡復元展示館（見どころ） 189
小春カフェ（グルメ） 369
古保利薬師収蔵庫（見どころ） 291
小屋浦公園（坂町自然災害伝承公園）（見どころ） 149

さ
佐伯国際アーチェリーランド（体験） 174
西國寺（見どころ） 243
西條鶴醸造（ショップ） 209
西方寺 普明閣（見どころ） 216
榊山神社（見どころ） 153
坂本菓子舗（ショップ） 36
佐木島・小佐木島（見どころ） 230
SAKURAO DISTILLERY（ショップ） 57、95
サゴタニ牧場（久保アグリファーム）（見どころ） 143
佐々木豆腐店（グルメ） 301
The Standard Bakery（ショップ） 391
讃岐屋 紙屋町店（グルメ） 362
THE KNOT HIROSHIMA（ホテル・旅館） 411
三郎の滝（見どころ） 271
ザ ロイヤルパークホテル 広島リバーサイド（ホテル・旅館） 407
SunCurry（グルメ） 368
三景園（見どころ） 226
三段峡（見どころ） 58
santo（体験） 87
三之瀬御本陣芸術文化館（見どころ） 188
サンモール（ショップ） 125
山陽鶴酒造（ショップ） 210

し
THE OUTLETS HIROSHIMA（ショップ） 142
JR広島駅ビル（見どころ） 72
JMSアステールプラザ（見どころ） 127
JB北広島乗馬クラブ（体験） 292
シェラトングランドホテル広島（ホテル・旅館） 409
しおまち商店街（見どころ） 22、249
潮待ちホテル オーベルジュ櫻や（ホテル・旅館） 405
塩屋天然温泉ほの湯楽々園（体験） 142
Shiki Farm（体験） 221
signal（ショップ） 165
持光寺（見どころ） 242
地御前神社（見どころ） 172
seaside cafe ALPHA（グルメ） 367
市町村情報センターひろしま夢ぷらざ（ショップ） 123
シトラスパーク瀬戸田（見どころ） 249
地鶏キッチン（ポークアンドチキン江田島）（グルメ） 196
シーパーク大浜（見どころ） 263
島ごころSETODA（ショップ） 57
島田水産 かき小屋（グルメ） 348
しまなみ交流館（見どころ） 240
しまなみドルチェ本店（ショップ） 250
しまなみロマン（グルメ） 245
島の駅 豆ヶ島（ショップ） 195、197
SIMOSE ART GARDEN VILLA（ホテル・旅館） 412
下瀬美術館（見どころ） 179
蛇喰磐（見どころ） 178
杓子の家（ショップ） 164
SHAQUDA（ショップ） 152

秀嶺山 光信寺（見どころ） 309
縮景園（見どころ） 118
純喫茶 ルナ（グルメ） 369
旬麺 晴れる家（グルメ） 375
浄謙寺（見どころ） 291
常清滝（見どころ） 301
松濤園（見どころ） 189
浄土寺（見どころ） 243
常夜燈（見どころ） 265
白神社（見どころ） 122
白滝山・五百羅漢（見どころ） 246
神宮寺（見どころ） 271
神勝寺 禅と庭のミュージアム（見どころ） 261
神石高原ティアガルテン（体験） 309
真això山（見どころ） 196
深入山（見どころ） 285
神峯園（体験） 220

す
酔心山根本店（ショップ） 225
清神社（見どころ） 278
杉の泊ホビーフィールド（体験） 395
寿き焼・洋食 肉のますゐ（グルメ） 368
素鳴嗚神社（見どころ） 260
すなみ海浜公園（見どころ） 230
すなみ港売店（グルメ） 231
スーパー健康ランド 華のゆ（体験） 260
SMILE-LABO HIROSHIMA（体験） 229

せ
西洋菓子 無花果（ショップ） 385
世界平和記念聖堂（見どころ） 120
雪月風花 福智院（グルメ） 39
瀬戸内醸造所 レストランmio（グルメ） 230、365
瀬戸田サンセットビーチ（しまなみレモンビーチ）（体験） 249
瀬野川公園（見どころ） 141
世羅高原農場（見どころ） 316
世羅甲山ふれあいの里（見どころ） 317
せら香遊ランド（体験） 313
世羅大豊農園（体験） 318
せらふじ園（見どころ） 317
せら夢公園（見どころ） 314
千光寺（見どころ） 242
千光寺公園（見どころ） 23、234
戦国の庭 歴史館（見どころ） 290
千畳閣（豊国神社）（見どころ） 161
仙酔島（見どころ） 264
千福醸造元 三宅本店（ショップ） 385
千福・SETOUCHI DISTILLERY 三宅本店（ショップ） 94

そ
SOIL Setoda（見どころ） 248
そごう広島店（ショップ） 124
そば処 みのり（グルメ） 305
空鞘稲生神社（見どころ） 127
そらの花畑 世羅高原花の森（見どころ） 43、316

た
大願寺（見どころ） 162
対厳堂サロン（体験） 167
大山寺（見どころ） 243
帝釈峡（見どころ） 306

大聖院（見どころ）･･････ 162
鯛焼屋よしお（グルメ）････ 283
高尾神社（見どころ）･････ 187
田頭茶舗 呉中通店（グルメ）･･ 370
高谷山（見どころ）･･････ 298
たかの巣カフェ（グルメ）･･ 366
滝ヶ谷養魚場（体験）････ 281
多家神社（埃宮）（見どころ）･ 146
竹鶴酒造（ショップ）････ 217
太歳神社（見どころ）･･･ 297
だし道楽自販機（ショップ）･ 377
棚田カフェ イニ ミニ マニモ（グルメ）･ 286
Tabi Labo CAFE（ショップ）･ 386
田万里家 RICE DONUT（グルメ）･ 218
TAROS Brewing／hangout（グルメ）･ 94

ち
チェリーゴード空城パーク（空城山公園）（見どころ）･ 147
ちから 本通四丁目店（グルメ）･ 360
竹林寺（見どころ）･････ 206
チーズ工房「乳いーずの物語。」（ショップ）･ 311
チチヤスアンテナショップ（グルメ）･ 79
千とせ（グルメ）･･････ 266
cha-no-wa平和大通り（ショップ）･ 381
中央公園（見どころ）･･･ 256
中央公園ファミリープール（体験）･ 125
中華そば 陽気 江波店（グルメ）･ 372
珍来軒（グルメ）･･････ 375

つ
柄酒造（ショップ）････ 211
月ヶ瀬温泉（体験）････ 285
辻村寿三郎人形館（見どころ）･ 300
つつがライフル射撃場（体験）･ 90、286
Tutuyu ONOMICHI CAFE（グルメ）･ 239
坪希 別館「天風邸」（ホテル・旅館）･ 412
鶴羽根神社（見どころ）･･ 129

て
庭園の宿 石亭（ホテル・旅館）･ 401
てくてくのさつまいも本舗（グルメ）･ 197
てつ（グルメ）･･････ 132
天寧寺（見どころ）･････ 242
天然温泉くらはし桂浜温泉館（体験）･ 188
天然温泉ホットカモ（体験）･ 203
天然温泉 宮浜 べにまんさくの湯（体験）･ 173

と
土井木工（体験）････ 271
とうかさん圓隆寺（見どころ）･ 122、340
独立行政法人 造幣局 広島支局（見どころ）･ 142
泊まれる町家 天領上下（ホテル・旅館）･ 404
鞆酒造（ショップ）････ 267
鞆の浦 a cafe（グルメ）･ 265
鞆の津ミュージアム（見どころ）･ 265
トモ・ビオパーク（さとの駅）（見どころ）･ 152
豊平手打ちそば こぼり（グルメ）･ 292
とよまつ紙ヒコーキ・タワー（見どころ）･ 309
東珍康（グルメ）･････ 373

な
長崎堂（ショップ）････ 369
長崎屋（ショップ）････ 386

長笹樂山オートバイ神社（見どころ）･ 289
なしの店 ビルネ・ラーデン（世羅幸水農園の直売所）（体験）･ 318
七塚原高原（見どころ）･･ 308
鳴滝山（見どころ）･････ 241

に
にしき堂 光町本店（ショップ）･ 381
NIPPONIA HOTEL 竹原製塩町（ホテル・旅館）･ 404
似島（見どころ）･･････ 139
日本酒ダイニング 佛蘭西屋（グルメ）･ 359

ぬ
温井ダム（見どころ）･･･ 284
ヌマジ交通ミュージアム（見どころ）･ 141

ね
猫田記念体育館（見どころ）･ 48
ネコモシャクシモ（グルメ）･ 35

の
野呂山（見どころ）････ 185

は
灰ヶ峰（見どころ）････ 185
博多屋（グルメ）･････ 353
白牡丹酒造（ショップ）･･ 210
土師ダム（見どころ）･･･ 279
ハジマリノテラス（グルメ）･ 195
バスマチフードホール（グルメ）･ 123
パセーラ（ショップ）････ 124
廿日市市木材利用センター（体験）･ 170
廿日市天満宮（見どころ）･ 171
はつかいち文化ホールウッドワンさくらぴあ（見どころ）･ 170
BACKEN MOZART 廿日市工場直売所（ショップ）･ 384
はつこいマーケット（ショップ）･ 21、166
HAKKOパーク（見どころ）･ 247
はっさく屋（ショップ）･･ 251
八昌（グルメ）･･････ 132
八田原ダム（見どころ）･･ 315
八田保命酒舗（ショップ）･ 267
八丁座（見どころ）････ 126
八天堂ビレッジ（見どころ）･ 228
八天堂 広島みはら臨空工場（体験）･ 86
HARTアドベンチャーセンター（体験）･ 167
花の駅せら（見どころ）･･ 40、317
速谷神社（見どころ）･･･ 170
ばら公園（見どころ）･･･ 258
Balcom BMW stadium（見どころ）･ 51
晴海臨海公園（見どころ）･ 178
BANCART（ショップ）･･ 387
磐台寺観音堂（阿伏兎観音）（見どころ）･ 262
パン屋航路（ショップ）･･ 390

ひ
東広島芸術文化ホールくらら（見どころ）･ 204
東広島市立美術館（見どころ）･ 204
比治山公園（見どころ）･･ 131
ピースリーホーム バンブー総合公園（見どころ）･ 218
比婆山（見どころ）････ 307
平田観光農園（体験）･･･ 300
平山郁夫美術館（見どころ）･ 249
ヒルトン広島（ホテル・旅館）･ 407
広島アンデルセン（ショップ）･ 56、330、388
広島駅 OKOSTA（体験）･ 129

索 引

広島空港（見どころ）‥‥‥‥‥‥‥‥‥ 225
ひろしまゲートパーク（見どころ）‥‥‥‥ 121
ひろしま県民の森（体験）‥‥‥‥‥‥‥‥ 307
広島県民文化センター（見どころ）‥‥‥ 125、339
広島県民文化センターふくやま（見どころ）‥‥ 258
広島県立総合体育館（広島グリーンアリーナ）（見どころ）‥‥ 119
広島県立図書館（見どころ）‥‥‥‥‥‥ 136
広島県立美術館（見どころ）‥‥‥‥‥‥ 119
広島県緑化センター（見どころ）‥‥‥‥ 138
広島交響楽団（体験）‥‥‥‥‥‥‥‥‥ 133
広島国際会議場（見どころ）‥‥‥‥‥‥ 120
広島護国神社（見どころ）‥‥‥‥‥‥‥ 118
広島サンプラザ（見どころ）‥‥‥‥‥‥ 48
広島市安佐動物公園（見どころ）‥‥‥‥ 141
広島市江波山気象館（見どころ）‥‥‥‥ 137
広島市環境局中工場（見どころ）‥‥‥ 88、137
広島市健康づくりセンター健康科学館（見どころ）‥‥ 136
広島市現代美術館（見どころ）‥‥‥‥‥ 131
広島市国民宿舎 湯来ロッジ（体験）‥‥‥ 143
広島市植物公園（見どころ）‥‥‥‥‥ 42、142
広島市森林公園（見どころ）‥‥‥‥‥‥ 138
広島市まんが図書館（見どころ）‥‥‥‥ 131
広島市安公民館（見どころ）‥‥‥‥‥‥ 88
広島市湯来交流体験センター（体験）‥‥‥ 143
ひろしま旬彩 鶴乃や本店（グルメ）‥‥‥ 357
広島城（見どころ）‥‥‥‥‥‥‥‥ 118、335
広島大学総合博物館（見どころ）‥‥‥‥ 201
広島東照宮（見どころ）‥‥‥‥‥‥‥‥ 128
HIROSHIMA NEIGHBORLY BREWING（グルメ）‥‥ 92
広島PARCO（ショップ）‥‥‥‥‥‥‥‥ 126
ひろしま美術館（見どころ）‥‥‥‥‥‥ 119
広島文化学園HBGホール（広島市文化交流会館）（見どころ）‥‥ 127
広島ベイクルーズ銀河（体験）‥‥‥‥‥ 135
広島平和記念資料館（見どころ）‥‥‥ 55、329
広島本通商店街（見どころ）‥‥‥‥‥ 20、117
広島三越（ショップ）‥‥‥‥‥‥‥‥‥ 126
広島みなと公園（見どころ）‥‥‥‥‥‥ 139
広島三次ワイナリー（ショップ）‥‥‥‥ 298
ひろしんビッグウェーブ（見どころ）‥‥ 137
HIRODEN etto（ショップ）‥‥‥ 21、166、386
HIROHAI 佐伯総合スポーツ公園（見どころ）‥‥ 173
備後安国寺（見どころ）‥‥‥‥‥‥‥‥ 264
備後一宮 吉備津神社（見どころ）‥‥‥‥ 260
備後国分寺（見どころ）‥‥‥‥‥‥‥‥ 257

ふ

5-Daysこども文化科学館（体験）‥‥‥‥ 121
FARM SUZUKI（ショップ）‥‥‥‥‥‥ 221
felice di tucca（グルメ）‥‥‥‥‥‥‥‥ 251
FOREVER CAFE & OYSTER BAR（グルメ）‥‥ 350
フォレストアドベンチャー・広島（体験）‥ 174
フォレストヒルズガーデン（ホテル・旅館）‥ 399
福住（グルメ）‥‥‥‥‥‥‥‥‥‥‥‥ 183
福禅寺対潮楼（見どころ）‥‥‥‥‥‥‥ 264
FUKUNARY THE OUTLETS HIROSHIMA店（ショップ）‥‥ 382
福美人酒造（ショップ）‥‥‥‥‥‥‥‥ 208
ふくふく牧場（ショップ）‥‥‥‥‥‥‥ 311
福屋八丁堀本店（ショップ）‥‥‥‥‥ 89、126
福屋広島駅前店（ショップ）‥‥‥‥‥‥ 130

ふくやま草戸千軒ミュージアム（見どころ）‥‥ 256
ふくやま芸術文化ホール リーデンローズ（見どころ）‥‥ 258
福山サービスエリア上り（見どころ）‥‥‥ 107
福山市松永はきもの資料館 あしあとスクエア（見どころ）‥‥ 261
福山城博物館（見どころ）‥‥‥‥‥‥‥ 256
福山市立動物園（見どころ）‥‥‥‥‥‥ 260
福山通運ローズアリーナ（見どころ）‥‥‥ 258
ふくやま美術館（見どころ）‥‥‥‥‥‥ 256
福山ファミリーパーク（見どころ）‥‥‥ 262
藤井酒造 酒蔵交流館（ショップ）‥‥‥‥ 216
藤い屋 宮島本店（ショップ）‥‥‥‥‥‥ 37
府中市こどもの国ポムポム（見どころ）‥‥ 270
府中市上下歴史文化資料館（見どころ）‥‥ 272
府中市羽高湖森林公園（見どころ）‥‥‥ 272
府中町歴史民俗資料館（見どころ）‥‥‥ 146
佛通寺（見どころ）‥‥‥‥‥‥‥‥‥‥ 226
筆影山・竜王山（見どころ）‥‥‥‥‥ 41、226
筆の里工房（見どころ）‥‥‥‥‥‥‥‥ 153
不動院（見どころ）‥‥‥‥‥‥‥‥‥‥ 138
船宿カフェ 若長（グルメ）‥‥‥‥‥‥‥ 366
Flower village 花夢の里（見どころ）‥‥‥ 316
Boulangerie LAPAIN（ショップ）‥‥‥‥ 390

へ

平安衣裳・着物would you mirror体験所 みやじま紅葉の賀（体験）‥ 165
平家谷つばき園 平家谷花しょうぶ園（見どころ）‥ 262
ベイサイドビーチ坂（見どころ）‥‥‥‥ 151
米山寺（見どころ）‥‥‥‥‥‥‥‥‥‥ 227
平和記念公園（見どころ）‥‥‥ 55、120、328
ぺったらぽったら本舗（グルメ）‥‥‥‥‥ 353

ほ

蓬莱 サンモール店（グルメ）‥‥‥‥‥‥ 368
ボストン 本店（ショップ）‥‥‥‥‥‥‥ 385
ホテルグランヴィア広島（ホテル・旅館）‥‥ 408
HOTEL BEACON ONOMICHI（体験）‥‥‥ 236
本覚寺ハンバーガー自販機（ショップ）‥‥ 377
本家中村屋（ショップ）‥‥‥‥‥‥‥‥ 273
梵天丸自販機（ショップ）‥‥‥‥‥‥‥ 377

ま

マイ・フローラ プラント（体験）‥‥‥‥ 228
マエダハウジング東区スポーツセンター（体験）‥ 50
Masaru（グルメ）‥‥‥‥‥‥‥‥‥‥‥ 63
まちなみ竹工房（体験）‥‥‥‥‥‥‥‥ 217
まちの駅 ADOA大野（ショップ）‥‥‥‥ 172
MAZDA Zoom-Zoomスタジアム広島（見どころ）‥‥ 44
マツダミュージアム（体験）‥‥‥‥‥‥ 84
まるか食品（体験）‥‥‥‥‥‥‥‥ 86、384
マロンの里交流館（見どころ）‥‥‥‥‥ 177
mantenere SERA（ショップ）‥‥‥‥‥‥ 315
万徳院跡歴史公園（見どころ）‥‥‥‥‥ 290

み

汀邸 遠音近音（ホテル・旅館）‥‥‥‥‥ 403
水分峡森林公園（見どころ）‥‥‥‥‥‥ 147
三倉岳（見どころ）‥‥‥‥‥‥‥‥‥‥ 178
弥山（見どころ）‥‥‥‥‥‥‥‥ 21、32、160
御袖天満宮（見どころ）‥‥‥‥‥‥‥‥ 235
三高山（砲台山）（見どころ）‥‥‥‥‥‥ 195
三瀧寺（見どころ）‥‥‥‥‥‥‥‥‥‥ 140
御建神社／松尾神社（見どころ）‥‥‥‥ 205

道の駅 アリストぬまくま（ショップ）⋯⋯⋯⋯⋯⋯ 262
道の駅 北の関宿安芸高田（ショップ）⋯⋯⋯⋯⋯⋯ 281
道の駅クロスロードみつぎ（ショップ）⋯⋯⋯⋯⋯⋯ 241
道の駅湖畔の里福富（ショップ）⋯⋯⋯⋯⋯⋯ 205
道の駅西条のん太の酒蔵（ショップ）⋯⋯⋯⋯⋯⋯ 202
道の駅 さんわ182ステーション（ショップ）⋯⋯⋯⋯ 371
道の駅 スパ羅漢（体験）⋯⋯⋯⋯⋯⋯⋯⋯⋯⋯ 174
道の駅 世羅（ショップ）⋯⋯⋯⋯⋯⋯ 315、370
道の駅 たかの（ショップ）⋯⋯⋯⋯⋯⋯ 306、370
道の駅たけはら（ショップ）⋯⋯⋯⋯⋯⋯⋯⋯ 217
道の駅 豊平どんぐり村（ショップ）⋯⋯⋯⋯⋯⋯ 291
道の駅 びんご府中（ショップ）⋯⋯⋯⋯⋯⋯⋯ 271
道の駅 舞ロードIC千代田（ショップ）⋯⋯⋯⋯⋯ 291
道の駅 三矢の里あきたかた（ショップ）⋯⋯⋯⋯ 279
道の駅みはら神明の里（ショップ）⋯⋯⋯⋯⋯⋯ 227
道の駅 遊YOUさろん東城（ショップ）⋯⋯⋯⋯ 310
道の駅 ゆめランド布野（ショップ）⋯⋯⋯⋯⋯⋯ 301
道の駅 よがんす白竜（ショップ）⋯⋯⋯⋯⋯⋯ 228
道の駅 来夢とごうち（ショップ）⋯⋯⋯⋯ 285、371
道の駅 リストアステーション（ショップ）⋯⋯⋯⋯ 308
三河内棚田テラス（見どころ）⋯⋯⋯⋯⋯⋯⋯ 307
御調八幡宮（見どころ）⋯⋯⋯⋯⋯⋯⋯⋯⋯ 229
三ツ城古墳・三ツ城公園（見どころ）⋯⋯⋯⋯⋯ 202
みっちゃん総本店八丁堀本店（グルメ）⋯⋯⋯⋯ 62
蜜屋 本店（ショップ）⋯⋯⋯⋯⋯⋯⋯⋯⋯⋯ 380
峰高公園（見どころ）⋯⋯⋯⋯⋯⋯⋯⋯⋯⋯ 171
三原市芸術文化センターポポロ（見どころ）⋯ 43、227
三原だるま工房（体験）⋯⋯⋯⋯⋯⋯⋯⋯⋯ 229
宮島うまいもの館（グルメ）⋯⋯⋯⋯⋯⋯⋯⋯ 35
宮島咖喱麺麭研究所（グルメ）⋯⋯⋯⋯⋯⋯⋯ 353
宮島「北大路魯山人」美術館（見どころ）⋯⋯⋯ 163
宮島サービスエリア下り（見どころ）⋯⋯⋯⋯⋯ 106
宮島水族館（みやじマリン）（見どころ）⋯⋯⋯⋯ 162
宮島伝統産業会館（体験）⋯⋯⋯⋯⋯⋯ 21、165
みやじまの宿 岩惣（ホテル・旅館）⋯⋯⋯⋯ 55、400
MIYAJIMA BREWERY（ショップ）⋯⋯⋯⋯ 34、353
宮島歴史民俗資料館（見どころ）⋯⋯⋯⋯⋯⋯ 163
宮島ロープウエー（見どころ）⋯⋯⋯ 21、33、160
ミヤトヨ本店（ショップ）⋯⋯⋯⋯⋯⋯⋯⋯⋯ 37
明王院（見どころ）⋯⋯⋯⋯⋯⋯⋯⋯⋯⋯⋯ 259
明星院（見どころ）⋯⋯⋯⋯⋯⋯⋯⋯⋯⋯⋯ 128
みよし運動公園（見どころ）⋯⋯⋯⋯⋯⋯⋯⋯ 299
みよし公園（電光石火みよしパーク）（見どころ）⋯ 299
みよし風土記の丘・みよし風土記の丘ミュージアム（県立歴史民俗資料館）（見どころ）⋯ 300
三良坂フロマージュ（ショップ）⋯⋯⋯⋯⋯⋯ 311
みろくの里（見どころ）⋯⋯⋯⋯⋯⋯⋯ 43、261
三輪明神広島分祠（見どころ）⋯⋯⋯⋯⋯⋯⋯ 140

む
向島洋らんセンター（見どころ）⋯⋯⋯⋯⋯⋯ 246
向原農村交流館やすらぎ（ショップ）⋯⋯⋯⋯ 280
mugi mugi（ショップ）⋯⋯⋯⋯⋯⋯⋯⋯⋯ 391
むすび むさし 土橋店（グルメ）⋯⋯⋯⋯⋯⋯ 361
村尾昌文堂（ショップ）⋯⋯⋯⋯⋯⋯⋯⋯⋯ 57

め
名勝 吉水園（見どころ）⋯⋯⋯⋯⋯⋯⋯⋯ 284
女鹿平温泉 クヴェーレ吉和（体験）⋯⋯⋯⋯⋯ 175
女鹿平温泉 めがひらスキー場（体験）⋯⋯⋯⋯ 175
恵みの丘蒲刈（体験）⋯⋯⋯⋯⋯⋯⋯⋯⋯ 186

メロンパン 本店（ショップ）⋯⋯⋯⋯⋯⋯⋯⋯ 389

も
元湯 小瀬川温泉（体験）⋯⋯⋯⋯⋯⋯⋯⋯ 174
紅葉谷公園（見どころ）⋯⋯⋯⋯⋯⋯⋯⋯⋯ 160
紅葉堂 本店（ショップ）⋯⋯⋯⋯⋯⋯⋯⋯⋯ 37

や
弥栄峡（弥栄ダム）（見どころ）⋯⋯⋯⋯⋯⋯ 179
八千代産直市場（ショップ）⋯⋯⋯⋯⋯⋯⋯ 279
矢野温泉公園四季の里（見どころ）⋯⋯⋯⋯⋯ 272
山岡水産（ショップ）⋯⋯⋯⋯⋯⋯⋯⋯⋯⋯ 194
ヤマサキ 西風新都工場（体験）⋯⋯⋯⋯⋯⋯ 87
やまだ屋 宮島本店（ショップ）⋯⋯⋯⋯ 36、165
山野峡県立自然公園（見どころ）⋯⋯⋯⋯⋯ 257
八幡湿原（見どころ）⋯⋯⋯⋯⋯⋯⋯⋯⋯⋯ 41
やわたハイランド191リゾート（体験）⋯⋯⋯⋯ 287

ゆ
ユートピアサイオト（体験）⋯⋯⋯⋯⋯⋯⋯⋯ 287
湯の山温泉館（体験）⋯⋯⋯⋯⋯⋯⋯⋯⋯ 143
yubune（体験）⋯⋯⋯⋯⋯⋯⋯⋯⋯⋯⋯ 248
夢天文台Astro（体験）⋯⋯⋯⋯⋯⋯⋯⋯⋯ 292
湯本豪一記念日本妖怪博物館（三次もののけミュージアム）（見どころ）⋯ 298

よ
横浜公園（見どころ）⋯⋯⋯⋯⋯⋯⋯⋯⋯⋯ 151
吉和冠山（見どころ）⋯⋯⋯⋯⋯⋯⋯⋯⋯⋯ 175
よっちゃん（グルメ）⋯⋯⋯⋯⋯⋯⋯⋯⋯⋯ 62

ら
頼山陽史跡資料館（見どころ）⋯⋯⋯⋯⋯⋯ 123
ラ・スカイファーム（体験）⋯⋯⋯⋯⋯⋯⋯⋯ 314
La pain joujou（ショップ）⋯⋯⋯⋯⋯⋯⋯ 389
らーめん与壱（グルメ）⋯⋯⋯⋯⋯⋯⋯⋯⋯ 372
蘭島閣美術館（見どころ）⋯⋯⋯⋯⋯⋯⋯⋯ 188

り
リーガロイヤルホテル広島（ホテル・旅館）⋯⋯⋯ 406
RISTORANTE ZONA FORTUNATO（グルメ）⋯ 365
龍王島自然体験村（体験）⋯⋯⋯⋯⋯⋯⋯⋯ 206
龍頭峡（見どころ）⋯⋯⋯⋯⋯⋯⋯⋯⋯⋯ 286
龍馬の隠れ部屋煙屋清右衛門宅 瀬戸内小物と暮らしの雑貨MASUYA（見どころ）⋯ 266
Ryokan尾道西山（ホテル・旅館）⋯⋯⋯⋯⋯ 397

れ
冷めん家 大手町店（グルメ）⋯⋯⋯⋯⋯⋯⋯ 376
歴史の見える丘（見どころ）⋯⋯⋯⋯⋯⋯⋯ 191
LECT（ショップ）⋯⋯⋯⋯⋯⋯⋯⋯⋯⋯⋯ 141
レモンカフェ 汐待亭（グルメ）⋯⋯⋯⋯⋯⋯⋯ 251
レモン谷（見どころ）⋯⋯⋯⋯⋯⋯⋯⋯⋯⋯ 250

ろ
LOPEZ（グルメ）⋯⋯⋯⋯⋯⋯⋯⋯⋯⋯⋯ 63

わ
WACTORYパーク揚倉山（揚倉山健康運動公園）（見どころ）⋯ 147

地球の歩き方 シリーズ一覧 2024年7月現在

*地球の歩き方ガイドブックは、改訂時に価格が変わることがあります。*表示価格は定価（税込）です。*最新情報は、ホームページをご覧ください。www.arukikata.co.jp/guidebook/

地球の歩き方 ガイドブック

A ヨーロッパ

A01	ヨーロッパ	¥1870
A02	イギリス	¥2530
A03	ロンドン	¥1980
A04	湖水地方＆スコットランド	¥1870
A05	アイルランド	¥2310
A06	フランス	¥2420
A07	パリ＆近郊の町	¥2200
A08	南仏プロヴァンス コート・ダジュール＆モナコ	¥1760
A09	イタリア	¥2530
A10	ローマ	¥1760
A11	ミラノ ヴェネツィアと湖水地方	¥1870
A12	フィレンツェとトスカーナ	¥1870
A13	南イタリアとシチリア	¥1870
A14	ドイツ	¥1980
A15	南ドイツ フランクフルト ミュンヘン ロマンチック街道 古城街道	¥2090
A16	ベルリンと北ドイツ ハンブルク ドレスデン ライプツィヒ	¥1870
A17	ウィーンとオーストリア	¥2090
A18	スイス	¥2200
A19	オランダ ベルギー ルクセンブルク	¥2420
A20	スペイン	¥2420
A21	マドリードとアンダルシア	¥1760
A22	バルセロナ＆近郊の町 イビザ島／マヨルカ島	¥1980
A23	ポルトガル	¥2200
A24	ギリシアとエーゲ海の島々＆キプロス	¥1870
A25	中欧	¥1980
A26	チェコ ポーランド スロヴァキア	¥1870
A27	ハンガリー	¥1870
A28	ブルガリア ルーマニア	¥1980
A29	北欧 デンマーク ノルウェー スウェーデン フィンランド	¥2640
A30	バルトの国々 エストニア ラトヴィア リトアニア	¥1870
A31	ロシア ベラルーシ ウクライナ モルドヴァ コーカサスの国々	¥2090
A32	極東ロシア シベリア サハリン	¥1980
A34	クロアチア スロヴェニア	¥2200

B 南北アメリカ

B01	アメリカ	¥2090
B02	アメリカ西海岸	¥2200
B03	ロスアンゼルス	¥2090
B04	サンフランシスコとシリコンバレー	¥1870
B05	シアトル ポートランド	¥2420
B06	ニューヨーク マンハッタン＆ブルックリン	¥2200
B07	ボストン	¥1980
B08	ワシントンDC	¥2420
B09	ラスベガス セドナ＆グランドキャニオンと大西部	¥2090
B10	フロリダ	¥2310
B11	シカゴ	¥1870
B12	アメリカ南部	¥1980
B13	アメリカの国立公園	¥2640

B14	グランド ヒューストン デンバー グランドサークル フェニックス サンタフェ	¥1980
B15	アラスカ	¥1980
B16	カナダ	¥2420
B17	カナダ西部 カナディアン・ロッキーとバンクーバー	¥2090
B18	カナダ東部 ナイアガラ・フォールズ メープル街道 プリンス・エドワード島 トロント オタワ モントリオール ケベック・シティ	¥2090
B19	メキシコ	¥1980
B20	中米	¥2090
B21	ブラジル ベネズエラ	¥2200
B22	アルゼンチン チリ パラグアイ ウルグアイ	¥2200
B23	ペルー ボリビア エクアドル コロンビア	¥2200
B24	キューバ バハマ ジャマイカ カリブの島々	¥2035
B25	アメリカ・ドライブ	¥1980

C 太平洋／インド洋島々

C01	ハワイ オアフ島＆ホノルル	¥2200
C02	ハワイ島	¥2200
C03	サイパン ロタ＆テニアン	¥1540
C04	グアム	¥1980
C05	タヒチ イースター島	¥1870
C06	フィジー	¥1650
C07	ニューカレドニア	¥1650
C08	モルディブ	¥1870
C10	ニュージーランド	¥2200
C11	オーストラリア	¥2750
C12	ゴールドコースト＆ケアンズ	¥2420
C13	シドニー＆メルボルン	¥1760

D アジア

D01	中国	¥2090
D02	上海 杭州 蘇州	¥1870
D03	北京	¥1760
D04	大連 瀋陽 ハルビン 中国東北部の自然と文化	¥1980
D05	広州 アモイ 桂林 珠江デルタと華南地方	¥1980
D07	成都 重慶 九寨溝 麗江 四川 雲南	¥1980
D08	西安 敦煌 ウルムチ シルクロードと中国北西部	¥1980
D09	チベット	¥2090
D10	香港 マカオ 深圳	¥2420
D11	台湾	¥2090
D12	台北	¥1980
D13	台南 高雄 屏東＆南台湾の町	¥1980
D14	モンゴル	¥2420
D15	中央アジア サマルカンドとシルクロードの国々	¥2090
D16	東南アジア	¥1870
D17	タイ	¥2200
D18	バンコク	¥1980
D19	マレーシア ブルネイ	¥2090
D20	シンガポール	¥1980
D21	ベトナム	¥2090
D22	アンコール・ワットとカンボジア	¥2200

D23	ラオス	¥2
D24	ミャンマー（ビルマ）	¥2
D25	インドネシア	¥2
D26	バリ島	¥2
D27	フィリピン マニラ セブ ボラカイ ボホール エルニド	¥2
D28	インド	¥2
D29	ネパールとヒマラヤトレッキング	¥2
D30	スリランカ	¥1
D31	ブータン	¥1
D33	マカオ	¥1
D34	釜山 慶州	¥1
D35	バングラデシュ	¥2
D37	韓国	¥2
D38	ソウル	¥1

E 中近東 アフリカ

E01	ドバイとアラビア半島の国々	¥2
E02	エジプト	¥2
E03	イスタンブールとトルコの大地	¥2
E04	ペトラ遺跡とヨルダン レバノン	¥2
E05	イスラエル	¥2
E06	イラン ペルシアの旅	¥2
E07	モロッコ	¥
E08	チュニジア	¥
E09	東アフリカ ウガンダ エチオピア ケニア タンザニア ルワンダ	¥2
E10	南アフリカ	¥
E11	リビア	¥
E12	マダガスカル	¥

J 国内版

J00	日本	¥
J01	東京 23区	¥
J02	東京 多摩地域	¥
J03	京都	¥
J04	沖縄	¥
J05	北海道	¥
J06	神奈川	¥
J07	埼玉	¥
J08	千葉	¥
J09	札幌・小樽	¥
J10	愛知	¥
J11	世田谷区	¥
J12	四国	¥
J13	北九州市	¥
J14	東京の島々	¥
J15	広島	¥
J16	横浜市	¥

地球の歩き方 aruco

●海外

1	パリ	¥1650
2	ソウル	¥1650
3	台北	¥1650
4	トルコ	¥1430
5	インド	¥1540
6	ロンドン	¥1650
7	香港	¥1650
9	ニューヨーク	¥1650
10	ホイアン ダナン ホイアン	¥1650
11	ホノルル	¥1650
12	バリ島	¥1650
13	上海	¥1320
14	モロッコ	¥1540
15	チェコ	¥1320
16	ベルギー	¥1430
17	ウィーン ブダペスト	¥1320
18	イタリア	¥1760
19	スリランカ	¥1540
20	クロアチア スロヴェニア	¥1430
21	スペイン	¥1320
22	シンガポール	¥1650
23	バンコク	¥1650
24	グアム	¥1320
25	オーストラリア	¥1760

26	フィンランド エストニア	¥1430
27	アンコール・ワット	¥1430
28	ドイツ	¥1760
29	ハノイ	¥1650
30	台湾	¥1650
31	カナダ	¥1320
33	サイパン テニアン ロタ	¥1320
34	セブ ボホール エルニド	¥1320
35	ロスアンゼルス	¥1320
36	フランス	¥1430
37	ポルトガル	¥1650
38	ダナン ホイアン フエ	¥1430

●国内

北海道	¥1760
京都	¥1760
沖縄	¥1760
東京	¥1540
東京で楽しむフランス	¥1430
東京で楽しむ韓国	¥1430
東京で楽しむ台湾	¥1430
東京の手みやげ	¥1430
東京おやつさんぽ	¥1430
東京のパン屋さん	¥1430
東京で楽しむ北欧	¥1430
東京のカフェめぐり	¥1480
東京で楽しむハワイ	¥1480

nyaruco 東京ねこさんぽ	¥1480
東京で楽しむイタリア＆スペイン	¥1480
東京で楽しむアジアの国々	¥1480
東京ひとりさんぽ	¥1480
東京パワースポットさんぽ	¥1599
東京で楽しむ英国	¥1599

地球の歩き方 Plat

1	パリ	¥1320
2	ニューヨーク	¥1320
3	台北	¥1100
4	ロンドン	¥1650
6	ドイツ	¥1320
7	ホーチミン／ハノイ／ダナン／ホイアン	¥1540
8	スペイン	¥1320
9	バンコク	¥1540
10	シンガポール	¥1540
11	アイスランド	¥1540
13	マニラ セブ	¥1650
14	マルタ	¥1540
15	フィンランド	¥1320
16	クアラルンプール マラッカ	¥1650
17	ウラジオストク／ハバロフスク	¥1430
18	サンクトペテルブルク／モスクワ	¥1540
19	エジプト	¥1320
20	香港	¥1100
22	ブルネイ	¥1430

23	ウズベキスタン サマルカンド ブハラ ヒヴァ タシケント	¥
24	ドバイ	¥
25	サンフランシスコ	¥
26	パース／西オーストラリア	¥
27	ジョージア	¥
28	台南	¥

地球の歩き方 リゾートスタ

R02	ハワイ島	¥
R03	マウイ島	¥
R04	カウアイ島	¥
R05	こどもと行くハワイ	¥
R06	ハワイ ドライブ・マップ	¥
R07	ハワイ バスの旅	¥
R08	グアム	¥
R09	こどもと行くグアム	¥
R10	パラオ	¥
R12	プーケット サムイ島 ピピ島	¥
R13	ペナン ランカウイ クアラルンプール	¥
R14	バリ島	¥
R15	セブ＆ボラカイ ボホール シキホール	¥
R16	テーマパークinオーランド	¥
R17	カンクン コスメル イスラ・ムヘーレス	¥
R20	ダナン ホイアン ホーチミン ハノイ	¥

地球の歩き方 御朱印

御朱印でめぐる鎌倉のお寺 三十三観音完全掲載 三訂版	¥1650
御朱印でめぐる京都のお寺 改訂版	¥1650
御朱印でめぐる奈良のお寺	¥1760
御朱印でめぐる東京のお寺	¥1650
日本全国この御朱印が凄い! 第壱集 増補改訂版	¥1650
日本全国この御朱印が凄い! 第弐集 都道府県網羅版	¥1650
御朱印でめぐる全国の神社 開運さんぽ	¥1430
御朱印でめぐる高野山 三訂版	¥1760
御朱印でめぐる関東の神社 週末開運さんぽ	¥1430
御朱印でめぐる秩父の寺社 三十四観音完全掲載 改訂版	¥1650
御朱印でめぐる関東の百寺 坂東三十三観音と古寺	¥1650
御朱印でめぐる関西の神社 週末開運さんぽ	¥1430
御朱印でめぐる関西の百寺 西国三十三所と古寺	¥1650
御朱印でめぐる東京の神社 週末開運さんぽ 改訂版	¥1540
御朱印でめぐる神奈川の神社 週末開運さんぽ 改訂版	¥1540
御朱印でめぐる埼玉の神社 週末開運さんぽ 改訂版	¥1540
御朱印でめぐる北海道の神社 週末開運さんぽ	¥1540
御朱印でめぐる九州の神社 週末開運さんぽ 改訂版	¥1540
御朱印でめぐる千葉の神社 週末開運さんぽ 改訂版	¥1540
御朱印でめぐる東海の神社 週末開運さんぽ	¥1430
御朱印でめぐる京都の神社 週末開運さんぽ 改訂版	¥1540
御朱印でめぐる神奈川のお寺	¥1650
御朱印でめぐる大阪 兵庫の神社 週末開運さんぽ 改訂版	¥1540
御朱印でめぐる愛知の神社 週末開運さんぽ 改訂版	¥1540
御朱印でめぐる栃木 日光の神社 週末開運さんぽ	¥1430
御朱印でめぐる福岡の神社 週末開運さんぽ 改訂版	¥1540
御朱印でめぐる広島 岡山の神社 週末開運さんぽ	¥1430
御朱印でめぐる山陰 山陽の神社 週末開運さんぽ	¥1430
御朱印でめぐる埼玉のお寺	¥1650
御朱印でめぐる千葉のお寺	¥1650
御朱印でめぐる東京の七福神	¥1540
御朱印でめぐる東北の神社 週末開運さんぽ 改訂版	¥1540
御朱印でめぐる全国の稲荷神社 週末開運さんぽ	¥1430
御朱印でめぐる新潟 佐渡の神社 週末開運さんぽ	¥1430
御朱印でめぐる静岡 富士 伊豆の神社 週末開運さんぽ	¥1540
御朱印でめぐる四国の神社 週末開運さんぽ	¥1430
御朱印でめぐる中央線沿線の寺社 週末開運さんぽ	¥1540
御朱印でめぐる東急沿線の寺社 週末開運さんぽ	¥1540
御朱印でめぐる茨城の神社 週末開運さんぽ	¥1430
御朱印でめぐる関東の聖地 週末開運さんぽ	¥1430
御朱印でめぐる東海のお寺	¥1650
日本全国ねこの御朱印&お守りめぐり 週末開運にゃんさんぽ	¥1760
御朱印でめぐる信州 甲州の神社 週末開運さんぽ	¥1430
御朱印でめぐる全国の聖地 週末開運さんぽ	¥1430
御朱印でめぐる茨城のお寺	¥1650
御朱印でめぐる全国のお寺 週末開運さんぽ	¥1540
日本全国 日本酒でめぐる 酒蔵&ちょこっと御朱印〈東日本編〉	¥1760
日本全国 日本酒でめぐる 酒蔵&ちょこっと御朱印〈西日本編〉	¥1760
関東版ねこの御朱印&お守りめぐり 週末開運にゃんさんぽ	¥1760

52	一生に一度は参りたい! 御朱印でめぐる全国の絶景寺社図鑑	¥2479
53	御朱印でめぐる東北のお寺 週末開運さんぽ	¥1650
54	御朱印でめぐる関西のお寺 週末開運さんぽ	¥1760
D51	御朱印でめぐる全国の魅力的な鉄道40	¥1650
	御朱印はじめました 関東の神社 週末開運さんぽ	¥1210

地球の歩き方 島旅

1	五島列島 4訂版	¥1870
2	奄美大島 喜界島 加計呂麻島(奄美群島①) 4訂版	¥1650
3	与論島 沖永良部島 徳之島(奄美群島②) 改訂版	¥1650
4	利尻 礼文 4訂版	¥1650
5	天草 改訂版	¥1760
6	壱岐 4訂版	¥1650
7	種子島 3訂版	¥1650
8	小笠原 父島 母島 3訂版	¥1650
9	隠岐 3訂版	¥1870
10	佐渡 3訂版	¥1650
11	宮古島 伊良部島 下地島 来間島 池間島 多良間島 大神島 改訂版	¥1650
12	久米島 渡名喜島 改訂版	¥1650
13	小豆島〜瀬戸内の島々1〜 改訂版	¥1650
14	直島 豊島 女木島 男木島 犬島〜瀬戸内の島々2〜	¥1650
15	伊豆大島 利島〜伊豆諸島1〜 改訂版	¥1650
16	新島 式根島 神津島〜伊豆諸島2〜 改訂版	¥1650
17	沖縄本島周辺15離島	¥1650
18	たけとみの島々 竹富島 西表島 波照間島 小浜島 黒島 鳩間島 新城島 由布島 加屋	¥1650
19	淡路島〜瀬戸内の島々3〜	¥1650
20	石垣島 竹富島 西表島 小浜島 由布島 新城島 波照間島	¥1650
21	対馬	¥1650
22	島旅ねこ にゃんこの島の歩き方	¥1344
23	屋久島	¥1760

地球の歩き方 旅の図鑑

W01	世界244の国と地域 改訂版	¥2200
W02	世界の指導者図鑑	¥1650
W03	世界の魅力的な奇岩と巨石139選	¥1760
W04	世界246の首都と主要都市	¥1760
W05	世界のすごい島300	¥1760
W06	地球の歩き方的! 世界なんでもランキング	¥1760
W07	世界のグルメ図鑑 116の国と地域の名物料理を食の雑学とともに解説	¥1760
W08	世界のすごい巨像	¥1760
W09	世界のすごい城と宮殿333	¥1760
W10	世界197ヵ国のふしぎな聖地&パワースポット	¥1870
W11	世界の祝祭	¥1760
W12	世界のカレー図鑑	¥1980
W13	世界遺産 絶景でめぐる自然遺産 完全版	¥1980
W15	地球の果ての歩き方	¥1980
W16	世界の中華料理図鑑	¥1980
W17	世界の地元メシ図鑑	¥1980
W18	世界遺産の歩き方 学んで旅する! すごい世界遺産190選	¥1980
W19	世界の魅力的なビーチと湖	¥1980
W20	世界のすごい駅	¥1980
W21	世界のおみやげ図鑑	¥1980
W22	いつか旅してみたい世界の美しい古都	¥1980
W23	世界のすごいホテル	¥1980
W24	日本の凄い神木	¥2200
W25	世界のお菓子図鑑	¥1980
W26	世界の麺図鑑	¥1980
W27	世界のお酒図鑑	¥1980
W28	世界の魅力的な道	¥1980
W29	世界の映画の舞台&ロケ地	¥2090
W30	すごい地球!	¥2200
W31	世界のすごい墓	¥1980
W32	日本のグルメ図鑑	¥1980
W34	日本の虫旅	¥2200

地球の歩き方 旅の名言&絶景

ALOHAを感じるハワイのことばと絶景100	¥1650
自分らしく生きるフランスのことばと絶景100	¥1650
人生観が変わるインドのことばと絶景100	¥1650
生きる知恵を授かるアラブのことばと絶景100	¥1650
心に寄り添う台湾のことばと絶景100	¥1650
道しるべとなるドイツのことばと絶景100	¥1650
共感と勇気がわく韓国のことばと絶景100	¥1650
人生を楽しみ尽くすイタリアのことばと絶景100	¥1650
今すぐ旅に出たくなる! 地球の歩き方のことばと絶景100	¥1650
悠久の教えをひもとく中国のことばと絶景100	¥1650

地球の歩き方 旅と健康

地球のなぞり旅 旅地図 アメリカ大陸編	¥1430
地球のなぞり旅 旅地図 ヨーロッパ編	¥1430
地球のなぞり旅 旅地図 アジア編	¥1430
地球のなぞり旅 旅地図 日本編	¥1430
脳がどんどん強くなる! すごい地球の歩き方	¥1650

地球の歩き方 旅の読み物

今こそ学びたい日本のこと	¥1760
週末だけで70ヵ国159都市を旅したリーマントラベラーが教える自分の時間の作り方	¥1540
史跡と神話の舞台をホロホロ! ハワイ・カルチャーさんぽ	¥1760

地球の歩き方 BOOKS

ハワイ ランキング&マル得テクニック!	¥1430
台湾 ランキング&マル得テクニック!	¥1430
御船印でめぐる船旅	¥1870
BRAND NEW HAWAII とびきりリアルな最新ハワイガイド	¥1650
FAMILY TAIWAN TRIP #子連れ台湾	¥1518
GIRL'S GETAWAY TO LOS ANGELES	¥1760
HAWAII RISA'S FAVORITES 大人女子はハワイで美味しく美しく	¥1650
LOVELY GREEN NEW ZEALAND 未来の国を旅するガイドブック	¥1760
MAKI'S DEAREST HAWAII	¥1540
MY TRAVEL, MY LIFE Maki's Travel Book	¥1760
いろはに北欧	¥1760
ヴィクトリア朝が教えてくれる英国の魅力	¥1320
ダナン&ホイアン PHOTO TRAVEL GUIDE	¥1650
とっておきのフィンランド	¥1760
フィンランドでかなえる100の夢	¥1760
マレーシア 地元で愛される名物食堂	¥1430
香港 地元で愛される名物食堂	¥1540
最高のハワイの過ごし方	¥1540
子連れで沖縄 旅のアドレス&テクニック117	¥1100
食事作りに手間暇かけないドイツ人、手料理神話にこだわり続ける日本人	¥1100
台北 メトロさんぽ MRTを使って、おいしいとかわいいを巡る旅	¥1518
北欧が好き! フィンランド・スウェーデン・デンマーク・ノルウェーの素敵な町めぐり	¥1210
北欧が好き!2 建築&デザインでめぐるフィンランド・スウェーデン・デンマーク・ノルウェー	¥1210
日本全国 開運神社 このお守りがすごい!	¥1522
地球の歩き方 ディズニーの世界 名作アニメーション映画の舞台	¥2420

地球の歩き方 スペシャルコラボBOOK

地球の歩き方 ムー	¥2420
地球の歩き方 JOJO ジョジョの奇妙な冒険	¥2420
地球の歩き方 宇宙兄弟 We are Space Travelers!	¥2420
地球の歩き方 ムーJAPAN 〜神秘の国の歩き方〜	¥2420

地球の歩き方 関連書籍のご案内

広島、山陽・山陰の寺社巡りに「地球の歩き方」を持って出かけよう！

28

御朱印でめぐる山陰山陽の神社週末開運さんぽ 改訂版

御朱印で普通のさんぽがすてきな趣味に！

決定版 山陰 山陽の**132社**とことん取材

¥1430

27

御朱印でめぐる広島 岡山の神社週末開運さんぽ

御朱印で普通のさんぽがすてきな趣味に！

決定版 広島 岡山の**108社**とことん取材

¥1430

54

御朱印でめぐる関西のお寺 週末開運さんぽ

凄い御朱印と御利益のお寺、厳選しました

保存版 関西の**112寺**一生に一度は参拝したい！

¥1760

12

御朱印でめぐる関西の神社週末開運さんぽ

御朱印を、はじめた人からしあわせに！

決定版 関西の**124社**とことん取材

¥1430

あなたの**旅の体験談**をお送りください

「地球の歩き方」は、たくさんの旅行者からご協力をいただいて、
改訂版や新刊を制作しています。
あなたの旅の体験や貴重な情報を、これから旅に出る人たちへ分けてあげてください。
なお、お送りいただいたご投稿がガイドブックに掲載された場合は、
初回掲載本を1冊プレゼントします！（発送は国内に限らせていただきます）

ご投稿はインターネットから！

URL www.arukikata.co.jp/guidebook/toukou.html
画像も送れるカンタン「投稿フォーム」
※左記の二次元コードをスマートフォンなどで読み取ってアクセス！

または「地球の歩き方　投稿」で検索してもすぐに見つかります

 地球の歩き方　投稿　　　　　検索

▶**投稿にあたってのお願い**

★ご投稿は、次のような《テーマ》に分けてお書きください。

《**新発見**》————ガイドブック未掲載のレストラン、ホテル、ショップなどの情報
《**旅の提案**》————未掲載の町や見どころ、新しいルートや楽しみ方などの情報
《**アドバイス**》————旅先で工夫したこと、注意したこと、トラブル体験など
《**訂正・反論**》————掲載されている記事・データの追加修正や更新、異論、反論など

※記入例「○○編20XX年度版△△ページ掲載の□□ホテルが移転していました……」

★**データはできるだけ正確に。**

ホテルやレストランなどの情報は、名称、住所、電話番号、アクセスなどを正確にお書きください。
ウェブサイトのURLや地図などは画像でご投稿いただくのもおすすめです。

★**ご自身の体験をお寄せください。**

雑誌やインターネット上の情報などの丸写しはせず、実際の体験に基づいた具体的な情報をお
待ちしています。

▶**ご確認ください**

※採用されたご投稿は、必ずしも該当タイトルに掲載されるわけではありません。関連他タイトルへの掲載もありえます。

※例えば「新しい市内交通バスが発売されている」など、すでに編集部で取材・調査を終えているものと同内容のご投稿をい
ただいた場合は、ご投稿を採用したとはみなされず掲載本をプレゼントできないケースがあります。

※当社は個人情報を第三者へ提供いたしません。また、ご記入いただきましたご自身の情報については、ご投稿内容の確認
や掲載本の送付などの用途以外には使用いたしません。

※ご投稿の採用の可否についてのお問い合わせはご遠慮ください。

※原稿は原文を尊重しますが、スペースなどの関係で編集部でリライトする場合があります。

STAFF

制作：福井由香里

編集：株式会社アドブレックス　TJ Hiroshima 編集室（阿南征士　新井実咲　蔭山愁吾　児玉咲和香　谷田真由美　藤原紀江　槇原智彦　三附令枝　山内一史　山根尚子）

執筆：浅井ゆかり　上内かなえ　大田亜矢　大津由利子　大西夕貴　岡田恵美　小川茜　倉恒弘美　小林祐衣　清水浩司　瀧口真由美　徳山典子　西崎奈々恵　花本佳奈　開葉季　藤井香織　藤原雅子　前岡侑希　松浦啓子　村上由貴　村山ゆかり

写真：菊井博史　岸। 正樹　貴島稔之　桐田和雄　篠原ゆき　田頭義憲　中野一行　西田英俊　平河順三　福角智江

表紙：日出嶋昭男

デザイン：滝澤しのぶ　三橋加奈子　房野聡子　近藤麻矢　高野胡桃　株式会社ニューズアンドコミュニケーションズ

地図：株式会社周地社

校正：株式会社東京出版サービスセンター

地図の制作にあたっては、国土地理院発行 1 万分 1 地形図、2.5 万分 1 地形図、5 万分 1 地形図、20 万分 1 地勢図を加工して作成

写真提供：安芸国分寺　イズミメイプルレッズ　一般社団法人尾道観光協会　一般社団法人竹原市観光協会　一般社団法人地域商社あきおおた　一般社団法人ディスカバー広島　一般社団法人広島県観光連盟　一般社団法人府中市観光協会　一般社団法人三次観光推進機構　ヴィクトワール広島　上ノ原牧場カ－レ　大崎上島町観光協会　株式会社今田酒造本店　株式会社ロイヤレシーン　賀茂泉酒造株式会社　北広島町教育委員会　喫茶　伴天連　亀齢酒造株式会社　公益社団法人東広島市観光協会　コカ・コーラレッドスパークス　サンフレッチェ広島　山陽鶴酒造株式会社　JR西日本　JA広島市　JTサンダーズ広島　庄原観光ナビ　竹鶴酒造株式会社　竹原市　竹林寺　中国醸業株式会社　中国電力 陸上競技部　中国電力ルレヴグリオンズ　柄酒造株式会社　NEW HIROSHIMA GATEPARK　農事組合法人神楽園　農ライファーズ株式会社　東広島市　広島ガスパミントン部　広島県　広島東洋カープ　広島ドラゴンフライズ　FARM SUZUKI　福美人酒造株式会社　らびっどかやックスクール　PIXTA

本書についてのご意見・ご感想はこちらまで

読者投稿　〒 141-8425　東京都品川区西五反田 2-11-8
株式会社地球の歩き方
地球の歩き方サービスデスク「広島編」投稿係
https://www.arukikata.co.jp/guidebook/toukou.html

地球の歩き方ホームページ（海外・国内旅行の総合情報）
https://www.arukikata.co.jp/

ガイドブック『地球の歩き方』公式サイト
https://www.arukikata.co.jp/guidebook/

あなたの声を
お聞かせください！

毎月 **3** 名様に
読者プレゼント！

ウェブアンケートにお答えいただいた方の中から毎月抽選で3名様に地球の歩き方オリジナル御朱印帳または地球の歩き方オリジナルクオカード（500円）をプレゼントいたします。あなたの声が改訂版に掲載されるかも!?
（応募の締め切り：2026年7月31日）

https://arukikata.jp/hirgnz

※個人情報の取り扱いについての注意事項はウェブページをご覧ください。

地球の歩き方 J15

広島

2025～2026年版

2024年 7 月30日　初版第1刷発行
2024年 8 月27日　初版第2刷発行

Published by Arukikata. Co., Ltd.
2-11-8 Nishigotanda, Shinagawa-ku, Tokyo, 141-8425, Japan

著作編集　　地球の歩き方編集室
発行人　　新井 邦弘
編集人　　由良 暁世
発 行 所　株式会社地球の歩き方
　　　　　〒 141-8425　東京都品川区西五反田 2-11-8
発 売 元　株式会社Gakken
　　　　　〒 141-8416　東京都品川区西五反田 2-11-8
印刷製本　株式会社ダイヤモンド・グラフィック社

※本書は基本的に 2023 年 10 月～ 2024 年 4 月の取材データに基づいて作られています。
発行後に料金、営業時間、定休日などが変更になる場合がありますのでご了承ください。
更新・訂正情報：https://www.arukikata.co.jp/travel-support/

●この本に関する各種お問い合わせ先
・本の内容については、下記サイトのお問い合わせフォームよりお願いします。
　URL ▶ https://www.arukikata.co.jp/guidebook/contact.html
・広告については、下記サイトのお問い合わせフォームよりお願いします。
　URL ▶ https://www.arukikata.co.jp/ad_contact/
・在庫については　Tel 03-6431-1250（販売部）
・不良品（乱丁、落丁）については　Tel 0570-000577
　学研業務センター　〒 354-0045　埼玉県入間郡三芳町上富 279-1
・上記以外のお問い合わせは　Tel 0570-056-710（学研グループ総合案内）

学研グループの書籍・雑誌についての新刊情報・詳細情報は、下記をご覧ください。
学研出版サイト　https://hon.gakken.jp/